新郑年鉴

XINZHENG YEARBOOK

2022

新郑市地方史志办公室　编

方志出版社
Publishing House of Local Records

图书在版编目(CIP)数据

新郑年鉴. 2022 / 新郑市地方史志办公室编. —北京 : 方志出版社, 2022.12

ISBN 978-7-5144-5555-7

Ⅰ. ①新… Ⅱ. ①新… Ⅲ. ①新郑－2022－年鉴 Ⅳ. ①Z526.14

中国版本图书馆CIP数据核字(2022)第256554号

责任编辑：王海荣
责任校对：刘玉霞
责任印制：梅中英
出 版 者：方志出版社
地　　址：北京市朝阳区潘家园东里 9 号（国家方志馆4层）
邮　　编：100021
网　　址：http://www.zgfzcb.cn
发　　行：方志出版社图书营销中心（010－67110500）
印　　刷：河南瑞之光印刷股份有限公司
开　　本：889毫米×1194毫米 1/16
印　　张：27.75
字　　数：1070千字
版　　次：2022年12月第1版
印　　次：2022年12月第1次印刷
定　　价：280.00元

新郑市政区图

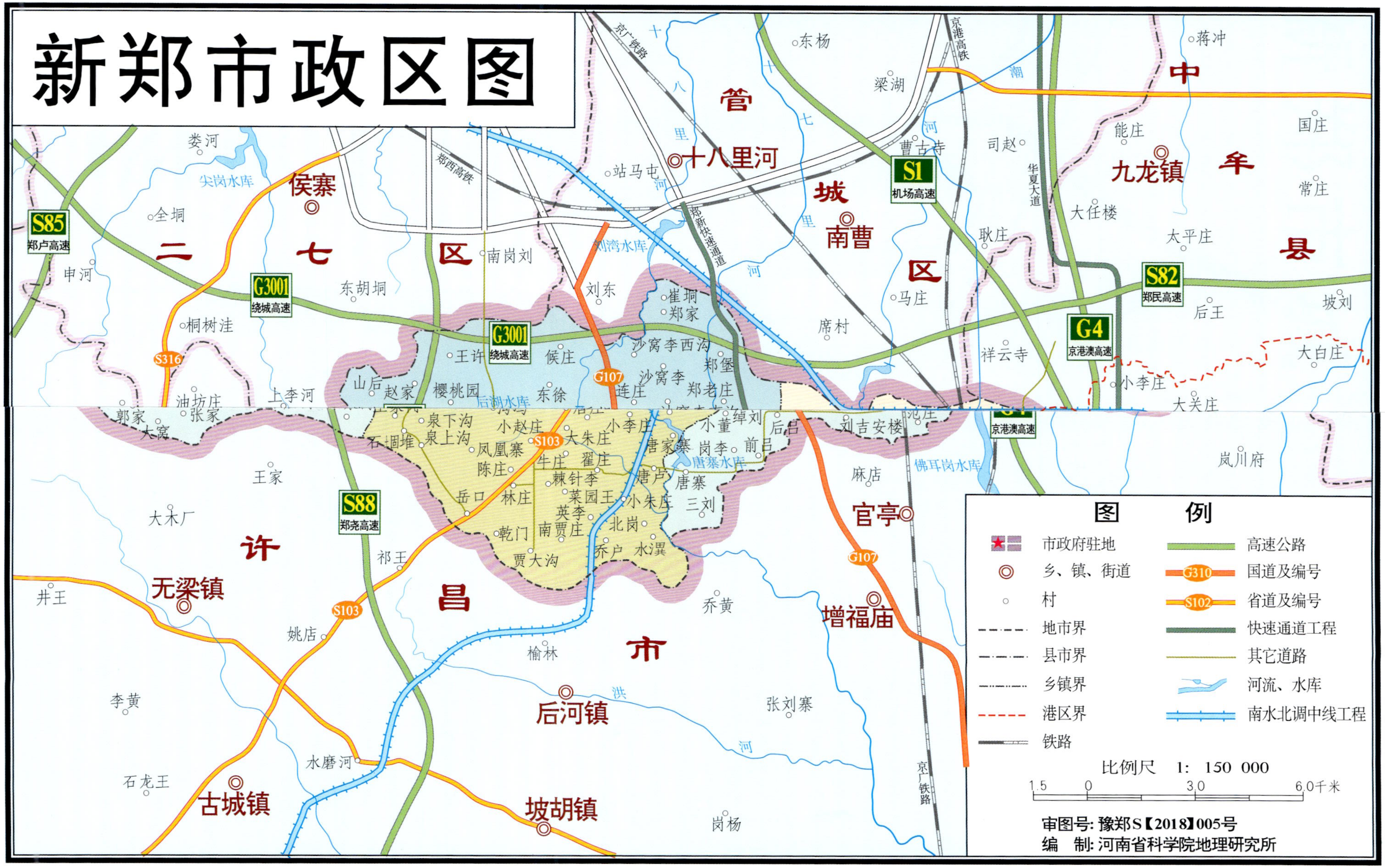

中牟县
管城区
二七区
许昌市
九龙镇
十八里河
南曹
侯寨
官亭
增福庙
无梁镇
后河镇
古城镇
坡胡镇
图例
市政府驻地
乡、镇、街道
村
地市界
县市界
乡镇界
港区界
铁路
高速公路
国道及编号
省道及编号
快速通道工程
其它道路
河流、水库
南水北调中线工程
比例尺 1: 150 000
审图号：豫郑S【2018】005号
编　制：河南省科学院地理研究所

新郑年鉴编纂委员会

名誉主任 马志峰

主　　任 马宏伟

副 主 任 石　玉　胡　坤　张慧娴　李　峰　王金灿　王淑慧
王艳红　李　磊

成　　员 安广涛　曾海林　陈新红　戴茂松　赵东伟　贾海民
刘辉霞　魏　磊　李广建　李清海　李炎武　岳建华
张　勇　冯军辉　刘德智　陈政玮　刘学敏　贺立军
马纯杰　赵舒琪　李炎宏　尚　忠　陶永伟　朱郁琦
孙现民　马伟强　郑彩霞　杨学忠　李宗元　徐晓静
左莉敏　张宏政　刘宗伟　宋雪峰　岳明旺　王　鹏
王　燕　赵金聚　陈胜利　张海青　李　青　田平安
冯举涛　郭伟酬　赵东辉　张　磊　赵春阳

《新郑年鉴（2022）》编辑部

荣誉新郑
Honorable Xinzheng

◎国家级

中华第一古都
中国大枣之乡
国家卫生城市
国家园林城市
中国优秀旅游城市
中国特色魅力城市200强
中国全面小康十大示范县（市）
全国科学发展最具区域带动力中小城市百强县（市）
全国中小城市综合实力百强县（市）排名第38位
全国十佳和谐可持续发展城市
全国县域经济基本竞争力百强县（市）排名第28位
全国工业百强县（市）排名第32位
全国营商环境百强县（市）排名第74位
国家新型城镇化建设示范县
全国最具农业投资价值县（市）
全国品牌农业示范县（市）
全国食品工业十大发展特色县（市）
全国食品工业强县（市）
全国新型农村合作医疗试点县（市）
全国县级城市旅游竞争力20强
全国知识产权试点（市）
全国侨联爱国主义教育基地
全国社会治安综合治理先进单位
全国科技创新百强县（市）排名升至第44位
全国体育工作先进县（市）
中国数字治理百佳县（市）
全国民政工作先进县（市）
全国电气先进县（市）
全国文物保护先进县（市）
全国工商系统商标工作先进集体
全国法治县（市、区）创建活动先进单位（连续4年）
全国经济普查先进单位
全国企业信息化试点县（市）
全国义务教育发展基本均衡县（市）
全国农村职业教育和成人教育示范县（市）
全国水土保持生态环境建设示范城市
全国农田水利基本建设先进单位
全国中医药工作先进县（市）
全国劳动力转移就业示范县（市）
连续9年获评全国平安建设先进县（市）
全国“两基”工作先进县（市）
全国价格认证机构规范化建设示范单位
全国农机推广运行机制研究试点县（市）
全国科技富民强县行动试点县
全国和谐中小城市示范单位
全国人民网网民留言办理工作先进单位
全国健康促进县（市）
拜祖大典被列入国家级非物质文化遗产名录
黄帝故里拜祖大典被评为最具国际影响力祭拜大典
全国“新时代好少年”主题教育读书活动先进单位
全国第二批节水型社会建设达标县（区）
国家高效节水灌溉示范县
被中宣部确定为全面建成小康社会“百城千县万村”调研行活动县级调研点
入选国家首批创新型县（市）建设试点
通过全国基层中医药工作先进单位复审
列为国家慢性病综合防控示范区
“戏曲进乡村”活动成为全省唯一入选的首批全国农村公共服务典型案例
郑韩故城跻身国家考古遗址公园行列
获全国统战工作实践创新成果奖
被确定为全国农村承包地确权登记颁证工作先进典型地位
获“中华诗词之乡”称号
跻身全国退役军人就业创业中部地区试点
“龙湖樱桃”获评国家地理标志证明商标
新郑市公立人民医院通过“三甲”医院验收
新郑市博物馆晋升国家二级博物馆
裴李岗遗址入选第三届中国考古学“百年百大考古发现”名单
公共资源交易中心跻身全国公共资源交易机构百强
南水北调丹江口库区移民安置通过国家验收

辛店镇荣膺全国文明镇
龙湖镇连续5年为全省唯一跻身全国综合实力百强镇
龙湖镇泰山村入选全国乡村旅游重点村名录
渔夫子路社区获评全国综合城市示范社区
石聚彬获“中国好人”称号
薛店镇通过国家卫生镇复审
新村镇创成国家卫生镇
好想你获评中国商标金奖企业

◎省级

河南文明城市
河南省食品安全示范市
河南省园林城市
河南省红旗渠精神杯（连续20年）
河南省对外开放先进县（市）
河南省双拥模范城市“八连冠”
全省移民工作先进单位
河南省“安全生产日”活动先进单位
河南省信访工作先进县（市）
县域经济发展质量总体评价连续位居全省首位
全省结对帮扶工作先进单位
河南省知识产权强县工程示范县（市）
通过国家园林城市创建省级初验
全省第一批践行县城治理“三起来”示范县
全省“万村通客车提质工程”示范县（市）
河南省十大文化强县
通过河南省公共文化服务体系示范县创建验收
河南省安全工作先进单位
河南省农业生产社会化服务示范县
河南省营商环境综合评价全省县（市）第一
河南省秸秆禁烧工作成绩突出单位
河南省结对帮扶工作先进单位
全省县（市）营商环境排名第一位
唯一一个达到省辖市优秀水平的县（市）
河南省制造业高质量发展综合评价试点县（市）
通过全省首批县级融媒体中心试点县（市）验收
河南省家风家教示范基地
河南省示范性老年学校
河南省农产品质量安全县（市）
河南省生态廊道高标准建设示范县（市）
河南省“四好农村路”示范县（市）
河南省“万村通客车”提质工程示范县（市）
新郑考院入选第八批河南省文物保护单位
全省制造业高质量发展综合评价试点县（市）
全省政府系统督查工作先进单位
全省平安建设先进单位
农村垃圾治理、乡镇公厕建设工作通过省级达标验收
全省农村垃圾分类和资源化利用示范县（市）
薛店镇被评为省级园林乡镇
传化物流小镇、好想你健康食品物流产业园成功入选省级服务专业园区
泰山村、敬楼村被评为省级基层党建示范村
新港产业集聚区晋升省级经济技术开发区
市公共资源交易中心成为世界银行“中国省级电子采购系统评估项目”河南省唯一一个县（市）级公共资源交易平台

◎郑州市级

城市管理综合考评连续4年蝉联郑州县（市）首位
夺取郑州市爱国卫生金杯
15个单位创建为郑州市级以上园林单位
重新认定郑州市级卫生村（社区）44个
5家单位获评郑州市食品安全管理示范单位
郑州市建议提案办理先进单位
郑州市市长电话工作先进单位
郑州市农作物秸秆禁烧和综合利用工作先进单位
郑州市疫情防控先进集体
郑州市双拥模范城
郑州市重点民生实事办理工作先进单位
郑州市市长电话优秀督办单位

热烈庆祝中国共产党成立100周年

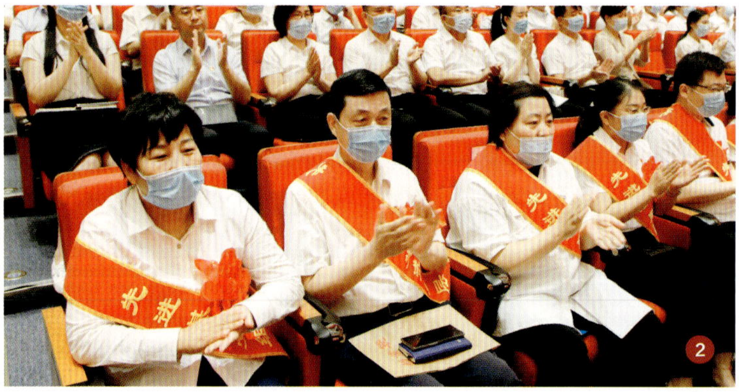

❶❷ 2021年6月24日，庆祝中国共产党成立100周年新郑市“两优一先”表彰大会召开　刘栓阳/摄

▲2021年6月24日，“七一”建党节即将来临之际，新郑市对优秀党员干部进行表彰　刘栓阳/摄

▲ 2021年6月15日，新郑市举行庆祝建党100周年合唱比赛　刘栓阳/摄

1 2

2021年6月28日，“永远跟党走　奋进新征程”新郑市庆祝中国共产党成立100周年全民大合唱展演举行

常书军　刘栓阳/摄

深入开展党史学习教育

▲ 2021年3月6日，全市党史学习教育动员大会召开　市委宣传部/供图

◀ 2021年5月27日，新郑市委理论学习中心组党史学习教育专题学习会议召开
刘栓阳/摄

2021年9月29日，“学史力行践初心·防汛抗疫党旗红”新郑市党史学习教育主题演讲比赛进行决赛 ▶
市委宣传部/供图

▲ 2021年3月，新郑市委理论学习中心组“学党史 悟思想”党史学习教育专题读书班开班 刘栓阳/摄

▼ 2021年4月20日，新郑市党史学习教育领导小组办公室工作推进会举行 刘栓阳/摄

众志成城应对汛情大考

▲ 洪水中的洧水公园（2021年7月21日） 刘栓阳/摄

▲ 洪水中的南关大桥（2021年7月21日） 刘栓阳/摄

▲ 2021年7月26日，志愿者在洧水公园清除洪水冲积的淤泥 刘栓阳/摄

▼ 2021年8月17日，工人在梨河镇双龙坝清理河道淤泥 刘栓阳/摄

▼ 2021年7月20日，抢险人员在雨中放置排水泵 刘栓阳/摄

◀ 2021年7月20日，市委书记马志峰坚守在防汛一线　刘栓阳/摄

▲ 2021年7月20日，市长马宏伟带队到古城大坝现场指挥防汛抢险工作　市政府办公室/供图

▲ 2021年7月21日，民警和社区干部在排查危房　刘栓阳/摄

▲ 2021年7月21日，民警帮助受困群众转移到安全区域　高素萍/摄

▲ 2021年８月２２日，防汛救援人员坚守在中华路铁路桥涵洞，时刻监控汛情　刘栓阳/摄

坚决打赢疫情防控阻击战

② 2021年2月20日，新郑蓝天救援队驰援河北抗击疫情归来　刘栓阳/摄

③ 2021年2月24日，志愿者值守在疫情卡点　刘栓阳/摄

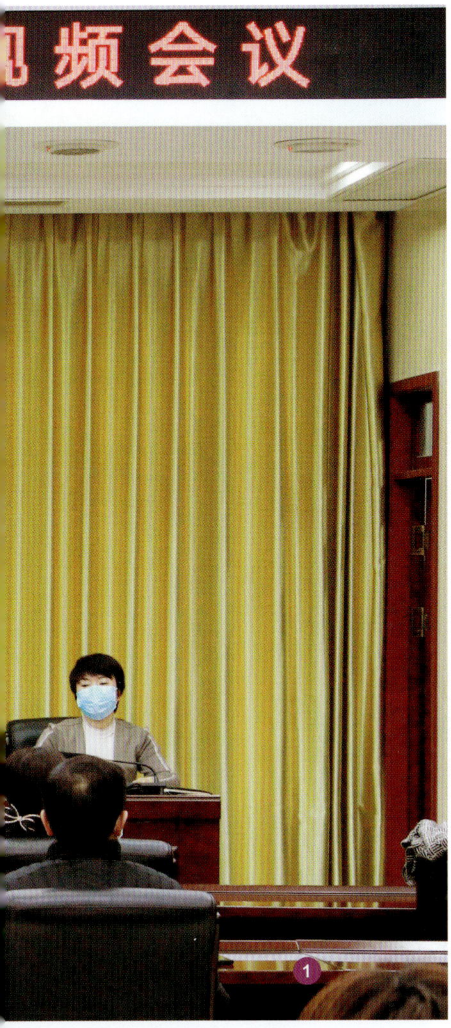

1 2022年1月5日，新郑市新冠肺炎疫情防控工作视频会议召开　刘栓阳/摄

“十四五”实现良好开局

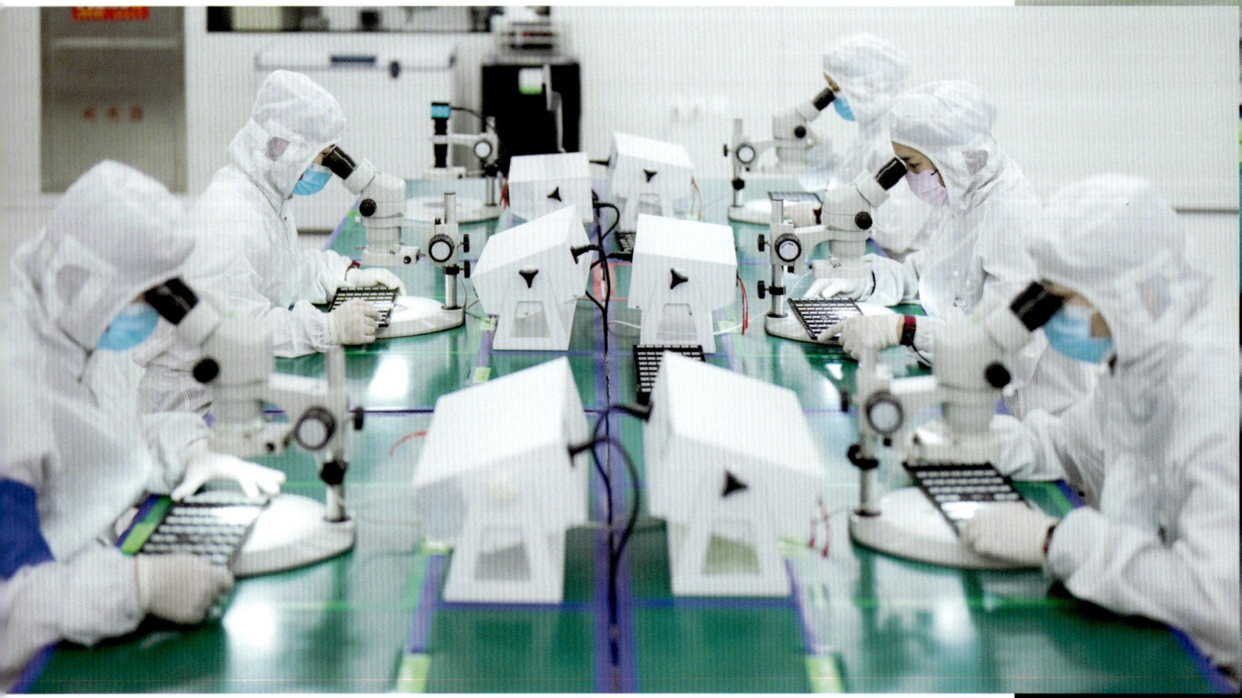

▲ 新郑锐捷微电子生产车间　刘栓阳/摄

微镜目检区

建管并重城乡统筹

▲ 亲水亲绿，新郑更加宜居宜业　刘栓阳/摄

▲ 美丽乡村——泰山村　刘栓阳/摄

▲ 晨曦中的新郑新区　刘栓阳/摄

▼ 辛店镇孙河民俗村　刘栓阳/摄

▼ 中华路街景　刘栓阳/摄

梨河镇前吕村服装加工车间 ▶
刘栓阳/摄

◀ 种植山药，助农增收
刘栓阳/摄

▲ 蔬菜种植基地　刘栓阳/摄

▲ 供港蔬菜收运忙　刘栓阳/摄

生态优先低碳发展

黄水河生态长廊　刘栓阳/摄

以文化城特色彰显

1 2021年4月14日，辛丑年黄帝故里拜祖大典在新郑举行　刘栓阳/摄

2 2021年9月12日，中华枣乡风情游暨第十九届红枣文化节开幕　刘栓阳/摄

3 2021年5月1日，新村镇梨园村戏曲文化节开幕　刘栓阳/摄

1

2

年黄帝故里
祖大典
轩辕黄帝

梨园大舞台
新村镇梨园村戏曲文化节
新郑农商银行预祝梨园村戏曲文化节圆满
郑州欧普陶瓷有限公司预祝梨园村戏曲文化节圆
永远跟党走
3

▲ 2021年4月12日，第十五届黄帝文化国际论坛在新郑举行　刘栓阳/摄

▲ 2021年6月12日，游客在新郑考院参观游览 陈向阳/摄

▲ 2021年10月23日，黄帝千古情演出剧照 刘栓阳/摄

▲ 2021年3月3日，纪念白居易诞辰1249周年活动在城关乡东郭寺村白居易故里举行 刘栓阳/摄

◀ 2020年12月29日，“与祖国同行”新郑市迎新春全民大联欢 刘栓阳/摄

市乡村三级党组织换届工作高质量完成

❶ 2021年1月6日，全市村（社区）“两委”换届工作推进会议召开　刘栓阳/摄

❷ ❸ 2021年5月，全市各乡镇相继召开党代会，图为中国共产党新郑市城关乡第十次代表大会现场
刘栓阳/摄

村级党组织“五星支部”创建深入开展

▲ 2021年5月15日，辛店镇西李庄村党员民主生活会召开　刘栓阳/摄

▼ 薛店镇大吴庄村党群服务中心　刘栓阳/摄

大力实施人才队伍建设工程

▲ 2021年1月15日，新郑市人才工作领导小组2021年第一次会议召开　市委组织部/供图

◀ 在落实郑州市政策基础上提高首次购房补贴标准，兑现人才购房券1607万元　市委组织部/供图

◀ 2021年11月18日，新郑市高校挂职人才座谈会召开　市委组织部/供图

目 录

中共新郑市委

新郑市人民代表大会及其常务委员会

新郑市人民政府

政协新郑市委员会

纪检　监察

民主党派

人民团体

军　事

法 治

商务　政务

园区建设

农业　农村

水　利

工　业

交通　通信

商业贸易

金　融

财政　税务

经济管理与监督

科学技术

教　育

文 化

旅 游

卫生　体育

社会生活

乡（镇）街道

人　物

附　录

索　引

特载

FEATURES

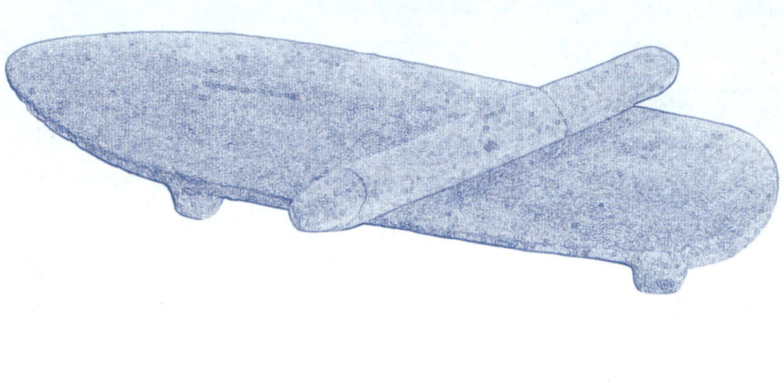

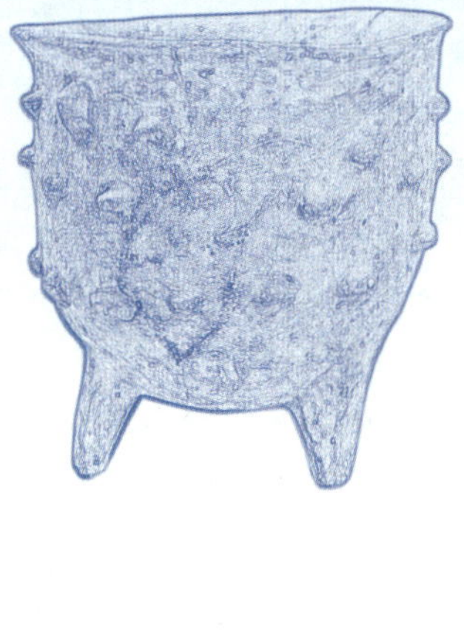

勇担新使命　砥砺再出发
努力开创新郑全国一流中等城市现代化建设新局面
——在新郑市委六届三次全会暨市委经济工作会议上的讲话

中共新郑市委书记　马志峰

（2021年1月12日）

同志们：

2022年是党的二十大召开之年，是“十四五”时期的关键之年。这次会议主要任务是，高举习近平新时代中国特色社会主义思想伟大旗帜，认真学习党的十九大和十九届历次全会、中央经济工作会议精神，深入贯彻习近平总书记“七一”重要讲话、关于河南和郑州重要讲话指示精神，全面落实省第十一次党代会、省委十一届二次全会暨省委经济工作会议和郑州市第十二次党代会、郑州市委十二届二次全会暨市委经济工作会议精神，回顾总结2021年工作，安排部署2022年任务，团结带领各级党组织、广大党员干部和全市人民，凝心聚力、锐意进取，真抓实干、担当作为，以昂扬姿态走好现代化全国一流中等城市建设新的赶考之路，为郑州国家中心城市现代化建设、中原更加出彩、中部地区崛起作出新的更大贡献。

下面，我受市委常委会委托，向全会报告过去一年的工作，就我市今年工作，讲几点意见。

一、拼搏进取、顶压前行，为建设现代化全国一流中等城市奠定坚实基础

2021年，是新郑发展史上极不平凡、极其特殊的一年，面对严峻复杂的国内外形势，特别是“7·20”特大暴雨灾害和新冠肺炎疫情严重冲击，在习近平新时代中国特色社会主义思想的指导下，在省委、郑州市委的坚强领导下，我们统筹做好防汛救灾、常态化疫情防控和经济社会发展各项工作，在风云突变时沉着应对，在疾风骤雨中顶压前行，全市经济社会发展持续保持稳中向好态势，圆满召开市第六次党代会，“十四五”实现良好开局、迈出坚实步伐。

过去一年，我们坚持高举旗帜，交出了“两个维护”的“政治答卷”。始终把政治建设摆在首位，认真学习贯彻习近平新时代中国特色社会主义思想，衷心拥护“两个确立”，坚决做到“两个维护”，不断提高政治判断力、政治领悟力、政治执行力。理论学习持续跟进，市委常委班子带头严格执行“第一议题”制度，第一时间传达学习习近平总书记重要讲话和指示批示精神，先后召开常委会会议学习36次；扎实开展党史学习教育，开展各类宣讲活动430余场次，覆盖党员群众17.5万余人次，推动党的创新理论走深走实。先后召开市委五届十三次全会、市第六次党代会和系列专题会议，围绕促进中部地区崛起、黄河流域生态保护和高质量发展战略，认真研究省委、郑州市委关于县域经济高质量发展相关精神，立足当前，着眼长远，提出了建设现代化全国一流中等城市的发展目标。

过去一年，我们坚持克难攻坚，交出了大战大考的“行动答卷”。面对突如其来的汛情疫情，市委快速反应、沉着应对、果断决策，第一时间启动防汛应急响应，累计出动各类抢险车辆1112台、救援人员16692人参与排险除险、转移群众、抢险救灾，尽最大努力减少人民群众生命财产损失；第一时间启动恢复重建，抢通水电、排涝除淤、消杀防疫，累计发放救灾物资62万件、救灾资金2.5亿元，以最大力度保障人民群众生产生活需要；第一时间激活疫情防控应急体系，盯紧看牢重点领域、重点环节、重点部位，抓实抓细联防联控、核酸检测、疫苗接种等各项防控措施，全面压实“四方责任”，真正把疫情圈住封死，守好郑州的“南大门”，确保了全市生产生活秩序整体平稳有序。省疫情防控督导组给予了“学习领悟到位、组织领导到位、应急响应到位、流调溯源到位、全域防控到位、社会稳定到位”的高度评价。

过去一年，我们坚持转型升级，交出了高质量发展的“优质答卷”。经济发展行稳致远，2021年完成地区生产总值793.3亿元，同比增长5%；地方一般公共预算收入74.7亿元；固定资产投资456.9亿元；社会消费品零售总额332.2亿元，同比增长9.2%；规模以上工业增加值同比增长6.1%。全国科技创新百强县（市）、全国中小城市综合实力百强县（市）、县域经济基本竞争力百强县（市）排名分别攀升至第44、38、28位，县域经济发展质量总体评价连年位居全省县（市）首位。工业经济加快转型，电子信息等新兴产业增加值占规模以上工业比重超过30.8%。现代服务业提质发展，金融机构数量、银行存贷款规模连年保持全省县（市）首位。现代农业稳步提升，粮食生产稳定增长，新型农业经营主体蓬勃发展，全市农民合作社达283家，农业发展活力更加强劲。坚持“项目为王”，项目建设强势推进，黄帝故里园区改扩建等40个项目列入省、郑州市重点项目，完成投资280.6亿元。大力推动制造业高端化、智能化、绿色化发展，锐杰微封装芯片等11个项目进入省企业智能制造项目库，尊绅光电等31个项目实现开工，光明莫斯利安生产线改造等36个项目竣工投产。

过去一年，我们坚持开放创新，交出了攻坚突破的“改革答卷”。围绕“三主三新”产业体系发展，强化以商招商、基金公司招商、专业团队招商，以高水平招商引资推动产业转型发展，全年签订项目30个、总金额303亿元，引进域外境内资金96亿元，招引5G大数据中心等超10亿元项目5个。以一件“事”为牵引，深化“一网通办、一次办成”改革，推行“标准地”出让，让用地企业享受到“拿地即开工”；工程项目审批时间压减至最长61个、最短22个工作日；首推商品房“交房即发证”新服务模式，实现交房同时即可领取不动产权证书；高效行使省、郑州市赋予我市156项经济社会管理权限，办事效率和服务水平显著提升；营商环境排名全省104个县（市）第1位，是唯一一个达到省辖市优秀水平的县（市）。加强创新平台载体建设，激发企业自主研发能力，建成航天液压等17家省级企业技术中心、瑞泰耐火材料等5家省级工程研究中心。实施培育创新型企业三年行动计划，新增规模以上工业企业39家，高新技术企业36家，“专精特新”企业28家，全社会研发投入强度由上年的1.13%提高到1.7%，科技创新水平持续提升。

过去一年，我们坚持建管并重，交出了城乡统筹的“品质答卷”。深入践行“用脚步丈量工作法”，坚持以城带乡、协调并进、一体化发展，确立了“双核引领、多点支撑、组团联动、功能互补”的城乡发展新格局。实施城市建设提质项目48个，年度投资24.4亿元，新建提升城乡道路32条、56公里，改造提升老旧小区、背街小巷18个，建成开放大型城市公园、多功能街头游园10个，新规划停车位3800个，城市功能日益完善。大力实施城乡环卫一体化，严格落实“路长制”，常态化开展“大清理、大清扫、大清洗”行动，城市主次干道机械化清扫率、垃圾清运率、无害化处理率均达100%，城市环境面貌持续改善，顺利通过国家卫生城市复审。智慧城市加快推进，数字城市运行管理中心、龙湖城管分中心建成并投入使用，数字化城管基本实现全域覆盖，城市管理更加精细。乡村振兴战略深入实施，2个美丽乡村精品村、12个美丽乡村示范村和7个美丽乡村特色村建设任务基本完成，农村旱厕、垃圾治理实现“动态清零”，农村人居环境焕然一新。

过去一年，我们坚持生态优先，交出了低碳发展的“绿色答卷”。大气污染防治有效开展，整治提升中小微企业162家，PM10、PM2.5累计浓度分别下降8.4%、

13.7%，年优良天完成227天，全市空气环境质量得到明显改善。河湖长制工作扎实开展，双洎河国控断面水质稳定达标，城关污水处理厂中水回用项目、龙湖湿地公园尾水净化处理项目建成投运，城市建成区黑臭水体提前一年完成"动态清零"，水生态环境质量逐步提升。大力实施国土绿化、廊道绿化、城市绿化，完成新造林4300亩、森林抚育1.3万亩，全市森林覆盖率达到31.5%，建成区绿化覆盖率达到41.5%，建成区人均公园绿地面积增至16.7平方米。

过去一年，我们坚持以文化城，交出了特色彰显的"人文答卷"。大力弘扬社会主义核心价值观，推进公民道德建设工程，入选"中国好人"1人，榜样力量进一步深入人心。全面启动2021—2023年新一轮全国文明城市创建工作，在河南省文明城市观摩交流互评活动中获得优秀等次。黄帝故里园区改扩建项目建设如火如荼，九大项目等工作均按时间节点压茬推进，壬寅年黄帝故里拜祖大典将向全世界炎黄子孙展示庄严肃穆、气势磅礴的故里新貌；连续16年成功举办黄帝故里拜祖大典，连续高规格举办15届黄帝文化国际论坛，黄帝千古情魅力持续绽放，黄帝文化的影响力、凝聚力和向心力更加强劲。持续开展"戏曲进乡村""百场演出送农民"等群众喜闻乐见的文化惠民活动1700余场次，覆盖群众50余万人，群众精神文化生活不断丰富。加强历史名城保护利用，新郑考院入选第八批河南省文物保护单位，裴李岗遗址入选第三届中国考古学"百年百大考古发现"名单。

过去一年，我们坚持以人为本，交出了温暖人心的"民生答卷"。坚持以人民为中心的发展思想，回应群众关切，办好民生实事，全年民生支出83.2亿元，占一般公共预算支出82.4%。持续推进巩固拓展脱贫攻坚成果同乡村振兴有效衔接，贫困人口稳定脱贫、持续增收。教育质量稳步提升，坚持办好人民满意的美好教育，新建、改扩建中小学、幼儿园14所，新增学位6930个，中小学校午餐配餐和课后延时服务实现全覆盖，高中教育教学质量连续30年保持郑州县（市）领先位次。就业创业充分保障，开展职业技能培训2.3万人次，新增城镇就业再就业8817人，发放创业担保贷款7710万元。全面建设健康新郑，深入推进紧密型医共体建设，持续深化医药卫生体制改革，市公立人民医院成功创成三级医院，市公立中医院主体完工，建成3个社区卫生服务中心，基层公共卫生服务体系不断完善。深入推进"三零"平安创建和政法队伍教育整顿，常态化开展扫黑除恶斗争，全市信访形势平稳向好，安全生

产形势持续稳定，平安建设基层基础不断夯实，人民群众安全感不断增强。

过去一年，我们坚持全面从严治党，交出了党建引领的“红色答卷”。坚持和加强党的全面领导，深入推进党史学习教育，党员干部思想政治素质不断提升。牢牢把握意识形态工作领导权，巩固壮大主流思想舆论。坚持正确选人用人导向，高质量完成市乡村三级党组织换届工作，围绕安置墩苗育苗干部、乡镇党委换届、机构改革等工作进行干部调整，提拔使用一大批干部到重要岗位履职历练。深入实施关于加强党的基层组织建设“双带双争”三年行动计划，着力推进村级党组织“五星支部”创建，基层党组织战斗堡垒作用不断增强。落实党管人才要求，大力实施人才队伍建设工程，通过“故里英才引进计划”新招引99名硕士研究生以上学历高层次人才，为我市高质量发展注入新的活力。坚定不移正风肃纪反腐，一体推进不敢腐、不能腐、不想腐，省委巡视“回头看”反馈问题整改工作扎实推进，巡察利剑作用有效发挥，强力整治“四风”问题，严肃查处违反中央八项规定精神问题11起13人，反腐败斗争压倒性胜利进一步巩固拓展。

一年来，我们共同经风雨迎挑战，深切感受到：

唯有信念坚定才能校准航向。我们坚持以习近平新时代中国特色社会主义思想定向领航，坚定不移贯彻中央和省委、郑州市委决策部署，科学应对各种复杂局面，战胜了一个又一个艰难险阻。实践证明，只要我们坚持和加强党的全面领导，立足“两个大局”，心系“国之大者”，坚定捍卫“两个确立”，坚决做到“两个维护”，在政治立场、政治方向、政治原则、政治道路上，时时处处与党中央保持高度一致，与习近平总书记的要求保持高度一致，就一定能够少走弯路、事半功倍，不断取得新胜利！

唯有人民至上才能无往不胜。我们始终坚持以人民为中心的发展思想，用心用情用力解决群众“急难愁盼”问题，在全社会形成了同心同德、同向同行、群策群力、共建共享的良好局面。全民参与的疫情防控“阻击战”和防汛救灾“攻坚战”，两轮战疫、双重大考，让我们再次深刻感受到“人民力量”。实践证明，只要我们始终把人民放在心中最高位置，保持同人民群众的血肉联系，一切为了人民，紧紧依靠人民，不断造福人民，就一定能够赢得人民群众的信任和支持，凝聚起推动高质量发展的磅礴力量！

唯有作风务实才能行稳致远。我们牢记习近平总书记“作风建设永远在路上”的谆谆教诲，大兴务实之风、实

龙湖十七里河公园（刘栓阳/摄）

干之风，深入践行“用脚步丈量工作法”，坚持“脚步丈量城市，树牢宗旨意识；脚步丈量乡村，践行为民初心；脚步丈量企业，提升政务效能”，为推动高质量发展摸清了“底子”、开出了“方子”、探索了“路子”，架起了干群关系的“连心桥”，抓住了破解难题的“牛鼻子”，树立了干事创业的“正导向”。实践证明，只要我们始终坚持以“功成不必在我”的精神境界、“功成必定有我”的历史担当和“踏石留印、抓铁有痕”的工作作风，勇于担当、务实重干，就一定能够推动新郑经济社会高质量发展行稳致远、进而有为！

*唯有勇争一流才能跨越赶超。*勇争一流、敢为人先，是新郑党员干部的鲜明特质，是新时代拼搏奋斗的生动诠释。我们始终坚持对标一流、争先进位，全市人民万众一心、共克时艰，在高质量发展的道路上比学赶超，新郑发展质效越来越好，县域经济发展质量总体评价连年位居全省县（市）首位。实践证明，只要我们始终保持永不自满、永不懈怠的精神状态，始终坚持比学赶超、争先进位的奋斗姿态，就一定能够在现代化全国一流中等城市建设中谱写新篇章、再创新辉煌！

*唯有担当作为才能成就精彩。*一年来，我们顶住了经济下行的压力、新冠疫情的冲击、防汛救灾和灾后恢复重建的多重考验，办成了一系列大事难事，团结奋进凝聚我们最强的战斗力，拼搏奉献成为我们的最亮色。实践证明，只要我们始终把责任扛在肩上，不为任何困难所阻，不为任何风险所惧，不为任何干扰所惑，始终发扬斗争精神，增强斗争本领，就一定能够战胜一切困难，永立发展潮头！

以上这些成绩的取得来之不易，根本在于习近平总书记和党中央的掌舵领航，得益于省委、郑州市委的坚强领导，得益于社会各界的大力支持，得益于全市各级党组织和广大党员干部的奋力拼搏。在此，我谨代表中共新郑市委，向全市广大党员干部群众一年来的艰辛付出，向社会各界对新郑的支持帮助，致以衷心感谢和崇高敬意！

在肯定成绩的同时，我们必须清醒地看到：科技创新能力不足，产业转型较为缓慢仍是制约新郑高质量发展的瓶颈，新旧动能转换还需下更大功夫；治理体系治理能力现代化水平不高，社会治理、安全稳定等领域仍面临诸多现实挑战；生态环境、公共服务、基层组织建设等领域仍有短板。对此，我们必须增强忧患意识，坚持问题导向，在攻坚克难中夺取新的更大胜利！

二、对标对表、凝心聚力，为建设现代化全国一流中等城市锚定正确航向

近段时间，中央和省委、郑州市委相继召开全会和经济工作会议，深入分析当前经济形势，对2022年经济工作作出安排部署，尤其是提出了“稳字当头、稳中求进、以进促稳”的工作要求，为我们做好今年工作指明前进方向。因此，我们要进一步增强“四个意识”、坚定“四个自信”、做到“两个维护”，把思想和行动统一到中央和省委、郑州市委决策部署上来，主动作为，狠抓落实，确保上级决策部署在新郑条条落实、事事见效。

（一）识大局，始终保持“风雨不动安如山”的政治定力。习近平总书记多次强调，领导干部要胸怀“两个大局”，一个是中华民族伟大复兴的战略全局，一个是世界百年未有之大变局，这是我们谋划工作的基本出发点。当前，全球疫情仍在蔓延和反复，疫情长尾特征更趋明显，一些国家保护主义和单边主义盛行，经济全球化遭遇逆流。从国内看，我国经济发展面临需求收缩、供给冲击、预期转弱三重压力，世纪疫情冲击下，百年变局加速演进，外部环境更趋复杂严峻和不确定。但更要看到，我国经济韧性强、潜力足、回旋空间大的基本特质没有变，尤其是在“双循环”新发展格局中，把国内大循环放在更加重要的位置，对具有显著区位、交通优势，位居人口、市场腹地的新郑极为有利，将迎来更多历史性发展机遇。因此，我们既要看到短期经济运行面临的风险挑战，更要从长期大势把握形势，保持战略定力。

（二）观大势，始终保持“逆水行舟慢则退”的危机意识。纵观新郑的发展环境，挑战依然严峻。从动能潜力看，现代产业体系不够健全，以电子信息等为主的先进制造业还处于起步阶段，动能转换和产业升级面临资源要素、环境约束等诸多考验。从城市治理看，新郑正在经历由小城市向中等城市的转变，功能性建设、全周期管理等仍有不少短板，现代化治理体系和治理能力有待进一步提升，疫情反复、极端气候等对城市安全和韧性提出更高要求。从竞争态势看，在资源趋紧、区域趋同的背景下，城市之间呈现竞争加剧、合作加速的双重特性，既是“逆水行舟”，也是“百舸争流”，竞争态势逼人，比学赶超、争先进位面临更多压力。如，全国科技创新百强县市新郑排名第44位，位居全省首位，拥有高新技术企业98家，但对比全市企业体量来说，数量仍然偏少，特别是与晋江（253家）、长沙县（569家）、江阴（650家）、张家港（785家）、昆山（2014家）等科技创新强市相比，差距尤为明显。我们还要清醒地认识到，省内和周边其他兄弟县（市）正在努力缩小差距，稍有松懈就可能失去第一的位置。因此，我们必须进一步强化效率意识、担当意识、争先意识，与最优者“对标”、与最强者“比拼”、与最快者“赛跑”，更加重视激发高质量发展的动力活力，更加

重视催生高质量发展的新动能新优势，奋力在比拼中强内功、创优势。

（三）知大任，始终保持“直挂云帆济沧海”的壮志豪情。奋斗者胜，奋进者强。当前，新一轮科技革命和产业变革加速演进，《中共中央 国务院关于新时代推动中部地区高质量发展的意见》出台，中部崛起战略和郑州国家中心城市现代化建设的深入推进，将给我们持续带来重大机遇和政策利好。特别是，省第十一次党代会明确提出，推进县城扩容提质，支持新郑等县市发展成为中等城市、推进一县一省级开发区建设、提升黄帝故里拜祖大典影响力、推进南水北调后续工程高质量发展等；省政府出台的《深化省与市县财政体制改革方案》中把新郑列为省财政直管县；郑州市委十二届二次全会提出，加快黄帝故里园区等重大文化项目建设，加快推进黄帝故里拜祖大典等重大文化活动提升层次、扩大影响，完成市县“一枚印章管审批”改革等，必然会有更多的政策、更多的资源向新郑倾斜。这些都是我市今后发展的信心所在、动力所在。因此，我们要始终保持一往无前的昂扬斗志、敢打必胜的攻坚锐气，抢抓机遇、奋力拼搏，努力推动新郑在全省县域经济“成高原、起高峰、出重彩”。

三、担当作为、奋力争先，为建设现代化全国一流中等城市迈出坚定步伐

2022年是实施“十四五”规划的关键之年，做好今年的经济社会发展各项工作，我们责任重大。可以预见的是，我市正处于压力加大与机遇集聚的“换挡期”，经济发展长期向好的基本面不会变，高质量发展正当其时、恰逢其势。

综合考虑，今年经济工作的总体要求是：坚持以习近平新时代中国特色社会主义思想为指导，全面贯彻落实党的十九届六中全会和中央经济工作会议精神，全面落实省委十一届二次全会暨省委经济工作会议、郑州市委十二届二次全会暨市委经济工作会议安排部署，坚持稳字当头、稳中求进、以进促稳，深入把握新发展阶段，完整、准确、全面贯彻新发展理念，主动服务和融入新发展格局，以深化供给侧结构性改革为主线，以改革创新为根本动力，以县域治理“三起来”为根本遵循，以党的建设为引领，以“整体工作争先进成高原、重点工作创一流起高峰”为总要求，全面开展“工作有标杆、落实有标准、突破有标志”“三标”活动，深入实施“九项工程”，努力发挥好全省县域经济发展“领头羊”作用，全力开局破题，奋力高台起势，加快建设现代化全国一流中等城市，为郑州国家中心城市现代化建设、中原更加出彩作出新的更大贡献，以优异成绩迎接党的二十大胜利召开。

对照中央和省委、郑州市委确定的经济发展目标，综合把握新郑的责任使命、地位作用、发展态势和现实基础，今年我们要努力实现以下预期目标：地区生产总值增长7.5%，规模以上工业增加值增长10%以上，全社会固定资产投资增长10%以上，全社会研发经费增幅20%以上，各项质量、效益指标和民生指标有明显提升。

重点要做好以下八个方面工作：

（一）着力抓转型、促升级，构建更加优化的产业结构

认真落实换道领跑战略，深入实施产业升级提速工程，推动先进制造业和现代服务业发展集聚化、高端化，推动“三主三新”产业体系迈出新步伐，着力建设现代临空产业新城。培育壮大主导产业。坚持以制造业高质量发展为主攻方向，做大做强电子信息产业，积极培育新一代信息技术等新兴产业，推动先进制造业集群发展、链式发展，进一步提升制造业高质量发展的支撑力。推动先进制造业与现代服务业融合共生，大力发展电子商务、会展商务、总部经济等业态，努力跑出动能转换的“加速度”。改造提升传统产业。坚持高端化、智能化、绿色化方向，支持传统产业企业开展新一轮技术改造，持续推动企业工艺装备升级、新产品的研发应用以及发展新模式新业态，推进科技赋能增效，让传统产业焕发新活力。大力发展高端商贸物流业，推进传统商贸物流业改造升级，推动物流物贸、线上线下深度融合发展。坚持项目为王导向。常态化开展“三个一批”活动，以项目推动、用项目支撑，不断催生调结构突破点、稳增长关键点，以高质量项目建设推动全面转型高质量发展。全力以赴在项目推进上求突破，紧盯前期、在建、续建项目持续攻坚，科学调度，强力推进，力促项目建设提速增效。集中精力在项目达效上求突破，树牢“以项目论英雄”的鲜明导向，定期组织项目观摩，推动包联帮扶常态化、服务保障精细化，确保落地项目早开工、开工项目早竣工、竣工项目早投产。强化园区承载能力。贯彻落实“一县一省级开发区”改革要求，充分发挥新港产业集聚区优势，围绕园区内企业生产生活需求，进一步完善园区电力、供排水、天然气、通信等公共服务配套设施，着力构建高水平产城融合发展体系，打造全市制造业高质量发展引领区。制定实施“专精特新”中小企业培育专案，加快推进中德产业园、航美智慧城等中小企业园招商运营，抓好光电显示产业园、集成电路产业港等小微企业园建设，着力建设一批以“企业集聚、产业集群、要素集约、技术集成、服务集中”为鲜明特征的中小企业园。

（二）着力抓基础、强功能，打造更高品位的城市品质

认真落实以人为核心的新型城镇化战略，以打造宜

居宜业生态城市为目标，深入实施城乡建设管理提质工程，努力实现城市承载能力和品质内涵“双提升”。优化城市规划布局。围绕建设现代化全国一流中等城市发展目标，准确把握城乡建设、产业布局、生态保护、人居环境等各方面空间需求，高标准编制实施国土空间总体规划和总体城市设计，加快推进产城融合，不断健全完善“双核引领、多点支撑、组团联动、功能互补”的城乡发展格局。以郑韩故城内外环路和国家考古遗址公园规划建设、中华路和迎宾路沿线提升为牵引，打通老城新城结合部的堵点、难点，加快老城新城融合，进一步彰显文化特色，提升城市品质。大力推进城区和中心镇提质扩容，全面提升公共服务能力、人口吸纳能力，形成以主城区和龙湖片区为带动、其他乡镇协调发展的城镇格局。着力打造坚强城市。牢记历史责任、弘扬工匠精神，下足绣花功夫、锻造钻石品质，持续完善道路交通、地下空间、综合管廊等重大基础设施建设，全面提高城市防御灾害、抵御风险能力；持续推动老旧小区综合改造，加快公共停车场、城市绿地等便民设施建设，系统做好水电气暖等公用设施提档升级，持续推进雨污分流改造，统筹推进城市综合体等功能设施建设；启动主城区、龙湖片区集中供热建设，满足企业、群众生产生活用热需求；加快实施龙湖西部污水处理厂、临郑水厂等一批公共基础设施项目，进一步提升城乡综合承载能力。强化城市精细化管理。坚持以人民为中心，树立全周期城市管理理念，纵深推进城市“序化、洁化、亮化、美化、智慧化”工作。推进城市管理理念、模式、手段创新和智慧化升级，全面提升市政、城管、环卫、绿化等城市管理工作精细化管理水平。深入推进数字化转型。坚持把数字化转型作为现代化建设的先导工程、基础工程，作为提升城市能级、打造核心竞争力的平台抓手，加快建设新型智慧城市。建设数字孪生城市，以“城市大脑”为依托，以县域社会治理一体化建设为关键，以产业数字化、数字产业化为支撑，健全“云+网+平台”基础框架体系，推进数字政府、数字社会、数字经济全面突破，增强高质量发展的数字牵引力。

（三）着力抓改革、促开放，锻造更加优良的营商环境

深化重点领域改革。稳步推进供给侧结构性改革，加快要素市场化配置改革，深化人才发展体制机制改革，抓实民生领域改革，围绕发挥好政府和市场两个作用、培育壮大市场主体，力争重点领域和关键环节的改革取得更大进展。深化开发区管理体制改革，推进“一枚印章管审批”改革，按照产业用地不低于60%的原则留足空间，保障优质产业项目快落地。做好党政机构改革“后半篇文章”，完成事业单位重塑性改革，实施好养老服务体系、县域紧密型医共体、中小学“双减”等民生领域改革，让人民群众有更多的获得感、幸福感。积极争取国家和省、郑州市级层面的改革试点，发挥好试点对全局性改革的示范带动作用，形成新郑发展的制度优势。全面加强开放招商。坚持把招商引资作为扩大开放、发展开放型经济、推动县域经济持续健康发展的重要抓手，以改革的思维、开放的理念、务实的作风抓紧抓好招商引资工作。围绕“三主三新”产业发展，以电子信息产业为重点，围绕产业链完善供应链、布局创新链、配置要素链、健全制度链，大力推行以商招商、全产业链招商、基金公司合作招商等方式，紧盯国内外500强企业、独角兽企业，引进一批投资规模大、带动能力强、科技含量高的龙头型企业、大个头项目，确保有2个以上投资超10亿元高质量项目落地。深入推进创新驱动。坚持以创新为驱动、以人才为支撑，以非常之策、非常之力推进科技创新，实现科技创新平台建设、人才聚集、主体培育、研发投入大幅度提升，让科技创新成为新郑的最强音、发展的主旋律。充分发挥我市高校众多的优势，推动校、地、企合作进一步深化，支持学校和企业在创新、科技、人才等方面积极开展合作交流，通过产学研用深度融合实现各方优势互补、互惠共赢。坚持人才引领发展的战略地位，坚持聚天下英才而用之，坚持全方位培养用好人才，深入实施“黄河人才计划”“故里英才引进计划”，实行更加开放、更具竞争力、更加灵活高效的人才政策，进一步完善人才管理制度，努力营造识才爱才敬才的良好环境，着力引进一批站位行业科技前沿的领军人才和团队。深入实施营商环境优化工程。依托“放管服”改革优化营商环境，以“一网通办”“一网统管”为引领，积极借鉴先进经验，加强企业全生命周期服务，真正做到企业有难必解、营商环境有堵必通、人民群众有呼必应，切实擦亮新郑营商环境“金招牌”。树牢服务意识、“店小二”精神，聚焦企业和群众反映的营商环境突出问题，完善经常性、规范化政商沟通机制，持续改进政务服务。深入开展“万人助万企”活动，落实落细上级出台的减税降费等支持企业发展的各项政策措施，实实在在为企业纾困解难，不断培育壮大市场主体，提振企业发展信心。

（四）着力抓生态、重保护，绘就更加美好的绿色画卷

认真落实绿色低碳转型战略，牢固树立“绿水青山就是金山银山”理念，深入实施生态环境改善工程，坚定走生态优先、绿色发展之路，以更高标准打好蓝天、碧水、净土保卫战。加强生态环境治理。深入贯彻习近平生态文明思想，推动减污降碳协同增效，加强PM2.5与臭氧协同控制，实现环境空气质量持续改善。统筹推动水资源、水生态、水环境治理，严格落实好“河长制”，深化“四水同治”，统筹“五水综改”，扎实开展河湖“清四乱”专项整治行动，妥善解决涉水问题，保障饮用水源和地下水环境安全，实现水资源安全高效利用、河流断面高质量稳定达标。按照控源头、防新增、重监管、保安全的思路，全面提升土壤环境管理水平，确保全市土壤环境稳中向好。认真落实好“林长制”各项工作要求，持续开展国土绿化，扎实开展园林绿地景观综合整治提升活动，不断优化完善城市绿廊，争创国家森林城市、国家生态园林城市。加快生态水系建设。以功能化、生态化、景观化为目标，通过集中连片规划、统筹水岸并治，打造好水清、岸绿的河湖风景线。加快补齐农村水利短板，大力推进南水北调中线观音寺调蓄工程、水系连通、老观寨水库区域生态修复等项目建设，着力打造完善现代河湖水网体系，再夺省“红旗渠精神杯”。推动绿色低碳发展。加快调整优化产业结构、能源结构、交通结构、用地结构，加快重点行业绿色低碳改造，加快发展绿色企业、改造提升传统产业，着力构建绿色循环低碳产业发展体系。强化绿色发展意识，提高公众环保意识、生态意识，在全市推动形成绿色低碳、文明健康的生活方式和消费模式。

（五）着力抓品质、彰特色，建设更具特色的历史文化名城

文化是城市之魂。要以建设黄帝文化历史名城为目标，认真落实文旅文创融合战略，深入实施文化特色彰显工程，积极推进黄帝文化、根亲文化与黄河文化的有机融合，充分挖掘保护传承历史文化资源。彰显文化底蕴。加快黄帝故里园区规划建设，确保壬寅年拜祖大典在新场地举办，2023年全部建成投用；继续高规格举办黄帝故里拜祖大典和黄帝文化国际论坛，持续扩大黄帝文化在全球华人中的影响力、辐射力和感召力，着力打造“全球华人拜祖圣地、中华民族精神家园”。注重对历史文化资源的挖掘、整理与研究，逐步健全非物质文化遗产保护传承机制，用文化的力量凝聚群众的归属感、荣誉感。加强文化创新力度，以黄帝文化为核心，围绕裴李岗文化、郑韩文化、红枣文化等，推出一批宣传新郑、推介新郑的精品力作。提高文明水平。今年是我市全国文明城市创建三年周期中承上启下的关键之年，全市上下要以创建全国文明城市为抓手，切实扛牢责任，真抓实干，把人民群众的“幸福清单”作为文明城市创建的“责任清单”，更好满足群众对美好生活的向往，为高质量发展提供坚实的文明支撑。要加强文化惠民服务，广泛开展群众性文化活动，鼓励社会力量参与文化事业，完善城乡公共文化服务体系，加快图书档案方志馆等公共文化场馆建设，促进公共文化服务均衡发展，全面提升公共文化服务效能。要以“弘扬全社会崇德向善正能量，争做新时代最美黄帝故里人”为主题，深化群众性精神文明创建活动，广泛开展志愿服务关爱行动，在全社会掀起精神文明建设新热潮。加快文旅融合。找准文化和旅游的结合点，整合优势历史文化资源，将黄帝故里、郑韩故城、具茨山、裴李岗遗址等串点成线，精心设计打造一批特色旅游线路，推动文化事业和文化产业双繁荣。高质量提升全域旅游配套功能，加快旅游公共服务体系建设，推动旅游景区、餐饮等旅游企业提档升级，积极引进和丰富旅游产品业态，全力推进景点旅游向全域旅游转变，力争创成“河南省全域旅游示范区”。

（六）着力抓巩固、促衔接，推进更高水平的乡村振兴

围绕“产业振兴、人才振兴、文化振兴、生态振兴、组织振兴”，持续推动巩固脱贫攻坚成果同乡村振兴战略有效衔接，筑牢特色产业支撑，推动农业稳产增产、农民稳步增收、农村稳定安宁，全面推进乡村振兴取得新进展、农业农村现代化迈出新步伐。扛稳粮食安全责任。坚持党政同责、齐抓共管，全力抓好粮食生产和重要农产品供给，深入实施“藏粮于地、藏粮于技”战略，严守耕地保护红线，严格管制耕地用途，加强耕地保护和质量建设，进一步稳定粮食产能，确保丰产丰收；依托大枣等特色优质资源，推进农业全产业链发展，以调整结构、优化品种、提升品质为重点，以深化产业链、价值链、供应链“三链同构”为切入，推动一二三产业融合发展，扎实做好“粮头食尾”“农头工尾”文章。加快美丽乡村建设。依托“一渠八脉”水系框架，集中连片规划建设乡村振兴示范区，让水清、景美的生态水系为乡村振兴提颜值、增气质。大力改善农村人居环境，以泰山村、裴李岗村等精品村为示范带动，结合“四美乡村”“五美庭院”“美丽小镇”建设，以生活垃圾污水治理、村容村貌提升为重点，深化“治理六乱、开展六清”集中整治行动，加强传统村落、文化遗迹保护，让村庄留住乡愁、增加韵味、增添人气。促进农业农民增收。严格落实过渡期内“四个不摘”要求，健全防止返贫动态监测和帮扶机制，坚决守住不发生规模性返贫的底线。深化农村集体产权制度改革，挖掘农业农村多重价值，探索新型农村集体经济发展路径，提升集体经济发展能力，确保全市村级集体经济收入全部突破10万元。积极培育文明乡风。统筹农村公共服务建设，实施教育、医疗、养老、文化等基本公共服务向乡村延伸工程，加快实现城乡公共服务均等化，完善共同富裕的基础条件。深入开展农村精神文明建设，突出“一约五会”作用，传承创新优秀乡土文化，着力培育文明乡风、良好家风、淳朴民风，进一步丰富乡村精神文化生活，提升农民精神风貌，提高乡村社会文明程度。

（七）着力抓民生、保稳定，增进更加殷实的民生福祉

坚持尽力而为、量力而行，抓好普惠性、兜底性、基础性民生，深化民生福祉增进工程，解决好“一老一小一青壮”问题，让发展更有“温度”、幸福成色更足。常态化推进疫情防控。严格落实“外防输入、内防反弹”工作要求，从严从细落实各项防控措施，坚决守护人民群众生命安全和身体健康。坚持常态化防控和局部应急处置有机结合，抓好重点区域和关键环节防控，坚决打好打赢常态化疫情防控持久战。全力加快灾后恢复重建。加快重大水毁水利工程建设进度，统筹防洪排涝能力提升和韧性城市建设、城乡综合开发，确保影响度汛的水毁修复工程在今年汛期前全部完工，确保全市安全度汛。要进一步充实完善我市灾后恢复重建项目库，坚持项目谋划和建设推进同步开展，高标准推进灾后重建和项目联审联批，确保项目能开尽开、能开早开。要进一步做好对防灾能力提升项目的梳理谋划，积极争取上级部门支持，加快海绵城市及综合管廊建设，全面提升供水、供电、交通、通信等基础设施抗灾标准和能力。稳步推进群众就业创业。大力推进“人人持证、技能河南”建设，深化职普融通、产教融合、校企合作，加强高水平职业院校和高水平专业建设，营造技能就业、技能增收、技能成才的浓厚氛围。强化就业优先导向，做好高校毕业生、退役军人、返乡人员等重点人群就业创业工作。实施积极的创业就业政策，营造崇尚劳动、尊重创造的浓厚社会氛围。提高公共服务发展水平。围绕“办人民满意的美好教育”，大力推进城乡教育均衡优质一体化发展，着力解决教育发展“短板”问题，确保我市教育教学质量在全国同类城市先进、在郑州县（市）领先。加快构建完善现代医疗卫生服务体系，建设紧密型区域医共体，推进市域医疗中心和社区卫生服务中心建设，完善分级诊疗模式，增强基层医疗卫生机构服务能力，努力实现“小病不出村、常见病不出乡、大病不出县”。完善城乡社会保障体系。坚持共享发展理念，加快构建“覆盖全民、城乡统筹、权责清晰、保障适度、可持续”的多层次社会保障体系。健全退役军人工作体系和保障制度，完善社会救助、慈善事业、优抚安置等制度，健全残疾人帮扶制度，让人民群众更多分享高质量发展成果。积极应对人口老龄化，健全基本养老服务体系，以居家养老为主体、机构养老为补充、医养康养相结合，合理布局养老服务中心、社区照料中心，让老年人有一个幸福美满的晚年生活。

（八）着力抓治理、增效能，提升治理体系和治理能力现代化水平

深入实施治理能力提升工程，完善共建共治共享的社会治理体系，构建系统完备、科学规范、运行高效的制度体系，以安全稳定的社会环境推动实现更高质量的发展。建设更高水平平安新郑。深入贯彻总体国家安全观，坚持问题导向，保持高度警惕，下好先手棋、打好主动仗，以大概率思维应对小概率事件，用如履薄冰的态度防范化解风险隐患，着力防范化解地方金融、企业债务等风险，切实维护社会大局和谐稳定。严厉打击各类违法犯罪行为，坚决遏制电信网络诈骗犯罪多发高发态势，守牢群众的“钱袋子”。高质量完成应急管理体制改革，形成统一权威高效的应急指挥体系、应急响应体系、组织动员体系，全面提升应急管理能力；认真落实“一县（市、区）一超标准洪水应对方案”要求，完善紧急避险专项预案，落实落细避险人员生活保障、组织服务等工作，切实维护人民群众生命财产安全。坚持和发展新时代“枫桥经验”，以“零上访、零事故、零案件”和“无疫”村（社区）、企事业单位创建为载体，推进关口前移，完善信访制度和人民调解、行政调解、司法调解联动工作体系，最大限度把各类矛盾纠纷化解在基层、消灭在萌芽状态。落实安全生产责任制，加强重点行业全流程、全环节、全要素监管，扎实做好消防安全，努力实现全域平安、本质平安。充分激发基层治理活力。强化基层社会治理创新，建立健全党建引领的基层群众自治制度和基层民主协商制度，充分发挥基层自治组织、各类社会组织的作用，瞄准社区居民群众需求，将楼院居民发动起来、组织起来、活跃起来，大力组织开展服务性、公益性、互助性等形式多样的社区活动，不断提升社区服务精细化、精准化水平。要优化网格设置，整合现有基层网格，根据区域特点、人口规模合理划分网格，以网格为单元、以基层组织为主导，整合各方力量，构建“一格一干多专多群”的网格化管理体系，实现“一格管全面”。深入推进全面依法治市。加强法治政府建设，严格落实重大行政决策法定程序，全面推行行政规范性文件合法性审核和备案审查，推动严格规范公正文明执法。巩固政法队伍教育整顿成果，深化司法体制改革，坚决整治司法领域顽瘴痼疾，切实加强新时代检察机关法律监督工作，全面提升司法公信力。深入开展普法宣传，让办事依法、遇事找法、解决问题用法、化解矛盾靠法成为全社会的自觉行动。

四、加强和改进党的建设，为建设现代化全国一流中等城市提供坚强保障

推动实现现代化全国一流中等城市建设的宏伟目标，首要任务就是进一步加强党的建设。要以能力作风建设年活动为载体，深入实施党建引领工程，着力压实管党治党政治责任，推动全面从严治党向纵深发展，引导广大党员干部牢记初心使命、坚定理想信念、践行党的宗旨。

（一）加强党的政治建设，铸就绝对忠诚的政治品格。党的政治建设是党的根本性建设，必须常抓不懈、久久为功。要把学习贯彻习近平新时代中国特色社会主义思想作为首要政治任务，切实加强和改进理论学习中心组学习，持续深化党史学习教育成果，通过开展一系列扎实有效的学习教育活动带动全市党员干部进一步坚定政治信仰、争做时代先锋。要把讲政治、改作风融入日常工作生活之中，时时处处对标对表、校正方向，以着力推进深入实施“九项工程”、建强“三主三新”产业体系的实际行动践行初心使命，切实增强“四个意识”、坚定“四个自信”、做到“两个维护”。

（二）加强基层组织建设，筑牢坚强有力的战斗堡垒。深入贯彻落实新时代党的建设总要求和党的组织路线，以“人民群众满意、社会和谐稳定、工作推进有力”为目标，坚持大抓基层、大抓基础的鲜明导向，深入实施加强党的基层组织建设“双带双争”三年行动计划，持续推进村级党组织“五星支部”创建工作，加强基层党组织标准化、规范化建设，推进组织设置和活动方式创新，增强党组织政治功能。充分发挥基层党组织战斗堡垒作用和党员先锋模范作用，把全市基层党组织建设成为宣传党的主张、贯彻党的决定、领导基层治理、团结动员群众、推动改革发展的坚强战斗堡垒，形成上下贯通、执行有力的组织体系。高质量开展“亮赛比”活动，落实好“三级抓村”机制和基层党建述职述评制度，持续抓好软弱涣散党组织整顿，推进城镇无主管楼院党的组织和工作高质量覆盖，打通基层党组织“毛细血管”、激活基层治理“神经末梢”，推动基层党组织全面进步、全面过硬，以高质量党建赋能高质量发展。

（三）加强干部队伍建设，树立实干担当的鲜明导向。千秋基业，人才为本，坚持党对人才工作的全面领导是做好人才工作的根本保障。要锚定正确的人才事业发展方向，以加快建设人才强市为目标，深入实施人才队伍建设工程，全方位培养、引进、用好人才，持续深化“校地企合作”，畅通高校、企事业单位和社会优秀人才进入党政机关挂职锻炼渠道，为建设现代化全国一流中等城市打好人才基础。要坚持重实干、重实绩、重基层的鲜明导向，在干部队伍中切实树立“干部是干出来的，不是熬出来的”理念，注重在全市中心工作特别是在“三城”建设、抓实疫情防控、推进乡村振兴等一线中历练、选拔、使用干部，把想干事、会干事、干成事的干部选出来、用起来，让务实重干、担当有为在全市蔚然成风。要加强党员干部教育培训工作，广大党员领导干部要有本领恐慌的危机感，增强补课充电的紧迫感，聚焦“既是领导干部、又是行家里手”的目标，围绕我市“十四五”规划、“两化九高”目标和解决经济社会发展短板、难题，持续提高培训的针对性和实用性，不断丰富专业知识，提升专业能力，以过硬的能力本领在错综复杂形势中把牢方向、赢得主动。

（四）锻造过硬能力作风，夯实履职尽责的本领基础。习近平总书记视察河南时多次就能力作风建设提出明确要求，强调要深学细照笃行焦裕禄精神，着力建设德才兼备的高素质执政骨干队伍。我们必须牢记习近平总书记嘱托，用党的光荣传统和优良作风砥砺初心、鼓舞斗志、凝聚力量，用党的实践创造和历史经验启迪智慧、指导实践、践行使命。要扎实开展能力作风建设年活动，认真践行“用脚步丈量工作法”，真正把心思放在谋发展上，把精力花在干事业上，把功夫下到抓落实上，躬身入局、担当作为，切实“提升能力、转变作风、实干立身、争先出彩”。要严格落实中央八项规定及其实施细则精神，带头纠“四风”、树新风，坚持一线工作法，坚持走好群众路线，坚持动真碰硬、求实求效，以工作实绩赢得组织信任、群众认可。

（五）坚持全面从严治党，涵养风清气正的政治生态。坚持党要管党、全面从严治党，坚持严的主基调不动摇，聚焦中央和省委、郑州市委决策部署等强化政治监督，严肃查处违反政治纪律和政治规矩的行为，确保执行不偏向、不变通、不走样，推进全面从严治党向纵深发展。要扎紧制度笼子，加快推进“三不”机制建设，加强对权力运行的制约监督，管好关键人、管到关键处、管住关键事，最大限度压缩腐败滋生空间，持续巩固反腐败斗争压倒性态势；要持续强化警示教育，利用警示片、忏悔录等载体以案明纪、以案释法、以案促改，教育引导党员干部永葆清正廉洁本色；要抓实抓细省委巡视“回头看”反馈问题整改工作，发挥巡察利剑作用，深化巡察整改和成果运用，提升巡察的质量和效果，坚决守住政治生态的“绿水青山”。

各位代表，同志们！大道至简、实干为先。让我们坚持以习近平新时代中国特色社会主义思想为指导，全面贯彻党的十九大和十九届历次全会精神，在省委和郑州市委的坚强领导下，团结带领全市党员干部群众，以更加奋发有为的精神状态，更加开拓进取的创新精神，更加求真务实的工作作风，不断开创我市高质量发展新局面，为新郑加快建设现代化全国一流中等城市作出新的更大贡献，以优异成绩迎接党的二十大胜利召开！

政府工作报告

——2022年6月28日在市六届人民代表大会第一次会议上

新郑市人民政府市长　马宏伟

各位代表：

现在，我代表市人民政府，向大会报告工作，请予审议，并请各位政协委员和列席人员提出意见。

一、本届政府工作回顾

过去五年，是我市发展历程中极不平凡的五年。面对严峻复杂的形势和诸多风险挑战，市政府在上级党委、政府和市委的正确领导下，在市人大、市政协的监督支持下，紧紧团结和依靠全市人民，坚持以习近平新时代中国特色社会主义思想为指导，攻坚克难、砥砺奋进，统筹疫情防控和经济社会发展，干成了一系列大事、要事、实事，经济社会发展取得了新的更大成就。

——*五年来，我们凝心聚力谋发展，高质量发展的底气更足、实力更强。*地区生产总值增至793.3亿元。一般公共预算收入从68.4亿元增加到74.7亿元，总量稳居全省县（市）首位。全国中小城市综合实力百强县（市）、县域经济基本竞争力百强县（市）分别从第41位、37位攀升至第38位、28位，县域经济发展质量总体评价连年排名全省县（市）首位。认定为全省第一批践行县域治理“三起来”示范县（市）。

——*五年来，我们统筹城乡促融合，城市发展格局更大、底色更亮。*常住人口达到120万人。城市建成区面积从66.2平方公里扩张至132.4平方公里，城镇化率从60.9%提高到68.7%。投入747.4亿元，实施城市建设提质项目339个，公共服务和基础设施加速向乡村延伸，城乡面貌焕然一新。

——*五年来，我们践行初心办实事，人民生活更加殷实、更有保障。*投入民生资金443.6亿元，每年办好重点民生实事，大班额、看病难、出行难等困扰群众的焦心事、烦心事得到有效解决。新郑籍豫A（V）牌照ETC小客车在郑州市域高速免费通行。三大攻坚战主要目标任务如期完成，现行标准下贫困人口全部脱贫。城乡居民人均可支配收入分别增至38950元、26879元。

——*五年来，我们勇争一流起高峰，城市知名度逐步扩大、影响力持续提升。*获得国家园林城市、国家级新型城镇化建设示范县、省级生态县（市）、省级森林城市等殊荣，以全省第一名成绩成功入围全国文明城市提名城市。先后有5个国家级、10个省级和18个郑州市级现场会在新郑召开，探索了一批叫响郑州乃至全省、全国的新模式、新经验。

五年来，我们认真贯彻上级党委政府和市委决策部署，主要做了以下六个方面工作：

（一）突出产业结构重塑，转型升级实现大跨越。制造业加速转型。坚持把电子信息产业作为战略支撑产业优先发展，规划建设6.7平方公里电子信息产业园，先后招引落地威斯获克等电子信息产业项目15个。锐杰微等45个重大产业项目建成投产，规上工业增加值年均增长7.2%。新增高新技术企业91家、科技型企业166家，高新技术产业占规上工业增加值比重由19.6%提升至33.1%，战略性新兴产业占规上工业增加值比重达到30.7%。实施工业技改项目224个，智能化改造企业32家，新增省级以上绿色工厂4家。新创中国驰名商标7件，商标拥有量达2.3万件，好想你成为全省唯一荣获中国商标金奖企业。新港产业集聚区晋升省级经济技术开发区。入选全省制造业高质量发展综合评价试点县（市）。第三产业蓬勃发展。传化中原物流小镇建成招商，华南城特色商业区晋升省三星服务业“两区”，商贸物流业增加值占GDP比重由16.4%增长至21.9%。黄帝千古情建成运营，轩辕夜游谷等一批高端文旅项目签约落地。接待游客2452.6万人次，实现旅游收入93.2亿元。房屋交易面积1804.6万平方米、交易额1425.5亿元，均居全省县（市）首位。入驻银行16家，全省县（市）最多，金融机构存贷款余额连年居全省县（市）首位。第三产业增加值年均增长5.9%。现代农业基础稳固。新增节水灌溉面积5.7万亩，新培育农业龙头企业10家、农民合作社16家、家庭农场39家，粮食总产稳定在22万吨以上。新认证“三品一标”农产品34个。评为国家高效节水灌溉示范县（市）、全国第二批节水型社会建设达标县（区）、省农业生产社会化服务示范县、省农产品质量安全县（市），连夺省“红旗渠精神杯”。

（二）全面统筹城乡发展，城市面貌发生大变化。城市品质日益提升。坚持规划引领，《新郑市国土空间总体规划（2020—2035）》编制取得阶段成效。新建改造郑韩路东延等道路27条，实施溱水路等18条道路雨污分流工程，完成中华路等20条道路、桥梁亮化，嫘祖路等7条群众期盼已久的断头路竣工通车。新增公共停车泊位3700个，新建改造农贸市场5个，改造提升老旧小区60个、背街小巷33条，疏解腾退土地建成良师园等游园15个。加快黄帝故里园区建设，实施三期旧城棚户区改造，建成市民广场、寻根门、轩辕殿等9项重点工程，园区面积扩展至38.6万平方米。规划建设3.5万平方米历史文化风貌区，修缮历史建筑38处，南街古巷重现传统街巷风貌。新区建设日新月异，华夏国际商务中心等9个总部大楼实现招商运营。城乡融合步伐加快。新建提升学院路东延等道路47条，204公里；新改建农村公路105条，143公里；城乡公路总里程达1360公里，创成省“四好农村路”建设示范县（市）。新建公交场站4座、候车站（亭）513个；增开城乡公交线路29条，616公里，评为全省“万村通客车提质工程”示范县（市）。建成投运8座变电站，改造农村电网1219公里。深入推进乡村振兴，建成农村人居环境整治示范片区4个、示范村60个、示范街道38条，138个行政村实现生活污水集中处理，泰山村等2个美丽乡村精品村加快建设。扎实推进“厕所革命”，新建公厕120个，完成4.4万户改厨改厕改水。坚持把拆迁群众安置摆在至关重要位置，建成安置房3万套，327.8万平方米；网签安置房2.4万套，8.4万名群众入住新型社区。城市管理更加精细。践行“用脚步丈量工作法”，全面推行“路长制”，城乡管理综合考评连续四年排名郑州县（市）首位，夺取郑州“爱国卫生金杯”。积极推动城乡环卫一体化，建成投用生活垃圾焚烧发电厂2座，常态化开展城市清洁行动，主次干道机械化清扫率、垃圾清运率、无害化处理率均达100%，通过国家卫生城市复审。智慧化城管基本实现全域覆盖，荣登中国数字治理百佳县（市）。建成区生活垃圾分类覆盖率达97%，入选农村生活垃圾分类和资源化利用示范县。

（三）全面激发内生动力，改革开放创新迈出大步伐。重点领域改革深入推进。深化“放管服”改革，1973个政务服务事项实现全程网办，369个事项实现掌上可办，企业开办时间压缩至半个工作日，工程建设项目审批时限压缩至最多61个工作日。营商环境综合评价跃居全省县（市）第一，成为全省唯一达到地级市优秀水平的县（市）。全面完成农村集体产权制度改革，认定为全国农村承包地确权登记颁证工作先进典型地区。强化国土资源管理，在郑州地区率先推行工业用地“标准地”改革，盘活闲置低效用地1550亩。公共资源交易领域改革持续深化，成功举办全省公共资源交易工作经验交流会，改革创新做法在全省推广。国有企业改革、政府机构改革、机关事业单位人事制度改革、养老保险制度改革等取得明显成效。开放招商成果丰硕。签约合丰泰等科技创新型、产业带动型项目30个，合同金额303.1亿元，其中，10亿元以上高质量产业项目7个。引进境内域外资金96.1亿元，实际吸收外资2.4亿美元，完成外贸进出口5.9亿元。实施两期“黄帝故里英才引进计划”，引进硕博士200名。成功举办亚太大学联合会——世界大学校长联合会联合年会。创新创业活力迸发。新增郑州市级以上研发平台66家，全市有效发明专利拥有量达1441件，荣获河南省科技进步奖42项，技术合同成交额从1.5亿元增长至10.1亿元，全社会研发投入强度从0.9%提高至1.7%，评为省知识产权强县工程示范县（市），全省唯一入选国家首批创新型县（市）建设试点。市场主体从3.2万家增加到10.5万家，居全省县（市）首位。深化校地合作，选派高校优秀人才到地方挂职，高规格举办“科技赋能经济、校地共谋发展”高峰论坛。全国科技创新百强县（市）排名第44位。

（四）全面推进系统治理，生态环境实现大改善。污染治理战果丰硕。坚持不懈做好工业源、扬尘源、移动源等污染治理，PM10、PM2.5年均浓度分别下降39.7%、36.2%，空气质量优良天数同比增加33天。严格落实“河长制”，持续开展“清四乱”专项行动，综合治理河道65.9公里，拆迁关停禁（限）养区养殖场274家，城市黑臭水体实现动态清零，双洎河国控断面水质稳定达标。城关污水处理厂等8个污水处理厂建成投用，全市日处理污水能力达32万吨，污水处理率达97.6%。评为省秸秆禁烧工作成绩突出单位、郑州市农作物秸秆禁烧和综合利用工作先进单位。生态建设成效显著。高标准打造生态水系，南水北调中线观音寺调蓄工程、老观寨水库生态修复和水系连通项目稳步实施；新建提升生态廊道33条，350公里；建成洧水公园、暖泉河公园等大型城市公园6个，新增中华路公园等街头游园27个；新造林5.1万亩，森林覆盖率和城市建成区绿地率分别从30.4%、30.9%提升至31.5%、36.7%，人均公园绿地面积达16.7平方米；创成郑州市级以上园林单位（小区）

42个、森林乡村11个。节能降碳稳步推进。整治提升中小微企业162家，“散乱污”企业动态清零，燃煤锅炉全部拆改，重点企业煤炭能源消耗量较五年前压减98%。新建充电桩2127个，新增更换新能源公交车、出租车110台，国三及以下排放标准营运柴油货车淘汰任务全面完成。

（五）全面增进民生福祉，社会事业取得大进步。社会保障日益健全。社保参保63.7万人，医保参保277.1万人次。城乡居民最低保障标准由每人每月550元、320元统一增长至740元。新增城镇就业再就业2.8万人，转移农村劳动力4.7万人，发放创业担保贷款3.6亿元。新建提升敬老院10所、社区日间照料中心47所，新增社会办养老机构7家。全市13个建档立卡贫困村、18个郑州市级低收入村、4个扶贫任务较重的面上村全部脱贫出列。全力帮助南召县脱贫摘帽，荣获全省结对帮扶工作先进单位。教育事业欣欣向荣。投资18.3亿元，新改扩建中小学、幼儿园86所，移交城镇小区配套幼儿园87所，新增优质学位10.2万个，学前教育普惠率达96.2%；坚决落实“双减”政策，全面推行中小学午餐供应和课后延时服务，规范整治校外培训机构838家；职业教育产教融合改革纵深推进；高中教育质量综合评价连续30年保持郑州县（市）领先位次。健康新郑深入推进。紧密型县域医共体建设稳步实施，市公立中医院主体建成，市公立人民医院建成运营并通过三级医院验收。龙湖片区3个社区卫生服务中心建成投用，5家乡镇卫生院达到国家推荐标准，8家乡镇卫生院（社区卫生服务中心）达到国家基本标准，通过全国基层中医药工作先进单位复审，列为国家慢性病综合防控示范区，创成全国健康促进县（市）。建成足球场19个，成功举办第四届运动会，评为全国群众体育先进县（市）。文化魅力更加彰显。连续高规格举办黄帝故里拜祖大典和黄帝文化国际论坛，黄帝文化知名度持续提升。建成村史馆26所、街区图书馆6个，城市展览馆免费向市民开放，基层综合性文化服务中心实现全覆盖。连年举办枣乡风情游、白居易诗歌文化季等特色活动，开展惠民演出2550场、千场红色电影（宣教片）进基层活动5000场，“戏曲进乡村”活动成为全省唯一入选的首批全国农村公共服务典型案例，荣获“中华诗词之乡”称号。新郑博物馆晋升国家二级博物馆，郑韩故城跻身国家考古遗址公园行列。社会事业全面发展。“七五”普法圆满收官。积极推进军民融合发展，顺利通过省、郑州市两级双拥模范城考评验收。依法做好退役军人安置工作，跻身全国退役军人就业创业中部地区试点。圆满完成第七次全国人口普查、第四次全国经济普查。工会、共青团、妇女儿童、慈善、红十字等事业健康发展，税务、粮食、供销、人防、气象、融媒体、新闻出版、黄帝文化研究等工作取得新成绩，邮政、铁路、烟草等部门和各高等院校，都为全市经济社会发展作出了积极贡献。安全发展环境持续优化。全面加强政府债务管理，健全完善政府投融资决策管理机制，有序推动政府融资平台市场化转型，全市政府债务风险整体可控。扎实开展“三零”平安创建，积极防范打击非法集资及电信网络诈骗，严厉惩治各类违法犯罪，平安新郑建设不断深化。深入整治“大棚房”、农村乱占耕地建房等违法行为，全力遏制耕地“非农化”“非粮化”现象。健全完善应急管理体系，常态化开展重点领域安全隐患排查整治，全市安全生产形势持续稳定。妥善化解矛盾纠纷，信访总人数和越级上访人数持续下降。加强食品药品监管，创成省级食品安全示范县（市）。

（六）全面改进政府作风，行政效能实现大提升。严格落实全面从严治党主体责任，扎实开展“两学一做”学习教育、“不忘初心、牢记使命”主题教育和党史学习教育，先后接受巡视巡察、环保督察、统计执法检查等全面“体检”。严格贯彻中央八项规定及其实施细则精神，“三公”经费下降77.8%，政府系统召开会议和下发文件数量分别减少42.9%、37.2%。高效办理人大代表建议766件、政协委员提案757件，连年获评郑州市建议提案办理先进单位。强化审计监督，审计项目1128个，为财政增收节支24.3亿元。认真办理市长热线、市长信箱、网民留言反映问题7.2万件，整体办结率达98%，评为人民网留言办理工作先进单位、省政府系统督查工作先进单位、郑州市重点民生实事办理工作先进单位、郑州市市长电话优秀督办单位。

回首过去五年，我们积极应对各种风险挑战，奋发有为推进各项事业，经济社会高质量发展取得阶段性成果。特别是极不平凡的2020年，面对突如其来的新冠肺炎疫情，全市上下万众一心、共克时艰，构筑起抗击疫情的钢铁长城，我们严格落实“六稳”“六保”，扎实开展“三送一强”，疫情防控和经济社会发展实现“双统筹”“双胜利”。全市人民用坚守和奉献铸就了黄帝故里的城市荣光，每一个人都了不起。刚刚过去的2021年，同样令人难忘。面对暴雨洪涝灾害和新冠肺炎疫情的叠加冲击，全市上下众志成城、科学应对，市四大班子领导身先士卒，深入防汛抗疫最前线指挥调度、排除险情，各级党员干部和10.2万名志愿者严防死守、连续奋战，2000余名医护人员重披白衣战甲、逆行出征，279个灾后重建和防灾减灾项目协调推进、稳步实施。全市未发生重大险情灾情疫情，群众生产生活秩序迅速恢复，我们打赢了一场艰难而漂亮的双线战、车轮战。这一年，广大干部群众辛苦不言苦，一仗接着一仗打，用热血和汗水守护了河湖安澜、群众安宁；消防救援人员、公安干警、医护人员及蓝天、神鹰救援队员等许许多多平凡的英雄，默默保障了城市的正常运行，每一份付出都很宝贵。全市上下用新郑速度、新郑责任交出了一份份优异的新郑答卷，充分展现出全省县域经济发展领头羊的“硬核”担当。

各位代表！五年风雨历程，谱写了新郑飞速发展的华丽篇章；五年硕果累累，我们取得了来之不易的发展成绩。这些成绩的取得，得益于上级党委政府和市委的正确领导、科学决策，离不开全市各级各部门、各人民团体、驻新郑各单位、新郑驻军和广大客商的鼎力支持，凝聚着各位人大代表、政协委员、离退休老同志及广大干部群众的心血智慧，饱含着全市人民艰苦创业、奋力拼搏的辛勤汗水。在此，我代表本届政府，向全市人民致以崇高的敬意！向所有关心、支持、参与新郑建设的同志们、朋友们表示衷心的感谢！

五年的发展实践，我们对做好新时代政府工作有着最深的体会：第一，必须坚持党的领导，把准发展的根本方向。五年来，在上级党委政府和市委的正确领导下，我们顺应大势、聚焦转型、谋变创强，既顾当前、又看长远，实现了有质量的稳定增长、可持续的全面发展。尤其是，去年经历汛情疫情双重磨砺，我们更加深刻认识到，党的坚强领导、科学决策，是我们防汛抗疫“双战双胜”的制胜法宝，也是今后发展中战胜一切困难的根本保证。第二，必须坚持精准施策，保持发展的战略定力。五年来，我们全面贯彻新发展理念，准确把握国家政策导向，立足市情实际，找准发展定位，用改革的思路、创新的举措、务实的作风，在真抓实干中增长实力，在攻坚克难中开创新局。第三，必须坚持改革创新，激活发展的内生动力。五年来，我们不折不扣落实上级关于深化改革的各项决策部署，从群众最关心的领域改起，从制约经济社会发展最突出的问题改起，不断强化创新引领作用，优化要素资源配置，持续增强高质量发展的动力和活力。第四，必须坚持一心为民，牢记发展的最终目的。五年来，我们始终坚持人民至上，注重在决策中体现民意，在工作中维护民利，在发展中改善民生，让改革发展成果更多、更公平惠及广大人民群众。第五，必须坚持团结务实，汇聚发展的强大合力。五年来，我们始终保持艰苦奋斗、真抓实干的奋进姿态，团结凝聚各方智慧力量，汇聚成干事创业的强大合力，推动经济社会发展不断迈上新台阶。

五年探索实践，也让我们更加清醒地认识到经济社会发展中仍存在一些困难和问题：一是疫情变化和外部环境存在诸多不确定性，稳定经济增长的难度依然较大；二是转变发展方式和结构调整的力度仍需加强，战略性新兴产业尚未形成有力支撑，税源质量、土地集约利用水平有待提升；三是城市承载力和现代化治理能力与群众的期待还有差距，应对各类事故、灾害和风险挑战的能力还需加强；四是教育、医疗、住房、养老等民生领域还存在短板，优质公共服务供给仍显不足；五是个别部门服务意识和工作效率有待提高。对于这些问题，我们将高度重视，采取有力措施，认真加以改进和解决。

二、新一届政府的指导思想和奋斗目标

未来五年，是新郑加快建设现代化全国一流中等城市的重要战略机遇期。新一届政府将主动适应日趋复杂的外部环境变化，团结带领全市人民，勠力同心、奋楫笃行，推动新郑各项事业取得更大成就。根据市六次党代会精神和“十四五”规划纲要，今后五年政府工作的指导思想：高举习近平新时代中国特色社会主义思想伟大旗帜，深入贯彻党的十九大和十九届二中、三中、四中、五中、六中全会精神，全面贯彻党的基本理论、基本路线、基本方略，深入贯彻习近平总书记关于河南、郑州的重要讲话指示精神，统筹推进“五位一体”总体布局，协调推进“四个全面”战略布局，坚持党的全面领导，坚持以人民为中心，坚持新发展理念，坚持深化改革开放，坚持系统观念，坚持稳中求进工作总基调，以县域治理“三起来”为根本遵循，以高质量发展为主题，以深化供给侧结构性改革为主线，以改革创新为动力，以建设现代化全国一流中等城市为统揽，以建设黄帝文化历史名城、现代临空产业新城、宜居宜业生态城市为载体，深入实施“九项工程”，为郑州建设现代化国家中心城市、打造更高水平的高质量发展区域增长极，为中原更加出彩、中部地区崛起、黄河流域生态保护和高质量发展作出新的更大贡献。

今后五年的奋斗目标：主要经济指标不低于郑州市平均水平。创成全国文明城市、国家生态文明建设示范县（市）、国家生态园林城市、国家森林城市、国家创新型县（市）、国家历史文化名城，全国县域经济百强县排名持续前移、稳居第一方阵，努力当好全省县域经济排头兵，持续提高人民幸福指数，在高质量发展中稳步推进共同富裕。

三、2022年重点工作

2022年是实施“十四五”规划的关键之年。今年政府工作的总体要求：坚持以习近平新时代中国特色社会主义思想为指导，全面贯彻落实党的十九届六中全会和中央经济工作会议精神，全面落实省委十一届二次全会暨省委经

济工作会议、郑州市委十二届二次全会暨市委经济工作会议、新郑市委六届三次全会暨市委经济工作会议安排部署，坚持稳字当头、稳中求进、以进促稳，深入把握新发展阶段，完整、准确、全面贯彻新发展理念，主动服务和融入新发展格局，以深化供给侧结构性改革为主线，以改革创新为根本动力，以县域治理“三起来”为根本遵循，以党的建设为引领，以“整体工作争先进成高原、重点工作创一流起高峰”为总要求，全面开展“工作有标杆、落实有标准、突破有标志”“三标”活动，深入实施“九项工程”，努力发挥好全省县域经济发展“领头羊”作用，全力开局破题，奋力高台起势，加快建设现代化全国一流中等城市，为郑州国家中心城市现代化建设、中原更加出彩作出新的更大贡献，以优异成绩迎接党的二十大胜利召开。

2022年全市经济社会发展的主要预期目标：地区生产总值增长7.5%，一般公共预算收入完成76.9亿元，规模以上工业增加值增长10%以上，固定资产投资增长10%以上，全社会研发经费增幅17%以上，各项质量、效益指标和民生指标有明显提升。

着力抓好九个方面的工作：

（一）着力稳定经济运行。把稳经济促增长作为事关全局的首要任务，发挥“四挂钩”考核机制“指挥棒”作用，激发和释放更为强劲的内生动力，坚持依法统计、科学统计，确保应统尽统、数出有据，保持经济运行在合理区间。一是抓投资。树立“项目为王”理念，用好用活社会资金、上级资金、债券资金等各方面资金，实现借力发展；滚动实施“三个一批”，重点抓好年投资126.5亿元的16个省重点项目、年投资111.4亿元的29个郑州市重点项目、年投资288.9亿元的239个市本级重点项目，力争固定资产投资完成500亿元以上。着眼优化投资结构，统筹推进64个重大工业和信息化项目，实施60个技改项目，新引进亿元以上制造业项目签约额不低于120亿元，力争工业投资增速12%以上。加大项目谋划力度，聚焦新基建、新产业、新消费等重点领域，建好调优重点项目库，确保在库项目是新建项目的3倍以上。二是抓消费。发挥食品产业优势，探索休闲食品、农产品等特色产业与电子商务融合发展路径，积极培育“直播经济”“网红经济”，打造一批具有国内知名度的本土互联网明星产品。扩大黄帝故里园区、具茨山景区、黄帝千古情、泰山村千稼集、好想你红枣小镇等景区品牌影响力，积极创建省级全域旅游示范区。加快推进黄帝故里、新区轩辕湖、龙湖华南城等区域消费集聚区提档升级，持续丰富商业购物、餐饮住宿、娱乐休闲等服务业态，遴选一批新郑“老字号”特色店，积极发展“首店经济”，打造更具吸引力、集聚力的消费街区。抓好促消费系列活动，发放1000万元消费券，大力发展夜间经济，促进消费增长。三是抓市场主体培育。抓好助企纾困政策落实。认真落实国务院、省、郑州市稳经济促增长系列政策，不折不扣兑现新郑市稳经济助企纾困政策三十条，打好政策补贴、减税降费、要素保障、金融信贷“组合拳”。健全完善“四保”企业（项目）白名单服务机制，常态化推进“万人助万企”活动，保障重点产业链供应链稳定运行。推动企业梯次成长。坚持“大个头”企业和中小微企业引育并重，着力打造大企业“顶天立地”、中小企业“铺天盖地”的企业集群。坚持本土企业、招商企业一视同仁，鼎力支持以好想你、遂成药业为代表的本土企业持续做大做强。实施“新乡贤回归计划”，鼓励更多新郑籍企业家返乡创业。深入开展产业链“链主”企业、龙头骨干企业、“专精特新”企业培育和民营企业对标提升活动，加快个转企、小升规、规改股、股上市，力争年产值超5亿元企业达到20家、超10亿元企业达到7家、超50亿元企业实现突破。培育“专精特新”企业30家，新增规上工业企业39家，培育上市后备库企业30家。全年新增市场主体2.3万家。大力弘扬企业家精神。企业是推动经济发展的中坚力量，企业家是全社会的宝贵财富，政府为企业服务天经地义，无论怎么重视、怎么支持都不为过。建立企业家“面对面”政企沟通机制，邀请企业家参与涉企政策制定，增强政策针对性、科学性。开通优秀企业家绿色服务通道，让企业家在子女教育、医疗就医等方面享受便捷高效服务。大力表彰贡献大户、纳税大户、优秀企业和企业家，让企业家政治上得荣誉、社会上受尊重、生活上有关怀，以实际行动向企业家致敬。

（二）着力构建现代产业体系。坚持把发展经济的着力点放在实体经济上，实施产业基础再造和产业链提升工程，推动产业基础高级化和产业链现代化，通过换道领跑全面提升产业竞争力。一是推动产业集群式发展。坚持以先进制造业为主攻方向，推动产业由集聚发展向集群发展。优先发展电子信息产业。依托电子信息产业园，实施“芯”“屏”双轮驱动，以集成电路设计及封装测试、电子元器件、液晶显示、显示模组为重点，在引进龙头企业、完善配套企业上加大力度，推进电子信息产业尽快成链成势。加快尊绅光电、华思5G等项目建设，力争早日建成投产。壮大健康食品产业。发挥行业有基础、发展有空间的独特优势，强化龙头企业带动作用，围绕好想你、白象、雪花、加加、人人利、世通等企业拳头产品，聚焦规模化、品牌化、标准化，完善上下游产业链条，招大引强，提档升级，不断丰富产品线，提升高端产品占比，加速构建千亿级健康食品产业集群。提升商贸物流产业。聚焦打造城市产业综合体，加快推进华南城“九大商业”、万达广场等项目建设，推动深国际·华南城新郑智慧供应链产业园、华世界全球数字产业基地早日开工。坚持先做大成势、再培优育强，发挥北部四镇物流企业集聚优势，加快推动物流业与制造业、电商、跨境贸易深度融合，培育领军型、特色标杆型物流企业，力争物流业增加值增长20%以上。拓展生物医药产业。依托润弘制药、遂成药业等骨干企业，持续提升注射剂、片剂等优势产品市场占有率，加大创新药物研发生产力度，支持具备条件的企业争取国家药品集中采购，加快推动生物医药产业向百亿级集群进军。大力发展智能装备制造产业。坚持工业立市、制造强市，大力引进培育新能源汽车、新型燃料电池、精密与核心零部件等装备制造企业，推动航天液压等企业做大做强，不断壮大智能装备制造产业规模。积极发展高端文旅产业。加快建设黄帝故里文化核心展示区，支持黄帝故里创建5A级景区，鼓励黄帝千古情景区扩容提质，加快轩辕夜游谷等项目建设，力争引进大唐不夜城等项目，推动文旅产业深度融合发展。二是开展产业项目大会战。强化项目建设跟踪管理，建立重点项目审批快速通道，为项目建设提供全周期贴身服务。健全“要素跟着项目走”机制，认真解决项目推进中的“卡脖子”问题，确保签约项目早开工、开工项目早投产、投产项目早达效。推动用地指标向高效益、高技术、高成长企业倾斜，全力保障重大项目用地需求，力争全年供应建设用地不少于5000亩，盘活闲置低效建设用地1000亩。加强项目前期工作，建好项目储备库，确保项目源源不断、滚动实施。围绕开工、建设、竣工、达产等关键环节，健全项目建设考评奖惩机制，以严格的督导考评，树立大抓项目的鲜明导向。三是拓展产业发展空间。加快推进新郑经济技术开发区内涵式发展，严格落实“亩均论英雄”，着力解决“僵尸企业”、土地厂房闲置、土地利用低效等问题，提高资源配置效率，提升单亩产出效益。加快中德产业园、航美智慧城等小微企业园招商运营，推进金融信创产业基地等项目快速发展，建设一批“企业集聚、产业集群、要素集约、技术集成、服务集中”特征鲜明的小微企业园。四是积极发展数字经济。大力培育数字经济新业态，深入推进企业数字化转型，培育智能化数字化赋能示范试点企业5家、省级智能化改造项目10个，新增上云企业450家。积极推进政府数字化转型，加快智慧城市项目建设，拓展智慧应用场景，加速数据资源共享，持续提升数字治理能力。

（三）着力激发科技创新活力。坚持把科技创新作为经济发展的核心和推动力，促进创新链、金融链、产业链“三链”融合，建立企业主体、市场导向、产学研深度融合的科技创新体系。一是培育创新主体。强化企业创新主体地位，增强自主创新和源头创新能力，加快建设企业技术中心、工程研究中心等各类研发平台，新增省级研发平台6家。支持企业牵头，整合高校、院所、金融机构等各方力量，组建创新联合体，围绕重点产业关键核心技术，梳理产业技术攻关目录，对重大科技项目实行“揭榜挂帅”，推动产学研用协同创新。二是集聚创新资源。千方百计挖掘和激发全社会创新潜能，依托小微企业园、大学科技园等平台载体，因地制宜建设一批创客空间、科创街区，科学布局一批企业孵化器、加速器，更好承接创新资源、导入科创项目。落实高端创业团队、领军团队、紧缺人才奖励政策，力争全年引进领军人才和高层次创新创业紧缺人才15名、领军型创新创业团队3个以上。高规格举办第六届创新创业大赛。持续实施“黄帝故里英才引进计划”“大学生留郑计划”，引进大中专毕业生7000人以上。加快推进“人人持证、技能河南”建设，新增技能人才3.9万人。三是构建创新生态。建立与高校、科研机构常态化对接机制，加大土地、政策、金融供给力度，推动高校、院所科创成果在新郑就地转化、开花结果。加强对科技创新的支持，力争全年技术合同成交额13亿元。落实质量强市和标准化战略，创成省质量强市示范市。

（四）着力推动改革开放。坚持把改革开放作为动力源泉，以更深层次的改革、更高水平的开放打通市场“淤点堵点”，激活发展“一池春水”。一是持续深化“放管服”改革。强力推进“清、减、降”专项行动，深化“一网通办”，实现公共服务事项接入、高频事项“一件事一次办”基本覆盖，有效解决办事多头跑、往返跑问题。以数据集成和共享为支撑，实现1000个事项即来即办、500个事项3个工作日办结。对工程建设项目实行“极简”审批，优化水电气热、通信等接入流程，推动容量160千瓦及以下小微企业用电报装“零投资”，水气热报装1个工作日办结。二是持续优化营商环境。好的营商环境就是生产力，是推动一个城市高质量发展的重要前提。我们将对标先进、扬长补短，全力打造一流营商环境。坚持“六最”标准，着眼整体提升，补齐短板弱项，推动营商环境进入全国第一方阵。坚持“1%工作法”，牢固树立干部为企业服务是本职本分的强烈意识，为企业1%的增长，付出政府100%的努力。高效行使省赋予我市的255项经济社会管理权限，持续提高办事效率和服务水平。规范“标准地”出让，实现项目“拿地即开工”。深化“双随机一公开”机制运用，全面规范行政执法行为。严格执行国家涉企收费目录清单，坚决杜绝清单外收费。坚持“无事不扰、有求必应”，畅通企业、群众诉求反映渠道。全面开展依法依规兑现承诺专项行动，政府带头讲诚信，加快形成重信践诺的社会环境。对破坏营商环境行为“零容忍”，以监督执纪“硬约束”提升发展环境“软实力”，为企业撑腰，为人民做主。企业用真金白银为新郑发展添砖加瓦，政府用真招实策推动企业做大做强。我们要用一片真心、一腔热情、一流环境，让全国各地的企业投资新郑，让本土成长的企业长留新郑，让在外发展的新郑企业家回归故里、大展宏图。三是扎实推进重点领域和关键环节改革。加快国企国资改革。打好国企改革三年行动收官战，有序推进投融资公司重组整合，在资本（资产）运营、公用事业（城市运营）、产业园区、文旅运营、智慧城市、城建地产等领域谋划组建龙头企业集团，推动国有资本向公共服务和公益性行业集中、向前瞻性战略性新兴产业集中，构建以基金运作为主导的产业投融资模式，提高国有资产配置效率，推动平台公司做大做强。加快推动经营性国有资产集中统一监管，积极做好国有房产清查摸底，规范国有房产对外出租的租金定价和收缴机制，确保国有资产保值增值。加快机关事业单位改革。对机构设置、机制运转、职能发挥、业务流程等进行重塑，推进政事分开、事企分开、管办分离，强化事业单位的专业性、技术性、公益性，推动资源集约、优化配置、效能提升。扎实推进事业单位管理岗人员职级晋升。积极推进政府购岗人员规范化管理。加快乡镇管理体制机制改革。明确乡镇主责主业，优化机构设置和编制配备，规范建设综合行政执法机构，标准化建设行政审批服务中心，强化对乡镇支持保障措施，健全为乡镇减负长效机制，持续激发基层活力，提升基层治理能力。加快开发区管理体制改革。实质化推进“管委会+公司”模式，科学设置开发区管委会内设机构，实行“扁平化”“大部门制”管理，高标准完成改制任务。坚持走集约高效利用土地路子，精准衔接国土空间规划、生态环境保护规划等，严守“三条控制线”，明确开发区“四至”边界、功能布局。在整合扩区基础上，按照“多规合一”要求，加快修编开发区总体发展规划、专项规划，力争年底前完成各类规划审批。积极做好开发区下放权限移交衔接，简化优化审批流程，推行“一枚印章管审批”改革，提升开发区企业服务效能。通过一系列改革措施，力争经济技术开发区经济总量突破700亿元。加快要素市场化配置改革。在土地、劳动力、资本、技术、数据等重点要素市场化配置方面推出一批管用有效改革措施，结合实际制定实施综合授信事项清单，促进要素自主有序流动，激发全社会创造力和市场活力。严格落实省管县财政体制改革要求。四是提升招商引资水平。把招商引资作为全市中心工作、重点工作，列入“一把手”工程，开展“招商引资年”活动，掀起全域全员招商引资热潮。精选招商目标。聚焦主导产业和新兴产业，启动数字化精准招商，编制产业链图谱和招商指导目录，建立完善招商项目“两库一单”，挖掘目标企业实现精准招商。积极对接省政府、郑州市政府驻外联络机构，第一时间捕捉投资线索。完善招商项目遴选机制，探索建立研判专家队伍，对招商项目要素保障、产值税收、发展前景等进行专业评估，严把准入关，让每一亩土地都最大限度发挥作用。创新招商方式。充实京津冀、长三角、珠三角等重点区域招商专班，联合头部企业、行业商（协）会、基金公司等招商资源，开展驻点招商、以商招商、产业链招商，力争在招引国内外500强企业、数字经济头部企业、高科技企业方面实现新突破。创新发展“飞地经济”，加强与央企、知名民企、科研院所合作，积极构建“研发在飞地、生产基地和销售总部在新郑”的招商新模式。紧扣小微企业园规划和产业定位，针对性制定特色园区招商政策，以重点招商项目优化特色产业园区。严格落实《河南省促进创业投资发展办法》，研究支持创业投资主体发展政策，吸引境内外知名资产管理机构、头部基金管理企业落地新郑。坚决兑现招商项目利益分配机制，鼓励支持乡镇之间开展跨区域合作招商。强化招商激励。出台全民招商、全员招商奖励办法，设立重大招商项目奖励资金，重奖促成签约、成功落地、建成投产的招商有功人员，在全市形成“人人都是招商大使”的浓厚氛围。将招商引资成效与年度绩效考核挂钩，以项目论英雄、凭招商比能力、从落地看作风，力争全年签约产业项目30个、到位资金315亿元，其中10亿元以上项目2个、30亿元以上项目1个，50亿元以上项目实现突破。

各位代表！经济发展是一切发展的基础。只要实现经济行稳致远，就能筑牢高质量发展的“压舱石”，牵住现代化建设的“牛鼻子”。全市上下一定要保持清醒认识，把心聚在发展上，把劲用在项目上，千方百计稳住经济基本盘，坚持不懈做大经济新增量，为建设现代化全国一流中等城市积蓄澎湃力量。

（五）着力建设高品质城市。经历过暴雨洪涝，我们更加清晰认识到城市建设管理存在的薄弱环节，我们将坚持更新与建新并重，在城市管理方面精雕细琢，全力做好城乡融合文章，不断提升新型城镇化质量，让城市功能布局更优、承载能力更强、生活环境更美，让新郑成为一座“来了就不想走的城市”。一是优化城乡功能布局。坚持把新郑放到全省乃至全国大格局中审视和把握，优化城市形态，合理布局功能。科学编制国土空间总体规划，加快编制总体城市设计，引导城镇空间布局与开发强度、发展潜力相适应，为未来30年开发建设提供根本遵循。加快编制“多规合一”实用性村庄规划，持续优化乡村生产生活生态空间。统筹老城改造和新城建设，持续改善老城环境、提升新区商气人气，推动新老结合、联动发展。强化城乡规划落实力度和刚性约束，确保一张蓝图绘到底。二是加快提升城市品质。对标一流、精心设计、打造精品，推动城市有机更新，努力让城市更有品位。完善功能品质。突出融郑融港、内畅外联，扎实推进郑港、郑许及市域路网建设，建成通车107国道连接线西延、莲花路下穿京广铁路改建工程，加紧推进茨山路南移等工程，协调推进郑许高速（新郑段）建设项目。持续提升老城承载力，加快推进仓城路农贸市场建设，改造老旧小区6个，竣工城墙内外环路工程。深入开展市政老旧管网“大体检”行动，全面摸清情况，抓好改造提升。赓续城市文脉。深入弘扬黄帝文化和根亲文化，高标准完成黄帝故里园区规划建设，探索园区可持续发展模式，打造世界华人拜祖圣地、中华民族精神家园。加强文物保护利用，开放考院博物馆，严厉打击毁坏文物违法行为，留住城市历史文化记忆。推进城市精细化管理。严格落实“路长制”，划细划小管理单元，用脚步丈量每条街道、每个市场、每个工地，实现管理全覆盖、无缝隙。以背街小巷、农贸市场、城市主干道和出入市口等为重点，完善智慧化、数字化治理体系，持续深入开展环境卫生集中整治行动，加大交通“一难两乱”治理，整治各类城市管理顽疾，全面提升城市形象。规范夜市摊点管理，服务夜经济发展需求。加强生活垃圾分类管理，建成区分类覆盖率达到98%以上、回收利用率达到38%以上。保持打击违法建设高压态势，建立长效管理机制。锚定全国文明城市目标，深化文明城市创建，持续提升城乡文明程度和市民文明素养。树立经营城市理念。学习借鉴杭州等地先进经验，将工作思路由建设城市向经营城市转变，有效利用城市基础设施的市场价值，发挥市场配置资源的基础性作用，经营好城市基础设施的使用权、冠名权、广告权等无形资产，推动城市建设投入和产出良性循环，增强城市发展造血功能。深挖城市资产资源，梳理城市边角空地、闲置房屋、老旧厂房，通过市场化运作成为便民设施，努力实现物尽其用、变废为宝。三是推进韧性城市建设。坚持人民至上、生命至上，深刻汲取“7·20”特大暴雨灾害教训，把安全理念贯穿城市规划、建设和管理的全过程各环节，更加重视“里子工程”“避险工程”，超前布局城市生命线，全面提高防御灾害和抵御风险能力。扎实推进灾后恢复重建，做好城镇受损住房修复工作，守住群众住房安全底线。深入开展城市体检和灾害综合风险排查，重点对桥涵、交通道路、房屋建筑、排水管网等开展全面排查，确保零隐患度汛。动态推进妨碍河道行洪突出问题清理整治，确保河道和水库行洪安全。推进城乡避难场所建设，建成I类、Ⅱ类应急避难场所8处。健全完善突发事件和极端天气预警预报机制，加强应急救援物资储备，定期组织开展应急宣传培训和模拟演练，提升全社会防灾减灾救灾能力。

（六）着力推进乡村振兴。坚持农业农村优先发展，扎实有序做好乡村发展、乡村建设、乡村治理等重点工作，牢牢守住保障粮食安全和不发生规模性返贫两条底线，确保农业稳产增产、农民稳步增收、农村稳定安宁。一是扛稳粮食安全责任。落实最严格的耕地保护制度，以“零容忍”态度，采取“长牙齿”的硬措施，严查严打各类土地违法违规行为，坚决遏制耕地“非农化”、防止“非粮化”，确保全年粮食种植面积61万亩以上、粮食总产22万吨以上。强化农业科技支撑，大力推广良种良法，持续发展高效节水灌溉，实现粮食生产布局更优化、质量有提高。加强农田水利设施建设，拓展农业综合保险服务，提高农业抗自然风险能力。持续抓好农业龙头企业、现代农业园区、种养大户、家庭农场等新型农业经营主体培育，推动农业集约化、标准化、产业化发展，新增家庭农场6家。二是加快美丽乡村建设。大力改善农村人居环境，深化“治理六乱、开展六清”集中整治行动，基本实现“净起来、绿起来、亮起来、美起来”目标，建成精品村2个。加强传统村落、文化遗址保护，让村庄留住乡愁、增加韵味、增添人气。有序推进农村闲置资源盘活利用，鼓励农民通过自有和闲置房屋发展乡村产业项目，激发乡村振兴新动能。统筹城乡发展，坚持因地制宜，推进水电路气信等基础设施和教育、医疗等公共服务向农村布局延伸，加快城乡基础设施一体化、基本公共服务均等化，让群众生在新郑、长在新郑、幸福在新郑。三是巩固拓展脱贫攻坚成果与乡村振兴有效衔接。以国家、省巩固脱贫成果后评估为契机，严格落实“四个不摘”要求，完善防返贫监测帮扶机制，持续强化政策落实、工作落实、责任落实。突出抓好扶贫产业发展，整合“小、散”扶贫项目，强化项目谋划实施，产业资金投入占全市巩固脱贫成果衔接资金的比例达到55%以上。持续做好卢氏县狮子坪乡结对帮扶工作。

（七）着力推进生态文明建设。深入践行“两山”理论，守住发展和生态两条底线，贯彻新理念，构建新格局，突出科学、依法、精准治污，坚定不移走生态优先、绿色低碳的高质量发展之路，打造宜居宜业宜游的生态文明城市。一是深入打好污染防治攻坚战。坚持导向不变、力度不减，强化系统治理、源头治理，突出严管重罚，推进环境治理精细化，持续改善生态环境质量。以更高的标准打好蓝天保卫战。深化“七控”措施，狠抓“三散”治理，加强PM2.5和臭氧协同控制，全力应对重污染天气，有效降低六项因子，确保完成省、郑州市下达空气质量目标任务，让新郑的天更蓝、人民更幸福。以更高的标准打好碧水保卫战。强化排污口设置和饮用水源地环境管理，确保地表水考核断面和饮用水源地水质稳定达标。加快推进南水北调中线观音寺调蓄工程、老观寨水库区域生态修复和水系连通工程，增强水资源安全保障能力。严格落实“河长制”，扎实开展河湖“清四乱”专项整治行动，实现黑臭水体动态清零，让新郑的水更清、环境更美。以更高的标准打好净土保卫战。加强建设用地污染地块再开发利用监管，强化农业面源污染整治，持续推进化肥农药减量增效、农村生活污水治理，保障土壤环境安全，让新郑的土更净、种出的粮食更放心。二是持续加强生态系统建设。统筹推进山水林田湖草系统修复和治理，强化生态监管，开展国土绿化，推进矿山修复，坚决守住自然生态安全边界。以创建国家森林城市、国家生态园林城市为抓手，加强林业生态建设和资源管理，做好山区增绿、平原补网、廊道提质、乡村美化、绿色创建等工作，高标准建成S103生态廊道，完成新造林1600亩、森林抚育5000亩，创建森林乡村16个、森林特色小镇1个。优化城市绿地布局，建设5000平方米以上公园3个、小微公园及游园8个，着力构建绿色生态屏障。三是加快绿色低碳发展。紧盯政策导向，推动能源革命，坚持通盘谋划，有序减量替代，推进能源低碳转型。突出能耗双控，倒逼各领域转型升级，创建一批绿色工厂、培育一批绿色产业，形成新的增长点和动力源。统筹能源保供和降耗降碳，推广清洁高效能源利用，鼓励发展风电、光电等清洁能源项目，持续优化能源结构。积极倡导绿色生产生活方式，节约水电资源，降低能源消耗，减少环境污染，让绿色低碳生活成为新时尚。

（八）着力保障和改善民生。民之所望，政之所向，民生是最大的政治。我们将坚持发展为了人民、发展依靠人民、发展成果由人民共享，以百姓之心为心，以群众之盼为向，让每一个社情民意都能得到关注、每一个百姓期待都能予以重视、每一个民生问题都能有效解决。一是高质量建设美好教育。抓紧抓实教育项目建设，配合做好郑州外迁高中建设，新改扩建中小学、幼儿园8所，移交住宅小区配套幼儿园6所，新增优质学位5210个。持续加强教师队伍建设，大力弘扬教书育人、立德树人、爱岗敬业的师德风尚，新招聘在编教师1060名。扎实做好“双减”工作，促进学生全面发展和健康成长。严格规范民办义务教育办学行为，民办义务教育在校生规模占比控制在5%以内。二是深化健康新郑建设。高质量推进紧密型县域医共体建设，加快构建分级诊疗、合理诊疗、有序就医新秩序，努力形成可推广的新郑经验。加快市公立中医院和市公立人民医院传染病区综合楼建设，推进薛店、新区、新村卫生院（社区卫生服务中心）升级改造，不断优化医疗卫生服务。持续巩固国家慢性病综合防控示范区建设成果，确保顺利通过复审验收。积极落实生育支持政策，建成乡镇（街道）普惠托育中心12个。三是大力发展养老事业。紧盯“养老服务领跑全省县级城市”目标，深入实施居家社区养老“百千万”温暖工程，编制完成市乡两级养老设施建设规划，实现街道养老服务中心全覆盖，新建16个社区日间照料中心，新增养老床位500张以上，力争村级日间照料机构覆盖率达到60%。四是扎实推进文化惠民。讲好“新郑故事”，建设文化新郑。加快公共文化服务设施改造升级，打造3—5个镇级最美公共文化空间，每个乡镇打造1—2个村级最美公共文化空间。持续实施“百千万”文化惠民工程，开展“舞台艺术进乡村、进社区”等各类演出320场。持续推进村史馆建设，打造新时代农民精神家园。新建全民健身路径20条。加快建设市、乡、村三级应急广播体系，打通预警信息发布“最后一公里”。五是健全社会保障体系。多措并举稳定和扩大就业，加大创业担保贷款扶持力度，统筹抓好高校毕业生、退役军人、返乡人员、城镇困难人员等重点人群就业工作。深入实施全民参保计划，基本医保参保率稳定在98%以上。稳步提高社会保险待遇标准，大病保险政策范围内报销比例稳定在60%以上。落实城乡低保及特困人员供养标准自然增长机制，做好残疾人社会保障，扎实开展社会救助，积极发展社会福利和公益慈善事业，持续提升兜底保障能力。六是认真办好重点民生实事。今年民生实事已提交大会，票决确定后，我们将细化责任，抓好落实。

（九）着力防范化解重大风险。坚持以大概率思维应对小概率事件，统筹发展和安全两件大事，推动发展更加安全、更可持续。一是防范化解疫情反弹风险。立足防、早、快、准、小，坚持常态常备、科学精准、防线前移、关口内置、划小单元、群防联控，完善扁平化指挥、平急转换、多点触发机制，持续强化重点场所、重点人群和重点环节管控，加强核酸检测、流调溯源、社会免疫等能力建设，努力实现长周期内不发生规模性疫情，为经济社会健康平稳发展创造良好环境。二是防范化解安全生产风险。深入开展安全生产专项整治三年行动，聚焦房屋建筑安全、消防安全等重点行业、重点领域，严格落实国务院安全生产“十五条硬措施”，坚决遏制各类事故发生。加强基层消防力量建设，建成6个乡镇消防救援站，完成“一队一中心”建设任务。三是防范化解金融风险。加强政府债务风险管控，稳妥化解存量，坚决遏制增量，牢牢守住不发生系统性风险底线。严厉打击电信网络诈骗、非法集资、恶意“逃废债”等违法行为，营造良好金融生态环境，保护人民群众财产安全。四是防范化解社会稳定风险。加快推进社会治理现代化，扎实开展“三零”平安创建，健全完善矛盾纠纷多元化解机制，筑牢社会稳定防线。坚持“房子是用来住的，不是用来炒的”定位，从供需两端综合发力，落实金融、税收、供地等政策，促进房地产业良性循环、健康发展。深入实施安置房建设三年行动计划，积极推行安置房“交房即发证”，解决群众办证难题，年底前回迁群众1万人。持续推进问题楼盘攻坚化解，实现动态清零目标。扎实推进欠薪治理专项行动。五是防范化解政府决策风险。建立政府决策风险评估机制，对债务风险、社会风险、环境风险等进行综合研判、全面评估，确保决策的合法性、合理性、可行性。

加强国防动员、后备力量、人民防空、双拥共建工作。支持工会、共青团、妇联、红十字会等群团组织更好发挥桥梁纽带作用。做好民族宗教、外侨、对台、史志、气象、文史、社科等工作。

各位代表！面对新形势新任务新挑战，政府将不遗余力加强自身建设，自觉用习近平新时代中国特色社会主义思想武装头脑，坚决捍卫“两个确立”，切实增强“四个意识”，坚定“四个自信”，做到“两个维护”，不折不扣落实上级和市委各项决策部署，全面推进政府治理体系和治理能力现代化，努力建设人民满意的服务型政府。一是坚持依法行政，打造法治政府。用法治思维和法治方式深化改革、推动发展，构建职责明确、依法行政的现代政府治理体系，确保政府各项工作在法治轨道上运行。认真执行市人大及其常委会的决议决定，自觉接受人大法律监督、工作监督和政协民主监督，广泛听取民主党派、工商联、无党派人士和人民团体等社会各界人士的意见建议，主动接受舆论监督和群众监督。二是坚持干字当头，打造务实政府。好日子不是想出来的，是靠干出来的。市政府将深入开展“能力作风建设年”活动，推动干部作风和能力素养大转变、大提升，打造“干事干净干练”的高素质队伍。狠抓政府系统效能建设，拉高标准、对标一流，严格执行“13710”工作制度，列出责任清单，拧紧责任链条，以钉钉子精神抓细做实各项工作。三是坚持人民至上，打造为民政府。践行以人民为中心的发展思想，坚持人民至上、生命至上，始终以群众满意不满意、高兴不高兴、答应不答应作为政府一切工作的出发点和落脚点，走好新时代党的群众路线，及时回应民生关切，倾力解决群众“急难愁盼”问题，写实写好“民生第一”这篇大文章，让每个人的价值都得到充分彰显、每个人的尊严都得到悉心呵护、每个人的人生都更加出彩。四是坚持从严治政，打造廉洁政府。认真履行全面从严治党主体责任，深入推进政府系统党风廉政建设，严厉惩治侵害群众利益不正之风和腐败问题。牢固树立“过紧日子”思想，推进节约型机关建设，加强政府投资项目绩效管理，做到“花钱必问效，无效必问责”，真正把财政的每一分钱都用在“刀刃”上。严格落实中央八项规定及其实施细则精神，驰而不息纠治“四风”，营造风清气正的政治生态。

各位代表！只要思想不滑坡，办法总比困难多。万众一心，没有翻不过的山；众志成城，没有跨不过的坎。面对现实，我们必须背水一战。让我们更加紧密地团结在以习近平同志为核心的党中央周围，在市委的坚强领导下，以更高标准、更实举措、更大担当，不断开创我市高质量发展新局面，持续谱写群众幸福生活新篇章，在实现新郑共同富裕道路上再启新征程、再铸新辉煌，为加快建设现代化全国一流中等城市作出新的更大贡献，以优异成绩迎接党的二十大胜利召开！

关于2021年国民经济和社会发展计划执行情况与2022年国民经济和社会发展计划（草案）的报告

——2022年6月28日在市六届人民代表大会第一次会议上

新郑市发展和改革委员会主任　张　勇

各位代表：

受市人民政府委托，现将我市2021年国民经济和社会发展计划执行情况与2022年国民经济和社会发展计划（草案）提请市六届人大一次会议审议，并请各位政协委员和列席人员提出意见和建议。

一、2021年国民经济和社会发展计划执行情况

2021年，全市上下在市委、市政府的正确领导和市人大、市政协的监督支持下，围绕市五届人大六次会议确定的目标任务，坚持以习近平新时代中国特色社会主义思想为指导，坚持稳中求进工作总基调，以县域治理“三起来”为根本遵循，认真落实郑州市委“南动”要求，深入实施“九项工程”，巩固拓展疫情防控和经济社会发展成果，落实“六稳”“六保”，坚决打好“7・20”防汛抢险救灾、灾后恢复重建和疫情防控等硬仗，实现了经济平稳发展与社会和谐稳定。

（一）克难攻坚，综合实力稳中向好。面对突如其来的汛情疫情，全市上下快速反应、沉着应对、果断决策，第一时间启动防汛应急响应，累计出动各类抢险车辆1112台、救援人员16692人参与排险除险、转移群众、抢险救灾，尽最大努力减少人民群众生命财产损失；第一时间启动灾后恢复重建，成立了书记、市长担任“双组长”的市灾后恢复重建工作领导小组，构建了“1+18+15”灾后恢复重建政策体系，家园重建快速推进，农村住房加固修缮205户，原址重建124户，城镇住房加固修缮16处、502间；市政设施、域内国省干线和县道灾毁工程全部修复完成；受灾学校、医疗机构、公共文化场馆全部恢复正常；第一时间激活疫情防控应急体系，盯紧看牢重点领域、重点环节、重点部位，抓实抓细联防联控、核酸检测、疫苗接种等各项防控措施，全面压实“四方责任”，真正把疫情圈住封死，守好郑州“南大门”，确保了全市生产生活秩序整体平稳有序。全年地区生产总值完成793.3亿元，同比增长5%。地方一般公共预算收入完成74.7亿元，其中：税收收入43.1亿元。社会消费品零售总额332.2亿元，增长9.2%。规模以上工业增加值增长6.1%。固定资产投资完成456.9亿元。城镇和农村居民人均可支配收入分别达38950元、26879元，增长6.1%、8.3%，县域经济发展质量总体评价连续多年居全省第一，全国县域经济基本竞争力百强县（市）排名升至28位，全国中小城市综合实力百强县（市）升至第38位，被列入全省重点支持建设的10个县级中等城市名录。

（二）升级提速，产业结构不断优化。工业经济稳步提升。牢固树立“项目为王”工作导向，坚持把培育电子信息产业作为制造业高质量发展的关键，战略性新兴产业占全市规上企业比重达30.7%。推荐锐杰微年产SIP封装芯片等8个项目进入省企业智能制造项目库，投资305.47万元239个5G基站建设已全部完成。工业经济扩量增效，工业投资增速65%，规上制造业增速10.9%，全年签订项目30个，总金额303亿元。率先出台《关于规范提升小微企业园发展的实施意见》，中德产业园被认定为郑州首批小微企业园。现代服务业加速发展。现代商贸物流业不断壮大，传化中原物流小镇一期建成投用，华南城九大高端商

业等项目快速建设，华南城特色商业区晋升省三星服务业“两区”。积极推进图书档案方志馆、黄帝故里改扩建等项目，扩大文旅服务阵地，壮大文旅产业规模。积极发展金融服务业，金融机构存款余额747.8亿元，金融机构贷款余额702.0亿元，稳居全省县（市）首位。现代农业有序发展。“米袋子”“菜篮子”保障充足，全年粮食实现总产25.2万吨，蔬菜产量21万吨，肉蛋奶产量4.05万吨。新培育发展郑州市级农民合作社示范社3家、省级示范社2家，新型农业经营主体得到蓬勃发展，农民组织化程度日益提高。

（三）建管并重，城乡建设日新月异。城乡功能品质不断优化。瞄准全国一流中等城市建设目标，以“三项工程、一项管理”为抓手，实施城市建设提质项目48个，年度投资24.4亿元。城市道路通行能力进一步提高，新建鼎坛南路、园林大道等4条道路，改造解放路等5条道路，竣工通车郑韩路东延、褚庄路2条道路，实施以郑新快速路为主线的“一路、九园、五节点”综合改造工程。持续推进学院路污水管网铺设工程和子产路污水工程，新建乌柏停车场和后屯大街停车场，投资1400万元进行金城路电力入地改造工程。新建中兴广场，申子园等4座新概念环保公共卫生间。城乡管理水平不断提高。以打造“整洁、有序、舒适、愉悦”的城市环境为目标，严格落实“用脚步丈量城市、乡村”工作法，深入推进“路长制”。主城区生活垃圾分类全面推进，道路保洁覆盖率、垃圾清运率保持100%，农村“三改”工作完成率达90%。初步实践应用智慧城市管理AI视频分析系统和城市桥涵积水智能监测系统，我市数字化城市管理系统项目以96分的优异成绩通过省级验收，在全省同类平台处于领先水平。交通路网结构日益完善。全年共推进交通道路建设项目28个、181.1公里。完成求实路G107至密港大道建设工程、G343新郑境辛店至新密交界段大修工程；持续推进茨山路南移建设工程、莲花路下穿京广铁路建设工程等5个项目；新建G343城关乡至辛店镇段及大高庄转盘交通安全设施提升工程；积极推进农村公路提档升级，在全市704个自然村全部通硬化路的基础上，以“破路修复、窄路加宽、设施完善”为重点，积极推进14条、23.37公里农村公路建设，完成25公里农村公路养护大中修工程，荣获河南省“四好农村路”示范县称号。乡村振兴战略不断深化。按照“产业兴旺、生态宜居、乡风文明、治理有效、生活富裕”的总要求，实施提升“全域公交”工程，新改建农村公路20公里。实施农村供水保障工程，饮用水水源地表化工程覆盖农村人口达70%以上。推进乡村电网建设和乡村电气化提升工程，投资2112万元对7个乡镇22个自然村进行配电网工程建设。改善农村人居环境。实现农村旱厕、垃圾、黑臭水体治理“动态清零”。全力推进美丽乡村建设，启动建设2个精品村，完成12个示范村和7个特色村建设。

（四）激发活力，开放创新步伐加快。开放招商积极向好。重点围绕“三主三新”产业体系，创新招商引资方式，灵活采取以商招商、基金公司招商、专业团队招商等方式，在项目用地、基金支持等方面持续发力，引进域外境内资金96亿元，招引5G大数据中心等超10亿项目5个。创新能力持续增强。以国家创新型县（市）建设为抓手，全社会研发投入强度由1.13%提高到1.7%，位居全国科技创新百强县（市）第44位。鼓励企业加大研发经费投入，新增高新技术企业36家，“专精特新”企业28家。改革步伐走向纵深。以一件“事”为牵引，深化“一网通办、一次办成”改革，推行“标准地出让”，让用地企业享受到“拿地即开工”，工程项目审批时间压减至最长61个、最短22个工作日。在河南省首推智能政务工作台，打造“网上办”自助服务区和24小时自助区，实现乡镇（街道）便民服务中心自助服务终端全覆盖。在2021年河南省营商环境综合评价中，位列全省104个县（市）第一，并且是唯一一个达到地级市优秀水平的县（市）。

（五）绿色发展，生态建设成果丰硕。污染防治攻坚战狠抓不懈。坚持源头治理与末端治理相结合，加大对散煤、散尘、散乱污的排查整治力度，扎实做好“三散”治理、机动车、结构调整等重点工作，整治提升162家中小微企业，依法取缔不符合相关政策类78家。全市空气质量PM2.5、PM10、氮氧化物浓度同比下降，空气优良天数227天，均完成了年度目标任务。生态林业建设进展顺利。围绕森林城市创建目标，实际完成新造林4300亩（含种苗花卉1100亩），森林抚育1.3万亩，全市森林覆盖率达31.5%。完成G343南移、新村大道东延等2条道路的绿化工作，完成25个森林乡村，3个森林特色小镇及北靳楼生态旅游沿黄示范小镇建设任务，省级森林城市创建工作已经通过河南省林业局验收。生态水利建设有力推进。严格落实“河长制”，扎实开展河湖“清四乱”“三污一净”专项行动。南水北调中线观音寺调蓄工程、老观寨水库生态修复、水系连通项目稳步实施。双洎河黄甫寨国控断面水质稳定达到三类标准，南水北调总干渠（新郑段）水质稳定达到二类，全市集中式饮用水水源地水质达标率100%，新区污水处理厂和龙湖镇西部污水处理厂新建工程正在有序推进。生态土地修复更加深入。全市土壤环境质量总体稳定，农业农村污染防治进展顺利，污染地块清单化管理有效进行，建设用地及农用地安全利用率均达到100%。

（六）人民至上，民生保障显著增强。持续巩固拓展攻坚成果。明确过渡期内“四个不摘”要求，保持主要帮扶政策总体稳定，统筹推进各项政策调整优化落地，解决好“最后一公里”问题。2021年，我市共投入衔接资金7939万元，共批复实施项目43个，所有资金全部完成对接。优质发展教育事业。改扩建6所中小学，增加学位4590个，投用8所幼儿园，增加学位2340个。扎实开展“双减”，全面推进中小学午餐供应和课后延时服务，学科类校外培训机构压减率90.5%。高中教育质量连续30年保持郑州县（市）领先位次。加快群众回迁安置。建成安置房6585套，回迁群众1023户、4394人。推进建设棚户区改造安置房2086套，综合改造18个、1130户、12.56万平方米的老旧小区。优化公共医疗卫生服务。积极推动龙湖片区3家社区卫生服务中心建设和市公立中医院建设；启动市公立人民医院传染病区综合楼建设；注重疫情监测，新郑市公立人民医院、新郑华信民生医院等5所医院核酸检测实验室已通过验收并具备核酸检测能力。大力支持创业就业。开展职业技能培训2.3万人次，城镇新增就业再就业人数8817人，新增转移农村劳动力人数7208人，返乡下乡创业人数888人，开展补贴性技能培训人数21459人，新增发放创业担保贷款7710万元。完善民生保障体系。加快养老服务体系建设，新建街道养老服务中心3个、社区日间照料中心15个，新增养老床位746张。为全市8649个城乡低保对象发放最低生活保障金4724.2万元，1333名供养对象发放特困人员供养资金1723.41万元。文化事业繁荣发展。成功举办辛丑年黄帝故里拜祖大典。大力弘扬社会主义核心价值观，持续开展“戏曲进乡村”“百场演出送农民”等文化惠民活动1700余场，“千场红色电影（宣教片）进基层”放映电影879场次。建成图书馆分馆20个（含社区、村级分馆6个）。同时，安全生产、食品药品安全、信访稳定、消防安全、妇女儿童、地方志、统计、工商质监、税务、粮食、供销、气象等工作都取得了新的成绩。

在肯定成绩的同时，我们也要清醒地认识到，当前和今后一段时期，我市经济社会发展工作仍存在问题和挑战。一是产业转型升级速度不快。传统制造业改造提升缓慢，电子信息和高端装备制造业仍处于培育期，产业层次还不够“高”“新”，科技创新型人才的支撑作用尚待发挥。二是实体经济发展困难增加。面对汛情疫情的冲击，当前经济下行压力持续加大，实体经济发展步履蹒跚，民众消费集聚力不够凸显。三是城市建管水平有待提高。区域环境品质仍有上升空间，基础设施建设有待健全，生态

文明建设短板亟待补齐，教育、医疗、养老、住房等生活保障与群众的期盼还有距离。

二、2022年国民经济和社会发展的总体思路和主要预期目标

2022年是党的二十大召开之年，是实施“十四五”规划承上启下之年，也是我市建设现代化全国一流中等城市关键一年。全市经济社会发展的总体要求是：坚持以习近平新时代中国特色社会主义思想为指导，全面贯彻落实党的十九届六中全会和中央经济工作会议精神，全面落实省委十一届二次全会暨省委经济工作会议、郑州市委十二届二次全会暨市委经济工作会议、新郑市委六届三次全会暨市委经济工作会议安排部署，坚持稳字当头、稳中求进、以进促稳，深入把握新发展阶段，完整、准确、全面贯彻新发展理念，主动服务和融入新发展格局，以深化供给侧结构性改革为主线，以改革创新为根本动力，以县域治理“三起来”为根本遵循，以党的建设为引领，以“整体工作争先进成高原、重点工作创一流起高峰”为总要求，全面开展“工作有标杆、落实有标准、突破有标志”“三标”活动，以建设黄帝文化历史名城、现代临空产业新城、宜居宜业生态城市为载体，深入实施“九项工程”，努力发挥好全省县域经济发展“领头羊”作用，全力开局破题，奋力高台起势，加快建设现代化全国一流中等城市，为郑州国家中心城市现代化建设、中原更加出彩作出新的更大贡献，以优异成绩迎接党的二十大胜利召开。

综合分析我市经济社会发展的环境和条件，经过认真测算，2022年经济社会发展主要预期目标：地区生产总值增长7.5%，一般公共预算收入完成76.9亿元，规模以上工业增加值增长10%以上，固定资产投资增长10%以上，全社会研发经费增幅17%以上，各项质量、效益指标和民生指标有明显提升。

三、2022年经济社会发展的主要任务

（一）着力扩大有效投资，夯实更加稳定的经济基本盘。牢固树立“项目为王”鲜明导向，坚持“资金跟着项目走”，着力扩大有效投资。扎实推进省市重点项目建设，滚动实施美盈森环保科技、宅乐送等“三个一批”项目，重点抓好传化物流等16个年度总投资126.5亿元的省重点项目、瑞腾塑胶等29个年度总投资111.4亿元的郑州市重点项目、永泽环保产业园等239个年度总投资288.9亿元的

洧水公园（刘栓阳/摄）

市本级重点项目（含省、郑州市重点）。精准谋划一批项目，深入研究国家政策导向、产业发展方向、项目投资动向，聚焦新基建、新产业、新消费等重点领域，建好调优重点项目库，通过创新思维谋划一批项目、对接政策申报一批项目、拉动投资实施一批项目。想方设法筹措资金，多渠道争取上级资金支持，加强与上三级的沟通对接，不等不靠，主动作为，进一步加大政府专项债券、中央预算内资金的谋划和申报力度。加大助企纾困政策落实力度，落实好上三级稳经济促增长系列政策，不折不扣兑现新郑市稳经济助企纾困政策三十条，打好政策补贴、减税降费、要素保障、金融信贷“组合拳”。健全完善“四保”企业（项目）白名单服务机制，常态推进“万人助万企”活动，保障重点产业链供应链稳定运行。

（二）加快产业升级提速，构建更加优化的产业体系。认真落实换道领跑战略，深入实施产业升级提速工程，推动“三主三新”产业体系迈出新步伐，着力建设现代临空产业新城。一要大力发展先进制造业。坚持工业立市、外引内扩，优先发展电子信息产业，实施“芯”“屏”双轮驱动，推动先进制造业集群发展、链式发展，加快协飞大数据、尊绅光电、华思5G等项目建设，力争早日建成投产；做大做强健康食品产业，充分发挥好想你、雪花啤酒等龙头企业带动作用，顺应消费结构变化，提高高端产品占比，加快推进人人利、雪麦龙等健康食品产业；积极发展智能装备制造产业，深化人工智能在产业发展、城市运营、民生服务等领域创新应用，加快推动河南森乐智能装备科技等项目建设，力争智能装备制造产业实现新突破；拓展生物医药产业，依托遂成药业、润弘制药等医药骨干企业，持续提升注射剂、片剂等优势产品市场占有率，加大新药物创新研发生产力度。深入开展产业链“链主”企业、龙头骨干企业、“专精特新”企业培育和民营企业对标提升活动，加快个转企、小升规、规改股、股上市，培育“专精特新”企业30家，新增规上工业企业39家、培育上市后备库企业30家。二要推动升级现代服务业。积极推动生产性服务业向专业化和价值链高端延伸，提升生活性服务业层次水平。提升商贸物流产业，加快推进华南城高端商业、万家丽智能生活物流港等项目建设，推动深国际·华南城新郑智慧供应链产业园、华世界全球数字产业基地早日开工，努力打造中部地区重要商贸物流中心；积极发展高端文旅产业，加快黄帝故里景区改扩建项目，鼓励黄帝千古情景区扩容提质，充分挖掘文化旅游资源，推动文旅产业深度融合发展；以新郑新区、龙湖教育园区为依托，大力发展总部经济、楼宇经济、会展商务等高端服务业，鼓励夜经济、在线新经济发展，促进消费结构升级；坚持房子是用来住的、不是用来炒的定位，促进房地产市场平稳健康发展。三要稳步发展现代农业。扛稳粮食安全责任，提升农产品质量安全，确保全年粮食复种面积61万亩以上，粮食总产量22万吨以上，县级粮食储备规模达到3.46万吨。持续抓好龙头企业、现代农业园区等新型农业经营主体培育，推动农业集约化、标准化、产业化发展，新增家庭农场6家。坚持农旅融合，大力支持民宿经济、特色美食等农村新经济业态，力争培育2—3家乡村旅游特色品牌。扩大农村消费，持续推动电商向农村覆盖。四要持续强化园区承载能力。贯彻落实“一县一省级开发区”改革要求，充分发挥新郑经济技术开发区优势，围绕园区内企业生产生活需求，进一步完善园区电力、通信等公共服务配套设施，打造全市制造业高质量发展引领区。加快中德产业园、航美智慧城等中小企业园招商运营，推进金融信创产业基地等项目快速发展。新建应急产业基地、集成电路产业港等3—5个小微企业园。

（三）坚持城乡一体推进，塑造更加宜居的城乡发展格局。一要提升城市功能品质。认真落实以人为核心的新型城镇化战略，以打造宜居宜业生态城市为目标，努力实现城市承载能力和品质内涵“双提升”。持续提升老城承载力，加快推进仓城路农贸市场新建工程，实现西关桥建成通车，竣工城墙内外环路工程，高标准改造老旧小区3个，加快城市更新提质。以供水、供热、燃气、排水等为重点，深入开展市政老旧管网“大体检”行动，全面摸清情况，抓好改造提升。大力开展安置房建设专项攻坚，加大安置房建设和安置房网签力度。二要提升城市精细化管理水平。严格落实“路长制”，常态化开展道路交通安全集中整治行动，加快推进市区建成区36座公厕改造，启动建设生活垃圾分类分拣中心、华南城污水处理厂二期扩建、污泥处理厂项目。以背街小巷、农贸市场、城市主干道和出入市口等为重点，持续深入开展环境卫生集中整治行动，全面改善城市形象面貌。树立经营城市理念，将工作思路由建设城市向经营城市转变，有效利用城市基础设施的市场价值，发挥市场配置资源的基础性作用，深挖城市资产资源，梳理城市边角空地、闲置房屋、老旧厂房，通过市场化运作成为便民设施，努力实现物尽其用、变废为宝。三要加快完善交通路网体系。加快融郑融港步伐，深入实施“畅通新郑”工程，扎实推进市域路网建设，建成通车国道107连接线西延、莲花路下穿京广铁路改建、双湖大道东延等工程，加紧推进茨山路南移、北环路东延、国道343线新郑境改建、省道317线新郑境改建等工程，推动“四好农村路”高质量发展，实施农村公路“生命防护工程”，积极谋划新城大道改建、国道343城东路段改建、学院路东延、空港三路建设等工程，协调推进郑许高速（新郑段）建设、东三环南延（南四环至省道102段）快速化改建、京港澳高速舜英路站新建等工程。四要全面推进乡村振兴。要以治理“六乱”、开展“六清”为重点，扎实推进农村环境整治提升，建成精品村2个。加快推动水电路气等基础设施一体化、基本公共服务均等化，不断缩小城乡差距，把乡村建设成为令人向往的美好家园。持续巩固拓展脱贫攻坚成果，严格落实“四个不摘”要求，完善和落实防止返贫监测帮扶机制，坚决守住不发生规模性返贫底线。

（四）实施开放创新驱动，激发更加强劲的发展活力。一要全面加强开放招商。坚持把招商引资作为扩大开放、发展开放型经济、推动县域经济持续健康发展的重要抓手，以改革的思维、开放的理念、务实的作风抓紧抓好招商引资工作。成立招商专班，选派人员赴京津冀、长三角、珠三角等区域开展驻地招商。扎实开展“一把手”招商、市场化招商、专业化招商等招商模式，鼓励支持乡镇之间跨区域合作招商，力争全年签约产业项目30个、到位资金315亿元，其中10亿元以上项目2个，30亿元以上项目1个。二要构筑科技创新优势。开展全社会研发投入专项提升行动，建立与高校、科研机构常态化对接机制，加大土地、政策、金融供给力度，推动高校、院所科创成果在新郑就地转化，力争全年技术合同成交额10亿元。加强对科技创新的金融支持，全年发放科技贷款4.2亿元。落实质量强市和标准化战略，创成省质量强市示范市。三要建设高水平人才高地。强化人才队伍建设，加大柔性引才、项目引才力度，持续实施“黄河人才计划”“大学生留郑计划”“故里英才引进计划”；认真落实高端创业团队、领军团队、紧缺人才奖励政策，力争全年引进领军人才和高层次创新创业紧缺人才15名、领军型科技创新创业团队3个以上；加快推进“人人持证、技能河南”建设，新增技能人才3.9万人。

（五）推进重点领域改革，催化更加高效的内生动力。一要持续深化“放管服”改革。稳步推进供给侧结构性改革，加快要素市场化配置改革，巩固推进“清、减、降”专项行动，深化“一网通办”，抓实“高效办成一件事”，完善“一次告知、一表申报、一窗受理、一次办好”，解决群众办事多头跑、往返跑问题。以数据集成和共享为支撑，实现1000个事项“即来即办”、500个事项3个工作日办结。对工程建设项目实行“极简”审批，优化水电气热、通信等接入流程，推动容量160千瓦及以下小微企业用电报装“零投资”，水气热报装1个工作日内办结。二要继续优化营商环境。持续完善营商环境考核评价机制，持续开展民营经济“两个健康”提升行动，抓好惠企政策兑现，全力支持非公有制经济高质量发展，实实在在为企业纾困解难，不断壮大市场主体。高效行使省赋予我市255项经济社会管理权限，提高办事效率和服务水平，推动营商环境进入全国第一方阵。规范“标准地”出让，实现项目“拿地即开工”。深化“双随机一公开”机制运用，全面规范行政执法行为，减轻企业经营负担。严格执行国家涉企收费目录清单，坚决杜绝清单外收费。坚持“企业是上帝，是我们的衣食父母，谁破坏营商环境谁就是新郑发展的罪人”思想，全面开展营商环境“病例讨论会”和依法依规兑现承诺专项行动，政府带头讲诚信，加快形成重信践诺的社会环境。三要扎实推进重点领域改革。完成事业单位重塑性改革，强化事业单位的专业性、技术性、公益性，推进政事分开、事企分开、管办分离，推动资源集约、优化配置、效能提升。深化乡镇管理体制机制改革，明确乡镇主责主业，推动乡镇职能转变，优化机构设置和编制配置，提升乡镇服务能力，激发乡镇发展活力。深化开发区管理体制改革，实行“扁平化”“大部门制”管理。积极争取国家、省和郑州市级层面的改革试点，形成新郑发展的制度优势。打好国企改革三年行动收官战，有序推进投融资公司重组整合，在资本（资产）运营、公用事业（城市运营）、产业园区、文旅运营、智慧城市、城建地产等领域谋划组建培育龙头企业集团，推动国有资本向公共服务和公益性行业集中、向前瞻性战略性新兴产业集中，构建以基金运作为主导的产业投融资模式，提高国有资产配置效率。

（六）践行绿色发展理念，绘就更加美好的绿色画卷。一要大力实施绿地工程。践行“绿水青山就是金山银山”的根本理念，按照高标准、高要求、高规格，以创建国家森林城市、国家生态园林城市为目标，完成新造林1600亩、森林抚育5000亩，创建森林特色小镇1个，森林乡村16个，建设5000平方米以上综合公园1个、小微公园游园23个，着力构建绿色生态屏障。二要坚决打赢蓝天保卫战。深入贯彻习近平生态文明思想，推动减污降碳协同增效，认真落实低碳环保转型战略，有序推进碳达峰、碳中和工作。坚持标本兼治、远近结合，氮氧化物、PM10、PM2.5和臭氧协同控制，强化人为源污染治理和重污染天气应对，实现环境空气质量持续改善，确保全面完成省、郑州市下达的空气质量目标任务，有效降低不利气象条件对空气质量的影响。三要全面打好碧水保卫战。深化落实“河长制”，扎实开展河湖“清四乱”专项整治行动，保障水资源环境安全，加快十七里河、潮河水质工程治污进度，实现水资源安全高效利用，妥善解决涉水问题，推动河湖生态环境持续向好。加快推进南水北调中线观音寺调蓄工程、水系连通、老观寨水库区域生态修复等项目建设，再掀水利建设高潮，为再夺省“红旗渠精神杯”奠定基础。四要扎实推进净土保卫战。按照控源头、防新增、重监管、保安全的思路，提升土壤环境管理水平，强化土壤环境监管，加快土壤污染治理修复，推进污染地块安全利用和“三山”治理修复，确保污染地块安全利用率达100%，保证全市土壤环境质量稳定发展。

（七）持续保障和改善民生，增进更加殷实的民生福祉。一要常态化抓好疫情防控措施。强化科学组织，坚持“外防输入、内防反弹”总体策略，压实四方责任，坚决克服麻痹思想、厌战情绪、侥幸心理、松劲心态，把底线思维贯穿战“疫”始终。坚持“人、物、环境”同防，强化农贸市场、生鲜批发等重点场所的环境监测和工作人员健康监测，遏制疫情反弹。扎实开展防疫物资动态储备，全力提升应急处置能力和水平，筑牢疫情防线。二要坚决做好灾后恢复重建工作。深刻吸取“7·20”特大暴雨灾害教训，把安全理念贯穿城市规划、建设和管理全过程各环节，更加重视“里子工程”“避险工程”，超前布局城市生命线，真正把教训变教材、教材变方案、方案变行动，全面提高防御灾害和抵御风险能力。以“7·20”特大暴雨工程问题整改及灾后恢复重建为抓手，加快实施114个、总投资5.31亿元的灾后恢复重建和能力提升项目；扎实开展城市体检和灾害综合风险排查，重点对桥涵、交通道路、房屋建筑、地下管网等开展全面普查，确保零隐患度汛；加快推进妨碍河道行洪突出问题清理整治行动，汛前完成2个河道、18个水库水毁修复，确保河道和水库行洪安全。建立健全突发事件和极端天气预警预报机制，加强应急救援物资储备，定期组织开展应急宣传培训和模拟演练，提升全社会防灾救灾能力。三要优先发展教育事业。以“办人民满意的美好教育”为目标，推动城乡教育优质均衡发展，着力解决教育发展“短板”问题。力争新建（改扩建）中小学、幼儿园8所，移交幼儿园6所，新增优质学位5210个。扎实做好“双减”工作，依法治理校外培训机构，不断提升课堂质量和优化课后服务，确保我市教育教学质量在郑州县（市）领先。不断提高教师待遇，确保教师待遇不低于公务员待遇。四要持续完善社会保障体系。健全基本养老服务体系，深入实施居家社区养老“百千万”温暖工程，新建1个街道养老服务中心、社区日间照料中心18个，新增养老床位500张以上。坚持共享发展理念，加快构建多层次社会保障体系。深入实施全民参保计划，稳步提高社会保险待遇标准，确保基本医保参保率稳定在98%以上、大病保险政策范围内报销比例稳定在60%以上。加快安置房建设，确保全年回迁安置群众10000人。五要坚持稳定扩大就业。强化就业优先导向，多措并举稳定和扩大就业，统筹抓好高校毕业生、退役军人等重点人群就业工作，加强高水平职业院校和高水平专业建设，全年开展职业技能培训40500人次，新增城镇就业6000人，农村劳动力转移就业5500人。六要持续提高医卫服务能力。高质量推进紧密型县域医共体建设，加快构建分级诊疗、合理诊疗、有序就医新秩序。完成投用164个核酸检测屋，实现人人免费核酸检测、费用由政府买单，全面提升核酸检测能力。全面建成市公立中医院，加快市公立人民医院传染病区综合楼建设，稳步提升公立人民医院运营水平，扎实推进基层医疗卫生机构达标升级，不断优化医疗卫生服务。持续巩固国家慢性病综合防控示范区建设成果，确保顺利通过复审验收。积极落实生育支持政策，建成乡镇（街道）普惠托育中心12个。七要扎实推进文化惠民。讲好新郑故事、多宣传新郑正能量，建设文化新郑。加快公共文化服务设施改造升级，打造3—5个镇级最美公共文化空间，每个乡镇打造1—2个村级最美公共文化空间。持续实施“百千万”文化惠民工程，开展“舞台艺术进乡村、进社区”等各类演出335场。更新全民健身路径20条。八要大力推进社会文明治理。全面贯彻落实《新时代公民道德建设实施纲要》，深入推进公共文明素养提升行动，深化群众性精神文明创建，为全国文明城市创建打下坚实基础。完善社会治安防控体系，深化扫黑除恶行动，持续做好社会治安、信访稳定、安全生产、食品药品安全、消防安全等工作，强化安全隐患排查治理和专项治理，妥善解决人民群众合理诉求，强化矛盾排查化解，确保社会大局和谐稳定。同时，继续做好民族宗教、外事侨务、对台事务、机关事务、气象、档案等工作，支持工会、共青团、妇联、残联、红十字会等群团组织更好发挥桥梁纽带作用，推动社会事业全面发展。

各位代表，百年征程铸伟业，故里之城谋新篇！让我们在市委的正确领导和市人大、市政协的监督支持下，树立新发展理念，坚持以人民为中心，锐意进取、勇毅前行，更加奋发有为地推动新时代新郑发展，加快建设现代化全国一流中等城市，早日建成黄帝文化历史名城、现代临空产业新城、宜居宜业生态城市，以优异成绩迎接党的二十大胜利召开！

数字新郑

DIGITAL XINZHENG

·数字新郑 >>>

DIGITAL XINZHENG

全国中小城市综合实力百强县（市）升至 **38** 位

第二产业增加值 **329.4** 亿元

规模以上工业同比增长 **6.1** %

第三产业增加值 **435.1** 亿元

全国县域经济基本竞争力百强县（市）排名由 **37** 位升至 **28** 位

全市地方公共财政预算收入 **74.7** 亿元

固定资产投资完成 **456.9** 亿元

住宅施工面积 **1959.8** 万平方米

全国财政收入百强县（市）排名升至 **28** 位

税收收入 **43.1** 亿元

全市地方一般公共财政预算支出 **101.0** 亿元

住宅新开工面积 **321.8** 万平方米

全年地区生产总值完成 **793.3** 亿元

房屋竣工面积 **118.5** 万平方米

政府性基金预算支出 **21.4** 亿元

餐饮业销售额 **35.7** 亿元

第一产业增加值 **28.8** 亿元

全市金融机构存款余额 **747.8** 亿元

商品房销售面积 **232.9** 万平方米

金融机构贷款余额 **702.0** 亿元

住宅销售面积 **215.6** 万平方米

全年农村居民人均可支配收入 **26879** 元

入住银行 **16** 家

城市建成区面积达到 **132.4** 平方千米，城镇化率达到 **68.7** %

商品房销售额 **174.8** 亿元

农民人均生活消费支出 **23113** 元

住宅销售额 **215.6** 亿元

城镇居民人均可支配收入 **38950** 元

批发和零售业增加值 **117.0** 亿元

城镇居民人均生活消费支出 **23752** 元

住宿和餐饮业增加值 **16.9** 亿元

实现社会消费品零售总额 **332.2** 亿元

限额以上单位消费品零售额 **90.7** 亿元

城镇消费品零售额 **279.5** 亿元

全市总户数 **287111** 户

乡村消费品零售额 **52.8** 亿元

全市常住总人口 **120** 万人

批发业销售额 **74.0** 亿元

零售业销售额 **220.8** 亿元

全市常住总人口中女性 **584800** 人

乡村人口 **384693** 人

住宿业销售额 **1.7** 亿元

全年招商引资共签订协议项目 **30** 个

招引5G大数据中心 **10** 亿元以上高质量产业项目 **7** 个

新增郑州市级以上工程技术中心研发平台 **6** 家

招商引资签约金额 **303.1** 亿元

国家网技术合同成交额 **10.09** 亿元

规划建设 **6.7** 平方千米电子信息产业园

招引落地威斯获克等电子信息产业项目 15 个

专利授权 3155 件

锐杰微等 45 个重大产业项目建成投产

发明专利 663 件

实施工业技改项目 224 个

省级以上创新平台 17 家

智能化改造企业 32 家

省级工程研究中心 5 家

新增省级以上绿色工厂 4 家

实用新型专利 2474 件

新创中国驰名商标 7 件

发明专利拥有量 1441 项

新增"专精特新"企业 28 家

荣获河南省科技进步奖 4 项

新增规上工业企业 39 家

技术合同成交额 10.1 亿元

实际利用外资 23988 万美元

外观设计专利 302 件

外贸进出口总值 5.9 亿元

就业困难人员再就业 531 户

引进硕博士 99 名

公益性岗位就业 469 人

科技型企业 166 家

职业技能培训 23327 人

培育领军人才和高层次人才 10 人

失业人员再就业培训 2043 人

引育各类创业企业项目 710 家团队 350 个

创业培训 780 人

引进域外境内资金 **96.1** 亿元

引进省外资金 **96.1** 亿元

累计发放创业担保贷款 **7710** 万元

全年粮食总产量 **23.7** 万吨

农村劳动力转移就业 **7208** 人

夏粮总产量 **12.54** 万吨

全市新增城镇就业再就业岗位 **8424** 个

秋粮总产量 **11.12** 万吨

下岗失业人员再就业 **1242** 人

全年油料总产量 **1.7** 万吨

全年蔬菜总产量 **16.4** 万吨

全年花生总产量 **1.62** 万吨

全年瓜果总产量 **0.83** 万吨

全市农民合作社 **283** 家

全年瓜果产量 **8348** 吨

生猪出栏 **15.71** 万头

牛出栏 **0.52** 万头

羊出栏 **4.04** 万只

家禽出栏 **331.75** 万只

农业规模经营户达 **1020** 家

全市具有资质等级的建筑业企业总产值 **94.1** 亿元，利润总额 **0.4** 亿元，营业收入 **74.5** 亿元

全市建筑业实现增加值 **33.6** 亿元

农村用电量 **43237** 万千瓦时

机械总动力 **65.11** 万千瓦

化肥使用量（折纯）**28046** 吨

农用拖拉机 **7688** 台

拖拉机配套农具达到 **13305** 台

联合收割机 **1800** 台

城区空气质量达到或优于国家二级标准的天数 **227** 天

城市集中饮用水水源地水质达标率 **100** %

机耕面积 **27370** 公顷

新增节水灌溉面积 **3800** 公顷

新造林 **3400** 公顷、森林抚育 **866.67** 公顷

全市森林覆盖率 **31.5** %，绿化率 **36.7** %

人均绿地面积达 **16.7** 平方米

机播面积 **43100** 公顷

机收面积 **42670** 公顷

实施城市建设提质项目 **48** 个，年度投资 **24.4**亿元

新建提升城乡道路 **32** 条 **56** 千米

改造提升老旧小区背街小巷 **18** 个

新培育农业龙头企业 **10** 家

新培育农民合作社 **16** 家

新培育家庭农场 **39** 家

新认证“三品一标”农产品 **34** 个

高中教育质量综合评价连续 **30** 年位居郑州县（市）领先位次

投资 **18.3** 亿元，新建改扩建中小学、幼儿园 **14** 所

办理人大代表建议 **766** 件

移交城镇小区配套幼儿园 **87** 所

办理政协委员提案 **757** 件

全年新增学位 **6930** 个

全市各级各类中初等教育学校 **363** 所

全市普通初中 **30** 所

全市中等职业学校 **8** 所

全市小学 **111** 所

全市普通高中 **7** 所

全市幼儿园 **206** 所

全年共接待游客 **501.11** 万人次

全市特殊教育 **1** 所

全市小学生人数 **110337** 人

旅游业总收入 **20.04** 亿元

全市普通初中学生（九年一贯制）人数 **45163** 人

全市在校学生 **255834** 人

全市普通高中在校生 **19566** 人

中等职业学校在校生 **29823** 人

学前教育普惠率达到 **96.2** %

幼儿教育 **50788** 人

特殊教育 **157** 人

建成足球场 **19** 个

规范整治校外培训机构 **838** 家

龙湖片区 **3** 个社区卫生服务中心建成投用

5 家乡镇卫生院达到国家推荐标准

8 家乡镇卫生院（社区卫生服务中心）达到国家基本标准

全市共有医疗床位 **6103** 张

举办各类文化惠民演出 **1700** 余场

千场红色电影（宣教片）进基层活动 **5000** 场

全市共有卫生技术人员 **6965** 人

连续 **16** 年成功举办黄帝故里拜祖大典

连续高规格举办 **15** 届黄帝文化国际论坛

城乡居民养老保险累计参保人数达到 **33.3703** 万人

执业医师、执业助理医师 **2592** 人

注册护士 **3133** 人

全年投入民生资金 **83.2** 亿元

免费婚检率达到 **75.43** %

全年基层医疗卫生机构销售金额 **7037.6** 万元

基层卫生机构让利金额 **1625.5** 万元

新建改造郑韩路东延等道路 **27** 条

实施溱水路等 **18** 条道路雨污分流工程

完成中华路等 **20** 条道路桥梁亮化

嫘祖路等 **7** 条群众企盼已久的断头路竣工通车

新增公共停泊车位 **3700** 个

新建改造农贸市场 **5** 个

改造提升老旧小区 **60** 个，背街小巷 **33** 个

疏通腾退土地建成良师园等游园 **15** 个

华夏国际商务中心等 **9** 个总部大楼实现招商运营

新建提升学院路东延等道路 **47** 条 **204** 千米

城市主干道机械化清扫率、垃圾清运率、无害化处理率均达 **100**%

新改建农村公路 **105** 条 **143** 千米

城乡公路总里程达 **1360** 千米

新建公交场站 **4** 座、候车站（亭）**513** 个

增开城乡公交线路 **29** 条 **616** 千米

建成投运 **8** 座变电站

改造农村电网 **1219** 千米

建成农村人居环境整治示范片区 **4** 个，示范村 **60** 个，示范街道 **38** 条

138 个行政村实现生活污水集中处理

泰山村等 **2** 个美丽乡村精品村加快建设

新建公厕 **120** 个

完成 **4.4** 万户改厨改厕用水

建成安置房 **3** 万套 **327.8** 万平方米

网签安置房 **2.4** 万套

8.4 万名群众入住新型社区

建成投用生活垃圾焚烧发电厂 **2** 座

市直公立医院销售金额 **5973.2** 万元

市直公立医院让利金额 **1373.8** 万元

建成村史馆 **26** 座

1973 个政务服务事项实现全程网办

建成街区图书馆 **6** 个

369 个事项实现掌上可办

强化审计监督、审计项目 **1128** 个，为财政增收节支 **24.3** 亿元

企业开办时间压缩至 **1/2** 个工作日

办理市长热线、市长信箱、网民留言反映问题 **7.2** 万件，办结率 **98** %

工程建设项目审批时限压缩至最多 **61** 个工作日、最短 **22** 个工作日

新建提升敬老院 **10** 所

盘活闲置用地 **103.33** 公顷

13 个建档立卡贫困村、**18** 个郑州市级低收入村、**4** 个扶贫任务较重的面上村全部脱贫

综合治理河道 **65.9** 千米

新增日间照料中心 **47** 所

拆迁关停禁（限）养区养殖场 **274** 家

新增社会办养老机构 **7** 家

城乡污水处理厂等 **8** 个污水处理厂建成投用

新建生态廊道 **33** 条 **350** 千米

建成溱水公园、暖泉河公园等大型城市公园 **6** 个

创郑州市级以上园林单位（小区）**42** 个、森林乡村 **11** 个

新增中华路公园等街头游园 **27** 个

道路保洁率、垃圾清运率保持 **100** %

整治提升中小微企业 **162** 家

建城区生活垃圾分类覆盖率达 **97** %

新建充电桩 **2127** 个

国三及以下排放标准营运柴油货车，淘汰任务 **100** %完成

新增更换新能源公交车、出租 **110** 台

全市日污水收集处理能力达 **32** 吨

龙湖泰山村等 **2** 个美丽乡村、**12** 个美丽乡村示范村和 **7** 个美丽乡村特色村建设基本完成

城乡居民基本医疗保险参保人数达到 **47.6204** 万人

全市机关事业单位养老保险参保职工 **2.7** 万人

失业保险参保人数 **7.3562** 万人

全市新增参保企业总数达到 **1050** 家

职工基本医疗保险参保人数 **9.2607** 万人

新增参保职工 **6082** 人

在职人员参保 **7.4212** 万人

养老、工伤、失业累计参保人数达到 **63.7** 万人

退休人员参保 **1.8395** 万人

企业职工基本养老保险累计参保人数达到 **9.98** 万人

工伤保险参保人员 **10.2938** 万人

累计出动各类抢险车辆 **1112** 台，救援人员 **16692** 人

建筑业项目累计参加工伤保险 **278** 家

累计发放救灾物资 **62** 万件、救灾资金 **2.5** 亿元

参保农民工 **29369** 人

企业职工累计参保人数 **9.9832** 万人

累计将 **4320** 户 **8049** 人城乡困难家庭纳入低保范围

全年造林绿化面积 **286.67** 公顷（含 **73.33** 公顷种苗花卉），森林抚育 **833.33** 公顷

城区可吸入颗粒物PM10年平均浓度为每立方米 **76** 微克

新建提升生态廊道 **2** 条

细颗粒物PM2.5年平均浓度为每立方米 **44** 微克

城乡居民最低生活保障标准和特困人员供养标准分别提高至每人每月 **740** 元

全年以社会化形式累计发放保障金 **4694.38** 万元

生育保险参保人数 **7.0514** 万人

全年共为 **1333** 名特困人员落实供养资金 **1723.4** 万元

专记

SPECIAL RECORDS

·专 记 >>>

SPECIAL RECORDS

辛丑年黄帝故里拜祖大典

【大典综述】 在中共河南省委的坚强领导下，经过省政协统筹协调、在京主办单位指导支持、有关省直单位大力配合、郑州市大典组委会精心组织，辛丑年黄帝故里拜祖大典于2021年4月14日（农历三月初三）成功举办。辛丑年黄帝故里拜祖大典以“三提升三扩大”为基本遵循，即“提升站位，提升层次，提升仪程，扩大对港澳台同胞影响，扩大对海外侨胞影响，扩大对华人社会影响”，坚持现场拜祖和网上拜祖相结合、坚持黄帝故里拜祖与境外分会场拜祖统筹联动、坚持确保安全、坚持隆重节俭办会，把拜祖大典办成弘扬黄河文化、讲好黄河故事、延续历史文脉、坚定文化自信的重要平台。截至4月20日18时，各网络平台发布相关新闻32.2万条，全网点击量突破20.35亿人次。第十二届全国政协副主席齐续春，河南省委、省政府、省政协主要领导，社会各界人士和广大网民对辛丑年拜祖大典的成功举办都给予充分肯定。

【大典概况】 辛丑年黄帝故里拜祖大典由河南省人民政府、政协河南省委员会、国务院台湾事务办公室、中华全国归国华侨联合会、中华全国台湾同胞联谊会、中华炎黄文化研究会主办，由郑州市人民政府、政协郑州市委员会承办，新郑市人民政府为执行单位。坚持现场拜祖和网上拜祖相结合、坚持黄帝故里拜祖与境外分会场拜祖统筹联动、坚持确保安全、坚持隆重节俭办会，把拜祖大典办成弘扬黄河文化、讲好黄河故事、延续历史文脉、坚定文化自信的重要平台。大典现场仪程共九项，分别为盛世礼乐、敬献花篮、净手上香、行施拜礼、恭读拜文、高唱颂歌、乐舞敬拜、祈福中华、天地人和。

【主要特点及成果】 为落实省委、省协调领导小组和市委对拜祖大典工作的部署和要求，持续提升拜祖大典的层次和影响力，辛丑年黄帝故里拜祖大典进行了一系列的创新和提升。

（一）拜祖大典紧跟时代步伐，政治影响力更大。突出宣传中国共产党成立一百周年和开启现代化建设新征

2021年4月14日，黄帝故里拜祖大典在新郑举行（刘栓阳/摄）

程，除了现场布置、氛围营造、大典典礼、拜祖文等体现外，注重对具有鲜明代表性人士的邀请，邀请革命老区、红色教育基地如兰考焦裕禄精神纪念地、大别山革命根据地等的代表人士参加拜祖大典；邀请获得国家表彰的先进单位和先进个人代表，包括全国脱贫攻坚、全国抗击新冠肺炎疫情先进集体和先进个人、全国优秀共产党员、全国先进基层党组织、全国劳动模范和先进工作者、时代楷模、道德模范等参加大典；邀请全国人大代表、全国政协委员、党的十九大代表参加大典等等。拜祖大典现场还设置在河南工作和生活的港澳台侨代表专区、姓氏宗亲会专区和青年学生专区三个拜祖方阵，三个拜祖方阵身着统一整齐的服装，展现不同团体相同的爱国情怀和时代风采。

（二）大典典礼仪程全面提升，仪式感震撼力更强。在不断增强拜祖大典九项仪程传承性、仪式感、庄严性的基础上，创新大典仪程的表现形式。大屏幕和现场融为一体，播放了双槐树遗址、大河村遗址、裴李岗遗址等地文化短片，中国港澳台地区及海外拜祖集锦短片，丰富了大典文化内涵，增强了境外拜祖与大典现场拜祖的互动性。“盛世礼炮”仪程调整为“盛世礼乐”，礼乐方阵由河南博物院华夏古乐团的编钟、琵琶、古笛与小提琴、大提琴等交响乐器同台演奏，壮美的音乐震撼人心。礼乐声中，27名青年代表作为礼生分三组献上五谷、瓜果、丝帛，展现传统恭拜仪式的礼制，现场仪式感、庄严性和感染力明显增强。敬献花篮仪程，增加12组少年儿童代表与社会各界代表手持鲜花向黄帝像依次献花，增强了现场的互动性和感染力。恭读拜文是大典典礼仪程的重要环节，省政协主席刘伟对《拜祖文》亲自修改提升，主拜人齐续春铿锵有力的声音响彻全场、传遍世界，成为大典典礼的高潮。高唱颂歌仪程，在现场嘉宾和青少年合唱团随同歌唱家一起高声颂唱，气氛更加热烈，现场所有人祖国认同、民族认同、文化认同感不断增强。不少现场参与的侨胞感慨，“这是个庄严而神圣的仪式，让我们这些行走海外的人有了归属感！”“天地人和”仪程，来自新郑志愿者为现场来礼拜的嘉宾分发系着锦囊的气球，礼乐齐鸣、礼花怒放中，全场一起放飞梦想，为中华民族祈福，国泰民安，盛世昌盛。按照疫情防控常态化要求，现场嘉宾规模压减为1000人以内，人与人间距1.5米，典礼现场实现模块化管理，每个区域由组委会办公室、新郑市和安保部门组成联合小组进行组织与服务，确保嘉宾进退场流程顺畅，全场秩序井然有序，气氛更加庄重肃穆。

（三）构建立体宣传网络，价值影响更加显著。大典通过中央电视台四套、河南广播电视台、郑州广播电视台、河南省17个地市广播电视台并机直播；通过人民网、新华网，抖音、快手、B站、微博等央媒、移动端大平台，以及顶端新闻、大象新闻、正观新闻客户端等省市媒体平台、各大门户网站、新闻网站等全渠道进行全球网络直播及弹窗直播推荐、开屏图文推荐；央视还在《新闻联播》《中国新闻》《东方时空》《24小时》等栏目中分别给予报道，播报次数和时长均突破往届纪录；海外方面，凤凰卫视中文台、资讯台、欧洲台、美洲台、凤凰秀App等覆盖3.84亿人次；香港电台、澳大利亚3cw中文广播、新西兰Channel33电视台等数十家华语广播覆盖2.62亿人次；美国《世界日报》、英国《欧洲侨报》、德国《欧洲之声》（电台）、菲律宾亚太通讯社、美国《美中报道》及Youtube、推特、脸书等海外媒体、社交平台综合点击2.17亿人次。在新媒体、新技术、新创意方面，此次拜祖大典采用了电视、广播、新闻、漫画、视频、音频、海报、H5等多种传播方式，广泛使用5G、VR、AR等新技术以及表情包、漫画、互动平台等多样态产品，吸引众多网民关注和参与，尤其是年轻网友及海外网友对相关产品好评如潮。

（四）网上拜祖平台全面升级亮相，引发拜祖新热潮。以建设“全球探寻体验华夏历史文明的重要窗口”为目标，对网上拜祖祈福平台全面优化升级。网上敬献花篮、上香，收集黄河水，浇灌姓氏树，为自己的家乡点亮祈福标志等，并赋予网上拜祖祈福平台更多文化内涵。整体设计突出河南文化元素，换装照内容更加丰富，增设祈福林模块，增加中文繁体版和英文版，增加黄帝故里、黄河博物馆、裴李岗、双槐树、大河村“五大VR全景”展示黄河文化，生成每个网友专属的拜祖数据库等等，极大增强了吸引力、感染力和互动性。网上拜祖一上线便因国风插画的设计风格和丰富有趣的互动体验深入人心，受到网友追捧，大家用互联网寄托“根脉所依，魂魄所依”的永恒牵挂，用指尖传递拜祖祈福的虔诚与真挚。

（五）境外拜祖稳中有升，政治把关更加规范。经过多年努力，“三月三，拜轩辕”这一文化传统更加深入人心，2021年，中国港澳台地区和美国、英国、法国、澳大利亚继续与新郑黄帝故里联动，举办“同时同像同主题同拜黄帝活动”。各境外拜祖地以“同根同祖同源，和平和睦和谐”为主题，在严格遵守举办地的法律法规和风俗习惯、取得当地权威机构支持、严格遵守当地疫情防控政策的基础上，参照黄帝故里拜祖大典九项仪程，采取分时段、分批次、家庭拜祖和网上拜祖等方式开展。协调有关单位对每个境外拜祖活动承办单位资质加强了审核，规范了境外拜祖新闻稿、活动照片、视频报审工作，协调组织市台办、市外办、市港澳办、市委宣传部等相关职能部门对有关内容联合把关，并报省直相关单位审核后发布。香港拜祖活动，由香港中联办宣文部副部长张国义担任主司仪，参加人员挥舞着国旗和香港特别行政区区旗，共同敬拜中华民族文明始祖轩辕黄帝。澳门拜祖由全国人大代表、澳门立法会议员施家伦担任嘉宾主司仪，全国政协委员、中国侨联副主席刘艺良恭读《拜祖文》，澳门中联办协调部副部长朱大国等领导和嘉宾出席了澳门拜祖活动。台湾拜祖活动由中国国民党前主席洪秀柱出任主拜人，她在拜祖现场强调“炎黄子孙不忘本。两岸兄弟一家亲。中华儿女肩并肩。千秋事业心连心”。美国、英国、法国、澳大利亚等各地均由当地知名爱国侨领主持拜祖活动。中国驻旧金山总领馆侨务处处长杨雪峰、领事杨博等领事馆相关人员及众多著名侨领、知名华侨和国际友人参加拜祖活动，众多境外媒体广泛宣传报道。此外，赞比亚、新西兰、匈牙利等地爱国华人华侨也纷纷积极与组委会联系，希望得到支持在当地自发举办同拜黄帝活动。

（六）**系列文化活动全面升级，文化影响力空前提升**。大典期间成功举办了黄帝文化国际论坛、全球华人书画名人名家邀请展、“根亲中国”华语电影短片大赛等系列文化活动。第十五届黄帝文化国际论坛4月12日至13日在郑州工业应用技术学院国际学术交流中心举行，主题为“建党百年与文化自信”，邀请中共河南省委原书记徐光春，中国国家话剧院院长田沁鑫，中国中共党史学会常务理事、中组部研究室原副局级调研员张兆本，中国人民大学国际关系学院副院长、外交学专业博士生导师金灿荣等8名知名度高、影响力大的专家学者登台演讲。全球华人名人名家书画作品邀请展于4月12日至14日在郑州市升达艺术馆举办，书画展共收到来自国内各省市、港澳台以及日本、法国、德国等20多个国家和地区的书画作品1000余件，筛选展出新党荣誉主席郁慕明，王全书、张海、宋华平、岳修武、姜昆、朱军等名人名家作品280余件。第七届“根亲中国”华语电影短片大赛收到来自四川、安徽、福建、陕西、北京、江苏等全国30个省市自治区及港澳台的作品460部，并对入围的41部作品进行了终评，献礼片《5000年很长吗》在全网推送。活动期间，人民网、新华网、头条、腾讯、新浪平台以及省内主流媒体等50余家媒体对大赛进行了宣传报道。“学习强国”平台对此次大赛进行报道，“学习强国”郑州平台开辟专栏对大赛优秀作品进行展映。

（七）**黄帝故里园区规划建设启动，高标准高效率推进**。省政协主席刘伟多次听取黄帝故里园区改扩建规划建设汇报，亲自安排在拜祖大典当天，向省委、省政府主要领导和拜祖大典在京主办单位领导汇报黄帝故里园区改扩建规划及工程建设推进情况。围绕省政协主席刘伟“眼睛为之一亮、耳目为之一新、精神为之一振，记忆尤为深刻”等指示精神，郑州市采取了一系列措施。省委常委、市委书记徐立毅多次听取工作汇报，多次作出重要批示，专题召开会议研究黄帝故里园区规划，成立黄帝故里园区规划建设指导小组，明确由市政协主席张延明牵头，组织郑州市相关部门及有关专家对黄帝故里园区建设工作进行指导。市政协主席张延明定期召开现场会协调解决有关问题，多次组织相关领域专家对规划建设工作进行咨询论证。新郑市优化施工组织，在确保大典场地正常使用的情况下，先期启动了故里广场和轩辕路建设，挂图作战抓进度、抢工期、保质量。故里广场和轩辕路均已完成施工任务，除与寻根之门等二期工程衔接处部分留白之外，其余均已完成，正在进一步提升、养护中。大典筹备期间，对黄帝像和连廊浮雕设计方案以及中华黄帝馆、中华姓氏馆展陈方案，组织专家进行了论证，积极推动二期工程图纸对接、物料储备工作，加快推进黄帝像重塑和连廊浮雕前期准备，两项工程均已完成招标。2021年大典结束以后，黄帝故里园区现场已全面封闭施工。

【主要做法】（一）**领导高度重视**。省委省政府、市委市政府主要领导对办好辛丑年黄帝故里拜祖大典高度重视，对辛丑年拜祖大典进行了早启动、早谋划、早部署。按照省市领导要求，2020年下半年即启动了辛丑年大典活动的筹备调研工作。在多次到裴李岗遗址、双槐树遗址、大河村遗址调研，到陕西黄陵、山东曲阜、杭州余杭进行沟通交流以及广泛征求各相关单位意见的基础上，起草了《辛丑年黄帝故里拜祖大典初步设想》。2020年11月4日，省政协主席刘伟作出批示，要求抓紧筹备明年拜祖大典工作，12月份省政协主席会议要进行研究。11月9日，邀请省政协分管大典工作的副秘书长、省台办、省台联、省侨联、市直有关单位和专家再次研究讨论了《辛丑年黄帝故里拜祖大典初步设想》，11月12日至13日，经向省政协主席刘伟汇报，郑州市政协主席张延明与省政协分管副秘书长和省市相关部门人员一同赴京拜会国台办、全国台联、中国侨联、中华炎黄文化研究会、中央广播电视总台领导，征求意见。省政协主席刘伟在审阅《赴北京拜会拜祖大典主办单位有关情况的汇报》后批示：“工作做得很好，要精心筹备，把明年的拜祖大典活动组织得更好。对中侨联提出的2021‘侨联五洲’活动的想法，请省侨联研处。”12月4日省委常委、郑州市委书记徐立毅专题听取汇报，12月9日郑州市委常委会研究了《大典总体方案》。12月17日，省政协主席刘伟听取了《大典总体方案》情况专题汇报，从高度重视、高质量筹办、做好疫情防控、加快园区建设、加强典礼策划等五个方面提出了把好政治关、增强互动性等要求。此后，根据省市领导意见进行了修改和完善。2021年2月20日下午，省委常委会研究了辛丑年黄帝故里拜祖大典筹备情况。在拜祖大典筹办过程中，省政协主席刘伟、副主席周春艳，秘书长汪中山全程给予指导，省政协主席刘伟对重要方案亲自审核，对重要时间节点亲自把关，对重要工作亲自推进、亲自协调，亲自审核拜祖文，亲自参加大典彩排；省委常委、市委书记徐立毅召开专题会，多次听取拜祖大典工作汇报，研究大典策划方案、黄帝故里园区规划建设方案，明确提出各项工作质量要求、工期要求，部署在拜祖大典所在月份举办黄河文化月活动，多次作出批示；郑州市市长侯红亲自到现场调研，召开工作推进会，压实责任，强力推动；郑州市政协领导张延明、吴晓君、王万鹏等多次到新郑现场进行调研，定期召开例会，成立专家咨询指导组，全力推进故里园区规划建设，推进拜祖大典方案完善和实施，推进大典在典礼仪程、文化内涵、现场氛围、立体宣传、防疫安全等各方面实现提升。郑州市领导杨福平、牛卫国、黄卿、孙晓红、马义中、陈宏伟等对各自分管工作亲自安排部署，抓好落实。各级领导对拜祖大典的直接领导、协调、指导、推进和亲切关怀，是办好拜祖大典的根本保证。

（二）主办单位积极支持。因为疫情防控常态化原因，2021年未能在京联合主办单位召开拜祖大典新闻发布会和情况通报会，省政协以书面形式向国台办、中国侨联、全国台联、中华炎黄文化研究会报送了辛丑年黄帝故里拜祖大典有关情况的通报，主办单位都表示理解和支持。国台办复函同意相关拜祖方案并给予业务指导。全国台联在台胞之家网站和公众号上发布了拜祖大典的相关信息。

（三）有关省直单位大力配合。为做好大典报备工作，省政府办公厅严格审核把关，及时向全国清理和规范庆典研讨会论坛活动工作领导小组报送《关于辛丑年黄帝故里拜祖大典备案的函》。为做好大典宣传工作，省委宣传部部长江凌带队到央视进行协调大典直播工作，多次组织河南日报报业集团、河南广播电视台、郑州市委宣传部召开新闻策划协调会，统筹《人民日报》、新华社、中央电视台等中央驻豫主要媒体和省会媒体精心做好采访报道。省委外办对海外拜祖活动方案进行认真研究，并向驻外有关国家使领馆发函，商请使领馆对拜祖活动给予支持指导。省台办、省政府港澳办、省台联等也积极和中央对口部门联系沟通，征求中央有关部门对港澳台举办拜祖活动的业务指导和支持。

（四）大典组委会扎实工作。郑州市成立了辛丑年黄帝故里拜祖大典组委会，设立了“一办八部”，多次召开组委会筹备工作推进会。组委会各部室精心谋划、狠抓落实、密切配合，保证了大典筹备工作环环相扣，整体有序推进。宣传活动部积极协调对接中央电视台直播大典等宣传事宜，实现了央视四次播放的全新突破；创新打造网上拜祖“沉浸式”体验，实现海内外全球联动，全渠道覆盖，营造同频共振氛围；多次邀请央视导演组导演赴新郑市讨论辛丑年黄帝故里拜祖大典直播脚本，不断修改完善，最终实现大典典礼九项仪程的精彩呈现。邀请和港澳台侨工作部按照“邀请讲层次，服务讲周到”的要求，积极谋划、成立邀请工作小组，严把嘉宾层次，严控嘉宾结构；动员各成员单位一对一做好嘉宾服务，嘉宾对活动安排、生活保障给予高度评价。接待部坚持接待服务从细节入手，强化主动服务、超前服务意识，体现人性化、个性化服务内涵，构建大接待格局；接待过程中，积极推介郑州的人文历史，彰显了郑州特色、树立了全新形象。安保部按照“科学、有序、协调、安全、圆满”的工作思路，班子成员一线指挥，中层干部带队上岗，执勤民警履职尽责，确保大典现场安全；科学设置行进路线，准确测算时间节点，简化相关程序，构建认证查验系统，实现对每个车队的全程可视化指挥，实现嘉宾“人证合一”。疫情防控部成立专班、制定应急预案，组织精干力量，科学研判疫情，制定现场防控措施，提前通过各种渠道提示嘉宾注意事项，确保了拜祖大典疫情防控的安全。市容部安排大屏播放户外公益广告，制作道旗，指导制作围挡宣传海报，营造了浓厚的拜祖大典氛围。新郑市把筹办拜祖大典作为中心工作，进一步优化各个专班工作力量，会同省市相关部门，高标准、高质量做好环境整治、氛围营造、服务保障等工作，在城乡主干道两侧集中展示“拜祖黄”和“党建红”主题，统一更换拜祖大典主题和庆祝建党百年标志路名牌、宣传栏，全力打造精品现场，并通过拜祖大典这一平台宣传推介好新郑市的优势潜力，实现办好大典和推动发展的双赢。组委会办公室切实履行统筹、协调、服务、保障职责，密切与省协调领导小组及组委会各部对接，定期召开办公会、推进会，每天通报各部工作进展，制定了大典筹办工作任务清单及工作细则，倒排时间工期，挂图作战，实现责任到人、进展到天、任务细化到项，确保大典各项筹备工作的有力推进。

（五）始终把好安全关。大典组委会牢牢把好安全关，确保辛丑年黄帝故里拜祖大典“政治安全、宣传安全、疫情安全、现场安全”。始终把政治安全放在第一位，新郑拜祖现场、境外拜祖、网上拜祖、大典的系列活动都严格把好政治关，确保在政治上不出任何问题。宣传方面建立了联合审稿制度，密切关注舆情，在确保安全的前提下力争出彩。疫情防控方面，疫情防控部严格按照国务院联防联控机构对常态化疫情防控要求进行组织，严格落实防疫措施，构建了疫情防控安全屏障。现场方面，制定应急预案，成立现场指挥系统，构建了模块化管理机制，建立了顺畅的沟通协调机制，确保了现场安全有序。

（撰稿：杨　斐　审阅：王　超）

第十五届黄帝文化国际论坛

【综述】第十五届论坛于4月12日至13日在郑州工业应用技术学院举办。论坛由中华炎黄文化研究会、中国先秦史学会、郑州市人民政府、政协郑州市委员会主办，新郑市人民政府、河南省黄帝故里文化研究会承办。论坛主题为建党百年与文化自信。

【论坛活动有序紧凑】论坛嘉宾4月12日上午报到，4月12日下午开幕，13日下午闭幕。开幕式由新郑市委副书记、市长马宏伟主持，议程共有三项，分别是郑州市政府副市长孙晓红致辞、中国先秦史学会会长宫长为致辞、中华炎黄文化研究会常务副会长高以忱致开幕词。4月12日下午和13日全天论坛演讲，时间一天半。4月13日下午举行论坛闭幕式，议程有两项：第一项是第七届轩辕奖颁奖仪式，获奖嘉宾为中国古都学会名誉会长朱士光、河南省文物考古研究院研究员蔡全法；最后是河南省人大常委会原党组书记、副主任李柏拴致闭幕词。4月12日晚上还组织部分参会专家学者观看了《黄帝千古情》演出。

【参会嘉宾群贤毕至】中共河南省委原书记、中华炎黄文化研究会首席顾问徐光春；河南省人大常委会原党组书记、副主任李柏拴；国务院参事室新闻顾问、中央文史馆馆员、中华炎黄文化研究会特别顾问赵德润；中华炎黄文化研究会常务副会长高以忱、顾伯平、任大援；中国先秦史学会会长宫长为；郑州市政府副市长孙晓红、郑州市政协副主席王东亮；以及新郑市委书记马志峰、市长马宏伟等四大班子领导出席论坛。此外，还有来自中国古都学会、中国明史学会、河南省炎黄文化研究会、黄河文化研究会、河南省孝文化促进会、河南省姓氏文化研究会、河南省社会科学院、河南省文物考古研究院、郑州大学等学会、高校、科研院所的80余名专家学者参加论坛。

【演讲内容引人入胜】该届论坛围绕主题，共邀请8名嘉宾登台演讲，围绕黄帝文化、中共党史与文化自信，邀请中央马克思理论工程咨询委员会主任、中共河南省委原书记、中华炎黄文化研究会首席顾问徐光春演讲；围绕黄帝文化与仰韶百年，邀请河南省文物局副巡视员、河南省文物考古学会会长孙英民演讲；围绕文化自信，邀请中国国家话剧院院长田沁鑫演讲；围绕建党百年，邀请中国中共党史学会常务理事张兆本演讲；围绕国际形势和外交，邀请中国人民大学国际关系学院副院长、外交学专业博士生导师金灿荣演讲；围绕红船精神，邀请浙江省委党校党史党建教研部副教授王思林演讲；围绕大别山精神，邀请大别山干部学院副院长孙伟演讲；围绕军事安全，邀请国防大学战略、战役学教授、少将纪明葵演讲。他们从文化、党史、政治、外交、军事等多个领域“烹饪”出了一道道“思想大餐”。

【新闻宣传引爆网络】为切实做好疫情防控，该届论坛以“减少现场听众、增加线上宣传”为原则，力邀上三级主流媒体及腾讯、百度、抖音等知名自媒体参与论坛宣传，其中新华网、人民网对论坛开幕式进行了直播，腾讯、百度、字节跳动等自媒体对论坛进行了全程直播，“学习强国”平台对论坛进行视频回播，产生了巨大影响。根据市委宣传部关于黄帝文化国际论坛宣传情况报告：截至2021年4月18日19时30分，共监测到相关论坛信息共8767条。其中，新浪微博620条，资讯5459条，微信2564条，论坛62条，视频62条。网上相关信息阅读量达到10.67亿人次，为15年来关注度最高。

【现场听众层次更高】该届论坛作为全市党史学习教育的重要平台和载体，进一步提升了现场听众层次，除少部分省内专家学者等特邀嘉宾外，重点组织了新郑市党委理论学习中心组成员及单位党委（党组）负责人、驻郑高校马列学院班子成员及思政课教师、新郑学校及市直单位新入党青年、新郑市新引进高端人才、新郑市机关干部及社会各界群众走进论坛会场，聆听论坛演讲。

（撰稿：陈君梅　审阅：胡瑞芳）

2021年4月12日，第十五届黄帝文化国际论坛举办（黄帝文化研究会秘书处/供图）

大事记

CHRONICLE OF EVENTS

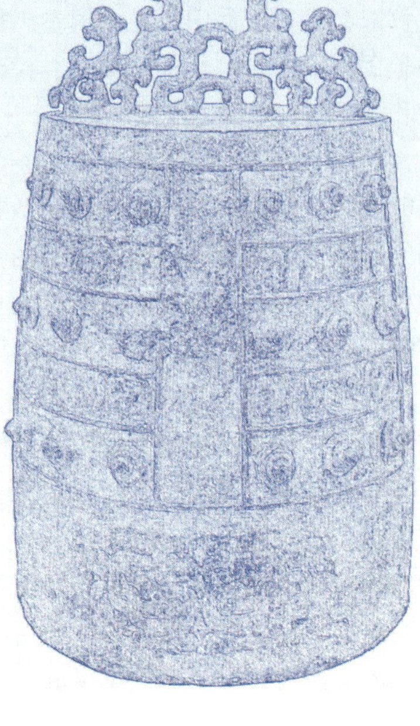

·大事记>>>

CHRONICLE OF EVENTS

1 月

2日　河南骏创物流产业园项目建设启动仪式在孟庄镇举行。河南骏创物流产业园的项目建设将广泛运用物联网、云计算、大数据、移动互联等信息技术，项目一期将首先建设图书特色电商物流仓储综合体，整个项目将建成一个能够承载大宗商品物流、电商物流、快递物流及其他业态仓储物流的高标准、现代化综合性物流产业园区。

5日　郑州市村（社区）“两委”换届指导组在组长、郑州市人大民侨外委副主任李平华的带领下，到新郑市开展精准联系指导工作。指导组首先到城关乡官刘庄村实地察看，随后前往新郑市换届办查阅换届工作有关资料，并召开汇报会。李平华对新郑市相关工作表示肯定，并要求，要严格换届选举程序，做好思想动员，严肃换届纪律，营造浓厚氛围，确保换届程序合法、结果有效。

6日　新郑市召开村（社区）“两委”换届工作推进会。截至1月6日，全市16个乡镇（街道、管委会）300个村（社区）组织全部完成换届，全面转段进入村（居）民委员会换届阶段。市委书记马志峰要求，要以对党和人民事业高度负责的态度和从严从实的作风，凝心聚力、稳步推进，确保圆满完成村（社区）“两委”换届选举任务，为新郑乡村全面振兴和建成全国一流中小城市作出应有贡献。

是日　郑州市委组织部美丽乡村精品村建设工作专班到龙湖镇泰山村召开座谈会。郑州市人才办副主任、三级调研员王保田，新郑市委常委、组织部部长、社治委主任黄卫东参加会议。会上，王保田对龙湖镇泰山村各项工作给予肯定，并就美丽乡村建设和精品村打造等工作做出部署。

是日　新郑市2021年元旦迎新登高健身跑活动在具茨山举行。润弘制药的杨二勇与市民高明枝，用时18分08秒、20分42秒分别取得男子组和女子组第一名。

7日　河南省文物局局长田凯带领安全处、文物保护与考古处相关工作人员，对具茨山岩画和子产墓保护情况进行调研。田凯一行分别到具茨山山顶和陉山山顶实地察看。在随后召开的座谈会上，田凯强调，要提高站位、勇于担当，履行好自身职责，切实保护好文物本体及文物保存所依托的自然环境风貌。

是日　新郑市扫黑除恶“以案释法”宣讲活动启动仪式在炎黄文化中心举行。仪式上，市法院、市检察院、市公安局分别以市法院审理判决的三起涉黑涉恶案件为切入点，从对黑和恶的定义、行为的特征、认定标准等多个角度进行详细讲解，给群众上了一堂扫黑除恶专项斗争法律知识普及课。

8日　新郑市召开全市疫情防控工作推进会，认真落实1月6日省疫情形势分析研判会议、1月7日郑州市疫情防控领导小组会议精神。会议强调，近期石家庄疫情再次敲响警钟。各级各部门要在工作落实上筑牢筑实疫情防控这堵墙，迅速宣传防控政策、普及防控知识，确保人民群众欢乐祥和、平安健康过新年。

10日　市公安局在炎黄广场举行“中国人民警察节”暨“110宣传日”主题宣传活动。宣传日的主题为“一心为民110、砥砺奋进新征程”。在此次活动中，市公安局共制作宣传展板40块，展示各类警用装备120件，发放宣传单6000余份，现场为群众解决咨询事项50余个。

12日　新郑市水利局为河南省医学高等专科学校附属医院等单位颁发取水许可电子证照，这是新郑市颁发的第一批取水许可电子证照，实现了新郑市取水许可证申领从“线下跑”到“网上办”的跨越，标志着新郑市取水许可迈入数字化电子证照时代，实行取水许可“一网通办”。

14日　新郑市举办第七期“书香阅读促党建”读书分享会，对2020年度“书香阅读促党建”活动进行总结提升，为市直机关建党百年系列活动开好篇，对活动中涌现出的先进机关党组织和优秀分享人进行表彰。

15日　新郑市召开人才工作领导小组2021年第一次会议。市委书记马志峰表示，各级各部门要把人才工作摆在更加突出的位置，找准引进和服务人才的发力点、突破口，与时俱进、转变观念，完善政策、做强平台，以人才为核心聚焦创新要素，以科技创新促进新旧动能转换，努力把新郑打造成人才汇聚之地、培养之地、发展之地、价值实现之地。

18日　市委副书记曹东锋到教育园区调研换届选举和疫情防控工作。曹东锋一行先后到魏庄社区、崔垌社区，仔细察看了解疫情防控措施落实情况，听取“两委”换届工作情况汇报，详细了解社区干部班子队伍现状、换届选举摸底情况，以及换届筹备工作中的重点、难点问题。曹东锋要求，要扎实有序做好社区“两委”换届工作，真正把政治素质高、道德品行好、能吃苦耐劳的人选进“两委”班子；要时刻保持高度警惕，筑牢常态化疫情防控坚固防线，给辖区居民营造安全稳定的生活环境。

20日　市委常委、纪委书记、监察委主任徐卫东深入薛店镇常刘社区、孟庄镇酒孙村，对村级换届选举进展和信访集中化解等工作情况开展督导调研。徐卫东要求，要继续做到思想上、责任上不放松，建立健全河道整治、管护、检查、监督等措施，高标准、严要求推动水环境质量持续改善；要坚持拧紧监督“压力阀”，念好纪律“紧箍咒”，为全市各村（社区）换届选举全流程保驾护航；要以最高标准、最严措施、最实作风，坚决做好信访工作，为群众排忧解难。

21日　新郑市有5家乡（镇）级党校被命名为全省党员教育培训示范性党校，分别是中共和庄镇委员会党校、中共龙湖镇委员会党校、中共新华路街道工委党校、中共孟庄镇委员会党校和中共新烟街道工委党校。

是日　河南省美术馆带领艺术家们来到孟庄镇现场为广大群众挥毫泼墨写春联，送百福。活动现场，书法家们现场书写好的春联，由工作人员分装好送到辖区内的学校、敬老院和群众手中，提前为他们送上新春问候与美好祝福。

27日　郑州市村（社区）“两委”换届指导组在郑州市民政局二级调研员王惠林组长带领下，到新郑市开展精准联系指导换届工作。通过实地察看、查阅资料、召开座谈会，指导组组长王惠林表示，新郑市村（社区）“两委”换届工作传导真、工作实、效果好，换届氛围较为浓厚，信访舆情大局稳定，换届流程严格紧凑，特别是出现了很多新经验新做法，如“四个结合”严格选人用人、“六要六全”树立标杆打造示范点、“六个一”关心关爱退职干部等，取得了非常好的成效。

27日　新郑市召开四大班子老领导工作通报会。市领导马志峰、马宏伟、曹东锋、黄卫东、秦洪源、张慧娴等与原四大班子老领导欢聚一堂，畅谈新郑市各项事业发展，共商发展大计。市委书记马志峰对各位老领导中肯的意见建议表示感谢，希望各位老领导继续发挥好政治优势、经验优势，多做凝聚正能量、提振精气神、唱响同心曲的工作，引导全市心往一处想、劲往一处使，加快建设现代化全国一流中小城市，以优异成绩庆祝建党100周年。

是日　市委书记马志峰一行先后到困难劳模岳留超家中、龙湖镇敬老院、龙湖镇小乔沟张泽遂家中、龙湖镇梅山村党群服务中心等地，看望困难劳模、特困群众、优抚对象。慰问中，马志峰要求相关负责人员要高度重视民生工作，时刻把群众的冷暖放在心上，以实实在在的工作举措确保群众的困难能够得到及时解决，让群众过上一个欢乐、祥和的春节。

29日　市慈善总会举行“城市美容师”——关爱环卫工人救助物资发放仪式，为1000名一线环卫工人发放食用油、大米、手套、棉衣等物资及500元救助金共计89万元。

2 月

2—3日　中国人民政治协商会议新郑市第五届委员会第五次会议在炎黄文化中心召开。市政协主席李志强代表政协新郑市第五届委员会常务委员会作工作报告，市政协党组副书记李中俊主持会议。

会议通过《政协新郑市第五届委员会第五次会议关于常务委员会工作报告的决议》《政协新郑市第五届委员会第五次会议关于五届四次会议以来提案工作情况报告的决议》《政协新郑市第五届委员会提案委员会关于五届五次会议提案审查情况的报告》《政协新郑市第五届委员会第五次会议政治决议》。

3—4日　新郑市第五届人民代表大会第六次会议在炎黄文化中心召开。市委书记、大会主席团常务主席、执行主席马志峰主持会议。

市长马宏伟代表市政府向大会作政府工作报告。报告共分四个部分：一、2020年工作回顾和“十三五”主要成就；二、2035年远景目标及

"十四五"时期的指导思想和目标路径；三、2021年政府工作的主要任务；四、全面加强政府自身建设。

受市五届人大常委会委托，市人大常委会主任王俊杰向大会作人大常委会工作报告。

会议表决通过了新郑市2021年民生实事项目投票表决办法，首次由市人大代表以投票的方式从13项候选项目中票决出2021年10项民生实事项目。

大会听取市五届人大六次会议议案审查委员会主任委员郭明熙所作的关于代表议案、建议、批评和意见的审查报告。依次表决通过了市政府、新郑市第十四个五年规划和2035年远景目标纲要、市计划、市财政、市人大、市法院、市检察院七个工作报告决议。

9日 省委宣传部副部长谭福森调研新郑市春节前文化市场情况。谭福森一行先后到郑州新商都粮油农产品批发市场和泰山村千稼集等地实地察看。谭福森强调，全市要加强文化市场排查，切实做好规范经营、疫情防控等工作，及时化解风险隐患，确保节日期间文化市场平稳有序，营造和谐节日氛围。

是日 新郑市举行2021年迎新春全民大联欢文艺联欢晚会。晚会分三个篇章错峰分段录制节目。整场晚会分为"奋斗故事""这边风景""春潮涌动"三个篇章。小品《书记您好》反映了新郑人民决战决胜脱贫攻坚、全面建成小康社会，努力绘就乡村振兴的壮美画卷。《大美新郑》等节目细数2020年新郑在推进文明城市创建等工作中值得夸赞的点滴。

12日 市委书记马志峰带领市委办、市督查局、市应急局、市消防救援大队等部门负责人深入市汽车站、河南正佳能源环保股份有限公司、黄帝千古情景区、龙湖镇泰山村等地，调研春节期间疫情防控、旅客运输、道路交通安全、安全生产等工作。马志峰要求，各级各部门要提高认识，时刻绷紧疫情防控、安全生产这根弦，层层压实责任，通过扎实细致的工作，防患于未然，确保社会和谐稳定，让人民群众过一个安定祥和的节日。

19日 郑州市副市长李喜安到新郑市调研美丽乡村精品村工作开展情况。在龙湖镇泰山村，李喜安希望泰山村要再接再厉，提高档次，争取把泰山村打造成郑州的一张乡村振兴名片。在新村镇裴李岗村，李喜安指出，裴李岗村要依靠独一无二的文化底蕴，提高规划门槛，高标准设计建设，打造出国内具有代表性质的研学、旅游基地。

是日 市委书记马志峰先后到商登高速新郑新区站、中华路、中兴路、郑新路、郑新路与城墙交会处、轩辕广场、拜祖广场等地，调研拜祖线路整治提升及拜祖大典现场改造建设工作。

20日 市领导马志峰、秦洪源一行深入西关桥新建工程、高森年产15亿支易拉罐项目、尊绅光电年产1500万片柔性显示模组项目、华思光电年产100万平方米OLED柔性显示电路板和200万平方米COB软硬多层高精密电路板项目、产业配套地块及薛店镇敬老院等地，调研重点项目建设工作。

是日 赴河北抗击新冠肺炎疫情23天的新郑市新华路街道办新的社会阶层人士、新郑市蓝天救援队队长秦军峰等7人凯旋。在商登高速新郑新区站举行的欢迎仪式上，社会各界人士代表列队欢迎，为7名新的社会阶层人士佩戴"抗疫勇士"绶带，并为他们敬献鲜花。新郑市委常委、统战部部长李慧芳指出，7名抗击疫情勇士是新郑市统一战线的骄傲，充分体现了新的社会阶层人士听党话、跟党走的使命和担当。

23日 新郑市文化器材配发暨文化合作社授牌仪式在新村镇梨园村文化广场举行。此次的文化器材配发为全市16个乡镇（街道、管委会）统一配备了舞台音响、舞龙舞狮、秧歌软故事、大鼓等丰富多样的文化器材。同时，此次的乡村文化合作社授牌仪式是新郑市公共文化工作的一项新举措新尝试。在活动后的文化合作社专题会议上，各乡镇文化负责人各抒己见，分享了开展乡村文化活动的先进经验，介绍了自身优势文化项目。

25日 2021年全国脱贫攻坚总结表彰大会在北京人民大会堂召开。市四大班子领导马志峰、马宏伟、曹东锋、王俊杰、李志强等全程观看会议实况。全市各机关事业单位也组织收听收看全国脱贫攻坚总结表彰大会直播。会上，中共中央总书记、国家主席、中央军委主席习近平向全国脱贫攻坚楷模荣誉称号获得者颁奖。习近平总书记庄严宣告，经过全党全国各族人民共同努力，在迎来中国共产党成立100周年的重要时刻，中国脱贫攻坚战取得全面胜利。

25日晚 在"河南博物院元宵奇妙夜"2021河南省元宵节特别节目晚会上，新郑市原创文艺作品《莲鹤方壶》古风歌曲惊艳问世。原创古风歌曲《莲鹤方壶》由新郑市政府、新郑市文化广电旅游体育局精心打造出品。据了解，新郑市特邀请郑州市艺术研究院院长阮志斌作词、河南省曲作家宋清安作曲，创作了《莲鹤方壶》歌曲。

3月

3日 省人大环资委主任委员、常委会环资工委主任朱长青一行，先后深入新郑市委市政府大气污染防治督导组、河南港发新型建材有限公司、永泽环境科技公司、河南中环信科技股份有限公司、城市展览馆、电子信息产业园、黄帝千古情景区等地，就

2020年度新郑市环境状况和环境保护目标完成情况，以及依法打好污染防治攻坚战工作情况和国土空间规划编制情况进行调研。朱长青希望新郑市继续发挥优势，使环境保护工作更上一层，更进一步，使发展环境更加美好，国土空间规划编制工作更合理、更规范、更科学，为新郑今后的发展注入新的活力。

是日 唐代诗人白居易1249周年诞辰纪念活动在新郑市城关乡举行。在白居易出生地城关乡东郭寺村，从狮子龙灯到竹马旱船，从秧歌表演到旗袍走秀，诗词文化与民俗风情相得益彰，传统文化与现代文化交相辉映。朱砂启智开天眼，从此破蒙读好书。当日下午，纪念白居易诞辰1249周年座谈会在城关乡召开。来自郑州大学、河南大学、河南师范大学、河南省社科院等单位的专家学者齐聚一堂，共话白居易故里文化，感受郑韩故城厚重的文化底蕴。

是日 新密市委书记陈春梅带领新密市党政考察团，到新郑市考察城市建设、文化旅游、核心板块规划建设等情况。考察团一行先后到城市展览馆、轩辕湖公园、黄帝千古情景区等地实地考察。

5日 新郑市创建省级全域旅游示范区工作启动会在炎黄文化中心召开。会议要求，全市各乡镇各部门要树立“一盘棋”意识，按照创建工作方案和创建标准要求进一步增强紧迫感和压力感，主动担当、统筹协调、合力推进，以更加饱满的热情、更加务实的作风、更加有力的举措启动好创全工作，为把新郑早日建成全国一流旅游目的地而努力奋斗。

是日 市文明办、市红十字会组织开展“红十字爱在身边”无偿献血暨造血干细胞志愿者招募活动。此次献血活动一共参与了49人，成功献血18000毫升。无偿献血时志愿者可以多抽10毫升血液加入中华骨髓库，成为造血干细胞志愿者一员，加入骨髓库后就可等待与白血病患者配型成功。献血者有街道机关干部、有企业骨干、有党员群众。

6日 新郑市召开政法队伍教育整顿动员部署会。会议要求，要以此次全国统一的政法队伍教育整顿工作为契机，强化自我革命精神、坚持问题导向，紧密结合实际、扎实开展工作，努力促进政法队伍建设全面加强、政法工作质量全面提升，为建成现代化全国一流中小城市创造更加安全稳定有序的社会环境。

9日 中国共产党新郑市第五届纪律检查委员会第六次全体会议召开。会议强调，要坚持以人民为中心的发展理念，持续提升人民群众获得感和满意度。要强化政法系统教育整顿监督保障，从源头上消除顽瘴痼疾滋生的土壤；要推动扫黑除恶、惩腐打伞常态化，继续巩固和拓展专项斗争成果，推进长效机制建设，对黑恶势力及“保护伞”露头就打；要聚焦民生领域，解决好损害群众利益问题，完善问题治理机制，学习借鉴新时代“枫桥经验”，畅通和规范群众诉求表达、利益协调、权益保障通道，切实解决群众的急难愁盼问题，让老百姓感受到自己的事有人管。

10日 西平县委副书记管保臣带领考察团，到新郑市考察城市建设、文化旅游等工作。考察团一行先后来到城市展览馆、轩辕湖公园、郑国车马坑遗址博物馆、洧水公园、南街古巷、新郑博物馆等地实地考察。

12日 新郑市召开2020年定向引进优秀高校毕业生岗位分配会。43家用人单位和新引进的101名优秀高校毕业生参加会议。会议通报2020年定向引进优秀高校毕业生的有关情况，宣读分配名单。新引进人才代表和用人单位代表进行发言。

是日 郑州市委常委、市纪委书记、市监委主任杜新军到新郑市开展巡河工作。杜新军一行先后到十八里河绕城高速上游沙窝李西沟村、十七里河桥祥和路桥段开展巡河活动。通过听取汇报和实地走访，杜新军详细了解河长制工作的开展情况，以及水环境综合治理等工作。杜新军强调，要提高认识，进一步加大投入力度，按照保护规划和功能规划的要求，努力实现“河畅、水清、岸绿、景美”的治河护河目标。

是日 新郑市召开黄帝故里园区规划建设指挥部全体会议。市委书记马志峰强调，要强化责任担当，加强质量监管，派驻专人专班，紧盯工程质量，高标准、高质量推进工程建设；要加快推进力度，以大局为重，挂图作战、倒排工期、科学施策，为园区整体建设提供良好基础，打造经得起时间和群众检验的精品工程。全市上下要切实增强责任意识，讲风格、顾大局，以更扎实、更到位、更富有成效的举措，确保2021年拜祖大典圆满成功。

是日 植树节当天上午，市委书记马志峰率四大班子领导、相关单位人员及部分志愿者200余人，到位于中华路与南水北调交会处的义务植树基地，参加义务植树活动。马志峰嘱咐相关部门要牢固树立“绿水青山就是金山银山”的理念，充分认识全民义务植树的重大意义，抢抓当前有利时机，积极组织广大群众开展植绿补绿行动，进一步巩固拓展农村人居环境整治成效，让新郑的天更蓝、地更绿、空气更清新。

15日 市委书记马志峰到龙湖镇大司村、孟庄镇祥和路东延建设现场、孟庄镇酒孙村等地，调研城乡接合部综合改造工作。马志峰强调，城乡接合部综合改造工作，是“三项工程、一项管理”的重要组成部分，各相关部门要提高认识，正视问题，增强责任感、使命感、紧迫感，着力推动城市功能、品质、形象全面提升，让群众有更多获得感、幸福感、安全感。

16日 全省政法队伍教育整顿第一驻点指导组公安机关现场指导专班

组长、省公安厅治安管理总队政委张霖一行5人到新郑市公安局督导检查队伍教育整顿工作。张霖一行先后检查新郑市局队伍教育整顿工作相关台账，实地察看了市公安局教育整顿领导小组办公室，召开民警座谈会，抽查民警学习笔记，现场抽考部分民警代表。张霖在座谈会上提出，做好教育整顿工作，一定要处理好“五个关系”：一是要处理好“学”与“干”的关系，二是要处理好“内”和“外”的关系，三是要处理好“好”与“坏”的关系，四是要处理好“领”和“导”的关系，五是要处理好“警”和“民”的关系。

19日 安徽省安庆市考察团一行4人到“国家级农业龙头企业”白象食品股份有限公司和好想你健康食品股份有限公司对新郑市农业产业化工作进行考察学习。

24日 郑州市委常委、组织部部长吕挺琳到新关市就美丽乡村精品村建设工作及黄水河水系综合整治开展调研。吕挺琳一行先后到黄帝千古情景区、龙湖镇泰山村、新村镇裴李岗村、郑新快速通道黄水河桥、黄水河水系综合整治项目现场等地实地调研。吕挺琳要求，要着力打造一批生态环境优美、文化底蕴彰显、服务配套完善的宜居宜业宜游精品村；要坚决落实河道综合规划治理，全面提升河水生态环境质量，努力实现“河畅、水清、岸绿、景美”的治河护河目标。

26日 郑州市人大常委会副主任孙黎、郑州市体育局局长李红轩一行到新郑市调研全民健身运动情况。孙黎一行先后到炎黄体育中心、新郑体育中心、西城体育公园、敬楼体育公园等地实地察看。孙黎对新郑市相关工作给予肯定，希望新郑市着力构建高水平全民健身公共服务体系，指导群众开展丰富多彩的体育活动，共同推进全民健身事业快速健康发展。

30日 新郑市召开宣传思想文化工作、精神文明建设工作暨“扫黄打非”工作会议。会议指出，要准确把握新阶段宣传思想文化工作的职责使命和重要任务，紧扣庆祝建党百年主旋律，着力守正创新、主动作为，高质量推进宣传思想文化工作“八大工程”，着力深化党史学习教育，以优异成绩向中国共产党成立100周年献礼。

4 月

7日 郑州市市长侯红调研辛丑年黄帝故里拜祖大典筹备情况。侯红一行先后到黄帝文化展览室、姓氏广场、轩辕桥、故里祠、拜祖广场等处实地察看。在随后召开的第三次组委会上，侯红听取了相关工作情况汇报，对总体筹备工作给予充分肯定。侯红强调，要把牢正确政治方向，丰富活动内容，更好地弘扬黄河文化和黄帝文化，合力打造华夏儿女共同的精神家园。

是日 新郑市消防救援大队第一届“火焰蓝杯”春季运动会在华信学院体育场举行。此次运动会设有100米短跑、4×100米接力、立定跳远、跳绳、1500米长跑等常规体育项目，还有负重5000米和400米物资疏散、搬运重物折返等消防类的竞技项目。经过激烈角逐，最终评选出个人奖项8项、团体奖项1项。

8日 郑州市国土资源执法监察支队队长李伟等一行3人到新郑市检查指导“一网两长”制工作。李伟认真听取新郑市“一网两长”制工作开展情况和下一步工作计划汇报，检查组成员对新郑市“一网两长”工作开展情况进行逐项点评。李伟对新郑市该项工作在郑州各县区率先开展落实、逐级组网和“三项创新”等方面给予肯定，交流分享了在南阳、平顶山和中牟等地调研的经验做法，并提出具体意见和建议。

14日 新郑市举行辛丑年黄帝故里拜祖大典网络推介暨项目签约仪式，5个项目通过远程会议系统进行视频签约，意向金额66亿元。在辛丑年黄帝故里拜祖大典经贸洽谈活动期间，新郑市达成合作意向项目9个，意向金额168亿元。其中当天集中签约的思灵机器人生产研发项目、氮化硅陶瓷基板项目等高端装备制造类项目，星河亮点5G测试项目、广东奥飞5G大数据等5个新兴产业项目，高端短保烘焙面包糕点建设项目，全部都是产业类项目。

17日 由市电商进农村领导小组办公室主办的“新郑市电商助力乡村振兴农产品展会”在新尚天地广场拉开帷幕。仪式上，京东、拼多多等平台农产品商城代表与新郑市农户商家代表现场签订采购协议。活动现场，来自全市的农产品、副食、网红产品、快消品等产品琳琅满目，竹笋、粉条、红酒、冷兔肉、菊花茶、文创产品……各式各样的商品吸引采购商和市民现场咨询、下单。 此次展会为期3天，持续到4月19日。

18日 市豫剧文化演艺中心传承版豫剧《宝莲灯》在炎黄文化中心公演圆满成功。此次演出运用公共文化数字平台“郑韩文旅云”预约订票系统，200张电子门票一经推出，瞬间一抢而空。

21日 商丘市自然资源和规划局示范区分局一行6人，到新郑市交流学习工业用地“标准地”出让和区域评估工作方面相关经验做法。新郑市自然资源和规划局党组成员孙文超、新港产业集聚区相关负责人姜路等陪同。

是日 新郑市召开2021年国家卫生城市复审暨文明城市创建迎检工作会议。会议宣读《新郑市2021年国家卫生城市复审工作实施方案》。市委书记马志峰强调，全市上下要坚持以人民为中心的发展思想，牢牢把握创建为民总目标，牢记历史责任、弘扬工匠精神，认真践行“脚步丈量城市、乡村”工作法，把大气污染防治、“散乱污”治理和中央环保督察反馈问题整改与迎检工作相结合，一体推进，打好组合拳、形成工作合力，下足绣花功夫、锻造钻石品质，确保迎检工作取得优异成绩，向全市人民交出一份满意答卷。

23日 新郑市第一届见义勇为协会会员大会暨成立大会召开。市见义勇为协会成立后，将围绕平安新郑建设工作，大力推进见义勇为事业发展，为新郑市经济高质量发展贡献力量。

25日 新郑市乡镇换届工作领导小组办公室召开工作业务会议，传达郑州市调度会议精神，安排部署下步工作。市乡镇党委换届工作领导小组“一办三组”全体成员参加会议。会议下发《关于建立“两代表一委员”人选考察联审机制的意见》。市委常委组织部部长黄卫东指出，要紧扣任务目标，严把时间节点，通过换届切实绘出好蓝图、选出好干部、配出好班子、树立好导向、形成好气象。

是日 新郑市政法队伍教育整顿领导小组召开第二次全体会议。市委常委、政法委书记、市政法队伍教育整顿领导小组副组长、办公室主任秦洪源通报全市政法队伍教育整顿整体工作情况，随后市政法各单位和纪检督查、组织调整、宣传舆情3个专班就各自工作开展情况做汇报。市委书记、市政法队伍教育整顿领导小组组长马志峰出席会议并讲话。

是日 新郑市“学党史 感党恩 跟党走”2021年“千村百镇”体育系列活动暨第六届“万步有约”健步激励大赛启动仪式在华信体育场举行。来自各社区、村的19支队伍在展演中选用《没有共产党就没有新中国》《歌唱祖国》等红色歌曲，并进行“千人活动主题旗的传递”“爱我中华健步走”等主题队形的变换。随后，14支来自部分市直单位及乡镇基层队伍，迈着铿锵有力的步伐，拉开了第六届“万步有约”健步激励大赛的帷幕。此次比赛，来自全市21个单位的23个团队共计397人参加。

是日 新疆维吾尔自治区妇联党组书记、副主席王丽霞带领考察团到新郑市考察妇女工作。王丽霞一行深入好想你健康食品股份有限公司调研，了解全国巾帼文明岗建设情况，到车间参观，听取公司生产、销售及带动妇女创业就业情况介绍。

29日 新郑市召开选派辖区高校优秀人才挂职见面会，16名高校优秀人才被选派到15家地方单位挂职，市领导黄卫东、周建超出席会议。会议宣布了《新郑市选派辖区高校优秀人才岗位分配名单》，4名高校人才代表分别作交流发言，中原工学院代表派出单位、新港产业集聚区管委会代表派入单位作表态发言。

30日 新郑市庆祝五一国际劳动节暨五一劳动奖表彰大会在市总工会四楼会议室举行。会议宣读了关于表彰新郑市五一劳动奖状和五一劳动奖章的决定，授予白象食品股份有限公司、河南港发新型建材有限公司、河南灵佑药业股份有限公司等7个集体新郑市五一劳动奖状；授予郑州光明乳业有限公司预处理车间卓越班组、郑州金星啤酒有限公司包装车间维修组、河南众新合实业有限公司招商营运部等7个集体工人先锋号；授予郭学亮、谭书田、李阳等34人新郑市五一劳动奖章。五一劳动奖章获得者代表郭学亮宣读了倡议书。会议希望全市广大职工群众以先进模范为榜样，为更好地建设全国一流中小城市而奋斗。

5月

8日 新郑市委农村工作会议召开。市委书记马志峰强调，全市上下要大力发扬为民服务孺子牛、创新发展拓荒牛、艰苦奋斗老黄牛精神，尽情挥洒服务“三农”的工作激情，奋力开创“三农”工作新局面，以优异成绩向中国共产党成立100周年献礼。

9日 2021新郑市“抖IN新郑”短视频大赛的颁奖典礼在炎黄广场举行。大赛设置魅力新郑、文化新郑、温暖新郑、活力新郑四个主题。大赛于2021年1月25日正式启动，截至3月15日，征集作品260部，其中60部作品脱颖而出。大赛设置了60个奖项，其中一等奖1名、二等奖3名、三等奖6名、最佳短片奖30名、最佳组织奖10名、最佳流量奖10名，并颁布了最佳校园、最佳人气、最佳故事、最佳摄影、最佳创意以及最佳发现的单项奖。

10日 市委书记马志峰到新建路街道北关街社区、市政务服务中心、洧水路集贸市场、祥和一街、郑品书舍、新烟街道金芒果花苑、和庄镇政府、河赵村党群服务中心、新时代文明实践中心等地，调研文明城市创建工作。马志峰强调，要对照创建标准，坚持问题导向，完善工作机制，严格落实责任，全力推进文明城市创建工作有序开展。

11—12日 河南省委换届风气巡回督查组组长、省委组织部部务委员、一级巡视员张小文带队到新郑市开展督查。督查组一行先后到和庄镇政府、和庄镇河赵社区、新村镇政府、新村镇裴李岗村，采取听汇报、查资料、访谈乡镇党委班子等方式对新郑市换届选举工作进行督导，了解换届选举工作动员部署、前期筹备、换届风气监督等情况，以及筹备工作中遇到的新情况、新问题和对策建议。督查组对新郑市换届工作筹备和进展情况以及换届风气监督工作给予肯定，希望新郑市将换届工作做实、做稳，营造风清气正的换届环境，如期完成乡镇党委换届工作任务，以优异成绩献礼中国共产党成立100周年。

14日 新郑市举办全市统一战线

知识竞赛。36支代表队按照初赛、复赛、决赛三个阶段开展，并对成绩优异的先进单位和个人给予表彰奖励。在此次活动中，新建路街道办事处获一等奖，市科工信局、龙湖镇获二等奖，市委党校、郭店镇、市住建局获三等奖。

17日 新郑市组织收听收看省、郑州市“三夏”生产暨夏粮收购秸秆禁烧工作电视电话会议。会后，又立即组织召开会议，对“三夏”生产、秸秆禁烧工作进行安排部署。会议要求，要强化协调联动，按照工作职责，强化高效管控，认真落实24小时值班和领导带班制，切实发挥好“蓝天卫士”作用，要人防技防相结合，确保能在第一时间内处置到位，并落实好防火隔离带建设，做到收一块、建一块，避免出现连片大面积焚烧现象。

是日 在陶文路经营牙科诊所的个体工商户张先生在新华路街道便民服务中心顺利完成了自家营业执照的年审。这是市场监管服务窗口入驻新华路街道便民服务中心后审核的首家营业执照，标志着街道便民服务中心在探索为民服务举措上迈出了新步伐。

18日 “就在新郑 创赢未来”新郑市2021年企业进校园巡回招聘会在第一站郑州工业应用技术学院正式启动。活动由新郑市人才工作领导小组主办，新郑市科工信局、人社局承办。好想你、遂成药业、润弘制药、达利食品、峰泰纳米、豫力新材料、锐杰微、莱茵汽车、中德产业园等56家龙头骨干企业，提供涵盖材料研发、高端技术、行政管理等64个就业领域近2000个岗位需求。据不完全统计，当天现场参会企业共收到求职简历1200余份，达成求职意向382人。此次巡回招聘活动共计5场，持续到5月21日。

18—19日 省委宣传部城市精神文明建设处副处长高沛渊一行到新郑市开展全国文明城市提名城市观摩交流互评活动。活动中，观摩交流互评组一行先后到北关街社区、城市展览馆、政务服务中心、数字城市运行管理中心、南街古巷、洧水路集贸市场等地进行实地观摩。在反馈会上，高沛渊对集中观摩和抽查暗访情况进行点评。就做好下步工作，高沛渊希望新郑市要用河南省县级文明城市创建工作的最高标准、用“拔钉子、揭膏药”的手腕重拳持续做好创文工作。要强化常态化管理，建设精品城市，围绕黄帝文化塑造城市精神，把城市精神融入各项创建工作中。

19日 省自然资源厅权益处副处长牛长合一行到新郑市就工业用地“标准地”出让情况进行调研并召开座谈会。牛长合一行深入新郑市产业集聚区，针对以“标准地”模式供应的工业用地进行实地考察。座谈会上，调研组对新郑市率先在河南省试行“标准地”模式出让及取得的成绩给予肯定。牛长合指出，要通过科学研判和实践总结，使“标准地”出让相关指标更加精细、透明、科学，压缩行政时间消耗，提高“标准地”使用质量和效益，扩大“标准地”推行范围，助力新郑经济发展迈上新的台阶。

27日 市委理论学习中心组召开党史学习教育专题学习会议，会上集中学习习近平总书记在庆祝中国共产党成立100周年大会上的重要讲话精神，中央、省委和郑州市委严肃换届纪律工作要求，中共中央、国务院《关于新时代推动中部地区高质量发展的意见》和中央军委办公厅《关于向新时代卫国戍边英雄群体学习的决定》。市委书记马志峰主持并强调，要从百年党史中汲取奋进力量，真正学懂弄通做实习近平新时代中国特色社会主义思想，在学党史、悟思想中办实事、开新局，为新郑市建设现代化全国一流中小城市作出积极贡献。

是日 郑州市政务办政务监管处处长李春林带领郑州市市场监管局审批指导处人员，到新郑市政务服务大厅专题调研企业开办线下一件事暨企业开办专区设置工作，并召开座谈会。李春林一行首先在大厅老年人服务专区、网上办自助区等区域进行考察调研，随后又来到企业服务专区，对企业开办线下一件事工作进行专题调研，并对新郑市相关工作给予高度评价。

28日 新郑市举行故里英才公寓揭牌暨首批人才集中入住仪式，首批提出申请的108名青年人才集中入住公寓，这也开启了新郑市服务保障人才新模式。故里英才公寓按照免房租、拎包即可入住的原则，为青年人才提供舒适、便捷、温馨的居住环境。此次入住故里英才公寓的优秀人才有97人，另有11人是从大中专院校招引挂职的博士、硕士和高级职称的高层次人才。

31日 省委统战部副部长、省工商联党组书记庄建球到新郑市调研民营经济统战工作。庄建球一行先后到薛店镇民营经济“两个健康”实践中心、好想你健康食品股份有限公司、郭店商会等地实地查看。庄建球对新郑市民营经济统战工作和促进“两个健康”提升行动取得的效果表示肯定。他强调，广大民营企业家要坚定不移跟党走，服务大局立潮头，改革创新谋发展，回报社会担责任，为新郑发展注入强劲动力，为实现中部崛起、中原更加出彩贡献力量。

是日 市委书记马志峰调研“三夏”生产和美丽乡村建设工作。马志峰强调，要不等不靠、抢收抢种，集中精力做好麦收各项工作，确保夏粮丰产丰收；要因地制宜、彰显特色，加强人居环境整治，建设生态宜居美丽乡村。

6月

1—2日 郑州市第二期民族聚居

村技能培训班在新郑市举行。郑州市各县（市、区）民族宗教部门相关人员及郑州市62个民族聚居村（社区）党组织书记共100余人参加培训。培训班采用专题讲座和现场教学相结合的方式，邀请省内相关专家讲授“新时期乡村振兴的工作重点”“乡村振兴之产业振兴”等方面的知识，并组织学员到新郑市泰山村、北靳楼村、溴水寨村进行实地观摩，学习美丽乡村建设、村集体经济发展、人才培养、文化培育等方面的经验做法。

截至3日 新郑市共登记各类市场主体100015家，其中企业30476家，个体工商户68814家，农民专业合作社725家。仅2021年以来，全市共新增各类市场主体11381家，其中企业3458家、个体工商户7915家、农民专业合作社8家，新设企业电子化率97%。当前，新郑市企业开办申请渠道：一是依托河南省和郑州市线上企业开办平台申请；二是线下提供纸质材料申请。

3日 新郑市农委组织农机监理人员开展“三夏”农机安全服务工作。通过向农机手发放农机安全生产法律法规宣传页、配备维修工具、农机安全检查等方式，确保“三夏”生产顺利进行。

4日 河南省第三届红十字应急救护大赛豫西片区赛在三门峡市举办，新郑市红十字会代表郑州市参赛。此次比赛分为心肺复苏操作、创伤救护技能操作、救护演讲和理论知识等4个项目。经过近两个小时的激烈角逐，新郑市红十字会代表队斩获河南省第三届红十字应急救护大赛（三门峡赛区）团体亚军，获二等奖。

是日 辽宁省民族和宗教事务委员会主任高炜一行到新郑市考察宗教工作。考察组一行先后到新村镇暖泉湖社区常青树养老院、城关乡敬楼村党群服务中心、基督教“两会”等地实地察看。考察组对新郑市充分挖掘黄帝文化资源，规范宗教活动场所管理、因地制宜做好宗教中国化的创新做法给予高度评价。

8日 市委书记马志峰带队先后到观音寺镇十里铺村、田庄村、唐户村、溴水寨村等地，调研观音寺镇乡村振兴、经济运行、班子建设等工作。马志峰强调，新班子要有新气象、新作为，要增强责任意识、大局意识，围绕南水北调中部蓄水工程核心区建设，担起历史责任、把握发展机遇，找准目标定位、优化产业结构、守牢稳定底线，高质量推进“十四五”乡村振兴各项工作，让群众过上更加幸福美好的生活。

9日 市委政法委召开政法队伍教育整顿查纠整改环节特邀监督员专题座谈会。会议通报全市及市委政法委教育整顿查纠整改环节工作开展情况。特邀监督员代表做了发言，大家畅所欲言，结合自身工作经历、工作实际，围绕服务群众、规范办案、加大宣传等多个方面建言献策。

是日 市委书记马志峰走进梨河镇刘吉安楼村、前吕村、岗李村等地，调研督导乡村振兴、经济运行、重点工作、班子建设等工作。马志峰强调，梨河镇要立足新起点、开启新征程，在实现生态美的基础上，科学谋划、高位推进经济社会高质量发展，打造“三生融合”示范乡镇。

10日 新郑市组织全市党员干部开展党的十九届五中全会精神理论测试。此次测试采取网络答题的方法，在全市各单位设置考点，统一时间段集中组织党员干部在线答题。广大党员干部踊跃参与，提交试卷后积极分享测试成绩，并对测试中掌握不扎实的题目进行讨论，进一步加深对理论知识的记忆和理解，起到以答促学的活动效果。

11日 郑州市政务办党组书记、主任王新到新郑市政务服务大厅考察工作，并着重调研适老化专区和企业开办专区相关情况。王新一行首先在大厅老年人服务专区、网上办自助区等区域进行考察，随后又来到企业服务专区对企业开办线下一件事工作进行专题调研。考察后，王新对新郑市政务服务和大数据管理局在便利老年人及企业开办方面所开展的专区设置、具体实施举措、取得成效等给予肯定。王新指出，要勇于探索创新，时刻把服务企业、方便群众放在第一位，努力打造一流的政务服务品牌。

是日 新郑市组织开展党员干部现代远程教育站点管理员技能培训，全市16个乡镇（街道、管委会）远教专干、254个村级站点管理员和30个市直单位党建专干参加。此次培训集体学习《奋力谱写新时代党员教育工作新篇章》，针对“互联网+智慧党建”融平台和“移动党校”一体机操作使用与管理维护等进行一一讲解。新郑市在261个远教站点开展“百部党史学习教育节目”展播1800余场次，在电视台推出《百年党史天天讲》栏目46期，在全市开展“千场红色电影”展映420场次。

12日 市委书记马志峰带队，深入践行“用脚步丈量城市、乡村”工作法，对郑韩故城城墙内外环线道路改造提升建设进行调研，市领导秦洪源等参加调研。马志峰指出，要在依法保护好城墙的基础上，坚持国际视野、一流标准、新郑特色，科学规划好郑韩故城内外环线，要牢记历史责任、弘扬工匠精神、下足绣花功夫、锻造钻石品质，力争把郑韩故城内外环线打造成为惠民利民、带动发展的示范工程、精品工程。

15日 新郑市庆祝建党100周年合唱比赛在炎黄广场举行。此次合唱比赛参赛队伍共分四组，分别为乡镇（街道、管委会）组、市直组、社区组、高校组，分4天进行，共66支合唱队伍4500余人参与角逐。各参赛队演唱两首歌曲，有指定曲目《没有共产党就没有新中国》《歌唱祖国》《社会主义好》，有推荐曲目《社会主义好》《走向复兴》《在灿烂阳光下》《深情的颂歌献给党》等50首。当晚，经过激烈角逐，最终和庄镇夺得一等奖，梨河镇、薛店镇荣获二等奖，郑州新郑教育园区、龙湖镇、郭店镇获得三等奖。

16日 21个职能部门，6个乡镇（街道、管委会），以及煤炭、危化、建筑、燃气、油气管线等领域8家企业、2支应急救援队伍等单位齐聚炎黄广场，集中开展安全宣传咨询日活动。此次活动共计悬挂宣传条幅3500余条，展出版面850余块，出动文艺宣传队16支，印发安全生产宣传手册、宣传页20万余份，播放安全警示教育短片、安全公益广告、安全提示5500余次，发送短信近20000条。其他乡镇、街道、管委会也参照主会场活动内容，结合实际，在各自辖区组织分会场开展安全宣传咨询活动。

18日 市委书记马志峰带队，深入践行“用脚步丈量工作法”，先后到鸿福路与民安路交叉口、庆安路南段、新烟街背街小巷改造现场等地，对国家卫生城市复审工作进行调研。马志峰强调，迎接国家卫生城市复审工作已经到了攻坚冲刺的关键阶段，全市上下要突出重点、攻克难点，补齐短板、齐头并进，全面提升全市环境综合整治水平。

是日 新郑市第一届“医保杯”岗位练兵比武竞赛活动在市人民医院（新院区）举行。市公立人民医院、市人民医院、健康人大药房连锁有限公司等32支代表队96名选手参加比武竞赛。此次岗位练兵比武活动以“医保练兵大比武 献礼建党100年”为主题。市人民医院（新院区）代表队获一等奖。市人民医院（人民路）、市中医院、张仲景大药房有限公司3支代表队获二等奖，益仁医院、健康人大药房连锁有限公司、市中心医院、郭店镇卫生院、市中和医院5支代表队获三等奖。

24日上午 新郑市召开“两优一先”表彰大会，表彰全市优秀共产党员、优秀党务工作者和先进基层党组织。会议由市委副书记、市长马宏伟主持。会议对全市涌现出来的140名优秀共产党员、90名优秀党务工作者和127个先进基层党组织进行了表彰，并对全市优秀共产党员、优秀党务工作者和先进基层党组织受表彰对象代表进行现场颁奖。市委书记马志峰出席会议并讲话。

25日 市人大代表一行视察全市防汛工作，相关部门主要负责人陪同视察。视察组一行先后对文化路涵洞、西关双洎河桥建设项目、南水北调干渠十里铺、市域内水系连通及农村水系综合整治试点县项目、双洎河双龙坝建设项目等地进行实地察看，听取全市防汛工作开展情况汇报，详细了解今年全市防汛工作开展情况。新郑市成立11个市级应急救援队，依托行业主管部门成立44个专业应急救援队，依托乡镇办、管委会成立16个综合应急救援队。

28日 郑州市市长侯红到新郑市观音寺调蓄工程、黄帝故里园区等地，调研重点工程建设工作。调研中，侯红强调，要扎实推进安置区建设等民生工程，明确节点，细化任务，倒排工期，确保群众早日搬迁新居，统筹做好相关配套建设和群众就业增收等工作，切实让搬迁群众生活水平不降低、长远生计有保障。要全力支持好观音寺调蓄等重大基础设施工程，建立工作台账，加强日常调度，及时研究解决存在问题，争取工程早日建成发挥综合效益。要坚持以文塑旅、以旅彰文，充分挖掘利用丰厚的历史文化资源，塑造具有郑州特色的知名文旅品牌，不断提高城市影响力和美誉度。

7月

6日 全国总工会书记处书记、党组成员、组织部部长张茂华一行到新郑市看望慰问全国总工会驻华南城蹲点工作组，并就基层工会组织建设工作开展调研。张茂华一行先后到华南城工会联合会、新华路街道党群服务中心、家可美家政服务公司等地实地调研，在随后召开的座谈会上，调研组一行听取相关工作汇报。张茂华对华南城蹲点工作组工作成效和新郑工会取得的工作成果给予肯定。他希望，新郑工会要继续坚持党建引领、抓好服务阵地、紧密围绕中心，推动工会工作发展，树立良好社会形象，取得良好社会效益。

7—8日 新华社河南分社社长王丁调研新郑市“用脚步丈量工作法”长效机制推进情况。王丁一行先后到威斯荻克精密电路科技有限公司、锐杰微科技有限公司、南水北调中线调蓄工程、观音寺镇溟水寨村、润弘制药、市政务服务和大数据管理局、十七里河湿地公园、泰山村等地参观调研。王丁表示，新郑市全面推行的“用脚步丈量工作法”，是坚持“人民至上”理念的具体实践，架起了干群关系的“连心桥”，抓住了破解难题的“牛鼻子”，树立了干事创业的“正导向”。

9日 郑州市人大常委会主任胡荃深入分包联系的重点项目和企业，调研开展“万人助万企”活动。胡荃分别到华思5G新基建项目施工现场、锐杰微科技有限公司等地实地察看，分别与企业负责人座谈交流，征求意见，掌握诉求。胡荃要求，要提高认识、全力以赴，用好用足优惠政策，持续优化营商环境，着力为企业办实事、解难题、促发展；要深入了解企业发展中遇到的难点、痛点和堵点，精准施策、对症下药，服务企业提质增效、安全生产，助力经济高质量发展。

14日 市委书记马志峰深入分包联系的河南瑞泰耐火材料科技有限公司、河南高森包装容器有限公司、白象食品股份有限公司走访调研，市领导秦洪源等参加。马志峰强调，要以“万人助万企”活动为抓手，采取“用脚步丈量工作法”，深入企业办实事、解难题，营造良好发展环境，激活企业发展潜能，为全市经济发展增动力、添活力。

16日 市委书记马志峰带队用脚步丈量重点项目，先后到河南智能影视职业学院、华东师范大学附属郑州（新郑）江山小学、百力汇生态健康城、新区污水处理厂、西关桥新建工程等项目工地实地查看。马志峰强调，各部门要进一步明确工作重点、卡紧时间节点、破解问题难点，分解细化任务、层层落实责任，全力全速推进重点项目建设提质提速。

20日上午 新郑市收听收看郑州市防汛救灾紧急调度会议后，市委书记马志峰带队深入一线，用脚步丈量汛情。他强调：全市上下要立即进入战时状态，把防汛作为当前最紧迫最重大任务全力抓好，全员上阵、靠前指挥，加强会商研判，严肃防汛纪律，排查风险隐患，研究解决问题，确保措施到位，坚决兜牢安全底线，抓好各项防汛措施落实，有效做好强降雨防汛抗洪应对工作，全力以赴确保新郑安全度汛。

20—21日 郑州市委常委、组织部部长吕挺琳带队深入新郑市防汛救灾一线，看民情、查隐患，并看望慰问奋战在一线的基层干部群众。据了解，截至当前，新郑市各乡镇（街道、管委会）按照统一部署，有序开展抢险救援工作，总体形势稳定。吕挺琳对新郑市防汛救灾工作给予肯定，要求各级各部门要坚定信心、众志成城，发扬连续作战精神，做到战斗在一线、坚守在一线、奉献在一线，坚决打赢防汛救灾这场硬仗。

25日 市委常委、组织部部长、社治委主任胡坤一行专项督导灾后恢复重建工作。胡坤分别到新华办、和庄镇、中心城区新区、薛店镇，通过听取汇报和实地察看等形式，了解受灾情况、群众生活状况和灾后重建工作。

26日 新郑市47个单位3000余名志愿者顶着炎炎烈日出动近60台专业机械设备在三个小时内清淤7000余平方米，消杀7300余平方米。经过几个小时的忙碌，洧水公园河岸两侧的淤泥已基本清理干净。

28日 市委书记马志峰先后到中华路与炎黄大道交叉口、玉前路、永宁街、人民路莲河桥两侧、莲花路、郑新路与学院路交叉口、迎宾街与繁荣街交叉口等水毁道路修复现场，调研水毁道路恢复重建工作。

29日 市领导分组到预备役高炮师一团、市消防大队、郑州市武警支队执勤三大队、河南省军区综合训练队、某部队40分队、郑州武警支队10中队（监狱）、光荣院、郑州武警支队新郑中队（看守所）、人武部等地，分组开展走访慰问活动，代表全市人民向驻地部队官兵、消防指战员等致以节日问候和崇高敬意，共叙鱼水深情，共谱“双拥”新篇。市委书记马志峰希望广大官兵继续保持和发扬拥政爱民的光荣传统，不忘革命本色，不断加强军地之间的团结合作，切实维护社会大局稳定、人民安居乐业，共同谱写“双拥”共建工作新篇章。

30日 市委书记马志峰先后到东苑社区项目、吉昌路、翔安路大桥、蟠龙路桥、双湖大道后胡水库、中山公馆以及环乡路菜园沟、张沟村火龙果基地等地，在“脚步丈量日”（周五）带队调研督导新郑教育园区（龙湖镇）灾后恢复重建工作。马志峰强调，要扎实做好灾后恢复重建工作，保障群众正常生产生活秩序。要坚持问题导向、结果导向，聚焦群众关切和诉求，集中专业力量统筹推进工程修复、除险加固等工作，加快抢修施工进度，确保人民群众出行安全通畅、生产生活稳定。

30日 市委常委、市纪委书记、市监委代主任姚志刚先后来到十七里河、十八里河相关污水排放点，开展巡河工作，并实地调研河道水质整治情况。座谈会上，姚志刚强调，要强化责任，加大投入，采取措施做好雨污分流、污水处理，加快进度，强化督导，市纪委监委要抽调专人成立专班，精准发力、精准攻坚、精准突破，龙湖镇纪委要充分发挥贴身监督作用，推进治水为民，以扎实的河道整改成效，不断提高居民的获得感和幸福感。

31日 新郑市供水、供气、供电全部恢复，域内国省干线、重要县乡公路、城区道路和桥涵正常通行，45条市域公交和城际客运线路、439台公共交通车辆，全部恢复运营。截至30日，新郑市出动803支专业队伍，累计完成消杀点位9552处、1733.154万平方米，消除滋生地7988处，投入药品12339.88公斤，药械3394台；累计清理路面740余处、淤泥7000余立方米，清理积存垃圾1250余立方米。

31日下午 在收听收看省、郑州市新冠肺炎疫情防控工作电视电话会后，市委书记马志峰立即主持召开全市视频会议，贯彻落实省、郑州市会议精神，就新郑市疫情防控工作进行再部署再安排。马志峰指出，当前，新郑市面临汛后重建与疫情防控工作的双重考验，全市上下要按照省、郑州市部署要求，以对党和人民负责的态度，拉响警钟、迅速行动、全力以赴，尽早尽快把各项疫情防控措施落细落实，切实守护好人民群众生命健康安全。

是月 由新郑市豫剧演艺中心倾力打造的神话豫剧《宝莲灯》获第十五届河南省戏剧大赛文华表演一等奖、文华优秀剧目奖、文华导演奖、文华舞台美术奖。剧中三圣母的表演者曹会敏、曹会芳获省文华表演一等奖。

8月

1日 市委常委、组织部部长、社治委主任胡坤先后深入郭店镇中心社区、前时村、三十里铺村、岗时村、河范村等6个核酸检测点，督导全员核酸检测落实工作。同时，陪同郑州市政府办公厅副县级干部霍青山实地查看小司村受灾群众安置点的运行情况。

2—13日 新郑市公安局在龙湖镇等人流量密集的地点部署无人机，进行空中巡控、疫情防控与反电信诈骗宣传工作，构建空、地全方位宣传网，向群众不间断地传递最新的防疫和防诈知识。

2日 郑州市新冠肺炎中医专家技术指导组拟制了中医药预防方。新郑市卫健委迅速下达通知，指导辖区各级各类医疗机构开展中医药预防性用药发放工作。截至8月4日，新郑市各级医疗机构中医科及中药房人员加班加点熬制中药预防制剂及中药茶饮，共发放成人中药汤剂7000余袋、儿童中药制剂200余袋，并为候诊病人、陪护人员以及广大群众提供中药茶饮，获得群众的一致好评。

3日 新郑市举行仪式欢送长葛、尉氏支援新郑市核酸检测采样工作队返程。新郑市领导马宏伟、石玉等为医疗队赠送锦旗。在新郑市疫情防控的关键时刻，长葛、尉氏医护工作者积极响应当地党和政府号召，闻令而动、挺身而出，火线驰援、义无反顾到新郑市支援核酸检测工作。三天来，来自长葛和尉氏的350余名支援新郑市的工作队队员连续奋战、昼夜不停，始终坚守工作岗位，为新郑市按时保质保量完成全员核酸检测工作作出积极贡献。

5日 新郑市开启第二轮全员核酸检测。与第一轮全员核酸检测一样，本次检测工作涵盖新郑市所有居民，确保不漏一户，不漏一人。8月5日22时，在多个核酸检测点，市民们自觉有序排队，多位居民自发当起志愿者，帮助登记、维持秩序。医务人员穿着密不透风的防护服，汗水湿透全身。为减少上厕所次数，他们尽量少喝水，珍惜一切时间，抓紧进行核酸检测取样，每一个人用自己的方式守护着这座城市。

6日 中国电建集团贵阳勘测设计研究院有限公司工作人员完成对新郑市的灾后重建对口支援工作，即将离开时，新郑市城市管理局为他们送上锦旗表示感谢。据了解，“7·20”河南暴雨，中国电建集团贵阳勘测设计研究院有限公司响应上级号召，到新郑进行对口帮扶支援，通过探地雷达检测城市道路地下隐患，预防城市道路坍塌等次生灾害的发生。通过检测、数据分析，最终得出新郑市城市道路病害，分别是脱空118处、空洞4处和松散124处。新郑市城市管理局立即对检测病害结果建立台账，并进行跟进，迅速采取措施，以最快速度对灾后受损路段进行修复。

9日 新郑市1.8万余名党员干部响应新郑市委号召，下沉16个乡镇、街道、管委会300个村（社区）、609个采样点配合参与防控工作，市直49个单位、4650名“精兵强将”下沉村居、社区一线参与疫情防控。新郑市党员干部奋战在灾后重建、疫情防控两个主战场全力迎战的同时，还成立14个服务工作队和6个“万人助万企”活动督导工作组，深入全市企业，以问题解决提高企业的满意度，确保灾后重建、疫情防控工作与经济社会发展双统筹、两不误。

13日 市纪委召开常委会（扩大）会议，对疫情防控督导和灾后恢复重建监督检查工作进行安排部署。市委常委、市纪委书记、市监委代主任姚志刚出席会议并讲话。姚志刚强调，政治意识要再强化，疫情防控专业知识再强化，督导检查再强化。坚决破除“稻草人”“老好人”思想，敢于动真碰硬，通过实地查看、明察暗访等多种形式加大监督检查力度，确保全市各单位做到令行禁止，推动疫情防控督导等各项监督检查工作不折不扣落实到位。

17日 市委常委、市纪委书记、市监委代主任姚志刚轻车简从，对辛店镇、具茨山管委会疫情防控工作落实情况进行暗访。姚志刚先后来到辛店镇许岗村、前小庄村、贾咀翰林苑社区，具茨山管委会具茨山社区和市区部分药店、超市、沿街门店开展一线暗访。姚志刚强调，要坚决克服麻痹思想，做好信息登记上报，严防出现“破窗效应”，科学精准运用“四种形态”执纪执法，做好政策讲解，教育引导群众万众一心抗击疫情。

19日 市委书记马志峰先后到达利食品有限公司、润弘制药股份有限公司、运达造纸设备有限公司、雪麦龙食品香精香料有限公司、瑞腾塑胶集团有限公司等地，调研灾后企业复工复产及疫情防控工作。市委书记马志峰强调，要统筹抓好复工复产和疫情防控工作，帮助企业解决实际困难，一手抓疫情防控，一手抓项目进度，切实做到“两手抓两不误”，为企业发展提供有力支持。

21—31日 新郑市红十字会防汛救灾捐赠物资中转仓库每天都要分发、派送来自全国各地的捐款和物资，工作人员和志愿者们加班到凌晨甚至通宵达旦工作成了家常便饭。截至8月16日，新郑市红十字会共接收抗洪救灾社会捐赠款物7796.06万元。其中，接收捐赠资金7231.85万元；接收捐赠物资320978个（件、箱），折合人民币计564.21万元，按照统一调配，已全部发放完毕。

25日下午 市委常委、组织部部长、社治委主任胡坤到“万人助万企”活动分包联系企业建华建材（河南）有限公司、河南瑞腾塑胶集团有限公司调研。胡坤还到郑州宏美彩印包装有限公司、郑州豫力新材料科技有限公司进行走访调研。

27日下午 市委常委、组织部部长、社治委主任胡坤到市消防救援大队，慰问参加新郑市防汛救灾的消防人员，并为他们带去8箱矿泉水、240套生活用品等物资，组织部副部长赵东伟、王燕参加慰问。

27日 郑州此轮疫情形势逐渐向好，新郑市各中小学开始陆续发放2021年秋季教材。教材发放点，家长们戴着口罩，保持安全距离排队，通过测体温、消毒后，在工作台报上学生的学号后签名、领书、离开。每个学校分班级、分时段领书，整个教材发放过程所有人员戴口罩，人与人间隔距离保持两米以上，不聚集、不逗留，确保教材按时、安全、有序发放到家长手中。

30日 在收听收看省委新冠肺炎疫情防控工作第六次专题会议和郑州市委疫情防控相关工作会议后，市委书记马志峰立即主持召开续会。马志峰强调，要认真贯彻落实全省和郑州市会议精神，要充分认识到常态化疫情防控形势的复杂性和严峻性，始终绷紧疫情防控这根弦，要落实战时机制，以战时状态严格执行新八版防控指南，进一步强化学习、吃透精神，要以过硬作风躬身入局，发扬连续作战作风，牢牢把握"快、严、细、实"四字诀，及时、科学、有效应对新冠肺炎疫情，要保持头脑清醒，严防死守、协调联动、高效运转，要坚决克服麻痹大意、经验主义思想，坚持人民至上生命至上，继续发扬钉钉子精神，"严"字当头，紧盯关键环节、重点部位，树牢结果导向，全力抓好疫情防控，以高度的使命感、责任感带领全市上下以更加昂扬的精神状态、更加务实的工作举措，坚决打好打赢疫情防控这场硬仗。

31日 市委书记马志峰以普通党员身份参加所在的市委办公室党支部第一党小组党史学习教育专题组织生活会。市委副书记石玉以普通党员身份参加，郑州市委党史学习教育领导小组办公室第八巡回指导组到会指导。马志峰强调，中国共产党的百年沧桑可歌可泣，只有从历史中汲取智慧和力量，传承弘扬好伟大建党精神，坚持和用好建党百年成功经验，才能不断创造新业绩、书写新辉煌。要坚定政治立场，坚持做到旗帜鲜明讲政治。要树立高标意识，坚持精益求精的工作标准。要充分认识到平庸与卓越只有毫厘之差，增强工作的预见性、计划性、科学性；要爱岗敬业，保持蓬勃朝气和拼搏精神。要把无私奉献作为快乐之源，追求更高境界，不断提升以文辅政的能力和水平；要坚定理想信念，时刻把群众利益放在首位，始终把维护好、实现好、发展好最广大人民的根本利益作为全部工作的出发点和落脚点，为加快新郑建设现代化全国一流中小城市作出积极贡献。

9月

3日 郑州市委常委、组织部部长吕挺琳到新郑市调研防汛及风险点排查、群众避险转移安置工作，市委书记马志峰等陪同。吕挺琳一行先后到具茨山管委会驮窑村苏家门自然村、辛店镇马沟村等地进行实地察看，详细了解新郑市新一轮强降雨应对措施、群众避险转移安置等工作准备情况。吕挺琳强调，要牢固树立"人民至上、生命至上"理念，亮出真本领，守牢金标准，坚决做好强降雨安全防范工作，确保人民群众生命财产安全。

是日 市委书记马志峰践行"用脚步丈量工作法"，先后到郑州佳龙食品、康泰塑胶科技集团、郑州金星啤酒、好想你分拣配送产业园、郑州格德格瑞机械工程、郑州源泉制冷科技公司等地，调研企业复工复产、防汛和疫情防控工作，市领导赵恒康等参加调研。马志峰强调，要深入开展"万人助万企"活动，切实解决企业复工复产中遇到的困难和问题，多措并举助力企业复工、复产、达产，合力推动经济社会发展尽快恢复正常秩序。

6日 市委书记马志峰会见中交二公局中原建设有限公司党委书记、董事长李海亮，详细了解企业发展情况，并召开座谈会就企地进一步强化合作、促进互利共赢进行深入交流，市领导李峰等参加。马志峰强调，各相关单位要积极对接、主动服务、深入调研，与企业建立起常态化交流机制，及时了解企业所需，拿出真措施、硬办法，切实解决企业发展难题，实现企业与新郑市经济社会协同发展。

12日 2021年中华枣乡风情游暨第十九届红枣文化节在新郑启幕。红枣节现场洋溢着丰收的喜悦，游客们在现场体验了原汁原味的打枣仪式，游览枣树认领基地、太空瓜瓜园、葫芦棚、垂钓园，参加摘鲜枣、拔花生、刨红薯等趣味活动。本次活动通过全民直播、VR实景等形式在线上展示现场盛况，打造云枣园、云展厅、云游记三大板块，实现全民互动打枣。此届中华枣乡风情游持续时间长达一个月，将于10月8日闭幕。

14日 市委书记马志峰一行先后到实验高中、郑州工业应用技术学院、第二实验小学、崇文中学，调研学校秋季开学准备工作。马志峰强调，全市上下要慎终如始落实好校园常态化疫情防控工作要求，做深、做细、做实开学各项准备，全力保障全市学校校园安全稳定和开学正常秩序；要让广大教师在事业上有成就感、在社会上有荣誉感，以更强责任、更大力度、更实举措，高质量建设"美好教育"，为新郑加快建设现代化全国一流中小城市作出新的更大贡献。

14日 市委“用脚步丈量工作法”双月评议会召开。市委常委、组织部部长、社治委主任胡坤出席会议并讲话。会上，全市15个乡镇（街道、管委会）和30个市直单位对本单位两个月以来的“用脚步丈量工作法”履职尽责情况分别作了视频展示与工作汇报。市纪委监委派出2名工作人员全程监督。在25名“用脚步丈量工作法”长效机制监督员的基础上，又随机抽取了30名“两代表一委员”共同参与此次评议。

16日 新乡市原阳县委书记刘兵率领党政考察团到新郑市考察城市规划、电子信息产业、非公党建、食品企业经营和仓储物流发展情况。原阳考察团先后来到新郑市城市展览馆、电子信息产业园、好想你股份有限公司等地进行考察，详细了解新郑市经济社会、电子信息产业发展情况，实地查看非公党建和企业生产经营情况。通过实地考察，原阳考察团对新郑市取得的成绩给予高度评价，表示要以此次考察为契机，认真总结、梳理、吸收新郑市的经验和做法。

16日晚 以“中华月‘郑’圆”为主题的2021新郑全民阅读中秋诗会在新郑市南街古巷·考院举办，来自新郑市文学爱好者与线上的数万名网民以“与月相伴、以诗抒怀”形式，共赏一场别开生面的视听盛宴。在现场，伴随着一曲古乐合奏《彩云追月》优美的旋律，诗会拉开帷幕。《源·远》《流·长》《月·圆》三个篇章依次展开，展现了佳节之夜户户团圆，中秋之夜皓月当空、光照万里的美好景象。由于疫情防控原因，2021年采取“线上+线下”的方式举行，并通过“云上新郑”“郑韩文旅云”两个平台同步直播，以满足不能到场朋友的需求。

22日 新华路街道双龙寨社区举行“健康郑州 无疫社区（村）”揭牌仪式。据了解，新郑市首批获评“郑州‘无疫社区（村）’”共计5个，分别是新华路街道双龙寨社区、新建路街道北关街社区、新烟街道烟厂社区、新区王庄社区、和庄镇任庄社区。

24日 在收听收看郑州市防汛工作会议后，市委书记马志峰立即主持召开新郑市防汛工作会。马志峰强调，全市上下要深入贯彻落实郑州市防汛工作会议要求，坚决做到“六个不放松”，严格落实地质灾害防御措施，高度警惕潜在的各类风险隐患；要抓好河道、水库、南水北调等防洪物料、机械、人员准备，不间断开展值守巡查除险，确保人民群众生命财产安全。

26日 新郑市红十字会在市新时代文明实践中心举行“红十字 爱在身边”大病救助金发放仪式暨新冠肺炎疫情防控及99公益日社会募捐工作表彰会。副市长王淑慧把郑州市红十字勋章和省红十字基金会授予的荣誉奖牌分别颁发给河南富春建设工程有限公司、中原华信集团、新郑教育园区管理委员会、新郑益仁医院等爱心企业、爱心单位、爱心医疗机构。润弘制药有限公司、新郑农村商业银行股份有限公司、达利食品有限公司、正大泡沫包装材料有限公司等10家爱心企业代表为10名受救助的大病患者代表发放了1000—2000元大病救助金。此次市红十字会共向60个受助家庭发放11万元募集资金。

27日 新郑市桃园小学举行揭牌仪式。桃园小学作为郑州市民生工程之一，于2021年秋季正式开始招生。学校位于新村大道与桃园路交叉口东侧，占地1.902公顷，校舍占地面积9996.14平方米，是新郑市教育局直属公办学校。

28日 《光明日报》公布了由中国中小城市高质量发展指数研究课题组、国信中小城市指数研究院联合发布的《2021年中国中小城市高质量发展指数研究成果》，揭晓了全国综合实力百强县市、全国绿色发展百强县市名单、全国科技创新百强县市名单等榜单。其中，《2021年度全国综合实力百强县市》新郑市排名38，位于河南之首。《2021年度全国科技创新百强县市》新郑市排名44，处于河南首位。《2021年度全国绿色发展百强县市》新郑市排名71位。

29日 副省长费东斌先后到新郑市洧水公园、西关桥工程、新村镇梨园村等地，实地察看受灾情况，与负责人交流，了解灾后恢复重建情况。费东斌要求，各单位和部门要提高思想认识，落实主体责任，把灾后恢复重建作为民生工程列入重要议事日程；要制定时间表，明确责任人，倒排工期，紧盯节点，实行台账管理；要加强政策引导，尊重群众意愿，将灾后重建与乡村振兴等统筹结合，抢抓任务落实，加快复工复产，确保群众温暖过冬；要精心组织实施，强化工作保障，推动省委、省政府决策部署落地见效，把党和政府的温暖送到群众心坎上。市领导马志峰、张慧娴等参加调研活动。

10月

2日 市委书记马志峰带队到果蔬批发市场、汽车站等地，督导检查节日期间疫情防控和安全生产工作。市领导李峰等一同督导检查。马志峰强调要压紧压实责任，加强值班值守，全力做好节日期间疫情防控、安全生产各项工作，让人民群众过一个欢乐祥和的节日。

3日 市委书记马志峰到千稼集、黄帝千古情等景区检查节日期间旅游市场工作。马志峰强调，要进一步强化安全意识，从严从细落实责任措施，全面排查整治风险隐患，扎实抓好常态化疫情防控，努力营造平安稳定、欢乐祥和的节日氛围。

12日 市委常委、市纪委书记、市监委代主任、卫生城市复审集贸市场治理指挥部指挥长姚志刚带队对集贸市场治理情况进行督导调研。姚志刚一行先后到城区中兴路农贸市场、吉祥蔬果批发市场、水果批发市场、人民路商业步行街、南关菜市场、文化路农贸市场、永兴农贸市场、洧水路农贸市场等地，进行实地督导检查。

18日 在三门峡市举行的第三届中国考古学大会上，全国“百年百大考古发现”终评结果揭晓，其中新郑市裴李岗遗址入围。裴李岗遗址在20世纪70年代末曾进行过3次发掘，2018年，文物考古工作者对裴李岗遗址启动新的发掘工作，陆续在遗址西部发现了堆积丰富的旧石器时代晚期遗存。初步判断裴李岗文化时期，农业已经有了初步发展，可能种植有黍、稻等农作物，但仍然以采集经济为主；动物遗存发现有猪、狗、牛、鹿、獐、獾、龟以及大量的鱼骨，初步判断已经有了猪、狗养殖，但仍然以渔猎活动获取动物资源为主。

20日 郑州市人大常委会主任胡荃到新郑市调研“万人助万企”分包联系企业复工复产和灾后重建工作，协调解决企业遇到的困难和问题。胡荃先后到华南城、华思5G新基建中部生产基地项目、锐杰微年产5亿颗SIP封装芯片建设项目、莱茵汽车、河南润弘制药股份有限公司和新郑黄帝故里园区改扩建项目等处调研。胡荃要求，要增强主动服务意识，认真倾听企业诉求，深入了解企业发展中遇到的难点、痛点和堵点，落实好稳企纾困政策，全力帮助企业克服困难，进一步坚定发展的信心和决心，为经济社会发展贡献力量。

是日 市委副书记、市长马宏伟先后到洧水路集贸市场、人民路便民疏导点、新城控股建筑工地、郭店镇鄢陵府村、郭店镇文化站、郭店镇集贸市场、郑韩路与阁老路交叉口二手市场等地，调研文明城市创建暨卫生城市复审工作。市委常委、宣传部部长璩鹏辉等参加调研。马宏伟强调，全市上下要高标准、严要求，强化责任落实，建立长效机制，确保各项任务落实、落细，以实际成效增强人民群众的获得感、幸福感、安全感。

21日 市委书记马志峰先后深入河南省刘华农业科技有限公司、郑州人人利食品有限公司、郑州华思光电技术有限公司、河南尊绅光电技术有限公司项目建设现场，调研“三个一批”重点项目建设情况，市领导李峰等参加调研。马志峰强调，要坚持“项目为王”鲜明导向，积极开展“万人助万企”活动，全力以赴打通“堵点”、消除“痛点”、解决“难点”，推动“三个一批”项目有序实施，以高水平项目建设为新郑经济社会高质量发展蓄势增能。

22日 泥河新城幼儿园举行开园典礼。泥河新城幼儿园是一所隶属于新郑市教育局的局直公办幼儿园，创办于2020年11月，2021年9月正式投入使用，用地面积4869.25平方米，建筑面积3087.55平方米，绿化面积3750.46平方米，办学规模为3轨9班，可同时容纳幼儿400余人。

24日 市委书记马志峰先后到万佳时代广场、郑韩路与G107交叉口、吉祥批发市场、中兴农贸市场、轩辕广场、新区管委会苟郑社区、正弘3号院建筑工地等地，督导调研文明城市创建和国家卫生城市复审工作。马志峰强调，要积极践行“用脚步丈量工作法”，对标对表，真正沉下心、俯下身，到现场研究问题、破解难题，努力补齐工作短板，以精细的工作作风高标准、严要求抓好任务落实，使“洁净美”成为城市常态，让老百姓有更多幸福感、获得感。

27日 省自然资源厅副厅长王峰一行到新郑市调研指导土地资源管理和重点项目用地保障工作。王峰一行先后到新村镇、薛店镇、郭店镇、新区管委会等地实地走访并召开座谈会。王峰对新郑市自然资源工作取得的成绩予以肯定，他强调，要谋划长远发展规划，严守土地利用规划底线，明确思路、一气呵成，打破固化思维，积极稳妥做好前期各项准备工作，努力为推动全省高质量发展、实现追赶超越贡献自然资源力量。

是日 郑州市委组织部人才二处处长朱文博带队到新郑市开展人才项目观摩活动。市委常委、组织部部长、市委社治委主任胡坤陪同观摩，各县（市）人才工作科长参加此次活动。朱文博一行先后到航美国际智慧城、故里英才公寓等地调研并召开座谈会。朱文博对人才工作提出具体要求，进行安排部署。

是日 新郑市首条定制客运（新郑—长垣）专线开通运行。大数据显示，在新郑市就业、就读、做生意、务工的长垣人较多，这条定制客运路线的开通满足了群众出行需要。首批投入运营的10辆客运车均为7座豪华商务车，实现“统一品牌车型、统一外观标识、统一司机着装、统一规范管理”。

28日 新郑市组织召开城乡居民基本医疗保险征缴工作推进会议。会上，郭店镇、和庄镇、西亚斯国际学院分别做医保征缴工作经验交流。截至10月25日，全市已征缴城乡居民基本医疗保险251326人次，征缴比例55.08%。在城乡居民基本医疗保险集中征缴期内，郭店镇已缴46762人，缴费率为102.84%，位列全市第一。

是月 市委政法委举行“普法教育平安行”戏曲巡演宣传活动启动仪式暨首场演出。在五宅庄社区文化大舞台，《情变》、戏曲《中秋前后》等为居民带来精彩节目。通过悬挂宣传条幅、设立展板、发放普法宣传资料等方式，宣传防疫、道路交通安全、消防安全、反电信网络诈骗、矛盾调解、老年人常见骗局骗术等相关内容，发放宣传品2000余份，受到群众的好评。“普法教育平安行”戏曲巡演宣传活动于10—12月进行，在每个乡镇进行2场演出。

是月 新郑市举办“2021年退役军人迎新暨就业服务专场招聘会”，本次活动邀请新郑市有用工需求的企业，5家职业技能培训机构和劳务派遣机构，邀请退役士兵及家属，现役士兵家属参与活动，推动退役军人就业活动的开展。此次招聘会到场招聘企业43家，提供岗位1135个，现场达成意向312人次。

11月

2日下午 新郑市召开2021年第三季度村（社区）党组织书记、驻村第一书记“亮赛比”专场比学交流会。会上，11名参加“专场比学”的村（社区）党组织书记、驻村第一书记围绕党建引领基层治理、乡村振兴，聚焦防汛抗疫、创文创卫、发展集体经济等方面做了发言。各乡（镇、街道、管委会）党（工）委书记进行了现场点评和提问。市委常委、组织部部长胡坤指出，要以人争先进、事争一流、有旗必扛、逢先必争为导向，把心思集中在想干事上，把胆识展现在敢干事上，把本领体现在会干事上，把目标落实在干成事上，努力在2021年的最后一个季度，形成“群雁高飞头雁领”的基层党建新气象。

5日 郑州慈善总会会长姚待献到新郑市调研灾后重建“幸福家园”村社互助工程工作。姚待献一行先后深入郭店镇小司村，观音寺镇田庄村、溴水寨村等地进行调研。通过实地察看、听取汇报、座谈交流，姚待献对新郑市慈善工作给予肯定，要求各有关单位要在建设工作上强化责任担当，全力解决困难问题，强力协调推进“幸福家园”工程建设，做到既坚持立足实际，又着眼长远规划，既突出创新，又方便服务群众。

9日 河南省工业和信息化厅党组书记、厅长朱鸣一行，先后到薛店一初中、薛店镇西场李村住房受灾点、电子信息产业港锐杰微科技有限公司、尊绅光电技术有限公司、洧水公园、城市展览馆等地，调研新郑市灾后重建工作及电子信息产业发展情况。调研中，朱鸣对新郑市电子信息产业科技创新工作给予高度评价，鼓励企业加强研发投入，培养创新人才，强化科技创新，推动企业自身并带动关联企业做大做强做优。

是日 市委副书记、市长马宏伟先后到西亚斯国际学院、薛店镇金鼎酒店关爱中心，实地调研疫情防控工作。马宏伟强调，要按照“五防”工作要求，严防关爱中心火灾事故隐患；加强对关爱中心餐饮供应各环节监督管理，确保饮食安全；严把内部工作人员消杀防控关口，坚决杜绝感染事件发生；持续做好关爱中心安保、医疗废物管理、环境及物体表面消毒等工作，注重留观人员人文关怀和心理疏导，提供优质暖心服务，确保关爱中心各类风险守得住、留观人员生活有保障。

12日 新郑市首个退役军人就业创业示范点正式揭牌。该示范点是集扶贫产品展览、直播销售于一体的综合消费扶贫平台。示范点的建成，为退役军人提供了一个互相交流学习的平台，让他们积极投身到“大众创业，万众创新”的热潮中来。

是日 市委书记马志峰先后到具茨山管委会、辛店镇、观音寺镇等地，调研脱贫攻坚与乡村振兴有效衔接和农村受损房屋灾后恢复重建工作。马志峰强调，乡村振兴是事关广大农村群众的幸福感和满意度的工作，各级各部门要进一步提高思想认识，压实责任、细化措施，建立健全工作机制，有力、有序高质量推进，确保早日实现预期目标。

16日 市委书记马志峰主持召开新郑市养老服务高质量发展工作推进会。会前，与会人员现场观摩了新华路街道双龙寨社区日间照料中心、新烟街道烟厂社区日间照料中心、新郑新区华信民生养护中心和新建路街道医养中心的管理运营情况。马志峰强调，要集中精力、前瞻谋划、开拓思路，学习借鉴先进做法，转变工作观念，不断开创养老服务工作新局面，更好地满足广大老年人养老服务需求，让所有老年人都能有一个幸福美满的晚年。

17日 市委副书记、市长马宏伟到郑州运达造纸设备有限公司、华润雪花啤酒（河南）有限公司、郑州佳龙食品有限公司等地，调研全市工业经济运行情况。马宏伟强调，工业经济是全市经济的重要基础和关键支撑，要高度关注、密切跟踪、加强调度，聚焦目标、压实责任，走稳走准高质量发展路子，全力推动工业经济持续健康发展。

18日 在新郑市首批引进故里英才购房补贴发放仪式上，毕业于中国科学技术大学取得博士学位的宋海杰，作为新郑市首批引进故里英才之一，拿到了郑州市和新郑市两级购房补贴15万元。2021年5月28日，新郑市故里英才公寓正式投用，包括宋海杰在内的近百名青年人才拎包住进了温馨舒适、功能完备的青年人才公寓。

19日 新郑市召开市直机关“双抓双促”活动述职评议会议。郑州市委组织部非公经济组织和社会组织工作处处长宋紫谦出席会议并参与评议打分。会上，市财政局、住建局等10位市直机关党组织书记先后围绕“强化党建引领，优化营商环境，推动政务服务高效能”主题，进行了现场述职。经过现场评议，评选出示范党支部3个、优秀党支部7个。

22日 市委常委、组织部部长胡坤先后到具茨山管委会大槐树村、白庙村和辛店镇史庄村、湛张村，调研指导抓党建巩固脱贫成果后评估工作。座谈会上，胡坤要求各督导组对照任务清单，不留盲区、不留死角，对督导中发现的问题当场研判、现场反馈、现场整改，确保评估工作顺利圆满完成。

23日 郑州市医疗保障局局长魏宁娣调研指导新郑市巩固拓展脱贫攻坚成果后评估工作暨国家医保信息平台上线测试工作开展情况。魏宁娣实地察看市人民医院（解放路院区）、辛店镇卫生院、千户寨村卫生室等县乡村三级定点医疗机构国家医保信息平台上线测试情况。在随后召开的座谈会上，魏宁娣要求，要压实责任、强化措施，落实好各项医疗保障脱贫攻坚成果同乡村振兴有效衔接政策措施，提高群众对医保政策的知晓率和认可度，确保医保服务更加务实、高效、便民，为积极推进乡村振兴战略提供坚实医疗保障。

28日 郑州市第四十四高级中学项目开工仪式举行。仪式上，市委副书记、市长马宏伟宣布郑州市第四十四高级中学项目开工。与会领导和嘉宾为该项目奠基培土。郑州市第四十四高级中学建设项目是2021年“郑州市2021年10所高中阶段学校建设项目”，位于郭店镇北部求实路以东、环南路以北，圭壁路以西，华南城五路以南区域。马宏伟要求，要着眼大局、鼎力支持、密切配合，为项目建设提供全方位服务，营造一流环境，做好综合保障，确保项目建设顺利推进，力争早日竣工投用。

30日 市委书记马志峰带领市城管局、新华路街道、新村镇等相关单位负责人践行“用脚步丈量工作法”，实地督导郑新路道路提升改造二期工程进展情况。马志峰强调，要想方设法加快工程进度，保质保量完成建设任务，用脚步丈量民生民情，用更加便捷的交通、更加美好的城市形象，让市民群众幸福感成色更足，获得感更可持续。

是月 根据国家文物局公布大遗址保护利用“十四五”专项规划。在河南入选的16处大遗址中，郑韩故城入列名单。郑韩故城国家考古遗址公园占地4500多公顷，由城墙遗址公园、宫城遗址公园、大吴楼手工业遗址公园、后端湾综合遗址公园四部分组成。郑韩故城于1961年被公布为首批全国重点文物保护单位，2001年被评为“中国20世纪100项考古大发现”之一，2005年被列为首批国家重点扶持保护的36处大遗址之一，2017年被列为第三批国家考古遗址公园。

是月 根据农业农村部发布的《关于公布2021年中国美丽休闲乡村名单和2010—2017年中国美丽休闲乡村监测合格名单的通知》，新郑市泰山村荣登榜单。泰山村拥有5家集体企业，年产值近2亿元，全村基本实现生活供给制，水电气费、米面油盐酱醋、养老及医疗保险等生活消费全部由村集体供给。泰山村也先后斩获“全国乡村旅游重点村”“国家级魅力乡村”“全国一村一品示范村”“全国生态文化村”“中国乡村旅游模范村”“河南最美乡村”等30多项荣誉。

12月

3日 省检察院副检察长张庆彬一行到新郑市走访慰问全国、省人大代表。张庆彬一行先后到龙湖镇泰山村、好想你健康食品股份有限公司调研走访。与省人大代表、龙湖镇泰山村党总支书记乔宗旺和全国人大代表、好想你健康食品有限公司党委书记、董事长兼总经理石聚彬进行交流，听取人大代表们对检察工作的意见建议。张庆彬希望人大代表们为服务大局、服务群众建言献策，为检察工作发展“把脉出招”，共同推动检察事业科学发展。

4日 市领导马志峰、马宏伟、石玉、李志强等四大班子领导同大家一起在南水北调干渠义务植树点义务植树。共栽种石楠、女贞600余株。除了义务植树活动主现场外，全市各乡镇（街道、管委会）共计2000余人参加义务植树活动，栽种乡土树种15000余株，新绿化面积13.33公顷。

7日 省委常委、副省长费东斌到新郑市调研薛店镇铁路物流基地项目建设情况。调研中费东斌对薛店镇铁路物流基地土地利用情况进行详细了解，并与相关部门负责人讨论项目选址方案和进度安排等工作。费东斌强调，各相关部门要积极对接，协调配合，完善政策措施，提前做好相关准备工作，高效推进项目建设，争取早开工、早落地。

是日 河南省审计厅党组书记、厅长赵喜林带队到新郑市调研平安建设工作。调研组一行先后到新郑市城市展览馆、外国语小学、市公安局等地，实地调研新郑市经济社会发展情况、平安校园创建工作情况以及“三零”创建工作开展情况并召开座谈会。赵喜林指出，新郑市平安建设工作取得的成绩有目共睹。同时，他要求，要坚持底线思维，增强忧患意识，把平安建设的根基打得更牢、防线织得更密，以新郑一域之稳定为郑州、河南之稳定作贡献。

9日晚 市委书记马志峰带队夜查大气污染防治工作。马志峰一行先后到黄帝故里园区改扩建项目、河南福华钢铁集团有限公司、河南港发新型建材有限公司等地，重点检查夜间扬尘污染防治措施落实情况，企业生产调控措施落实情况等。马志峰强调，领导干部要深入一线、靠前指挥；各有关部门要协调联动、主动配合，确保各项治污举措落实到位，持续改善新郑市空气质量。

10日 省委常委、副省长费东斌到新郑市调研电子信息产业发展情况。调研中，费东斌到位于薛店镇的郑州电子信息产业园，详细了解园区的发展情况和项目的进展情况，深入生产车间，察看锐杰微SIP封装芯片项目，认真听取公司负责人对生产经营、技术、市场等情况的汇报，现场协调解决制约公司发展存在的困难和问题。费东斌指出，要为企业成长、产业发展营造优良环境，推动全省经济发展提质增速。

12日 新郑市2021年引进优秀人才面试工作在市崇文中学进行。经过前期网络初审、现场笔试和现场资格审查，共有299名研究生竞争100个事业全供岗位。市委书记马志峰带领9名县处级领导干部担任主考官。在面试前的考官培训会上，马志峰指出，人才是事业发展最关键的因素，新郑市正在加快建设现代化全国一流中等城市，比历史上任何一个时期都更加渴求人才。实施为期三年的黄帝故里英才引进计划，充分体现了新郑市尊才重才、爱才留才的态度和诚意。

15日 市委常委会（扩大）会议召开，传达学习中央经济工作会议、省级党员领导干部会议和郑州市委常委会（扩大）会议精神，市委书记马志峰主持会议。会议强调，要加快推动“三主三新”（三大主导产业：电子信息、健康食品、高端商贸物流；三大新兴产业：生物医药、智能装备制造、高端文旅）产业体系迈出新步伐，拓展“万人助万企”“三个一批”（签约一批、开工一批、投产一批）项目建设活动，以高质量的工作成效推动县域经济“成高原”、出重彩；要强化党的领导，全面提高领导经济工作的专业能力，继续做好“六稳”“六保”工作，维护好大局和谐稳定，坚定不移抓好重点项目建设、产业转型升级、生态环境保护等各项中心工作，努力实现2022年经济发展开门红、全年红，以优异的工作成绩迎接党的二十大召开。

19日 郑州市委常委、副市长高义到新郑市调研产业发展情况。高义一行先后到传化物流小镇核心区、郑州好想你健康食品有限公司、郑州电子信息产业园等地，进园区、入企业、看项目，认真听取相关工作情况汇报，全方位调研新郑市产业发展情况。高义指出，要牢牢树立新发展理念，坚持“项目为王”的鲜明导向，加快建设现代产业体系，推动经济高质量发展，为郑州国家中心城市建设贡献力量。

21日 市领导王淑慧深入城关乡东郭寺村调研乡村旅游产业发展情况。东郭寺村为晚唐诗人白居易故里，走在其街头小巷，市领导王淑慧先后来到白居易故里、研学基地项目部等地调研。王淑慧强调，要因地制宜，高质量打造乡村旅游示范村；加强与省内外有实力旅游企业合作，让乡村旅游起到富民兴村作用；要持之以恒做好疫情防控工作。随后，王淑慧一行又深入具茨山景区，并就具茨山景区提升整改工作提出具体要求。

22日 郑州市委副书记、政法委书记杜新军带领有关部门负责人到新郑市，就“三零”平安创建工作进行调研。杜新军一行先后到新郑市综治中心、新华路街道综治中心等地，了解综治中心运行情况、平安街道创建工作开展情况，并查看相关资料，听取新建市级综治中心规划情况汇报。杜新军要求，要及时总结并大力推广基层好经验、好做法，积极培育、挖掘先进典型，努力推动更高水平平安建设，不断提升人民群众的获得感、安全感。

23日 市委副书记、市长马宏伟带队到建筑工地、涉挥发性有机物企业，督导检查大气污染防治工作。马宏伟一行首先来到黄帝故里园区建设工地，他指出，要积极谋划、科学推动，保质量、保安全、保生态，确保全线工程建设进展顺利。随后，马宏伟到康泰塑胶科技集团（郑州）有限公司督导大气污染防治措施落实情况。马宏伟强调，企业要持续走绿色环保之路，坚持新发展理念，全力做好污染源防控，努力推动新郑市大气环境质量持续向好。

25日 市委书记马志峰到万佳量贩、奥斯卡影城、华联小区、市公立人民医院、沿街药店和诊所等地，调研疫情防控工作。马志峰强调，要精密智控、科学防控，主动作为、快速反应，坚决落细落实疫情防控各项措施，全力守护群众健康安全，促进经济社会持续健康发展。

是年 新郑市残疾儿童康复救助任务目标为100人，截至12月15日已为328名0—14岁残疾儿童提供康复救助服务。新郑市为有康复需求的0—14岁残疾儿童提供康复，每人每年平均补助1800元；对城乡最低生活保障家庭、建档立卡贫困户家庭和儿童福利机构收留收养的残疾儿童，以及残疾孤儿、纳入特困人员供养范围的残疾儿童，每月补助2000元，其他儿童每月补助1900元。同时，新郑市残联还为新郑市听力、视力、言语残疾人发放通信补贴，补贴标准为每人每月30元。2021年共筛选出2625名符合条件的残疾人，94.5万元通信补贴已全部发放到位。

市情总貌

OVERVIEWS OF XINZHENG

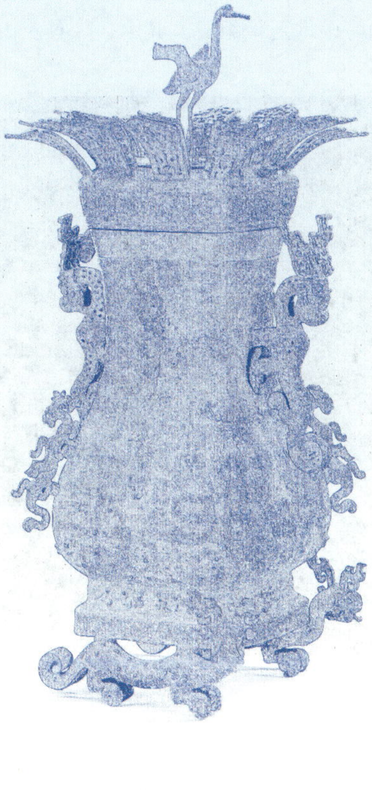

·市情总貌 >>>

OVERVIEWS OF XINZHENG

位置面积

【区位】 新郑市位于河南省中部，地处北纬34° 16′ ～34° 39′ 、东经113° 30′ ～113° 54′ 。北靠省会郑州市区，东邻中牟县、尉氏县，南连长葛市、禹州市，西与新密市接壤。

【面积】 新郑市北距郑州市区38千米，东北距中牟县城45.6千米、开封市区120千米，东至尉氏县城42.6千米，南至长葛市区20.4千米、许昌市区40千米，西南至禹州市区36.5千米、平顶山市区84千米，西至新密市区34.5千米。南北长42千米，东西宽36千米，总面积884.59平方千米。

自然环境

【地质地貌】 新郑市在全国自然地理分布中处于二阶台地前沿，秦岭纬向构造东端，在河南省地质构造单元划分中，跨两个地质构造基本单元。西部属于嵩箕台隆，基岩裸露，构成西部山地、丘陵的地质基础；东部属于华北坳陷的通许凸起，第四系松散堆积物覆盖于基岩之上，构成东部平原的地质基础。与地质构造基础相对应，新郑市在河南的地貌格局中，处于豫西山地向豫东平原的过渡地带。地势西高东低，中部高，南北低。地貌类型有山地、丘陵、岗地和平原等。山地和丘陵集中分布在西南部和西部，系嵩山山脉的东部边缘，主要由陉山、具茨山、泰山、梅山、包嶂山等山地丘陵组成。其中，除具茨山主峰风后顶海拔793米，相对高度540米，属于低山类型外，其他各山山顶海拔均在400米以下，相对高度不到200米，属于丘陵类型。岗地主要分布在山丘外围和中部地带，系早期山前洪积倾斜平原，经后期流水切割作用形成岗丘状地貌形态，较大的岗东部有马陵岗、万僧岗、寿阳岗，南部有黄岗，西部有双岭岗、武岗，北部有走马岗、裴李岗等，大部分为新生代第四纪黄土覆盖，局部地区水土流失严重。平原多集中于京广铁路以东

新郑新区红杉树林（刘栓阳/摄）

新郑新区（刘栓阳/摄）

的黄河古阶地上，其中包括八千乡、龙王乡的大部分地区及和庄镇、薛店镇、孟庄镇的部分地区。京广铁路以西的双洎河、黄水河和溱水河两岸有带状冲积平原，面积很小。

【河流】 新郑市地处淮河流域。境内河流分别属于颍河和贾鲁河水系。近几年纳入全市河长制管理的有双洎河（古洧水）、黄水河（古溱水）、潩水河、十七里河、十八里河、潮河、莲河、暖泉河8条河流，除潩水河属颍河水系外，其余河流均属贾鲁河支流。潩水河，发源于新郑市辛店镇的具茨山主峰风后岭白龙潭，流经观音寺镇入长葛市境。境内河段长24千米，流域面积102.5平方千米。双洎河，清朝以前称洧水，发源于登封市阳城山，流经新密市境，在新郑境内河段35.5千米，流域面积239平方千米，为新郑境内最大河流。20世纪70年代尚可饮用，80年代后由于上游发展地方工业，大量提取地下水和工业污染等，已成季节河，正在治理中。黄水河，本名溱水。黄水之名也是至清代启用，为境内第二大河流，发源于新密市曲梁乡牛庵村南，全长29.4千米，流域面积110.84平方千米。此河前期由于流域工业污染，至21世纪初河里生物难以生存，但经新郑市十年来的不懈努力，水质已全面恢复，依水形成郑风苑及轩辕湖湿地不同风格的水生态环境，已成为新郑市生态水系建设的亮点。十七里河、十八里河和潮河等，皆季节河。

按照“一年新变化、三年见成效、五年水更清”的总体目标，加快河道综合整治，持续改善水环境质量，建设环境良好、人水和谐的生态宜居城市。2020年完成新郑市水系连通及农村水系综合整治试点县项目全国竞争立项工作，并于10月27日完成招投标工作。

2020年，双洎河胡垌至贾梁段河道治理工程完成河道疏挖11.09千米，险工护砌4.35千米，输水管改建1处等。工程已完成建设并完成项目分部验收工作。

新郑市孙河塘坝治理工程主要建设内容包括：土方开挖、回填7万立方米，土工膜铺设1.9万平方米，C20混凝土护脚650立方米，混凝土联锁砖护坡1630平方米，生产桥1座，溢流堰2座，水生净化植物0.33万平方米。工程已完成验收并送审。

新郑市水系连通及农村水系综合整治试点县项目主要建设内容包括：潩水河、黄水河、潮河水系进行疏浚及生态建设。总长47.74千米，其中坑塘整治6处，清淤疏浚总长度33.51千米，岸坡整治工程67.01千米，拆除重建生产桥11座，新建漫水桥20座，新建溢流堰31座，水源涵养工程106.31万平方米，水土保持工程11.83万平方米，水文化景观节点5处，配备相应管理设施等。项目正在进行附属物清查及对具备施工条件的部分开工建设。

新郑市老观寨水库区域生态修复工程项目主要建设内容包括老观寨水库扩容200万立方米，安装智能监控设备，修建隔离设施15千米。项目正在进行施工降水及土方外运等工作。

新郑市暖泉河生态水系建设项目包含两个子项目，分别为新郑市河湖贯通工程和新郑市暖泉河上游综合治理工程，主要建设内容有4条供水线路及暖泉河河道开挖疏浚、亲水设施、密林有氧健身、蓄水堰、绿化工程等。项目正在根据“占地造湖”进行整改，老观寨泵站正在进行基础换填工作。

【气候】 新郑市处于华北平原、豫西山地向豫东平原过渡地带，属暖温带大陆性季风气候。气温适中，四季分明。3月至5月为春季，天气温暖，多东北、西北风，雨水偏少；6月至8月为夏季，天气炎热，多东南风，雨水偏多，降水量占全年的52%；9月至11月为秋季，天气凉爽，风向不定，雨水偏少；12月至次年2月为冬季，天气严寒，多西北、东北风，雨雪偏少。主要灾害性天气为旱、涝、风、雹等。

年均气温14.6℃，历史最高气温42.5℃，历史最低气温-17.9℃；年均降水量683.3毫米，最高年降水量1175.7毫米，最少年降水量449.4毫米；年均蒸发量1434.3毫米，最高年蒸发量1976.2毫米，最低年蒸发量1237.3毫米；年均日照时数1990.1

小时，最高年日照时数2571.3小时（1978年），最低年日照时数1753.3小时（1989年）；年均雷暴日数17.5天，最多年雷暴日数26天，最少年雷暴日数11天；年均雾日21.2天，最多年雾日38天，最少年雾日7天；年均霜日62.4天，最多年霜日90天，最少年霜日37天；年均大风日7天，最多年大风日24天，最少年大风日0天。

2021年平均气温16.4℃，比常年值偏高1.8℃，显著偏高；年最高气温40.0℃，出现在6月5日，年最低气温-11.9℃，出现在1月7日；年总降水量1175.7毫米，比常年值偏多492.4毫米，显著偏多；年最大日降水量227.9毫米，出现时间7月20日；年日照总时数为1780.3小时，比常年偏少209.8小时，属偏少。总的来说，全年气温明显偏高、降水异常偏多、日照数偏少。

【土地资源】 2021年，新郑市土地总面积88459.55公顷（884.59平方千米）。其中，耕地29274.03公顷，种植园用地8980.12公顷，林地13910.10公顷，草地591.85公顷，城镇村及工矿用地27505.53公顷，交通运输用地4162.83公顷，水工建筑用地37.63公顷，水域及水利设施用地1971.85公顷，其他土地2025.61公顷。耕地中：水田16.74公顷，水浇地27735.52公顷，旱地1521.77公顷；种植园用地中：果园8887.99公顷，其他园地92.13公顷；林地中：乔木林地8703.11公顷，竹林地3.25公顷，灌木林地83.04公顷，其他林地5120.70公顷；草地中：人工牧草地1.98公顷，其他草地589.87公顷；交通运输用地中：铁路用地273.16公顷，轨道交通用地115.72公顷，公路用地2968.05公顷，机场用地805.81公顷，管道运输用地0.09公顷；水域及水利设施用地中：河流水面827.14公顷，水库水面144.68公顷，坑塘水面335.34公顷，沟渠664.69公顷；其他土地中：农村道路650.48公顷，设施农用地806.86公顷，田坎551.55公顷，沙地0.16公顷，裸土地0.93公顷，裸岩石砾地15.63公顷。

【矿产资源】 新郑市矿产资源较为丰富，发现各类矿种有9种，矿产地23处。区内固定矿产以沉积矿产为主，包括煤、黏土矿、石灰岩、红硅石、硅石等及部分沉积、变质矿产，铁矿、磷矿、白云岩矿、建筑石料等，还赋存着丰富的地热、矿泉水资源。新郑市资源格局以煤为主，煤区约占全市总面积的41%，已探明储量134610.3万吨，占郑州市煤炭总量的20.5%。

新郑市现有煤矿2家，分别为：中煤河南新能开发有限公司王行庄煤矿，设计生产能力为120万吨/年；河南省新郑煤电有限责任公司赵家寨煤矿，设计生产能力为300万吨/年。

【水资源】 新郑市多年平均地表水水资源0.6459亿立方米，地下水资源1.1142亿立方米，除去0.1648亿立方米重复水量，多年平均水资源总量为1.5953亿立方米，比1980年测算的1.96亿立方米减少18.6%；人均占有水资源量132.94立方米，比1980年的412立方米减少67.73%，是全国人均占有水资源量的6.33%，是河南省人均占有水资源量的32.82%；亩均水资源量121.83立方米，比1980年的亩均水资源量259立方米减少52.96%。现有在册水库20座，其中，2座中型水库，18座小型水库，总库容7922.5万立方米，控制流域面积为514.6平方千米，塘坝118处，控制流域面积120平方千米，拦河闸6处，控制流域面积70平方千米。地表水资源量因双洎河（古洧水）、黄水河（古溱水），降水量偏少，水库水位下降等原因，基本无法直接利用；工业生产、农业灌溉和人畜生活用水基本依赖地下水资源。地下水资源可利用量为0.554亿立方米，开采模数为6.4万立方米/平方千米。因经济快速发展，水需用量急剧增加，造成地下水水位大幅度下降。近几年来，新郑市利用南水北调干渠对望京楼水库、双洎河、黄水河以及观音寺潩水寨村进行生态补水，河道景观更加亮丽，地下水位也大幅提升。

【生物资源】 新郑市位于北温带向亚热带、豫西山地向豫东平原过渡地带，气候多样，地貌多变，因而生物资源丰富，且具多样性。

植物：芳香植物主要有花椒、小茴香、芫荽、香椿、藿香、薄荷等；药用植物主要有半夏、远志、柴胡、桔梗、芦根、白茅根、白头翁、马蹄香、地丁、香附、何首乌、葛根、墓头回、田三七、车前、忍冬、地骨皮、酸枣、荆子、野菊花、艾、白蒿、亮帽英、败酱草、曲曲菜、荠荠芽、小虫卧单、伸筋草、马齿苋、老饭蛋、鱼腥草、复枯草、浮萍草、野扁豆、瓦松、山葱、卧沿草、星星草、节节草、猪毛菜、猴头草、拐子草、马鞭草、天地豆、翻白草、活根草、芫花根草、丹参、沙参、防风、木瓜、瓜蒌、红花、地黄、牛膝、芍药、白芷、金银花、苍耳子、元参、枸杞、蒲公英、牵牛子等；其他野草植物主要有灰灰草、龙须草、茅草、莠子草、稗子草、苜蓿、茭草、蒺藜、行义草、涩格涝秧、吉祥草、书带草、抓地秧、面条菜、菟丝子、驴尾巴蒿、毛妮菜、老驴蒿、麦滥棵、狗狗秧、灯笼棵、浮萍、蓼草、水红花、三白草、黄白草、轮叶黑藻等。

动物：环节动物类主要有蚯蚓、蛭等；软体动物类主要有蜗牛、田螺、河蚌等；节肢动物类主要有瓢虫、赤眼蜂、食蚜蝇、胡蜂、蜜蜂、小蚕蜂、草蛉、蚜小蜂、螳螂、食虫虻、食虫蝽象、泥蜂、步行虫、蝇子虎、萤火虫等；药物类动物主要有蝎子、蜈蚣、土元等。脊椎动物类：两栖类有青蛙、蟾蜍等；爬行类有鳖、壁虎、蛇、蜥蜴等。鸟类有野鸡、雀鹰、苍鹰、白肩雕、大鸨、小鸨、小鸦鹃、猫头鹰、灰林鸮、长耳鸮、啄木鸟、云雀、燕子鸥、鹦鹉、鹈鹕、花喜鹊、灰喜鹊、麻雀、老鹰、鹞鹰、斑鸠、大雁、山雀、黄莺、鹁鸪鸟、百舌、鸬鹚、乌鸦、水鸭等；哺乳类有狼、狐、狸猫、野兔、獾、蝙蝠、刺猬、老鼠、松鼠、黄鼠狼等，其中狼、狐、狸猫、獾已很少见。

旅游资源

【古文化资源】 **裴李岗文化** 裴李岗文化因首掘于新郑市的裴李岗村而得名。裴李岗先民已进入母系氏族社会，从事以原始农业、手工业、家畜饲养为主，以渔猎业为辅的社会生产活动。与全国同时期其他地方相比，裴李岗人较早进入农业社会。新郑裴李岗文化遗址有裴李岗遗址、沙窝李遗址、唐户遗址、西土桥遗址、岭西遗址等。其典型生产工具是石斧、石铲、石镰、石磨盘，代表性陶器是红陶罐、三足钵等。裴李岗文化填补了我国新石器早期的一段历史空白，具有很高的科学、历史和文化价值。中国古代文明是从这里起步的。

黄帝故里故都 据史书记载，5000年前的仰韶文化时期，先民们已进入文明时代。新郑有许多仰韶文化遗址，最典型的是唐户遗址，包含有裴李岗、仰韶、龙山、殷商、西周和东周6个时期的文化遗址，连续达6000多年，考古学界称之为中华古代历史发展博物馆，有考古学家称之为“有熊之墟”。其他遗址有大朱庄、南李庄、王垌、洪府、高坡岩、岳庄、古城、人和寨等。这一时期，中华人文始祖轩辕黄帝诞生于新郑的轩辕丘（在今新郑市区内），在此建都约100年；神农氏炎帝诞生于华阳（在今新郑市北华阳故城）。史书记载，新郑有20多处炎帝和黄帝的活动遗址与纪念性古迹，如炎帝诞生地华阳城、黄帝诞生地轩辕丘，其他有轩辕故里、姬水、少典祠、少典坟、轩辕庙、具茨山、黄帝拜华盖童子处、黄帝故都、黄帝饮马泉、风后顶、黄帝御花园、黄帝避暑宫、大鸿山、西太山、崆峒山、轩辕宫、黄帝问道处、黄帝访大隗处、黄帝屯兵洞、黄帝驯兽台等。

黄帝故里祠（刘栓阳/摄）

祝融氏之国 史书记载，4700年前，帝喾高辛氏先后封祝融氏重黎、吴回、陆终氏在有熊（新郑）为火正，建都约70年。故史书称新郑为“祝融氏之墟”。祝融氏时代，正处在我国龙山文化的中早期。新郑发掘龙山文化遗址8处，即人和寨、金钟寨、大司、于寨、唐户、高千庄、店张、崔府等。

郐国故都 史书记载，西周时，新郑为郐国，其都城在今新郑东北18千米苑陵故城（一说在新密市东北25千米古城寨，但仅有文献记载而无考古发现），建都时间280多年。

郑韩故都 春秋战国时期，郑

黄帝故里轩辕桥（刘栓阳/摄）

国和韩国在新郑建都539年。至今郑韩故城岿然屹立，古迹比比皆是。主要遗址或古迹有宫殿遗址、宗庙遗址、地下冷藏遗址、铸铜遗址、铸铁遗址、大型祭祀遗址、郑国贵族墓葬区、车马坑、郑公大墓、郑武公墓、子产墓、郑庄公望母台、授印台、梳妆台、积粟台等；还有分布在城外的20多座王室陵墓、大型制陶遗址等。

历史名人 新郑历史上建全国性国都和诸侯国都总计980多年。除炎黄二帝始祖外，有春秋初霸郑庄公、政治家子产、明辨家邓析、法家集大成者韩非、谋略家张良、世界文化名人白居易、建筑学集大成者李诫、理学家许衡、政治家高拱等十大名人彪炳史册。

名人墓葬 郑武公墓（杜庄）、郑公大墓（南街）、宰相子产墓（陉山）；唐宰相裴度墓（龙湖镇东张寨村）；后周皇帝郭威墓（郭店镇高家村北）、后周皇帝柴荣墓、柴宗训墓（郭店镇陵上村）；北宋布衣诗人杨朴墓（郭店镇袁堡村东）、北宋宰相吕夷简墓（郭店镇李坟村东）、北宋宰相陈尧佐墓（郭店镇宰相陈村）、北宋名将王德用墓（龙湖镇荆王村东）、北宋尚书吴育墓（辛店镇赵老庄村）、北宋宰相吕公著墓（郭店镇西武岗村）、一代文宗欧阳修墓（辛店镇欧阳寺北）、北宋宰相郑居中墓（城关乡东郭寺南）、北宋建筑学集大成者李诫墓（龙湖镇于寨村北）；明宰相高拱墓（市区阁老坟村东）。

至2021年，新郑有国家级文物保护单位11处：郑韩故城、裴李岗遗址、后周皇陵、唐户遗址、欧阳修墓、黄帝故里（新郑轩辕庙）、李诫墓、华阳故城、凤台寺塔、人和寨遗址、望京楼遗址，其中裴李岗遗址、郑韩故城2001年被评为“中国20世纪百项考古大发现”和“20世纪河南十项重大考古发现”；省级文物保护单位有14处：卧佛寺塔、高拱墓、金钟寨遗址、王垌遗址、古城遗址、于寨遗址、赵庄遗址、新密禹抗日民主政府旧址、子产墓、古城村古城、大司遗址、铁岭墓地、陈氏三宰相墓、具茨山岩画；郑州市级文物保护单位25处；新郑市级文物保护单位58处。馆藏文物6万多件，其中珍贵文物4800多件。古文化遗址（迹）遍布全市，古墓祠比比皆是，古塔岿然矗立，郑韩故城雄伟壮观。具茨山黄帝文化景区，被中国侨联公布为“全国爱国主义教育基地”，每年吸引大批海内外炎黄子孙前来寻根、拜祖。

姓氏寻根 新郑是中华民族姓氏起源地之一。上自8000年前少典族时代，下迄春秋战国，起源于新郑或与新郑密切相关，或新郑人在外地得姓者，据不完全考证达280多个姓氏。神农氏炎帝为有熊（新郑）国君少典之子，后徙陕西姜水流域而得姓姜，彭祖为祝融氏陆终之子，因封于安徽彭城而得姓彭等。主要姓氏有：少、典、熊、能、姬、姜、轩辕、轩、左、张、高、杜、方、史、龙、雷、常、龚、巫、周、牧、荀、车、昌、俞、伍、于、咸、冷、桓、稽、任、孔、祝、苑、彭、郑、韩、何、冯、侯、段、游、尉、国、印、都、蔚、丰、兰、皮、然、司、詹、梓、师等。

【自然风光资源】 主要分布在新郑市西南具茨山一带，2003年具茨山景区被河南省人民政府公布为省级森林公园，2005年被国家林业局公布为国家级森林公园。此山主峰风后顶海拔793米，山顶之上，林密草茂，四周皆悬崖峭壁，向西望去层峦叠嶂，烟波浩渺，向东眺望，阡陌纵横，村落如萍。

【生态资源】 被林业部命名为“红枣之乡”的孟庄镇和薛店镇的1.2万公顷枣园，秋季每年举行枣乡风情游。

具茨山（刘栓阳/摄）

历史沿革

【古时期建置沿革】 8000年前裴李岗文化时期，新郑地区率先进入以原始农业为主的氏族社会，是中国古代文明最早的发源地之一。5000年前仰韶文化中晚期，新郑为有熊国，是黄帝族时代，是中国古代文明形成的核心地带。4700年前，龙山文化中期，新郑为祝融氏之国。夏商时期，新郑为夏都、商都京畿。西周，新郑为郐国；春秋为郑国，战国时代为韩国，郑韩故都为中原地区最主要的政治、军事、经济和文化中心，是中原地区最大的工商业都会。韩国时，设郑县，治所在韩都。秦统一六国，设新郑、苑陵二县，属颍川郡。汉承秦制，属河南郡。西晋设荥阳郡，新郑入苑陵县。东魏，设广武郡，苑陵属广武郡。隋复新郑，后废苑陵，入新郑县，仍属荥阳郡。唐分新郑、清池二县，后清池县复归新郑。五代后设新郑县。

【新中国成立后】 新中国成立后，新郑县属郑州专区。1955年改属开封专区，1958年属郑州市，1961年属开封地区行政公署，1983年属郑州市。1994年5月16日，经国务院批准撤销新郑县，设立新郑市，属河南省，由郑州市代管。

行政区划

2021年，新郑有9个镇、1个乡、3个街道。和庄镇辖19个行政村，48个自然村；薛店镇辖20个行政村，46个自然村；辛店镇辖49个行政村，267个自然村；龙湖镇辖28个行政村，117个自然村；孟庄镇辖23个行政村，36个自然村；新村镇辖24个行政村，108个自然村；观音寺镇辖21个行政村，80个自然村；梨河镇辖23个行政村，66个自然村；郭店镇辖32个行政村，88个自然村；城关乡辖14个行政村，65个自然村。新华路街道辖10个居民区；新建路街道辖6个居民区；新烟街道辖8个居民区。

2008年，风后岭行政村的苏家岭、赵家闷、黑龙庙西坡、黑龙庙、北赵家、张家闷、寨里、许家岭、朱家闷、南王家闷、寇家闷、史家闷、尖山、卧雁滩14个自然村迁往北靳楼行政村。

2008年，龙王乡庙后安行政村的庙后安、庙后唐；郭村韩：郭村王、小唐庄、小秦、郭村韩；古城师：城李、古城；蒲庄：蒲庄、古城寨；刘庄：刘庄；辛庄：辛庄、魏家、罗家、椿树张；岗王：岗王；宋庄：酒李、宋庄；田王：田王、小田王；炮李：炮李；柿园吴：柿园吴；柿吴：柿吴；王庄：王庄；平庄：平庄；苏村郑：苏村郑、韩庄、杨庄归郑州新郑综合保税区（郑州航空港区）代管。

2008年，孟庄镇的寺东孙：寺东高、寺东孙、小寺东孙；谷庄：谷庄；陡沟：陡沟；山石王：山石王；胡岗：胡岗；后宋：后宋。薛店镇的牛村：牛村、任岗、小赵郭李、河刘；枣岗：南枣岗、北枣岗、西枣岗、斜庄；姜庄：姜庄、小姜庄；寺王：寺王、王沟、寺东；翟庄：翟庄；坡地刘：坡地刘、冯后马、花园；薛店南街：薛店南街；薛店北街：薛店北街、油坊庄；店张：店张、店韩、朱庄；岳村行政村东桥自然村归郑州新郑综合保税区（郑州航空港区）代管。

2009年，龙王乡的宋庄：酒李、宋庄；岗王：岗王；刘庄：刘庄；炮李：炮李；平庄：平庄；辛庄：辛庄、魏家、罗家、椿树张；苏村郑：苏村郑、韩庄、杨庄；柿园吴：柿园吴；柿吴：柿吴；王庄：王庄；田王：田王、小田王；庙后安：庙后安、庙后唐；郭村韩：郭村王、小唐庄、小秦、郭村韩；古城师：城李、古城；蒲庄：蒲庄、古城寨。孟庄镇的冢刘：冢刘归郑州新郑综合保税区（郑州航空港区）代管。

2013年，龙王乡的耿坡：耿坡、河东耿坡；龙王：龙王村；岗冯：岗冯；王道：王道、小铁庄；铁李：前铁李、后铁李、安老庄；霹雳店：霹雳店、大秦；庙前刘：郑楼、庙前刘；二甲张：郭家、二甲张；安新庄：安新庄；陈楼：陈楼；万家：万家、坡赵；小左：小左、寺后李、寺前陈；赵郭李：赵郭李、小赵郭李。八千乡的高夏：高夏、孙庄、雷庄；坟后吕：坟后吕、坟后左；枣陈：枣陈、张庄、罗家；苗庄：苗庄；刘店：刘店；东王马：东王马、河东马；王家庄：王家庄；湾左：湾左；河南王：河南王；八千：八千；吕槐：吕槐、范庄、陈庄、柴家庄、马富贵；丁庄：丁庄；双楼：双楼、董庄。和庄镇的坡刘：坡刘归郑州航空港经济综合实验区（郑州新郑综合保税区）管理委员会代管。

2014年，八千乡的君赵：君赵、魏庄；花园：花园；邢庄：邢庄、孟陈庄；路庄：路庄、岗孙；楼刘：楼刘、小潘庄；小合庄：小合庄、蛮陈；宋家庄：宋家庄；二郎店：二郎店；梅河：梅河、徐庄；大阎庄：大阎庄、赵楼；李久昌：李久昌；香炉朱：香炉朱、辛庄、小阎庄；小李庄：小李庄、大李、小苏庄、敬庄；沙张：沙张。和庄镇的陶庄：陶庄；杨家寨：杨家寨、中孙、牛庄、柴家；尹庄行政村大路韩自然村及钟观社区归郑州航空港经济综合实验区（郑州新郑综合保税区）管理委员会代管。

附：2021年新郑市各乡（镇）、街道及所辖行政村（自然村）、居委会名录

城关乡

胡庄：胡庄、小寨、暴庄、徐庄；王刘庄：王刘庄、王寨、王老庄、田庄；张庄：张庄、小杜庄、杜庄、丁家庄、头甲王、东小李庄；官刘庄：官刘庄、官庄、岳庄；小占庄：前小占庄、后小占庄、曹庄、柳家、马呰；高皮匠：高皮匠庄、王好庄；薛庄：苗庄、王安庄、薛庄；东郭寺：东郭寺、后门张、李楼、颜庄、孟天庙；敬楼：小张楼、吴王、吕庄、西敬楼、东敬楼；西贾庄：西贾庄、史庄、大毛庄、闵沟、刘庄、王庄、小赵庄、董吕庄；端庄：范庄、端庄、兰庄、苏庄、杨庄；大周

庄：秦楼、大周庄、小周庄、靳垌；沟张：沟张、马楼、包庄、小李庄；乔庄：杨河、三里堂、乔庄、烈礓坡、侯家台、李垌、小冯庄。

辛店镇

辛店：辛店；前小庄：前小庄、新老沟、老沟、北岗；后小庄：后小庄、南许庄、南岗沟、北岗沟；许岗：许岗、靳家、北李家；军李：军李、小李庄、上申河、申庄；刘岗：刘岗、王道国、牛庄、老王庄；草场沟：南李家闵、王家闵、高家闵、南苗家闵、南许家闵、樊家闵；鲁楼：鲁楼、高庄、颜庄、北赵沟、南赵沟、谷庄、阎楼、阎庄；袁集：袁集；南李庄：南李庄、宁沟、滹沱沟、滹沱庄、北许庄、梁沟；人和村：人和寨、人和寨东沟；赵老庄村：赵老庄、新老庄；东土桥：东土桥；西李庄：西李庄、北李庄、胡垌；周湾：周湾；赵家寨：赵家寨、徐庄、周庄、香坊、北苗家、双岭岗、谷家；欧阳寺：欧阳寺（寺东沟、寺西庄、寺南庄、寺东庄）、贾庄、兴龙沟、新庄、龙池沟西、龙池沟东、丁庄；界牌：界牌、冢岗；铁炉：铁炉；西土桥：西土桥、铁匠庄、东大李园、西大李园、马安垌；贾嘴：贾嘴、北贾嘴、南贾嘴、彭家寨、槐树口；贾岗：贾岗、贾沟、井沟、上马蹄河、下马蹄河；北靳楼：北靳楼、北靳楼南庄、北靳楼西庄、东山水寨沟、西山水寨沟、北山水寨沟、南白土洞、北白土洞、杏园沟、娘娘庙新庄、侯楼；岳庄：岳庄、孙河、靳庄、蛤蟆洼、李庄、煤土沟（靳家闵、崔家闵、刘家闵）；刘湾：刘湾、大汉窑、下范河、上范河、前驴头郭、后驴头郭；齐河：张庄、齐河、小刘湾；化雨庄：化雨庄、新范河、小靳庄、东王楼、西王楼；后高庄：后高庄、前高庄、许窑、许窑东北地、樊家沟、许窑新村、老虎洞、南靳楼；靳沟：靳沟北寨、高时庄、傅李楼、刘张寨、赵陈庄、靳沟南寨、巍庄、靳家窝、张家；黄岗：黄岗、北王口、南王口、北崔家沟、东棒槌窑；史庄：史庄、史庄南沟；湛张：老郭寨沟、新郭寨沟、湛张；王庄：王庄、袁家岗、东杨树岗、西杨树岗、下涧坡河、郭家；裴商庙：裴商庙、下申河；仰望坡：小庄王、仰望坡；马沟：马沟、下丁沟、张沟、寇家闵、老泉沟、下老龙窝、下老泉沟、白家沟、老龙窝。

观音寺镇

英李：英李、小郑庄、小朱庄、翟庄、乔户；南贾庄：白庙贾、南贾庄、苏张、陉山东门、唐家；岳口：酸枣林、岳口、南小李庄、凤凰寨；十里铺：十里铺、西小庄；南场：南庄、鲁姑店、杨庄、卫生寨；林庄：陈庄、林庄、尚庄、北门、乾门、贾大沟；夏庄：夏庄、盘古寨；大董：前张庄、后张庄、大董、时庄；溟水：溟水寨、北岗、北寨；石固堆：柳树坑、岳家、王家、郭家、张家、泉上沟、泉下沟；王行庄：柳庄、花牛李、王行庄、乔庄、小郭庄、林场；唐庄：唐庄、小李庄、万庄、寺后张、史堂、大朱庄、辛庄、锻磨张；唐户：唐户、唐家寨；阎庄：小刘庄、头甲王、阎庄；前河刘：前河刘、后河刘、小寨、下河；楼李：观音寺、楼李、黄岗；太清：五虎赵、太清；菜园王：小赵庄、牛庄、菜园王、棘针李；沟冯：桐树张、沟冯；田庄：郭河、焦河、田庄；姚张：姚张。

梨河镇

梨河：梨河、胡张；三里岗：郜庄、蔡庄、冯庄、前端湾、郜湾、三里岗；黄桥：黄桥；七里堂：毕小庄、大朱庄、七里堂；陈庄：乔楼、陈庄、东小朱庄、西小朱庄；绰刘：小董、绰刘、小吴庄、滹沱、后吕；官庄：官庄、赵大楼；高班庄：高班庄、李湾；河李：河李；高辛庄：高辛庄、邢湾、张家闵、小闵庄、牛寨、后牛堂；周庄：周庄；七里阎：七里阎、郜楼、梅庄；吴庄：吴庄、吴窑、丁湾；刘楼：宋庄、刘楼、刘庄、小毛庄、柴楼；刘吉安楼：刘吉安楼、穆庄；双楼：双楼赵、三股槐；黄甫蔡：黄甫蔡、柴家楼、范庄、黄湾、牛堂；岗李：岗李、祝岗、葛寨；大高庄：大高庄；前吕：前吕；老观李：老观李、贾庄；学田：学田、南郜庄、霍照店；三刘：三刘、唐寨、赵庄。

和庄镇

任庄：任庄；傅庄：傅庄；郑庄：郑庄、小沈庄；能庄：能庄、侯庄、小李庄、泥河张、小高庄；苟郑：苟郑、碾岗赵、郜庄、蔡庄、肖庄、黄庄；崔庄：崔庄、小黄庄；河西高老庄：河西高老庄、周庄；河东高老庄：河东高老庄；尹庄：大孙、尹庄；河赵：河赵、河沿马庄、小陈庄；歹庄：辛集、歹庄、大连楼；老庄刘：老庄刘；小岗王：南吴、小岗王；香坊吴：香坊吴；穆庄：寺前刘、狮子邢、小穆庄、穆庄；杜楼：杨湾、杜楼、马家；陆庄：陆庄、小范庄；小连楼：小吴庄、小连楼；韩庄：木梳李、关庙郑、韩庄、河西郑。

薛店镇

贾庄：贾庄、吴家；常刘：常刘、老堂岗；花庄：花庄；岗周：岗周、前李；小吴庄：小吴庄、毛庄、侯庄；龙占洼：龙占洼；小马庄：郭庄、小马庄；岳村：岳村、西桥、东小李庄；岣嶂山：岣嶂山、山后、沟西、沟东、白家、河西暖泉、胡家庄、敬家；草庙马：草庙马、牛庄、庙后李；山后马：山后马、石羊刘；王张：小李庄、郭家、魏庄、王张；文正：文正、丁庄、西文正；西场李：西场李；草店：草店；薛集：薛集；格大张：格大张；庙东陈：庙东陈；大吴庄：大吴庄、肖庄；菜园马：菜园马、岗孙、后刘庄。

孟庄镇

孟庄：孟庄；小石庄：小石庄、河南张、河北张、娘娘庙；耿湖：耿湖、小耿湖；碾卢：碾卢、小碾卢；南常口：南常口；北常口：北常口；唐寨：唐寨、马东洼；唐河：唐河；鸡王：鸡王；城后马：城后马、小郭庄；洪府：洪府；酒孙：酒孙；栗园史：栗园史；石槽王：石槽王；麻线张：麻线张；三旺马：三旺马、宰庄；曹庄：毛寨、河东曹、曹庄、小高庄、小庄；冯辛庄：冯辛庄；萧庄：萧庄；寺后张：寺后张；寺西王：寺西王；口张：口张、余庄；小韩庄：小韩庄。

龙湖镇

小乔：小乔、前胡、三里岗、罗垌、孙庄、宝相寺；东徐：东徐、小赵；古城：古城、樱桃园、大赵、小芦、王家、刘家；郑老庄：郑老庄；泰山：山东坡、岗东头、岗西头、康垛、马武寨、长沟垴、山西坡、邱家嘴；梅山：梅山、王家垴、邱家垴、山后、高垌、彭庄；荆垌：荆垌、沙窝李南沟、连庄、后胡；王口：王口、双湖村、李巴什、于沟；林锦店：林锦店、高坡崖；李垌：李垌、李垌北寨；柏树刘：小司、马庄、柏树刘、张庄、塘坊、磨河南沿、磨河北沿、夏寨、太平沟、西戴寨；山后杜：山后杜、山东乔、大司；郭家庄：郭家庄、司家嘴、岗东；魏庄：魏庄、袁堡、陈垌、南戴寨、北戴寨；山西乔：山西乔、山西卢、沈庄；郑堡：郑堡、竹杆园；沙窝李：沙窝李、沙窝李东庄、沙窝李西沟；菜园沟：菜园沟；小乔沟：小乔沟、杨树底、寨上、吕家、小乔沟北沟、李家、李木嘴、翟家寨、杜家、西鸿沟、乔河庄、肖家沟、小乔沟段家、桐树嘴；西张寨：西张寨、西徐；于寨：于寨、石垴；东张寨：东张寨；王许：王许、梨园、邱家、赵家；张沟：张沟、沟西、张小庄、转沟垴；崔垌：崔垌、郑家、段家；侯庄：侯庄东沟、侯庄；刘口：楚家垴、王垌、王口东沟、孟庄、孟庄南沟、刘口、刘沟、刘口西岗、鹁鸽垌沟；荆王：荆王、牛魁寨、乔家垴、老虎寨、荆王、北沟。

郭店镇

郭店南街：郭店南街；郭店北街：郭店北街；华阳寨：华阳寨、蒋家闸、李家闸；陵后：陵后、陵上；陵岗：陵岗；小洪沟：小洪沟、洪沟寨、洪沟嘴、夏寨、连环寨沟；东李庄：东李庄、王家、河西曹；小司：小司、司家、李沟、岗西、半坡乔、骆驼湾、崔府、刘知州；武岗：李坟、武岗、贾店；铜佛赵：岗王庄、铜佛赵；高孟：周庄、高家、孟家、卢家、任坡沟；冯寺：冯寺、周家；司洼：司洼、刘庄；前时：徐庄、阎家庄、前时、陈庄、聂庄、歧府；五里堡：双庙郭、后时、五里堡；岗时：岗时、小岗时、马庄、牛庄、宰相陈、前陈；三十里铺：三十里铺、冯庄、石家嘴；小杨庄：小杨庄、信府、梅府；河范：河范、大杨庄；鄢陵府：鄢陵府、河里王；八府：八府、楚庄、河西刘；北小李庄：北小李庄、小朱庄；张辛庄：张辛庄、朱庄、张祥；石羊寨：石羊寨、马庵、街东曹；大范庄：大范庄、大路河；郭庄：郭庄、戴庄；高寺：高寺、西贾庄；常家庄：东郭寨、北郭寨、常家庄、贾庄、小范庄；海寨：海寨、袁陈、小寨；山根：山根；双岭：双岭；新李营：新李营。

新村镇

新村：新村、北十里铺、核桃园、小庄、岭东；七里井：贾梁、泥河寨、侯垌、七里井；张垌：张垌、吴垌；北吴庄：北吴庄、铁岭、冯庄；梨园：梨园、吴陈、梨园北沟；二十里铺：二十里铺、王庄、周家湾、危家、小时庄、周垌、牛舌头嘴；马垌：马垌、孟家沟、杜庄、小冯庄；时垌：时垌、山南时；赵庄：赵庄、龙王庙坡、于庄；牌坊庄：牌坊庄、薛庄、李楼、河东暖泉；高千庄：香坊沟、高千庄、优庄、城后刘庄、蔡庄、吴李庄、马庄、弓刘庄、张家庄；孙庄：孙庄、北黄庄、苏岗、徐岗；王垌：王垌、金钟寨；王毕庄：西王毕庄、东王毕庄、朱家沟、走马岗、陈家、老观寨、赵家湾、曹家岗、科张；郝家岗：郝家岗、岗李、陈庄、冯家岗、王善垌、李家寨；焦沟：焦沟、刘庄、仲寨、杨楼、戴寨、东云湾；戴湾：戴湾、杨湾、邓湾、寺岗；鲍家：鲍家、张家、小黄庄、邓家、小鲁庄、李杜庄；云湾：西云湾、郭寨、靳家河、靳小寨；裴李岗：裴李岗、西河李、东小河口、西小河口；文士湾：文士湾、冯家岭、东炮李、沟嘴；前洼王：前洼王、后洼王、西炮李、小樊庄、岳庄；屯孙：屯孙西、屯孙东、孟家台；水泉：水泉、老黄庄、岗坡、新庄、王家。

新建路街道

北关街居民委员会、北街居民委员会、西街居民委员会、东街居民委员会、东关街居民委员会、南街居民委员会。

新华路街道

小高庄居民委员会、毛园居民委员会、张玉庄居民委员会、仓城居民委员会、张龙庄居民委员会、裴大户寨居民委员会、李唐庄居民委员会、阁老坟居民委员会、白庙范居民委员会、双龙寨居民委员会。

新烟街道

车站居民委员会、和庄居民委员

会、道西居民委员会、烟厂东区居民委员会、金芒果花苑居民委员会、解放路居民委员会、渔夫子路居民委员会、道北居民委员会。

具茨山森林公园管委会

2010年10月27日，为整合景区内相关资源，加快具茨山国家级森林公园建设，打造知名生态旅游经济示范区，加快景区旅游经济的开发。做好具茨山国家森林公园生态保护和旅游开发工作，将原属新郑市辛店镇的14个行政村、147个自然村正式移交给具茨山管委会。

史垌：史垌、冯家冈、高家冈、苏家冈、黑里沟、西史垌、古嘴战沟、杨家岭、张家、郭家、雷家岭、赵家岭、王垌、岳家坪、大窝、王家庄、苏家冈。

柿树行：苏垌、柿树行、大槐树冈、上寇家冈、下寇家冈、河东冈、下郭家冈、太白岭西冈、上屈家冈、刘家冈、花榆树嘴、王家冈、北王家冈、河西冈。

油坊沟：岳垌沟、老张沟、油坊沟、石子岗、岳家冈、李家冈、乔家冈、吴家冈、水泉坡。

青岗庙：张家、青岗庙、石冈、刘家庄、沟草园、西沟草园、阎家沟。

转沟堖：转沟堖、下转沟堖、寇家沟、上老泉沟。

山陈：王嘴、山陈、西棒槌窑。

驮窑：驮窑、朱岗、下屈家冈、染坊冈、杨家冈、赵家冈、苏家冈、史家冈。

白庙：郭家冈、张家沟、西王嘴、白庙、炮坊冈、关爷庙后、龙家坪、李宾冈、张家窝、崔东冈、李保冈、王林冈、李家沟、李家冈。

李庄：上涧坡河、李庄、丁沟、回龙沟、靳家、山神庙、北双嘴、太白岭。

千户寨：高家、寨后沟、土门后、土门、千户寨、苏家冈、高千户。

郭老庄：许家冈、水泉沟、郭老庄。

风后岭：苏家岭、赵家冈、黑龙庙西坡、黑龙庙、北赵家、张家冈、寨里、许家岭、朱家冈、南王家冈、寇家冈、史家、尖山、卧雁滩（该村委会下辖的自然村2007年搬迁到辛店镇北靳楼村，2011年村委会换届选举时将该村列为北靳楼村委会第14村民组）。

大槐树：南崔家沟、周家沟、下大槐树、上大槐树、张家、陈家沟。

苗家沟：高家冈、许家坪、陈家窝、申家冈、张庙沟、苗家沟、胡家沟、天心院、苗家冈、郭家沟、关冈家。

人　口

2021年，全市总人口共计1200200人，其中女性人口584800人。全年人口出生率为5.92‰，死亡率为4.33‰，人口自然增长率为1.59‰，城镇化率为68.68%。

民族宗教

【民族】 新郑市现有民族成分34个，少数民族人口8818名。其中少数民族户籍人口5699名，少数民族流动人口3119名。省级备案的少数民族聚居村有2个，分别是郭店镇华阳寨村和龙湖镇山西乔村。

【宗教】 新郑市有佛教、道教、伊斯兰教、天主教、基督教五大宗教；宗教活动场所35处（其中基督教21处、佛教7处、伊斯兰教5处、天主教1处、道教1处）；宗教团体4个，即基督教“两会”（基督教三自爱国运动会、基督教协会）、伊斯兰教协会和佛教协会。

组织机构及领导成员

中共新郑市委

书　记　马志峰
副书记　马宏伟
　　　　石　玉
常　委　秦洪源
　　　　胡　坤
　　　　周建超
　　　　姚志刚
　　　　张慧娴
　　　　李　峰
　　　　璩鹏辉
　　　　郑延青
　　　　崔淑娴
　　　　赵恒康

市委工作机构

市委办

主　任　李　峰
常务副主任
　　　　（空缺）
副主任　刘文辉
　　　　范振涛

组织部

部　长　胡　坤
常务副部长
　　　　赵东伟
副部长　王　燕
部务委员
　　　　王　伟
　　　　朱　培

机构编制委员会办公室

主　任　敬伟民
副主任　郑　绮
　　　　陈军辉
　　　　陶宏伟

事业单位登记管理局

局　长　郑　绮
副局长　（空缺）

机构编制信息中心

主　任　王玉倩

党史研究室

主　任　李炎武

市委社治委

主　任　胡　坤
常务副主任
　　　　蒲文堆
副主任　范宏彬

宣传部

部　长　璩鹏辉
常务副部长
　　　　（空缺）
副部长　李　明
　　　　张温良

市委对外宣传中心

主　任　陈艳玲

市精神文明建设指导中心

主　任　（空缺）
副主任　吴亚龙

统战部

部　长　李　峰
常务副部长
　　　　贾海民
副部长　张豪乐
　　　　师俊杰
　　　　高维娜
　　　　张冠伟

台胞台属联谊会

会　长　（空缺）

归国华侨联合会

主　席　李午生
副主席　陈　宝

海外联谊会

会　长　（空缺）
副会长　刘伟东
　　　　肖子豪

政法委

书　记　秦洪源
常务副书记
　　　　刘辉霞
副书记　张新志
　　　　高明超
　　　　宋　铭

政治处

主　任　袁　凯

市社会治安综合治理中心

主　任　（空缺）
副主任　陈慧霞

市属事业单位

党　校

校　长　石　玉
党委书记、常务副校长
　　　　王向阳
党委委员、副校长
　　　　（空缺）

档案馆

馆　长　（空缺）
副局长　王志英
　　　　王聪慧
　　　　苏春霞

接待办

主　任　司中强
副主任　李巧玲
　　　　章海波
　　　　郭伟华

市委市政府督查局

局　长　刘宗伟
副局长　（空缺）

信访局

党组书记、局长
　　　　（空缺）
党组成员、副局长
　　　　时明智
　　　　靳洪涛
　　　　李光辉

人民来访接待中心

主　任　（空缺）
副主任　吕战锋

中共新郑市纪律检查委员会

书　记　姚志刚
副书记　戴茂松
　　　　陈同周
常　委　陈志安
　　　　邢会方
　　　　李梅娟
　　　　贺艳妍

市监察委员会

主　任　姚志刚
副主任　戴茂松
　　　　陈同周
委　员　陈志安
　　　　贺艳妍
　　　　靳晓莉

纪检监察综合事务中心

主　任　韩　洁
副主任　张建华
　　　　孙广跃

纪检监察信息技术保障中心

主　任　岳　萌

市委巡察办

主　任　刘松岭
副主任　李　勇
　　　　刘　勇

公共资源交易中心

主任、党组书记

贺立军
党组副书记
郑建和
党组成员、副主任
孙天峰
侯斌睿

新郑市人民代表大会常务委员会

主任、党组书记
王俊杰
党组成员、副主任
左建新
杨　流
张顺安

人大机关

办公室

主　任　曾海林
副主任　闫一凡
刘宏志

法工委

主　任　周宏伟
副主任　白晓莉

财经委

主　任　（空缺）
副主任　孙　兴

农工委

主　任　马伟强
副主任　乔　芳

教科文卫委

主　任　田延辉
副主任　刘志强

代表工委

主　任　朱秋国
副主任　李　丽

社会建设委

主　任　（空缺）
副主任　赵松彦

人事任免科

科　长　刘占有
副科长　肖廉洁

老干部科

科　长　孔会成
副科长　（空缺）

信访室

主　任　（空缺）
副主任　周广亮

新郑市人民政府

市长、市委副书记
马宏伟
市委常委、副市长
张慧娴
赵恒康
副市长　朱海新
李利娜
赵红林
王淑慧
范超杰
陶向华（挂职）
党组成员
苗瑞光

市政府工作部门

政府办公室

主任、党组书记
（空缺）
副主任　左留根
李连忠

金融服务中心

主　任　（空缺）
副主任　王　昱

网络化信息服务中心

主　任　李连忠
副主任　朱迎春
刘晓芳

史志办

党组书记、主任
李　磊
党组成员、副主任
赵　峰

黄帝故里文化研究会秘书处

党组书记、秘书长
张天伟
党组副书记
胡瑞芳
党组成员、副秘书长
郑利伟

机关事务管理局

局长、党组书记
徐晓静
党组成员、副局长
王秀平
铁纪刚
张永祥
刘鸿博

住房和城乡建设局

局长、党组书记
李宗元
党组成员、副局长
吕献宝
李发迎
胡中奇

房地产市场和产权交易中心

主　任　陈红战

房屋征收事务中心

主　任　（空缺）
副主任　赵新红

城市管理局

局长、党组书记
张宏政
党组成员、副局长
朱郁琦
王发民
王根选

市环境卫生服务中心

主　任　赵建锋

市城市管理执法大队

大队长　（空缺）

副大队长

侯自玉

常洪涛

科学技术和工业信息化局

局长、党组副书记

左莉敏

党组成员、副局长

马向东

陈志刚

赵俊涛

应急管理局

局长、党委书记

孙现民

党委副书记、副局长

张红亮

党委委员、副局长

高京涛

赵　辉

市安全生产监察执法大队

大队长　耿海卿

市应急救援保障中心

主　任　杨剑锋

交通运输局

局长、党组书记

朱郁琦

党组成员、副局长

杨伟增

张彩霞

公路事业发展中心

主　任　杨广超

副主任　范林涛

李晓勇

交通建设投资服务中心

副主任　吉　莉

农业农村工作委员会

主任、党组书记

马伟强

党组副书记、畜牧局局长

王学敏

党组成员、副主任

谷宏发

王　霞

张　强

林业局

局长、党组书记

郑彩霞

党组成员、副局长

刘淑香

周根杰

靳伟杰

退耕还林办主任

张建芬

林业产业发展中心

主　任　李东伟

水利局

局长、党组书记

岳明旺

党组成员、副局长

李国照

王银超

郭军义

水利技术服务中心

主　任　赵勇光

南水北调工程保障中心（水利工程移民服务中心）

党组书记、主任

李国照

副主任　安　勇

赵治国

财政局

党组书记、局长

李炎宏

党组成员、副局长

张志伟

刘国强

国有资产管理中心

主　任　寇黎晓

财政事务中心

主　任　许红霞

政府投资评审中心

主　任　苏红超

农业综合开发资金管理服务中心

主　任　（空缺）

副主任　李　波

税警大队指导员

岳富强

审计局

党组书记、局长

孙国军

党组成员、副局长

高花菊

副局长　王灵超

经济责任审计中心

主　任　李香玉

文化广电和旅游体育局

局长、党组书记

赵舒琪

党组成员、副局长

李军义

邱冬梅

樊战东

文化新闻出版中心

主　任　刘永强

豫剧文化演艺中心

主　任　曹会敏

教育局

局长、党组书记
刘学敏
党组副书记
张宏亮
党组成员、副局长
王俊丽
郭海峰

党组成员、招生考试中心

主　任　秦培源

卫生健康委员会

主任、党组书记
冯军辉
党组成员、副主任
毛保卫
宋雪梅
刘爱梅
刘　锋
吴限涛

疾病预防控制中心

副主任　李伟红

爱国卫生服务中心

副主任　王建永

卫生计生监督所

所　长　李吉军

出生人口性别比综合治理中心

主　任　赵建中

发展和改革委员会

主任、党组书记
张　勇
党组副书记、粮食和物资储备局局长
鲁生伟
党组成员、副主任
谢　伟
朱河山

重点项目建设中心

主　任　林振霞
信用中心主任
王晓莉

建设投资管理中心

主　任　（空缺）
副主任　陈俊霞

商务局

党组书记
赵　磊
局长、党组副书记
裴蕊寒
副局长　边　莉
党组成员、副局长
柴海彬
张金伟

政务服务和大数据管理局

局长、党组书记
马纯杰
党组成员、副局长
李水英
周维红
孙云霞

投资项目代办服务中心

副主任　柳伟锋

统计局

局长、党组书记
刘德智
党组成员、副局长
时文魁
魏艳林

医疗保障局

局长、党组书记
赵建军
党组副书记、副局长
秦书军
党组成员、副局长
岳建萍
医保中心主任
申　剑

人力资源和社会保障局

局长、党组书记
（空缺）
党组成员、副局长
王志超
蔡卫东
郑媛媛

人才交流服务中心

主　任　李文红

社会保险中心

主　任　陈松阳

农村劳动力转移办公室

主　任　许宝刚

自然资源和规划局

局长、党组书记
赵淑梅
党组副书记、副局长
冯成志
党组成员、副局长
刘新霞
周　睿
党组成员
孙文超
刘春辉
党组成员、不动产登记中心主任
寇　颖

公安局

局长、党委书记、督察长
朱海新
党委副书记、政委
李清海
党委委员、副局长
高伟民
郭铁民
张占民
吴　辉（挂职）
吴浩然（挂职）
党委委员、政治处主任

刘　宇
党组成员、市纪委监委驻市公安局纪检监察组组长
刘玉霞

新郑市人民检察院

检察长、党组书记
李广建
党组成员、副检察长
杜保周
杨广印
赵国华
党组成员
史宏民
党组成员、市纪委监委驻市人民检察院纪检监察组组长
万伟岭
党组成员、政治部主任
高　歌

新郑市人民法院

院长、党组书记
魏　磊
党组副书记、副院长
薛新伟
党组成员、副院长
师俊杰
郭　磊
党组成员、政治处主任
高　魁
党组成员、市纪委监委驻市人民法院纪检监察组组长
史晗阳
党组成员
刘明波

司法局

局长、党组书记
陈政玮
党组副书记
刘超勇
党组成员、副局长
刘延伟
党组成员、政治处主任
宰会凤

民政局

局长、党组书记
尚　忠
党组成员、副局长
乔国奇
袁文增
高新晓

民政事务服务中心

主　任　（空缺）
副主任　高颖敏

市场监督管理局

党组书记、局长
宋雪峰
党组成员、副局长
张怀斌
司彦杰
李建勇
路巧红

市场发展服务中心

主　任　（空缺）
副主任　赵学杰

食品药品检验检测中心

主　任　张义昌
稽查大队大队长
许　博

退役军人事务局

局长、党组书记
徐平福
党组副书记、副局长
苗　锐
党组成员、副局长
高雪鹏
乔万义

退役军人服务中心

主　任　苗　锐
副主任　赵跃强

供销社

主任、党组书记
郭连伟
党组副书记
张江波
党组成员、副主任
杨宪林

农业科学研究所

党组书记、所长
张申峰
党组成员、副所长
（空缺）

红枣科学研究院

党组书记、院长
白宏新
党组成员、副院长
毛宏耀

商业贸易总公司

党委副书记、常务副总经理
李　鸣

城市开发经营服务中心

党组成员、副主任
吴　晨

政协新郑市委员会

主　席　李志强
党组书记
黄卫东
党组副书记
李　峰
副主席　王艳红
党组成员
杨春峰
马书强

政协机关

办公室

主　任　陈新红
副主任　赵巧芳
政协委员管理服务联络委主任
高　烨

教科卫体委

主　任　张宪军

提案委

主　任　白宵憓
副主任　宋志英

社法委

主　任　赵明旭

经济委

主　任　史新军

农业和农村委

主　任　刘新轩
副主任　贾建超

文化和文史委

主　任　沈爱敏

港澳台侨民族宗教委

主　任　刘彩云

群众团体

总工会

党组书记
　　刘彤标
党组副书记、常务副主席
　　王芳芳
党组成员、副主席
　　刘俊亭

共青团新郑市委员会

书　记　朱光远
副书记　包　焕

妇女联合会

党组书记、主席
　　郑慧阁
党组成员、副主席
　　彭玲霞

科学技术协会

主席、党组书记
　　邢艳红
党组成员、副主席
　　秦成杰

文学艺术界联合会

党组书记、主席
　　岳建华
党组成员、副主席
　　李朝霞

残疾人联合会

党组书记、理事长
　　安义刚
党组成员、副理事长
　　马慧智

民主党派、工商联

中国民主同盟新郑市支部委员会

名誉主委
　　苏铁林
主　委　冯　煜
副主委　陈　明
　　陈弘毅
　　袁　燕
委　员　赵青建
　　毛智毅
　　樊伯巍
　　赵丽红
　　张留民

工商业联合会

主席、党组副书记
　　邓　嵩
党组书记
　　张豪乐
党组成员、副主席
　　李　静
秘书长　沈宝珍

税务局

局长、党委书记
　　袁红伟
党委委员、副局长
　　范曙光
　　乔惠霞
　　史俊梅
　　申红杰
　　李广奎
　　吴书杰
　　左媛媛
党委委员、纪检组长
　　刘　伟

郑州市生态环境局新郑分局

局长、党组书记
　　陶永伟
党组成员
　　冯胜利
党组成员、副局长
　　王国杰

盐业管理局（盐业公司）

局　长（经理）
　　沙俊君
书　记
　　李林祥
副经理
　　时永杰

供电公司

总经理、党委副书记
　　金先涛
副总经理、党委书记
　　李朝阳
纪委书记、工会主席
　　梁建立
副总经理
　　赵高峰
　　赵　亮
　　辛　鸿

中国人民银行新郑市支行

行　长　杜　峥
副行长　闫中坤
　　杜　永
纪检组长
　　马伟平

中国工商银行新郑支行

行　长　丁树立

副行长　陈　强

　　　　段永辉

行长助理

　　　　黑德龙

监察员　林慧民

中国农业银行新郑市支行

行　长　刘国阳

副行长　张智武

　　　　雷胜凯

　　　　孙　磊

　　　　李巧叶

中国银行新郑市支行

行　长　桑　峰

副行长　赵志平

　　　　陈　豪

中国建设银行新郑市支行

行　长　孙　孟

副行长　陈　力

　　　　歹新德

　　　　白丽莉

　　　　赵　晓

　　　　范铭奇

中国农业发展银行新郑市支行

行　长　楚一兵

副行长　张　鸣

邮政储蓄银行新郑市支行

行　长　张水云

副行长　吴丙军

新郑农村商业银行

党委书记

　　　　贾二军

党委副书记、行长

　　　　杨茂林

监事长　袁战团

纪委书记

　　　　王志刚

副行长　孟　聪

　　　　韩文磊

行长助理

　　　　袁晓锋

郑州银行

行　长　孙志杨

副行长　吴振中

行长助理

　　　　樊　宁

中国人寿保险公司新郑支公司

经　理　李　源

副经理　田碧波

经理助理

　　　　赵雪珂

火车站

站　长　张　宇

党总支书记

　　　　宋　毅

副站长　王　栋

　　　　郭　彧

　　　　王永江

　　　　董红兵

邮政公司

总经理　刘海洋

副总经理

　　　　吕宗杰

　　　　常　建

联合通信公司

总经理、党组书记

　　　　王　旭

副总经理

　　　　王和平

　　　　李　莹

移动通信新郑营业部（移动公司）

经　理　付　东

副经理　李成丽

　　　　余　飞

气象局

局长、党组书记

　　　　闫伟杰

副局长　吕淑敏

党组成员、副局长

　　　　赵艳梅

烟草专卖局

局长、党组书记

　　　　戴　冉

副局长、党组成员

　　　　蒋为民

副经理、党组成员

　　　　王宏亮

工会主席、党组成员

　　　　左东森

新华书店

经　理　张书文

副经理　李　磊

　　　　郭建涛

乡（镇）街道

新建路街道

党工委书记

　　　　崔淑娴

党工委副书记、主任

　　　　张　磊

党工委副书记

　　　　苏永民

　　　　郑　爽

党工委委员、人大工委主任

　　　　李宏伟

党工委委员、纪工委书记，监察办公室主任

　　　　李锦红

党工委委员、副主任

　　　　（空缺）

副主任　端木智博

　　　　王春发

党工委委员

　　　　王一朴

党工委委员、人武部长

　　　　（空缺）

新华路街道

党工委书记
仪　刚
党工委副书记、主任
（空缺）
党工委副书记
李建培
王　青
党工委委员、人大工委主任
郑记州
党工委委员、纪工委书记，监察办公室主任
孙航威
党工委委员、副主任
贾伟宏
副主任　王利衡
刘伟峰
党工委委员
李树超
党工委委员、人武部长
王启名

新烟街道

党工委书记
马慧萍
党工委副书记、主任
赵春阳
党工委副书记
安勇强
高留伟
党工委委员、人大工委主任
靳英杰
党工委委员、纪工委书记，监察办公室主任
刘炎峰
党工委委员、人武部长
睢跃鹏
副主任　王　静
邢洪彬
党工委委员
李　鑫

城关乡

党委书记
李利娜
党委副书记、乡长
王　鹏
党委副书记
张玉洁
党委委员、人大主席
李晓东
党委委员、纪检书记，监察办公室主任
李　立
党委委员、副乡长
韩　莹
张建超
党委委员
代树勋
党委委员、人武部长
安　军
副乡长　刘宗霞

辛店镇

党委书记
（空缺）
党委副书记、镇长
王　燕
党委副书记
刘国超
姚小让
党委委员、人大主席
乔小伟
党委委员、纪检书记，监察办公室主任
王　静
党委委员、副镇长
王润青
副镇长　高东亮
高　帅
李　强（挂职）
党委委员
李建录
党委委员、人武部长
马骁兵

观音寺镇

党委书记
马聪锋
党委副书记、镇长
赵金聚
党委副书记
丁　聪
党委委员、人大主席
郑二和
党委委员、纪检书记，监察办公室主任
尹伟炜
党委委员、副镇长
王朝辉
刘艳娜
党委委员、人武部长
赵红炎
党委委员
郭婵琼
副镇长　李　锐

梨河镇

党委书记
高智军
党委副书记、镇长
郭伟酬
党委副书记
杜　鹃
党委委员、人大主席
李俊峰
党委委员、副镇长
刘志敏
赵军友
党委委员、人武部长
宋韶华
党委委员
黄桥宇
副镇长　杨海峰

和庄镇

党委书记
唐永刚
党委副书记、镇长
陈胜利
党委副书记
高　超
党委委员、人大主席
李华杰
党委委员、纪检书记，监察办公

室主任
许利军
党委委员、副镇长
张鹏伟
李淑红
副镇长　刘聚山
党委委员
张松瑞
党委委员、人武部长
王　灏

城东新区管理委员会

党总支书记、主任
马新杰
副主任　王麒翔
王向军

薛店镇

党委书记
郑国安
党委副书记、镇长
张海青
党委副书记
敬广伟
王　磊
党委委员、人大主席
王瑞杰
党委委员、纪检书记，监察办公室主任
左晓霞
党委委员
刘少玺
党委委员、人武部长
陶玉新
副镇长　李英杰
高建磊
张　畅

孟庄镇

党委书记
刘志刚
党委副书记、镇长
田平安
党委副书记
岳颖磊
李　阳
党委委员、人大主席
张建国
党委委员、纪检书记，监察办公室主任
田　原
党委委员、副镇长
赵进锋
科技副镇长
田　原
副镇长　唐军滢
李自阳
唐亚光
党委委员
李培源
党委委员、人武部长
张　鹏

龙湖镇

党委书记
周建超
党委副书记、镇长
冯举涛
党委副书记
李　华
张亿帆
王高杰（挂职）
党委委员、纪检书记，监察办公室主任
郭黎民
党委委员、副镇长
危红亮
副镇长　冯俊岭
王俊艳
吴晓波
党委委员、人武部长
李小俊
党委委员
何朝阳

郭店镇

党委书记
马举增
党委副书记、镇长
赵东辉
党委副书记
王江田
陈勇刚
党委委员、人大主席
侯少利
党委委员、纪检书记，监察办公室主任
刘建欣
党委委员、副镇长
刘永刚
副镇长　王焕利
孙　超
张　漫
党委委员
李　杨
党委委员、人武部长
李　星

新村镇

党委书记
白育峰
党委副书记、镇长
李　青
党委副书记
夏春丽
司天明
党委委员、人大主席
肖睿敏
党委委员、纪检书记，监察办公室主任
左宪海
党委委员、副镇长
毛丽芳
副镇长　李伟峰
郭瑞锋
党委委员
翟海莹
党委委员、人武部长
杨　淼

城北医药化工园管理委员会

党总支书记、主任
马　奎
副主任　刘向民
左振宇

张天增

黄帝故里景区管委会

主任、党工委副书记
张富永
党工委委员、副主任
胡凯军
秦汉伟

宣传接待局

局　长　路军军
副局长　卢敏霞

拜祖大典办公室

主　任　赵锡铭

经营管理局

局　长　赵志萍
科　长　刘　涛

具茨山国家级森林公园管理委员会

党委书记
薛智强
党委副书记、主任
（空缺）
党委副书记
丁　毅
党委委员、纪检书记，监察办公室主任
寇首道
党委委员、副主任
孙惠勇
王胜利

具茨山景区管理处

主　任　（空缺）
副主任　高宏欣

具茨山森林公园管理处

主　任　（空缺）
副主任　王　光

郑州新郑教育园区管委会

党工委书记
周建超
党工委副书记、主任
马绍敏
党工委委员、副主任
冯举涛
党工委委员
马举增
刘志刚
吕旭卿

规划建设局

局　长　冯成志
副局长　沈振东

市政环保局

局　长　张凌云

招商引资局

局　长　张春旺
副局长　柳朋明

发展服务中心

主　任　吕旭卿
副主任　谭杰超

产业发展办公室

主　任　王东东
副主任　李　创

新型城镇化建设服务中心

主　任　张县伟
副主任　郭　峰
杨伟杰

新郑新区管委会

党工委委员、副主任
林俊伟
王秀业
党工委委员
仪　刚

规划建设局

局　长　张建鸿

招商引资局

局　长　蔡现青

市政环保局

局　长　唐松军

发展服务中心

主　任　张新良
副主任　常　伟

新港产业集聚区管委会

主任、党工委副书记
李俊鹏
党工委委员、副主任
乔建伟
连合群
周书明
党工委委员
唐永刚
马慧萍

产业发展办公室

主　任　朱黎娟
副主任　（空缺）

企业服务中心

主　任　张　瑜
副主任　李　伟
刘右纯

市政环保局

局　长　张松涛
副局长　李智瑾

招商引资局

局　长　（空缺）
副局长　高　巍

规划建设局

局　长　（空缺）
副局长　赵永涛

中共新郑市委

XINZHENG MUNICIPAL PARTY COMMITTEE OF THE CPC

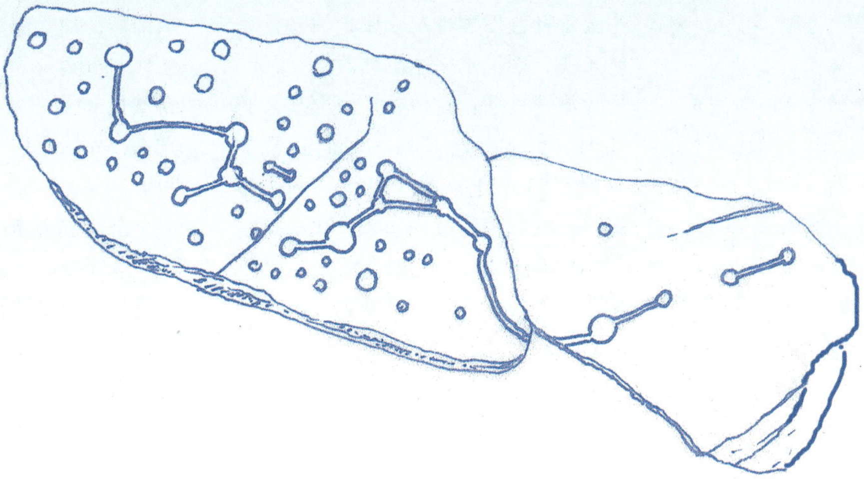

·中共新郑市委 >>>

XINZHENG MUNICIPAL PARTY COMMITTEE OF THE CPC

综 述

【概况】 2021年，新郑市面对错综复杂的外部环境和经济下行压力持续加大的严峻形势，在省委省政府、郑州市委市政府的正确领导下，新郑市以县域治理“三起来”为根本遵循，以建设现代化全国一流中等城市为统领，以建设黄帝文化历史名城、现代临空产业新城、宜居宜业生态城市为载体，大力实施“九项工程”，统筹推进疫情防控和经济社会发展，开拓创新，务实重做，经济社会呈现高质量发展良好态势。

【主要指标完成情况】 全年完成地区生产总值793.3亿元，同比增长5.0%，地方一般公共财政预算收入完成74.7亿元，其中，税收收入43.1亿元，排名均居郑州县（市）第一；主要工业增加值增长6.1%，排名郑州县（市）第二；社会消费品零售总额332.2亿元，增长9.2%；金融机构存款余额747.8亿元，比年初增长1.4%，金融机构贷款余额702.0亿元，比年初增长8.0%；城镇居民人均可支配收入38950元，同比增长6.18%；农村居民人均可支配收入26879元，同比增长8.3%；三次产业比优化调整为3.6∶41.5∶54.9。全国科技创新百强县市、全国中小城市综合实力百强县市、县域经济基本竞争力百强县市排名分别攀升至第44、38、28位，县域经济发展质量总体评价连年位居全省县市首位。常住人口达到117万人，是郑州地区唯一一个人口破百万的县（市）。省第十一次党代会提出，支持新郑市等县市发展成为中等城市，为新郑市加快建设全国一流中等城市提出了具体目标、明确了思路。

【经济社会发展情况】 坚定讲政治、铸忠魂，理论水平达到新高度。始终把政治建设摆在首位，广泛凝聚思想共识、夯实信念基石，沿着正确的政治方向前进。深入践行“两个维护”，以政治建设为引领，衷心拥护“两个确立”，坚决做到“两个维护”，不断提高政治判断力、政治领悟力、政治执行力，自觉向以习近平同志为核心的党中央看齐，做到思想上同心、目标上同向、行动上同行，把党的领导体现在各领域各方面各环节，真正做到把方向、管大局、作决策、保落实。扎实开展巡视整改，坚持新官理旧账，主动认领任务，在十届省委巡视整改专项“回头看”中巡改工作得到检查组高度认可。扎实学习党的创新理论，理论学习持续跟进，自觉用创新理论武装头脑、指导实践、推动工作；围绕党的十九届五中六中全会精神等，组织开展理论学习中心组集中学习5次，研讨交流4次；扎实开展党史学习教育，开展各类宣讲活动80余场，覆盖党员群众17.5万余人次。不断增强政治领导力，市委常委班子带头严格执行“第一议题”学习制度，第一时间传达学习习近平总书记的重要讲话和指示批示精神，建立健全平时抓紧自学、以会代训领学、进党校学校讲学、沉到基层宣讲、在交流中互学等学习方式，先后开展学习31次，力求学思践悟。

奋力抗汛情、战疫情，双重考验锻造新担当。面对防汛和防疫的双重考验，市委严格落实上三级决策部署，团结带领全市上下战汛灾、抗疫情，取得了来之不易的重大阶段性成果，实招实效彰显责任担当。防汛救灾有力有序，第一时间启动应急响应，累计出动各类抢险车辆1112台、

12月31日，我为群众办实事工作推进会召开（刘栓阳/摄）

救援人员16692人参与排险除险、转移群众、抢险救灾，尽最大努力减少人民群众生命财产损失。灾后重振蹄疾步稳，第一时间启动恢复重建，抢通水电、排涝除淤、消杀防疫，累计发放救灾物资62万件、救灾资金2.5亿元用于灾后恢复重建，以最大力度保障人民群众生活生产需要。疫情防控成效显著，第一时间激活疫情防控应急体系，迅速进入战时状态、启动战时机制，盯紧看牢重点领域、重点环节、重点部位，抓实抓细联防联控、核酸检测、疫苗接种等各项防控措施，真正把疫情圈住封死，守好郑州的“南大门”，确保了全市生产生活秩序整体平稳有序。省疫情防控督导组给予了“学习领悟到位、组织领导到位、应急响应到位、流调溯源到位、全域防控到位、社会稳定到位”的高度评价。

坚持抓创新、促转型，经济社会发展跃上新台阶。牢固树立新发展理念，有力推动各项经济社会发展工作不断取得新成效。招商引资成效明显，围绕“三主三新”产业、“高、大、上”项目，强化以商招商、基金公司招商、专业团队招商，全年签订投资项目23个、总金额234.3亿元，引进域外境内资金实际到位88亿元，招引5G大数据中心、寒舍.夜游谷、卡通文化生态海岸、北京星河亮点公司5G测试设备、时代科技产教融合创新创业园等超10亿元项目5个，超额完成郑州市下达的高质量项目引进任务。营商环境不断优化，以一件“事”为牵引，深化“一网通办、一次办成”改革，全面推行不见面审批，政务服务网上可办率达100%。营商环境排名全省县（市）第一位，是唯一一个达到地级市优秀水平的县（市）。全市现有市场主体突破10万家，位居全省县（市）第一位。创新驱动成果显著，坚持以扩投资促增长，重点项目建设工作稳步推进，建成好想你国家级企业技术中心、航天液压等17家省级企业技术中心、瑞泰耐火材料等5家工程研究中心。实施培育创新型企业三年行动计划，新培育高新技术企业34家，科技型企业58家，省级“专精特新”企业12家、郑州市级16家，郑州市级以上研发平台6家，全社会研发投入强度达1.7%，企业创新水平持续提升。项目建设强势推进，坚持“项目为王”理念，黄帝故里核心景区改扩建等40个项目列入省、郑州市重点项目，完成投资272亿元。大力推动制造业高端化、智能化、集聚化发展，尊绅光电、华思5G等27个项目实现开工，光明莫斯利安生产线改造项目、年产3000吨坚果及蜜饯系列产品扩建项目等22个项目竣工投产，锐杰微年产SIP封装芯片等8个项目进入省企业智能制造项目库。

持续强功能、提品质，城乡统筹迈出新步伐。坚持提高站位、拉高标杆，高品质高质量推进城市建设管理各项工作。城市功能全面提升，“三项工程、一项管理”扎实推进，实施城市建设提质项目48个，年度投资24.4亿元，新建提升城乡道路32条、56千米，改造提升老旧小区、背街小巷18个，建成开放大型城市公园、多功能街头游园10个，完成2条新建道路绿化，打造1条“市花”景观大道，完成生态廊道建设1条，新规划停车泊位3800个，城市供水、污水处理、固废处理等市政设施日趋完善，城市功能显著提升。城市管理更加精细，大力实施城乡环卫一体化，严格落实“路长制”“街长制”，常态开展“大清理、大清扫、大清洗”行动，城市主次干道机械化清扫率、垃圾清运率、无害化处理率均达100%。智慧城市大脑项目加快推进，数字城市运行管理中心、龙湖城管分中心建成并投入使用，数字化城管基本实现全域覆盖，城市管理更加精细。美丽乡村建设扎实推进，2个美丽乡村精品村、12个美丽乡村示范村和7个美丽乡村特色村建设任务基本完成，农村旱厕、垃圾治理实现“动态清零”，一批“美丽小镇”“四美乡村”“美丽庭院”加快建设，农村人居环境持续改善，擦亮了乡村振兴的美丽底色。

着力抓治理、重保护，生态建设取得新成效。以建设宜居宜业生态城市为抓手，推进全市生产生活环境进一步改善。污染防治持续深化，大气污染防治有效开展，PM10、PM2.5累计浓度分别下降7.6%、10.6%，年优良天完成191天，整治提升中小微企业162家，扬尘治理、散煤治理、面源治理、工业治理等均取得新成效，全市空气环境质量得到明显改善。水生态环境逐步改善，河湖长制工作纵深推进，双洎河国控断面水质稳定达标，节水型城市建设积极推进，城关污水处理厂日6万吨中水回用建设、龙湖湿地公园日2.5万吨尾水净化处理建设项目建成投运，城市建成区黑臭水体提前一年完成动态清零。国土绿化持续推动，大力实施国土绿化提速行动，完成新造林286.67公顷、森林抚育833.33公顷，全市森林覆盖率32.5%，城市绿地率达到36.7%，人均公共绿地面积增至16.6平方米。完成G343南移、新村大道东延2条道路的绿化工作和31个绿化项目的养护工作，完成25个森林乡村建设任务，北靳楼生态旅游沿黄示范森林特色小镇通过省级验收。

用心解民忧、纾民困，民生福祉达到新水平。持续提高民生工作水平，不断提升人民群众的幸福感和获得感。截至11月，全年民生支出约63.24亿元，占一般公共预算支出83.4%。脱贫攻坚成果持续巩固，坚决落实“四个不摘”要求，接续推进巩固拓展脱贫攻坚成果同乡村振兴有效衔接，贫困人口稳定脱贫、持续增收。群众就业充分保障，全力推进就业促进、技能提升、创业引领和公共服务等工作，全市新增城镇就业再就业9148人，转移农村劳动力7762人，完成农村劳动力技能培训7845人，发放创业担保贷款7135万元。教育质量稳步提升，坚持办好人民满意的美好教育，新建、改扩建中小学、幼儿园14所，新增学位6930个，中小学校午餐配餐和课后延时服务实现全覆盖，高考成绩取得新的突破，名优生数量、一本上线率、本科总人数和本科上线率均居郑州县（市）第一，高中教育教学质量连续30年保持郑州县（市）领先位次。社会保障体系更加健全，健康事业扎实推进，全面建设健康新郑，深入推进紧密型医共体建设，持续深化医药卫生体制改革，建成3个政府主导的社区卫生服务中心，启动市公立人民医院传染病区综合楼建设，加快市公立中医院建设步伐。城乡统一的居民养老、医保、低保等基本社会保险和救助体系更加健全，实现了对各类人群的制度全覆盖。

大力聚民心、打品牌，文旅融合进入新境界。坚持社会主义核心价值体系，发挥黄帝文化积淀深厚的核心优势，推进黄帝文化历史名城文化事业和文化产业大发展大繁荣。故里园区建设取得历史性突破，按照省、郑州市“大典后封场施工、2022年拜祖内场投入使用、2023年全部完工”的总体部署，加快推进黄帝故里园区改扩建项目建设，园区整体颇具规模，轩辕殿、寻根门、拜祖广场等九大项目全部开工，周边征迁顺利结束，重要节点建筑主体完成，取得了阶段性成果，全力确保2022年农历二月二完成建设任务、壬寅年拜祖大典在全新场地举办。文化事业产业蓬勃发展。连续16年成功举办黄帝故里拜祖大典，连续高规格举办15届黄帝文化国际论坛，黄帝文化的影响力、凝聚力和向心力更加强劲。加强历史名城保护利用，裴李岗遗址入选第三届中国考古学“百年百大考古发现”名单。持续加大黄帝千古情核心板块建设，加快图书档案方志馆、郑韩文旅云平台等重点文旅项目进度，招引总投资30亿元的“寒舍·轩辕夜游谷”旅居集群项目，文旅融合发展初显成效。文明城市创建稳步推进。大力弘扬社会主义核心价值观，推进公民道德建设工程，入选“中国好人”1人，榜样的力量进一步深入人心。巩固拓展新时代文明实践中心（所、站）全覆盖成果，组织18万余名志愿者开展防汛防疫、创文宣传及文明劝导志愿服务活动，营造向上向善的社会氛围。全面启动2021—2023年新一轮全国文明城市创建工作，在郑州市三方测评中取得了全市第一名的成绩，在河南省文明城市观摩交流互评活动中获得优秀等次，群众从身边的变化中感受到文明城市创建带来的幸福感。

突出抓党建、强引领，管党治党开创新局面。坚持和加强党的全面领导，全面贯彻新时代党的建设总要求，坚决落实管党治党政治责任。牢牢把握意识形态工作领导权，落实意识形态工作责任制，巩固壮大主流思想舆论，开展风险隐患排查2次，专项督查、巡察30次，牢牢把握意识形态工作领导权。基层组织建设扎实有力，在村（社区）党组织中持续开展“亮赛比”活动，创新开展“五星支部”争创和“双带双争”活动，促进基层党建工作整体提升。坚持抓基层、打基础，高质量完成市乡村三级党组织换届工作，提拔重用43人到重要岗位履职锻炼，基层基础不断夯实。干部队伍建设成效明显，启动全市党员干部学习贯彻党的十九届五中全会精神集中教育培训工作，对县处级、科级及以下干部，分两个层面开展全面培训，覆盖党员干部1.2万余人次，干部素能不断提升。大力实施人才队伍建设工程，通过故里英才引进计划新招引100名硕士研究生以上学历高层次人才，为新郑高质量发展注入新的活力。党风廉政建设有效推进，坚定不移正风肃纪反腐，一体推进不敢腐、不能腐、不想腐，巡察利剑作用有效发挥，强力整治“四风”问题，严肃查处违反中央八项规定精神问题11起13人，党纪政务处理12人，组织处理1人，反腐败斗争压倒性胜利进一步巩固拓展。民主政治建设持续加强，坚持党总揽全局、协调各方，市委常委会每年听取市人大常委会、市政府、市政协、市人民法院、市人民检察院五个党组工作汇报，积极支持人大、政协依法依章程履职，爱国统一战线不断巩固扩大，工、青、妇等群团组织作用有效发挥，生动活泼、安定团结的政治局面更加巩固。

（撰稿：刘宏亮　审阅：安广涛）

重要会议和活动

【村（社区）"两委"换届工作推进会】 1月6日，新郑市召开村（社区）"两委"换届工作推进会。会议强调，做好村（居）委会换届选举工作要深刻认识实现"一肩挑"的重要意义，要把加强党的领导、确保社会稳定、社会主义法治、严肃换届纪律和加强纪律监督贯穿始终；要压实工作责任，全面做好村（居）委会换届工作保障，确保换届工作顺利进行，为新郑乡村全面振兴和建成全国一流中小城市作出应有贡献。市领导马志峰、曹东锋、黄卫东等参加会议。

【市委务虚会】 1月8日，新郑市召开市委务虚会。围绕深入学习贯彻党的十九届五中全会、中央经济工作会议、省委十届十二次全会暨省委经济工作会议和郑州市委十一届十三次全会暨市委经济工作会议精神，科学谋划新郑"十四五"发展和2021年工作思路。市委书记马志峰主持会议并讲话，市委副书记、市长马宏伟出席会议。会上，市领导曹东锋、王俊杰、徐卫东、黄卫东、秦洪源、李慧芳、周建超、李猛、苗瑞光、陶向华等依次发言；各乡镇（街道、管委会）、"九项工程"指挥部各工作组牵头单位及市直综合委局主要负责人作交流发言。

【组织开展2020年第四季度高质量发展"擂台赛"观摩活动】 1月10日，新郑市组织开展2020年第四季度高质量发展"擂台赛"观摩活动。市委书记马志峰等带领各相关单位和各乡镇（街道、管委会）主要负责人先后到后屯片区、郑新路东侧拜祖沿线环境提升工程、河南楚林农选农业科技有限公司、接旨胡同历史文化商业街、车站社区片区综合改造项目等城乡建设管理提质工程；新村镇第二小学、龙湖镇第四初级中学、地铁7号线南环车辆段等民生福祉增进工程；河南省第一建设集团建筑科技有限公司、李庄村羊肚菌基地、华思5G新基建中部生产基地项目、郑州豫力新材料科技有限公司建设项目等产业升级提速工程；南水北调中线观音寺调蓄工程先期开工项目、潮河湿地公园等生态环境改善工程等地实地查看。市领导马宏伟、曹东锋、徐卫东、黄卫东、秦洪源、张慧娴、李慧芳等参加。

【市委五届十三次全会暨市委经济工作会议】 1月12日，新郑市第五届委员会第十三次全体会议暨市委经济工作会议召开。全会由市委常委会主持。全会听取和审议了马志峰受市委常委会委托作的工作报告，审议了市委常委会2020年抓党建工作情况专题报告，审议通过了《中共新郑市委关于制定新郑市国民经济和社会发展第十四个五年规划和二〇三五年远景目标的建议》，表决通过了中共新郑市第五届委员会第十三次全体会议决议。市委书记马志峰就《建议（讨论稿）》向全会作了说明，并对贯彻落实党中央和省委、郑州市委重大决策部署、做好新郑市2021年及今后一个时期各项工作提出明确要求；市委副书记、市长马宏伟对2021年经济工作作出具体安排。市领导曹东锋、徐卫东、黄卫东、秦洪源、张慧娴、李慧芳、郑延青出席会议。

【2020年度党建工作责任制述职评议会】 1月26日，新郑市召开了2020年度党建工作责任制述职评议会。会上，全市各乡镇（街道、管委会）党（工）委，市城市管理局、市自然资源和规划局党组主要负责人进行了现场述职。会议还对各有关单位的述职情况进行了民主测评。郑州市委组织部组织处副处长张朝辉对新郑市基层党建工作进行点评。他认为新郑市狠抓党建责任落实，持续夯实基层基础，各领域党建工作扎实有效，党建引领作用充分彰显，巩固了新郑全省县域经济高质量发展排头兵的地位。市领导马志峰、黄卫东、张慧娴、李慧芳、郑延青等参加会议。

【中国人民政治协商会议新郑市第五届委员会第五次会议】 2月2日，中

1月12日，中国共产党新郑市第五届委员会第十三次全体会议暨市委经济工作会议召开（刘栓阳/摄）

国人民政治协商会议新郑市第五届委员会第五次会议召开。新郑市政协五届五次会议应出席委员211人，实到185人，符合规定人数。新郑市政协主席李志强代表政协新郑市第五届委员会常务委员会作工作报告。新郑市政协党组副书记李中俊主持会议。会议通过了《政协新郑市第五届委员会第五次会议关于常务委员会工作报告的决议》《政协新郑市第五届委员会第五次会议关于五届四次会议以来提案工作情况报告的决议》《政协新郑市第五届委员会提案委员会关于五届五次会议提案审查情况的报告》《政协新郑市第五届委员会第五次会议政治决议》。大会还表彰了市政协2020年度先进单位和先进个人。市领导马志峰、马宏伟、曹东锋、王俊杰、黄卫东、秦洪源、张慧娴、郑延青出席会议。

【市五届人大六次会议】 2月3日，新郑市第五届人民代表大会第六次会议在炎黄文化中心召开。市委书记、大会主席团常务主席、执行主席马志峰主持会议。市委副书记、市长马宏伟代表市政府向大会作政府工作报告。市人大常委会主任王俊杰向大会作人大常委会工作报告。会议通过了《关于新郑市人民政府工作报告的决议》《关于新郑市国民经济和社会发展第十四个五年规划和2035年远景目标纲要的决议》《关于新郑市2020年国民经济和社会发展计划执行情况与2021年国民经济和社会发展计划的决议》《关于新郑市2020年财政预算执行情况和2021年财政预算的决议》《关于新郑市第五届人民代表大会常务委员会工作报告的决议》《关于新郑市人民法院工作报告的决议、关于新郑市人民检察院工作报告的决议》。会议宣读了新郑市2021年民生实事项目票决结果，发布了大会公告。市领导马志峰、王俊杰、马宏伟、曹东锋、李志强等参加会议。

【组织收听收看全国脱贫攻坚总结表彰大会】 2月25日，2021年全国脱贫攻坚总结表彰大会在北京人民大会堂顺利召开，在新郑市分会场，市四大班子领导马志峰、马宏伟、曹东锋、王俊杰、李志强等全程观看会议实况。

【全市党史学习教育动员大会】 3月6日，新郑市召开全市党史学习教育动员大会。市委书记马志峰作动员讲话。会议要求，全市各级党组织和广大党员干部必须提高政治站位，切实领悟好党史学习教育重要意义，把思想和行动统一到习近平总书记的重要讲话精神，中央、省和郑州市委的重大决策部署上来，切实增强开展好党史学习教育的思想自觉、政治自觉、行动自觉。市领导马宏伟、曹东锋、王俊杰、李志强、黄卫东、秦洪源、张慧娴、郑延青等参加会议。

【优化营商环境工作推进会】 3月9日，新郑市召开优化营商环境工作推进会。会上，宣读《新郑市人民政府关于聘请新郑市营商环境特邀监督员的通知》，印发《新郑市2021年优化营商环境工作要点》，涉及94项改革事项。市领导马志峰、马宏伟、王俊杰、李志强、秦洪源、张慧娴、郑延青等参加会议。

【黄帝故里园区提升建设工程部分项目方案论证会】 3月26日，新郑市召开黄帝故里园区提升建设工程部分项目方案论证会。会上，策划团队详细介绍了中华黄帝馆、中华姓氏馆的深化方案，文广旅体局负责人介绍了园区连廊浮雕设计等相关设施展示方案的情况。来自复旦大学历史学院、郑州大学历史学院等专家在听取方案介绍后畅所欲言，对方案进行讨论交流，大家一致认为三个方案展示形式丰富、展现手段多样。与会专家还围绕方案的定位、展品组织、史料运用和形式设计的空间划分等方面提出了前瞻性、指导性、建设性的意见和建议。郑州市政协主席张延明及新郑市领导马志峰、曹东锋、李志强等参加论证会。

【2020年度总结表彰大会】 4月7日，新郑市召开2020年度总结表彰大会。会上宣读了《关于表彰2020年度综合工作优秀单位和先进个人的决定》《关于表彰庚子年黄帝故里拜祖大典工作先进集体和先进个人的通报》，播放了《新郑市2020年综合工作光荣榜》，对2020年度综合工作优秀单位、优秀企业家、庚子年黄帝故里拜祖大典先进集体进行了表彰。市领导马志峰、马宏伟、王俊杰、李志强、黄卫东、秦洪源、张慧娴、郑延青、才旦加等参加会议。

【市委书记马志峰调研第十五届黄帝文化国际论坛筹备工作】 4月10日，马志峰到郑州工业应用技术学院察看了校园氛围营造、论坛现场、媒体采访室、嘉宾接待室等场地布置和听取各筹备组情况汇报，马志峰强调，要进一步提高认识，严格落实责任，完善细化举措，强化沟通协调，高质高效做好论坛筹备工作，确保论坛圆满成功举办。市领导曹东锋、黄卫东、秦洪源等一同察看。

【第十五届黄帝文化国际论坛】 4月12—13日，第十五届黄帝文化国际论坛在郑州工业应用技术学院举行。该届论坛主题是“建党百年与文化自信”。论坛由中华炎黄文化研究会、中国先秦史学会、郑州市人民政府、政协郑州市委员会主办，新郑市人民政府、河南省黄帝故里文化研究会承办，央视策划人朱海担纲策划，中国匠人大会创办人、央视原新闻主持人赵普担纲论坛主持。论坛开幕式由新郑市市长马宏伟主持。郑州市副市长孙晓红、中国先秦史学会会长宫长为先后致辞，中华炎黄文化研究会常务副会长高以忱致开幕词。演讲嘉宾张兆本、孙英民、王思林、纪明葵、金灿荣、孙伟、田沁鑫、徐光春从不同领域讲述了建党百年与文化自信。随后，举行第七届轩辕奖颁奖仪式，徐光春、赵德润分别为轩辕奖获得者朱士光、蔡全法颁奖。河南省人大常委会原党组书记、原常务副主任李柏栓致闭幕词。

【辛丑年黄帝故里拜祖大典】 4月14日，辛丑年黄帝故里拜祖大典在新郑市黄帝故里景区隆重举行。拜祖大典继续沿用“同根同祖同源，和平和睦和谐”的主题，以现场简约而庄严的仪式、全球网上拜祖等线上线下、大屏小屏互动交互的形式进行。九项仪程分别是盛世礼乐、敬献花篮、净手上香、行施拜礼、恭读拜文、高唱颂歌、乐舞敬拜、祈福中华、天地人和。大典由河南省政协主席刘伟主持。十二届全国政协副主席齐续春恭读拜祖文。齐续春、王国生、王凯、刘军川、隋军、杨毅周、顾伯平、徐立毅、侯红、胡荃、张延明等领导嘉宾及新郑市领导马志峰、马宏伟、王俊杰、李志强分别向人文始祖轩辕黄帝敬献花篮。最后，现场播放《中华文化薪火相传主题短片》，河南省内革命老区、红色教育基地，河南省内获得国家表彰的先进单位和个人等9名优秀代表，手持火炬于长明火处取火，点燃火炬，共同祈福民族昌盛、祖国繁荣、世界和平。

【农村工作会议】 5月8日，新郑市委农村工作会议召开。会议总结回顾了2020年“三农”工作，对2021年工作进行安排部署；宣读了《关于表彰2020年度“三农”工作先进集体和先进个人的决定》。会议要求，各级各部门要切实扛起抓好“三农”工作推进乡村振兴的政治责任，高质量开展各项工作，汇聚推动乡村振兴的强大合力，形成齐抓共管、共同推进乡村振兴加快农业农村现代化的大好局面。市领导马志峰、曹东锋、王俊杰、李志强、黄卫东、秦洪源等参加会议。

【市委书记马志峰调研文明城市创建工作】 5月10日，马志峰到新建路街道北关街社区、市政务服务中心、洧水路集贸市场、祥和一街、郑品书舍、新烟街道金芒果花苑、和庄镇政府、河赵村党群服务中心、新时代文明实践中心等地调研，察看“城市大脑”建设、集贸市场创建、背街小巷改造、城市书房建设、乡镇及村（社区）创建、文明实践中心（所、站）建设等情况，并进行现场办公，对调研中发现的困难和问题进行逐一梳理、深入分析，并提出切实可行的意见。市领导秦洪源陪同。

【2021年第二批重点项目集中开工】 5月11日，郑州市举行2021年第二季度重点项目集中开工仪式。在新郑市分会场，市委书记马志峰汇报2021年第二批重点项目谋划情况，并宣布新郑市2021年第二批36个重点项目集中开工。此次集中开工项目共36个，总投资63.7亿元，年度计划投资30亿元，亿元以上开工项目6个，总投资49.5亿元，年度计划投资20.5亿元。涵盖产业转型、新型城镇化、民生社会事业、基础设施、生态环保等五大领域。其中郑州理工职业学院新校区建设项目为2021年省重点项目，总投资10亿元，年度计划投资5亿元；新郑市黄帝故里核心景区建设项目为2021年省重点项目，总投资29.2亿元，年度计划投资10亿元，总建筑面积9.5万平方米。市领导马宏伟、王俊杰、李志强、秦洪源、张慧娴、郑延青等参加活动。

【省全国文明城市提名城市观摩交流互评活动走进新郑】 5月18—19日，省委宣传部城市精神文明建设处副处长高沛渊一行到新郑到北关街社区、城市展览馆、政务服务中心、数字城市运行管理中心、南街古巷、洧水路集贸市场等地进行实地观摩，详细了解新郑创建文明城市工作开展情况。并采取不打招呼的方式，到主次干道、施工工地、居民小区、街头游园、集贸市场等地进行了随机暗访。在全国文明城市提名城市观摩交流互评新郑市反馈会上，市长马宏伟汇报了新郑创建文明城市工作开展情况。随后对集中观摩和抽查暗访情况进行点评，并对发现的问题提出了指导性、可行性的解决办法。就做好下步工作，高沛渊希望新郑要用河南省县级文明城市创建工作的最高标准、用“拔钉子、揭膏药”的手腕重拳持续做好创文工作。郑州市文明办有关领导及新郑市领导马志峰、马宏伟、曹东锋、王俊杰、李志强、黄卫东等参加活动。

【市委书记马志峰调研“三夏”生产和美丽乡村建设工作】 5月31日，马志峰到辛店镇、城关乡等地，调研“三夏”生产和美丽乡村建设工作。马志峰强调，要不等不靠、抢收抢种，集中精力做好麦收各项工作，确保夏粮丰产丰收；要因地制宜、彰显特色，加强人居环境整治，建设生态宜居美丽乡村。市领导曹东锋、秦洪源等陪同。

【市委书记马志峰调研乡村振兴等工作】 6月8—9日，马志峰带队到观音寺镇、梨河镇，调研乡村振兴、经济运行、班子建设等工作。实地调研中，详细了解了乡村振兴、产业发展、集体经济发展等工作情况。市领导秦洪源等参加调研。

【市委书记马志峰调研郑韩故城内外环线道路规划情况】 6月12日，马志峰实地察看文化路与城墙交叉口、轩辕湖公园南中轴与城墙交汇处的城墙内外环线情况，仔细了解环线道路建设中可能存在的困难和问题，就城墙内外环线私搭乱建、违章建筑排查情况及道路建设涉及的附属物排查情况进行研究部署。马志峰指出，各相关单位要深入践行“用脚步丈量”工作法，进一步加强沟通协调，及时发现解决问题，在项目建设主战场履职尽责、担当作为，切实做到工作在一线落实、问题在一线解决，以点带面，推动全市工作有力、有序、有效开展。市领导秦洪源等参加调研。

【践行“用脚步丈量工作法”长效机制推进会】 6月24日，新郑市践行“用脚步丈量工作法”长效机制推进会召开。会上，印发了《中共新郑市委关于建立健全“用脚步丈量工作法”长效机制的意见（试行）》；为刘笛等25名“用脚步丈量工作法”长效机制监督员代表颁发聘书。会议强调，全市上下要提高站位，按照“用脚步丈量城市，树牢宗旨意识；用脚步丈量乡村，践行为民初心；用脚步丈量企业，提升服务效能”的要求，围绕中心工作，坚持需求导向、问题导向、结果导向，构建“全员丈量、全域丈量”格局，以高质量的脚步丈量成果推动全市各项工作再上新台阶。市领导马志峰、马宏伟、曹东锋、王俊杰、李志强等参加会议。

【黄帝像重塑终稿与连廊浮雕设计初稿论证会召开】 6月30日，黄帝像重塑终稿与连廊浮雕设计初稿论证会在新郑市举行。会议听取了黄帝像重塑与连廊浮雕设计方案等工作情况的介绍，专家组从历史典故、文化内涵、造型设计、建造工艺等方面进行分析研讨，并提出了专业的指导意见和建议。郑州市政协主席张延明、副主席王万鹏、一级巡视员吴晓君，新郑市领导马志峰、曹东锋、李志强等参加会议。

【市委书记马志峰调研新郑市重点项目】 7月16日，市委书记马志峰到河南智能影视职业学院、华东师范大学附属郑州（新郑）江山小学、百力汇生态健康城、新区污水处理厂、西关桥新建工程等项目工地实地查看，详细了解项目建设规划、进度、安全生产措施落实等情况，并现场办公，和项目负责人认真探讨项目施工进展、存在问题和破解措施。市领导张慧娴等参加。

【市委书记马志峰调研城区防汛和背街小巷综合改造等工作】 7月19日，市委书记马志峰先后到炎黄广场、文化路涵洞等城区部分易积水路段，实地察看城区排水防涝体系建设、防汛工作准备、窨井盖治理、工地防汛等工作情况。随后，马志峰到新烟街道办事处调研背街小巷综合改造、无主管楼院整治提升工作。在调研指导城区防汛和背街小巷综合改造等工作时强调，各级党员干部要用好“用脚步丈量工作法”，把城市防汛工作和城市高品质建设、精细化管理相结合，找准问题症结，形成工作清单，下足绣花功夫，锻造钻石品质，提高为民服务水平。市领导张慧娴等参加。

【市委书记马志峰调研灾后生产生活秩序恢复工作】 7月24—25日，市委书记马志峰到城关乡、辛店镇、具茨山管委会等地，调研灾后生产生活秩序恢复工作。马志峰对各个部门提出要求，积极践行“用脚步丈量工作法”，领导带头、全面动员，对汛后各类隐患险情进行地毯式排查、巡查和监测，制定科学治理措施，尽快修复安全隐患，把灾后群众生产生活安排好，确保群众生命财产安全。市领导张慧娴、李峰等参加。

【市四大班子走访慰问驻地部队官兵】 7月29日，市四大班子领导分组开展走访慰问活动，代表全市人民向驻地部队官兵、消防指战员等致以节日问候和崇高敬意，共叙鱼水深情，共谱“双拥”新篇。各部队官兵对慰问表示衷心的感谢，他们纷纷表示，将继续发扬敢打硬仗的优良传统和顽强作风，始终坚持人民至上、生命至上，切实把保障人民生命安全放在首位、落到实处，继续为当前的灾后恢复做贡献，助力新郑夺取防汛救灾的全面胜利。

【市委书记马志峰调研督导新郑教育园区（龙湖镇）灾后恢复重建工作】 7月30日，市委书记马志峰到东苑社区项目、吉昌路、翔安路大桥、蟠龙路桥、双湖大道后胡水库、中山公馆以及环乡路菜园沟、张沟村火龙果基地等地实地察看重点部位水毁工程抢修恢复进度，现场指挥督导灾后重建工作。他强调，要坚持问题导向、结果导向，聚焦群众关切和诉求，集中专业力量统筹推进工程修复、除险加固等工作，加快抢修施工进度，确保人民群众出行安全通畅、生产生活稳定。市领导周建超、张慧娴等参加。

【市委书记马志峰督导检查新冠肺炎疫情防控工作】 8月1日—2日，市委书记马志峰采取明察暗访的形式，深入隔离酒店和各核酸检测点，检查隔离酒店准备情况和全员核酸检测工作。他强调，要在紧抓疫情常态化防控不放松的前提下，规范采样流程、总结经验办法，充分调动各方面力量，形成强大工作合力，全力做好全员核酸检测工作。市领导秦洪源、胡坤、周建超、李峰、郑延青等参加。

【疫情防控工作专题会议】 8月4日，新郑市在组织收听收看全国疫情防控工作电视电话会议后，新郑市召开专题会议，深入贯彻落实电视电话会议精神，对下阶段疫情防控工作进行再部署、再强调、再压实。会议强调，要按照上级最新决策部署，毫不放松、从紧从严做好疫情防控工作，突出做好“快、狠、严、扩、足”要求，坚决打赢疫情防控阻击战。市领导马志峰、马宏伟、石玉、秦洪源、胡坤、周建超、张慧娴、李峰、璩鹏辉、赵恒康等参加会议。

【市委书记马志峰督导全市社会面管控及防洪工作】8月9日，市委书记马志峰到关庙郑塘坝、和庄镇东高村、薛店镇润丰新尚小区、暖泉河与莲花路交叉口、冯庄水库上游与万郑路交叉口、理工酒店隔离点等地实地查看，督导检查泄洪道疏通、疫情防控社会面管控、隔离点管控等工作开展情况。市领导李峰等参加。

【黄帝故里园区规划建设指挥部工作推进会】8月10日，新郑市召开黄帝故里园区规划建设指挥部工作推进会，对园区建设工作进行再安排再部署。会议要求，抓好疫情防控措施为前提，各责任单位切实负起责任，协调沟通，形成合力，严格按照时间节点，集中力量攻坚。市领导马志峰、李志强、黄卫东、张慧娴等参加。

【新冠肺炎疫情防控工作第117次调度会议】8月11日，新郑市召开新冠肺炎疫情防控工作第117次调度会议。市委书记马志峰主持会议，市委副书记、市长马宏伟对相关具体工作进行了安排部署。会议强调，要继续发扬连续作战的作风，牢牢把握“快、严、细、实”四字诀，及时、科学、有效应对新冠肺炎疫情，以实际行动守牢人民群众生命安全红线。市领导石玉、秦洪源、胡坤、姚志刚、李峰、璩鹏辉、赵恒康等参加会议。

【市委常委会（扩大）会议】8月12日，新郑市召开市委常委会（扩大）会议，传达学习省委书记楼阳生重要批示精神和省疫情防控指挥部督导组督导要求，研究新郑市贯彻落实意见。市委书记马志峰主持会议并讲话。会议强调，从严从紧从细从实落实疫情防控要求，紧盯关键环节、关键问题，加强整改、堵塞漏洞，确保把疫情圈死封牢，消灭在萌芽状态。市领导马宏伟、石玉、王俊杰、李志强、黄卫东、秦洪源、胡坤、周建超、姚志刚、张慧娴、李峰、璩鹏辉、郑延青、赵恒康等参加。

【市委书记马志峰调研公共场所疫情防控和社会面管控工作】8月15日，市委书记马志峰到丹尼斯超市、益民大药房、庆安小区等地现场督导检查商超、药店、社区等场所疫情防控工作和社会面管控工作。马志峰强调，要全面落实省、郑州市有关疫情防控的部署要求，树牢底线思维，始终坚持科学防控、精准防控，进一步织密疫情防控网，举全市之力坚决把疫情圈牢封死。市领导石玉、秦洪源、姚志刚、李峰、璩鹏辉、赵恒康等分别参加相关调研活动。

【市委书记马志峰调研防汛及灾后恢复重建工作】8月17日，市委书记马志峰先后到黄水河水系灾后恢复重建工程、南关桥水毁工程、梨河镇高班庄村水毁房屋修复现场、双龙坝防汛应急准备及坝带淤泥应急处置工程和杨庄水库等地，查看各河段、堤坝水毁情况，听取水毁工程、民房修复及灾后重建工作情况汇报，并现场提出指导意见和工作要求。市领导李峰参加调研活动。

【市委书记马志峰调研灾后企业复工复产及疫情防控工作】8月19日，市委书记马志峰先后到达利食品有限公司、润弘制药股份有限公司、运达造纸设备有限公司、雪麦龙食品香精香料有限公司、瑞腾塑胶集团有限公司等地进行调研。马志峰强调，全市上下要保持清醒头脑，慎终如始抓紧抓细抓实各项防控工作，积极有序推进企业复工复产，努力保持经济平稳健康发展。市领导李峰、赵恒康等参加调研。

【防汛工作推进会】8月20日，新郑市召开防汛工作推进会。市委书记马志峰主持会议。会议传达郑州市委常委、组织部部长吕挺琳调研指导新郑防汛工作讲话精神，对新一轮强降雨工作进行再安排再部署。会议强调，即日起启动战时机制应对新一轮强降雨，全员发动、做足准备、严阵以待、迅速行动，从紧从严从细从实抓好防御措施落实，确保人民生命安全。市领导马宏伟、周建超、张慧娴、李峰、郑延青、赵恒康等参加会议。

【市委常委会（扩大）会议】8月23日，新郑市委常委会（扩大）会议召开。市委书记马志峰主持会议并讲话。传达学习习近平总书记近期重要讲话精神、国务院总理李克强在河南考察时的讲话精神、国务院河南郑州“7·20”特大暴雨灾害调查组进驻动员会精神，研究部署防汛救灾、灾后恢复等工作。会议要求，要提高站位、高度重视，增强做好防汛救灾工作的紧迫感和责任感。全市上下继续保持高度警觉，统筹兼顾做好防汛救灾和灾后重建工作。积极践行“用脚步丈量工作法”，对汛后各类隐患险情进行地毯式排查、巡查和监测，尽快修复安全隐患，促进城市更可持续、更加安全、更高质量发展。市领导马宏伟、周建超、张慧娴、李峰、郑延青、赵恒康等参加会议。

【市委书记马志峰调研督导黄帝故里园区建设情况】9月2日，市委书记马志峰一行到黄帝故里园区建设施工现场察看工程进度。随后召开工作推进会，指挥部各工作组汇报了工作进展、存在问题和下步打算；与会人员围绕工程设计方案、造型设计进行发言。马志峰强调，项目建设要再提速、再突破，按照整体方案倒排工期，进一步强化举措、压实责任、加快进度，严把施工现场安全管控关，确保人员安全和工程建设安全，保质保量完成各项中心任务。

【中共新郑市第五届委员会第十六次全体会议】 9月3日，中共新郑市第五届委员会第十六次全体会议召开，全会由市委常委会主持。市领导马志峰、石玉、王俊杰、李志强、黄卫东、秦洪源、胡坤、周建超、姚志刚、张慧娴、李峰、璩鹏辉、郑延青、赵恒康、才旦加等出席会议。全会讨论通过了五届市委工作报告（草案）、五届市纪委工作报告（草案）；研究说明了第六届市委委员、候补委员、纪委委员候选人建议人选；表决通过了《中共新郑市第五届委员会第十六次全体会议确定出席郑州市十二次党代会代表候选人预备人选圈选办法（草案）》及监票人名单；圈选确定了出席郑州市十二次党代会代表候选人预备人选。

【2021年教师节庆祝表彰大会】 9月6日，新郑市召开教师节庆祝表彰大会。会议以视频形式召开，设主会场和分会场。新郑市领导马志峰、马宏伟、石玉、王俊杰、李志强、璩鹏辉等及受表彰的先进集体、先进个人代表在主会场参加会议。会议通报了全市教育工作开展情况，对教育工作先进集体和先进个人进行表彰，新郑好少年代表向大会献词，先进集体代表作了典型发言。

【中国共产党新郑市第六次代表大会】 9月8—10日，中国共产党新郑市第六次代表大会在炎黄文化中心召开。大会执行主席马志峰、马宏伟、石玉、王俊杰、黄卫东、秦洪源、胡坤、周建超、姚志刚、张慧娴、李峰、璩鹏辉、郑延青、赵恒康在大会主席台就座。郑州市委第二督导组有关领导到会指导。马志峰代表中国共产党新郑市第五届委员会向大会作《立足新发展阶段、贯彻新发展理念、融入新发展格局——努力开创全国一流中小城市现代化建设新局面》的报告。中国共产党新郑市第五届纪律检查委员会向大会作书面报告。9日，中国共产党新郑市第六次代表大会召开第二次全体代表会议。会议由石玉主持。会议审议通过了大会选举办法（草案）；审议通过了大会总监票人、副总监票人、监票人建议名单；宣布了大会总计票人、副总计票人、计票人、保密员名单和分团预选主持人、计票人名单。10日，新郑市第六次党代会第三次全体代表会议进行选举，选举出中共新郑市第六届委员会委员39名、候补委员9名，第六届纪律检查委员会委员21名，并推选出27名出席郑州市十二次党代会代表。会议通过了《关于中国共产党新郑市第五届委员会报告的决议》，通过了《关于中国共产党新郑市第五届纪律检查委员会工作报告的决议》。

【中共新郑市委六届一次全会】 9月10日，中共新郑市第六届委员会召开第一次全体会议。经过选举，马志峰、马宏伟、石玉、秦洪源、胡坤、周建超、姚志刚、张慧娴、李峰、璩鹏辉、郑延青、赵恒康当选为中共新郑市第六届委员会常务委员会委员。马志峰当选为市委书记，马宏伟、石玉当选为市委副书记。

【市委书记马志峰调研学校秋季开学准备工作】 9月14日，市委书记马志峰一行先后到实验高中、郑州工业应用技术学院、第二实验小学、崇文中学，调研学校秋季开学准备工作。马志峰强调，为实现2021年秋季学期“平安开学、开学平安”的目标要求，全市上下要慎终如始地落实好校园常态化疫情防控工作要求，做深、做细、做实各项开学准备，全力保障全市学校校园安全稳定和开学正常秩序。市领导璩鹏辉等参加调研活动。

【组织收听收看全省开发区高质量发展工作会议】 9月14日，全省开发区高质量发展工作会议召开。就推动全省开发区高质量发展工作，会议提出五点意见：一是统一思想认识；二是坚持规划引领，优化生产力空间布局；三是坚定深化改革，增强开发区发展动力活力；四是突出项目为王，加快开发区产业转型升级；五是加强组织领导，为开发区高质量发展提供有力保障。市领导马志峰、马宏伟、石玉、王俊杰、李志强、胡坤、周建超、姚志刚、张慧娴、李峰、璩鹏辉、才旦加等在新郑分会场收听收看会议实况。

【防汛工作调度会】 9月18日，市委书记马志峰主持召开防汛工作调度会，对全市雨情水情进行再分析再研判，对做好当前防汛工作进行再安排再部署。市气象局汇报了气象监测情况。市应急管理局、市水利局、市自然资源和规划局、市城管局、市住建局及重点乡镇负责人逐一汇报涉险人员撤离转移、应急处置力量安排、值班值守、重点区域排查、防汛物资储备等情况。马志峰强调，全市广大党员干部要压紧压实责任、落实落细举措，严防死守、严阵以待，不折不扣落实好各项防汛举措，全力以赴确保人民群众生命财产安全。市领导张慧娴、李峰、郑延青、赵恒康等参加。

【市委理论学习中心组2021年第七次集中学习会议】 9月23日，市委书记马志峰主持召开市委理论学习中心组2021年第七次集中学习会议。会上，集中学习了《求是》杂志发表的习近平总书记重要文章《毫不动摇坚持和加强党的全面领导》和习近平总书记在中央党校（国家行政学院）秋季中青年干部培训班开班仪式上的重要讲话精神；传达了河南省纪委监委典型案例通报；市委理论学习中心组成员围绕学习贯彻省委工作会议精神，结合工作实际作了研讨发言。市领导马宏伟、王俊杰、李志强、黄卫东、秦洪源、胡坤、周建超、姚志刚、张慧娴、李峰、璩鹏辉、郑延青、才旦加等参加学习。郑州市委党史学习教育第八巡回指导组组长、二级巡视员蔡仲友等列席会议并作点评。

【2021年国家卫生城市复审工作推进会】 9月24日，新郑市召开2021年国家卫生城市复审工作推进会，对国家卫生城市复审工作再鼓劲、再加压、再部署，动员全市上下进一步统一思想、振奋精神，尽锐出战、合力攻坚，以决战的气势、冲刺的状态，全力打好国家卫生城市复审这场硬仗。会上，与会人员观看了新郑复审现状问题反馈专题片；传达了《关于调整新郑市国家卫生城市复审工作领导小组及相关工作机构成员的通知》；城管局、市场监管局、薛店镇作了表态发言。市领导马志峰、石玉、王俊杰、李志强、秦洪源、胡坤、周建超、姚志刚、张慧娴、李峰、璩鹏辉、郑延青、才旦加等参加会议。

【防汛工作会议】 9月24日，在收听收看郑州市防汛工作会议后，新郑市委书记马志峰立即主持召开续会。他强调，全市上下要深入贯彻落实郑州市防汛工作会议要求，充分认识当前的严峻形势，坚决做到“六个不放松”（防汛责任落实不放松，安全风险隐患不放松，群众管控不放松，道路交通事故不放松，抢险救援力量不放松，值班值守不放松），切实做好新郑市此次防汛工作，确保人民群众生命财产安全。市领导马宏伟、周建超、张慧娴、李峰、璩鹏辉、郑延青等参加会议。

【中共新郑市委六届六次常委会（扩大）会议】 9月29日，中共新郑市委六届六次常委会（扩大）会议召开，会议传达学习习近平总书记近期重要讲话精神和郑州市第十二次党代会精神，研究部署新郑贯彻落实意见。市委书记马志峰主持会议。会议要求，要深入贯彻落实“八项人才举措”，充分结合新郑实际，研究出切实可行的举措；要持续加大研发投入，建立高新企业培育梯队；要调动好高校和企业两个积极性，订单式培养“实用型”、有竞争力的专业人才；要坚持党管人才，完善党委统一领导，组织部门牵头抓总，着力构建职能部门各司其职、密切配合，社会力量广泛参与的人才工作格局。会议还研究了其他事项。市领导马宏伟、王俊杰、李志强、胡坤、周建超、姚志刚、张慧娴、李峰、郑延青等参加会议。

【市委书记马志峰检查节日期间旅游市场工作】 10月3日，市委书记马志峰到龙湖镇千稼集、黄帝千古情等景区，向坚守工作岗位的干部职工致以节日问候，并仔细了解景区游客接待量、设施设备安全、疫情防控等情况。马志峰强调，要进一步强化安全意识，从严从细落实责任措施，全面排查整治风险隐患，扎实抓好常态化疫情防控，努力营造平安稳定、欢乐祥和的节日氛围。

【新郑市委财经委员会召开第一次会议】 10月9日，新郑市委财经委召开第一次会议。传达贯彻近期中央、省委、郑州市委财经委会议精神，研究审议《中共新郑市委财经委员会议事规则（暂行）》及《中共新郑市委财经委员会办公室工作细则（暂行）》，听取新郑市当前财政运行情况、“三个一批”工作开展情况和招商引资工作情况的汇报。市委书记、市委财经委主任马志峰主持会议并讲话。会议强调，各乡镇（街道、管委会）和各部门要多策并举、找准突破口，坚持高质量发展，坚持项目带动发展，始终把发展作为解决一切问题的“总钥匙”，通过着力培植税源、加强税收征管、加强非税收入征管、优化支出结构、积极争取上级政策资金等方式，开创财政工作新局面。市领导马宏伟、石玉、周建超、张慧娴、李峰等参加会议。

【创建全国文明城市工作推进会】 10月15日，新郑市召开全国文明城市提名城市总结表彰暨创建全国文明城市工作推进会。全面总结了创文工作；表彰了2018—2020年度创建全国文明城市提名城市工作先进集体和先进个人；印发了《新郑市创建全国文明城市工作三年行动计划（2021—2023年）》和《新郑市2021年创建全国文明城市工作方案》；薛店镇、新建路街道、市场监管局、城市管理局、住建局等主要负责同志作表态发言。市领导马志峰、马宏伟、石玉、黄卫东、秦洪源、胡坤、周建超、姚志刚、李峰、璩鹏辉、郑延青等参加。

【市委书记马志峰督导调研文明城市创建和国家卫生城市复审工作】 10月24日，市委书记马志峰先后到万佳时代广场、郑韩路与G107交叉口、吉祥批发市场、中兴农贸市场、轩辕广场、新区管委会苟郑社区、正弘3号院建筑工地等地进行调研督导，对主次干道、广场公园、背街小巷、农贸市场综合环境卫生、公共秩序、车辆停放、“门前三包”、氛围营造等情况进行详细了解，并对调研过程中发现的短板问题进行现场点评，提出整改意见和建议。市领导石玉、李峰、璩鹏辉等参加调研。

【新郑市委常委会召开扩大会议】 11月1日，市委常委会（扩大）会议召开，传达学习省第十一次党代会精神，研究部署新郑贯彻落实意见。市委书记马志峰主持会议。会上，部分与会领导干部结合自身工作实际，分别就贯彻落实省第十一次党代会精神、省委书记楼阳生到郑州调研省党代会精神贯彻落实情况讲话精神作了学习交流发言。会议强调，全市上下要深刻领会省委的战略意图，把省第十一次党代会精神传达到每一个党组织和每一名党员干部，确保省委重大决策在新郑落实落细。会议还研究了其他事项。市领导马宏伟、石玉、王俊杰、李志强、黄卫东、胡坤、周建超、姚志刚、张慧娴、李峰、璩鹏辉、郑延青、崔淑娴、才旦加等参加会议。

【市委书记马志峰调研督导黄帝故里园区规划建设工作】 11月2日，市委书记马志峰实地查看黄帝故里园区建设进展情况。在随后召开的新郑市黄帝故里园区规划建设指挥部第十次全体会议上，各组分别汇报了工作进度、存在问题及下步打算。马志峰强调要紧扣中心工作，强化效率意识，加强统筹协调，增强质量意识，做深做细各项工作任务，确保园区规划建设高质量推进。市领导李志强、黄卫东、张慧娴、李峰、璩鹏辉、崔淑娴等参加。

【市委书记马志峰调研文明城市创建和国家卫生城市复审工作】 11月2日，市委书记马志峰到新华路街道、新建路街道、新村镇、新郑新区、郑州新郑教育园区管委会（龙湖镇）等地，了解居民安置区、商贸街、便民服务中心、新时代文明实践所等地环境卫生治理及创文工作开展情况。通过实地走访和听取汇报，马志峰对"双创"工作开展成效予以肯定，并要求要坚持问题导向，找准问题症结，查漏补缺补齐短板，全力加快整改提升，合力打造整洁有序舒适愉悦的城市人居环境。市领导石玉、周建超、李峰、璩鹏辉、崔淑娴等参加。

【市委书记马志峰调研郑州新郑教育园区（龙湖镇）疫情防控工作】 11月8日，市委书记马志峰一行到省第二人民医院、国瑞小学、河南工程学院、悦府海棠小区、河南工贸学院等地，调研检查医院、学校、社区疫情防控工作开展情况。市领导周建超、李峰等参加调研。

【市委书记马志峰调研民生实事进展情况】 11月10日，市委书记马志峰一行到中华路公园、城墙内外侧道路建设项目、陶文路游园等地，实地了解城墙内外环路及遗址公园规划建设项目前期准备情况，听取2021民生实事涉及游园景观建设工程进展情况。在随后召开的汇报会上，听取了项目设计单位城墙本体及以外部分的遗址公园规划设计方案，并就进一步优化完善设计方案提出意见和建议。

【市委书记马志峰调研乡村振兴工作】 11月23日，市委书记马志峰到城关乡、辛店镇调研巩固脱贫攻坚成果及乡村振兴工作。在调研中马志峰强调，乡村振兴各主管单位要吃透吃准乡村振兴各类文件政策，把乡村振兴各项工作具体化、项目化；要细化帮扶措施，强化"造血"功能，大力发展集体经济，推动巩固脱贫攻坚成果同乡村振兴有效衔接，不断增强群众的获得感、幸福感和安全感。市领导石玉、周建超、李峰等分别参加相关调研活动。

【新郑市举行黄帝故里园区改扩建工程百天决战誓师大会】 11月24日，新郑市黄帝故里园区改扩建工程百天决战誓师大会举行。大会对黄帝故里园区建设百天决战发起总动员，号召全体参建单位、保障部门、干部职工全力开启冲刺模式，全面进入加速状态，确保如期高质量完成建设任务。市领导马志峰、马宏伟、李志强、黄卫东、李峰、璩鹏辉、崔淑娴等出席活动。

【巩固脱贫成果后评估工作会议】 11月24日，新郑市召开巩固脱贫成果后评估工作会议。会议通报了郑州市暗访检查结果反馈情况，并对全市巩固脱贫成果后评估重点工作进行部署。市领导马志峰、马宏伟、石玉、胡坤、周建超、张慧娴、李峰、崔淑娴等参加会议。

【郑新路及滨河公园生态修复工程项目规划汇报会】 12月4日，设计单位汇报郑新路及滨河公园生态修复工程项目景观设计方案，与会人员根据项目背景、设计理念、方案分析等方面内容，结合新郑实际和今后发展模式提出了修改意见和可行性建议。市领导马志峰、马宏伟、李峰、崔淑娴等出席会议。

【疫情防控专项会议】 12月11日，在收听收看省委新冠肺炎疫情防控第九次专题会议及郑州市新冠肺炎疫情防控专项会议后，市委书记马志峰立即主持召开续会，对全市疫情防控和下一阶段工作进行安排部署。马志峰强调：全市上下要高度警惕、始终保持措施上严谨细致、行动上快速精准，以良好的工作作风、负责的工作态度落实好常态化疫情防控各项政策措施、固化疫情防控工作成果。

【黄帝故里园区部分建设项目设计方案论证会】 12月18日，黄帝故里园区部分建设项目设计方案论证会及第五次专家督导意见反馈会召开。设计团队汇报三鼎、轩辕殿丹陛石、寻根门姓氏排布及游客中心等相关建筑的设计方案。与会专家问询并提出意见、建议。郑州市专家指导组反馈第五次专家指导意见。郑州市委常委、统战部部长、市政协党组副书记黄卿，新郑市领导马志峰、李志强、黄卫东、李峰、璩鹏辉等参加。

【市委书记马志峰调研疫情防控工作】12月25日，市委书记马志峰到万佳量贩、奥斯卡影城、公立人民医院等地，调研疫情防控工作。马志峰强调，全市上下要充分认识当前疫情防控的严峻形势，保持如履薄冰的心态，严而又严、实而又实地抓好疫情防控工作；要层层压实责任，严格把防控要求落实到岗到人，强化区域之间、部门之间协同配合，具体化、清单化抓好落实；要加强督查指导，从严从快处理违反疫情防控有关规定的行为，确保防控要求一贯到底、防控措施落实到位。市领导张慧娴、李峰、崔淑娴等陪同调研。

【中国共产党新郑市第六届委员会第二次全体会议】12月28日，中国共产党新郑市第六届委员会第二次全体会议召开。市委书记马志峰主持会议。市委常委、组织部部长胡坤代表市委常委会作《关于新郑市委推荐提名的中国共产党第二十次全国代表大会代表候选人推荐人选推荐提名情况的说明》。举手表决通过了新郑市委推荐提名的中国共产党第二十次全国代表大会代表候选人推荐人选。市领导马宏伟、石玉、王俊杰、秦洪源、胡坤、周建超、姚志刚、张慧娴、李峰、璩鹏辉、崔淑娴、赵恒康等出席会议。

【"能力作风建设年"活动动员部署会议】12月31日，新郑市召开全市开展"能力作风建设年"活动动员部署会议。学习贯彻习近平总书记关于干部能力作风建设的重要论述，落实河南省、郑州市开展"能力作风建设年"动员部署会要求，动员全市上下进一步统一思想、振奋精神、增强本领、改进作风，奋力开创现代化全国一流中等城市建设新局面，以优异成绩和崭新气象迎接党的二十大胜利召开。市委副书记石玉主持会议，市委常委、组织部部长、市委社治委主任胡坤就"能力作风建设年"活动实施方案作说明。市领导马志峰、王俊杰、李志强、秦洪源、周建超、姚志刚、张慧娴、李峰、璩鹏辉、崔淑娴、赵恒康等在主会场出席会议。

【市乡两级人大换届选举工作动员会】12月31日，新郑市召开市乡两级人大换届选举工作动员会。会议宣读了《新郑市乡两级人大换届选举工作实施方案》及《新郑市人大常委会关于成立市乡选举委员会的决定》，并对市乡两级换届选举工作进行了全面部署。市领导马志峰、石玉、王俊杰、胡坤、周建超、璩鹏辉、崔淑娴等出席会议。

（撰稿：刘宏亮　审阅：安广涛）

市委办公室工作

【概况】2021年，市委办公室始终坚持以习近平新时代中国特色社会主义思想和党的十九大精神为指导，在市委的高度重视、正确领导和大力支持下，适应新形势、新任务的要求，紧紧围绕新郑建设现代化全国一流中等城市目标，加强理论学习，搞好自身建设，强化协调服务，以"三办、三服务"高质量推动新郑经济社会发展高质量，各项工作都取得了新突破、新提升、新位次。

以政治建设为统领，加强党的全面领导。认真学习贯彻习近平新时代中国特色社会主义思想，不断提高政治判断力、政治领悟力、政治执行力，始终把坚持旗帜鲜明讲政治作为根本要求摆在首位，自觉接受党对办公室工作的绝对领导，坚定不移贯彻落实党的各项决策部署，确保办公室各项工作始终沿着正确的政治方向坚定前行。始终坚持正确的政治站位，把工作置于全市工作大局中谋划推进，在党委领导下，找准定位基点，忠诚履职尽责，在服务经济社会发展中彰显自身价值。

严格执行省委、郑州市委和新郑市委、市政府决策部署。先后召开多次专题会议，深入学习习近平总书记视察河南重要讲话指示精神，围绕促进中部地区崛起、黄河流域生态保护和高质量发展战略，认真研究省委、郑州市委关于县域经济高质量发展相关精神以及省委、郑州市委全会和党代会精神，立足新郑市当前发展实际，着眼长远发展需求，深刻分析面临形势机遇，以着力推进深化实施"九项工程"、促进建强"三主三新"产业体系的实际行动践行初心使命，切实增强"四个意识"、坚定"四个自信"、做到"两个维护"。

坚决扛稳全面从严治党主体责任。坚持以作风建设为支撑，推动全面从严治党主体责任向纵深发展。坚持重实干、重实绩、重基层的鲜明导向，在干部队伍中树立"干部是干出来的，不是熬出来的"理念，让务实重干、担当有为在全办公室蔚然成风。严格履行全面从严治党监督责任，把严的标准、严的措施贯穿到管党治党全过程和全方面，同一切可能动摇党的根基、阻碍党的事业发展的现象作斗争，把全面从严治党主体责任落到实处。

严肃政治生活，充分发扬民主集中制。严格执行领导干部个人有关事项报告、述职述廉、廉政谈话等制度，凡涉及"三重一大"事项，都提交主任办公会集体讨论决定，做到公平、公正、公开。班子成员均能积极参加党风廉政建设民主生活会，主动报告个人重大事项，虚心接受各方意见和批评，自觉接受组织监督、群众监督和制度监督，认真检查执行党的政治纪律、工作纪律、经济纪律和群众纪律，在招待来客上，坚持简化礼仪而不失热情周到、完成接待而不超规定标准，杜绝大吃大喝、超标接待。在举办活动、督查调研上，本着一切从简的原则，不搞铺张浪费，真正做到轻车简从。

扛稳意识形态工作责任。坚持做到思想建党，在按时参加中心组理论学习的基础上，无论时间多紧迫、工作多烦琐，都做到新闻必看、政策法规必学、最新上级精神必悟，坚持集体学与自己学相结合，定期学与平时学相结合，开讨论会与班子成员授课相结合，不断提高自身的政治自觉、思想自觉和行动自觉，服务发展的能力和水平不断提升。带头扎实开展党史学习教育，高质量举办领导班子主题教育学习读书班3次，组织办公室召开各类专题学习会议20余次，推动党的创新理论走深走实，通过扎实有效的学习教育活动带动全办公室党员干部坚定政治信仰、争做时代先锋。

全面完成重点目标任务。按照建设市委“坚强前哨”“巩固后院”的理念，围绕市委中心工作和上级总体部署，立足办公室工作职责，进一步提升“三服务”的质量和水平，各项工作取得了实效，服务基层、服务领导、服务发展的能力和水平进一步提升。以文辅政出精品，2021年，围绕全市中心工作先后起草各类讲话、材料300余篇，400万余字，编发《新郑工作》《领导参阅》等300余期，向省委、郑州市委办公厅上报信息500余条，郑州市委信息刊物采用80条，省委信息刊物采用22条（含专期1篇），收集处理紧急突发类信息30余条，连年被评为全省《中共中央办公厅通讯》《秘书工作》学用和征订先进单位，被评为“2019—2020年度郑州市调查研究先进单位”，获评优秀调研成果一等奖和三等奖两篇。会务组织细致入微，严格遵守中央八项规定及其实施细则精神，对各类会议、活动、调研、视察、考察等制定方案，研究具体安排，圆满完成了上三级领导调研视察活动、辛丑年黄帝故里拜祖大典、市委五届十三次全体会议暨市委经济工作会议、第六次党代会等重要会议活动的筹办。2021年，先后筹备组织各类会议活动400余次，其中筹备上级领导调研视察活动30余次，筹备其他地区考察活动10余次，组织市委和市委部门等会议等100余次，组织上级视频会议200余次，筹备市委领导调研150余次。机要通信安全保密无疏漏，全年共处理市本级文件160份，办理明传电报438份，传送机要件及上三级公文4517份，未发生一起错办、漏办、延误事件；自行组织应急移动通信演练4次，参加郑州市组织演练1次，明、密演练均圆满完成。做好党代会、两会、拜祖大典、中招、高考等保密服务工作，在全市开展保密“以案促改”专项行动，进驻17家重点单位开展检查，取得了良好的效果。开展“4·15”全民国家安全宣传教育活动和《中华人民共和国反间谍法》宣传活动，召开风险会商研判、告知提醒15次，持续组织开展微信泄密专项整顿行动，为全市营造安全稳定的环境。被评为“全省机要密码工作宣传先进单位”。改革外事稳扎稳打，扎实开展涉外标识标牌规范工作，规范完善新郑市因公出国（境）管理办法，认真收集市内境外人员信息，完善涉外疫情防控工作机制，做好防范境外疫情输入工作。认真制定新郑市9个方面、54项改革事项，逐项对照落实，推动各项改革举措落地生根；全年新争取国家级改革试点1个、省级改革试点1个。人事管理服务高效，办公室采取公开公平竞争上岗的方式选拔出3名优秀年轻干部充实到办公室的中层岗位上；办理入编人员6名，其中2020年定向引进优秀高校毕业生2名，2021年河南省选调生2名，增进了新鲜活力，进一步提升了办公室工作绩效；做好十届省委巡视“回头看”反馈问题的整改工作，针对反馈的3大类14项28个问题，高标准完成整改28个，完成率100%，扎实做好巡察工作“后半篇文章”；办公室工会、精神文明建设、机关事务等工作取得显著成效，评为“国家机关事务管理局节约型机关”“污染防治攻坚战三年行动计划先进单位”等称号。

履行巡视整改“一岗双责”情况。自觉把巡视整改作为重要政治任务来抓，以习近平新时代中国特色社会主义思想为指导，牢固树立“四个意识”，坚决做到“两个维护”，切实履行全面从严治党主体责任，充分认清省委巡视反馈问题整改的极端重要性，充分认清抓好整改落实的现实紧迫性，以最严肃的态度、最务实的作风、最坚定的信念，以刀刃向内、自我革命的自觉，聚焦病灶，对症下药，扎实做好巡视“后半篇文章”，用实际行动巩固和扩大整改成果。省委巡视反馈涉及市委办公室的问题和建议，已全部整改到位。

履行安全生产工作责任，深入贯彻总体国家安全观，坚持用如履薄冰的态度防范化解各类风险隐患，切实维护社会大局和谐稳定。积极协调推动各单位健全完善防汛救灾应急体系，最大限度保障人民群众生命财产安全。认真做好日常值班值守工作，发现问题立刻组织督促各相关单位做好风险化解和对上信息报送，有力保障全市安全稳定。

抓基层党建工作情况。深入贯彻落实新时代党的建设总要求和党的组织路线，坚持大抓基层、大抓基础的鲜明导向，积极参与组织全市“亮赛比”活动，有力督促各单位更好落实“三级抓村”机制和基层党建述职述评制度，以高质量党建赋能高质量发展，打通基层党组织“毛细血管”、激活基层治理“神经末梢”，推动基层党组织全面进步，着力将基层组织打造成为党员群众的“主心骨”“定盘星”。

推进党风廉政建设和反腐败工作，坚持把党风廉政建设作为办公室提供优质服务，塑造崭新形象的关键，高标准、高质量推动党风廉政建设各项工作扎实深入开展，为服务全市经济社会提供坚强保障。严格按照党章和党规党纪要求，坚决纠正不守政治纪律和政治规矩的问题，做到绝对讲忠诚、绝对讲团结、绝对讲服从，始终与中央保持高度一致，认真贯彻廉政准则，严格遵守中央八项规定、省委若干意见、郑州市委二十条规定和新郑市机关作风“十不准”，在公务接待、因公差旅、公车管理等方面没有出现违规情况。

着力推动解决经济社会发展中的突出矛盾和问题，在抓好日常工作、学习的同时，带领办公室成员围绕现代产业体系构建、开放创新、生态建设、实施乡村振兴战略等全市中心工作，深入基层调研、倾听群众心声、帮助解决问题，累计深入基层一线开展调研活动12次，协调解决民生问题16个，以办公室工作人员推动科学发展能力、综合协调能力、参谋服务能力的不断提高来推进市委办公室更加积极地发挥沟通协调作用，推动全市经济社会发展中的突出矛盾得到更有力、更快速的化解。

【综合工作】2021年，市委办综合工作以习近平新时代中国特色社会主义思想为指导，以“五个坚持”为统揽，以“三个满意”为宗旨，扎实做好会务组织、活动筹办、考察调研、应急值班、后勤服务等综合工作。会议活动组织规范高效，严格遵守中央八项规定及其实施细则精神，制定各类会议、活动、调研、视察、考察方案，圆满完成上三级领导调研视察、中共新郑市第六次代表大会等重要活动筹办。筹备组织各类会议活动400余次，其中筹备上级领导调研视察活动30余次，筹备其他地区考察活动10余次，组织市委和市委部门等重要会议100余次，组织上级视频会议200余次，筹备市委领导调研150余次。协调服务工作科学严谨，征集整理市四大班子领导每周重点工作预排52期，整理上报市委、市政府主要领导工作日报260期，接待来客来访200余人次，收发报刊信件6000余份。应急值班工作严格有序，严格落实24小时值班制度和突发事件应急处置机制，“7·20”特大暴雨和疫情防控期间，以高度的政治自觉，坚持全员在岗，第一时间协调、落实市委领导同志交办的事项，打通信息传输“最后一公里”。积极服务领导视频会商，保障上级值班应急政令畅通，接收办理领导干部外出报备44人次，与上级视频会商30余次，编发假期《值班快报》30余期，接受办理上级值班通知200余份，接转电话8000余次。

【文秘工作】2021年，市委办秘书科坚持按照“贴近工作大局、贴近领导思路、贴近群众意愿”的要求，加强学习打基础、创新措施搞服务、强化管理筑保障，圆满完成了各项工作任务。围绕多出精品，搞好文字服务。在深入开展调查研究的基础上，对文稿反复推敲、精益求精，力求准确把握意图、严谨谋篇布局、透彻分析问题、精练遣词造句，文字材料的质量不断提高。全年共起草全市村（社区）“两委”换届工作推进会、市委务虚会议、全市党史学习教育动员大会、全市政法队伍教育整顿动员部署会、全市优化营商环境工作推进会、全市平安建设工作会议等重要会议领导讲话文稿300余篇，共计400余万字，较好贯彻了市委的决策思想。围绕争创一流，搞好会务服务。先后完成市委五届十三次十四次全会、市委经济工作会、新郑市第六次代表大会、市委常委会会议等各种会议的服务工作。围绕做好协调，做好活动服务。积极参加组织调研、接待等活动，先后参与辛丑年黄帝故里拜祖大典、第十五届黄帝文化国际论坛等全市重大活动筹备工作，参与组织、跟踪服务市委领导调研乡村振兴、疫情防控、防汛救灾、环境保护、城乡结合部综合整治等工作100余次。

【文电工作】2021年，紧紧围绕市委中心工作，认真执行《党政机关公文处理工作条例》，在准确、及时、安全、保密的基础上，强化精品意识、完善规章制度、规范运转程序、严格质量标准，扎实做好公文处理、明传电报办理、机要件及印鉴管理等工作。2021年共处理市本级文件160份，办理明传电报438份，传送机要件及上三级公文4517份。坚持公文处理严把关口，严格实行岗位责任制、差错追究制、退文重办制，严把发文、内容、格式、审签等四道关口，确保公文处理科学化、精品化。坚持明传电报随到随办，实行二十四小时待办制，时刻根据不同来文内容拟办办理事项，严格按照领导批示转交相关单位办理，确保电报办理及时准确。坚持处理机要来件及时保密，对上三级的来文来件，严格按照范围和要求，及时发送、及时传阅、及时回收，做到不传丢一份文件。对各类需归档的文件资料认真及时整理、归档、立卷，保证不失、不损、及时进馆入库。坚持印鉴管理专人专管，严格落实专人专管和领导签字制度，保证印章安全，维护印章使用的严肃性。连续被省委办公厅评为河南省党内规范性文件备案工作先进单位、河南省《中办通讯》《秘书工作》学用工作先进单位，被郑州市委办公厅评为郑州市党委系统公文处理机要文件管理工作先进单位、郑州市《秘书工作》《中共中央办公厅通讯》工作先进单位。

【信息调研工作】2021年，信息调研科坚持服务大局、及时高效、全面准确、统筹协调、开拓创新原则，以“第一手情况”“第一道研判”“第一时间报送”为工作目标，为市委统筹推进改革、发展、稳定各项工作提供高质量信息保障。全年累计编发

《新郑工作》《领导参阅》等300余期，向省委、郑州市委办公厅上报信息500余条，郑州市委信息刊物采用80条，省委信息刊物采用22条（含专期1篇），收集处理紧急突发类信息30余条。强化信息收集报送，创新工作思路，建立全市信息员队伍，完善信息网络，建立快速反应机制，积极开展信息业务学习，增强信息人员信息敏感性，不断提高各单位信息报送工作反应速度、分析深度。提高信息调研质量，定期开展对先进理论、时政热点、领导讲话、市委文件等重要材料精神的精读细读，把握政策方向，主动围绕省委、郑州市委和新郑市委重点工作开展高质量、深层次的调研活动，保障提供有深度、有内涵的问题建议类信息和调研成果。加强基层信息调研队伍建设，严格推行信息采用情况通报制、积分制、重大信息上报责任追究制等制度，有计划、分系统地召开各部门信息员例会、座谈会，对基层信息员分批次进行业务技能培训和政策理论培训，有效提高基层信息员业务素质和工作技能。

【机要工作】2021年，机要工作按照习近平总书记的指示批示精神，结合上级机要工作安排，紧紧围绕全市中心工作和重大决策部署，认真履行保密通信“生命线、保障线、指挥线”职责，确保中央、省、市指示、政令畅通。认真抓好以紧急重要电报为重点的各类电报办理工作，全年没有发生错办、误办、漏办事件。加大应急移动通信系统建设，不断提升随行服务能力，确保上级指示、政令在任何时间、任何地点、任何情况下畅通。认真做好电子政务内网管理工作，加强对全市电子政务内网终端单位检查指导，确保全市电子政务内网安全、畅通。严格密码管理。按照“四查”工作制要求，确保密码绝对安全。被评为2021年度郑州市密码通信值班工作优秀单位、2020—2021年度郑州市党政机要密码工作先进单位。

【保密工作】2021年，认真落实中央领导同志关于加强新形势下保密工作的重要指示精神，按照省、郑州市的安排部署，以发扬党的优良传统为总揽，以党的执政能力建设为主线，以维护国家安全和利益为根本，以促进和保障经济社会发展为己任，抓好宣传教育、制度完善、督促检查、科技创新、队伍建设、责任落实“六项重点”，圆满完成保密工作各项任务。把宣传教育贯穿始终，充分发挥党校、学校宣传主阵地作用，广播、电视等媒体导向作用，开展多种形式的保密专题宣传、培训和警示教育等活动，大力宣传保密法律法规。把制度建设贯穿始终，对密级文件管理、涉密计算机和涉密移动存储介质及涉密网络保密管理、非涉密计算机和非涉密储存介质保密管理、互联网发布信息保密审查、定密工作、涉密载体销毁工作等作出明确规定，建立规范的管理体系。从法定假日到传统节日、从高考中招到学业水平测试、从重要接待到大型会务活动再到辛丑年黄帝故里拜祖大典活动，把督促检查贯穿始终。把转发文件、短信提醒、单位自查、定期检查作为保住秘密的常规武器，严格检查标准、强化检查效能，集中开展非涉密网络检查，涉密敏感部门部位专项检查，中考、高考期间专项检查活动。9—11月，开展保密工作大检查，共检查单位27家。

【人事工作】2021年，编制人事工作按照全市各业务部门的统一安排部署，扎实推进工资、公务员管理、事业单位岗位设置、党员管理、职工养老、个人所得税、出入境管理等10余个系统的规范使用，实现人员基本信息、工资福利保险等各项数据电子化的管理，使各类人事信息做到归属清晰、内容完整、查阅迅速、便捷高效。高站位抓好人才队伍的建设，办理入编人员6名，其中2020年定向引进优秀高校毕业生2名，2021年河南省选调生2名。开展竞争上岗，选拔出3名优秀年轻中层干部。高质量做好党支部各项工作，扎实开展“三会一课”和主题党日活动，积极组织办公室党员开展各项志愿者服务活动，在疫情防控、文明城市建设、防汛救灾、灾后重建等各项工作中累计出动党员500余次，为打造市委“坚强前哨”和“巩固后院”提供坚强的组织保障。高标准做好党风廉政各项工作，逐项分解反腐倡廉任务。组织班子集体理论学习12次，讨论交流4次，谈心谈话20余次，组织办公室40余名党员到驻马店红色教育基地开展主题教育活动，签订党风廉政建设责任承诺书50余份，高质量召开领导班子“2021年度党史教育专题民主生活会”，开展批评与自我批评。针对2020年巡察反馈的3大类14项28个问题，高标准完成整改28个（其中需长期坚持9个），完成率100%，切实做好巡察工作“后半篇文章”。

【政研工作】2021年，市委、市政府政策研究中心深入贯彻党的十九届六中全会、省委十届十四次全会、郑州市委十一届十五次全会会议精神，以加快建设现代化全国一流中等城市为目标，围绕市委中心工作开展专题调研，全力配合省委政研室、郑州市委政研室等上级部门的重大调研活动，实现上情下达、下情上报渠道畅通。全年共起草领导讲话、政策文件、情况汇报等材料100余篇，撰写《新郑市美丽乡村泰山村建设经验材料》《新郑市加快产业转型升级引领经济社会高质量发展》等调研报告10余篇，其中《新郑市推行“用脚步丈量工作法”情况调查》被省委政研室《调查研究》刊发。2021年被郑州市委政研室评为2019年度—2020年度调查研究工作先进单位。市委改革办围绕各类改革事项建立任务清单、逐项对照落实，着力做好农村改革、民主政治制度改革、经济与社会体制改革等九个方面事项，2021年新争取国家级改革试点1个、省级改革试点1个。河南省制造业高质量发展综合评价试点、河南省政务服务改革试点等稳步推进，“标准地”出让制度改革、“放管服”改革等成效显著，县域共青团基层组织国家试点改革经验被郑州市委改革办宣传推广。产教融合服务地方经济发展机制改革、设立政务分中心推动“就近办”改革等自主改革创新事项圆满完成，产教融合服务地方经济发展机制改革获得郑州市委改革办肯定，被评为优秀改革创新事项。市委财经办围绕全市经济、社会、文化和生态文明建设等领域重大战略和规划、重大政策、重大建设项目等重大事项进行研究安排，推动上级党委关于经济社会发展各方面工作的重大决策及市委各项决策部署落地见效。定期召开市委财经委会议，研究出台《中共新郑市委财经委员会议事规则（暂行）》《中共新郑市委财经委员会办公室工作细则（暂行）》，研究全市财政运行、“三个一批”工作等，切实把稳增长、促改革、调结构、惠民生、防风险等各项工作谋深谋细、落到实处。

【市委外办工作】 2021年，市委外办工作坚持以习近平新时代中国特色社会主义思想和习近平外交思想为指导，统筹协调全市对外交流与合作，服务全市高水平开放和高质量发展。着力构建“大外事”格局，将学习贯彻习近平外交思想作为首要政治任务，不断增强“四个意识”、坚定“四个自信”、做到“两个维护”。着力服务高水平对外开放，积极融入“一带一路”建设，加强对外研究，不断扩大新郑影响力。探索建立“一带一路”对外合作项目库，持续推进郑州西亚斯学院与美国亚利桑那大学合作交流，继续推广APEC商务旅行卡，圆满完成《中华源·河南故事·黄帝》编撰工作。着力推进涉外安全管理精准化，建立“一带一路”境外安全保障工作协调机制，开展海外领事保护宣传月活动。全方位、多渠道宣传疫情防控政策，为在新郑外籍人士人员提供必要帮助，全面落实境外入新郑人员的疫情防控措施，坚决防止境外疫情输入扩散。

【市委国安办工作】 2021年，市委国安办在市委国安委的正确领导下，坚持以习近平新时代中国特色社会主义思想为指导，全面践行总体国家安全观，以政治安全工作为主线，夯基固本，完善机制，强化宣传，狠抓落实，坚决维护国家安全和社会稳定。围绕政治安全、经济安全等，对全市各重点领域重大风险点进行梳理研判和风险评估，提前预警，确保重大风险隐患及时化解。围绕重大节日，适时召开联络员会，开展风险会商研判，防范化解各类风险隐患，建立台账，督导反馈，确保国安工作机制运行顺畅高效。积极开展“4·15”全民国家安全宣传教育活动，增强全市广大干部群众国家安全意识。

（撰稿：刘宏亮　审阅：安广涛）

组织工作

【概况】 中共新郑市委组织部位于新郑市人民路186号，是隶属于新郑市委的工作部门，主要负责全市基层党组织建设、党员干部队伍建设、人才队伍建设等工作。2021年，市委组织部以习近平新时代中国特色社会主义思想为指导，深入贯彻党的十九届历次全会精神和上级组织工作会议精神以及新郑市六次党代会精神，以集中换届为契机，建设政治过硬、具备领导现代化建设能力的干部队伍，以全方位培养、引进、用好人才为支撑健全人才工作机制，持续提升基层党组织组织力，为新郑市“十四五”高质量发展开好局起好步、加快现代化全国一流中等城市建设提供了坚强组织保证。

【基层组织建设】 基层基础全面加强，成立以市委书记为组长，相关单位主要领导任成员的市乡村三级换届领导小组，精准把握换届政策程序，精心安排换届各个环节。全市300个村（社区）顺利实现党支部书记、主任“一肩挑”，10个乡镇党委换届工作顺利完成，精心筹备和全面服务保障好中共新郑市第六次代表大会，三级换届选举工作取得圆满成功。首次将驻村第一书记纳入专场比学，拓展实施村（社区）党组织“五星支部”争创活动。成功创建省级基层党建示范村2个，郑州市级基层党建示范村22个，“美丽乡村”精品村、示范村45个。龙湖镇泰山村党总支书记乔宗旺在郑州市举办的第一届“十佳”村（社区）党组织书记擂台赛上，以第一名的成绩被评为郑州市第一届“十佳”村（社区）党组织书记。完成27个集体经济收入5万—10万元的村整体提升，完成率62.8%。坚持全排查、无遗漏，全市共排查出软弱涣散村12个，全部完成整顿。深入实施党校建设“3+1”提升工程，依托5所省级授牌乡镇（街道）示范性党校及新郑市授牌56所乡村级党校，累计组织2.5万名党员开展“万名党员进党校”培训，圆满完成省级示范性乡镇党校评星验收工作。制作“支部书记话发展”微党课2部、“辉煌百年”故事会16部、“向党说句心里话”视频8部，《五彩人才 智赢未来》宣传片在“学习强国”学习平台播出，《临时妈妈》等7部电教片登上郑州电视台《共产党人》栏目。

党建工作责任有效夯实，2021年共发展党员982人。农村违规发展党员排查整顿工作经验推广至18个市、

3个省直单位和168个县（市、区），十余个县（市、区）先后到新郑考察学习。严格落实驻村干部“五天四夜”工作制和请销假制度，全年累计划拨第一书记专项工作经费105万元，从党费中划拨第一书记党员教育培训补助经费51万元。建立非公经济组织和社会组织常态化摸底排查机制，高质量打造“红色物业”示范点。高标准组织新郑市“两优一先”表彰大会及“党龄满50年”纪念章颁发仪式，为2566名党龄满50年党员颁发纪念章，对生活困难党员、老党员、老干部、省委表彰的优秀共产党员和党务工作者、因公殉职党员干部家属等768人进行慰问，共下拨慰问金41.94万元。

先锋堡垒作用更加突显，深入开展“一把手走流程”活动，22个政府组成部门、15个乡（镇、街道、管委会）及300个村（社区）参与活动，有效解决一批企业、群众关注的难点、堵点问题。紧抓“双抓双促”活动有效载体，开展市直机关党组织和企业党组织结对共建工作，完成结对共建248个。全市129个无主管楼院全部完成“居民公约”制定。6个“红色物业”示范小区、134个“无疫社区（村）”完成创建，修复重建受灾党群服务中心26个。围绕创文创卫等阶段性重点工作，深入开展“党员干部进社区，争当志愿做先锋”“机关党组织和在职党员‘双报到’”等活动，推动1300个基层党组织3.5万名党员对67个社区、129个无主管楼院开展拉网式排查、全覆盖站岗。防汛救灾中，部主要领导带头，部务会成员带领组工干部先后深入300个村（社区）和部分企业一线实地查看，督导调研，参与并帮助指导基层解决问题40余个。疫情防控中，市委组织部负责全市核酸检测工作，部主要领导先后9次到46个检测点进行督导和调研，圆满完成5轮全员核酸检测和5轮重点人群核酸检测，检测总人口549.4万人，受到国务院、省委和郑州市委三级督导组的充分肯定以及新郑市主要领导多次表扬。2021年，全市共涌现出省市级先进基层党组织145个、先进党员263名。

【干部队伍建设】 干部队伍结构不断优化，围绕乡镇党委换届，在乡镇设领导职数11个的基本要求下统筹全市，对龙湖镇等4个乡镇各增加1个领导职数，城关乡等4个乡镇各减少1个领导职数，力量配备更加科学。结合乡镇党委换届工作，科学配备、合理安置入围郑州市“双百工程”的13名干部，做好乡镇党委换届干部调整工作。围绕安置墩苗育苗干部、乡镇党委换届、机构改革等工作，开展干部调整2次，涉及179人（提拔重用43人）。围绕防汛救灾、疫情防控、大气污染防治、创文创卫等中心工作，抽调科级干部67人次，及时选派3名干部到机场疫情防控专班历练。扎实做好全市公务员及参公人员登记手续及时办理，全年共办理公务员登记业务97人次。

干部教育培训不断强化，启动全市党员干部学习贯彻党的十九届五中全会精神集中教育培训工作，覆盖党员干部1.2万余人次。组织4000余名注册学员依托河南干部网络学院开展党史学习教育网络专题培训，教育引导党员干部从党的百年历程中感悟初心使命、赓续红色基因。举办市级线下专题培训班15期，累计培训干部1911人。举办线上培训班次3个，平均每期覆盖全市8000余名党员干部。完成河南干部网络学院5个专题学习，培训超2万人次。

干部考核监督不断细化，精准拿出2020年度科级干部年度考核等次初步意见，确定了优秀等次人员248名，不定等次人员12名，不称职等次人员1名。坚持“凡提四必”，结合职级晋升、干部提拔或进一步使用等工作，共征求意见23批407人次。组织各科级单位班子成员424人集中报备个人有关信息。从严办理涉组涉干信访举报，对收到的27件信访举报依规依纪办理，委托审计部门对16名党政正职开展经济责任审计。推进干部人事档案专项审核全覆盖，对国有企事业单位人员干部人事档案进行集中审核，对涉及干部档案进行任前审核，实现档案审核管理“零差错”，共受理查（借）阅档案1527人次，收集档案材料2512份。

12月12日，新郑市2021年引进优秀人才面试考官培训会举行（市委组织部/供图）

【人才工作】 人才机制更加完善。

5月27日，市委组织部机关干部到登封市任长霞同志先进事迹陈列馆参观学习（市委组织部/供图）

出台年度人才工作目标责任制度，定期召开人才工作例会。将人才队伍建设工程纳入全市高质量发展“擂台赛”，每季度对人才工作进行评比打分，有条不紊地推动各项工作落实。发挥校地联席会议制度优势，选派16名高校优秀人才到15家地方单位挂职。全面落实郑州人才计划，深入实施“五彩人才计划”，落实郑州市认定高层次人才申报及补贴政策，共接收认定5人次。青年人才生活补贴受理申报1176人，首次购房补贴受理223人。

人才资源加速积聚。黄帝故里英才引进计划第二年计划完成实施。开展郑州市文化名家、名医、名师支持专项申报工作，共申报15人，推荐项目2个。组织企业推荐申报河南省级新型研发机构1家、郑州市级新型研发机构2家。开展全民职业技能提升行动，成立科技特派员工作服务站，建立科技特派员服务队，深入一线开展各类帮扶活动240余次，带动就业290余人。高规格举办第十五届黄帝文化国际论坛、“轩辕杯”文化创意设计大赛、百名非遗传承人、百名博士故里行活动，持续提升新郑知名度、美誉度。开展“就在新郑，创赢未来”巡回招聘及政策宣传活动，共收到求职简历8200余份，达成求职意向1867个。

创新资源有效激活。持续加强双创载体建设，全市共建有创新创业综合体、众创空间、科技企业孵化器和“星创天地”27个，孵化面积近50万平方米，入驻企业（团队）1000余家，近5万人围绕科技创新进行创新创业。成立新郑市5G应用产教融合联盟，推动创新链、产业链和应用链融合发展。建立高新技术企业储备库，已储备91家，第一批向省科技厅推荐48家，第二批推荐33家，已认定科技型企业58家。

创业生态全面优化。大力实施智慧城市大脑项目，发挥“互联网+人才”优势，高标准打造人才工作专窗，推动人才服务“一网通办、一次办成”。聚焦解决人才实际难题，高标准打造故里英才公寓303套，建筑面积21521平方米，实现交付100余套，符合条件的故里英才和高校挂职人才已入住。《从“落脚”到“扎根”再到“价值实现” 新郑“筑巢留凤”让人才安居乐业》等专题信息在《中国组织人事报》《河南日报》等媒体刊发。

【老干部工作】强化待遇保障，坚持落实走访慰问制度和分包联系制度，工作人员定期对县处级老领导和部分离休干部、分包老干部进行走访，了解身体状况和生活情况。为全市离退休干部党支部书记71人发放工作补贴25万元，为全市特困离退休干部81人发放困难帮扶金30万元。组织离休干部进行健康体检，确保离退休老干部乐享晚年生活。

强化作用发挥，深入开展“两展示两争当”活动，积极引导离退休干部在宣传党的政策、助力乡村振兴等方面发挥作用。通过开展“三进”（进社区、进企业、进乡村）活动，动员老同志创作优秀作品、讲好中国故事、宣传党的历史，歌颂党的伟大成就。发挥“夕阳红”志愿服务宣传团优势，精心打造“党史国史”宣讲队伍，深入中小学校、社区、乡村开展宣讲28场，受教育师生达3万余人。

强化文化建设，开展全市离退干部庆祝建党百年优秀文艺节目征集活动，选出优秀作品参加“郑州市离退休老干部庆祝建党100周年文艺比赛”。选送节目的豫剧《焦裕禄》选段、《红色娘子军》分获郑州市离退休干部庆祝建党百年文艺比赛戏曲优秀原创奖和一等奖。积极推动离退休干部党建与基层党建融合发展，烟厂东区社区试点被评为河南省离退休干部党建优秀案例。

【自身建设】抓理论学习，提综合素能，邀请市委党校老师到市委组织部开展党史学习教育专题辅导，不断加强组工干部党性修养，坚定理想信念。组织机关党员干部围绕党的十九届六中全会以及省、郑州市党代会、郑州市委工作会等会议精神开展专题集中学习，开展机关干部学习贯彻党的十九届五中全会精神网络理论测试，领会发展思路，吃透上级精神，指导推动日常工作开展。先后组织机关党员干部到任长霞纪念馆参观学习，集中观看红色电影《悬崖之上》《长津湖》，参加新郑市庆祝中国共产党成立100周年全民大合唱展演等活动。通过形式多样的活动，让全体党员干部学习有收获、思想受洗礼。

抓机关建设，强运转保障，及时受理上级来文来电，准确快捷传达市委、市政府决策，确保机关各项工作高效运转。规范开展部务会议、部办公会议，确保议事决策民主。定期对部机关财务制度、车辆管理和办公用房使用情况进行自查自纠，严格办公用品和其他公物的购置和管理，进一步规范相关程序。先后组织机关干部参加文明交通志愿服务、洧水公园清淤泥、文明城市建设宣传、公益慈善日捐款、分包社区环境美化等志愿服务活动，进一步丰富了机关干部生活体验、传递爱心、传播文明。

抓信息宣传，促中心工作。全年完成《河南组工信息》刊发3篇，《郑州组工信息》刊发23篇，均超额完成全年目标任务。其中，《新郑市多措并举推动新一届村（社区）“两委”开新局》和党委换届资格审查工作先后被《河南省村（社区）“两委”换届工作简报》《河南组工信息》刊用。市委组织部督导灾后重建工作，被郑州市委办公厅《郑州信息》刊发。围绕各级党组织和广大党员干部在践行“用脚步丈量工作法”中作用发挥，撰写的《党建引领促发展，脚步丈量砺初心》被《河南日报》《河南组工信息》专版报道，先后被人民网、大河网转载，强化了党建引领作用，唱响了新郑党建亮点工作的“好声音”。

（撰稿：李彦增　审阅：赵东伟）

宣传工作

【理论武装和党员教育】 理论武装持续深化，党史学习教育走新走心。领导干部带头示范，市委常委会落实“第一议题”制度，及时传达学习习近平总书记关于党史学习教育的重要论述精神，先后6次研究安排党史学习教育工作，以“跟进学”强化“跟着走”。制定《党员领导干部党史学习教育重点工作安排》和自学计划，采取集中学习、专家授课、个人自学和交流研讨等形式，市委理论学习中心组围绕“学党史、悟思想”举办读书班1期、党史学习教育专题学习4次、辅导报告2次，累计开展集中研讨学习11次。县处级领导带头讲专题党课、进中小学校讲思政课70余场，努力把党史学习教育成果转化为推动工作的扎实举措。专家学者巡回讲学，组建市委宣讲团、巾帼宣讲团、青年志愿者宣讲团、劳模宣讲团、“五老”宣讲团，坚持“三联三讲”（市乡村三级联动，专家讲理论、干部讲政策、百姓讲故事）宣讲模式，广泛开展党史专题宣讲、习近平总书记在庆祝中国共产党成立100周年大会上的重要讲话专题宣讲和党的十九届六中全会精神专题宣讲，累计开展各类宣讲500余场、受众2.1万余人。党史学习教育扎实暖心开展，坚持“用脚步丈量工作法”，聚焦“一老一小一青壮”等重点群体领域，广泛开展“我为群众办实事”实践活动，不断提升党史学习教育温度。组织党员干部深入基层群众、深入企业、深入生产一线、深入窗口单位，向群众问需、向企业问计，广泛听取意见，征集“民生账单”218件。斥资48.82亿元，专门用于乡村振兴、医疗教育、城市建设等涉及人民群众切身利益项目，让群众共享改革发展成果。市直各单位、各乡镇（街道、管委会）通过排查各单位领域问题，建立本级台账共1092件，完成率100%。

深入学习贯彻习近平总书记关于加快社会治理现代化工作的一系列重要论述，将社会治理现代化重要论述列入各级党委（党组）理论学习中心组和“第一议题”学习内容，认真贯彻落实中央和省、郑州市委关于社会治理现代化建设的有关文件精神，推动社会治理现代化学习入脑入心，更好地指导实践、推动工作。

【意识形态工作】 2021年，新郑市委注重强化意识形态工作，持续在基础性工作、关键性环节上下功夫，在工作质量和水平上下功夫，各级党员领导干部知责、担责、履责的主动性明显提升，党委统一领导、党政齐抓共管、宣传部门组织协调、相关单位分工负责的意识形态工作格局不断完善。强化政治引领，工作责任体系明晰化。市委坚定扛稳扛牢意识形态工作全面领导责任，把意识形态工作纳入党建工作责任制、领导班子和领导干部目标管理、市委巡察和民主生活会、述职评议会的重要内容。市委书记切实履行第一责任人责任，先后多次对意识形态工作责任落实、风险预警、省委巡视“回头看”等工作作出批示；市委常委会专题研究意识形态工作3次；专题召开市委意识形态联席会议、分析研判会议4次，开展意识形态专项巡察1次；印发《新郑市2021年意识形态应知应会读本》600余册；较好完成省委巡视“回头看”和郑州市委意识形态工作专项督查。强化纵深防御，风险隐患排查精细化。打破过去半年开展一次风险隐患排查工作的传统，把近期需要重点防范的风险隐患随每季度工作提醒清单一并印发，全年共开展隐患排查工作6次，制定市级隐患清单11类193条。先后对37个单位党委（党组）意识形态工作落实情况开展专题督查，确定了14个整改专项、35个立行立改整改事项，整改工作有序推进。持续加强信息情报建设，逐步实现信息资源跨层级、跨系统、跨部门、跨业务互联互通和协同共享，累计收集教育领域、经济民生领域等各类信息情报27条、分析研判报告241份，下发督办清单、提醒清单14份，个别谈话30人次，均按照“一风险一预案”的要求防范化解。为进一步提升基层党组织防范化解意识形态领域风险隐患的能力和水平，11月17日，市委常委、宣传部部长在市委党校2021年秋季主体班上围绕意识形态（网络意识形态）工作进行专题辅导，为基层党组织做好意识形态领域各项工作提供了有力的指导。强化效果导向，意识形态阵地建管规范化。印发《关于进一步加强报告会、研讨会、讲座、论坛等阵地管理的实施意见》，针对全市能举办社科类文化活动的32家场所、82个大型会议室实行动态排查，要求全市各级党委（党组）严格把好审批关、过程关、处置关，自觉防范和抵御错误思潮的侵蚀。依托“心通桥”、云上新郑等网络问政平台，创新开展“我为群众办实事”活动，效果良好；扎实开展“清源”“净网”“护苗”“秋风”“固边”五大专项行动，全年先后对出版物市场开展联合检查6次，检查印刷企业、书店等场所420家次，查处非法图书仓库5个，收缴违法出版物49万余册，行政处罚案件5起，刑事立案3起，有效遏制“扫黄打非”案件高发态势。认真学习贯彻上级文件精神，自《中共河南省委关于进一步强化意识形态领域责任追究的决定》印发以来，市委高度重视，市委书记对学习贯彻落实工作提出具体要求，市委常委会围绕决定内容开展专题学习，并对新郑市决定起草工作提出了意见建议。市委意识形态联席会议办公室起草印发了《关于学习贯彻〈关于进一步强化意识形态领域责任追究的决定〉的通知》，要求全市各级党委（党组）通过“第一议题”、理论学习中心组的形式开展专题学习，并将决定学习贯彻落实情况同步纳入各自单位年度考核重要内容。同时，为确保决定起草工作顺利进行，市委宣传部组织市委意识形态联席会议成员单位、各乡镇（街道、管委会）对决定内容逐条学习、逐项分析，先后征求38个单位意见建议，为决定落地见效提供了坚实的组织保障。

【新闻宣传】 2021年，新闻宣传工作紧紧围绕市委市政府工作大局，坚持团结稳定鼓劲、正面宣传的方针，创新举措，扎实实施主流思想舆论引导和城市形象推介工程，为全市经济社会发展营造了良好的舆论氛围，较好地完成了“八大工程”确立的任务目标。完善机制，新闻策划舆论引导能力有了新提升。坚持在完善新闻宣传工作制度机制上下大力气，先后形成了《新闻通气周例会》《重大主题宣传专班工作机制》《“学习强国”供稿考核激励机制》《新闻突发事件应对机制》等工作制度机制。通过会议、工作群等方式及时通报近期新闻宣传重点，召开新闻通气会18次，编发《周新闻宣传重点》12期。围绕建党百年、党史学习教育、拜祖大典、黄帝文化国际论坛、防汛、疫情防控等重大主题活动和各级重大会议，成立工作专班，加强新闻策划统筹、提高新闻宣传时效。高度重视“学习强国”学习平台供稿工作，申请“学习强国”学习平台供稿专项经费10万元，用于表彰激励供稿员。系列工作制度机制的建立，进一步加强了新闻宣传的策划引导能力，极大地调动了基层单位和通讯员工作的积极性，为新闻宣传工作奠定了良好的基础。守正创新，新闻宣传传播力影响力有了新提升。坚持守正创新，在增强新闻宣传工作针对性和时效性上下功夫，组织协调市融媒体中心，先后开设了以“建党百年”“党史学习教育”“防汛抗疫”“党的十九届六中全会、省党代会等重大会议”为主题的专题专栏34个，推出各种新闻稿件3万余篇。市六次党代会圆满闭幕后，首次以市委名义高规格举行新闻发布会，邀请市委部分领导向参与大会宣传报道的上三级主流媒体记者介绍大会情况，解读党代会报告，发布大会取得的成果和人民群众关心关切事项。全媒体同步发声的舆论氛围浓厚，新闻传播力、引导力、影响力、公信力得到了有效提升。多措并举，新闻外宣工作水平品质有了新提升。2021年拜祖大典和黄帝文化国际论坛相关新闻网络点击量再创新高，累计达40多亿人次。讲述新郑市消防救援人员在暴雨中全力救助遇

4月23日，新郑市世界读书日启动仪式举行（市委宣传部/供图）

险人员的《郑州消防成功救援31名大巴被困人员》短视频被央视新闻频道采用。全年累计在新华社、人民网、《河南日报》等上三级媒体累计刊发党史学习教育、抗汛防疫等重磅稿件280篇。尤其值得一提的是，7月，新华社河南分社社长王丁采访本市“践行脚步丈量工作法 助推经济社会高质量发展”后，在新华社刊发《用“脚步丈量”出一个宜居宜业新城——河南县域经济“冠军县”转型发展观察》。“学习强国”全国平台、河南学习平台、郑州学习平台成功供稿944篇，处郑州各郊县之先，领跑郑州各供稿单位。多渠道、多平台，强有力地对上宣传，有效提升了新闻外宣工作的水平和品质。

紧紧围绕市委、市政府中心工作，牢牢把握正确的舆论导向，持续强化对外宣传和新闻发布工作的力度深度和广度。强化管理，确保对外宣传和新闻发布工作健康有序。认真贯彻上级部门《关于进一步加强信息发布和政策解读工作的实施意见》精神，以“4·2·1”新闻发布机制指导工作。结合新郑实际，出台具体可操作的《新郑市新闻发布工作实施办法》，对重点领域职能部门开展新闻发布作出明确规定，定期研究制定全市新闻发布计划清单，从根本上实现从“被动不说”到“主动要说”的转变，以制度化建设助推新闻发布实现新突破。对全市92个单位新闻发言人和新闻联络员信息进行了统计备案，并实施动态管理，逐步规范了新闻发布的工作纪律。丰富载体，扎实推进各项工作顺利开展。扩大节庆活动对外宣传的广度，围绕拜祖大典、黄帝文化国际论坛等重大节会，及时实施文化外宣、经贸外宣和旅游外宣。接待凤凰卫视、《大公报》、央视河南工作站等主流媒体100余人到故里景区采访活动，接待《河南日报》、《湖北日报》、《河北日报》、今日消费等媒体到新郑市开展庆祝建党100周年红色地图连线互访活动，充分展示了新郑市良好对外形象。开展外宣品的征集评选活动，对2020—2021年以来制作的对外宣传片、优秀短视频，外宣图书出版物等六大类进行征集评选，共征集各类作品39件。从中推选出3件优秀作品参加郑州市评选。加强信息发布平台建设，充分利用“一厅两微”新闻发布体系，及时发布权威信息，持续打造权威发布平台。围绕市委、市政府中心工作和民生热点问题，共举办5场主题新闻发布会，“新郑发布”官方微博共发布2956条微博，每周阅读量达2万余次，回复网民问题316条，在传播新郑声音、提升新郑影响力方面发挥了重要作用。

【文化事业】 开展丰富多彩文艺活动庆祝建党100周年。光影为媒，筑梦新郑。2021年1—5月份，新郑市委宣传部、市网信办、市文联、市文广旅体局、市文明实践中心联合主办，新郑市电影电视协会承办、河南根文创文化研究院协办了2021新郑市“抖IN新郑”短视频大赛，热烈庆祝中国共产党成立100周年。大赛共收集作品260部，分为四个类别评出60部优秀作品。并在炎黄广场举办了隆重的走红毯及颁奖仪式，游历新郑的山川河水、城市角落，充分展示新郑市经济社会的飞跃发展。

2021年6月15—18日，新郑市“永远跟党走 奋进新时代”新郑市庆祝建党100周年合唱比赛隆重举行。大赛分为乡镇组（16支队伍）、市直组（22支队伍）、社区组（17支队伍）、高校组（11支队伍），共66支队伍；6月18日、21日新郑市5支合唱队伍参加郑州市合唱比赛，获3个一等奖。活动充分展现了中国共产党波澜壮阔的百年征程和中国取得举世瞩目的发展成就，充分展示了在中国共产党的坚强领导下，新郑市党员干部和群众以建设黄帝文化历史名城、现代临空产业新城和宜居宜业生态城市为统揽，凝心聚力加快建设现代化全国一流中小城市的新气象、新作为，表达了坚定不移听党话，矢志不渝跟党走的决心和信念。

以基层公共文化服务体系建设为统领，以基层特色文化建设为突破。新郑市“百千万”文化惠民工程近年来稳步推进，已进行广场舞、化妆、瑜伽、插花、书法等免费培训活动。培训的合唱队伍荣获郑州市“群星耀中原，唱响新时代”展演活动一等

9月16日，新郑市委宣传部、新郑市文明办、新郑市文广旅体局在新郑市考院举办中秋诗会（市委宣传部/供图）

奖，促进了公共文化服务常态化、规范化、标准化、均等化，为经济社会可持续发展提供了强大的精神动力。

开展新郑市“百场”文艺巡演活动，全年共开展150场，以庆祝中国共产党成立100周年为主要内容，组织文化志愿者深入乡村、社区等地方进行文艺演出，为广大农村和基层群众送去欢乐，传递党的声音和关怀。开展新郑市“双百场”文艺演出，由市豫剧文化中心承办，活动全年共开展300场，以庆祝中国共产党成立100周年为主要内容，组织戏曲工作者深入乡村、社区等地方进行文艺演出，为广大农村和基层群众送去欢乐，传递党的声音和关怀。

6月24日晚，组织举办庆祝中国共产党成立100周年文艺晚会，邀请全市“两优一先”获得者、道德模范观礼。

6月28日，在西亚斯综合体育馆组织举办庆祝建党100周年优秀合唱队伍展演活动。回顾党的光辉历程、讴歌党的丰功伟绩、弘扬新时代奋斗精神的一堂生动党史课，鼓舞人心，催人奋进。

【出版和电影工作】 依法做好传媒监管和电影工作，助力企业发展。2021年审批办理出版物零售经营许可证33家，依法注销30家；顺利完成2021年度印刷发行企业和电影院年度审验工作；依法依规发放10家影院中央、省级75.63万元补贴资金，助力企业发展，均做到了“一窗受理、集成服务、一次办结”，使办事群众和企业“最多跑一次”，收到办事群众5面锦旗。在全市电影放映场所开展版权保护、疫情防控公益宣传片播放和庆祝建党100周年优秀电影展映展播等活动。开展电影放映场所文化安全和生产安全隐患大排查2次，影院安全生产和疫情防控工作培训会3次，确保了电影放映市场健康有序发展。播放农村公益电影3572场，走在县市前列，得到群众一致好评。

加强导向管理，规范出版、版权秩序。深入推进全市机关事业单位使用国产正版化软件工作。先后成功举办“知识产权宣传周”版权宣传活动、印刷发行企业法人培训会、新郑市机关单位正版化软件网上培训会，深入开展版权宣传“六进”（进机关、进社区、进学校、进院团、进企业、进园区）活动。办理37件优秀作品版权登记工作。开展全市印刷复制发行行业文化安全和生产安全隐患大排查2次，进一步规范了全市印刷发行行业的经营秩序。

广泛开展全民阅读活动，推进书香新郑建设。以“奋斗百年路 启航新征程”为主题，组织“诵读百年红色经典 礼赞百年红色党史”等阅读活动180多场次。利用农家书屋平台，积极开展红色阅读、“我的书屋·我的梦”阅读实践活动、农业技术培训等，线上线下双管齐下，引领阅读新风尚，全面推进书香新郑建设。和庄镇河赵社区农家书屋被省委宣传部授予河南省示范农家书屋称号，和庄镇、观音寺镇农家书屋先进经验先后被《中国新闻出版报》、“学习强国”郑州平台、郑州市电视台等媒体报道。市委宣传部先后获郑州市全民阅读优秀组织奖、2021年“我的书屋·我的梦”农村少年儿童阅读实践活动优秀组织单位等称号。

深入开展“扫黄打非”，维护意识形态安全。组织文化执法、公安、市场监管、交通、教育等部门围绕“净网”“护苗”“秋风”等开展专项行动7次，乡镇（街道、管委会）同期开展，检查印刷、仓储、物流、书店等场所1150多家次，取缔游商地摊18个，查处非法图书仓库5个，有效净化了全市文化市场环境。坚持把查办案件作为有力抓手，在疫情汛情叠加的情况下，共核处上级交办线索3条，线索转化案件3起，主动查处刑事案件2起、行政案件5起，查缴非法出版物49万余册，确保全市意识形态领域安全稳定。市委宣传部被评为2021年度郑州市“扫黄打非”工作先进集体。

【互联网宣传管理】 2021年，网管科认真贯彻落实上三级网信工作精神，以市宣传思想工作“八大工程”为统领，围绕庆祝中国共产党成立100周年、防汛、抗疫、学习宣传贯彻党的十九届六中全会精神等中心工作，着力构建综合管网治网格局，化解网络舆情风险，维护网络安全，持续为新郑市建设现代化全国一流中等城市营造了安全健康和谐有序的网络生态环境。

强化网信工作机制，助推制度化规范化常态化。建章立制，筑牢网络意识形态安全防线，相继制定并出台了《新郑市网络舆情研判会商制度》《新郑市自媒体信息服务管理暂行办法》，为新郑市网络舆情研判分析引导化解水平的进一步提升提供了强有力的制度保障，也为对市域内自媒体的教育引导监管和健康发展提供了制度遵循。从严从实，加强网络意识形态目标管理，对全市各单位2020年度网络意识形态工作责任制落实情况进行了考核，实现了网络意识形态工作自查季报告制度化，完成了2021年4个季度的网络意识形态工作自查报告验收工作，进一步扛稳抓牢了新郑市网络意识形态安全和责任意识，加固了网络意识形态安全防火墙。

网络官媒自媒体唱响主旋律，紧紧围绕宣传贯彻党的十九届六中全会精神、党史学习教育（建党100周年）、市委及市政府中心工作、防汛抗疫等，以“新郑广播电视台”“新郑发布”等官媒网宣平台为主导，引导组织“爱新郑”“新郑网”等自媒体，共采编发信息1.5万余篇（件），阅读量达9500多万人次，唱响了主旋律，增强了凝聚力。网络外宣舆论攻势强劲发力。在人民网、新华网、“学习强国”、今日头条等主流网媒平台，推发《重磅！新郑市“用脚步丈量工作法”长效机制出台》《创新形式，新郑让党史学习教育“走新”又“走心”》等稿件171篇。构建了墙内开花墙外香的大外宣格局，展示了新郑作为，发出了新郑最强音。主题网络宣传活动强劲给力，拜祖大典和黄帝文化国际论坛举办期间，人民网、新华网等直播、报道、转载了活动盛况，相关阅读量达40多亿人次；组织开展了“大国小鲜@新发展理念”网络主题活动，人民网、新华网等16家媒体，对新郑市好想你等企业技术创新情况进行了集中采访报道，同期浏览量达300余万人次；组织开展了庆祝中国共产党成立100周年党史知识网络竞赛，5500多名参赛选手累计答题近390万人次，切实提升了新郑市党员干部群众的党史知识知晓率和覆盖面。获评2021年度郑州市网上群众路线十佳县市区，在河南省网信系统微党课大赛活动中，新郑市遴选的微党课《追爹》获省级优秀奖。

属地网络生态治理平稳有序，严格落实网络内容生态治理规定，对市域内3500多家网站的信息内容安全进行日巡查管理，2021年度共发现违法违规网站2家、排查高仿网站1家，下达违规内容处置指令6个，以上问题均得到及时有效处置。强化网络基础设施风险防范，制定并印发了《新郑市庆祝建党100周年网络安全工作保障方案》，高质量完成了2021年全市网络关键信息基础设施检查工作，此项工作也获得郑州市委网信办领导的肯定和表扬。提升漏洞预警应急处置能力，完善动态监测、漏洞预警通报、应急处置等工作机制，2021年共发布漏洞预警13批次，及时处置安全漏洞6起，通报网络安全事件1个，健全了安全保障体系，形成全市网络安全“一张网”的网安局面。

2021年度，秉承“重大舆情不破防，民生小事不失防”的原则，抢抓舆情最佳“灭火期”，网络舆情引导工作实现高速、高质、高效的喜人成效。成功引导处置化解“郑州地铁9号线（城郊线）擅自非法占用大量土地”“新郑少年扶摔倒老人反遭讹”“华夏祖龙违建”等网络热点话题。

（撰稿：石雅磊　审阅：梁国定）

统战工作

【概况】中共新郑市委统战部位于新郑市人民路186号，是隶属于新郑市委的工作部门，挂中共新郑市委台湾工作办公室、新郑市民族宗教事务局、新郑市人民政府侨务办公室、新郑市人民政府台湾事务办公室牌子，下属3个事业单位：新郑市台胞台属联谊会（正科级）、新郑市海外联谊会（正科级）、民族宗教事务服务中心（股级）。归口管理群团直属事业单位新郑市归国华侨联合会（参公）。内设办公室、政策理论研究室、党外干部人士科、民族科、宗教科、非公有制经济工作科、新社会阶层人士科、港澳台侨联络科8个科室。主要职责：贯彻落实党对统一战线工作集中统一领导的要求，发挥市委在统一战线工作方面的参谋机构、组织协调机构、具体执行机构、督促检查机构作用。贯彻执行党中央、省委、郑州市委、新郑市委关于统一战线工作的决策部署，了解情况、掌握政策、协调关系、安排人事、增进共识、加强团结，协调统一战线各方面关系，巩固和发展最广泛的爱国统一战线。

2021年，全市统一战线工作坚持以习近平总书记关于加强和改进统一战线工作的重要思想为指导，认真贯彻落实党的十九届六中全会、中央经济工作会议、省第十一次党代会、郑州市第十二次党代会、新郑市第六次党代会、省委十一届二次全体（扩大）会暨省委经济工作会议和全国、全省、郑州市统战工作会议精神，在市委的坚强领导下，紧紧围绕新的社会阶层人士统战工作着力点、民族宗教工作敏感点、民营经济统战工作增长点，注重在防汛救灾和疫情防控中凝聚社会力量，展示统战担当。新郑市与河南省委统战部共同完成的《新业态下自由职业人员组织化问题研究》获2021年度全国统战理论政策研究创新成果奖三等奖。新郑市与郑州市委统战部共同完成的《网络人士思想政治工作研究》获2021年度全省统战理论政策研究创新成果奖；获评全

11月22日，新郑市委统一战线工作领导小组（扩大）会议召开（市委统战部/供图）

省基层统战工作综合先进县（市、区），位次居全省第一；获2021年度郑州市统战工作先进单位，位次居全郑州市第一，并获宗教事务管理工作成绩突出单位、新的社会阶层人士统战工作成绩突出单位、民营经济统战工作成绩突出单位、统战信息工作成绩突出单位、统战宣传工作成绩突出单位等称号；市民族宗教事务局获评郑州市2021年度宗教工作先进单位。同时，新郑市研究的《关于规范完善统战创建工作创新推动大统战工作格局的调查与思考》获2021年度郑州市统战理论政策研究创新成果奖；探索的《新郑市创新开展宗教信息核查工作》获2021年度郑州市统战工作实践创新成果奖。

【构建大统战工作格局】 强化党的领导，构建大统战工作格局，全市各级党委始终把统战工作摆在重要位置，持续加强党对统一战线工作的集中统一领导。党委重视，扎实履行主体责任。市委常委会多次研究解决统战工作中的重大问题、部署重要工作，充分发挥市委统一战线工作领导小组、市民族宗教工作领导小组、市民营经济工作联席会议等议事协调机构作用。市委领导班子认真做好“三个带头”，市委常委会带头学习习近平总书记关于加强和改进统一战线工作的重要论述、《中国共产党统一战线工作条例》和中央、省委、郑州市委统战工作会议精神；市委主要领导带头参加民族宗教工作、民营经济统战工作、新的社会阶层人士统战工作等调研活动；市党政领导带头联系非公有制经济人士和新的社会阶层代表人士，以实际行动带动各级领导干部重视、关心、支持统战工作。同时，将统战工作纳入全市年度综合考评；宗教工作纳入市委巡察和监督执纪问责范围。市委通过压紧压实基层统战工作主体责任，构建横向到边、纵向到底、全市一盘棋的大统战工作格局。抓实党史学习教育凝聚共识。准确把握党史特别是统战史发展的主题主线，学懂弄通做实习近平总书记对统一战线法宝地位作出的新论断、对统战工作基本任务赋予的新内涵、对统一战线原则方法提出的新要求。认真贯彻落实中央、省委、市委的部署要求，第一时间成立市委统战部党史学习教育领导小组，研究制定《关于开展党史学习教育的实施方案》，健全各项学习教育制度。支持和引导广大统战成员加强中共党史学习教育，创新形成具有统战特色的“自选动作”，提高党史学习教育的针对性。以庆祝中国共产党成立100周年为契机，举办各类培训班、座谈会，引导广大统战成员进一步筑牢共同奋斗思想政治基础，形成同心向党、砥砺奋进的生动局面。抓实学习贯彻《中国共产党统一战线工作条例》凝聚力量。将《中国共产党统一战线工作条例》列入全市各级理论学习中心组学习的重点内容，市委，理论学习中心组专题传达学习《中国共产党统一战线工作条例》。把学习《中国共产党统一战线工作条例》作为统战系统各类培训班、座谈会的主要内容，组织开展统一战线知识竞赛，统战工作领导小组成员单位和各乡镇（街道、管委会）共36支代表队参加。竞赛内容涵盖习近平总书记关于统一战线、宗教工作重要论述和系列讲话精神，《中国共产党统一战线工作条例》《宗教事务条例》及民族宗教、新的社会阶层、民营经济、台侨政策法规和工作常识。通过一系列活动的开展，确保学习入心、入脑，贯彻落实、落地、落细。

【新的社会阶层人士统战工作】 围绕“扫盲区、归队伍、创品牌”三年行动计划和全省新的社会阶层人士统战工作先行示范区试点建设，持续探索创新。拓面增量，全面铺开，“凝心聚力”画好同心圆。全市15个乡镇（街道、管委会）全部成立新的社会阶层人士联谊组织并完成阵地建设，统计在册会员数量32683人，基本覆盖全县域。加强对新的社会阶层人士联谊组织的引导，工作中延伸工作手臂，不断扩大工作半径，将符合条件的社会组织纳入统战社团，探索建立各类专业服务团队，充分发挥新的社会阶层人士的人才、智力和资源优势围绕中心、服务大局。积极探索网络人士统战工作，市委统战工作领导小组专题研究《关于加强网络人士统战工作的实施方案》，省委统战部对新郑市发挥自身优势，打造网络人士统战工作实践创新基地的做法给予充分肯定。肩负责任，心系社会，以开展活动凝聚力量。2021年，市新联会先后组织开展“知感恩·暖人心”走访慰问老党员、“爱心助农”、拜祖大典公益防疫消杀、“唱支山歌给党听”快闪、抗洪救灾和疫情防控志愿者服务等活动100余次。通过开展各类活动，教育、引导、团结新的社会阶层人士，在各领域发挥作用。集思广益，群策群力，以理论支撑创新发展。市新的社会阶层人士理论研究和人才培养中心及各乡镇自选研究课题，成立课题研究小组，确定各类研究课题20余个。新郑市撰写的《整合评价资源，建立共享机制，探索新的社会阶层人士综合评价工作新路径》被中央统战部《调研参考》专期采用。主动作为，助力防汛防疫，以特色打造品牌效应。动员新联会成员为防汛抗疫捐款捐物，展现了新时代新的社会阶层人士风雨同舟、同心向上的精神风貌和社会担当。汛情发生后，市新联会团体会员蓝天救援队第一时间整合力量，勇敢逆行，在交通要道、桥梁涵洞、道路低洼等地带救援群众、疏导交通、抽水加防，投入各类救援装备800余套，救援车辆、驾乘人员200余次，直接间接受益群众20余万人。在新郑市汛情缓解后，又奔赴郑州、鹤壁、新乡等地区开展救援。市新联会组织广大会员为蓝天救援队捐款捐物，筹措冲锋舟、水泵、胶鞋、雨衣等救援物资。市委书记马志峰在市区调研防汛工作时，看望慰问了坚守在防汛一线的蓝天救援队，对这支队伍屡次在关键时刻发挥重要作用给予充分肯定。新一轮疫情发生后，市新联会迅速组建700余人的志愿者服务队，生动践行“党有号召，行动有我”的使命担当，累计在20余个核酸检测点开展志愿服务，为新郑市全员核酸检测工作贡献了统战力量。新郑市组织统一战线成员参与防汛救灾的做法被中央统战部《每日汇报》采用。新郑新联会隆重举行防汛救灾和疫情防控志愿者颁奖仪式，公开表彰在防汛救灾和疫情防控中作出突出贡献的志愿者，向全社会弘扬正能量。

【宗教工作】 围绕宗教工作三年行动计划，依法管理宗教事务，维护宗教领域和谐稳定。强化宣传引导，不断提升工作能力水平。加强政策法规宣传，依托政策法规宣传月，联合政法、公安、科协等10余个部门组织开展《中国共产党统一战线工作条例》暨宗教政策法规集中宣传活动，制作展板50余块，发放《中国共产党统一战线工作条例》和宗教方面政策法规等宣传资料35000余份，发放手提袋等宣传品3000余份；现场接受群众咨询300余人次。加强干部教育培训，对全市村（社区）新一届“两委”班子开展宗教政策法规培训，组织开展宗教政策法规知识竞赛，不断提升广大党员干部处理新形势下宗教问题的能力和政策理论水平。

创新工作方法，推进宗教中国化实践探索。设立宗教中国化引导资金，组织各宗教团体、宗教活动场所负责人、高校专家学者开展推进宗教中国化交流座谈。作为全省试点开展基督教教职人员星级评定工作，共评出二星级47人、一星级30人，对评定中发现的优秀教职人员作为后备人才重点培养，从星级评定中遴选30篇优秀文章编辑《基督教中国化优秀讲章讲义汇编》，星级评定试点工作得到省委统战部充分肯定。组织召开全市宗教界“学党史·颂党恩·跟党走”主题教育活动，引导信教群众自觉拥护中国共产党的领导，高举爱国爱教旗帜。带领宗教界人士开展爱国主义教育观影活动，到中原解放纪念馆参观学习，缅怀革命先烈丰功伟绩，重温红色记忆，接受精神洗礼。

依法规范治理，深入开展风险隐患防范化解。加强宗教团体和宗教活动场所规范管理。依法治理非法宗教活动，发放《关于如何区分非法宗教活动、非法宗教活动场所及禁止参与非法宗教活动的告知书》《关于禁止参与、积极举报非法宗教活动的告知书》等三个告知书，召开专题培训会，夯实基层工作基础。认真做好校园“双防”工作，与驻新郑19所高校签订“双防”工作校地共建共治协议，对高校开学季“双防”工作进行安排部署，加强对辖区内高校周边的日常排查。扎实做好疫情防控工作，制定《宗教活动场所疫情防控工作方案》，针对不同宗教派别特点，实施分类管理，细化防控措施，根据疫情防控形势需要，适时对宗教活动场所执行“双暂停”（暂停对外开放、暂停集体宗教活动），强化巡查督导，疫情期间全市宗教领域安全稳定。全力做好宗教活动场所防汛安全和灾后重建工作，“7·20”暴雨后，迅速开展抢险自救，及时转移安置场所留守人员，指导帮助场所灾后恢复重建，并开展走访慰问，汛情发生以来，全市宗教领域未发生人员伤亡事故。深入开展平安创建工作，制定《平安宗教活动场所创建工作方案》，开展民族宗教场所不稳定因素排查，安排部署春季消防安全检查，组织开展平安宗教活动场所创建培训和消防演练，提高宗教界安全意识和应急能力。

【民族工作】 以铸牢中华民族共同体意识为主线，全面贯彻党的民族政策，秉持“重在平时、重在交心、重在行动、重在基层”理念，扎实推进民族团结进步。推进民族团结进步创建，市委常委会（扩大）会议、市委统战部及统战工作领导小组成员单位和全市各乡镇（街道、管委会）分别组织召开专题会议传达学习中央、省委民族工作会议精神，深刻学习领会习近平总书记关于加强和改进民族工

5月14日，新郑市统一战线知识竞赛举行（市委统战部/供图）

作的重要思想、做好新时代民族工作的重要论述。印发《开展铸牢中华民族共同体意识主题教育工作方案》，对主题教育工作进行安排部署。市文广旅体局、孟庄镇、实验小学、外国语小学、好想你健康食品股份有限公司五个单位被评为郑州市第四批民族团结进步示范区示范单位。

开展民族工作教育培训，将中央民族工作会议精神纳入市委党校教学培训内容，市委常委、统战部部长、市委办主任李峰在新郑市委党校作《学习贯彻中央民族工作会议精神，推动新时代党的民族工作高质量发展》专题授课。统战、民宗、教育等部门分别组织专题培训，对二级机构负责人和相关工作人员进行培训。印发《民族工作学习材料汇编》，进一步提高党员干部做好新时代民族工作能力水平。

推动民族事业健康发展，承办全郑州市民族工作系统和62个民族聚居村（社区）的100名余干部参加的郑州市第二期民族聚居村技能培训班，邀请专家学者讲授乡村经济发展课程，组织学员赴龙湖镇泰山村、辛店镇北靳楼村、观音寺镇溹水寨村学习交流，共同进步。持续推进“同心圆·共发展”活动，争取上级补助资金6万元帮助孟庄镇寺西王村解决教育活动室建设。

规范清真食品市场秩序。加强对全市清真食品生产经营市场管理，中秋、国庆期间对清真食品市场进行检查，确保群众吃上放心清真食品。做好全市清真食品管理台账完善工作，加强清真牌证管理。配合市食安办开展食品安全宣传周活动，展出横幅2条、展板2个，发放宣传资料2000余份。

【民营经济统战工作】 围绕深入开展民营经济“两个健康”和民营经济“强信心、挖潜力、促增长”活动，强引领，助发展。落实行动“巧融合”，市委常委会召开会议专题研究民营经济“两个健康”工作，对民营经济统战工作进行安排部署。召开民营经济工作联席会议，传达学习全省民营经济“强信心、挖潜力、促增长”活动动员会精神，印发《新郑市民营经济“强信心、挖潜力、促增长”活动方案》。把民营经济“两个行动”“万人助万企”“强信心、挖潜力、促增长”活动有机统筹，从机构、人员、资源、机制等方面，主动融入、全面对接，实现工作协同、效果联动，扎实推进新时代民营经济“两个健康”实践创新示范县（市、区）创建工作。

宣讲政策“强信心”，梳理科工信、金融、人社、税务等各项惠企政策，采用“线上线下”两种形式进行宣传。“线上”通过微信公众号等新媒体平台进行宣传，“线下”坚持“一企一策”，全市各级领导干部深入企业宣传惠企政策。发放“万人助万企”政策汇编，积极帮助企业做好灾后重建、疫情防控等“急难愁盼”问题。落实党政领导干部与非公有制经济人士谈心谈话制度，深入开展灾后重建暨“万人助万企活动大讲堂”，相继召开3场次金融政策宣讲会、2场次高质量发展政策宣讲会。

服务企业“挖潜力”，当好企业“店小二”。全市52名县处级领导分包联系104家重点企业，践行“用脚步丈量工作法”，落实首席服务官制度，为重点企业提供全方位服务。

梳理诉求“快响应”，向民营企业、民营经济人士推广民营经济诉求响应智慧平台，提高平台使用率。全市各乡镇、街道、管委会主动作为，通过上门走访、多形式宣传等方式，提高平台注册率。将诉求响应办理情况纳入“万人助万企”考核体系，在政策咨询、意见建议、困难求助等方面第一时间给予企业答复解决。据统计，共有54个涉企部门和5000余家企业进入平台。

政治引领“强素质”，依托新郑市民营企业学院、新郑市非公有制企业（好想你）党建学院、格局商学院新郑分院、新郑市企业家大讲堂对民营企业家进行培训，引导民营企业和民营企业家坚定信念，做优做强。依托各乡镇成熟的新联会阵地，创新打造各具特色的民营经济“两个健康”实践中心，完善阵地功能，实现阵地共建、资源共享，使其真正成为新的社会阶层人士和民营经济人士共同发展的“家园”、健康成长的“乐园”。在汛情疫情期间，市委统战部、工商联发出倡议书，引导13个基层商会和会员企业踊跃捐款捐物，积极参与救灾救援活动。

【民主党派工作】 深入推动多党合作制度实践，强化思想政治引领，支持民主党派成员深入开展重点课题调研，积极参政议政、建言献策。在市委统战部大力支持下，民主党派成员和无党派代表人士积极贯彻落实市委关于乡村振兴、服务民生的决策部署，充分发挥智力密集、资源丰富的独特优势助力民生。举办2021年民主党派人士培训班，全市民主党派代表人士30余人参加，培训班安排了《中国共产党的百年辉煌和历史经验》《中国共产党统一战线工作条例》、习近平总书记在纪念辛亥革命110周年大会上的讲话精神、《坚持和完善中国共产党领导的多党合作和政治协商制度》等学习课程，并到新乡刘庄（史来贺精神）现场教学。通过培训使民主党派成员进一步增强了政治意识、强化了使命担当、提升了履职能力。召开党外代表人士学习中共十九届六中全会精神座谈会、民主党派建言献策座谈会。向各民主党派成员传达中共十九届六中全会精神、中央民族工作会议精神和河南省、郑州市、新郑市党代会精神，通报新郑市经济运行情况，各民主党派成员、党外代表人士围绕市委、市政府中心工作和发挥党派自身优势等进行座谈交流。

【港澳台工作】 做好对台工作，开展涉台教育“四进活动”（进机关、进学校、进社区、进企业）；建立台资企业信息库；开展涉台知识网络竞赛，在中共河南省委对台工作领导小组办公室组织开展的“百年圆梦 见证辉煌”河南省党史暨涉台知识网络大赛活动中荣获“优秀组织奖”。春节、中秋节等节日对台胞台属开展走访慰问活动。

【做好侨务工作】 提高涉侨工作针对性、实效性，加大侨界代表人士团结联系工作力度。对全市归国留学人员及海外统战资源进行统计，收集汇总540名留学人员信息，统一纳入全市归国留学人员信息库集中管理。根据归国留学人员分布状况，在全市高校、机关事业单位、民营企业中认真开展新郑欧美同学会（新郑留学人员联谊会）理事人选推荐等筹备工作。按照“五有标准”积极推进“侨胞之家”阵地建设，将“侨胞之家”真正打造成为侨界群众的“精神坐标”。

【统战信息宣传工作】 不断创新机制、创新载体、创新方式，取得显著成效。信息工作。多篇信息被中央统战部、省委统战部、郑州市委统战部采用。宣传工作。13篇稿件被《人民政协报》《中国新闻报》等国家级媒体采用；25篇稿件被《郑州日报》采用；21篇稿件被光明网、中国新闻网、人民政协网、人民论坛网等网站和“学习强国”平台转发；61篇稿件被中央统战部、省委统战部、郑州市委统战部公众号采用。

（撰稿：张　强　审稿：贾海民）

精神文明建设

【概况】 2021年，全市精神文明建设坚持以社会主义核心价值观为引领，紧紧围绕庆祝中国共产党成立100周年这条主线，扛稳抓牢举旗帜、聚民心、育新人、兴文化、展形象的使命任务，着力推动习近平新时代中国特色社会主义思想深入人心，着力培养担当民族复兴大任的时代新人，着力弘扬共筑美好生活梦想的时代新风，着力保护传承弘扬黄帝文化，着力建设幸福美好家园，着力深化群众性精神文明创建活动，不断提升市民思想觉悟、道德水准、文明素养和社会文明程度，为努力建设现代化全国一流中小城市、谱写新郑高质量发展新篇章提供强大精神动力、营造良好社会环境。

【思想道德建设】 常态做好道德模范、“身边好人”、文明市民等先进典型选树工作，评选表彰新郑市级文明市民120名，获得郑州市文明市民称号6人，其中龙湖镇泰山村支部书记乔宗旺被评为3月敬业奉献类中国好人，汛情期间8个组织（个人）被评为郑州市“防汛身边好人”。积极参加第八届全国、省道德模范评选活动，实地走访诚实守信类候选人石聚彬，并推荐老党员刘太昌和乡贤田西庆参加助人为乐类评选。扎实做好“新时代好少年”的评选和推荐工作，与教育、妇联等部门联合评选100名“新郑好少年”，六一期间进行表彰，其中3人被评为郑州市“新时代好少年”。不断强化志愿服务工作，加大“文明使者志愿服务站”建设力度，全市共建成志愿服务站点110个，建站比例达到81.48%。开设文明郑韩云讲堂、善行新郑、湖青青等志愿服务项目12个，常态化开展清洁家园、文明交通、关爱老人等志愿服务活动，防汛抢险期间，累计出动35200人次开展垃圾清理、道路清障等志愿服务活动，服务受灾人数14500人。开展“洧水公园灾后恢复集中清淤志愿服务活动”，被“河南精神文明建设简报”报道。疫情防控期间，85587名志愿者服务核酸检测、疫苗接种、卡口检查等，在“抗疫”一线展现志愿服务的硬核力量。

【文明城市创建】 全面启动2021—2023年新一轮全国文明城市创建工作，制定《新郑市创建全国文明城市三年行动计划（2021—2023年）》，进一步完善创建工作体制机制。全面补齐创建短板，针对郑州市和省观摩交流活动中存在问题，组织开展十项专项整治：社区阵地建设专项整治，城市道路及相关设施专项整治，建筑工地专项整治，公共场所专项整治，

10月15日，新郑市全国文明城市提名城市创建总结表彰暨创建全国文明城市工作推进会召开（市文明办/供图）

10月22日，新郑市在炎黄文化中心召开创建全国文明城市工作评优评差会
（市文明办/供图）

不文明养宠现象专项整治，城市线缆专项整治，交通秩序专项整治，商场、商业街、沿街门店、集贸市场专项整治，无主管楼院、老旧小区和背街小巷环境卫生及其他乱象专项整治，无障碍设施和公厕专项整治。稳步推进软件材料收集工作，已收集整理图片资料169项，说明报告178个，未成年人测评体系图片资料18项，说明报告41个。加强日常创建的督导检查，组建12人督导组，分成4个小组对文明城市创建工作进行全面督导，督导发现问题2620多处，下发整改台账220份，在河南省文明城市年度测评中再次取得第一名的成绩，连续三年取得河南省第一名。

【农村精神文明建设】“乡村光荣榜”评选和“星级文明户”认领工作全面铺开，把好媳妇、好婆婆、好党员等各类评选整合进“乡村光荣榜”，引导群众思想由评选“十星级文明户”向认领“星级文明户”转变，这两项工作已经覆盖到所有乡镇，村级覆盖率达到80%。推动新时代文明实践所、站阵地建设，按照有场所、有标识、有队伍、有制度、有项目、有成效的“六有”标准，以综合文化站和综合文化服务中心为实践活动主阵地，统一悬挂新时代文明实践所、站标识，成立领导小组并上墙公示，制订活动计划，组建特色志愿服务队，全面提升文明实践工作质量水平。做好各级文明村镇的申报复审工作，新村镇裴李岗村、和庄镇老庄刘村、梨河镇前吕村、观音寺镇英李村被评为郑州市文明村，推荐龙湖镇泰山村为全国文明村后备，观音寺镇岳口村为省级文明村后备。全市共创成全国文明镇（村）3个、省级文明镇（村）8个、郑州市级文明镇（村）12个。郑州市级以上文明镇占比100%，新郑市级以上文明村占比83.33%，提前完成“县级以上文明村达到60%”的工作目标。

【市民文明素养提高】全面贯彻落实《河南省文明行为促进条例》，印制条例4万份在全市范围内进行宣传，组织开展有奖竞猜、“七进”活动，有效促进了条例在全市范围内贯彻落实。持续开展“三公一租做示范 斑马线前显文明”活动，进一步加强公职人员交通违法行为处罚力度，下发交通违法通知书137份，处罚工作人员151名，约谈连续违法单位4家。开展公共场所不文明行为专项治理，组织志愿者对公共场所乱扔垃圾、遛狗不牵绳等不文明行为进行劝导，发放公共场所文明行为倡议书11万份。加强文明单位日常管理，充分发挥文明单位示范带动作用，疫情期间组织文明单位开展“四送一助力”活动，累计送出口罩、酒精、爱心餐等物品合计78万多元；深化“文明服务我出彩、群众满意在窗口”活动，强化文明单位服务意识，评选文明窗口、文明服务岗等246个。

（撰稿：张延超　审核：梁丽英）

融媒体中心

【概况】新郑市融媒体中心于2020年8月组建，挂新郑市广播电视台牌子，为新郑市委直属正科级事业单位，归口中共新郑市委宣传部领导。下设两个事业单位，分别是新郑市融媒体服务中心和新郑市广播电视网络服务中心。原新郑市新闻中心、新郑市广电新闻中心事业编制人员划入新郑市融媒体中心，原有线电视台事业在编人员划入新郑市广播电视网络服务中心。新郑市融媒体中心领导班子于2021年11月到位。有班子成员4名（挂职1名），在职干部职工232人，全中心设办公室、总编室、采编部、电视部、广播部、报刊部、新媒体部、制作部、播控部、技术部、专题部等11个部室；新郑市融媒体服务中心和新郑市广播电视网络服务中心2个二级机构。新郑市融媒体中心坚持贯彻落实党中央关于媒体融合发展工作的方针政策和决策部署，在履行职责的过程中坚持和加强对媒体融合工作的集中统一领导。主要职责：贯彻党的新闻舆论工作路线、方针、政策，传播政经资讯，办好电视、报纸等传统媒体，推动与“两微一端”等新兴媒体融合发展，促进地方社会经济文化发展。

2021年是中国共产党成立100周

年，是奋进“十四五”、全面建设社会主义现代化国家的开局之年。融媒体中心坚持以习近平新时代中国特色社会主义思想为指导，紧紧围绕习近平总书记关于媒体融合发展工作重要论述和重要指示批示精神，坚持正确的政治方向、舆论导向、价值取向，加快推进媒体融合纵深发展，全面落实各级党委、政府决策部署，努力开创新郑“十四五”融媒体改革发展新局面，各项工作取得了明显成效。

【新闻宣传】紧紧围绕市委、市政府中心工作，充分发挥主流媒体“中流砥柱”作用。在新郑新闻节目中先后推出《百年党史天天讲》《喜迎大典》《党史学习教育》《我为群众办实事》《安全度汛在行动》《党旗在疫情防控一线高高飘扬》《践行新发展理念 推动高质量发展》《优化营商环境 促进经济发展》等40多个专栏，累计播发新闻稿件3300余条。围绕新郑社会热点，开办《爱在黄帝故里》《交通你我他》专题节目，共播出36期；在图文频道开办《政务直通车》《物价信息》《红色讲堂》等10个栏目，共播出51期；出版《郑州日报·新郑新闻》47期，188个版面。特别是为大力营造庆祝中国共产党成立100周年浓厚氛围，向党的百年华诞献礼，启动《百年奋斗路 启航新征程》系列报道。开办《百年党史天天讲》《百年奋斗路 启航新征程·红色新郑》《喜迎建党100周年》3个专栏，其中《百年党史天天讲》栏目通过讲述一个个生动的党史故事，生动展示了党践行初心使命的百年奋斗史。共计播出《红船起航 星火初燃》《叶挺独立团》等55期，获得了各级领导的充分肯定和社会各界的一致好评，在“学习强国”河南学习平台专题形式集纳呈现。

【媒体融合】加快媒体融合步伐，构建云上新郑客户端，“新郑发布”“新郑融媒”“新郑广播电视台”微信公众号、新郑融媒微博号、央视移动新闻客户端、央视视频号、今日头条号、抖音号、西瓜视频号、微视为一体的宣传传播矩阵，大小屏同时发力，新媒体账号粉丝关注度和下载安装量都进一步得到提高。创新策划了《年味儿新郑》《芳菲四月游新郑》等大型融媒体主题节目宣传活动，开展大型《新郑战疫》融媒体新闻直播，举办2021新郑农商银行杯“抖游新意 美好郑来”短视频创作大赛，充分展示靓丽新郑的最美风采。2021年共发布原创稿件3000余条，原创视频1400余条，直播活动82场次，开办和维护专栏48个。云上新郑客户端下载量约32万次，开通各单位订阅号174个，平台发稿2万多篇。抖音短视频平台用户关注量12万人次，单个作品最高点击量超过750万次，舆论引导声势有效加强。

【创优宣传】精选亮点，提高宣传水平，加强与上三级主流媒体的沟通、配合和联动，提升新郑对外的美誉度和影响力。在创优方面，作品《“新征程 郑出发”2020年新郑市迎新春全民大联欢》获2020年度河南省电视文艺“牡丹奖”一等奖，郑州市第二十二届文学艺术成果奖；《“不忘初心 牢记使命”新郑市庆祝新中国成立70周年红色经典歌曲演唱会》获郑州市第二十二届文学艺术成果奖；《东去春归》获河南省县级台新闻奖纪录片一等奖；《国家保护动物白骨顶鸡“做客”新郑》获2020年河南省县级台新闻奖（电视类）短消息二等奖。共在上三级媒体播发外宣518条，“学习强国”平台共计通过稿件412篇，其中全国平台采用28篇，省级平台采用148篇，郑州平台采用236篇；央视外宣2篇，其中《坚守的老工友 一份惊喜送给你》在央视综合频道《晚间新闻》、新闻频道《朝闻天下》播出，《31人被困大巴 郑州消防全力营救》在央视新闻频道《新闻直播间》播出；省级平台宣传34篇，郑州市级宣传70篇，有力推介和宣传了新郑。

【安全播出】做好广播电视安全播出、网络安全保障工作。坚持每片必审、重播重审，严把自办节目、影视节目质量关，确保整体节目内容健康向上、画面清晰、音质良好。加大审查把关力度，凡播出广告必须符合相关法律规定，并提供广告播出的所有手续，净化电视荧屏。共审看编发《新郑新闻》《一周新闻综述》300多期，各类公告、公益宣传片上百个，各类影视剧、专题片10000多集。强化组织保障，人防技防并举，重要保障期内认真落实安全播出领导带班和专人值班制度，开展技术系统的排查和检查，及时解除隐患，切实提升安全播出保障能力。圆满完成了庆祝中国共产党建党100周年、党的十九届六中全会、省第十一次党代会、郑州市第十二次党代会、新郑市第六次党代会、辛丑年黄帝故里拜祖大典等节目的安全转播工作，安全播出实现零差错。

【广播电视网络服务】强化管理，提升服务，积极配合市委、市政府的中心工作和重点工程建设，着力抓好有线电视的新区发展和网络维护维修工作，无线数字电视安全稳定传输。全年共受理用户电话6500余次，办理有线机顶盒450余台，无线机顶盒500余台，维修调试机顶盒2000余台；完成20多个老旧小区的改造任务，并对30余条背街小巷的线缆进行了整治，铺设光缆4200余米、电缆3500余米，安装调试光接机50余台，安装有线电视用户400余户，确保了电视信号传输、安全播出无事故。

（撰稿：任文举 审阅：李 霞）

党史工作

【概况】中共新郑市委党史研究室现有工作人员9人，其中主任1人。设有综合科、资料征编科、编制人事科、资料管理科4个科室。

【史料征集】2021年，持续做好党史资料的征集征编工作。持续做好每月大事要事的收集整理工作，及时收集新郑市委在推动经济社会发展中政治、经济、军事、教育等各个领域所做的大事、要事和取得的成就资料。坚持编辑《中共新郑党史大事年编》。收集全市各市直单位、乡镇、垂直单位、企业等各基层党组织在上一年所作主要工作、所取得的巨大成就，以及市委、市政府在党建、教育等方面工作的表彰决定文件和市四大班子常委会工作报告、新郑市统计公报等。继续加强老党员老红军资料的挖掘整理。收集整理了新郑老兵周忠廉坚守初心、不改本色，知党恩、跟党走，全心全意为人民服务的一生事迹，并在融媒体网络和《郑州晚报》发表。根据中共中央党史和文献研究院及中共河南省委党史研究室《关于开展〈脱贫攻坚口述史〉丛书征编工作的通知》要求，按照精选精编原则收集整理了新郑市脱贫攻坚资料，重点反映党和国家脱贫攻坚重大决策在新郑的贯彻执行情况，包括具有全省、郑州市意义或地方特色的重大事件，帮扶对口支援地区合作中的重大事件，主要领导和先进典型人物的亲闻、亲见、亲历等。并根据资料内容整理了一篇市委书记口述史和一篇先进个人口述史资料。编辑了在新郑市境内发生的豫西抗日战争故事3篇，上报上级业务部门，作为全郑州市学习研究内容。

【党史研究】为进一步全面助力全市党史学习教育工作走心走深走实，深入挖掘全市丰厚的党史资源，收集整理党史资料、各类档案文献资料等，按照“尊重历史，求实存真”的原则，分类整理，认真归纳，精心编撰制作了《红色新郑（三）》和《图鉴百年——图说中共新郑简史》画册，展现了新郑人民在中国共产党的坚强领导下，地方党组织团结带领新郑人民英勇奋斗，发愤图强，浴血奋战，不怕牺牲，进行革命、建设和改革开放的光辉足迹及辉煌成就。意在通过对新郑地方党史的学习，教育引导全市各级党组织和广大党员以史为镜、以史明志，在学思践悟中坚定理想信念，在奋发有为中践行初心使命，在学史明理中感悟思想伟力，在学史增信中筑牢信仰之基，在学史崇德中赓续精神血脉，在学史力行中开创事业新局面，不断提高政治辨别力、领悟力、执行力，为加快建设现代化全国一流中等城市努力奋斗，为建党100周年献礼！为迎接中国共产党建党100周年，向党的百年华诞献礼，打造主题突出、导向鲜明、内涵丰富的具有本地特色和影响力的红色场馆。市委党史研究室深入挖掘和研究红色资源，协同市委组织部、新郑好想你有限公司历时半年策划打造了“新时代红色枣园非公企业党建馆”，立足于赓续传承“红色枣园”的延安精神，立意将非公企业的党建园地建造成践行“为人民服务”宗旨初心，让党建理念与使命、新时代精神真正融入企业的生产、经营和发展中。

【宣传教育】2021年，市委党史研究室不断创新活动形式，发挥宣传教育功能。向全市发出学习党史的倡议。通过新郑市电视台、新郑政府网等途径，向全市党员干部倡议，动员全市广大党员干部，学党史、感党恩，助力全市党史学习教育走心走深走实。并以此为契机，认真贯彻落实党史学习教育大会精神，以习近平总书记对党史工作的系列论述为指针，围绕市委工作大局，率先而动，进一步深挖新郑丰厚的党史资源，本着“存史鉴今、资政育人”的宗旨，研究出更多、更好的党史成果，充分发挥党史教育的独特功能。市委党史研究室、市史志办依托新时代文明实践中心开展“学党史国史”灯谜竞猜活动，让大家在活动的欢愉中重温党史知识，牢固树立永远跟党走的理想信念。组织人员在人和家属院开展“学党史、知党史、感党恩”党史知识宣传教育活动，在人和家园社区举办了百年新郑经济社会发展成就展，让社区群众以图文并茂的形式，直观地了解100年来新郑人民在党的领导下所取得的光辉成就。与市委党史学习教育领导小组办公室、市委宣传部、市总工会等单位共同举办了“学史力行践初心、防汛抗疫党旗红”党史学习教育主题演讲比赛。在新郑市第六次党代会召开之际，新郑市委党史研究室举办了庆祝建党100周年新郑经济社会发展成就展，展板全面准确展示建党100周年来，特别是党的十八大以来市委、市政府团结带领全市人民凝聚共识，锐意改革，克难攻坚，奋力拼搏所取得的巨大成就。为持续推动党史学习教育走深走实，深入践行“用脚步丈量工作法”，持续推行党史学习教育进校园、进课堂、进乡村，深入开展青少年爱国主义教育，为乡村振兴加油助力，积极配合中共郑州市委党史研究室、民盟郑州市委在新郑市观音寺镇岳口村完全小学开展党史学习教育进校园、文化引领育英才、党盟共建助力乡村振兴等活动。新郑市委党史研究室在此次活动中为岳口小学捐助党史图书100本。为便于广大人民群众从党的百年奋斗历程中汲取砥砺前进的智慧和力量，深入学习贯彻习近平新时代中国特色社会主义思想，充分利用红色文物，与新郑市文化广电旅游体育局联合，紧紧结合党史学习教育，在市博物馆举办了以“永远跟党走、奋斗新征程”为主题的庆祝建党百年主题展。展示了百年来新郑市经济建设发展中有关的报刊、文告、信件、日记、文件、手稿、照片，英烈模范人物的遗像遗物，展出党的活动中有关的印章、徽章、证件等共200余件，展现了新郑市共产党员在各个时期的闪光足迹，以革命文物“讲述”党史故事。配合郑州市纪委拍摄了小视频《清风茶社》第194期《追寻初心 郑州印记——新郑：奔腾的红色血脉》，在郑州广播电台一套播出。围绕新郑市党的活动历史遗址，历史人物拍摄了新郑市党的历史文化宣传片。与新郑市文化广电和旅游局共同制作了短视频《党的百年发展历程》。

（撰稿：杜国召　审阅：李炎武）

党校工作

【概况】2021年，中共新郑市委党校有编制30人，实有27人，其中硕士研究生12人，高级讲师8人，讲师4人。设有办公室、培训科、人事财务科、后勤科、市情研究室和宣讲中心6个科室。2021年，中共新郑市委党校认真学习贯彻习近平总书记关于党校办学治校的重要指示和上级党校工作会议精神，严格执行《中国共产党党校（行政学院）工作条例》，坚持党校姓党原则，团结奋进、务实重干，完成了各项工作任务。

【市委重视　强化领导】新郑市委高度重视党校工作，将党校工作纳入党委整体工作部署、纳入党的建设年度目标考核。2021年11月，市委常委会专题听取了党校党委书记、常务副校长、三级调研员王向阳关于党校工作的汇报，研究支持党校事业发展事项。市委书记马志峰高度评价党校工作，并为新郑市委党校提出争创全国一流县级党校的奋斗目标。2021年9月，市委副书记、市长马宏伟主持召开市政府投委会研究党校学员服务中心建设暨校园升级改造工程配套装修建设问题，大力支持新郑市委党校尽快完成校园后期配套装修工程。市委副书记、党校校长石玉多次到党校主持召开校委会，研究落实促进党校高质量发展工作。新郑市委履行办党校、管党校、建党校的主体责任和市委书记的第一责任人责任，为党校事业高质量发展提供了坚强的组织保障。

【干部教育培训和理论宣讲】围绕中心，服务大局，以培养造就忠诚干净担当的高素质干部队伍为目标，充分发挥党校干部教育主阵地和理论宣讲主力军作用，扎实开展干部教育培训和理论宣讲工作。2021年，共举办各类培训班25期，校内培训人数3600余人，超额完成各种班次的培训任务。其中主体班次有中共新郑市委党校乡科级领导干部培训班2期、中共新郑市委党校中青年干部培训班2期、新郑市基层党支部书记培训班2期、新郑市党员发展对象培训班3期。新郑市“万名党员进党校”基层党员示范班4期。与市委组织部、市委政法委、市委统战部等单位联合举办各类专题培训班3期。与全市各乡镇、街道办事处、市直单位联合举办党员发展对象培训班9期。

2021年，围绕党史学习教育和学习贯彻党的十九届六中全会精神，组织12名优秀中青年教师深入全市农村、企业、机关、学校、社区等进行理论宣讲，共宣讲136场，听众人数达20000余人次。从3月下旬到6月下旬，历时3个月，与新郑电视台合作录播55期《百年党史天天讲》专题节目，荣登“学习强国”平台，并受到上级的肯定和好评。

在推进工作中，着重抓好以下几点：一是落实市委常委到党校讲课制度。由市委书记马志峰带头，所有市委常委分期分批先后到党校为学员讲授党课。2021年，新郑市委常委为各类主题班授课达16人次，超额完成了常委授课任务。二是强化理论武装，锤炼坚强党性。坚持把习近平新时代中国特色社会主义思想和党的十九大、十九届历次全会精神作为主体班核心教学内容，把党章党规党纪、“四史”和省市党代会精神等作为必修内容。三是建立高规格多层次的培训师资库。邀请河南省政协原副主席陈义初、省政府参事李涛、中央

10月19日，中共新郑市委党校2021年秋季主体班开班（市委党校/供图）

党校专家王天义，省委党校现任或原任副校长丁素、徐洪波、郭学德、胡隆辉，省委编办副厅级干部叶春风，以及郑州市委市政府、郑州大学、省市委党校的专家教授为学员授课。四是培训形式守正创新，培训内容丰富多彩，培训效果良好。既有理论课讲授，又有重温入党誓词、唱红歌、学员论坛和党性分析课，组织学员赴南阳开展党性教育现场教学。组织学员到新郑市现代产业园区，观音寺镇溱水寨村、唐户村，梨河镇前吕村，新村镇的裴李岗村和辛店镇的人和寨村等乡村振兴模范基地和历史文化名村开展现场教学，丰富了教学内容，开阔了视野，增强了奋发有为的担当奉献精神。

中共新郑市委党校新貌（市委党校/供图）

【教学科研资政工作】 聚焦习近平新时代中国特色社会主义思想和国家中心工作、党委和政府重大决策部署和社会热点难点问题，深入调查研究，推动教育培训、理论研究与决策咨询相互促进、协同发展，教学科研成果丰硕。编印《党员干部学习培训教材》一书，为新郑市开展党员干部教育培训工作提供了时效性、针对性、集成性强的教材。编印《中共新郑市委党校发展阶段简史》，客观真实地回顾总结了新中国成立以来新郑市的党员干部教育史和中共新郑市委党校的发展史。新开发《中国共产党的百年历程及启示》《深入学习党的十九届六中全会精神》等10个教学专题。组织撰写理论文章、论坛征文和调研报告20篇，其中，在正式刊物上发表理论文章10篇，完成结项郑州市委党校课题6个。在各类理论研讨会上，新郑市委党校提交的论文获得二等奖2个，三等奖4个，并获得郑州市委党校“庆祝中国共产党成立100周年”理论研讨会优秀组织奖。积极开展信息宣传活动，在上三级新闻信息平台上发表各类信息100余篇。其中，人民日报社主办的《人民资讯》、中组部主办的共产党员网等多次报道新郑市委党校工作。

【师资队伍建设】 注重引进高层次人才充实师资力量，2021年，党校引进3名硕士研究生，计划再引进2名硕士研究生。开展岗位大练兵，教师教学能力不断提高。2021年9月，在郑州市委党校举办的党校系统第十届教学大赛中，教师董静、韦丽林分别获得二等奖和三等奖，党校获优秀组织奖。加大师资培训力度。组织教职工到郑州二七纪念塔实地参观学习，赴南阳开展党性教育现场教学，深入医圣张仲景纪念馆、“南水北调”中线工程渠首大坝、彭雪枫将军纪念馆、内乡县衙廉政文化教育基地、移民新村邹庄村、邓州编外雷锋团展览馆等现场教学点开展实践学习。推动开放办学，加强校际合作，组织教职工到中牟县委党校学习交流。同时，禹州市委党校常务副校长、党委书记胡效增一行，中牟县委党校常务副校长、党委书记周宝丽一行到校调研交流工作。

【党史学习教育】 始终以高度的政治自觉和强烈的责任担当，周密谋划，主动作为。将党史学习教育纳入党委中心组、党支部“三会一课”、党员活动日学习内容，发放《论中国共产党历史》《中国共产党简史》等8本书籍，开展读书分享、专题研讨，重温入党誓词、聆听党史报告、开展红色经典诵读、观看影片《长津湖》、收看全国党校系统“中共党史”专题师资培训班课程、实地参观郑州二七纪念塔和南阳彭雪枫纪念馆等活动，促进全体教职工从百年党史中学习革命精神、传承红色基因。创新形式，通过线下讲，线上播，讲好讲活党史。除了深入全市农村、企业、机关、学校、社区等进行理论宣讲外，还和新郑市广播电视台联合制作了《百年党史天天讲》专题片55期，为全市党史学习教育营造浓厚舆论氛围。把“我为群众办实事”作为落脚点和着力点，为金鼎社区安装3组电动车棚，为梅山村安装路灯等。同时，党校常务副校长、党委书记王向阳带队为新建路社区卫生服务中心捐赠学习资料100套，每套资料包括《习近平新时代中国特色社会主义思想学习纲要》《党员干部学习培训教材》、笔记本和笔等，共计9000余元，助力他们深入学习党的创新理论知识。

【疫情防控和防汛减灾】 全力做好疫情防控和防汛减灾工作。成立疫情防控工作领导小组，制定疫情防控工作方案，形成党委负总责、各科室齐抓共管、全员参与的疫情防控工作格局。校园门口设置红外线体温检测仪，严格扫码测温程序，做好常态化疫情防控工作。培训期间要求学员隔位就座，全程佩戴口罩，免费为学员进行核酸检测，确保防疫安全。抽派5名教职工赴疫情防控一线，助力新郑市疫情防控工作。组织志愿者到锦和嘉园、维也纳小镇等疫情防控服务点慰问值守人员，送去西瓜、矿泉水等物资。积极与分包企业协调沟通，定期督查企业疫情防控、防汛减灾工作，帮助企业正常复工复产。

【党建工作】 把全面从严治党贯穿党校工作全过程，贯穿党的建设和党内生活各方面，融入日常、抓在平常。全年专题研究全面从严治党工作4次，召开“三重一大”会议6次，巩固拓展严肃活泼、风清气正的党内政治生活氛围。认真落实“三会一课”制度，每月定期开展党员活动日和党员志愿者服务活动，落实党委中心组和教职工理论学习制度。全年党委中心组集中学习12次、教职工理论学习和各类理论研讨18次。通过中央党校“网上党校”网络直播课程和新郑市城市发展“网络课堂”视频集中学习15次。

【意识形态工作】 将意识形态工作纳入党建工作目标责任制，作为年终考核的重要方面，作为中心组学习的必学内容，与其他工作同安排、同部署、同落实。2021年召开2次意识形态专题会议，每季度召开1次意识形态联席会议和意识形态分析研判会议。加强对教职工的管理，从课堂教学、校园网站、外出宣讲、理论研讨、外聘教师授课等各个环节从严把关，以有力措施确保意识形态工作责任制落到实处。

【党风廉政建设】 将党风廉政教育纳入党委中心组、民主生活会和党支部“三会一课”学习内容，加强经常性纪律教育，及时学习典型案例，以案释纪，以案促教，增强抓好党风廉政建设的针对性和实效性，继续严格落实中央八项规定和各项纪律准则，加强纪律和作风建设，杜绝不良现象发生，确保单位风清气正。

【精神文明建设】 在巩固四届省级文明单位建设成果基础上，对标一流，继续加强精神文明建设，促进党校业务中心工作与精神文明创建工作同频共振、相互促进，为创建省级文明标兵单位打牢基础。通过开展结对帮扶、志愿服务、“我们的节日”“文明交通”“文明上网”等主题活动，积极推进社会公德、职业道德、家庭美德、个人品德建设。充分利用元旦、春节、三八、五一、端午节、中秋节等节假日组织员工开展各种文体活动，丰富教职工的精神文化生活。结合新郑市全国文明城市创建要求，组织志愿者深入分包金鼎小区、鹤福巷开展问卷调查、卫生清洁、文明礼仪讲座等多形式文明创建活动，引导居民了解、支持并为文明城市创建作出贡献。组织教职工开展“万步有约”健走活动，积极营造热爱健康、追求健康、促进健康的良好氛围。

【基础设施建设】 继续加大力度改善办公条件，完善基础设施建设，为教职工和学员提供更加优美舒适的学习和工作环境。新郑市委党校西大门建成使用。建设“党的创新理论讲习所”，为大报告厅、小报告厅、二楼西会议室、东会议室、三楼学员讨论室等配备新桌椅、投影仪、大型彩色LED显示屏、彩色电子屏、音响、空调等设备，全面提升党校办学现代化、数字化程度。同时，购入一批电脑、投影仪和彩色复印机，为教职工提高办公效率提供保障。对校园道路进行重新铺装、硬化，修建健康跑道，铺设草坪砖，划定停车位、建造停车棚并安装充电板，将校园道路两侧路灯升级更换为更美观的方柱景观灯。校园新种植罗汉松、桂花树、樱花树、竹子、月季、女贞等树种。校园新增9块文化石刻，校园中的15块文化石刻营造了独具党校特色的校园文化。新购置一批书架、图书3000余册，价值20万余元，不断丰富图书品种，增加图书室藏书量。总之，2021年新郑市委党校强力推进学员服务中心建设暨校园升级改造工程，不断改善开学条件。一所设施完善、功能齐全，能够同时容纳320人学习、食宿、健身的现代化精品党校已亮丽呈现，为创建全国一流县级党校奠定了坚实基础。

【所获荣誉】 2021年，先后获国家发改委、财政部授予的国家节约型机关、河南省爱委会授予的省卫生先进单位、郑州市爱委会授予的郑州市无烟单位称号，郑州市委党校授予的郑州市第十届教学大赛优秀组织奖和郑州市“庆祝中国共产党成立100周年”理论研讨会组织奖，新郑市委、市政府授予的新郑市2020年度综合工作考评优秀单位和新郑市创建全国文明城市提名城市工作先进单位等称号。

（撰稿：韦丽林　审阅：王向阳）

信访工作

【概况】 新郑市信访局在市委机

关大院。在职干部职工33人，下设新郑市人民来访接待中心（正科级）、办公室（调研科）、督查科（复查办）、接访科（联席办）、网信科、手信办、群众工作科。2021年，信访局上下坚持以习近平总书记关于加强和改进人民信访工作的重要思想为指导，始终坚持以人民为中心，围绕“控新治旧”，统筹做好疫情防控和信访工作，努力把信访制度优势转化为解决信访问题、化解突出矛盾的社会治理效能，信访秩序明显好转，群众满意度持续提升。

【群众信访】 2021年，新郑市信访工作以科学化部署促高效推进，以清单化管理促机制落实，以“机制+攻坚”促问题化解，全市信访总量呈现“三下降、两上升”的积极态势，即群众走访、越级访、重复走访持续三年保持下降趋势，非走访、零访村数持续三年保持上升势头。通过手机信访、网上信访、电话信访等非走访方式反映问题渠道建设逐渐完善，“吹哨”作用日益明显，非走访占信访总量的75%，已经成为本市多数群众信访投诉的首要选择。

【完善机制】 2021年，新郑市在信访工作六项机制（定期研究信访工作机制、科学考核机制、应急值班机制、信息报告和研判分析机制、督查通报机制、责任查究机制）的不断健全下，推动清单化机制建设，明确市主要领导接访清单，明确市四大班子领导下访清单，明确信访工作责任清单；乡级推动领导包案责任落实，健全信访联席会议机制。市乡两级联动，信访工作机制建设日益完善，信访渠道更加通畅。主要领导高位推动，书记市长每月组织召开专题会议，安排部署信访工作，研究推动疑难信访问题化解，2021年，书记、市长分别组织召开市委常委会会议、政府常务会等各类会议24次，研究疑难问题76起，推动73起问题化解；每月定期接访，固定3项接访清单，共接待群众17批39人，研究化解疑难案件26起。领导接访、下访常态化，实施市四大班子领导每周五下访制度，推动市乡两级领导联合接访，群众吸附率、问题化解率日渐提高。2021年，市乡两级领导共联合接待群众2401批5316人，研究化解疑难案件405起。领导包案责任制度化，对各类突出的苗头性、倾向性问题，向县处级包案领导实行“两提醒”（向县处级包案领导报送《工作提醒函》、向责任单位主要领导下发《工作警示函》）、“三交办”（交办属地及分包联系县处级领导、交办行业单位及分管行业领导、交办8个工作专班），把各类信访隐患化解在市内。

【专项活动】 2021年，结合党史学习教育，集中开展了信访突出问题攻坚化解、重复信访治理、越级访治理、涉灾涉疫案件治理等7个专项攻坚活动，书记、市长共同挂帅推动，攻坚克难，有效解决了一大批疑难信访突出问题，有力维护了群众合法权益，全市信访秩序持续好转。

【信访工作会议】 1月28日，市政府二级调研员褚桂斌组织召开全市信访稳定暨攻坚化解工作专题会，各乡镇（街道）管委会及相关市直单位分管信访稳定工作副职参加会议。会议传达了郑州市信访稳定突出问题攻坚化解活动第三次专题会议精神，通报了近期群众上访和攻坚化解工作进展情况，安排部署了近期信访稳定工作。2月19日，市委副书记曹东锋组织召开全市信访稳定突出问题攻坚化解工作例会暨全市信访稳定工作会，各乡镇（街道）管委会党（工）委书记，新区管委会、教育园区管委会及相关市直单位主要负责人参加会议。会议传达了郑州市联席办、郑州市信访局《关于进一步加强信访督查工作办法》精神，通报了信访稳定突出问题攻坚化解工作及近期信访工作情况，对近期信访稳定工作进行了安排部署。3月2日，市委副书记曹东锋主持召开全市信访稳定工作专题会，各乡镇（街道）管委会党（工）委书记和相关市直单位主要负责人参加会议。会议印发了《全国“两会”期间各单位信访工作清单》，通报了近期信访工作情况，对下步信访稳定工作进行了安排部署。6月1日，副市长、市公安局局长朱海新主持召开全市信访稳定工作会议，市政府二级调研员褚桂斌、副县级干部张顺安，重点乡镇（街道）管委会党政正职，其他乡镇（街道）管委会、部分市直单位分管信访工作副职、信访稳定突出问题攻坚化解专项工作组具体负责人参加会议。会议通报了近期信访工作情况，领学了《新郑市信访工作问责暂行办法》，宣读了《重要活动期间信访保障工作方案》，印发了《重要活动期间工作清单》，安排部署了近期信访稳定工作。6月11日上午，市委常委、政法委书记秦洪源主持召开全市安保维稳工作推进会，副市长、市公安局局长朱海新，市政府二级调研员褚桂斌，各乡镇（街道）管委会党（工）委书记及相关市直单位主要负责人参加会议。会议传达了省、郑州市安保维稳工作推进会议精神，安排部署了安保维稳工作。8月24日，市委副书记石玉组织召开全市安全信访稳定工作会议，市委常委、政法委书记秦洪源，副市长、市公安局局长朱海新，市政府二级调研员褚桂斌，法院院长魏磊，各乡镇（街道）管委会和相关市直单位分管领导参加会议。会议通报了近期全市信访工作情况，明确了近期全市安全信访稳定工作任务，对近期信访稳定工作进行安排部署。8月27日，市委书记马志峰组织召开全市信访工作会议，市领导秦洪源、赵恒康、朱海新、范超杰、褚桂斌、魏磊、李广建、徐平福、李俊鹏、马绍敏，各乡镇、街道、具茨山管委会党（工）委书记和市直相关单位主要负责人参加了会议。教育园区管委会、孟庄镇、住建局、人社局、科工信局等单位逐一汇报了各自地区、各自领域信访稳定工作情况，通报了近期信访工作情况，明确了当前全市信访工作任务。9月6日，市委常委、政法委书记秦洪源组织召开全市信访稳定工作会议，副市长、市公安局局长朱海新，市政府二级调研员褚桂斌，各乡镇（街道）管委会及相关市直单位分管信访工作领导参加会议。会议传达了省委书记楼阳生和市委书记马志峰关于信访工作的会议精神，对近期信访工作进行了安排部署。

【信访工作荣誉】 新郑市信访局被国家机关事务管理局、中共中央直属机关事务管理局、中华人民共和国国家发展和改革委员会、中华人民共和国财政部评为第一批节约型机关建成单位；新郑市被河南省信访工作联席会议评为2020年度全省问题楼盘化解攻坚工作先进单位；新郑市被河南省信访工作联席会议评为2021年度信访工作成绩突出的县（市、区）；新郑市被河南省信访工作联席会议评为2021年度集中治理重复信访化解信访积案专项工作先进县（市、区）；新郑市被河南省信访工作联席会议办公室评为2021年度县级“人民满意窗口”创建工作成效突出先进单位；新郑市被中共郑州市委、郑州市人民政府评为2020年度全市信访工作先进单位；中共新郑市信访局总支部被中共郑州市委评为2020年度郑州市先进基层党组织；新郑市信访局被中共新郑市委办公室评为2020年度综合工作优秀单位。

（撰稿：高　爽　李　亚
审阅：丁　毅）

机构编制

【概况】 中共新郑市委机构编制委员会办公室，位于人民路西段277号，是中共新郑市委机构编制委员会的办事机构，作为市委工作机关，归口市委组织部管理，为正科级，挂新郑市事业单位登记管理局牌子，负责全市行政管理体制改革和机构改革、机构编制管理、事业单位登记管理。内设综合科、机构编制管理科、机构编制监督检查科、编制审核科、登记管理科。实有人员26人，领导一正三副。下属事业单位新郑市事业单位登记中心（正科级）1正1副、机构编制信息中心（副科级）1正，2012—2021年连续十年获评“新郑市绩效考核优秀单位”，2021年先后获“河南省节能型机关”“郑州市文明单位”“新郑市综合工作政务服务质量奖”“新郑市创建全国文明城市提名城市工作先进单位”“新郑市先进基层党组织”等称号。

【巩固深化机构改革成果】 巩固深化党政机构改革成果，持续跟踪了解市直部门“三定”规定执行情况，以及改革后部门间职责划分、权责界定和跨部门重大工作统筹情况，及时梳理研究解决相关问题，推动部门依法高效履职。根据经济社会发展和形势任务变化，适时调整优化市直部门内设机构设置，指导市直部门理顺内部职责交叉，优化内部工作流程，推进职能、业务、人员全面深度融合，提高效率效能。对标新时代新形势民生发展需要，优化了教育、体育、卫生健康、乡村振兴等民生领域部门的职责，调整了市教育局、市文化广电旅游体育局科室设置；为13个乡镇卫生院和社区卫生服务中心增加“养老服务、培训”职能；在新郑市农业农村工作委员会挂新郑市乡村振兴局牌子，助力巩固拓展脱贫攻坚成果同乡村振兴有效衔接。巩固乡镇和街道机构改革成果。在全面完成乡镇和街道机构组建任务的基础上，持续抓好向基层放权赋权、整合审批服务执法力量、“减县补乡”、便民服务标准化建设等重点改革事项，形成改革调研报告供市委、市政府决策参考。

【“三起来”示范县（市）建设】 社会治理更加有力，权限的下放有效提升了新郑市各部门提供公共服务、民生服务、社会管理等能力，扩大了新郑市自主发展和决策空间，为县域经济高质量发展增强了动能。权限下放后，根据已有产业布局，提档升级现代服务业，高质量推进传统食品加工、商贸物流等产业向功能食品、高端商贸等产业转变，加快培育战略新兴产业。新郑市科工信局已组织55家企业完成省级科技计划、省高新技术企业等相关项目申报，为企业争取上级奖励资金1000万元。推动审批服务更高效，承接156项郑州市级经济社会管理权限后，部分项目申报、项目审批等权限按照新的业务办理流程，减少了项目落地所需时间，同时，权限承接部门对传统审批流程进行重塑和再造，不断推动审批环节减少、行政效率提高、行政成本降低。比如，新郑市卫健委主动将医疗广告审查、医疗广告注销办结时间由法定的20个工作日分别压缩到4个工作日和1个工作日，实现了医疗广告审查、注销“就近办”“快速办”“一次办”，方便了医疗广告的业务办理。推动群众办事更便捷，权限下放后，新郑市以提升企业和群众办事便捷度、满意度为目标，按照“应进必进、可进则进”的原则，能够集中在政务服务大厅办理的业务全部集中办理，在服务方面做“加法”，在时限、材料方面做“减法”，切实做到让企业和群众多办事、少跑腿，充分释放改革政策红利。自承接权限以来，郑州市生态环境局新郑分局陆续收到了来自河南合则环保科技有限公司、郑州大山环保科技有限公司等众多公司锦旗11面、感谢信32封，切实提升了企业的获得感和满意度。

【开发区机构编制管理】吃透政策，摸清情况，深入学习中央、省、郑州市有关改革文件和会议精神，高度重视，周密部署，明确工作重点，聚焦改革任务，在学懂弄通做实上下功夫，吃透改革政策精神，准确把握改革方向，确保改革不走弯路、不偏轨道。通过实地调研，全面搜集梳理各开发区管理机构的名称、性质、规格、职能、编制数、实有人数、领导职数和实配数等情况，建立台账，确保各开发区底子清、情况明。系统谋划，稳妥推进。根据上级关于推进开发区整合提升的要求，按照优化协同高效的原则，就开发区的调研情况与改革办、发改委等部门进行沟通交流与分析研判，查找和分析当前整合规范开发区管理机构中遇到的困难、问题，理清思路，系统谋划，按照“一园一改，一园一策”的工作思路，拟订整合规范开发区管理机构工作方案草案，积极推进规范开发区机构编制管理工作。

【优化部分部门职能职责】按照“控制总量、盘活存量、优化结构、有减有增”的原则，通过深化改革、内部挖潜、动态调整等方式，既管住总量，又盘活存量，不断优化机构编制资源配置，为推动经济社会高质量发展提供科学的机构编制保障。将郑州市委编委下沉到新郑市的事业编制，主要用于落实中央和省委、市委关于践行县域治理“三起来”等重大决策部署，缓解教育、卫生健康、疾病预防控制等民生领域编制资源不足问题。为有效破解中小学教职工编制结构矛盾、供需矛盾，促进基础教育事业高质量发展，根据上级重新核定的全市中小学教职工编制总量，调整新郑市中小学校及其他教育机构的事业编制。

【保障人才工作机构编制】专编专用、完善管理，优化人才编制使用，保障引进高层次人才用编需求。认真落实关于高层次人才引进工作部署，根据人才引进数量，将人才需求与用人单位空编情况相结合，统筹编制分配利用。按照中央、省控编减编有关要求，优先使用空编用于引进的高层次人才，满足高层次人才的用编需求，确保人才留得住，切实为新郑市重点行业领域提供人才支撑。控制总量、盘活存量，优化编制资源配置，保障专业技术人才用编需求。把有限的编制资源向民生等重点领域和基层倾斜，优先保障党委政府中心工作、基层一线和重点行业进人用编，用于招聘引进相关行业领域急需的高素质专业技术人才，确保在编制限额内，科学调配编制资源，为人才队伍梯次培养提供编制保障。

【编外人员专项调查】迅速部署，把好统计“质量关”。按照郑州市委编办全市编外人员专项调查布置会要求，对填报要求、统计口径、指标解释等进行了详细的说明，要求各部门认真开展编外人员统计工作，保证质量，按时完成统计工作。严格要求，把好数据“审核关”。市委编办要求各部门主要负责人对各自部门及所属事业单位统计数据负总责，严格按照编外人员统计口径和指标解释，规范填报相关信息，认真审核把关，市委编办严格按要求进行审核，确保数据准确，不重报、不漏报、不错报。及时督促，把好工作“效率关”。对各部门编外人员数据统计工作及时督促跟进，充分利用电话、微信、电子邮箱等进行答疑解惑，对编外人员情况复杂的部门，市委编办主动电话沟通了解情况并提供帮助，确保各部门在规定时间内完成相关数据的统计，确保全市编外人员专项调查统计工作顺利完成。

【清理规范议事协调机构】根据深入开展自查自纠持续推动十届省委巡视整改工作要求，对照省委第二巡视组巡视新郑反馈意见，梳理汇总予以保留的53个议事协调机构运行情况。会同市委办公室、市政府办公室对各单位主办的市级议事协调机构进行全面梳理，对各议事协调机构的设置依据、主要职责、规范意见及理由等内容进行汇总。通过摸清底数，建立清单，全面掌握了全市议事协调机构现状，并以此次清理规范为契机，着眼构建议事协调机构管理的长效机制，对各单位上报的议事协调机构规范建议进行汇总、初审，并提请市委、市政府研究审定。规范意见经市委、市政府同意后，由市委办公室、市政府办公室发文公布保留和撤销的议事协调机构名单。

【机构编制审核】按照编办“三定”规定关于机关事业单位进人职责分工和上级相关文件要求，明确了人事、财政等相关部门各自职责，进一步规范了新郑市的机关事业单位进人程序。全市所有行政事业单位招录、涉密岗位、政策性安置进人，必须履行机构编制审核程序。凡是未经编制部门同意设置的机构或未列入编制管理范围的，人事部门一律不予办理相关人事手续，财政部门一律不核拨经费。根据省、郑州市行政事业单位招录工作有关要求，进一步规范招录用编申报程序，严格机构编制审核，加强同组织、人社部门的沟通，把好招录申报工作编制关，及时上报招录用编计划。

【机构编制监督检查】深入开展机

构编制核查工作，市委编办积极筹划，召开本级机构编制核查工作会议，部署开展本级机构编制核查工作，扎实推进并圆满完成本级核查工作。加强机构编制政策法规宣传力度，经与组织、党校沟通协调，已经将机构编制法规制度列入了党校教学培训内容。2021年，省委编办二级巡视员叶春风在新郑市委党校秋季主体班中授课。切实抓好《“三定”规定制定和实施办法》《机构编制监督检查工作办法》《机构编制报告制度实施办法（试行）》等重要制度的贯彻落实。进一步加大机构编制问题督促整改力度，切实维护机构编制纪律严肃性。

【事业单位登记管理】 坚持事业单位法人年报的合法性、客观性、准确性，在年报工作中建立“三审制度”，即受理人初审、审核人复审、负责人终审，层层严把质量关，确保事业单位法人年报工作严谨、务实、精准。2021年，完成事业单位法人设立23个，变更242个，注销7个，证书补领1个，完成477个事业单位年度报告工作，年检率为100%。积极配合机构改革工作，受理了机关、编办管理的行政类垂直管理单位的登记管理业务。对17个单位有关信息进行变更，并发放新的统一社会信用代码证。积极落实事业单位进行实地核查，市委编办随机选定15家事业单位作为实地核查抽查对象。核查内容包括法人证书登载事项、年度报告等具体内容。经核查，未发现有违反《事业单位登记管理条例》及其《实施细则》的情形，并将抽查情况通过登记局网站向社会公示。

【信息化建设】 市委编办依托网上名称注册管理系统，对全市613家已注册中文域名的党政机关、事业单位进行全面核查核对，建立工作台账，摸清注册、注销、续费的域名底数，做到中文域名与机构名称数据准确、名实相符，确保应续费、应注册和应注销的域名不重复不遗漏，夯实做好中文域名续费工作基础。做好中文域名工作，新注册66个，续费547个，续费率达到100%。圆满完成全市行政事业单位网上名称管理工作。

（撰稿：高　培　审阅：陈军辉）

档案馆工作

【概况】 新郑市档案馆于1983年建成并投入使用，根据《河南省各级综合档案馆业务管理规范》，按保管期限和种类分库房存放保管档案。2021年有馆舍面积1216平方米，库房面积425平方米，内设库房4个，分别为永久库房、长期库房、专业库房、资料库房，并设置有阅览室、目录室、机器检索室、手工检索室和修史编制室。馆藏全宗档案225个，文书档案共69269卷、34200件。其中，新中国成立前全宗7个，新中国成立后全宗103个，专业档案全宗32个，22359卷422件，实物档案388个。另有馆藏资料21602册，照片1394张，音视频资料6960分钟。馆内有在职人员26人，其中副馆长3人，年龄均在50岁以下；研究生学历3人，本科学历17人，大专学历6人，大专以上学历占比达100%；档案业务人员15人，占全馆工作人员的68.1%。2019年机构改革中，新郑市将原市档案局的行政职能划入市委办公室，市委办公室挂市档案局牌子，并将原市档案局的相关职责与市档案馆的职责整合，重新组建新郑市档案馆，作为市委直属事业单位。2021年新郑市档案馆围绕中心，服务大局，重点突出社会服务功能，全面加强基础业务建设，提升档案信息化水平，档案事业呈现健康发展态势。随着新郑市经济快速发展，档案数量陡增，档案馆库房面积狭小、库容饱和已成为制约档案事业发展的瓶颈。为破解发展难题，新郑市紧抓国家支持中西部建设档案新馆的机遇，成功申报了新郑市图书档案方志馆项目，档案新馆建筑面积实为6690.94平方米，库房符合国家县级一类档案馆建设标准。新馆主体框架已经完工。

【党建工作】 明确重点，制订计划，确保学习活动落到实处。年初，结合形势和工作重点，及时制定下发年度学习计划。做到年初有学习计划，年终有学习总结，个人有学习笔记，重要学习有专题活动。2021年组织全馆开展学习习近平新时代中国特色社会主义思想、习近平总书记系列讲话精神、习近平总书记视察河南重要讲话精神等活动27次，开展学习笔记评选4次。在全馆内部形成了学理论、用理论、研究理论的良好风气。突出重点，增强学习的针对性，把讲政治贯穿全过程。

坚持学习教育常态化，结合“两学一做”学习教育、“不忘初心、牢记使命”主题教育、党史学习教育等专题，通过中心组学习、集中研讨、三会一课等形式，领导班子以上率下，带头领学促学。共开展中心组学习12次、集中研讨4次，召开组织生活会1次、民主生活会1次，班子成员讲党课4次，开展主题党日活动12次，在全馆形成了讲学习、抓学习、自觉学习的浓厚氛围。建立体验式学习机制，组织党员干部参观任长霞事迹陈列展1次，加强正面引导，坚定党员干部对党忠诚，为民忠心的理想信念。坚持“关起门学”与“请进来学”相结合，邀请党校老师围绕党的十九届五中全会精神进行专题授课1次；组织优秀党员、老党员宣讲2次。增强了学习教育的针对性和实效性，提高了党员干部的学习热情。

【业务工作】 强化宣传，不断扩大档

案文化影响力。围绕市委、市政府的中心工作，深入基层开展宣传活动。结合脱贫攻坚、文明城市创建等中心工作，进行档案工作宣传，让档案走近基层，贴近群众。活动期间，发放档案袋220多个，档案元素书签100多份，宣传页1200张。围绕档案法、国际档案日，开展主题宣传活动。以档案法、档案小知识及档案人物故事等内容为主题，举办国际档案日主题宣传周活动1次，档案法宣传活动1次，发放宣传手册200多份、赠送档案盒40多个，进一步提高了公众的档案意识。围绕主题主线，加强宣传引导。在《中国档案报》、中国档案信息网等国家级专业媒体上发表信息2篇，《郑州日报》《大河报》等媒体上发表信息8篇，提高了档案工作知名度，为档案事业发展营造了良好的舆论环境。

围绕中心，稳步推进档案资源建设。主动做好档案征集接收工作。结合本馆库房容量饱和实际，为丰富馆藏内容，适时调整档案征集办法，修订档案接收计划，有序开展征集接收活动。2021年，共征集接收拜祖大典活动、污染源普查、南水北调入户等单位档案1747卷，12111件，资料74册。积极开展归档立卷工作，年初召开年度档案工作会议，下发归档文件，成立3个业务指导组，对全市100多个单位的文书档案进行归档指导。多次深入扶贫办、疫情防控办等单位，帮助指导整理扶贫档案、疫情档案等重大活动档案2885卷5489件，照片档案2078张，录音录像档案1100份。为新馆建成后，开展档案接收进馆、充实馆藏内容等工作奠定基础。坚持做好档案编研工作。依托馆藏资源编制《档案利用典型事例汇编》《新郑市档案志》等资料7本。让沉睡的档案充满活力，充分发挥档案的城市记忆功能。

优化方式，全面提升档案服务质量。实行“首位接待负责制”，简化手续、规范流程，严格按照查阅标准，实行“日查日结”机制。针对当日未办结事项，由第一位负责接待的同志，积极与相关部门沟通联系，为群众提供解决方案，提高办结率；针对因情况复杂未办结事项，登记造册，及时跟进，想办法为群众排忧解难，提高群众满意度。落实便民利民举措，针对“老弱病残”等特殊群体，优先查档，专门服务；针对有特殊原因的查档人员，提供电话查档、工作日延时、节假日预约查档服务。设置便民服务箱，为来访人员提供饮水、老花镜、口罩、消毒液、雨伞等服务，确保疫情防控工作与业务工作同步进行，真正实现便民利民。开展档案资源数字化。为进一步提高档案利用效率，提升群众查档满意度。已完成馆藏档案数字化365240页，文书类纸质档案数字化比例达到75%以上，专业类纸质档案数字化比例达到26%。

健全制度，落实档案保管保护工作。严抓库房日常安全管理，定期对库房通风、档案库房防潮防虫、档案密集架、电路、消防器材等相关设施设备进行检查，建立问题台账，及时排除问题，确保馆藏档案安全。加强档案保管保护。建立并执行档案利用、审批、档案借阅、双人出入库登记等制度，维护档案资料的真实性、权威性。建立突发事件应急预案。结合实际情况，制定《新郑市档案馆档案安全管理应急预案》。结合应急预案，开展应急演练2次，通过演练让所有档案工作人员参与进来，熟悉和掌握应急响应程序，提高应急反应能力。

勠力同心，为增强档案队伍素质提质增效。认真组织本部门的业务培训，坚持班子成员讲学的形式，“业务标兵”结合工作实际在单位内部分享学习成果，业务科长到机关单位宣讲，利用立卷归档工作对档案员进行业务培训等方式，共开展业务培训2次，形成了上下联动、相互推动的良好格局，提升了新郑市档案队伍素质。积极参加上级组织的业务培训。组织业务人员参加郑州市档案局组织的业务培训1次，参加新郑市档案局举办新修订的《中华人民共和国档案法》培训班1次。通过培训增强了档案队伍的综合素质，提升了档案业务人员的业务能力。2021年，新郑市档案馆人员在ISBN刊物发表论文3篇，参加郑州档案学会论文3篇，其中获得一等奖2篇，三等奖1篇。

（撰稿：刘珍珍　审阅：王志英）

接待工作

【概况】 新郑市委市政府接待办公室在市委机关大院。有干部职工12人，主任1人，副主任2人。下设综合科、接待科和对外宣传科。2021年，接待办坚持以习近平新时代中国特色社会主义思想、党的十九大精神、党的十九届五中、六中全会精神为指导，积极适应新形势、新任务，紧紧围绕新郑建设现代化全国一流中等城市的目标，加强理论学习，搞好自身建设，强化协调服务，按照“有利公务、简化礼仪、务实节俭、杜绝浪费”原则，圆满完成了各种会议接待任务，按照河南省接待办、郑州市接待办、新郑市纪委工作要求转发并拟发关于在全市国内公务接待活动中持续开展违规吃喝问题专项整治工作方案。

【接待工作】 认真学习《党政机关厉行节约反对浪费条例》《党政机关国内公务接待管理规定》《河南省党政机关国内公务接待管理办法》《郑州市党政机关国内公务接待实施细则》，完善工作制度，规范接待流程，加强内部管理，提升人员素质，强化队伍建设，做到简化礼仪而不失

6月29日，市接待办理论学习中心组学习（扩大）会议举行（市接待办/供图）

热情周到，完成接待任务而不超规定标准，减少陪同人员而不失工作高效，轻车简从而不失服务质量。

【接待程序】 结合接待工作实际情况，规范公务接待活动流程。精心制定接待方案，在接待活动中，根据市委、市政府的总体要求和部署，提前进行调查研究，科学制定接待方案，坚持实地踩点，从接待地点、宴会菜单、宴会布置到服务人员安排等方面逐一落实，征求意见，确保万无一失。在接待任务中，按照统一指挥，分工负责、责任到人的工作原则，将任务、目标、措施、责任落实到具体责任人，各司其职，各负其责。在菜肴选择上，宴会中上菜的时间节奏以及客房的取电卡是否插好、空调温度是否合适、卫生间洁具消毒是否合格等都一丝不苟，细心安排。在接待活动结束后，加强公务活动财务审核，账单审批人和经办人手续完备，账单与报销票据对应相符，严格支出管理。同时，公务活动结束后，一事一记录，汇总信息，收集资料建立重要来宾接待档案，及时总结经验查找不足，进一步提升公务接待工作品质和层次。

【规章制度】 规范接待工作管理规定，进一步建立健全接待工作规范，制定了《新郑市党政机关国内公务接待管理办法》，明确了接待范围、接待标准和操作流程，使工作能够坚持原则、有章可依，为做好接待工作奠定了坚实基础。理顺审批流程，严格控制浪费。加强同市委办、市政府办接待任务审批制度，由市委办主任、市政府办主任签审接待单，公开接待任务、车辆使用等信息，杜绝随意开单，厉行节约。健全接待工作机制，从接待范围、工作程序、接待标准等方面，制定相应标准，并形成文件，使日常的接待工作逐步实现了程序化、规范化管理，使每一个从事接待工作的人员有章可循，有据可依，有效推动了工作的开展。制定接待工作制度，制定了岗位职责、接待工作制度、学习制度、财经管理制度、文件管理制度、信息管理制度等十项工作管理制度，进一步转变了办公室的工作作风，在全办上下树立起了风正、气顺、劲足的良好状态，办公室面貌焕然一新。

（撰稿：李欢欢　审阅：李巧玲）

新郑市人民代表大会及其常务委员会

XINZHENG MUNICIPAL PEOPLE'S CONGRESS AND ITS STANDING COMMITTEE

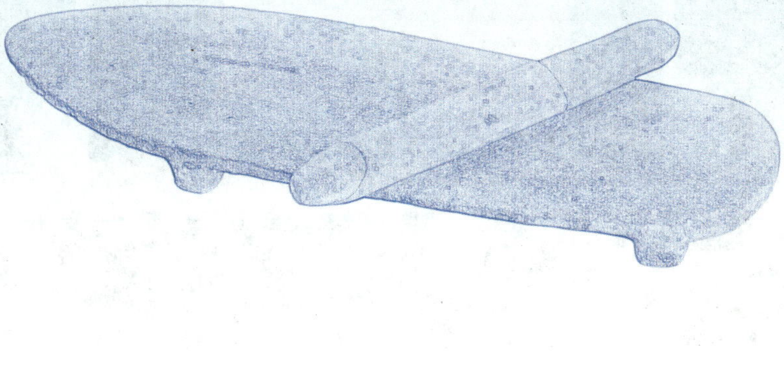

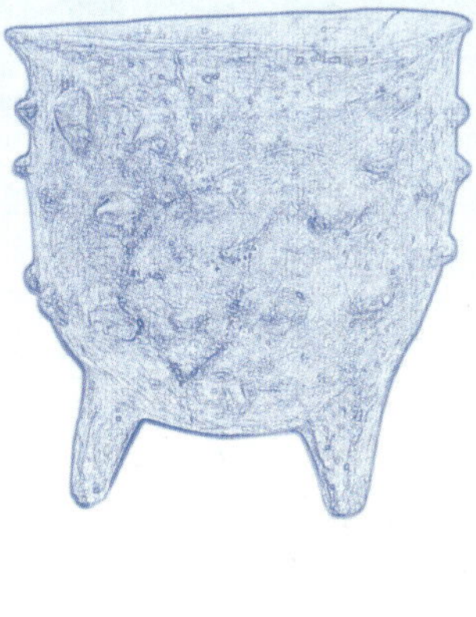

· 新郑市人民代表大会及其常务委员会 >>>

XINZHENG MUNICIPAL PEOPLE'S CONGRESS AND ITS STANDING COMMITTEE

综　述

【概况】 新郑市人民代表大会常务委员会位于新郑市人民路中段186号。作为新郑市人民代表大会的常设机构，闭会期间，新郑市人民代表大会常务委员会行使大会权利，并对大会负责。2021年，市人大常委会在市委的坚强领导下，坚持以习近平新时代中国特色社会主义思想为指导，全面贯彻党的十九大和十九届历次全会精神以及习近平总书记关于坚持和完善人民代表大会制度的重要思想，主动适应新时代人大工作新形势、新任务、新要求，紧紧围绕新冠肺炎疫情防控、推动经济高质量发展等方面依法履职尽责、主动担当作为，共召开常委会会议11次、主任会议4次，先后就重大事项、重要工作、重大活动及常委会监督议题向市委请示汇报16次，依法作出重大决议决定10项，依法任免“一府一委两院”工作人员58人次，开展视察调研60余次，走访群众8000余人次，收集民情民意1000余条，帮助群众解决实际困难168个，化解矛盾纠纷200余起，赢得了群众信任和支持，圆满地完成了市五届人大六次会议确定的各项目标任务，为助力全市疫情防控和经济社会高质量发展“双胜利”作出了积极贡献。

【推动市委决策部署贯彻落实】 始终把坚持党的领导放在首位，坚持市委有要求、人大有行动，切实做到市委工作重心在哪里，人大工作就跟进到哪里，力量就汇聚到哪里，作用就发挥到哪里，不折不扣贯彻落实市委的决策部署。一是坚持正确政治方向。充分发挥常委会党组在人大工作中把方向、管大局、抓落实的引领作用，及时传达学习贯彻各级重要会议和文件精神，用理论武装头脑、指导实践、推动工作。二是自觉融入中心工作。常委会领导班子成员始终牢记职责使命，依法行使职权，积极参与乡村振兴、招商引资、项目建设等工作，圆满完成了国家卫生城市复审、文明城市创建等重点工作任务。扎实开展“万人助万企”活动，坚持每周深入分包的8个重点项目和10家企业，查堵点、破难点，一线协调解决问题，促进了达利食品、中储粮等改

2月4日，新郑市第五届人民代表大会第六次会议召开（市人大/供图）

扩建项目的快速推进。切实做好分包的1个社区和1个无主管楼院的帮扶联建工作，协调相关部门对社区进行道路硬化、绿化美化等综合改造，社区面貌焕然一新，受到群众好评。三是凝聚防洪抗疫强大合力。面对新冠肺炎疫情和“7·20”罕见特大暴雨，常委会以高度的政治自觉，号召和动员全市各级人大代表迅速投身疫情防控、防汛救灾、灾后重建，为人民群众共筑守护生命防线。积极响应市委号召，常委会所有副主任每人分包一个疫情防控健康关爱中心，尽心尽力做好疫情防控工作；人大机关干部扎实细致做好分包社区人员摸排、检查点值守和受灾群众安置转移等工作，为防汛抗疫尽职出力，树立了良好形象；全市各级人大代表立足工作岗位冲在防疫抗灾一线，累计捐款捐物2000余万元，展现了“人民选我当代表、我当代表为人民”的真挚情怀。

7月，对《新郑市人大常委会关于批准新郑市2021年新增政法债券安排使用预算调整的决议（草案）》进行表决（市人大/供图）

【推动经济社会高质量发展】牢固树立大局意识，准确把握新时代人大工作新要求，积极融入全市发展大局，主动履职尽责。一是着力推动经济平稳运行。依法批准政府新增债券资金使用预算调整、年度财政预算、决算等涉及经济发展的重大事项，对主要经济指标完成情况、基础设施建设和民生事业投入等重点工作进行了详细审查和重点监督，为经济平稳发展奠定基础。聚焦工业经济转型发展，开展工业经济运行视察，专题听取市政府工业经济运行情况汇报，提出了抓扶持强服务、抓政策提信心、抓科技建队伍、抓双创求突破等建议，有效促进了产业转型升级。聚焦乡村振兴战略实施，审议市政府实施乡村振兴战略情况的报告，视察调研现代农业发展等工作，深入开展“助力乡村振兴，人大代表在行动”活动，实现了巩固脱贫攻坚成果同乡村振兴的有效衔接。高标准完成预算联网监督平台建设，强化预算绩效全过程管理，切实管好人民的“钱袋子”。二是着力推动项目建设。聚焦市委实施的“九项工程”和“三个一批”项目建设，组织五级人大代表多次视察、调研，提出要提升项目重视程度、加快项目建设进度、加大项目督查力度、强化项目谋划深度等合理化建议并得到落实，有力促进了重点项目建设。尊绅光电显示模组、华思5G柔性显示电路板等项目实现开工，威斯荻克柔性线路板生产基地、锐杰微芯片封测等项目达产，实现了“芯”“屏”联动，填补了河南集成电路产业空白。专题听取招商引资工作情况汇报，建议相关部门招商理念要超前、招商方式要创新、招商服务要周到，力争更多优质项目落户新郑，助推产业发展，助力产业强市。三是着力推动营商环境优化。结合“万人助万企”活动，坚持问题导向、结果导向，围绕体制机制、市场环境、政务服务、法治环境等方面，扎实开展优化营商环境“两条例”执法检查，共收集到部门联动不到位、排查问题不到位、窗口服务和管理水平有待提高等意见建议134条，集中转交“一府两院”及有关部门办理，人大对口委室加强跟踪督办，真正做到了有问题、有答复、有结果，助推全市营商环境进一步优化。在全省营商环境评价成果排名县（市）第一位，是唯一一个达到地级市优秀水平的县（市）。四是着力推动生态文明建设。推行垃圾分类制度是习近平总书记亲自过问、亲自部署的“关键小事”和“民生大事”。常委会组织五级人大代表分成若干个小组，联动督查《郑州市城市生活垃圾分类管理办法》贯彻实施情况，调研生活垃圾焚烧电厂建设运营情况，提出提高垃圾分类收集水平、扩大垃圾焚烧电厂处理能力等建议得到落实。随着日处理生活垃圾2000吨的郑州（南部）环保能源工程的建成运营，新郑两座垃圾焚烧电厂日处理生活垃圾能力达到3500吨，实现了生活垃圾无害化、减量化和资源化处理。听取和审议国有自然资源（资产）管理情况的专项报告，要求有关方面大力推进自然资源产权制度改革，推进国土空间规划编制，提升自然资源利用效率。开展《中华人民共和国固体废物污染防治法》执法检查，重点检查相关法律法规宣传普及、固体废物规范化治理等情况，让生态安全和人民健康更有保障。

【推动人民生活品质不断提升】始终坚持“民有所呼、我有所应”，按照群众“点单”、代表“订单”、政府“买单”、人大“验单”的模式，在市乡两级全面推行民生实事人大代表票决制，着力推动突出民生问题解决，不断提升群众获得感、幸福感、安全感。一是立足城乡建设，回应宜居之盼。围绕住有所居、居有所安等民生工程，深入故里新家园二期、郭店镇常家庄社区等地，监督市政府及有关部门在确保安全的前提下，加快安置房施工进度，尽快实行分房，让群众早日住上新家；专门听取市政府落实《新郑市人大常委会关于加快全市社区小区智能技术安防设施建设的决定》情况汇报，督促市政府及有关部门加大投资、加快建设，2021年以来全市新建、改造智能安防小区145个，提升了居民安全感。聚焦群众关注的城市基础设施配套完善等热点，提出要加快智慧城市建设、配置完善公共服务等建议，切实推动老旧小区改造。如，新华路街道对粮食局家属院、康盛小区等8个连片无主管楼院进行综合改造，建成非机动车充电棚、物业用房、日间照料中心、垃圾分类房和文化健康休闲游园，新增车位192个，实现8个小区相互连通、消防通道贯通，以及物业、托老托小全覆盖，提升了居民生活环境及幸福指数。二是立足社会保障，解决生活之需。围绕普惠性、基础性、兜底性民生建设，聚焦困难群体生活保障，开展社会救助工作专题调研，促进市民政局切实解决好“应保尽保、应退尽退”等管理问题。聚焦军人群体权益维护，视察市退役军人优抚安置工作，促进市退役军人事务管理局不断改革创新优抚安置工作措施，实现权益保障与维护稳定并重，真正把机关建设成为和谐社会的“稳压器”、退役军人的“好娘家”。聚焦群众信访利益表达，坚持把信访督办作为回应群众关切、维护群众利益的重要举措，依法处理信访问题12件，有效解决一批群众反映的实际问题和困难。三是立足社会事业，确保共享之利。以“让人民群众共享改革发展成果”为着力点，坚持为民“问医”，助力写好“病有医”向“医有保”升级的健康答卷。拟定调研课题，专门对新郑市医疗救助资金监管情况进行了视察调研，督促市政府和医疗保障部门加快医疗保障职能调整，加强医疗救助资金监管，加大医保基金监管创新，加速完善多重救助体系，确保全市医疗救助改革发展红利惠及人民群众。坚持为民“助学”，助力写好“有学上”向“上好学”转型的教育答卷。就大班额依然突出、学位严重不足等问题，深入中小学校建设一线现场调研，督促市政府及有关部门优化布局、加快建设，2021年以来新建（改扩建）中小学6所、幼儿园8所，新增学位7400个。专题视察全市中小学午餐供应和课后延时服务工作，提出的加大资金保障力度、提高饭菜质量、加强卫生监管、丰富课后延时服务内容的建议得到落实，助力广大青少年学生健康成长，让百姓真受益、得实惠。

【代表高效履职】 准确把握代表机关职能定位，不断拓展代表工作内容和形式，创新闭会期间代表活动方式，鼓励、引导全市各级人大代表充分发挥主体作用，积极践行履职为民使命担当。一是支持保障代表依法履职。围绕履行岗位职责、执行代表职务、服务经济发展、回应群众诉求等主题，分批次组织人大代表、常委会委员进行专题培训，不断提高履职能力。建立常委会领导联系常委会组成人员、常委会组成人员联系市本级人大代表、市本级人大代表联系原选区选民的“三联系”制度，坚持开展代表接待选民和向选民述职工作，密切与选民的联系，接受选民监督。不断拓展代表知情知政渠道，邀请代表200余人次列席常委会，参加视察调研、执法检查、项目招投标、工程监督、民主评议等活动。如，薛店镇组织25名人大代表对8个市派驻部门开展了工作评议，对评议结果差的部门负责人进行了约谈。开展创先争优评选活动，对优秀市人大代表、先进代表小组、先进代表联络站进行表彰，激发代表履职热情。注重发挥代表专业优势，设立食用菌种植、畜牧养殖等6个特色小组，有力助推了经济发展。二是丰富闭会期间代表活动。坚持把“访民情、解民忧”作为代表闭会期间的常态化活动，组织五级人大代表深入践行“用脚步丈量工作法”，深入基层一线、企业商户，开展大走访、大联系活动，广泛听取意见建议，化解矛盾纠纷，协调解决问题。本着方便群众、覆盖选区、便于联系的原则，按照“九有”标准，高标准打造了44个代表联络站，全面落实“六个一”工作法（一月一接待、一月一学习、一月一调研、一季一视察、半年一评议、年终一述职），不断丰富代表履职活动。以深入开展“连心桥”主题活动为载体，分组督导检查代表联络站建设和工作开展情况，加强对代表联络站的使用管理，定时定点定人开展代表进站活动，接待选民群众。如，通过市代表联络站，创新开展“局长代表面对面”活动2次，面商办理了一批民生急难愁盼问题。一年来，开展视察调研60余次，赢得了群众信任和支持。如，市人大代表付书玲在走访群众过程中，得知部分居民家里水量小、且时常出现停水现象后，深入现场了解原因、寻求解决办法，多方筹资4万多元新建了一座水塔供水，解决了居民吃水难问题。三是提升代表建议办理实效。坚持以办理质量为重点、以代表满意为标准，从严把好交办关、督办关、答复关，推动代表建议办理由“答复型”向“落实型”转变。向“一府两院”集中交办市五届人大六次会议代表所提建议165件，筛选规划增设固定停车场、加强物业管理等重点建议10件，由常委会副主任带队进行集中督办，并对办理结果进行“回头看”和满意度测评，办理质量、代表满意度明显提升。

【人大自身建设】 常委会突出自身建设，加强理论武装，着力开展“四个机关”建设，不断增强履职能力。一是坚定制度自信。坚定不移贯彻落实习近平总书记关于坚持和完善人民代表大会制度的重要思想，切实引领人大履职实践。立足人大工作实际，坚持原原本本学、持续深入学，学深悟透习近平总书记关于坚持和完善人民代表大会制度的重要思想，力求入脑入心、见行见效，为做好人大工作提供方向引领。二是注重务实创新。正确处理人大行使职权法定性和人大常委会工作创新性的关系，在守规矩的前提下求突破，用新理念引领新思路，用新举措应对新情况。出台《新郑市人大常委会人大代表建议办理工作考核办法（试行）》等制度，修订完善常委会议事规则、机关管理制度，促进常委会议事有章法、代表履职有要求、机关服务有标准。三是把牢纪律规矩。全面贯彻从严治党要求，始终把党风廉政建设主体责任扛在肩上，切实履行“一岗双责”，坚持党组集中学习、常委会学法等制度，巩固“不忘初心、牢记使命”主题教育成果，扎实开展党史学习教育，以党建工作高质量推动人大工作高质量。坚持把纪律挺在前面，促使机关党员干部政治上讲忠诚、思想上知敬畏、行动上守规矩，营造风清气正的机关氛围。

【人事任免与工作评议】 市人大常委会严格按照法律赋予的职权，依法行使任免权。2021年，按照省、郑州市人大常委会的有关要求，结合新郑市实际和外地经验，对人事任免程序进行了全面的规范和完善，严格落实任免提请、考察、法律知识考试、任前表态、颁发任命书、就职宣誓、公开任职承诺等每一个环节。一年来，共任免国家机关工作人员58人。人大常委会精心组织，认真做好对政府及其职能部门的工作评议及视察工作。按照常委会组成人员无记名投票的办法，确定对市司法局、市商务局两个部门向常委会报告工作并接受工作评议。为了客观、全面了解两个部门的工作情况，市人大常委会和各乡镇人大、街道人大工委分别召开了由部分人大代表、企业负责人、个体工商户、基层干部和普通市民参加的座谈测评会；同时，组成两个调查组，分别深入两个部门，通过听汇报、搞测评、与机关干部个别座谈等形式，进一步征求意见。调查走访期间，共发放调查测评表40余份，征求意见和建议16条。市五届人大常委会专门听取了两个部门的工作报告，并以无记名投票方式，对两个部门的工作进行了满意度测评。

人大会议

【新郑市第五届人民代表大会第六次会议】 2月1—3日，新郑市第五届人民代表大会第六次会议在市炎黄文化中心召开。市五届人大六次会议实有代表225人，实际出席会议的代表200人。鉴于新冠疫情防控要求，此次会议没有特邀列席人员。会议听取和审议了市人民政府市长马宏伟所作的《政府工作报告》、市人大常委会主任王俊杰所作的《市人大常委会工作报告》、市人民法院院长魏磊所作的《市人民法院工作报告》、市人民检察院检察长李广建所作的《市人民检察院工作报告》；市发改委、市财政局分别向大会书面报告了《新郑市2020年国民经济和社会发展计划执行情况与2021年计划（草案）的报告》《新郑市2020年财政预算执行情况和2021年财政预算（草案）的报告》。会议通过了《新郑市人民政府工作报告》《新郑市人大常委会工作报告》《新郑市人民法院工作报告》《新郑市人民检察院工作报告》新郑市2020年国民经济和社会发展计划执行情况与2021年计划、新郑市2020年财政预算执行情况和2021年财政预算等六个决议。会议共收到代表建议、批评、意见192件，圆满完成了各项议程。

【主任会议】 **第二十一次主任会议** 4月28日，市五届人大常委会召开第二十一次主任会议，市人大常委会主任王俊杰及副主任出席会议，市人民政府党组成员苗瑞光，市政府办、市林业局负责人列席会议，王俊杰主任主持会议。会议听取审议了新郑市森林乡村和森林特色小镇建设工作的报告，听取了法工委关于市政府及相关部门贯彻落实市五届人大常委会《关于加快全市社区小区智能技术安全防范设施建设的决定》情况、市法院信息化建设服务审判工作情况和市检察院控告申诉检察工作情况的调查报告，以及农工委的相关调查报告。会议决定将市人大常委会法工委提请的“关于市政府及相关部门贯彻落实市五届人大常委会《关于加快全市社区小区智能技术安全防范设施建设的决定》情况、市法院信息化建设服务审判工作情况和市检察院控告申诉检察工作情况”三项议案，提请市五届人大常委会第35次会议审议。

第二十二次主任会议 6月29日，市五届人大常委会召开第二十二次主任会议，市人大常委会主任王俊杰及副主任出席会议，市政府副市长李猛，市政府办、市税务局、市文广旅体局和市水利局负责人列席此次会议，王俊杰主任主持会议。会议分别听取了新郑市上半年税收征管工作情况的报告、市加强乡村旅游建设情况的报告，会议还听取了市水系连通及农村水系综合整治项目建设情况的报告。

第二十三次主任会议 10月29日，市五届人大常委会召开第二十三次主任会议，市人大常委会主任王俊杰及副主任出席会议，市政府党组成员苗瑞光，市发改委和城市管理局负责人列席此次会议，王俊杰主任主持会议。会议听取了新郑市重点项目建设情况的报告，市垃圾分类工作情况的报告。

第二十四次主任会议 12月29日下午，市五届人大常委会召开第二十四次主任会议，市人大常委会主任王俊杰及副主任出席会议，市人民政府副市长范超杰，市政府办、市政务服务和大数据管理局、市信访局负责人列席会议，王俊杰主任主持会议。会议听取审议了市政务服务工作情况的报告、市农民工欠薪信访问题的报告。

【常委会会议】 **人大常委会第三十一次会议** 1月5日召开新郑市五届人大常委会第三十一次会议。市人大常委会组成人员出席会议；市委常委、组织部部长黄卫东，市委常委张慧娴，市法院院长魏磊，市检察院副检察长杨广印，市政府办主任刘奎志，各乡（镇）人大主席，街道人大工委主任列席会议；市人大常委会主任王俊杰主持会议。会议审议了人事任免案。

会议任命：张慧娴为新郑市人民政府副市长。免去：会议依法依程序决定免去王智明新郑市人民政府副市长职务。

人大常委会第三十二次会议 1月20日召开新郑市五届人大常委会第三十二次会议。市人大常委会组成人员出席会议；市政府副市长陶向华，市法院院长魏磊，市检察院检察长李广建，市政府办公室负责，各乡（镇）人大主席，街道人大工委主任列席会议；市人大常委会主任王俊杰主持会议。会议审议了人事任免案。会议任命郑记州为新华路街道人大工委主任。会议还审议通过了决定接受张辉、秦土旺辞去郑州市第十五届人民代表大会代表职务，并报郑州市人大常委会备案、公告。会议还选举魏学彬同志为新郑选区出席郑州市第十五届人民代表大会代表。

人大常委会第三十三次会议 2月1日召开新郑市五届人大常委会第三十三次会议。市人大常委会组成人员出席会议；市政府常务副市长张慧娴，市法院院长魏磊，市检察院检察长李广建，市政府办公室主任刘奎志，各乡（镇）人大主席，街道人大工委主任列席会议；市人大常委会主任王俊杰主持会议。

会议听取了新郑市五届人大六次会议筹备工作情况汇报；听取审议了市人大常委会代表资格审查委员会关于市五届人民代表大会代表资格的审查报告；审议了市人大常委会关于召开新郑市第五届人民代表大会第六次会议决定（草案）、市五届人大六次会议议程（草案）、市五届人大六次会议主席团和秘书长名单（草案）、市五届人大六次会议计划、财政预算审查委员会名单（草案）、市五届人大六次会议议案审查委员会名单（草案）、2021年市政府民生实事候选项目（草案），会议还审议了新郑市人民代表大会常务委员会工作报告（草案）。

人大常委会第三十四次会议 3月30日召开市五届人大常委会第三十四次会议。市人大常委会组成人员出席会议；市政府副市长才旦加，市法院院长魏磊，市检察院检察长李广建，市政府办公室负责人和各乡（镇）人大主席、街道人大工委主任列席会议；市人大常委会主任王俊杰主持会议。会议首先传达学习了习近平总书记近期重要讲话精神、十三届全国人大四次会议精神。审议决定接受徐卫东辞去新郑市监察委主任职务。审议决定免去杨献珍新郑市监察委副主任职务，决定免去夏红燕新郑市人力资源和社会保障局局长职务。审核了《市人大常委会2021年工作要点》（草案），投票决定2021年向常委会报告工作并接受工作评议单位。

人大常委会第三十五次会议 5月25日召开市五届人大常委会第三十五次会议。市人大常委会组成人员出席会议；市政府副市长朱海新，市法院院长魏磊，市检察院检察长李广建，检察院党组成员史宏民，市政府办、市公安局的负责人，以及各乡（镇）人大主席，街道人大工委主任列席会议；市人大常委会主任王俊杰主持会议。

会议传达学习了习近平总书记近期重要讲话精神；听取审议市政府及相关部门贯彻落实市五届人大常委会《关于加快全市社区小区智能技术安全防范设施建设的决定》情况的报告、市法院关于信息化建设服务审判工作情况的报告、市检察院关于控告申诉检察工作情况的报告，还审议了市人大常委会主任会议关于许可对新郑市第五届人民代表大会代表杨明建暂时停止执行人大代表职务的提请。

人大常委会第三十六次会议 6月18日召开市五届人大常委会第三十六次会议。市人大常委会组成人员出席会议；市人大常委会主任王俊杰主持会议。会议审议了市人大常委会主任会议关于接受张春旺辞去新郑市第五届人民代表大会代表职务的提请案，决定接受张春旺辞去新郑市第五届人民代表大会代表职务。

人大常委会第三十七次会议 2021年7月28日召开市五届人大常委会第三十七次会议。市人大常委会组成人员出席会议；市政府常务副市长张慧娴，市法院院长魏磊，市检察院检察长李广建，3名基层人大代表，市政府办、市发改委、市财政局、市农委、市司法局、市商务局的负责人，各乡（镇）人大主席，街道人大工委主任列席会议；市人大常委会主任王俊杰主持会议。

会议传达学习了习近平总书记

近期重要讲话精神。会议决定任命：姚志刚任新郑市监察委副主任职务、陈同周任新郑市监察委副主任职务、姚志刚代理新郑市监察委主任、赵恒康为新郑市人民政府副市长、赵红林为新郑市人民政府副市长、李慧凤为新郑市人民法院城关中心人民法庭庭长、高伟为新郑市人民法院和庄中心人民法庭庭长、常晓亮为新郑市人民法院薛店中心人民法庭庭长、韩冰为新郑市人民法院龙湖中心人民法庭副庭长、路平为新郑市人民法院审判员、王美婕为新郑市人民法院审判员。决定免去：周建超的新郑市人民政府副市长职务、李猛的新郑市人民政府副市长职务、刘奎志的新郑市人民政府办公室主任职务、郑国安的新郑市信访局局长职务、李慧凤的新郑市人民法院和庄中心人民法庭庭长职务、高伟的新郑市人民法院城关中心人民法庭庭长职务、常晓亮的新郑市人民法院薛店中心人民法庭副庭长职务、刘沛佩的新郑市人民法院龙湖中心人民法庭副庭长职务、孙书灵的新郑市人民法院审判员职务、杨慧霞的新郑市人民法院审判员职务、王勇的新郑市人民法院审判员职务、赵梅香的新郑市人民法院审判员职务、陈培红的新郑市人民法院人民陪审员职务、李晓的新郑市人民法院人民陪审员职务。

会议听取审议了新郑市2021年上半年国民经济和社会发展计划执行情况的报告、市2021年上半年财政预算执行情况的报告、市美丽乡村建设工作的报告，并对市司法局、市商务局进行了工作评议。

人大常委会第三十八次会议 8月6日召开市五届人大常委会第三十八次会议。市人大常委会组成人员出席会议；市人大常委会党组成员张顺安，市政府常务副市长张慧娴，市法院院长魏磊和市检察院检察长李广建列席会议；市人大常委会主任王俊杰主持会议。

会议任命：王淑慧拟任新郑市人民政府副市长职务、范超杰拟任新郑市人民政府副市长职务。会议决定接受：王军生辞去新郑市五届人大常委会委员职务，彭德成、郭明熙、王金灿、王海亮辞去新郑市五届人大常委会副主任职务的请求，并报市五届人民代表大会备案。

人大常委会第三十九次会议 9月28日召开市五届人大常委会第三十九次会议。市人大常委会组成人员出席会议；市政府常务副市长张慧娴，市法院院长魏磊同志，市检察院检察长李广建，市政府办、市审计局和市财政局的负责人，以及各乡（镇）人大主席，街道人大工委主任列席会议；市人大常委会主任王俊杰主持会议。会议传达学习了习近平总书记近期重要讲话精神。会议听取审议了2020年市本级财政预算执行及其他财政收支审计工作情况的报告。审查和批准了2020年市本级财政决算、市2021年新增政府债券安排使用预算调整方案、市国有自然资源资产管理情况专项报告，还审议了关于新郑市国有资产管理情况综合报告（书面）。

人大常委会第四十次会议 11月14日召开市五届人大常委会第四十次会议。市人大常委会组成人员出席会议，市人大常委会主任王俊杰主持会议。会议审议决定许可对刘少琴采取刑事强制措施，暂停执行代表职务。

人大常委会第四十一次会议 12月27日召开市五届人大常委会第四十一次会议。市人大常委会组成人员出席会议；市政府常务副市长张慧娴，市法院院长魏磊，市检察院检察长李广建，市监察委副主任戴茂松，3名基层人大代表，市政府办、市财政局、市生态环境局新郑分局、市卫健委和市退役军人事务局的负责人，以及各乡（镇）人大主席，街道人大工委主任列席会议。

会议传达学习了习近平总书记近期重要讲话精神，会议决定免去：李长发的新郑市卫生健康委员会主任职务、马冠亚的新郑市应急管理局局长职务、赵磊的新郑市商务局局长职务、郑媛媛的新郑市人大常委会财政经济工作委员会主任职务、王国良的新郑市人大常委会社会建设工作委员会主任职务、董建红的新郑市人大常委会信访室主任职务、孟永军的新郑市人大常委会办公室副主任职务、曹永强的新郑市人大常委会农村工作委员会副主任职务、赵志萍的新郑市人大常委会人事任免科副科长职务。会议决定任命：李利娜为新郑市人民政府副市长、冯军辉为新郑市卫生健康委员会主任、孙现民为新郑市应急管理局局长、裴蕊寒为新郑市商务局局长、马伟强为新郑市人大常委会农村工作委员会主任、闫一凡为新郑市人大常委会办公室副主任、刘宏志为新郑市人大常委会办公室副主任、乔芳为新郑市人大常委会农村工作委员会副主任、赵松彦为新郑市人大常委会社会建设工作委员会副主任、肖廉洁为新郑市人大常委会人事任免科副科长、周广亮为新郑市人大常委会信访室副主任、靳晓莉为新郑市监察委员会委员。

会议还审议了关于调整新郑市第五届人民代表大会代表资格审查委员会组成人员的决定（草案）、新郑市人大常委会关于市乡两级人民代表大会换届选举的决定（草案）、新郑市人大常委会关于成立市乡选举委员会的决定（草案）、新郑市人大常委会关于各乡镇人民代表大会代表名额的决定（草案）。会议审议和批准了关于新郑市2021年预算调整方案（草案）的报告；听取审议了2021年市政府民生实事落实情况的报告、市环境保护工作的报告、市基层医疗卫生服务能力提升情况的报告、市退役军人事务局退役军人基层基础建设工作；还听取规范性文件备案审查工作情况报告。

监督工作

【专项视察】4月22日，新郑市人大常委会组织部分人大代表和机关委室负责人组成视察组，在市人大常委会主任王俊杰的带领下，对午餐供应和课后延时服务工作情况进行视察。市委常委、副市长才旦加陪同。视察组一行先后深入郑州来来来餐饮服务有限公司、河南汇百川实业有限公司、新华路小学和实验中学，实地察看午餐供应和课后延时服务工作情况，并听取市教育负责同志相关工作情况汇报。

5月28日，市人大常委会组织部分人大代表对新郑市“智慧新郑”建设情况进行了视察。市人大常委会主任王俊杰，市人大常委会副主任彭德成、郭明熙、王金灿、左建新、杨流、王海亮等参加视察，市政府二级调研员褚桂斌以及市政务服务和大数据管理局负责人陪同视察。视察组重点对孟庄镇酒孙村数字乡村、龙湖城管分中心、郭店镇（产业新城）政务服务分中心、政务服务中心、数字政府运行管理指挥中心等地进行了现场视察，并听取了市政务服务和大数据管理局负责人关于“智慧新郑”建设情况的总体汇报。

10月26日，在市人大常委会王俊杰主任的带领下，各级人大代表、市发改委、市科工信局等相关单位组成视察组，对全市“三个一批”项目进行视察，市政府常务副市长张慧娴陪同。视察组一行先后到郑州市美盈森环保科技有限公司、河南尊绅光电技术有限公司、河南高森包装容器有限公司等企业进行了现场察看。并听取了市科学技术和工业信息化局局长左莉敏关于全市工业经济发展及项目建设情况的汇报。通过视察，有力促进全市工业经济发展。

11月10日，市人大常委会副主任王海亮带领市人大信访室、市信访局、市住建局、市人社局等部门有关负责人组成调研组，对新郑市“双拖欠”信访问题工作情况进行调研。通过实地察看、听取汇报、召开座谈会等形式，详细了解了新郑市“双拖欠”工作总体情况。

11月18日，新郑市人大常委会组织部分人大代表和机关委室负责人组成视察组，在市人大常委会主任王俊杰的带领下，对2021年新郑市民生实事办理情况进行视察。市政府副市长王淑慧陪同。视察组先后到第一水厂建设项目、郑韩故城遗址公园健身设施、中华路公园建设项目、泥河新城幼儿园项目、裴李岗村项目、新建路街道东街社区便民服务站进行了察看。

【专题调研】4月7日，市人大常委会副主任彭德成带队，市人大常委会法制委组成调查组，对市检察院就控告申诉检察工作，通过听取汇报、座谈等形式进行了深入细致的调查。

4月8日，市人大常委会副主任彭德成带队，市人大常委会法制委组成调查组，对市法院就信息化建设工作情况，通过听取汇报、座谈、实地查看等形式进行了深入细致的调查。

4月15日，市人大常委会副主任杨流带队，市人大常委会农工委组织调研组，深入和庄镇郑庄村、梨河镇周庄村、辛店镇北靳楼村、新村镇焦沟村、薛店镇山根村等地，对新郑市森林乡村和森林特色小镇建设情况进行调查。

6月7日，市人大常委会副主任杨流带队，市人大常委会农工委组织调研组，深入溱水河水系孙河塘坝、皇帝饮马泉、唐寨水库、溱水村，黄水河水系周家湾等地实地查看，详细了解新郑市水系连通及农村水系综合整治项目建设情况。

6月16日，市人大常委会副主任王金灿带领调查组，先后到新村镇裴李岗村、城关乡东郭寺村、辛店镇孙河村和具茨山管委会白龙沟景区进行深入调查。通过实地查看、听取汇报等形式，对新郑市乡村旅游建设情况有了更深入细致的了解。

6月19日，市人大常委会党组副书记王军生带队，市人大常委会财经工委组织调查组深入市税务局，就新郑市上半年税收征管工作情况进行了调查，并形成调查报告。

7月15日，市人大常委会副主任杨流带队，市人大常委会农工委组织部分人大代表，深入观音寺镇十里铺、田庄、大董、唐户、溱水寨等村调研，实地查看美丽乡村建设工作情况。

11月，市人大主要领导视察2021年重点项目（市人大/供图）

7月16日，在市人大党组副书记王军生带领下，市人大财政经济预算委员会、财经工委分别就2021年上半年国民经济和社会发展计划执行情况的报告和2021年上半年财政预算执行情况的报告，组织财政经济预算委委员和部分人大代表进行座谈、调研，对报告进行了审查。

8月11日，市人大常委会副主任杨流带领代表工委委室人员到市交通局对市综合交通体系建设工作进行调研。

10月20日，根据郑州市人大常委会执法检查工作的要求，市人大常委会组成八个执法检查组，由市人大常委会主任王俊杰，副主任左建新、杨流、张顺安，二级调研员彭德成、郭明熙、王金灿、王海亮亲自带队，开展“两条例”贯彻情况执法检查，结合“万人助万企”活动，印发调查问卷318份，集到各类问题与建议共134条，并于10月20日，召开专题调研汇报座谈会，圆满完成营商环境调查工作。

11月18日，市人大常委会二级调研员王金灿组成调查组，对新郑市基层医疗卫生服务能力提升情况进行了调研。调查组先后到和庄示范卫生院、郭店中心卫生院、新区社区卫生服务中心。通过实地查看、听取汇报等形式，对新郑市基层医疗卫生服务能力提升情况有了更深入的了解。

12月6日，市人大常委会二级调研员王海亮带领调查组对新郑市推进基层便民服务“就近办”工作情况进行了调查。调查组首先到市不动产登记中心产业新城分中心、孟庄镇便民服务中心和郭店镇便民服务中心进行了实地察看。随后，调查组召开了座谈会，听取了政务服务和大数据管理局负责人的专题汇报，并同相关人员进行了座谈。

【郑州市人大工作座谈会第二十九次会议暨“连心桥”主题活动经验交流会】 12月14日，郑州市人大工作座谈会第二十九次会议暨“连心桥”主题活动经验交流会在新郑市召开，交流研讨2021年全市人大创新和亮点工作，梳理总结“连心桥”主题活动，谋划安排2022年全市人大工作。郑州市人大常委会主任胡荃、党组书记周富强，市领导马志峰、马宏伟、王俊杰等参加会议。会上，各区（县）市人大常委会围绕学习贯彻中央和省委、市委近期重要会议安排部署，交流工作亮点；新郑市、登封市人大常委会、部分区（县）市街道人大代表联络站、人大代表就“连心桥”主题活动开展情况及代表作用发挥作了交流发言；会议表彰了市十五届优秀人大代表、先进代表活动组和星级人大代表联络站。与会人员实地观摩了新郑市龙湖镇人大代表联络站、新华路街道人大代表联络站建设运行情况。

【新郑市第五届人民代表大会第六次会议代表名单】（共226人）

新建路代表团：（13人，其中：女3人）

代　表：冯　煜　刘彤标　刘淑香（女）　孙卫民（回）　李　勇　李宏伟　张万军　孟国花（女）　赵　宇　姚建军　徐卫东　高增禄　高淑萍（女）

新华路代表团：（16人，其中：女4人）

代　表：王俊杰　左莉敏（女）　付书玲（女）仪　刚　冯举涛　齐光辉　吴英杰　张冠伟　陈淑梅（女）　尚建伟　赵会超　荆新琦　常文杰　曾海林　魏　磊　魏改焕（女）

新烟街代表团：（15人，其中：女3人）

代　表：马慧萍（女）　王国良　王　颂（女）　王宏魁　王海亮　刘建亭　刘　笛（女）　刘会勇　安勇强　孙铭浩　杨学忠　赵春阳　尚　忠　敬伟民　靳英杰

城关乡代表团：（13人，其中：女3人）

代　表：马东亮（回）　王石柱　王丙良　王　鹏　任学义　刘学敏　李晓东　张保乐　杨会霞（女）　岳建华（女）　郑彩霞（女）　赵永建　胡凯军

辛店镇代表团：（25人，其中：女6人）

代　表：马国亮　王松峰　王燕（女）　王月霞（女）　史红立　白保欣　乔小伟　刘遂兴　孙　阔　李志强　李　燕（女）　李军辉　李文彬　谷宏法　宋晓峥（女）　张永莉（女）　范红宾　周忠民　赵松森　赵焕亭　赵海军　贾兴杰　郭红岭　颜俊敏（女）　薛智强

观音寺镇代表团：（15人，其中：女4人）

代　表：马宏伟　王军生　王留彬　白福先　冯军辉　闫付民　朱明　郑媛媛（女）　赵金聚　贾文辉（女）　张　勇　唐新中　梁丽英（女）　董建红（女）　薛彦增

梨河镇代表团：（14人，其中：女6人）

代　表：马西文（女）　马金安　李建智　李广建　沈爱敏（女）　陈同周　陈胜利　柳建峰　郑慧阁（女）　高瑞霞（女）　高国治　高智军　闫一凡（女）　张慧娴（女）

和庄镇代表团：（19人，其中：女4人）

代　表：于兆堂　马玉柱　马文明　马聪锋　王春玲（女）　王昌涛　王　洋　叶日才　朱秋国　朱美荣（女）　李俊霞（女）　李洪田　杨明建　陈海军　周遂成　秦洪源　徐晓静（女）　唐永刚　郭明熙

薛店镇代表团：（12人，其中：女2人）

代　表：王志超　王瑞杰　刘建国　安广涛　孙现峰　李炎宏　时利军（女）　肖军义　林长明　周智伟　侯建芳　高新玲（女）

孟庄镇代表团：（13人，其中：女2人）

代　表：马文仓　王军红（女）孔会成　石聚彬　刘志刚　刘少琴（女）刘发友　张建国　杨 流　孟双根　赵东伟　黄卫东　常申杰

龙湖镇代表团：（27人，其中：女5人）

代　表：马志峰　马彦锋（回）马绍敏　王彦堂　左建新　卢凯伟　白亚楠　白育峰　吕建党　朱海新　乔宗旺　刘占有　别三江　李午生　李 颖（女）张其武　张可可（女）郑 磊　赵松彦　赵留喜　胡智伟　侯玲梅（女）　姚志本（女）　贾晓平（女）　夏海栓　曹东锋　张春旺

郭店镇代表团：（13人，其中：女3人）

代　表：马举增　王武来　王继正　卢国忠　任国建　刘新杰　苏学宾（回）　李 军　杨晓菊（女）张玉华（女）　周宏伟　范会娜（女）　彭德成

新村镇代表团：（14人，其中：女3人）

代　表：王 敏（女）王金灿　歹银花（女）毛新奇　叶大进　田延辉　刘丙炎　张艳丽（女）　张松涛　陈喜彬　陈保杰　岳明旺　周伟杰　鲁现发

航空港实验区代表团：（17人，其中：女4人）

代　表：马国珍　卢彦学　白俊德　刘铁妮（女）安群楼　李春杰　李丙离　吴书义　吴顺祥　谷全林　肖 静（女）张全亮　周树军　孟庆伟　高留凤（女）　郭玉凡（女）魏彦林

【新郑市第五届人民代表大会常务委员会组成人员名单】（共27人）

主 任：王俊杰

副主任：左建新 杨 流

委 员：（共24人）

刘彤标　赵东伟　石聚斌　刘少琴（女）　别三江　周遂成　王松峰 侯建芳　王 敏（女）　曾海林　马文明　张万军　周宏伟　郑慧阁（女）王国良　朱秋国　田延辉　王彦堂　郑媛媛（女）　乔宗旺　冯 煜　刘占有　孔会成 董建红（女）

（撰稿：刘宏志 审阅：左建新）

新郑市人民政府

XINZHENG MONICIPAL
PEOPLE'S GOVERNMENT

·新郑市人民政府 >>>

XINZHENG MONICIPAL PEOPLE'S GOVERNMENT

综　述

【概况】 新郑市总面积884.59平方千米，常住人口120.02万人。辖9个镇：辛店镇、观音寺镇、梨河镇、和庄镇、薛店镇、孟庄镇、郭店镇、龙湖镇、新村镇；1个乡：城关乡；3个街道办事处：新华路街道办事处、新建路街道办事处、新烟街道办事处；3个管委会：具茨山管委会、新区管委会、郑州新郑教育园区管委会。

2021年，全年完成地区生产总值793.3亿元，同比增长5%；其中，第一产业增加值28.8亿元，同比增长3.5%；第二产业增加值329.4亿元，同比增长6.9%；第三产业增加值435.1亿元，同比增长3.7%。地方一般公共预算收入74.7亿元。固定资产投资456.9亿元。社会消费品零售总额332.2亿元，同比增长9.2%。规模以上工业增加值同比增长6.1 %。粮食总产量23.7万吨。城镇居民人均可支配收入38950.4元，人均消费性支出23752元；农村居民人均可支配收入26878.9元，人均生活费支出23113元。全国中小城市综合实力百强县（市）排第38位，全国县域经济基本竞争力百强县（市）排第28位，县域经济发展质量总体评价连年位居全省县（市）首位。

【产业转型】 以全省制造业高质量发展综合评价试点县（市）建设为抓手，大力推动制造业高端化、智能化、集聚化发展，锐杰微封装芯片等11个项目进入省企业智能制造项目库，尊绅光电等31个项目实现开工，光明莫斯利安生产线改造等36个项目竣工投产；新增规上工业企业39家，年销售收入超10亿元企业达7家、超5亿元企业达20家；战略性新兴产业占全市规上企业比重达31.8%，电子信息等新兴产业增加值占规上工业比重达30.7%。商贸物流业持续壮大，华南城九大高端商业项目加紧推进，传化中原物流小镇建成招商。率先出台《关于规范提升小微企业园发展的实施意见》，中德产业园认定为郑州首批小微企业园，航美国际智慧城等3个小微企业园加快建设。加快创建全域旅游示范区，一批高端文旅项目加紧推进；全年接待游客501.1万人次、实现旅游收入20亿元。加快发展金融服务业，金融机构数量、银行存贷款规模连年保持全省县（市）首位。现代农业稳步提升，粮食生产稳定增长，新型农业经营主体蓬勃发展，全市农民合作社达283家。

【城乡统筹】 坚持以城带乡、协调并进、一体化发展，确立了“双核引领、多点支撑、组团联动、功能互补”的城乡发展新格局。锚定现代化全国一流中等城市建设目标，坚持规划引领，《新郑市国土空间规划（2020—2035年）》编制取得阶段成效。实施城市建设提质项目48个、年度投资24.4亿元，新建提升城乡道路56千米，改造提升老旧小区、背街小巷18个，建成开放大型城市公园、多功能街头游园10个，新规划停车位3800个。全力推进黄帝故里园区改扩建，市民广场、寻根门、轩辕殿等9项重点工程基本建成。深入实施乡村振兴战略，2个美丽乡村精品村、12个美丽乡村示范村和7个美丽乡村特色村建设任务基本完成，农村旱厕、垃圾治理实现“动态清零”。大力实施城乡环卫一体化，严格落实“路长制”“街长制”，常态开展“大清理、大清扫、大清洗”行动，城市主次干道机械化清扫率、垃圾清运率、无害化处理率均达100%，顺利通过国家卫生城市复审。加快智慧城市建设，数字城市运行管理中心、龙湖城管分中心建成投入使用，数字化城管基本实现全域覆盖。

【开放创新】 围绕“三主三新”产业体系，强化以商招商、基金公司招商、专业团队招商，全年签订项目30个、总金额303亿元，其中10亿元以上高质量产业项目5个；引进域外境内资金96亿元。深化“放管服”改革，高效行使省、郑州市赋予新郑市的156项经济社会管理权限，工程项目审批时间压减至最长61个、最短22个工作日；营商环境排名全省县（市）首位，是唯一一个达到省辖市优秀水平的县（市）。加大科技创新力度，建成省级研发中心19家、工程研究中心5家，新增高新技术企业36家、科技型企业58家、“专精特新”企业28家，全社会研发投入强度由上年的1.13%提高到1.7%；全国科技创新百强县（市）排第44位。全市市场主体突破10万户。

【生态建设】 坚持不懈做好移动源、工业源、扬尘源等污染治理，常态开展夜查行动，整治提升中小微企业162家，$PM_{2.5}$、PM_{10}累计浓度分别下降13.7%、8.4%，年优良天完成227天。严格落实“河长制”，持续开展“清四乱”专项行动，双洎河国控断面水质稳定达标，城关污水处理厂中水回用和龙湖湿地公园尾水净化处理项目建成投运，城市建成区黑臭水体提前一年完成“动态清零”，南水北调中线观音寺调蓄工程、老观寨水库生态修复工程和水系连通项目稳步实施。坚持植绿护绿并重，完成新造林286.67公顷、森林抚育866.67公顷，全市森林覆盖率达到31.5%，建成区绿化覆盖率达到41.5%，建成区人均公园绿地面积增至16.7平方米。入选省级生态县（市）。

【社会事业】 坚持办好人民满意的美好教育，新建、改扩建中小学、幼儿园14所，新增学位6930个，学前教育普惠率升至96.8%。大力支持创业就业，开展职业技能培训2.3万人次，新增城镇就业再就业8817人，发放创业担保贷款7710万元。扎实推进健康新郑建设，紧密型县域医共体建设稳步实施，市公立中医院主体建成，市公立人民医院成功创成三级医院，建成3个社区卫生服务中心。文化事业蓬勃发展，连续16年成功举办黄帝故里拜祖大典，连续15年高规格举办黄帝文化国际论坛，开展文化惠民活动1700余场次；新郑考院入选第八批河南省文物保护单位，裴李岗遗址入选第三届中国考古学“百年百大考古发现”名单。持续改善群众居住条件，建成安置房6585套72.4万平方米，网签安置房1497套，4394名群众入住新居。扎实推进巩固拓展脱贫攻坚成果同乡村振兴有效衔接，贫困人口稳定脱贫、持续增收。深入推进“三零”平安创建，常态开展扫黑除恶斗争，全市信访形势平稳向好，安全生产形势持续稳定，平安建设基层基础不断夯实，人民群众安全感不断增强。

【疫情防控和防汛救灾】 面对百年不遇的重大汛情，第一时间启动防汛应急响应，累计出动各类抢险车辆1112台、救援人员16692人参与排险除险、转移群众、抢险救灾，全市没有发生河流水库决堤、群死群伤事件；第一时间启动恢复重建，抢通水电、排涝除淤、消杀防疫等，以最大力度保障人民群众生产生活需要。面对突如其来的疫情，第一时间激活疫情防控应急体系，盯紧看牢重点领域、重点环节、重点部位，抓实抓细联防联控、核酸检测、疫苗接种等各项防控措施，全面压实“四方责任”，守好郑州的“南大门”，确保了全市生产生活秩序整体平稳有序。

重要会议

【政府常务会议】 2021年1月13日晚上，市长马宏伟在联席会议室主持召开市政府常务会议。会议学习贯彻习近平总书记重要讲话精神及上级重要文件精神，对全市消防安全、安全生产、信访稳定、道路交通安全集中整治“百日攻坚”行动、根治拖欠农民工工资、健全食品安全责任制加强食品安全工作若干措施起草、节水行动实施方案起草、156项郑州市经济社会管理权限承接行使、郑州卡通文化生态海岸项目和星河亮点5G测试设备项目招引、综合考评工作方案起草、行政事业单位固定资产报废处置权限调整、投融资决策管理委员会成立等问题进行了研究，并提出了明确要求。

2021年1月21日下午，市长马宏伟在联席会议室主持召开市政府常务会议。会议学习贯彻习近平总书记重要讲话精神及上级重要文件精神，对《2021年政府工作报告》起草、2021年重点民生实事谋划、《国民经济和社会发展第十四个五年规划和2035年远景目标纲要》编制、《2020年国民经济和社会发展计划执行情况与2021年国民经济和社会发展计划草案报告》起草、2021年财政收支预算编制等问题进行了研究，并提出了明确要求。

2021年1月28日下午，市长马宏伟在联席会议室主持召开市政府常务会议。会议学习贯彻习近平总书记重要讲话精神及上级重要会议、政策文件精神，对全市信访稳定、根治拖欠农民工工资、农村乱占耕地建房整治工作遏制新增、国有建设用地使用权出让等问题进行了研究，并提出了明确要求。

2021年2月8日下午，市长马宏伟在联席会议室主持召开市政府常务会议。会议学习贯彻习近平总书记重要讲话精神及上级重要会议、政策文件精神，对全市根治拖欠农民工工资、推进公共法律服务体系建设实施方案起草、北京星河亮点5G测试及相关通信测试设备项目投资协议书及补充协议书拟定、城关乡购买房屋安置拆迁群众、薛店镇超收分成及好想你健康食品股份有限公司产业发展扶持、国有建设用地使用权出让等问题进行了研究，并提出了明确要求。

2021年3月5日下午，市长马宏伟在联席会议室主持召开市政府常务会议。会议学习贯彻习近平总书记重要讲话精神及上级重要会议、政策文件精神，对全市优化营商环境工作推进会筹备、加快推进新型智慧城市建设意见起草、招引保险代理企业（各类汽车服务公司）缴税和市综合治税信息管理平台建设、环保督察交办和群众举报问题排查整治、农村耕地撂荒整治、黄帝千古情核心板块规划建设、中华恐龙城项目招引、选派高校优秀人才挂职补贴和人才公寓租赁、加强市委市政府大气污染防治督导组建设指导意见起草、2021年教师招聘、龙湖镇泰山村三四五组拆迁安置、国有建设用地使用权出让等问题进行了研究，并提出了明确要求。

2021年3月23日下午，市长马宏伟在联席会议室主持召开市政府常务会议。会议学习贯彻习近平总书记重要讲话精神及上级重要政策文件精神，对第二轮中央生态环境保护督察迎检准备和市领导分包联系协调环境污染防治重点工作、拆迁及安置房建设、进一步完善新型社区建设政策补充规定起草、加快美丽乡村建设新三年（2021—2023）行动方案起草、2020年度综合考评和总结表彰会议筹备、规范提升小微企业园发展意见起草等问题进行了研究，并提出了明确要求。

2021年3月26日上午，市长马宏伟在联席会议室主持召开市政府常务会议。会议对2021年国家卫生城市复审、国有建设用地使用权出让、河南润弘制药股份有限公司和遂成药业股份有限公司城市基础设施配套费征收等问题进行了研究，并提出了明确要求。

2021年4月15日下午，市长马宏伟在联席会议室主持召开市政府常务会议。会议学习贯彻习近平总书记重要讲话精神及上级重要会议、政策文件精神，对第二轮中央生态环境保护督察交办件办理、推进移风易俗倡树文明殡葬新风、拆迁及安置房建设、消防基础建设、火灾事故调查处理规定（试行）起草、企业入库纳统、龙湖片区社区卫生服务中心建设、问题楼盘专项攻坚化解、拖欠农民工工资专项攻坚化解、S103省道梨河段两侧房屋和附属物征收、“占地造湖”整改落实、清理取消城镇供水供电供气供暖行业不合理收费专项整治等问题进行了研究，并提出了明确要求。

2021年4月19日晚上，市长马宏伟在联席会议室主持召开市政府常务会议。会议学习贯彻习近平总书记重要讲话精神、关于党史重要论述及上级重要会议、政策文件精神，对第二轮中央生态环境保护督察交办件办理、市委农村工作会议筹备、存量建设用地处置攻坚行动及产业集聚区用地提质增效工作推进、国有建设用地使用权出让、国三及以下排放标准营运柴油货车淘汰、防风险守底线周交办案件办理、龙湖片区社区卫生服务中心建设等问题进行了研究，并提出了明确要求。

2021年4月29日下午，市长马宏伟在联席会议室主持召开市政府常务会议。会议学习贯彻习近平总书记重要讲话精神、关于党史重要论述及上级重要政策文件精神，对国有建设用地使用权出让、农田水利设施及脱贫攻坚领域排查整改、土地卫片执法整改、安置社区外围配套基础设施建设、郑州市月度综合督查评比、文物行政审批手续办理、龙湖片区社区卫生服务中心建设、“3·10”机械伤害事故和“10·8”物体打击事故调查处理、突发事件总体应急预案编制修订、洁净型煤生产企业关停后续处置、城市公共区域窨井盖专项整治、智慧停车项目建设运营、航美国际智慧城项目工业标准化厂房手续办理等问题进行了研究，并提出了明确要求。

2021年5月13日下午，市长马宏伟在市委市政府六楼会议室主持召开市政府常务会议。会议学习贯彻习近平总书记重要讲话精神及上级重要政策文件精神，对第二轮中央生态环境保护督察交办件办理、农田水利设施排查整改、农村人居环境整治暨改厕问题摸排整改、土地卫片执法整改暨农村乱占耕地建房整治、龙湖片区社区卫生服务中心建设、中小学校医队伍和校园医疗卫生服务站（卫生室）建设、河南省质量强市示范市创建、第八期旧城改造房屋征收与补偿安置等问题进行了研究，并提出了明确要求。

2021年6月9日下午，市长马宏伟在联席会议室主持召开市政府常务会议。会议学习贯彻习近平总书记重要讲话精神及上级重要会议、政策文件精神，对落实生活垃圾分类全覆盖打造收运处理体系全链条行动方案起草、森林新郑生态建设规划（2020—2035年）编制、财政收入运行、规范政府投资项目资金拨款进度和加强绩效预算管理、生态环境保护工作推进会议筹备、污染防治攻坚战系列文件起草和对污染防治攻坚战三年行动计划落实情况实施表彰、第二轮中央生态环境保护督察交办件办理、“占地造湖”整改落实、省安委会暗察暗访组交办问题隐患整改落实、龙湖片区社区卫生服务中心建设、2021年工业企业“亩均论英雄”综合评价分类、创新创业团队项目资助实施细则起草等问题进行了研究，并提出了明确要求。

2021年7月28日晚上，市长马宏伟在联席会议室主持召开市政府常务会议。会议学习贯彻习近平总书记重要讲话精神及上级重要政策文件精神，对政府重大专项综合督查评比、安全生产工作、防汛抢险救灾和灾后恢复重建、推进落实总设计师制、违建别墅清查整治、“万人助万企”活动开展、“大棚房”问题专项清理整治行动“回头看”、农田水利设施排查整改、行政规范性文件清理、郭店镇洪沟社区项目调整配地、龙湖西部五村安置区建设模式、电网建设工程电缆线路与架空线路投资差价、龙湖片区社区卫生服务中心建设、城镇集中供热价格调整、为市消防救援大队集体记功等问题进行了研究，并提出了明确要求。

2021年8月9日晚上，市长马宏伟在市委市政府六楼会议室主持召开市政府常务会议。会议学习贯彻上级关于疫情防控、灾后恢复重建工作重要精神，对新冠肺炎疫情防控、灾后恢复重建等问题进行了研究，并提出了明确要求。

2021年9月3日下午，市长马宏伟在联席会议室主持召开市政府常务会议。会议学习贯彻习近平总书记重要讲话精神及上级重要政策文件精神，对省委第六轮巡视反馈意见整改、灾后恢复重建、强降雨防范应对、安置房建设和群众安置、重大专项工作月度综合评比、2021年教师节庆祝表彰大会筹备和构建保障义务教育教师工资待遇长效联动机制、第二轮中央生态环境保护督察交办件整改、贯彻过紧日子要求严格财政支出管理、质量精神口号和城市质量标志评选、龙湖片区社区卫生服务中心建设等问题进行了研究，并提出了明确要求。

2021年9月16日上午，市长马宏伟在联席会议室主持召开市政府常务会议。会议学习贯彻习近平总书记重要讲话精神及上级重要会议精神，对十届省委巡视整改专项“回头看”、违法占地整治、国家卫生城市复审、灾后恢复重建、“大棚房”问题专项清理整治行动“回头看”核查、巩固脱贫成果后评估和项目推进、旅馆业专项整治、消防安全工作和火灾事故应急预案起草及市政消防栓建设、河湖“四乱”问题图斑核实整改、国有建设用地使用权出让、宏胜饮料集团饮料生产加工项目招引、龙湖片区社区卫生服务中心建设等问题进行了研究，并提出了明确要求。

2021年10月18日下午，市长马宏伟在联席会议室主持召开市政府常务会议。会议学习贯彻习近平总书记重要讲话精神及上级重要会议、政策文件精神，对产业工人队伍建设改革、重大专项工作综合督查评比、推进全市养老服务高质量发展、招商引资企业税收共享、灾后恢复重建、河湖“四乱”图斑清理整治、龙湖区域违法建设拆除整治、电煤保供、龙湖片区社区卫生服务中心建设等问题进行了研究，并提出了明确要求。

2021年11月4日下午，市长马宏伟在联席会议室主持召开市政府常务会议。会议学习贯彻习近平总书记重要讲话精神及上级重要会议精神，对农村流转耕地“非农化”“非粮化”专项整治和产业扶贫项目变更、农田水利设施管护办法起草、群众回迁安置、正佳能源智能装备制造项目招引、2021年创新创业团队项目实施、龙湖片区社区卫生服务中心建设、废弃矿山综合整治和生态修复、政府投资公益性项目建设、国有建设用地使用权出让、韩春化工有限公司第二期生活区职工自建房及家属楼房屋征收与补偿安置等问题进行了研究，并提出了明确要求。

2021年11月24日上午，市长马宏伟在联席会议室主持召开市政府常务会议。会议学习贯彻习近平总书记重要讲话精神及上级重要政策文件精神，对河湖“四乱”问题图斑整改和河流断面水质、消防火灾事故问责、全面推行林长制工作方案起草、重大专项工作综合督查评比、2021年综合考评工作方案起草、政务服务便民热线归并优化、“双减”工作、金融信创应用示范基地项目招引、群众回迁安置、郑堡新型社区项目建设、高污染燃料禁燃区划定、2021—2022年秋冬季大气污染防治攻坚行动方案起草、第七届市长质量奖和质量精神口号及城市质量标志评选等问题进行了研究，并提出了明确要求。

2021年12月3日下午，市长马宏伟在联席会议室主持召开市政府常务会议。会议学习贯彻习近平总书记重要讲话精神及上级重要会议、政策文件精神，对重大专项工作综合督查评比、学生安全出行综合管理、房屋建筑安全隐患排查整治、群众回迁安置、城镇燃气安全排查整治、农村乱占耕地建房整治、2021年全省巩固脱贫成果后评估问题整改、支持灾后重建信用贷款投放、第二生活垃圾填埋场检察建议整改、河南工业贸易职业学院用地等问题进行了研究，并提出了明确要求。

2021年12月10日下午，市长马宏伟在联席会议室主持召开市政府常务会议。会议对全市财税工作、2020年财政重点绩效评价、灾后恢复重建、欠薪治理工作方案起草、机关事业单位编外用工规范管理、事业单位管理岗位职员等级晋升、机关事业单位工作人员借调市外工作、加强基层消防力量建设、群众回迁安置、2021—2025年国家慢性非传染性疾病综合防控示范区建设五年工作规划起草和2022年国家慢性非传染性疾病综合防控示范区复审、见义勇为人员表彰奖励、龙湖片区社区卫生服务中心建设等问题进行了研究，并提出了明确要求。

2021年12月28日上午，常务副市长张慧娴在市政府常务会议室主持召开市政府常务会议。会议对国有建设用地使用权协议出让和划拨供应问题进行了研究，并提出了明确要求。

2021年12月30日下午，市长马宏伟在联席会议室主持召开市政府常务会议。会议学习贯彻习近平总书记重要讲话精神及上级重要会议精神，对2021年土地卫片和农村乱占耕地建房整治、重大专项工作综合督查评比、十届省委巡视整改专项“回头看”反馈问题整改、创建国家节水型城市建设实施方案起草、群众回迁安置、推行中小学教师“县管校聘”管理改革实施意见起草、2021年财政收支预算调整、农村人居环境集中整治行动工作推进等问题进行了研究，并提出了明确要求。

（撰稿：朱小盼　审阅：何朝阳）

市政府办公室工作

【概况】新郑市人民政府办公室位于市委、市政府机关大院内。内设综合科、编制人事科、文电科、秘书一科、秘书二科、秘书三科、秘书四科、信息科、秘书科、调研科、信息公开科、行政复议应诉科、政策法规科、行政审批科、人防指挥通信科、人防工程建设管理科、人防行政执法科16个内设科室和金融服务中心、网格化信息服务中心、新型城镇化建设服务中心、行政复议中心、人防工程服务中心5个下属事业单位。2021年，市政府办公室深入学习贯彻习近平新时代中国特色社会主义思想，全面贯彻党的十九大和十九届五中、六中全会精神，紧紧围绕全市改革发展大局，严格按照市委、市政府决策部署和相关工作要求，坚持“从严、举细、有序、务实、求效”的工作原则，统筹抓好疫情防控和政务服务等业务工作，保障了市政府工作高效运转，得到了领导、基层和社会各界的充分肯定和好评。

【疫情防控】疫情防控作为全市的重点工作、政治任务，市政府办闻令而上，“疫”前当先，在疫情形势吃紧的关键时刻，在外防输入、内防反弹的紧要关头，先后派出12名中层干部轮流参与指挥部办公室综合协调、文秘材料、数据统计等工作，累计编发新郑市疫情指挥部工作简报85期，服务保障疫情防控会议216次。共下沉一线防疫点45人，直接参与防控任务117人，发挥先锋模范，落实包联责任，日夜值守在社区防控一线，为群众生命安全保驾护航，共同维护社会公共秩序，举全力、倾全心为全市疫情防控工作做好服务保障。

【综合协调】坚持把统筹协作贯穿于办公室工作全过程，坚持24小时值班制度，全年共接转电话17000余次，电话会议通知280余次。按照“主动超前、优质高效、规范有序”的要求，不断强化“会前准备充分，会中服务规范，会议秩序井然，会后落实有力”的活动要求，累计承办土委会、规委会等重要会议110余场次，密切配合、全力以赴，协助办好辛丑年黄帝故里拜祖大典、高质量发展“擂台赛”观摩、全市重点项目开工启动仪式等大型活动，统筹协调、服务全局的作用凸显。

【文秘工作】坚持以文立室、以文辅政，把精品意识、工匠精神贯穿于文稿起草始终，进一步增强文稿的指导性和针对性，全年高质量完成领导讲话、专题汇报等各类文字材料450余篇，编发《政府常务会议纪要》35期。按照“主动超前、优质高效、规范有序”的要求，不断强化“会前准备充分，会中服务规范，会议秩序井然，会后落实有力”的活动要求，承办市政府常务会、市政府领导碰头会等会议120余场次，均没有出现纰漏或失误，得到了领导的充分肯定。

【公文处理】充分发挥牵头揽总、承上启下作用，严把行文、运转、审批关，审核公文210余份，处理上三级电报1000余件、机要件100余份、文件290余份、各部门请示报告100余件，归整市政府档案479件，政府办档案227件，均做到了“规范、及时、安全、准确”。同时，积极巩固“基层减负年”成果，市政府文件精简率达到2.5%，市政府各部门文件精简率达到18%，圆满完成2021年精简文件年度目标。

【调查调研】创新机制方法，转变工作作风，紧扣中心工作、深入基层一线，努力当好政府的“千里眼”“顺风耳”。紧紧围绕“参政议政、决策参考”工作核心，认真践行“用脚步丈量”工作法，共参与协助郑州市政府研究室开展课题研究3次，参与完成新郑市级重点工作4项，联合新郑相关职能部门、乡镇（街道办、管委会）开展专题调研9次，高质量完成调研报告12篇，其中被选列为郑州市调研课题的有3篇，圆满完成了年度目标任务。

【信息采编】2021年，在省政府办公厅、郑州市政府办公厅的正确领导下，新郑市人民政府办公室紧紧围绕中心工作大局，牢牢把握政务信息为经济建设和社会发展服务，为各级领导科学决策服务的宗旨，强化服务意识，创新工作机制，深化信息挖掘，为各级领导科学决策提供了及时、准确和全面的参考，较好地发挥了参谋助手作用。全年累计编发本级《政府工作快报》25期、基层政府工作动态250期、专报信息28篇，完成上级约稿64篇，上报省、郑州市信息660余条，被省、郑州市《政府工作快报》《政务要闻》《专报信息》等刊物采用100余条，其中，被郑州市采用经验专报和经验专期13篇次，被郑州市和新郑市领导批示10余次，获评省政务信息先进单位。

【组织人事】在持续抓好机关干部个人档案、工资数据变更、公务员登记、职级晋升等人事常规业务的同时，全面推进党务、组织、宣传、统战、政法、纪检、工会、妇联、老干部等工作落实。在干部手续审批方面，以“数据无错误、审批不延误、对接零失误”为基本准则，与组织人社、财政编制、督查考核、纪检监察、政法计生等部门无缝对接，逐月完成工资、五险、公积金、个税等数据核算，定期组织进行平时考核审批，时时关注个人工作晋级晋档及个人公务员身份登记等问题；抓学习，紧跟全市中心组理论学习步伐，在做好规定学习篇目的基础上，充分运用集中学习、交流研讨、个人自学、专题调研和带头讲学（党课、宣讲）等“五种学习方式”，全年组织筹备专题学习16次。促党建，以每月1日定时开展“党员日”为引领，全年党总支累计组织开展活动48次，上报“三会一课”相关材料150余个，顺利完成与新华路毛园等社区居委会党员党总支“双报到”“党员干部进社区、志愿服务当先锋”工作；重培训，联系市委组织部和党校，组织机关干部培训，集中学习业务知识和提升干部理论水平，利用“干部网络课堂”平台培训城市涉及的规划知识。在加强日常学习督导的基础上，充分运用“脚步丈量法”，借助优化营商环境、“万人助万企”等载体做好惠民实践工作，加强信息收集和问题台账处理。“学习强国”积分数据库每日数据下载维护，每周每月数据汇总表格制作；安排下沉一线防疫点31人，值守在社区防控一线，为群众生命安全保驾护航；组织职工爬山比赛。

【政务公开】围绕市委、市政府中心工作，秉持“优质公开”理念，不断深化公开内容、强化公开作用、提升公开质效，助推政府治理体系和治理能力现代化。编制完成全市信息公开主动公开目录，各栏目发布政务信息5452条；指导乡镇街道及市直各部门在政府信息公开平台上更新2630条信息，发布意见征集、意见反馈57个，规范性文件配备政策解读11个；发布图文解读、负责人解读、视频解读和在线访谈52个。收到政府信息公开申请函件253件，予以公开176件，部分公开14件，市政府办公室不掌握相关情况共49件，办结率达100%。先后组织全市业务培训活动23次，一对一政务公开业务专题培训9次，成功举办2021年度全市政务公开系统业务大练兵竞赛活动1次，有效地提高各单位政务公开工作人员的业务素质和工作效率。

【金融服务】本着“服务全局、严格监管、预防风险、净化环境”的原则，较好地完成了2021年各项工作。稳增长，撑实体，金融机构各项存贷款稳步增长，全年存贷款余额分别达747.78亿元和702亿元，分别增长1.39%和8.03%，期末存贷比93.88%，主要指标在郑州辖区六县市中排名第一；全评级，稳脱贫，完成全市31个脱贫村和4个面上村农户信用评级全覆盖，累计发放扶贫小额贷款（含监测户）1647笔，金额7707.03万元，发放金额位居全省前列；防风险，保稳定，督促引导相关办事处做好博辉、鑫磊非法集资案件登记核实工作，加快推进存量案件和风险公司有序化解；稳融资，保偿债，新郑市平台公司通过PPN、中票、银行贷款、理财直融、债权融资计划等方式完成融资65亿元，平稳化解了平台公司到期债务。

【法制工作】行政诉讼工作以完善诉讼案件办理程序，提高案件办理质量为突破口，办案质量显著提升，共受理以市政府为被告的行政应诉案件126件、非诉执行案件7件，行政处理案件12件；代表市政府出庭72次，所办案件胜诉率超过90%，切实有效地维护了市政府的合法权益。优化保障上，审核市政府常会会议议题170个、市长办公会会议纪要41个，共出具审核意见140条，确保了市政府决策的合法合规。审核市政府对外签订的招商项目投资合同28件，提出修改意见350条。审核各局委及乡镇（街道办事处、管委会）备案的政府投资项目合同56件，备案通过31件。在重大涉法事务上全力维护政府合法权益，避免了政府可能要承担的法律责任，确保政府利益不受损失。

【人防工作】优化各项审批流程，全面提高审批工作效率，审批人防工程项目90个。强化质量监督管理，保障人防工程质量，全年竣工备案建设项目20个，完成郑州市防办下达的年度建设目标任务的280%。加强执法队伍建设，规范行政执法程序，办理行政处罚案件7件，执行到位罚没收入97.8万元。参与人防易地建设费征缴案件3件，诉讼案件1件。同时，落实警报维护管理，推进防空防灾宣传，在全市大力宣传人防工作的重要性，提高全民防灾防空意识。

【网格化工作】坚持条块融合，扎实推进网格化管理工作。一方面，持续发挥民生110平台作用。按照“受理交办—跟踪督办—办理反馈—群众回访”的工作机制，明确专人负责，全天候做好问题交办督办工作，并建立定期通报制度，全年共受理各类群众诉求3764件，办结3759件，办结率99.8%，群众回访满意度达98.9%，确保了件件有落实、事事有回音，进一步营造了良好的社会氛围。另一方面，积极服务全市中心工作开展，抽调专人参与全市防汛救灾工作，提前收集气象、风险点位等相关信息，编发防汛救灾工作简报9期，为领导快速科学决策提供数据保障。

【新型城镇化建设工作】 围绕新型城镇化建设、百城建设提质工程、改善人居环境与改进城市管理等重点工作任务，突出抓好安置房建设、城市品质提升、城市环境改善等工作。2021年，建成安置房6585套72.43万平方米，网签安置房1497套，4394名群众入住新居。实施城市建设提质项目48个，大力实施城市清洁行动、城市交通畅通行动、旧城区改造提质行动、城市建设安全攻坚行动等“四大行动”。坚持“治标、治本”双统筹，实施“内外兼修”，改进城市管理与改善人居环境，改造老旧小区18个，完成酒孙村、石槽王村等8个规划保留村打造，结合“路长制”工作，全面推行“用脚步丈量城市和乡村工作法”，提高问题解决效率。

（撰稿：董春晓　审阅：何朝阳）

机关后勤事务

【概况】 新郑市机关事务管理局位于市委、市政府机关大院内。内设办公室、编制人事科、膳食管理科、后勤科、房地产管理科、安全保卫科、公共机构节能监督管理科、公务用车管理科、综合管理科。2021年，新郑市机关事务管理局党组坚持以习近平新时代中国特色社会主义思想和党的十九届五中全会精神为指导，准确把握新时代机关事务工作新任务新要求，坚持问题、目标、效果导向，以“规范提升年”活动为载体，工作主线突出，方法措施得当，较好履行了管理事务、服务政务职能，逐步提升了机关事务治理体系和治理能力现代化水平，为推动机关院区各单位工作顺利开展提供了坚强后勤服务保障。

【疫情防控工作】 坚决贯彻市疫情防控领导小组指示要求，第一时间响应，积极主动作为。站位全市党政机关疫情防控工作大局，起草并印发《新型冠状病毒感染的肺炎疫情防控工作实施方案》《新郑市机关大院疫情防控工作规范》《关于进一步加强疫情防控期间党政机关后勤服务保障工作的通知》等文件，并组成7个工作专班，对全市党政机关疫情防控工作落实情况进行督导指导；全力做好机关院区疫情防控工作，成立领导小组，制定防控方案，从大年初二开始重点岗位恢复正常到岗，并结合上级疫情防控要求、季节变化等，及时调整相应防控措施，确保了机关院区安全。

【办公用房管理工作】 严格党政机构办公用房租赁审批使用，会同市纪委监委对全市租赁办公用房进行了全面摸底排查，规范已租和拟租办公用房审批程序，明确办公用房租用面积和租金标准。形成全市办公用房信息管理平台，投资40万元建立新郑市党政机关办公用房信息管理系统，完成录入全市86个参公以上单位、116处办公院区的28.87万平方米办公用房数据。依规推进办公用房日常使用调整。立足全市办公用资源不足的实际，坚持集约节约、高效利用的原则，科学统筹、合理调配，最大限度保证需求单位正常办公。全市办公用房管理“五统一”稳步推进，新郑市机关事务管理局牵头成立了市党政机关办公用房管理工作领导小组，形成了新郑市办公用房管理制度汇编，汇编包括《新郑市党政机关办公用房集中统一管理制度》等七项办公用房管理制度。同时，为提高工作效率，优化工作流程，制定了新郑市党政机关办公用房配置流程图、维修装修流程图、处置利用管理流程图、使用单位内部调整流程图、租赁办公用房审批流程图等。

【公务用车管理工作】 积极探索公务用车管理长效机制，认真学习贯彻《河南省党政机关公务用车管理办法》，制定了《新郑市党政机关公务用车使用管理暂行办法》，印发了《新郑市党政机关一般公务用车专项治理工作方案》，持续发挥公车主管部门的职能作用。严格公务用车编制管理，严格按照省、郑州市市公务用车配备管理办法，统筹考虑车辆编制、使用需求等实际情况，严格控制审批总量。同时，在公车购置配备中选用新能源车辆，优先采购国产汽车，进一步优化了市公务用车配置结构。严控公务用车租赁使用，为避免单位长期租用社会车辆的问题，采取严格租用期限，推广租用新能源车辆，持续严控租赁管理。不断深化公务用车日常管理。在法定节假日、重大活动期间、重污染天气条件下及时发布车辆停驶、封存要求，明确时间、封存比例、封存形式及要求，减少公务用车使用频率，推动车辆规范高效使用。

【公共机构节能管理】 着力围绕节能降耗要求，全力推进厉行节约工作深入开展。按照全市公共机构节能工作年初部署，对全市公共机构节能工作进行常态化检查指导，开展专项调研、召开专题会议，强力推进垃圾分类、节约型机关、节水型单位建设，推进合同能源管理、能源监管平台建设等工作。根据机构改革和人员变动情况，理顺节能管理体系，完善了全市公共机构名录库建设，更新了公共机构基本信息及节能联络员、统计员信息。与此同时，积极探索公共机构能源资源、节水、节电、节油等能耗定额管理制度，完善能耗定额标准，逐步建立能耗定额管理体系。规范能耗统计、节能改造、生活垃圾分类、节能宣传、培训等工作流程，进一步推进公共机构节能管理制度化、规范化、标准化。

成功创建国家级节约型示范单位，认真落实国管局《节约型机关创建行动实施方案》和《节约型机关评价指标》要求，全面启动节约型机关创建工作，会同市有关部门，加强申报单位工作指导。优先支持公共机构重点用能单位创建节能，开展公共机构节水型单位创建工作，结合学校、医院水耗特点，积极推动合同节水管理项目。优先支持公共机构重点用能单位创建节能、节水示范单位，争当公共机构能效领跑者。通过创建活动开展，加强总结交流，推广经验做法，实现创建活动点、线、面有机结合，示范带动，整体推进。

党政机关垃圾分类工作成效明显。按照市生活垃圾分类工作总体部署，积极推进党政机关等公共机构生活垃圾分类工作。加快生活垃圾分类设施设备配置，完善规章制度，加强宣传培训，强化督导检查，健全垃圾分类管理运行机制。已实现全市党政机关、学校、医院等公共机构生活垃圾分类，初步形成了较为完善的生活垃圾分类制度、体系和运行机制。

【精神文明建设工作】 以省级精神文明单位（标兵）建设为目标，重点围绕理想信念教育、践行社会主义核心价值观、思想道德建设、服务型单位建设、诚信守法行动、文明风尚行动、履行社会责任、创建工作机制等具体工作，科学统筹，务实重做，做到软件资料即时上传，硬件建设优化提升，营造了全员参与的浓厚创建氛围。

【院区综合治理】 以提升统管院区工作环境、改善办公秩序为抓手，集中时间和人力、物力，对机关院区进行了综合整治，共完成外墙重新粉刷400余平方米，新栽种苗木30余株，修剪苗木、草坪1200余平方米，并对消防设施进行了改造升级，定时开展对机关院区路段清洗等环境亮化工作，院区面貌有了质的提升和飞跃。

（撰稿：赵超逸　审阅：赵进锋）

人事和社会保障工作

【概况】 新郑市人力资源和社会保障局为市政府工作部门。内设办公室、就业促进科、行政审批科、事业单位人事管理科、工资福利科、社会保险科、社会保险基金监督科、调解仲裁管理科、职称管理科、职业能力建设科、劳动保障监察科、劳动保障监察大队、人才交流服务中心、新郑市就业创业服务中心、新郑市社会保险中心等科室及二级机构，办公地点位于新郑市人民西路中段277号。2021年，全市人力资源和社会保障工作牢牢抓住“民生为本、人才优先”工作主线，以民生建设为着力点全面推进各项工作，在人事人才、就业促进、社会保障、构建和谐劳动关系以及自身建设等方面都取得了良好成绩，为新郑市经济社会健康快速发展提供了强有力的人力资源社会保障支撑。先后获“河南省文明单位”“2021年度全省劳动人事争议调解仲裁工作先进单位”“2021年度郑州市人力资源社会保障工作先进单位”“2021年度郑州市职业技能提升行动和竞赛工作先进单位”“2021年度郑州市就业创业及社会保险工作先进集体”等各级各类称号10余项，树立了人社部门的良好形象。

【就业创业】 截至12月底，全市城镇新增就业人数8817人，完成年度目标任务5900人的149.44%；城镇失业人员再就业人数1369人，完成年度目标任务780人的175.51%；新增转移农村劳动力人数7208人，完成目标任务6000人的120.13%；返乡下乡创业人数943人，完成年度目标任务700人的134.71%；农村劳动力技能培训人数5964人，完成年度目标任务4800人的124.25%；返乡农民工创业辅导人数690人，完成年度目标任务400人的172.5%；开展补贴性技能培训人数23327人，完成年度目标任务21000人的111.08%；新增就业困难人员就业人数668人，完成年度目标任务580人的115.17%；新增发放创业担保贷款338笔共计0.771亿元，完成目标任务0.68亿元的113.38%；新增发放返乡农民工创业担保贷款共计0.523亿元，完成目标任务0.52亿元的100.58%

【社会保障】 截至12月底，全市新增参保企业1050家，累计参保企业3487家，其中企业职工养老保险参保人数9.98万人，完成年度目标任务9.45万人的105.61%；城乡居民养老保险累计参保缴费居民达到33.37万人，完成年度目标任务33.37万人的100%，参保率达到99%以上；机关事业单位养老保险参保职工达到2.7万人；工伤保险正常参保人数达到10.29万人（其中建筑业项目累计参加工伤保险278家，参保农民工29369人），完成郑州市目标任务9.2万人的111.85%；失业保险正常参保人数达到7.36万人，完成郑州市目标任务4.83万人的152.38%。2021年1—12月，共发放各项社会保险待遇107523万元，其中发放养老保险待遇100940万元、失业保险待遇4471万元、工伤保险待遇2112万元。及时为各类参保人员调整养老金，企业离退休职工养老金实现“十七连调”，人均月增资125元；机关事业单位养老金实现“六连调”，人均月增资157元；城乡居民基础养老金实现“七连增”，月人均基础养老金达到200元，养老保障水平不断提高，为和谐社会建设作出了积极贡献。

【人事人才】新郑市人力资源和社会保障局全面贯彻落实“郑州人才计划”，推动人才工作有序健康开展。青年人才支持专项计划、高层次人才认定申报工作常态化。2021年，受理青年人才生活补贴申报1337人次（本科生1130人、硕士生194人、博士生13

人）。新增高技能人才人数833人，完成年度目标任务120人的694.17%；重点产业急需紧缺人才认定工作有序开展；积极搭建技能人才培养平台。现已向郑州市人社局推荐技能等级认定备案企业13家、申报社会第三方评价机构2个，申报专项职业能力培训机构1个、申报专项职业能力考核机构1个。针对继续教育，出台与专业技术人员的使用、评聘、晋升、考核相衔接的激励机制，鼓励用人单位为专业技术人员创造良好的学习条件并提供必要的学习时间。完成继续教育任务的专技人员共计11093人，完成目标任务8400人的132%。

【劳动关系】 2021年，监察大队共受理举报投诉313起、国家欠薪平台案件1763起、省监管平台391起、市长电话2206起、信访交办724起、人民网90起，法定时效内结案率100%，累计为3473名农民工追讨工资6346.75万元。通过“双随机一公开”模式组织各类专项大检查4次，检查涉及用工企业2719家、建筑工地84个，涉及劳动者19741人，依法维护了劳动者合法权益。新郑市劳动人事争议仲裁院共处理仲裁案件706件，已结案682件，法定时限内结案率100%，涉案金额994.91万元，其中调解结案526件，调解率达到75%；建立基层劳动争议调解中心15个，实现新郑市乡镇（办）全覆盖。

（撰稿：王亚南　审阅：王志超）

督查考核工作

【概况】 市督查局为正科级规格，归市委办公室管理，内设6个科室，分别为办公室、督查一科、督查二科、督查三科、绩效考核科（效能督查科）、政务服务热线办公室；下设1个二级机构为机关效能投诉中心，设有机关党支部、工会、团委和妇委会等党群团组织。新郑市督查局紧紧围绕市委、市政府决策部署、中心工作和重要任务，充分发扬钉钉子精神，盯重点、督难点，优考核、强作风，解民忧、助发展，在防汛防疫等中心工作中发挥了督查利剑作用，圆满完成市委、市政府交办的各项任务。2021年，新郑市被国务院办公厅督查室确定为“双百”督查联系点，被人民日报社评为人民网留言办理工作先进单位，被河南省人民政府办公厅评为政府督查系统先进单位，先后被郑州市人民政府办公厅评为民生实事办理工作先进单位、政务督查先进单位、建议提案办理先进单位、市长电话工作先进单位、市长电话优秀督办单位。

【服务大局】 郑州“7·20”特大暴雨期间，在领导班子带领下，市督查局全体人员视汛情为命令，以风雨为战场，第一时间响应市委号召，全员上阵、身先士卒，连夜冲锋汛情严重区域，督促各单位排查隐患、全力防汛，当夜排查10余个乡镇，行程近百千米，解决问题30余件；汛情过后，局领导班子以河岸为岗位、以灾区为战场，现场督促水毁和灾后重建工作，督促相关单位投入机械160余台次、人工1500余人次，清理淤泥2000余立方米，打捞漂浮物280余立方米，为隐患排查和灾后重建打下坚实基础。在疫情防控期间。局领导班子带队，全员上阵，昼夜不停，对全市核酸检测情况和疫苗接种情况全面督查，出动450余人次，编发通报26期，排查解决问题近百件，助力筑起疫情防控“铜墙铁壁”。在保障市委、市政府中心工作方面，为保障中国共产党新郑市第六次代表大会顺利召开，市督查局抽调精干人员，克服多方不利因素，高标准、零失误完成市委交办的筹备任务，布置会议30余场次。牵头筹备了季度高质量发展“擂台赛”观摩点评和重大专项工作月度综合评比，让全市各乡镇（街道、管委会）同台亮相，相互学习，为市委、市政府掌握各单位工作实绩提供了有力依据。

【制度建设】 创新“工作专报”制度。将工作专报纳入督查工作文件体系，并按照工作推进节点，建立了日报、周报、月报、调查报告等系列工作专报机制，及时向市委、市政府主要领导报告关注工作的进展、督办和调查情况，为市领导决策部署提供参考依据。2021年度，累计编发日报

4月23日，市督查局组织机关干部参观中原豫西抗日纪念园（市督查局/供图）

380期、周报70期，市主要领导多次对工作专报进行批示，《郑韩故城墙南侧内环道路建设调研报告》《关于驾考中心选址工作督办进展情况汇报》《新郑市基层减负工作情况报告》《关于中心城区环卫工人爱心餐资金情况报告》等多篇报告得到市主要领导的高度认可。率先落实“13710”制度，根据上级要求，市督查局率先实行了“13710”工作制度，即市委、市政府交办的所有督查考核事项在1天内要研究部署；3天内向市委、市政府反馈办理情况；一般性问题原则上7天内落实解决；重大问题包括一些复杂问题1个月内落实解决，确实解决不了的，督促责任单位要拿出解决的时间节点和方案；所有事项都要跟踪到底、销号清零，做到事事有着落、件件有结果，确保市委、市政府交办的各项任务落地见效。

6月10日，市督查局机关干部参观竹沟革命纪念馆和杨靖宇将军纪念馆
（市督查局/供图）

【督促检查】紧贴核心抓好落实，围绕郑州市委十一届十三次全会、郑州市委主要领导调研新郑交办事项、重点项目推进会、故里园区规划建设、擂台赛观摩活动、基层减负、中央八项规定、巡视整改等中心工作和任务，采取“四不两直”的督查方式，强力推进各项中心工作的落实。特别是围绕黄帝故里拜祖大典各项工作督办，安排专人专职参与，周例会、周汇报、周督查，确保拜祖大典成功举办。紧扣重点抓好督办，以三级政府工作报告和三级重点民生实事为统领，及时分解任务，科学量化目标，定期跟踪督办，定期印发通报，有效推动政府工作报告重点工作任务及重点民生实事顺利推进。以人大建议、政协提案为延伸，严把拟办意见审核关、答复意见审查关、办理回访审评关，力争人大代表、政协委员得到满意答复，建议、提案得到圆满解决。以新港产业集聚区、华夏幸福产业新城、特色商业街区等项目建设为突破，建立专班，专人现场督办项目，确保项目建设逐渐完备，各项指标稳步上升。紧盯批示抓好催办，始终把落实好领导批示作为单位职责的重要内容，作为检验单位执行力的重要标尺，按照“批必办、办必果、果必复”的要求，坚持“台账式管理、分类别督办、按时限反馈”，将任务细化、量化到具体部门、人员、时限，深入抓好领导批示件的办理工作，推行工作专报机制，每周向市委、市政府主要领导报送批示交办事项督办情况，让市领导及时掌握事项最新进展情况。2021年，累计编发《督查通知》《督查通报》94期，办理人大建议192件、政协提案119件，下发督查通知45期、督查通报60次，进行实地督查300余次，为新郑市经济社会高质量发展提供有力保障。

【绩效考核】精心筹备上级考评，2021年，郑州市委启用“智慧考评”+抽检模式组织年度考评，郑州市政府出台月度综合评价，市督查局提前着手，多次提醒，全程指导，确保本市各项工作得到真实反映，为新郑市在郑州地区名列前茅打下坚实基础。精心安排综合考评，牵头安排2020年度综合考评工作，对新郑市各乡镇（街道、管委会）、市直部门和重点工作协调推进机构进行了综合考评，公平公正地体现各单位的成绩。将信息化技术创新引入2021年度综合考评工作，通过“线上考评+线下抽查”、第三方测评小程序等技术手段，让综合考评更加便捷。精心组织表彰会议，结合疫情防控要求，创新性筹备了全市总结表彰大会，联合市电视台采用“现场+直播”的形式，在炎黄文化艺术中心设置主会场，在全市各单位设分会场，实现了“市、乡、村”三级千余名干部共同参会，实现市委要求第一时间传达到基层。同时，制作《新郑市综合工作光荣榜》表彰视频，集中展示新郑市取得的荣誉38项，表彰了综合工作优秀单位和个人，进一步激发全市上下的热情和干劲。

【效能建设】扎实开展效能督查，以服务质量、机关作风、办事效率为重点，对各单位的工作任务落实情况、人员履职情况、机关作风、办事效率、工作纪律等方面进行效能督查，进一步提高服务水平，优化机关作风，提升办事效率，全面优化营商环境。认真实施责任追究，针对督办事项，建立台账，通过效能约谈、实地督办、下发督办通知等形式跟踪督

8月4日，奋战抗疫一线，锤炼督查担当——市督查局实地督导疫情防控工作（市督查局/供图）

查，注重专项督查，解决突出问题。2021年，共实施督查约谈4人次，涉及责任单位2个，科级干部2人，股级干部2人，实施效能督查问责1起。严格督查会风会纪，按照市委、市政府要求，对全市总结表彰大会等多场会议的会场纪律进行严格督查，及时提醒、制止会场内随意走动、接打电话等不良行为，按要求责令迟到、早退、替会等情况的参会人员向市委、市政府作出情况说明，维护良好的会议秩序。

【政务热线】 高标高质办理案件，2021年，共受理各类问题26439件，同比增加58%。其中，郑州市市长电话（“12345”）转办21043件、郑州市及新郑市市长信箱受理2764件、人民网网民留言受理2632件、国务院“互联网+督查”平台留言线索35条，整体办结率达98%，群众满意率98%以上。整合热线提升服务，以政务服务便民热线归并为契机，申请成立政务服务热线办公室，作为内设机构，进一步加强政务服务工作统筹协调力度。同时，经市政府批准，联合市人社局从全市自筹人员中抽调18人充实到热线工作，让热线工作重心从“接听受理交办”转移到“高质量办件”，持续探索高质量办件的新模式。分析民意当好助手，根据政务服务热线运行情况，每天向市领导报送民生热点信息、双月编发热线通报，评选“十优三差”案件，共编发热线通报6期，评选案件90件，为市领导了解群众诉求、倾听群众心声提供了第一手资料。

【自身建设】 加强学习培训，坚持周例会、业务培训、课题研究等学习制度，将习近平总书记最新讲话和指示精神作为每周集中学习的“第一议题”，完善集中领学、视频学习、书面学习、授课辅导等系列学习制度，营造真学、真信、真懂、真用的学习氛围。2021年，累计组织集中学习47次，领学“第一议题”113篇，观看视频43期，进行授课辅导41次，引导党员干部增强“四个意识”，坚定“四个自信”，做到“两个维护”。压实党建责任，领导班子围绕“两个清单”，将全面从严治党主体责任严格落到实处。班子成员以身作则，率先垂范，严把节假日“关口”，召开节前廉政谈话会，预防“节日病”发生。定期召开意识形态工作专题研究会，分析研判、安排部署意识形态工作，机关党支部认真落实“三会一课”，扎实开展督查局党史学习教育，组织机关党员干部到新密豫西抗日纪念馆和驻马店杨靖宇纪念馆、竹沟纪念馆参观，进一步增强党员干部的党性修养，提升全体党员的自豪感和认同感。创建文明单位，为响应新郑市创建全国文明城市的号召，督查局按照文明单位创建体系，通过前后三年的精心准备，铆足力气创建郑州市级文明单位。2021年，督查局组织各类活动50余场，印发宣传册2000余份，制作宣传展板10余块，大力宣传文明创建工作，切实做好机关创建工作。局领导带头先后6次深入分包社区、无主管楼院开展活动，为成功创建郑州市级文明单位打下坚实基础。

（撰稿：乔燚龙　审阅：刘宗伟）

政协新郑市委员会

XINZHENG MUNICIPAL COMMITTEE OF THE CPPCC

·政协新郑市委员会 >>>

XINZHENG MUNICIPAL COMMITTEE OF THE CPPCC

综　述

【概况】2021年，市政协牢牢把握团结和民主两大主题，紧紧围绕全市工作大局，坚持发扬民主和增进团结相互贯通、建言资政和凝聚共识双向发力，不断提高政治协商、民主监督、参政议政水平，为新郑市全面建设现代化全国一流中等城市作出了积极贡献。

【政治协商】市政协常委会坚定不移把中央、省委、郑州市委和新郑市委重大决策部署落到实处，围绕中心、服务大局，统筹推进各项工作。一年来，全年共开展中心组学习12次，常委会会议、主席会议专题学习54次，专委会和界别学习15次，共整理筛选提案调研选题、调研报告、社情民意信息等119件、16件、54件，协商议政成效明显。加强政协协商与党政工作的有效衔接，健全以全体会议协商为龙头，常委会会议专题协商为重点，提案办理协商、对口协商和界别协商为常态的协商议政体系，灵活运用调研、视察、民主监督、现场协商等多种形式，实现面对面沟通，形成有事好商量、众人的事情由众人商量的秩序和氛围。延伸履职触角，畅通信息反映渠道。围绕扎实做好“六稳”工作，全面落实“六保”任务，市政协努力克服疫情、“7·20”特大暴雨带来的不利影响，发挥政协优势，形成《新发展格局下推进县域经济高质量发展》《生态廊道建设及管护情况》《新郑市生态保遗工作调研报告》《关于我市职业教育发展情况的调研报告》等16篇高质量调研报告，为市委、市政府决策提供参考，推动疫情防控和经济社会发展双统筹、双促进，确保经济高质量发展、社会大局和谐稳定。

【民主监督】市政协常委会坚持以人民为中心的理念，深接地气做实事，努力做到“民有所呼、我有所应，民有所求、我有所为”。重社情民意，召开社情民意工作推进会。组织委员深入了解民情，倾听民声，汇聚民智，化解民忧，精心做好社情民意信息汇总、分析、报送和反馈工作，积极促进民生问题解决。全年积极建言献策62条，撰写社情民意信息56条。如“关于将旅游思维融入美丽乡村建设的社情民意”，契合市政府重点工作，市水利局予以采纳吸收，在重点实施水系连通及农村水系综合整治试点县项目中，结合潮河、黄水河、溟水河水系的自身特点，结合沿线涉及的溟水、唐户等美丽乡村建设，通过系统思维共建共治共享，为乡村旅游提供支撑和保障。全年获得郑州市反映社情民意信息工作先进单位表彰一次，并做了典型经验发言。五届五次会议以来，市政协共收到提案145件，经审查，立案119件，内容涉及乡村振兴方面7件、经济建设方面13件、文化教育方面20件、社会建设方面74件、生态文明方面5件。按照归口办理的原则分别交31个市直部门、12个乡镇（街道、管委会）进行承办和协办。各承办单位认真落实，扎实开展提案办理、回复工作。共办结提案106件，办复率89.08%，这些广泛涉及产业、民生提案的协商办理落实，为党委、政府集思广益、科学决策发挥了积极作用，社会反响良好。提案办理中，常委会采取领导领衔带队督办，各专门委员会、市政府督察局和委员共同参与的方式，切实增强了提案办理实效。树立履职质量导向，推动协商议政由注重“做了什么、做了多少”，向更加注重“做出了什么效果”转变。比如，市委、市政府高度重视，将以下工作列为新郑市2021年的民生实事，“关于持续深化农村综合改革的建议”的提案，2021年建设美丽乡村示范村12个、特色村7个；关于“加强市区公共停车位规范管理”的提案，在有关单位的共同努力下，改扩及新建停车场9个，新增停车位2000多个，优化了道路停车资源，缓解了停车供需矛盾。

【参政议政】 紧扣新郑市“打好三大攻坚战”“夺取疫情防控和经济社会发展双胜利”“全面建成小康社会”“科学制定‘十四五’规划”等重要议题，开展协商议政，积极建言献策。特别是围绕“疫情防控”，开展“新郑市新冠病毒疫苗接种情况”的调研协商，积极推进新冠病毒疫苗接种工作，确保按照时间节点完成接种任务，有效防范新冠肺炎病毒传播，筑牢疫情防控健康防线；围绕“疫情下的经济社会发展”，开展“优化营商环境”视察活动，为推进新郑市经济社会高质量发展提供决策参考；为新郑市早日建成国家中心城市副中心，对“对我市的城市治理的情况”“加强我市住宅小区物业管理”进行调研；围绕“生态保遗”“文化进基层、助推乡村振兴”进行调研，特别是政协常委会重点将工作向全市重心延伸，参与黄帝故里园区实质性建设，有效地助推黄帝文化历史名城建设、黄帝故里拜祖大典等重点项目建设顺利进行。

【和谐政协】 注重双向发力，在凝聚共识上作出新贡献。加强联系合作，进一步加强同各民主党派、工商联、无党派人士和各人民团体的联系与合作，专门召开座谈会，主动征求对政协工作的意见建议。积极邀请民主党派、工商联、无党派人士、人民团体参加政协履职活动，充分发挥参政议政作用。把各民主党派、工商联和有关人民团体提出的集体提案，作为重点督办提案，推动所提建议得到落实。积极推荐非中共政协委员参加党委、政府部门的监督评议活动，为他们履职建言创造良好条件。加强团结联谊，积极搭建平台、创新形式、丰富内容，广交朋友，深交朋友，增进与各界委员的团结联谊。通过开展“委员之家”活动，上门走访基层委员，调研委员企业，慰问民族宗教界委员，看望港澳委员，在加强沟通、密切联系、听取意见、了解呼声的过程中不断增进共识。主动向党派团体和界别通报政协工作情况，支持党派团体联合开展协商，在政协发表主张、提出意见。一年来先后接待全国政协、省内外政协调研考察组20余批次。积极争取上级政协的指导，加强与兄弟县市政协的友好往来、联系协作，为新郑对外形象的树立和黄帝文化的传播作出了积极贡献。

重要会议

【政协全会】 2021年2月2日，中国人民政治协商会议新郑市第五届委员会第五次会议在炎黄文化中心开幕。新郑市政协领导李志强、李中俊、王海民、李建国、王艳红在主席台前排就座。市领导马志峰、马宏伟、曹东锋、王俊杰、黄卫东、秦洪源、张慧娴、郑延青到会祝贺并在主席台就座。新郑市政协五届五次会议应出席委员211人，实到185人，符合规定人数。新郑市政协党组副书记李中俊主持会议。新郑市政协主席李志强代表政协新郑市第五届委员会常务委员会作工作报告。新郑市政协副主席李建国代表政协新郑市第五届委员会常务委员会作提案工作报告。大会还表彰奖励了2020年度先进单位和先进个人。

【主席会议】 2021年，市政协共召开主席办公会议21次，主要内容有：研究确定五届五次政协全会时间，研究部署常委会、全会材料及会务筹备情况；调整主席、党组书记、副主席工作分工；制定本年度学习方案和计划，完善学习交流制度；扎实推进党建“微课堂”“党史学习教育”和开展党员网上“学习强国”学习活动；研究《脱贫攻坚》文史资料汇编征稿工作；安排抗击新冠病毒疫情防控工作；安排“7·20”抗汛救灾、指导灾后重建企业复工复产工作；安排创建文明城市和郑州市级文明单位工作；安排部署“意识形态”等宣传工作；安排部署“个人重大事项报告”工作；通报市委党政联席会议和政府常务会议精神，部署调研和视察活动；安排进一步完善乡镇（街道）管委会15个“乡镇委员工作站”、25个“村（社区）委员联系点”“社情民意信息收集点”等党的建设工作；安排部署“市委书记双月接待政协委员”活动；安排重点提案办理会的召开；安排组织政协常委、委员、各专委会负责人集中培训工作；抓好课题调研工作撰写调研报告；部署“十件实事”视察活动；学习贯彻上三级党委、政协会议精神；部署帮扶工作，走访慰问老干部、筹备慈善救助活动。

【常委会会议】 2021年，市政协召开常委会会议4次。

1月27日，政协新郑市第五届委员会常务委员会第十八次会议召开。市政协领导李志强、李中俊、王海民、王艳红出席会议，市委常委、市政府常务副市长张慧娴列席会议。会议审议政协新郑市五届五次会议有关筹备情况。会议决定政协新郑市五届五次会议于2021年2月1—3日召开。会议审议通过政协新郑市第五届委员会第五次会议议程（草案）、政协新郑市第五届委员会第五次会议日程（草案）、政协新郑市第五届委员会常务委员会工作报告（草案）、政协新郑市第五届委员会常务委员会关于五届四次会议以来提案工作情况的报告（草案）、政协新郑市第五届委员会常务委员会关于推举常务委员会工作报告报告人的决定（草案）、政协新郑市第五届委员会常务委员会关于推举提案工作报告报告人的决定（草案）、政协新郑市第五届委员会第五次会议有关人员名单（草案）；政协新郑市委员会关于表彰2020年度先进单位和先进个人的决定（草案），会议审议《政府工作报告（草案）》《新郑市2020年国民经济和社会发展计划执行情况与2021年计划的报告（草案）》《新郑市2020年财政预算执行情况和2021年财政预算的报告（草案）》《新郑市人民法院工作报告（草案）》《新郑市人民检察院工作报告（草案）》，审议通过政协新郑市第五届委员会常务委员会关于召开政协新郑市第五届委员会第五次会议的决定（草案）、政协新郑市第五届委员会2021年工作要点（草案）。

2月3日下午，政协新郑市第五届委员会常务委员会第十九次会议召开。市政协领导李志强、李中俊、王海民、王艳红出席会议。会议审议通过《政协新郑市第五届委员会第五次会议关于常务委员会工作报告的决议（草案）》《政协新郑市第五届委员会第五次会议关于五届四次会议以来提案工作情况报告的决议（草案）》《政协新郑市第五届委员会提案委员会关于五届五次会议提案审查情况的报告（草案）》《政协新郑市第五届委员会第五次会议政治决议（草案）》。

4月2日，政协新郑市第五届委员会常务委员会第二十次会议召开。市政协领导李志强、李中俊、李建国、王海民出席会议，会议传达学习十三届全国人大四次会议和全国政协十三届四次会议精神；传达学习习近平总书记参加内蒙古代表团、青海代表团、解放军和武警部队代表团审议时的重要讲话精神，看望参加政协会议的医药卫生界、教育界委员时的重要讲话精神。

9月3日，政协新郑市第五届委员会常务委员会第二十一次会议召开。市政协领导李志强、李中俊、王海民、王艳红出席会议，应邀列席会议的有市委常委、市政府常务副市长张慧娴。会议传达学习习近平总书记近期重要讲话精神和上级会议精神。听取市发改委通报新郑市2021年国民经济和社会发展计划上半年执行情况；听取市财政局通报新郑市2021年上半年财政预算执行情况报告。

【政协新郑市第五届委员会委员名单（共211人）】 李志强、马国亮、李中俊、梁国定、邢艳红（女）、蒲文堆、陈新红（女）、白宵傀（女）、宋增彪、李淑兰（女）、彭玲霞（女）、王燕（女）、刘德智、赵舒琪（女）、刘如江、高烨、刘彩云（女）、柳广现、司中信、王德顺、谷欣、王红卫、寇华平（女）、高广社、王瑞玲（女）、郑军旗、袁秋亭、侯军平、高英豪、宋松义、王军伟、胡照勇、赵保社、黄金岭、陈广发、高慧芳（女）、张慧清（女）、申丽君（女）、杜二平（女）、杨秋立、黄碧香（女）、白鹏阁、李惠娟（女）、严广海、袁沛、郭武、董建伟、王银发、靳卫霞（女）、高小玲（女）、刘广勇、张浩、曹治新、张留民、马慧芳（女）、王丰安、时智灵、李建国、史新军、柏灵（女）、张勇、郑建州、马中勤、陈智红（女）、李建岭、侯菊妮（女）、李保庆、张海江、史大伟、范俊培、唐小飞、冯魁、朱冬喜、张金安、马永强、吴建辉、张冠洲、王鸿昌、张学杰、周兴朋、王少波、谢鹏威、陈浩、韩小茵（女）、张秀英（女）、贺志涛、杨通、姜伟萍（女）、刘建新、李清芳（女）、张松海、孙宇、叶跃辉、王建民、冯伟强、刘存福、时改芝（女）、王瑞霞（女）、孙永强、张天兴、赵有军、王玉军（女、满）、向湘宏、王艳红（女）、贾伟斌、沈爱敏（女）、常武杰、刘伟鹏、牛铁治、张旺、薛冬（女）、敬红卫（女）、刘宏彬、郭卫平、袁燕（女）、李玉岭、毛智毅、朱琳（女）、卢有才、杨献珍（女）、张鬲君、赵春强、徐君（女）、刘遂根（女）、段丰乐、徐国平、凡天配、周红立、安策、梁国建、李伟红（女）、刘慧莉（女）、陈国华（女）、王广军、郭静（女）、张伟萍（女）、秦成伟、白新红、李建峰、马福增、李英岐、王冠军、丁国卿、杨永民、沙建军、高杰、陈庆超、沈国彬、毛伟超、王海民、苏铁林、刘新轩、郑艳霞（女）、弯建军、陈英杰、马军亮、徐冰冰、王艳红（女）、刘明亮、赵根红、陈保月、高建甫、张俊峰、高春艳（女）、左丙申、陈彦峰、马桂武、史建红、崔敏（女）、杨素香（女）、陶建富、乔丽霞（女）、刘建平、杜磊、李花（女）、闫金宝、赵明旭、安义刚、王灵超、白战伟、杜保周、刘立新、武化吉、李雪梅（女）、李胜利、牛玉杰、王凯、陈弘毅、赵青建、王晓燕（女）、赵丽红（女）、樊伯巍、郭文凯、赵勇起、高丽冰（女）、郭慧霞（女、回）、张发展、郑爽（女）、毛宏耀、宰会凤（女）、刘聚山、王国茂、李小俊、毛丽芳（女）、毛伟杰、赵书欣、樊永贵、郑记州、刘伟峰、郭瑞锋、苏广军

【政协新郑市第五届委员会常务委员名单（共23人）】 丁国卿、马国亮、王灵超、王银发、叶跃辉、白宵傀（女）、刘建新、刘彩云（女）、刘慧莉（女）、向湘宏、邢艳红（女）、李花（女）、李中俊、沈国彬、陈弘毅、武化吉、段丰乐、袁燕（女）、郭文凯、崔敏（女）、谢鹏威、蒲文堆、薛冬（女）

（撰稿：沈爱敏　审阅：仪　刚）

纪检 监察

DISCIPLINE INSPECTION AND SUPERVISION

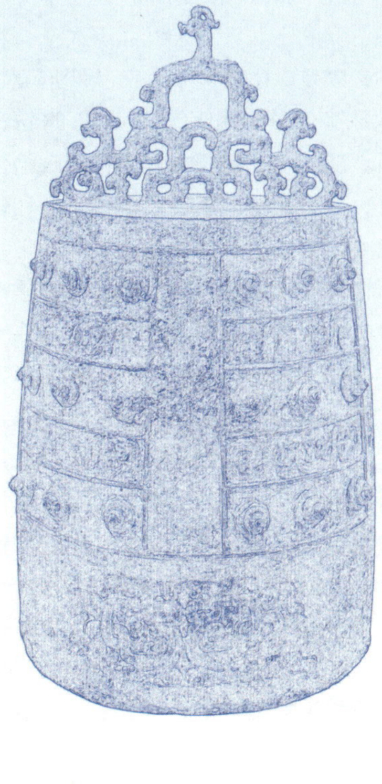

·纪检 监察 >>>

DISCIPLINE INSPECTION AND SUPERVISION

综 述

【概况】中共新郑市纪律检查委员会、新郑市监察委员会位于新郑市中兴路财富广场东配楼，实行一套工作机构、两个机关名称、合署办公的体制，履行党的纪律检查和国家监察两项职能。机关内设办公室、组织部、宣传部、调研法规室、机关党委、干部监督室、党风政风监督室、信访室、案件监督管理室、第一至十纪检监察室、案件审理室共20个内设机构，下属2个事业单位（新郑市纪检监察信息技术保障中心和纪检监察综合事务中心）。

2021年是喜迎党的百年华诞，开启“十四五”规划向第二个百年奋斗目标阔步前行的一年，也是新郑市胜利召开市第六次党代会，确定并全面加快现代化全国一流中等城市建设的一年。这一年，新郑市接连遭受了特大洪涝灾害和新冠肺炎疫情冲击，面对艰巨繁重的改革发展稳定任务和灾情疫情叠加等重大考验，全市纪检监察系统坚定以习近平总书记重要讲话和指示批示精神为总纲领、总指引，把高质量发展作为目标导向和衡量标准，忠实履行党章和宪法赋予的职责，充分发挥监督保障执行、促进完善发展作用，纪检监察工作不断展现新气象、取得新成效。

【政治首责】坚持旗帜鲜明讲政治，自觉担负“两个维护”历史使命和重大政治责任。紧盯政治使命强化理论武装，市纪委常委会坚持把学习贯彻习近平新时代中国特色社会主义思想、党的十九大和十九届历次全会精神，以及党中央关于全面从严治党、党风廉政建设和反腐败斗争的新论断、新部署、新要求作为首要政治任务，严格执行“第一议题”制度和理论学习中心组集体学习制度，以学习贯彻党的十九届六中全会精神为重点巩固拓展党史学习教育成果，以伟大建党精神凝神聚魂，不断增强捍卫“两个确立”的思想自觉、政治自觉、行动自觉。聚焦重大专项跟进监督检查。紧盯责任主体、压实主体责任，深入开展“供销社系统、粮食购销领域、化解全市农商行系统风险问题”专项整治。强力助推政法队伍教育整顿工作走深走实，持续巩固扫黑除恶专项斗争成果，政法教育整顿处置线索共114件，主动投案6人，立案48人，留置2人，党纪政务处分47人，组织处理15人，下发纪律检查建议和监察建议5份，以有力的监督执纪执法推动上三级决策部署在新郑市落地见效。边督边战助力打赢“涝”“疫”两场硬仗，强化疫情防控和防汛救灾监督执纪工作，第一时间成立督查工作专班，下沉一线靠前监督，紧盯职能部门责任落实跟进监督，下发疫情督导通报59期，督促整改问题586个；督导检查3.05亿元救灾资金和物资分配使用，确保发放精准到位、使用管理规范。坚守职责使命服务全市工作大局，围绕市委关于深化“放管服”改革、“九项工程”等决策部署，坚持问题导向、靶向纠治，共收集营商环境突出问题18条，意见建议6条，9个职能部门对18条问题均作出有效整改，有力助推全市营商环境排名全省县（市）第一，成为全省唯一一个达到省辖市优秀水平的县（市）。严明市乡村换届纪律，对换届选举进行全流程、全覆盖监督检查，开展监督检查763次，发现并解决问题19个，取消参选资格8人。办理廉政意见回复105批次12331人次，通过资格审查筛除137人，持续营造风清气正的换届环境。

【执纪为民】 坚持执纪为民，在纠风治乱中充实群众获得感。始终站稳人民立场，牢固树立以人民为中心的理念，让群众在全面从严治党中感受到公平正义。正风肃纪永远在路上。深入开展落实中央八项规定监督检查"过一遍"、整治公务接待"吃公函"等专项活动，聚焦隐形变异和顶风违纪问题，采取交叉互查、随机抽查、突击检查、大数据筛查等方式，开展监督检查282次，立案查处违反中央八项规定精神案件11件，党纪政务处分12人、组织处理1人，对8家单位下发问题整改函。主动回应热点难点问题，围绕巩固脱贫成果落实"四个不摘"、城市建设"三项工程一项管理"、教育"双减""清欠"农民工工资、供热领域突出问题、"窗口"作风治理、停车收费管理、农村乱占耕地建房等，与群众生产生活密切相关的热点难点问题开展专项监督检查，全市共查处群众身边腐败和作风问题24个，给予党纪政务处分27人、组织处理5人。积极践行"脚步丈量工作法"，开展"脚步丈量企业·解决实际问题"活动，累计发放调查问卷2021份，满意率达90%以上。实施郑州市纪检监察干部"千人进千村"走访活动32次，走访群众1652人，变群众"上访"为干部"走访"，帮助群众解决问题41个，化解积案13件，群众到纪检监察机关信访量同比下降24%。

【标本兼治】 深刻把握"惩、治、防"辩证统一关系，系统施治、标本兼治，把"三不"一体推进方针贯穿到正风肃纪反腐的全过程。注重惩治震慑，强化"不敢腐"的高压态势。全市共处置问题线索389件，立案138件203人，党纪政务处分202人（科级干部35人），留置3人，移送检察机关2人，收缴违纪违法款项159.2万元。加大重点线索的查处力度，在郑州市纪委监委领办下查处了孟庄镇小石庄村原支部书记、村委会主任石三国案件，处理公职人员16人，给予党纪政务处分10人（科级干部7人），1人被开除公职，1人被刑事立案，持续释放越往后越严的强烈信号。在严厉惩治腐败的同时，坚持容错机制，2021年办理澄清正名案件23件，在郑州市各县市区排名第三，使27名党员干部轻装上阵，增强了组织归属感。注重堵塞漏洞，构建"不能腐"的制度约束。实行"三必开，八必做，六见效"的"386"以案促改工作模式，全市共组织召开警示教育大会166场，参与9185人次，下发以案促改通知书9份、提醒书59份，下发纪律检查建议和监察建议42份，督促案发单位健全有关制度36项，进一步完善不能"腐"长效约束机制。注重理想信念教育，夯实"不想腐"的思想自觉。以清廉机关、村居、学校、医院、企业、文化、家庭等7个建设单元为切入口，大力推进"清廉新郑"建设，充分发挥新郑市纪检监察网站和清风新郑微信公众号宣传主渠道作用，着力构建党员干部群众全覆盖立体化的"清廉新郑"建设体系。建成面积1200平方米的新郑市廉政教育中心，先后有157批次单位团体共13286名党员干部参观学习。通过"线上"和"线下"同向发力，使廉洁理念、廉政文化以看得见、听得到的方式滋润人心，真正实现把教训变教材、把教材变行动、让行动见成效。

【体制改革】 坚持全面落实党中央关于纪检监察体制改革要求，强化任务、政策和效果的集成，持续释放深化改革新效能。探索问题线索分色分级管理机制，实现线索处置新质效。根据线索的重要性和紧急程度分为"红、橙、黄、蓝、绿"五级，实行领导督办、限期办结制度。如对红色，即"上级交办件、领导批示件、重大负面舆情件、涉及单位主要负责人件"等社会影响较大的问题线索，由市纪委书记负责督办，大力提升线索处置质效。强化争先创优机制，激发干事创业新动能。进一步建立完善内部管理、案件评查、派驻（派出）考核制度，全面激发学习先进、争创一流、担当作为的积极性和主动性。制定《新郑市案件质量评查和优质案件评选办法》，评出2021年度优质案件17件；第五纪检监察室主办的薛店镇岗周村原党支部书记段风连案件被评为全省精品案件；第六纪检监察室主办的市不动产登记中心高喜荣等违纪违法案件被评为郑州市优质案件。深化协作区机制，形成联动新合力。出台《协作区执纪执法暂行办法》，在协作区内实行"推磨式监督检查""交叉办案""指定管辖"，2021年指定管辖案件15件。对反映问题比较清晰、线索单一，采取"交叉办案"方式，破解基层办案"人情关"；对反映问题复杂、涉及人员较多，或涉及严重违纪违法及职务犯罪的问题线索，打破室与组、组与组、组与乡镇办纪（工）委界限，采取"联合办案"的方式，有效破解办案力量薄弱的问题，形成了"一体运转、融会贯通、握指成拳"的工作合力。

【政治巡察】 始终扛稳政治责任，全面贯彻"发现问题、形成震慑、推动改革、促进发展"的工作方针，推动新时代巡察工作高质量发展。坚持高位推动，切实传导压力。市委先后召开市委常委会、市委书记专题会和巡察工作领导小组会8次，落实上级部署、研究巡察工作，市委书记切实履行第一责任人职责，对巡察工作批示、点人点事点问题4次，及时向被巡察单位传导压力，推动落实。聚焦工作重点，提升巡察质效。围绕市委全会各项部署，对市黄帝故里景区管委会、市法院开展巡察监督，启动六届市委首轮巡察，对市应急管理局、市民政局、市农委、市农科所、市供销社、市红十字会等6个单位进行常规巡察。按照上级要求，对市发改委、市市场监管局、市财政局等3个涉粮业务主管监管部门进行专项巡察，以精准监督助推粮食系统专项治理。2021年巡察共发现问题24个，依据移交的问题线索，立案审查调查10人，党纪政务处分9人，推动被巡察单位建立健全制度13项。深化巡察整改，确保清零见底。落实“双反馈”机制，巡察情况分别向被巡察单位党组织主要负责人和班子反馈，原汁原味传达市委听取汇报时的点评意见，明确整改方向和着力点；实行“双通报”制度，向市纪委监委、市委组织部通报有关情况，压紧压实整改监督责任，对市供销社等34个党组织的巡察整改情况开展专项督查，全市巡察发现问题267个，已完成整改264个，整改率达到98.9%以上。

【队伍建设】 按照政治过硬、本领高强的要求，从严从实加强自身建设，着力打造让党和人民放心的高素质专业化队伍。加强政治教育，淬炼忠诚信仰。聚焦“政治过硬”目标，创新开设“清廉新郑·智学课堂”App线上学习平台，实现“线上线下相结合、学习测试随手做”。结合党史学习教育，开展讲党史故事、写廉洁家书、做政治讨论等活动，全年组织理论学习5350人次，深入学习习近平新时代中国特色社会主义思想和关于全面从严治党新论断新部署新要求，不断提升全市纪检监察干部的政治能力和忠诚品质。开展业务培训，锤炼斗争本领。聚焦“本领高强”目标，练就过硬的业务本领。用好用活中央纪委18张光盘和纪法条文释义等教材，通过开展知识竞赛、评选优质案件及跟班学习锻炼等活动，加强对党纪党规、法律法规的学习。全年集中学习18次，培训纪检监察干部7860人次，倒逼干部增强专业思维、专业素养、专业方法，着力培养一支“开口能说、提笔能写、问策能对、遇事能办、有难能解”的纪检监察干部队伍。坚持刀刃向内，精炼干净本色。聚焦“严管严治”目标，把加强内控机制建设作为重点，聘请10名特约监察员对全市纪检监察干部实施监督。开展郑州市纪委监委内部调研反馈问题整改活动，自查整改发现问题42个、细化整改措施106项，已全部整改到位。全年共办理纪检监察干部问题线索9件，立案2件，组织处理1人，政务处分1人。开展警示教育，用身边事教育身边人，教育引导全市纪检监察干部知敬畏、存戒惧、守底线。

【年度工作荣誉榜】 2021年度《中国纪检监察》学刊用刊工作先进单位；2020年度全省纪检监察信息工作先进单位；新郑市新华路街道纪工委（监察办公室）获评全省纪检监察系统先进集体；全省优秀警示教育片优秀奖；2020年度郑州市纪检监察信息工作先进单位；2021年度全市纪检监察工作先进单位。

（撰稿：田小芳　审阅：岳　萌）

重要会议

【市纪委六届二次全会】 2021年2月24日上午，中共新郑市第六届纪律检查委员会第二次全体会议召开，市委书记马志峰出席会议并讲话。全市副县级以上领导干部出席会议。市纪委监委班子成员、六届市纪委委员，各乡镇（街道）管委会党政正职，市委各部委、市直各单位主要负责人，各乡镇（街道）管委会纪（工）委书记，市纪委监委各派驻纪检监察组负责人、机关各部门负责人，市委巡察办主任、副主任，各巡察专员等参加会议。市委常委、市纪委书记、市监委代主任姚志刚主持会议并代表市纪委常委会作题为《坚守自我革命根本政治方向 坚持不懈把全面从严治党向纵深推进 为建设现代化全国一流中等城市提供坚强保障》的工作报告，对全市纪检监察工作进行系统总结和具体部署。

（撰稿：田小芳　审阅：岳　萌）

民主党派

DEMOCRATIC PARTIES

·民主党派>>>

DEMOCRATIC PARTIES

综　述

【概况】 新郑市现在民革成员3人，民盟成员77人，农工党成员14人，致公党9人，九三学社成员8人，民进成员1人。

【中国国民党革命委员会成员代表】

申丽君

【中国民主同盟成员代表】

冯　煜　陈　明　陈弘毅　袁　燕　赵青建

【中国民主促进会成员】

吴志强

【中国农工民主党成员代表】

孙　阔　李伟红　王广军　任新民

【中国致公党成员代表】

石华峰

【九三学社成员】

李　云　张鬲军

（撰稿：张　强　审稿：贾海民）

民盟新郑市总支部委员会

【概况】 民盟新郑基层组织成立于1987年5月，经过民盟新郑县小组、民盟新郑市支部、民盟新郑市总支三个阶段。民盟新郑总支现有领导班子9人，平均年龄48.2岁；发展盟员82人，2020年转调郑州4人（其中男盟员2人，女盟员2人），2021年有盟员78人，分为科教和文卫2个支部共4个小组，其中科教支部38人，文卫支部40人。其中女盟员34人、男盟员44人；研究生学历11人，双学士学历1人，本科学历29人，大专学历36人，副高级以上职称27人，中级职称48人。盟员中郑州市人大代表1人、新郑市人大常委会原副主任1人、人大常委会常委1人、郑州市政协委员2人、政协原副主席1人、政协常委3人、新郑市政协委员13人、统战部特邀“四大员”7人、人民陪审员6人、现职科级干部9人、教师进修学校校

10月29日，新郑市民主党派“学中共党史、守合作初心、开事业新局”学习教育活动举行（市委统战部/供图）

长1人。

2021年，民盟新郑市总支部委员会认真学习习近平总书记系列重要讲话精神和民盟中央、省、市有关会议精神，高举伟大旗帜，不忘合作初心、继续携手前进，重点落在“合作”和“携手”上，着力在加强自身建设、积极参政议政、参与社会服务等方面作出不懈努力，2021年按照“新时代多党合作要有新气象、思想共识要有新提高、履职尽责要有新作为、参政党要有新面貌，做中国共产党的好参谋、好帮手、好同事”的总要求，在民盟新郑总支开展“战‘疫’给我们的启示”学习讨论活动。通过开展走深走心的理论学习、入情入理的走访谈心、求实求效的系列活动、讲实讲真的座谈交流，进一步加强自身建设，提高新郑总支全体盟员的政治站位，将学习教育、履职尽责、查找不足、整改提高贯穿主题教育活动全过程，为盟动中原助力脱贫攻坚、抗击新冠肺炎疫情、烛光行动、助推郑州国家中心城市建设等作出了积极贡献。2020年，被民盟中央授予“盟务工作先进基层组织”，被民盟河南省委授予“抗疫新冠肺炎疫情先进单位”，被民盟河南省委授予“纪念中国民主同盟80周年先进集体”，被民盟郑州市委授予“抗击新冠肺炎疫情先进集体”称号。2021年，被盟省委授予民盟脱贫攻坚先进集体称号。民盟新郑总支主委冯煜参加民盟河南省委会脱贫攻坚表彰暨助力乡村振兴推进会并在会上作了典型发言。

9月10日，在民盟河南省委脱贫攻坚总结表彰暨助力乡村振兴推进会上，民盟新郑总支主委冯煜代表新郑民盟上台领奖并作大会发言（民盟/供图）

【思想建设】3月2日下午，民盟新郑市总支部召开全体会议。民盟新郑市总支部主委冯煜主持会议并代表民盟新郑市总支部领导班子作了民盟新郑市总支部2020年度工作报告。民盟新郑市总支部副主委陈明、陈弘毅、袁燕参加会议并分别宣读了盟省委、盟市委、民盟新郑市总支部对先进集体和先进个人的表彰决定。中共新郑市委统战部副部长师俊杰应邀出席会议。会上，委员赵青建作了盟费收支及财政拨款收支情况的报告。4月12日，为庆祝中共建党100周年、民盟成立80周年和多党合作制度确立72周年，做好2021年度文明单位创建工作，在第26个世界读书日来临之际，民盟郑州市委举办读党史读书心得分享活动，民盟新郑市总支副主委袁燕带队参加了此次活动。6月11日，由中共郑州市委统战部主办、民盟郑州市委承办的郑州市统一战线庆祝中国共产党成立100周年书画展在郑州市博物馆开幕。民盟新郑市总支部派出20余名盟员参加了开幕式。7月5—9日，民盟新郑总支走进南阳，追随习近平总书记视察南阳的足迹，开展了“学中共党史 守合作初心 开事业新局”学习教育活动。通过此次学习教育活动，广大盟员进一步坚定了理想信念、凝聚了思想共识，把中共党史学习教育走深走实，落地落细，增强广大盟员守初心、担使命的政治自觉、思想自觉和行动自觉，以优异成绩庆祝中国共产党成立100周年和中国民主同盟成立80周年。10月27—29日，中共新郑市委统战部在西泰山村千稼集举办民主党派“学中共党史 守合作初心 开事业新局”学习教育培训活动。民盟新郑市总支、农工党新郑支部30名民主党派成员参加了培训活动。培训期间，中共郑州市委党校教授刘长发以“中国共产党的百年辉煌和历史经验”进行专题授课，中共河南省委党校教授楚向红以“坚持和完善中国共产党领导的多党合作和政治协商制度”进行专题授课。培训期间，广大学员还参加了现场教学活动。前往新乡县刘庄参观了史来贺纪念馆，学习了前任支书史来贺的光辉业绩；又到朝阳社区参观了社区新貌，对乡村振兴、社区建设有了更深的体会和认识。10月29日，中共新郑市委统战部召开民主党派建言献策座谈会，民盟新郑市总支主委冯煜代表民盟发言。11月18日，中共新郑市委统战部组织召开全市民主党派学习贯彻中共十九届六中全会精神座谈会。知悉此消息后，民盟新郑市总支盟员为彰显参政党的政治自觉，让盟员在微信群里积极报名，很快就有30多名盟员积极报名，充分体现了广大盟员的政治意识和觉悟。11月19日，盟市委委员代表、民盟新郑市总支主委冯煜出席民盟郑州市委学习贯彻中共十九届六中全会精神大会，结合自身实际工作交流学习感想，畅谈心得体会。

【社会服务】 5月14日，民盟郑州市委联合民盟河南省文化艺术委员会到新郑市观音寺镇岳口小学调研。民盟郑州市委秘书长宋喜玲、民盟河南省委文化艺术委员会副秘书长李卫阳、民盟新郑市总支部主委、新郑市教育局副局长冯煜、河南省唐玉润书画院副院长毛凤林参加调研。活动中毛凤林副院长向岳口小学赠送了其创作的书画作品并表示将组织盟内书画家来岳口教小学生们绘画，民盟新郑市总支向岳口小学赠送了价值2000元的体育用品。5月28日，为深入了解“双师课堂”开展情况，发挥“双师课堂”在乡村教育振兴中的作用，寻找“双师课堂”在助力乡村振兴中的优秀故事案例，民盟中央教育处副处长高睿强带领调研组一行8人到新郑市薛店镇民盟烛光小学开展调研。11月5日，由民盟郑州市委主办，民盟新郑市总支、民盟郑州群艺馆支部承办的“盟动中原——捐赠学习用品与艺术教育进校园”活动在新郑市辛店镇湛张小学举行。民盟郑州市委为学校捐赠79套学习用品。民盟群艺馆支部盟员为学生们讲述了《天地之中历史建筑群欣赏》和《传拓技艺与拓片欣赏》。 11月23日上午，民盟新郑市总支部应新郑市观音寺镇岳口村驻村工作队邀请，到岳口村名扬农业种植合作社开展消费扶贫，助力乡村振兴活动。共计购买苹果、小米、柴鸡蛋、粉条等农产品300余箱，合计2万余元。11月30日，民盟郑州市委在新郑市新村镇裴李岗村开展 “盟动中原——医疗下乡送健康”活动。义诊现场，外科、儿科、内科、中医科等方面的盟员医疗8名专家们耐心、细致地为每一名前来义诊的群众提供贴心的服务。当天义诊群众共计80余人。活动现场，民盟郑州市委和新郑总支还带来了5000元的常用药品现场，免费发放给群众。民盟新郑总支组织盟员积极投身抗洪抢险、灾后重建、抗疫志愿服务中，全体盟员积极参与。盟员王银发在抗疫中，累计捐款捐物价值12万余元。在抗洪抗疫灾后重建期间，民盟新郑总支累计捐款捐物20多万元。

【参政议政】 2021年，共提出人大代表建议和政协委员提案15件，为经济社会发展建言立论。市人大代表、民盟新郑市主委冯煜提交的《关于提高我市公办幼儿园收费标准的建议》《关于深化改革推动学前教育发展的建议》，市政协委员、民盟新郑市副主委陈明提交的《关于用智慧科技解决集体食堂的食品安全和营养问题的提案》，市政协委员、民盟新郑市副主委陈弘毅提交的《关于丰富黄帝文化内涵 传承弘扬〈黄帝内经〉的提案》，市政协委员、民盟新郑市副主委袁燕提交的《关于尽快解决拖欠农民工工资和工程款的提案》，市政协委员、民盟盟员王兰芳提交的《关于“投保容易退保难”的看法及建议》， 市政协委员、民盟盟员王凯提交的《关于招拍挂土地考古发掘的建议》，市政协委员、民盟盟员赵青建提交的《关于新郑市城乡公交乘车统一1元制票价的提案》，市政协委员、民盟盟员樊伯巍提交的《关于在新郑市设立省级经济技术开发区的建议》，市政协委员、民盟盟员高春艳提交的《关于加强城区井盖管理的提案》，市政协委员、民盟盟员王银发提交的《关于规范环保行为 依法有序行政的提案》， 市政协委员、民盟盟员杨素香提交的《关于把卧佛寺塔东边拆迁滞留地“变废为宝”的提案》，市政协委员、民盟盟员张留民提交的《关于在107国道梨河段修建雨污水管道的建议》，市政协委员、民盟盟员赵丽红提交的《关于在我市社区建立养老托管中心的提案》分别被市人大、市政协立案。 市人大代表、民盟新郑市主委冯煜提出的《地市统筹高标规划 强力推动彰显成效——论以地市为单元推动区域义务教育优质均衡发展的对策研究》被民盟中央采用；民盟新郑总支还承担了民盟河南省委、民盟郑州市委的“社会服务工作‘烛光行动’品牌创建方式研究” “推进‘互联网+食品’监管，加强和创新社会治理体系” “郑州市教育信息化发展现状及建议”等六项调研课题，为当地经济社会的持续发展贡献出民盟力量。

【民盟新郑市总支部第二届委员会领导班子成员】

名誉主委 苏铁林
主　　委 冯　煜
副主委 陈　明（协助主委工作）

9月23日，民盟新郑总支九名代表参加中国民主同盟郑州市第十四次代表大会

陈弘毅（分管组织工作）
袁　燕（分管宣传工作）
委　　员　赵青建
毛智毅（组织委员）
樊伯巍
赵丽红
张留民（宣传委员）

【民盟新郑市总支科教支部盟员名单】

支部主委　陈　明
副 主 委　袁　燕
组织委员　毛智毅
宣传委员　高春艳
盟　　员　苏铁林　冯　煜　陈　明　袁　燕　毛智毅　高春艳　徐国平　黄桂梅　徐　君　胡瑞霞　杨水红　高韶华　李宗区　张青显　幸建红　郭绍祎　李松山　张德旺　郭国正　陈谟林　陈艺民　刘春莉　王雪丽　杨青波　吴运田　周新华　白桂敏　杨献珍　高淼霞　刘淑玲　杨素香　燕新亮　樊群涛　刘绪河　许文增　王韶强　刘　凯　高宪君　王瑞芳

【民盟新郑市总支文卫支部盟员名单】

支部主委　陈弘毅
副 主 委　赵青建
组织委员　赵丽红
宣传委员　樊伯巍
盟　　员　张　豪　侯松平　陈弘毅　赵青建　赵丽红　樊伯巍　赵新甫　安书卷　杨雪峰　张留民　王凯　张艳玲　边莉　朱玉霞　刘松林　兑幸福　赵绘红　李彦宏　时慧莉　郭　静　张其亚　张玉香　王明俊　王银发　陈彦东　冯伟强　赵丙焕　刘占彪　高军彪　赵银宝　兑颂雅　乔林娜　师清杰　闫建萍　张　霞　刘东霞　李江华　王兰芳　乔　静　范梦强

（撰稿：袁　燕　审阅：冯　煜）

12月1日，开展艾滋病防治宣传（农工党/供图）

中国农工民主党郑州市委直属第四（新郑）支部委员会

【概况】中国农工民主党郑州市委直属第四支部委员会（简称农工党四支部）成立于2012年，共有党员15名。首届支部主委孙阔，原新郑市人大常委会副主任，农工党郑州市委人口与资源环境委员会副主任，已退休。现任支部主委李伟红，新郑市疾病预防控制中心主任，郑州市第十六届人大代表、农工党郑州市委妇女与老龄委员会委员。现任支部副主委郭文凯，新郑市人民法院刑庭庭长，农工党郑州市委社会与法制委员会委员。现任支部委员王广军，华信民生健康集团副总经理兼新郑华信民生医院人民路院区院长，农工党郑州市委卫生与健康委员会委员、新郑市第六届人大代表。

2021年，农工党员在中国共产党的领导下，在农工党中央的带领下，充分发挥我们农工党员在医疗卫生方面的团体优势，在抗击水灾及防控疫情方面，“一不怕苦、二不怕死”，冲锋在第一线，抢救受灾群众及病患者，在自己的岗位上作出了巨大的贡

9月，为新烟街捐赠抗疫物资（农工党/供图）

献。农工党四支部先后被授予“农工党河南省百千万农村健康扶贫行动计划先进集体”“优秀基层组织”“新郑红十字会新型冠状病毒肺炎防控工作先进集体”等称号。

【履职参政】支部共有4人担任新郑市政协第五届委员职务，2021年全年共提案5条，涉及医疗卫生、民生等群众急难愁盼的领域。积极填报《农工党市委民主生活会征求意见表》及《新郑市2021年民生实事项目意见征集表》，为城市发展贡献农工力量。积极参加各级各类学习培训活动，如：农工党郑州市委反映社情民意信息报送有关事项的培训、新郑市委统战部《中国共产党统一战线工作条例》辅导培训、新郑市民主党派人士培训班等。组织观看中国共产党成立100周年庆典视频直播，并书写观影感受。增强“四个意识”、坚定“四个自信”、做的“两个维护”，全体党员参加河南省政协国旗党旗军旗诞生展参观活动。参加统战部举办的新郑市民主党派学习贯彻中共十九届六中全会精神会议，并在支部内开展广泛学习及认真领会。

【抗击疫情】发挥多数党员来自医疗战线的界别优势，除坚守各自工作岗位外，协助多个社区开展多场次核酸采集活动，有效减轻社区抗疫压力。多次深入基层卡点，对值班同志进行了慰问和捐赠活动。各位党员慷慨解囊，积极助力抗疫一线，以实际行动践行了农工党员的担当和奉献。

【助力公益】7月特大暴雨灾害后，积极响应抗洪救灾号召，组织捐款活动，向郑州慈善总会捐款4200元。第34个世界艾滋病日到来之际，支部联合新郑市疾病预防控制中心，在炎黄广场共同举行科普宣传活动。

【中国农工民主党郑州市直属第四支部党员名单】

主　委：李伟红

副主委：郭文凯

委　员：王广军

成　员：孙阔、任新民、李玉岭、刘书君、张明鹤、曹少亭、肖成书、梁国建、孙丽蕊、王全意、高杰、史国强。

（撰稿：高　杰　审阅：李伟红）

人民团体

PEOPLE'S ORGANIZATIONS

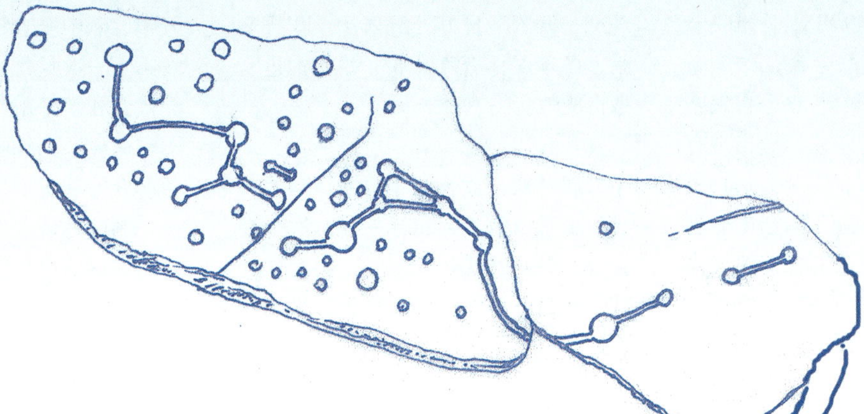

·人民团体 >>>

PEOPLE'S ORGANIZATIONS

工 会

【概况】 新郑市总工会设有工人俱乐部、困难职工帮扶中心2个二级机构；机关内部设办公室（编制人事科）、组织宣传网络工作部、社会保障民主管理部（女职工部）、劳动经济技术部、财务资产管理部（经审事业部）5个工作职能部门和经费审查委员会、女职工工作委员会2个法定专职委员会，在职职工27人，其中主席1人，副主席2人，挂职副主席1人，兼职副主席3人。新郑市总工会辖13个乡镇街道办事处工会联合会，2个管委会工会联合会，67个系统（委局）工会委员会，16个直属企业工会。截至2021年年底，全市现有各级工会组织2050家，工会会员13万余人，企业建会率和职工入会率分别达到94%和95%。市总工会全面工作和乡村振兴劳模出彩、基层工会组织建设、工会职工普惠服务、劳动领域维护政治安全等工作被郑州市总工会评为先进单位。机关党建、思想文化宣传、文明城市创建等6项工作在全市荣获先进单位荣誉，连续6年获评“新郑市综合工作优秀单位”，其中节能工作被国家机关事务管理局评为国家级节约型机关。完成了《新郑工会志》编纂工作，顺利出版。

2021年，新郑市各级工会坚决贯彻落实中央和省市委决策部署，牢固树立“服务大局、服务中心、服务职工”理念，以庆祝中国共产党成立100周年为主线，按照省总、郑州市总“五大行动”和“十件实事”工作安排，以突出办好服务职工“十件实事”为载体，履职尽责，担当作为，推动工运事业和工会工作高质量发展，充分发挥了工会组织的政治优势、组织优势、群众优势，为新郑实现“十四五”良好开局作出了积极贡献，各项工作有序开展、稳步推进、取得成效。

【二届八次全委会议】 2021年4月21日，新郑市总工会召开二届八次全委会议，总结2020年以来的工会工作，部署2021年工作任务，会议首先研究通过了有关人事事项，增补了第二届工会委员会委员、经费审查委员会委员和女职工委员会委员；随后审议通过了靳新民代表市总工会常委会作的工作报告、张冬作的经费审查工作报告，通过了《新郑市总工会关于认真学习贯彻党的十九届五中全会、全国劳模大会和市委五届十三次全会精神 组织动员广大职工为实现新郑市“十四五”规划和二〇三五年远景目标建功立业的决议（草案）》；最后刘彤标传达了中央、省委、郑州市委、新郑市委关于做好工会工作的决策部署，并对工会工作提出新的要求。

【坚持全面从严治党】 市总党组坚决扛稳管党治党主体责任，坚持以习近平新时代中国特色社会主义思想为指导，深入学习贯彻党的十九届五中、六中全会精神，积极贯彻落实省第十一次党代会、郑州市第十二次党代会和新郑市第六次党代会精神，牢牢抓住“围绕中心、建设队伍、服务群众”职责定位，着力强化能力建设、制度建设、作风建设，市总机关党的建设取得扎实成效。聚焦建党百年主题，扎实开展党史学习教育，按照“学史明理、学史增信、学史崇德、学史力行”总要求，用好党的红色资源，通过特色鲜明、形式多样的学习教育活动，让干部群众切身感受艰辛历程、巨大变化、辉煌成就。制定“我为群众办实事”重点项目清单，扎实开展“工会进万家”“万人助万企”等活动，着力为职工和企业办实事、解难题。持续加强党的建设，扎实做好“三会一课”，落实双重组织生活制度，进一步强化党组织的凝聚力和战斗力。严格落实中央八项规定精神，坚决纠治“四风”，深化以案促改，深入推进党风廉政建设。连续六年保持省级文明单位荣誉，文明城市创建、平安建设、脱贫攻坚巩固等工作扎实推进、成效显著。

【党史学习教育】 学习贯彻党代会精神，准确把握省委、市委对工会工作的新要求，把党史学习教育转化为锐意进取、担当实干的精气神，转化为职工群众看得见、摸得着的实质成果。市总工会成立由15名先进劳模组成的劳模宣讲团，深入企业车间、基层单位开展宣讲5场，惠及职工400余人。推动职工书屋“综合化、数字化、便利化”延伸，打造全国职工书屋示范点1家，郑州市职工书屋示范点3家。开展“百年圆梦·幸福启航——书香三八”读书征文活动，参加单位219个，参加女职工6439人。送文艺进基层，企业、社区开展“中国梦·劳动美·工会情”演出35场，受众3800余人。开展以乒乓球、羽毛球、篮球等项目为主的全民健身月体育活动，参与职工700余人，联合举办了庆祝建党100周年合唱比赛。积极运用职工思想引领新媒介、新手段。全年在网站、微信公众号共推信息79条，被“学习强国”、《工人日报》、郑州市总工会微信公众号等信息平台采用47条。在全省工会系统新媒体月排行中，新郑市总工会微信公众号持续保持前10排名；在参与的全国工会“互联网+普惠服务优秀平台”投票评选中，新郑市总工会微信公众号获评全国区县“十佳”平台。

【工会组织】 做好新就业形态劳动者建会入会工作，以“三主三新”主导企业建会入会作为工作着力点，大力推进非公企业、社会组织工会组建工作。截至2021年年底，新郑市新建工会组织54家，发展会员4661人。开展乡镇（街道）工会联合会选举，13家乡镇工会完成工会工作委员会向工会联合会的更名改选。5—8月，中华全国总工会在郑州华南城蹲点调研，市总工会安排5人到华南城工会配合全总调研工作，走访华南城企业百余家，收集意见51条，有效提升了华南城工会建设水平。根据上级工作要求开展小微企业工会经费返还工作，年底为1271家小微企业，返还工会经费230.29万元，进一步减轻了小微企业负担。在新郑市轩辕湖举办郑州市八大群体定向赛，来自各县市及航空港区的商场信息员、家政服务员、货车司机、快递小哥等200名职工参加活动。7月，全国总工会副主席、书记处书记、党组成员江广平，全国总工会书记处书记、党组成员、组织部部长张茂华先后到新郑市调研指导工作，对新郑工会组织建设工作取得的成果给予了充分肯定。

【保障职工合法权益】 购买社会服务，竭诚服务职工。继续购买“法律管家”和“关爱职工心理健康”服务，开展心理健康知识讲座5期、法律知识讲座3期，惠及职工600余人，线上、线下服务职工570余人次、协调职工劳动争议23案次。加强部门协作，促就业保稳定。联合市人社局、妇联等单位举办“新春送温暖 稳岗留工”网络招聘会，共有310家企业提供就业岗位信息9557条，达成就业意向人数1231人。在河南职工服务平台动态发布用工信息，涵盖100余家用工单位、1000余个用工岗位信息。联合市人社局、企业家协会、工商联开展2021年集体协商工作，全市签订集体合同706份，覆盖企业1374家，覆盖职工9万余人，其中区域性集体合同21份，行业性集体合同3份。融合社会资源，加强驿站建设。充分利用社会资源，搭建服务平台，加大资金投入，加强“爱心驿站”建设。累计在全市建设户外劳动者爱心驿站36家，2021年新增6家，2家被评为五星级驿站，1家被评为四星级驿站。

【发挥主力军作用】 开展第二届新郑大工匠评选，联合市卫健委、市妇联在全市范围内开展妇幼健康技能竞赛，全市17家医疗机构40余名选手参加竞赛。组织开展劳动保护。组织动员企事业单位参加“安康杯”竞赛活动，全市共有683家企业，80620名职工报名参加，通过竞赛活动，进一步增强了全市企业安全健康意识和安全管理水平。在“安全生产月”活动中，举办“安全生产培训进企业”2场，培训职工185人，开展以“落实安全生产责任，推动安全发展”为主题的有奖竞答活动1期。抓好劳模选树管理。全市有1个班组获河南省工人先锋号，1家单位、6名个人获郑州市五一劳动奖，4个班组获评郑州市工人先锋号；7家单位、34名个人获新郑市五一劳动奖，7个班组被评为新郑市工人先锋号；1人被评为郑州大工匠，1人获得郑州大工匠提名奖，2人获得郑州市五小发明三等奖；推选“五一巾帼奖”河南省级1人，郑州市级2人、集体1个。按照上级工作要求，对全市郑州市级及以上劳模生活状况进行全面摸底，进一步掌握了困难劳模数量和困难程度，在“工会进万家”活动中，慰问了郑州市级以上年龄偏大劳模32人，并发放了慰问金和慰问品。

【困难帮扶和普惠服务】 做好“双节”送温暖活动。在元旦春节期间筹措资金45.2万余元，慰问新郑市雏鹰农牧困难企业、公立人民医院，八大群体困难职工、公益性岗位困难职工、疫情防控工作者等一线工作人员共计2300余人。开展“送清凉”慰问走访活动，为突出办好服务职工的实事，结合防汛防疫工作，筹措资金40万余元，慰问消防救援队员、医护人员、交巡警环卫工等一线工作者6314人，发放洗衣液12628桶、矿泉水6314箱。做实困难帮扶，按照“先建档、后帮扶”的原则，精准识别建档对象，8月建档困难职工7户。全年共发放生活救助金4.992万元，帮扶17人；发放医疗救助金1.7808万元，帮扶2人；发放助学金3万元，帮扶5人；六一儿童节，为4名困难职工子女“点亮微心愿”。开展“工会进万家”走访慰问活动，为10户困难职工发放慰问品0.3万元；为困难企业发放慰问物资2万元。做优普惠服务，结合职工群众的新要求、新期待，持续拓宽服务职工领域、丰富服务内容，进一步加强服务的精准化、常态化、便捷化。采取常态化普惠、群体性补贴、主题性普惠相结合的方式，共开展普惠服务活动53次，惠及职工33.4万余人次，发放补贴223万余元。做好互助保障，持续开展职工互助保障活动，共有166个单位2万余人次参加职工互助保障活动，其中职工普惠重大疾病1.2万人次、职工意外伤害0.85万人次。为遭受意外伤害、患重大疾病的会员38人次办理了赔付，赔付金额16万余元。投入资金22万余元，为产业工人及新就业形态劳动者购买意外险。

【助力疫情防控检验救灾和经济社会发展】 “7·20”特大暴雨灾情发生后，市总工会第一时间向全市各级工会组织和广大职工发出倡议书，号召广大职工、先进劳动者在防汛救灾、统筹灾后重建和加快恢复生产生活中当好主力军和职工志愿者。抓好困难帮扶救助。将郑州市总工会下拨的25万元和新郑市本级配套的25万元专项抢险救灾资金，拨付给全市16个乡镇（街道、管委会）和5家防汛救灾任务较重的基层单位工会。将新郑红十字会救助物资分别发放给家可美家政公司工会和市总工会驻曹庄工作队。发挥劳模表率作用，全市劳模、五一劳动奖章获得者组建劳模突击队7支共计106人，冲锋在防汛抢险救灾第一线。各级五一劳动奖状荣誉获得企业和劳模、五一劳动奖章获得者个人共为防汛救灾捐款捐物1092.14万元。开展防汛救灾志愿服务，全市职工志愿服务组织和职工志愿者在各级工会的统筹协调下，开展交通疏导、清淤保洁、防疫消杀等志愿服务活动640场次，参与职工3200余人，服务群众6.2万人。积极参与疫情防控，新冠疫情出现反弹后，严格按照上级要求采取防控措施，把好疫情防控入口关，当好疫情防控“守门员”。安排5名志愿者参加隔离酒店防控工作，组织全体职工到街道、门店宣传防疫知识和防控政策。助力文明城市、卫生城市创建，将文明单位创建工作与文明城市创建、卫生城市创建工作有机结合，组织单位志愿者开展清洁家园、入户政策宣传、路段保洁等志愿服务活动，在交通岗开展文明交通志愿服务，投入专项资金为庆安小区制作“文明新郑”宣传版面，助力推动文明城市、卫生城市创建工作。巩固脱贫攻坚成果。积极开展全体村民摸排、困难户档卡资料完善、暴雨受灾群众转移、损毁房屋桥梁重建申报、村容村貌整顿、“三类户”排查、村党组党建资料完善等工作。市总工会领导班子带领全体帮扶责任人、驻村队员、村干部，在曹庄村召开专题党组会，研究驻村帮扶工作存在的问题及对策；带头开展入户调研，第一现场、第一时间了解困难群众生活问题，最大力度巩固脱贫攻坚成果。先后开展了消费惠农、消费援疆活动，投入资金23.6万元，参与职工43102人次。

（撰稿：王伟伟　审阅：刘俊亭）

共青团

【概况】 2021年，新郑团市委有机关干部10人。内设办公室、青年发展部、社会联络部，有一个二级机构：新郑市青少年活动中心，办公地点设在新郑市中兴路69号华夏国际商务中心11楼。2021年，在新郑市委和上级团委的正确领导下，全市各级团组织紧紧围绕中心大局，以思想引领和服务青年为导向，以完善基层建设为基础，持之以恒创新活动载体，坚定不移推进共青团改革，引领团员青年为新郑建设国家一流中等城市贡献青春力量。

【思想引领】 开展“弘扬五四精神　争当出彩先锋”等主题团课12次，“我与祖国共成长”等主题团日活动5次，通过重温入团誓词、观看红色电影等方式，覆盖青少年2万余人。开展“清明祭英烈”“悠悠端午情”等主题活动25期。广泛动员全市团员青年参与“青年大学习”网上主题团课33期，累计学习达26万人次。邀请市委党校老师围绕省第十一次党代会精神对基层团干部进行专题辅导，并以支部为单位，在全市共青团系统掀起学习高潮。共有296个支部开展学习，覆盖团员青年2.8万余人。在各级团组织中深入开展“学党史、强信念、跟党走”学习教育。2021年3月26日，团市委组织召开各级团组织党史学习教育动员会，全面部署安排党史学习教育。制订理论学习中心组学习计划和全体干部学习计划，2021年团市委共开展集中学习20次，个人自学144次，团市委书记讲党史12次，提升了干部党史理论素养。在全市组织开展团员青年个人自学90余次、各级团组织组织专题学习115次、专题宣讲23场、专题讲座3场、“学党史、强信念、跟党走”微团课比赛1

场等。依托“红领巾爱学习”“青年大学习”网上主题团课、“党史天天学”等栏目，累计覆盖青少年132万人次。同时，开展“我为群众办实事”主题实践活动56场，“请党放心、强国有我”主题团队日活动60场次。

【基层建设】 在市属18所中学全部建立团校，印发《新郑市中学团校建设实施方案》，按照“一建两评三促”工作要求，推行“六有”模式，指导基层常态化开展思想政治教育、主题团日活动。通过团干部集中培训、观看视频、现场观摩等方式，进一步明确“三会两制一课”程序和标准，进一步规范中学团内政治生活，为学校团组织开展工作和教育管理团员打牢基础。全市300个村（社区）圆满完成换届，进一步配齐配强团干部队伍。各级团组织先后投入20.5万元对基层“青年之家”进行软硬件提升，配备了办公设备、图书等，软硬件设施进一步完善。利用“青年之家”举办志愿服务、创业培训、义诊等活动162次，在“青年云平台”发布活动信息135次，先后打造龙湖镇、新华路、孟庄镇、国税局、公立医院等“青年之家”示范点。新增社会领域团组织221个，完成郑州市交办任务的100%。

【队伍素质】 7月7日，成功举办新郑市新任职村（社区）团干部培训班，来自基层的296名团组织干部参加了培训。落实基层团组织书记述职评议考核制度，结合阵地观摩，比成绩、比思路、比干劲，把民主评议结果作为评优评先的重要依据。配优配强团市委领导班子，选用挂职、兼职副书记4名，公开招录3名工作人员。配齐配强下级团组织班子成员，推动中学团委书记兼任乡镇团委副书记。印发《新郑市团干部考核工作细则》，全市所有团干部签订目标责任书，对工作目标任务进行承诺。联合组织部印发《关于加强新形势下基层党建带团建工作的意见》，落实好团干部的政治经济待遇，建立县级团委向党组织推荐团的优秀基层工作骨干的有效机制。印发《关于选派新郑籍在校大学生兼职乡镇（街道、管委会）和村（社区）团干部的通知》，选派15名优秀大学生兼任乡镇（街道、管委会）团（工）委兼职副书记，为296个村（社区）团支部配备大学生兼职团干部。深化“一专一站两联”工作机制，全力做好全市各级团代表的联系、协调、服务和管理等工作，年底已联系团代表110余名。

【志愿服务】 围绕市委、市政府中心工作，开展“志愿+”系列志愿服务活动，充分发挥基层团组织的战斗堡垒作用和团员青年的先锋模范作用。志愿+改进城市管理。围绕“三项工程、一项管理”，开展志愿服务23次，参与1800余人。改善农村人居环境。开展“改善农村人居环境·我们在行动”志愿服务活动32次，参加900余人。创建全国文明城市。联合市文明办，组织23批3000余人次参与文明城市创建工作。防汛救灾。全市各级团组织组织青年志愿者深入防汛救灾一线参与志愿服务，团市委组织300余名大学生志愿者到红十字会物资仓库参与物资搬运工作。疫情防控。先后组织4500余名青年志愿者深入村、社区、高速出口等开展疫情宣传等志愿服务。开展“绿城使者——小红象·健康行”志愿服务活动，招募大学生志愿者252人。全市各级团组织组织团员青年、青年志愿者130批1万余人次参与全员核酸检测工作。

【团员发展】 严把团员发展标准、流程关口，精准调控指标，逐级备案号段，形成工作闭环，确保分配名额和团员发展工作科学规范。2021年新发展的2220名团员全部建立一人一档，并录入“智慧团建”系统。初高中毕业班团学比分别降至20%、40%。以中学团校为抓手，开展14岁集体生日、18岁成人仪式、入团仪式等示范性活动。推进分批入队、推优入团、积分入团制度，实施“入口关”优选战略。出台《新郑市团员发展调控工作制度》《新郑市中学积分入团实施办法》《新郑市少先队“推优”入团工作细则》，分类制定入团具体标准，将思政考评结果、参与志愿服务情况作为学生入团必要条件，从源头上确保团员发展质量。持续推进“学社衔接”工作，完成团组织关系线上转接4348人次，“学社衔接”率达100%。

【青少年成长】 建立三级组织化、塔群式网络。联合市直机关工委印发《关于在市直机关单位组建青年工作委员会的意见》，在市直机关单位组建青工委，有效延伸组织触角。制定《共青团新郑市委“两联”工作制度》《共青团新郑市委团代表联络站工作职责》，在15个乡镇（街道、管委会）建立团代表联络站，联系各级团代表。在全市10个乡镇成立“乡村振兴青年联盟”。持续强化希望工程品牌，组织开展“助力高考、为梦助航”等志愿服务活动3场，服务考生7000余人。为全市88名优秀学子发放助学金17.8万元，开展关爱留守儿童2次，累计捐赠文具等物资资金1万余元。开展“调整心态、轻松备考”考前减压专题辅导2场，开展法治教育、安全自护和心理健康教育进校园活动8场。为和庄镇郑庄小学、东高小学，孟庄镇孟庄小学、三旺马小学，薛店镇山后马小学，辛店镇实验小学贫困学生发放保暖物品和学习用品200套。组织优秀少先队员代表开展“探寻历史文脉·感知文化新郑”暑期教育实践活动，引导青少年了解新郑历史文化，增强文化自信。开展“为青春护航”系列活动，印发防溺亡、防欺凌等宣传彩页2.5万份，开展法律知识进校园活动5场。召开新郑市二次少代会，落实少工委双主任制度。实行少先队阶梯式成长模式，开展红领巾奖章一星章、二星章评选，引导少先队员听党话、跟党走。

【模范表彰】全年表彰优秀团组织32个，优秀团干部16名，优秀团员68名，进一步鼓舞和激励广大团员青年、团干部积极投身新郑经济社会发展。大力弘扬奉献、友爱、互助、进步的志愿服务精神，授予疫情防控工作表现突出的36名在校大学生“优秀大学生志愿者”称号。大力弘扬职业文明和工匠精神，引导广大青年立足本职岗位，不断开拓创新，授予新郑市政务服务和大数据管理局咨询辅导科等8个集体“新郑市青年文明号”称号，授予张永等24人“新郑市青年岗位能手”称号。

（撰稿：范琳慧　审阅：包　焕）

妇联

【概况】2021年，新郑市妇联有机关干部8名，其中主席1人，副主席1人，享受副科级工资待遇1人，一般干部5人。机关内设办公室、妇女发展部和妇女权益部，下设一个事业单位新郑市妇女儿童权益服务中心。2021年，新郑市妇联认真学习贯彻习近平新时代中国特色社会主义思想、党的十九大及十九届四中、五中、六中全会精神、省委、郑州市委工作会议和新郑市六次党代会精神，以党史学习教育为主线，围绕中心展作为，围绕妇女强服务，实施“四大”工程，巩固改革成果，共克时艰防汛抗疫，团结引领全市广大妇女为加快建设现代化全国一流中小城市贡献巾帼力量。市妇联先后荣获新郑市2020年度综合工作先进单位、2018—2020年度创建全国文明城市提名城市工作先进集体、郑州市文明单位等称号。

【防汛战疫】积极参与防汛，彰显“她风采”。汛情发生后，市妇联第一时间发出《巾帼勇担当 携手渡难关——新郑市妇联致全市各级妇联组织及广大妇联干部防汛救灾倡议书》，运用“县、乡、村”三级妇联微信群推送防汛紧急通知等安全提示文章20多篇，多篇文章被猛犸新闻、云上新郑等媒体采用。市妇联、16个乡镇（街道、管委会）、300个村（社区）妇联及妇联干部、巾帼志愿者们积极配合当地党委政府，全力参与防汛救灾。在全市开启“巾帼防汛”系列报道，多维度挖掘活跃在防汛一线的女性感人故事，展现坚守一线的巾帼风采，做到“在发现中传播”“在传播中升华”。发挥“联”字优势，积极组织妇联执委、妇联干部、志愿者、妇女群众参加到爱心捐赠公益行动中。市妇联四届执委刘笛第一时间捐款50万元；郑州新郑教育园区管委会巾帼志愿者服务队队长李曙光带领队员自发捐款1.2万元，购买消毒液、药品、日用品等捐到延津县。最美家庭、巾帼志愿者高宝珠、刘改萍、苏俊霞等向受灾地区捐赠各类防汛物资，向广大妇女传递“娘家人”独有的关爱和温暖。

积极参与抗疫，展示“她力量”。按照市委部署，市妇联党组建立了联防联控工作机制，落实24小时带班值班制度。领导班子带领机关干部深入分包路段、分包社区开展疫情防控志愿服务，组织机关党员干部下沉一线执勤站岗。同时向全市发出紧急倡议，引领全市各级妇联组织、广大妇女积极参与疫情防控志愿服务。及时安排部署“儿童之家”“绿城妈妈”等妇联阵地，暂停组织聚集活动。充分运用“县、乡、村”三级妇联微信群推送防控办最新权威信息、普及科学防疫知识等，持续利用“12338”维权热线，24小时为全市广大妇女儿童及家庭提供和疫情相关的心理疏导、心理减压等公益服务，并开展“全民健身 同心抗疫——居家健身线上主题展示活动”等。全市各级妇联组织、300个村（社区）巾帼志愿者服务队、2000多名巾帼志愿者积极投身到疫情防控志愿服务中。8月7日，向疫情防控志愿者中涌现出的最美家庭、最美母亲、最美妻子代表发去了感谢信，表彰防汛抗疫最美家庭289名，隔空送去了“娘家人”的温暖与关怀。

灾后疏导帮扶，体现“她温度”。建立“县 乡 村”三级联动工作机制，通过三级微信工作群对“12338”热线进行全方位宣传推广。同时，在2020年疫情联合三家社工组织开通16条防疫心理咨询热线的基础上，持续利用“12338”妇女维权热线和专业心理咨询师作用，24小时免费在线为全市广大妇女儿童及家庭提供和疫情相关的心理疏导、心理减压等公益服务，截至年底，成功化解30起婚姻家庭矛盾纠纷，帮助3名求助者释放心理压力，心理疏导热线服务满意度100%。运用新郑融媒体中心、云上新郑、“学习强国”、郑州晚报等媒体平台，推出防汛抗疫典型事迹报道45篇，最大限度凝聚广大妇女和家庭力量。充分运用“县、乡、村”三级妇联、56个市直妇委会、62个“儿童之家”、13个“绿城妈妈”等微信工作群推送防控办最新权威信息、普及科学防疫知识、防疫指南（孕妇篇和儿童篇）等，引导巾帼宣传队自编自创节目开展线上宣传活动。同时特别推出“居家抗疫 网上学技”微课堂13期，网上浏览人数2000多人。市妇联开展灾后慰问调研活动，把500套爱心文具大礼包、一次性防护口罩200箱、10吨84消毒液，严格按照上级妇联要求，第一时间清点，全部分发给各级妇联组织，以最快速度送到受灾妇女儿童、家庭以及参与防汛救灾一线工作人员手中。

【巾帼思想领航工程】加强意识形

态引领，依托“妇女之家”“儿童之家”等阵地，新郑融媒、云上新郑等新媒体，线上线下常态化开展宣传教育活动，发挥巾帼宣传队作用，开展线上线下活动50场。开展线上线下巾帼大讲堂活动22场。“巾帼宣传队”自编自创节目创作4个，推荐建党百年作品7个、巾帼心向党视频4个，其中舞蹈《巾帼心向党》登上“学习强国”，使互联网成为开展妇女工作的最大增量，形成上下合力引领服务妇女的工作格局。

党史宣讲促引领。举办党史学习教育巾帼宣讲活动启动仪式暨四届执委党史集体学习，组建5人新郑市党史宣讲团开展党史学习教育进机关、进社区、进家庭、进企业宣讲活动10场；创新活动促凝心。组织开展了“绿色阅读学党史、文明上网扬新风——绿书签行动”、“大手拉小手　永远跟党走”暨“颂百年风华　传红色基因”童读红色故事、“颂百年风华　传红色基因”中学生知识竞赛、优良家风润故里　幸福安康千万家”——“家声百年长　风范永流传”家书分享会、“巾帼学党史　奋斗新征程”读书分享会、“诵读百年红色经典 礼赞百年红色党史”诵读、“永远跟党走 奋进新征程”——“党史中的巾帼故事”诵读比赛、党史知识和理论测试、党史专题宣讲报告会等主题活动8场；脚步丈量察民心。深入乡镇、机关事业单位、企业等地开展脚步丈量城市走访调研活动，帮基层妇联组织出谋划策，解难题。为民办事暖人心。召开了党史学习教育“我为群众办实事”座谈会，征集乡镇妇联意见建议，建立“我为群众办实事”工作台账；市、乡、村举办线上线下“两癌 两筛”健康知识讲座335场次（其中线上宣传2场），发放母亲邮包41个，开展“关爱成长 护苗行动”2次，开展“新郑是我家、共同爱护她”主题实践活动1场。开展“学习宣传践行条例、为党旗增光添彩”主题实践活动1场。红色教育铭初心。组织机关党员开展“学党史 祭英烈 寻足迹 践初心”主题活动4场，“品诗诵中秋 永远跟党走”——我们的节日·中秋主题诗词分享会1场。推荐1名妇联干部参加新郑市“学史力行 践初心·防汛抗疫党旗红”党史学习教育主题演讲比赛，荣获优秀奖。

召开了庆“三八”总结暨表彰大会，评选表彰新郑市三八红旗集体20个、优秀妇联组织名单20个、三八红旗手80名、优秀妇女工作者20名、“巾帼建功”标兵20名。3人获评郑州市三八红旗手，新郑市郭店镇人民政府获评郑州市三八红旗集体、1人获评2019—2020年度全省妇联宣传工作读书活动先进个人。加大先进典型宣传力度，推出电视专栏3期、郑州日报专刊1期；在全市各乡镇（街道、管委会）及市直单位开展征集“家庭幸福秀”活动，共征集图片115张。8名儿童被评为郑州市优秀儿童、1名郑州市十佳儿童；4名家长被评为郑州市优秀家长、1名为郑州市十佳家长。向“云上新郑”、《郑州晚报》、映象网等媒体推荐工作信息180条。其中，“学习强国”采用5篇。推荐巾帼好网民2个，抗汛救灾集体1个、志愿者1名。

【巾帼建功扬帆工程】 实施巾帼双创行动。依托全市各级妇联、“巧媳妇”工程基地开展农业、家政、手工等线上线下技能培训，累计培训妇女1135人次。培树河南省城乡妇女“巾帼建功”先进工作者、河南省乡村出彩巧媳妇共2名。培树郑州市乡村出彩巧媳妇14名、郑州市巧媳妇基地2个、新郑市乡村出彩巧媳妇50名、新郑市巧媳妇基地2个。推荐郑州市家政服务行业突出贡献奖1个、巾帼建功标兵5个、优秀家政服务工作者9个。联合新郑市人社局在网上开展女性招聘专场，提供适合女性就业优质岗位，实现网上求职和职业指导。4月25日和7月13日，新疆维吾尔自治区妇联党组书记、副主席王丽霞一行和中国妇女发展基金会理事长甄砚一行到新郑调研妇女工作，分别到全国巾帼文明岗（好想你公司1号店）及好想你公司参观学习，并给予了高度充分肯定。推荐1个全国巾帼文明岗参加百千万职业女性风采宣传展示故事征集活动、好想你健康食品股份有限公司参加河南省电商“巧媳妇”直播带货大赛，销售带货2.6万元，推荐42名女性参加河南省巾帼电商创业就业网上培训，30名女性参加郑州市美丽乡村“村播巧媳妇”培训班。

实施乡村振兴巾帼行动。持续推进“美丽庭院”创建，以开展“村庄清洁卫生运动，共创美丽庭院”“美丽庭院齐创建 健康幸福过大年”活动为契机，通过召开创建会、推进会，推动创建工作纵深发展，“美丽庭院”达标户年度目标4363户，创建“美丽庭院”达标户4381户，市级示范户133户。1个乡镇、1个村以及133户家庭分别获评郑州市2021年度“美丽庭院”创建示范乡（镇）、示范村（社区）以及标兵户、示范户、优秀户，共获奖励性资金7.3万元。

【巾帼维权暖心工程】 加强源头建设，夯实维权工作基础。联合新郑市人民法院走进遂成药业有限公司带领企业女职工一起解读《中华人民共和国民法典》婚姻家庭编1场；开设巾帼普法微学堂3场；充分发挥律师、心理咨询师等志愿者队伍及16名妇女信访代理员、300个村（社区）兼职妇女调解员作用，将大批矛盾纠纷化解在基层。组织巾帼志愿者发放妇女权益保障法、反邪教、未成年人保护法等宣传资料3000余份。共接待婚姻家庭矛盾纠纷、抚养权等信访案件29件，调处率90%，完成上级交办案件3件。

强化部门合作，提升维权工作实效。加强与综治中心联系沟通，了解掌握因婚恋家庭纠纷等隐患或违法犯罪线索，组织乡镇（街道、管委会）、村（社区）“四组一队”权益组人员进行入户排查，建立重点人员台账，并及时更新排查情况，做到早发现、早防范、早处理。积极参加检察部门举办的公开听证、检察开放日等活动。与市司法局联合成立新郑市婚姻家庭纠纷人民调解委员会。

抓好实事项目，维权服务更加暖心。深入开展“把爱带回家”系列活动，持续开展了以“送家风故事”“送家教服务”“送法治安全”“送社会关爱”为内容的“四送”活动20场；实施“为爱助学 益起圆梦”项目，为5名困难儿童争取助学金5000元；深化“我为群众办实事”实践活动，为41位困难母亲发放母亲邮包——家庭健康包、为20名困境儿童发放暖心包20个、为1名困难女性争取救助金1.5万元；和临海市妇联共同做好“飞地关护计划”，为家乡亲人送上“两地心连心”服务（包含每户配置一名联户志愿者、送上新年大礼包等8项）。为就地过年的新郑住户家庭免费发放300副春联、为留郑过年的家庭免费发放100张小学生看中国读书卡。为75名小朋友们发放了“2021在线学习卡”。利用儿童之家、绿城妈妈阵地开展形式多样的活动，全市62所儿童之家以“颂百年风华 传红色基因”为主线，开展庆祝活动70余场。在“绿城妈妈”点位，通过线上线下开展垃圾分类、清洁家园、社区绿植、变废为宝、环保酵素制作等五大行动40场。2021年新建2个儿童之家、2个绿城妈妈项目建设，已投入运行。做好2021年“99公益日”网络捐款，参与妇联干部110人，捐款11932.98元。

【家家幸福安康工程】 持续开展“德润万家”活动。以社会主义核心价值观为统领，立足于常态化推进，全年常态化开展最美家庭集中寻找工作。全年揭晓新郑市级“最美家庭”215户、各类最美家庭角色199名；表彰防汛、抗疫“最美家庭”289户；向上级推荐爱党爱国、传承红色基因、绿色环保、廉洁治家、书香传家、乡村振兴、勤劳致富、家国情怀、教子有方、孝老爱亲、爱岗敬业最美家庭23户；面向党员干部家庭，联合市纪委监委，开展“百年党史 百年家书”——红色家书中的廉洁故事系列活动。征集百年红色经典家书3封、“亲人寄语”现代家书40封；举办“优良家风润故里 幸福安康千万家”——“家声百年长 风范永流传”家书分享会、“优良家风润故里 幸福安康千万家”主题活动2场。新郑市博物馆被评为郑州市妇女儿童实践基地。

持续开展“育兴万家”活动。发展壮大家庭教育志愿服务队伍，积极向郑州市妇联推荐家庭教育志愿者2名；在全市城市社区挂牌建立家长学校51所，依托城乡社区公共服务设施、儿童之家、家长学校组织开展家庭教育指导和家庭教育实践活动50场，受益家庭达3000余户。辛店镇白居易家风家教馆被命名为郑州市家风家教示范基地，龙湖镇泰山村被命名为郑州市亲子活动示范基地。

持续开展“书香万家”活动。开展“大手拉小手 永远跟党走”暨“颂百年风华 传红色基因”童读红色故事、“巾帼学党史 奋斗新征程”、“点亮‘香’村、亲子悦读”等活动23场。拟揭晓市级书香传家“最美家庭”30户。充分发挥“儿童之家”、家庭亲子阅读实践（体验）基地的阵地作用，通过讲座、绘本精读、好书分享、亲子故事大赛等形式，引导广大家庭诵经典、颂中华。观音寺镇大董村儿童之家、辛店镇史庄村儿童之家被命名为郑州市家庭亲子阅读实践基地。

持续开展“法进万家”活动。抓住“三八”妇女节、“4·15”国家安全日、“6·26”国际禁毒日等重要时间节点，全市妇联系统上下联动，面向家庭、面向社会开展宣传教育活动40余场。积极组织开展“法进万家”普法大讲堂2场。联合市平安办开展“平安家庭”评选工作，拟在全市推荐评选1200余户，推动形成平安建设人人有责、人人参与的生动局面。

持续开展“康乐万家”活动。继续开展2021年度新郑市“健康家庭”的评选活动。做好“两癌”“两筛”宣传工作，向全市各乡镇、村社区发放宣传折页10100份，同时利用“云上新郑”“新郑发布”等媒体平台开展宣传，举办市级“两癌”“两筛”健康知识讲座3场，开展线上宣传2次，督促指导乡、村两级“两癌”“两筛”健康知识讲座330场，开展“两癌”防治知识进村社区活动9场。全市市直单位妇委会通过张贴海报、利用微信群宣传60次。配合卫健委完成乳腺癌筛查8954人，宫颈癌筛查8533人，为全市妇女姐妹送去来自妇联娘家人的贴心关爱。

持续开展“绿惠万家”活动。广泛开展“绿色家庭”创建行动，通过组织开展“绿色家庭”主题宣传实践活动、寻找揭晓“绿色家庭”典型、发放“绿色家庭”调查问卷等多种形式，引导更多的家庭践行绿色生活方式。市妇联将寻找揭晓市级绿色环保“最美家庭”50户。依托村（社区）“妇女之家”，积极推进实施“绿城妈妈”社区环保服务项目，全市新增“绿城妈妈”项目点2个。在绿城妈妈项目点双龙寨社区开展“浓浓端午情 永远跟党走”——“我们的节日”主题活动和“红色引领 绿色发展 献礼百年”——世界环境日暨绿城妈妈社区环保服务项目宣传活动，引领广大妇女群众做绿色生活的宣传者、先行者、守护者。

【深化改革】 全面履行从严治党主体责任。加强政治理论学习。深入学习贯彻习近平新时代中国特色社会主义思想、党的十九大及十九届六中全会精神、省委、郑州市委工作会议和新郑市六次党代会精神，树牢“四个意识”、坚定“四个自信”，坚决做到“两个维护”，组织中心组理论学习16次。强化党员队伍建设，严格落实“三会一课”、组织生活、谈心谈话等制度，组织机关党员集中学习21次，党课教学辅导4场；以“党员活动日”为载体，开展活动11次，领导班子讲党课2次；做好党建电子沙盘以及党费的收缴、管理、上交工作，并积极做好党员培养教育。履行党风廉政建设主体责任和“一岗双责”，认真落实党风廉政建设责任制和“一岗双责”，做到与中心工作同部署、同落实；坚持“集体领导、民主集中、个别酝酿、会议决定”的原则，对涉及重大事项决策、大额资金安排、人事任免等“三重一大”的重大问题，坚持班子集体研究讨论决定，确保“三重一大”民主决策落地生根；实行党务政务财务公开制度，推进机关规范运行。加强党员干部常态化教育，利用清明、五一节假期间组织全体党员干部开展廉政提醒；组织机关干部学习省纪委“贯彻落实中央八项规定精神”系列专题，努力打造一支作风正、纪律严的妇联干部队伍。

深入推进妇联“双推行动”。引领“四组一队”在清洁家园、权益维护、政策宣传等中发挥应有的作用。推荐省级示范“四组一队”1个。认定新郑市级示范“四组一队”96个。

深化妇联改革推进“破难行动”。按时召开妇联四届五次执委（扩大）会议。召开乡镇（街道、管委会）妇联换届部署会，15个乡镇（街道、管委会）妇联完成换届选举工作。做好村（社区）妇联换届工作，全市共产生村（社区）妇联主席300人，副主席600人，妇联执委4495人。其中妇联主席中，中共党员113人，占比37.7%；高中学历以上278人，占比92.6%；平均年龄39.4岁，较上届降低8.9岁。全市300个村（社区）妇联主席实现100%进“两委”，切实配齐配强了村（社区）妇联领导班子。开展机关、事业单位妇联组织设置以及妇联组织按期换届自查，已完成换届10个单位。新建三新组织36个。推进乡镇（街道、管委会）、村（社区）女性参政议政。认真贯彻落实省、郑州市妇联促进女性进村、社区“两委”有关精神，在2021年换届中，积极主动向换届办有关领导汇报上级妇联要求，与组织、民政等部门沟通联系，在全市印发的《新郑市村（社区）“两委”换届工作实施方案》（新村社换发组发），努力推动女性进两委政策落实到位。换届结束后，51个社区居委会成员总数339人，其中女性成员157人，占比例46.31%；党组织成员总数94人，女性成员65人，占比例69.15%；女性正职9人，占比例17.6%。249个村均有女性成员，其中村委会成员总数998人，女性成员298人，占比例29.86%；党组织成员总数1153人，女性成员225人，占比例19.51%；女性正职21人，占比例8.43%。与上届相比：实现100%的村（社区）“两委”班子中至少有1名女性成员的目标，比上届提高；村委会成员中女性比例较上届提高了2.96%；村委会主任中女性比例较上届提高了5.63%；社区居委会成员中女性比例较上届提高了18.41%。在乡镇党委换届中，党委中有女干部17名，政府中有女干部14名，党政正职女干部3人。推荐46名妇联干部参加郑州市妇联基层巾帼“领头雁”培训班。

（撰稿：高孝瑞　审阅：郑慧阁）

工商业联合会

【概况】新郑市工商业联合会机关位于市委大院。有干部职工6人，设党组书记1人、主席1人，副主席1人，秘书长1人，正科级干部1人，副主任科员1人。兼职企业家名誉主席1人，名誉会长3人，兼职企业家副主席10人，副会长19人，常委29人。2021年，新郑市工商联始终坚持以习近平新时代中国特色社会主义思想为指导，全面贯彻落实党的十九大和十九届历次全会精神，深学深悟习近平总书记在河南、郑州考察时的重要讲话精神，把牢根本任务，深耕主责主业，组织、凝聚、服务广大非公企业，紧紧围绕“两个健康”工作主题，努力构建“亲”“清”政商关系，发挥优势，履行职能，较好地完成了各项任务。

【组织建设】新郑市工商联按照“四好”商会要求，以党建引领商会建设，积极培育和发展特色商会，7月份全国工商联商会党建工作座谈会，工商联主席代表新郑作典型发言。以党建夯实组织基础。为推动有条件的商会建立党组织，发挥党组织作用，新郑市工商联建立了领导干部联系商会制度，在对各商会党员状况进行全面摸底调研的基础上，合理分工，指导商会组织根据商会类型、商会规模和党员数量成立商会党组织，统筹管理所属会员企业党组织。着力加强商会党建示范点建设，对商会党建工作进行评估，集中打造了3个商会党建示范点。通过组织所属商会到示范点现场观摩、座谈交流等，以党建促会建，推动所属商会工作水平和工作能力整体提升。以“四好”商会建设带动商会党组织建设，引导所属商会按照政治引领好、队伍建设好、服务发展好、自律规范好的“四好”商会标准，大力开展“四好”商会建设，加强商会与商会党组织间的联系互动，以会建促党建，带动商会党组织建设水平逐步提升。统筹推进商会思想政治建设、组织体系建设、服务能力建设和制度机制建设，通过商会党组织发挥政治引领作用，引导全市民营经济人士加快适应新发展格局和新发展阶段，坚决做到“两个健康”有人想、有人管、有人干，促进新郑市民营经济高质量发展。以商会党建引导非公企业党建，积极组织基层商会发挥作用，以薛店镇商会为试点，建立非公企业“党建”联盟，整合商会党组织党建资源，引导非公有制企业开展党建工作。以“双强六好”（发展强、党建强，生产经营好、企业文化好、劳动关系好、党组织班子好、党员队伍好、社会反映好）为标准，加强非公企业党组织规范化建设，打造了郭店商会、好想你、中德产业园、众合石材城等非公党建示范点。引导10人以上非公企业摸清党员数量，采用单独建、挂靠建、联合建方法在会员企业中成立党组织，充分发挥党组织战斗堡垒作用和党员的先锋模范作用，提高党组织在民营企业中的影响力和号召力。推动成立164个非公企业党组织，其中5家会员单位被新郑市委组织部命名为示范性党校［中共遂成药业股份有限公司委员会党校、中共中煤河南新能开发有限公司委员党校、中共白象食品股份有限公司委员会党校、中共郭店镇非公有制企业总支部委员会党校、新郑市非公有制企业（好想你）党建学院］。抓好党建促进企业发展，让党旗在企业高高飘扬，党建就是生产力。把商会党建、企业党建作为工商联工作的一项重点任务来抓，每年制订翔实的党建工作计划，组织非公企业党组织负责人集中学习习近平新时代中国特色社会主义思想和党的十九大精神，组织召开企业发展座谈会，严格落实“三会一课”制度，提升企业党员的思想政治素质。引导企业将党建工作与企业运营紧密结合，在企业文化建设方面，通过发挥党员先锋示范作用，形成具有担当精神的特色企业文化。积极引导好想你、白象等上规模企业确定党建相关议题，结合新形势新政策，在抓好当下发展的同时，执行好党内和企业双重管理制度，由领导率先垂范，以普通党员身份参加“三会一课”、党员活动日等活动。

【宣传教育】 宣传工作是工商联履行“桥梁、纽带”的重要形式，是扩大工商联影响力、提升工商联形象的重要载体。工商联采用活化载体的方式，及时将相关政策及各种产业信息传达给各会员企业，引导非公经济人士坚定理想信念，始终做到跟着党的旗帜走，坚定不移走中国特色社会主义道路，守法诚信经营企业，做构建亲清政商关系的典范。选树典型，发挥典型引领作用。积极组织并推荐会员企业参与河南省民营企业500强和优秀社会主义建设者评选。同时利用工商联工作会议表彰一批在经济发展、疫情防控等表现突出的民营企业家，树立企业家良好形象。工商联会员企业好想你健康食品股份有限公司董事长石聚彬获评“出彩河南人”。

【参政议政】 参政议政是工商联在新时期的一项重要工作职能，是为各级党委、政府科学决策谏言献策的重要渠道。开展“用脚步丈量城市”调查研究。落实“用脚步丈量城市”一线工作法，工商联机关人员真正扑下身子、迈开步子、轻车简从、沉到一线，到商会、协会、企业开展实地调研，了解民营企业发展中存在的困难与建议，通过调研走访形成调研报告，为市委、市政府的决策提供有力依据。参政议政，为全市经济发展建言献策。利用“两会”时机，工商联会员中的人大代表、政协委员针对新郑市经济社会发展中的热点、难点问题，提出了关于加大传统产业改造提升力度形成产业链条，推进政府“放管服”改革等许多好的提案、议案，切实履行了参政议政职责，向政府反映问题、提出意见与建议，助推新郑市非公企业健康、快速发展。

【服务会员】 搭建平台，服务非公企业。建立培训体系，强化理想信念教育，把开展理想信念教育实践活动与服务企业发展结合起来。工商联多次组织民营企业家到大桥石化郑州红色家园和圆方集团参观学习，重温党的历史，学习交流党建经验。线下三学院一学堂分别在好想你公司、华美达酒店、中德产业园设立，线上格局商学院以视频教学形式培训民营企业家，建立完善的培训体系。开展培训146场次，参训人员7700多人次。构建亲清政商关系，促进“两个健康”发展。创新工作方法，多途径补齐短板，积极搭建交流平台，着力构建“亲”“清”政商关系，下大力优化营商环境。组织基层商会会长及部分企业家代表参加新郑市纪委监委召开的座谈会，和市纪委联合召开“反对贿赂·构建亲清政商关系，促进民营经济‘两个健康’发展”会议，学习《关于进一步推进受贿行贿一起查的意见》和《关于规范政商交往行为构建亲清政商关系的若干意见》两个文件精神，积极引导非公人士做构建亲清政商关系的践行者，把“亲”“清”统一起来。开通诉求平台，解决企业诉求。民营企业诉求响应平台已注册企业5100多家，排名位列郑州市第一名，线上为企业解决诉求57件，诉求完结率100%。线上和线下相结合优化营商环境，为民营企业发展保驾护航。下阶段，将持续增加民营企业诉求响应平台注册企业数，更加全面地为非公企业服务。

【光彩事业】 引导非公人士勇担社会责任，引导非公人士大力弘扬新时代企业家精神，厚植家国情怀，勇担社会责任，积极参与感恩行动、捐资助学、扶贫帮困等社会公益事业，自觉践行社会主义核心价值体系。2021年组织会员企业积极参与防汛救灾和疫情防控工作，各基层商会、行业商会和会员企业家捐款捐物1800多万元。

（撰稿：张慧清　审阅：李　静）

军事

MILITARY

·军 事 >>>

MILITARY

中国人民解放军新郑市人民武装部

【概况】 新郑市人民武装部位于新郑市区人民路中段，为独立营院，占地0.67公顷，有2栋独立建筑（一栋为办公楼，一栋为民兵训练基地楼）及2栋附属建筑（一栋为部餐厅楼，一栋为原民兵应急连餐厅）。1950年10月，新郑县成立人民武装部，1986年县人民武装部由中国人民解放军划归地方建制，1996年4月新郑市人民武装部收归军队建制。

2021年，市人武部在警备区党委和新郑市委、市政府的正确领导下，深入学习贯彻党的十九大会议精神和习近平主席系列重要讲话，深入推进政治建军、改革强军、科技兴军、依法治军，认真对照军委国防动员部和省军区、警备区党委年度工作部署要求，认真学习贯彻习近平主席关于国防和军队建设的重要论述，紧密联系人武部建设形势，认真履行使命任务，坚持抓班子带队伍，抓基层打基础，抓创新促发展，以军事斗争准备为龙头的各项工作成效明显，较好地完成全年的各项工作任务，党委机关和民兵队伍建设继续呈现出稳步推进、协调发展的良好局面。

【思想政治建设】 坚持用习近平新时代中国特色社会主义思想和习近平强军思想凝心聚魂，围绕“国防动员聚焦备战打仗”组织集中学习研讨，推动学习常态化、制度化落实。围绕庆祝建党100周年，统筹开展“传承红色基因、担当强军重任”主题教育和“传承文化基因、强化一流基因”专题系列教育；深化党史学习教育系列活动，深入学习习近平总书记在庆祝中国共产党成立100周年大会上的重要讲话精神，抓好党委中心组理论学习，组织党员运用“批注式读书法”精读10本规定书目，扎实开展党史学习教育专题组织生活会，深入开展“我为群众办实事”实践活动，广泛开展向“七一勋章”获得者王占山同志学习活动。通过“学习国防”平台培育民兵尚武精神，宣传新郑市武装工作特色。在疫情防控和“7·20”郑州特大暴雨防汛救灾中，积极开展“党旗、民兵旗帜树起来，党徽、民兵标识戴起来，示范岗、先进民兵评选起来，好人好事、经验做法宣扬起来”活动，大大激发了一线民兵身份认同感，鼓舞提振了士气，得到了群众好评。着力打好意识形态领域主动仗，深入开展全面彻底肃清流毒影响清理清查活动，紧贴形势任务抓牢经常性思想工作和谈心交心活动，干部、文职人员和职工维护核心、看齐追随的思想根基进一步夯实。

【打牢国防动员准备工作根基】 扎实开展国防动员潜力调查，协调市20多个相关职能部门和行业系统利用近2个月的时间，采集了“综合”“人民武装”“经济动员”“人民防空”“交通战备”“信息动员”“政治动员”“重点潜力”等8大类51项1200余条目的动员潜力数据，摸清了辖市各行业系统、行政机关、基层武装部等第一手数据，新郑市动员潜力调查工作质量显著提升。强力推进征兵工作，以大学生征集为重点、以“五率”量化考评为抓手、以狠抓廉洁征兵为底线，先后3次召开征兵专题部署会，督导推进大学生征兵工作落实；开展“征兵宣传进校园”“征兵宣传月”等活动，张贴兵役登记公告和征兵公告共3万余份，通过市电视台早中晚播放国动部下发的《逐梦青春》《参军报国 不负韶华》征兵公益宣传片，利用广场和临街LED显示屏、公交橱窗栏等播放展览征兵宣传信息，联合纪委明察暗访各单位征兵工作，严防廉洁征兵问题发生。编实建强民兵队伍，预建党支部37个、党小组72个，做到班有党员、排有党小组、连有党支部，排以上干部全部为党员。充分发挥村（社区）党支部战斗堡垒作用，大力推动“一村一警一连”建设，注重发挥联动效应。充分发挥党支部书记“一肩三挑”作用，抓好考评机制探索，打好履行职责的基础。抓好民兵连思想政治教育和组织制度落实，探索“网络+”民兵动态管理办法，常态组织开展各类活动。坚持使命任务牵引，聚焦备战打仗，不断推动新郑市民兵建设由“实起来”向“好起来”“强起来”跃升。

【提升民兵分队应急应战能力】以“战备秩序全面规范、军事训练按纲施训、骨干队伍建强用好”为目标，每月召开党委议战议训会议，深入查找矛盾问题，集智攻关研究对策措施，切实提升民兵战备训练水平。强化机关训练，科学制定人武部首长机关训练计划，重点强化机关人员军事基础尤其是个人军事素质能力提升，突出指挥员应急应战训练和任务型装备器材操作使用训练；结合“中原—2021”指挥所研究性演练活动，贯彻大抓实战化、实案化训练要求，提升实战化军地联合指挥水平，深研新时代人民战争战略战术，检验完善作战方案计划；加强国防动员作战问题研究，深化使命课题演练，在应急应战能力生成上和完善组织指挥手段上下功夫，着力破解指挥员“五个不会”的问题，着力提升首长机关组织筹划和指挥能力，确保关键时刻拉得出、顶得上，不辱使命。建强“两支”骨干队伍，3月初，以增强“四会”教学能力为重点，依据《民兵军事训练大纲》，安排应急、防空、工程、防化、通信、医疗6类通用专业科目，采取“集中辅导、示范观摩、分级组训、统一比武”的形式，组织新郑市教练员进行了11天专项集训，进一步锻炼了教练员队伍、规范了教学路子、提升了教学准备质量。6月初，结合基干民兵轮训备勤任务，以提高指战员军事指挥能力为中心，围绕共同基础、专业训练和任务行动演练任务，重点抓了专武干部培训和民兵排、班长骨干训练，有效提升了专武干部和民兵骨干的组织指挥能力。抓实基干民兵训练，5月下旬，在新郑市国防教育基地组织市民兵应急连120人和专武干部利用1天时间拉动集合点验，开展反恐维稳、森林灭火、防汛抗洪三大专业装备器材操作和民兵紧急拉动流程、方法等实案化操作。5月31日至6月9日，组织专武干部、民兵应急连、郑州市民兵伪装防护和医疗救护分队骨干共400余人，完成为期12天的集中轮训备勤任务，围绕军事理论、政治教育、队列训练、共同基础（单兵战术基础、手榴弹投掷、轻武器射击、医疗与救护、伪装与防护）、专业训练等方面展开训练，有效提升了民兵的应急应战能力。

2月1日，市武装部为立功人员送喜报（市武装部/供图）

【创新融合】充分发挥新郑市优势，积极主动对接有关企业，在创新融合共建上下功夫。年初以来，协调市科工信局相关科室和人员，多次深入辖区行业单位、科研院所、高新技术企业开展整组潜力调查，寻找融合的结合点、融合点，为融合发展谋篇布局。充分发挥职能优势，与市委宣传部、市教育局协调全民国防教育联抓，与市应急管理局协调重大演练联训，与市信访局、市法院、市检察院、市公安局、市司法局协调涉军事件联处，创建军地职能部门联合对接的融合工作机制。

【军民关系】持续开展“大走访、大慰问、大宣传”活动。春节期间走访慰问各类军属1140户，2021年春节及八一期间走访慰问现役军人家庭及驻地部队，为优抚对象发放抚恤金和慰问品，安排现役军人子女入学入托，安置任务部队现役军人家属，大张旗鼓为新郑籍现役官兵送立功喜报，使军人军属感受到党和政府的关怀和优待，切实增强了军人军属的荣誉感，大力营造了尊崇优待军人的社会风气。充分发挥民兵主力军、突击队和排头兵作用，针对大事之年、政

9月29日，开展《兵役法》普法宣传活动（市武装部/供图）

治之年，敏感时段多、重大活动多的实际，广大民兵在乡村振兴、生态环境保护、重大工程建设等方面当先锋、打头阵。在执行任务行动和在岗训练中，组织广大民兵争当促进企业生产经营的标兵、执行急难险重任务的尖兵、维护社会安全稳定的卫兵，坚持在用兵中练兵强兵。在“7·20”特大暴雨防汛救灾工作中，先后出动各类车辆装备210余台次，救助转移群众500人，抢运物资500余件，抢通道路3.4千米，加固堤坝27处约300米，圆满完成了防汛救灾任务。面对常态化疫情防控的严峻现实，充分发挥民兵分布广泛、情况熟悉、组织严密、动员快速、作风过硬、突击力强的特点，出动民兵积极参与消毒杀菌、设卡盘查、入户排查、核酸检测等工作，充分展示了新时代民兵的风采风貌，进一步密切了军民军政关系。

（撰稿：朱小龙　审阅：杨兆鹏）

中国人民武装警察部队新郑中队

【概况】新郑中队隶属于中国人民武装警察部队河南总队郑州支队。中队主要负责新郑市看守所外围武装警戒，处置新郑市暴恐事件和大规模群体性事件。中队装备精良，人员充足，训练扎实，是维护新郑市安全和社会稳定、保卫人民美好生活的中坚力量。

2021年，新郑中队坚持以习近平新时代中国特色社会主义思想为指导，深入贯彻习近平强军思想，以上级党委扩大会议精神为指导、落实上级党委决策部署要求，突出练兵备战，紧紧围绕“听党指挥、能打胜仗、作风优良”的强军目标，中队始终牢牢把握安全发展主基调，坚持党建带全面建设和备战打仗这两个基本点，按照“建强支部抓合力，练兵备战保中心，夯实基础抓经常，精细管理抓正规，瞄准短板补弱项，突出亮点抓全面，转变作风正风气”的工作思路，狠抓经常性基础性工作落实，不断厚实部队建设底蕴内涵，推动中队各项建设稳步发展，确保部队内部安全稳定和各项任务圆满完成。

【党组织建设】注重把班子建设摆在突出位置，坚持以提高能力素质为根本，狠抓制度落实，提高了班子建设质量。继续发扬“班子”团结、心齐、风正的好传统，坚持求真务实的工作作风。“一班人”带头讲奉献、讲原则、讲风格，做到“工作中补台不拆台，思想上互帮不迁就，生活中互助不虚假”，以真心换真诚，心往一处想，劲往一处使，围绕中心工作互相支持、相互配合，形成抓工作的强大合力，确保各项工作的圆满完成。本着相互学习，共同提高的原则，全面深入加强交流，党支部班子“合力”更加突出。认真学习习近平主席重要讲话精神内容，全面贯彻上级党委指示精神，认真分析中队存在的短板问题和薄弱环节，尤其是对特殊时期的部队形势和近期部分单位出现的问题进行研究分析，“横向比成绩，纵向比发展，硬件求突破，软件求亮点”。经常性基础性工作常抓不放，将风气建设摆在重要位置。中队整体发展形势稳中有进。

【队伍建设】中队班子团结、心齐、气顺、一条心、一个音、一盘棋、一股劲思想树立牢固。成员班子之间，小到家庭琐事，大到支部建设，都能敞开胸怀，无话不谈，达到了思想合心、行动合拍。在工作中，大事讲原则，小事讲风格，生活上互相关心，互相帮助。为充分挖掘官兵身上的闪光点，激发大家的光荣感和自豪感，广泛进行大谈心活动，深入了解每位同志的思想动向，利用饭前“一分钟”、课间小讲评、每天小总结的方式，人人有责任观察，人人有义务思考，人人有机会讲话，激发大家相互学习、相互激励、共同提高的热情。通过活动的开展，中队好人好事好现象不断涌现，官兵的集体荣誉感进一步增强。

【思想工作】围绕构建和谐军营，密切内部关系，在平时的工作中，结合中队官兵的思想，广泛开展小动员、小讨论、小辅导、小演讲、小测试活动，映照官兵时时处处受教育的浓厚氛围，深化了经常性教育效果。坚持每月进行思想分析、广泛开展谈心活动、定期思想排查、建立帮教责任制，有效运用“三互”“双四一”等载体，采取谈心鼓励、发动群众做工作等方法，扎实做好了官兵的思想工作，确保了官兵思想稳定。经常性开展战备教育、法纪教育、安全教育等；统筹开展“超越2021”练兵活动，掀起练兵热潮，扎实开展执勤训练，提高了官兵的军事技能。在授课前对班长骨干进行培训，充分发挥小教员作用。在教育中组织官兵观看《建军伟业》《建党伟业》等红色影片；通过真实感人的故事和生动鲜活的画面，进一步帮助官兵树牢社会主义核心价值观。广泛开展大讨论、心得交流、演讲比赛等活动，提升主题教育活动的吸引力和感染力，进一步激发官兵以坚定的理想信念、顽强的战斗精神投入执勤工作中的责任感和使命感。重视团队文化建设。积极创建团队文化，培育团队精神，构建和谐军营。以事业共同体为牵引，不断强化官兵的集体荣誉感，以利益共同体为动力，不断强化官兵干工作的事业心和责任感，以命运共同体为核心，不断强化官兵争先创优意识。在重点抓好官兵考学学习，强化战士文化知识的基础上，认真抓好“三个半小时”载体的发挥。组织开展文化娱乐活动，抓好战士才艺会、周末小舞台、趣味演唱会等文艺活动，丰富了官兵的业余文化生活，陶冶了官兵情操。

【本职工作】以提高战斗力为准绳，坚持任务牵引抓训练，不断加强执勤战备工作，中心任务完成圆满。坚持支部议中心，抓中心，紧紧盯住“饭碗”工程。年初为了高标准完成中心任务，支部提出：围绕建设“一流部队”总目标，大力学习贯彻《中国人民武装警察法》，结合武警法开展执勤训练，提高依法执勤、文明执勤的能力。定期进行执勤形势分析研究，特别是对新形势下执勤工作的新特点、新问题的研究，社会治安形势紧张对本中队执勤工作的影响，准确掌握来自各方面信息和不安全因素，强化官兵的忧患意识和自警意识，提高防范能力，为执勤任务的圆满完成打下了良好基础。中队积极与看守所联系，密切双方关系，制定和完善了联席会议、联合演练、相互监督、执勤设施管理、情况通报、联检联评等制度，规范了开展活动的时间、内容、程度、方法，做到“日有电话联系、月有狱情通报、季有分析讲评”。

10月1日，举行升旗仪式（市武警中队/供图）

【后勤工作】中队始终坚持“后勤变前勤”理念，在后勤保障上花费了很多时间，下了很大功夫，成效明显。重点对后勤各项工作进行规整，合理调配，合理规划布局，达到了后勤“正规化”水平。加强物资维护管理，依托目标单位对中队水、电、气等设施进行检查维护，依据规划对浴室、晾衣房、学习室等进行改造。中队能够以营房安全为抓手，着力开展中队营区营房安全隐患大排查，并进行有效整治。中队炊事员业务技能全面、熟练，会7种以上面点制作技术、会炒特色菜、会配菜、会腌制12种以上小菜、会一般的蔬菜加工。后勤队伍素质的提高，既调剂和改善了伙食，又节约了伙食费，避免了浪费现象，赢得了官兵的好评。做好季节性防事故工作，中队根据季节变化，及时开展卫生防病教育，并结合驻地疫情防控要求严的特点，中队坚持定期打药消毒驱除蝇虫。同时，严把食物配送、留验、烹制和卫生关，坚决不买不合格食品，每天对日常餐具高温消毒，有效防范了疾病的发生。

【部队管理】中队始终以条令、条例、安全工作“八个规范”为依据，通过开展个人自查、官兵互查等方法，及时消除安全隐患；加强学习促进养成，从抓实官兵穿衣戴帽、行为举止等细节，提升官兵的“精气神”；规范库室设置、制度落实、标牌张贴、资料装订，细化各类管理规定，提升精细建队标准；加大安全隐患排查力度，主要围绕“查和改”两个方面展开。“查”，找隐患。结合春节、清明节前安全大检查，采取逐个班排过、逐个部位看、逐条对照查，全面深入查找影响部队安全稳定的安全隐患。“改”，除隐患。本着发现一处、整治一处，整完一处、消除一处的原则，及时有效地把隐患整治完、消除掉，使隐患不过周甚至不过夜。

（撰稿：王泽凡　审阅：姚正阳　孙煜琪）

人民防空

【概况】2021年，新郑市人防办认真贯彻践行习近平新时代中国特色社会主义思想，紧紧围绕全年工作目标，认真履行各项职能，强化服务意识、优化审批流程、加强监督管理，圆满完成了年度各项工作任务。

【人防工程审批】人防工程审批始终坚持热情服务、依法行政，使原则和服务两者得到有机结合。根据新的行政审批改革要求，进一步优化审批流程，全面提高审批工作效率。同时加强审批档案日常管理工作，做到全部审批手续目录健全、资料完整。

【人防工程质监】人防工程质量监督依照程序做到严格管理，程序合法。积极对接上级部门，学精神、学业务，根据上级部门现行标准及要求，结合实际情况，完成人防工程质量监督资料删减优化改革工作。同时加强档案管理，对竣工的人防工程，按照联合竣工验收要求，做到一个项目、一个档案。

【人防指挥通信】建立健全人民防空警报管理制度，加强人民防空警报设施的维护管理，做到每月巡查一次，每季度维护一次。深入开展人民防空宣传教育工作，扎实推进人防宣传教育“五进”活动，利用“5·12”防灾减灾日和“9·18”国防教育日等重要时间节点，通过电视、宣传栏和网络媒体等进行人防宣传教育，同时在市炎黄广场开展大型人防知识宣传教育活动，发放防灾减灾知识手册、人民防空教育等人防宣传读本等宣传物品，提高了全民防灾防空意识。

【人防行政执法】认真贯彻落实人防领域各项法律法规，加强学习，严格履行工作职责，进一步完善了人防行政执法程序。立足本职，紧凑安排各个节点，控制结案时限，认真落实服务型执法，不断加强监管效能，规范建设行为。

（撰稿：张　磊　审阅：李连忠）

法治

RULE OF LAW

·法治 >>>

RULE OF LAW

政法和社会综治

【概况】2021年，新郑市委政法委坚持以习近平新时代中国特色社会主义思想为指导，认真落实中央、省、市有关要求，紧紧围绕建设更高水平的平安新郑这一目标，以“九项工程”为统领，深入推进社会治理现代化，有效维护了社会大局和谐稳定，全市未发生造成重大影响的事故和案件、事件，为全市经济社会高质量发展提供了坚强保障。

【社会治安防控体系建设】扎实推进“雪亮工程”，视频监控摄像头安装3.3万余个，实现视频监控全覆盖，建成智慧安防小区（村）147个，织密“科技防范网”。坚持公安机关“特警屯点、交警巡线、派出所控面”的专业巡逻值守机制，市乡两级治安巡防队伍24小时开展治安巡逻，织密“专职防控网”。积极发动2万余人的“新郑正义哥”平安志愿者队伍开展守望互助、自防联防，织密“群防群治防控网”。始终保持严打高压态势，依法严厉打击黄赌毒、盗抢、电信网络诈骗等群众深恶痛绝的违法犯罪活动，不断挤压犯罪空间。不断完善制度机制，常态化开展扫黑除恶斗争，织密“打击防范网”。

【矛盾纠纷多元化解】坚持“三访”制度。开展领导干部定期下访、党政干部每日定点接访和定期入户走访，面对面解决群众问题。坚持四级矛盾排查化解制度。市级每月开展一次排查，乡镇（街道、管委会）每半月、村（社区）每周、村组（楼院）每天排查一次。对排查出的矛盾纠纷，按照事权，及时妥善解决；对超出事权范围的，按照“13710”要求，通过组织程序逐级上报解决。坚持“一站式”多元解纷机制。完善13个行业矛盾纠纷调处中心和市乡村三级矛调中心，积极推进“最多跑一地、一码解纠纷”工作，2021年，全市智慧矛调系统共录入纠纷案件1704件，办结率95.8%。坚持控新治旧。做好历史遗留问题化解，认真开展社会稳定风险评估，从源头上减少新问题、新矛盾的发生。

【平安创建基层基础】全面提升市综治中心功能。优化机构设置，完善了“五室一厅一中心”（综合协调室、矛盾调处室、治安防控室、平安创建室、心理疏导室、群众接待厅和矛盾纠纷多元化解中心），统筹协调、督促指导全市平安创建工作。全面推进镇村两级综治中心、矛盾调处中心规范化建设。乡镇（街道、管委会）综治中心整合综治、信访、司法、公安等力量，规范提升“三室一厅”（治安防控室、矛盾调处室、综合协调室和群众接待厅），实现矛盾联调、治安联防、工作联动、问题联治、平安联创。村（社区）整合包村干部、包村民警、民调员、包村律师、网格员、平安志愿者等力量，完善村级综治中心，打通服务群众“最后一公里”。镇村两级315个综治中心全部与矛盾调处中心合署办公，配备专职综治专干48人，整合进驻工作人员790人，实现了职能整合到位、人员配备到位、作用发挥到位。

【“三零”平安创建】高位推动，压实责任。召开全市创建工作推进会，市委书记亲自动员部署，出台“1+4+9”平安创建文件体系。成立以市委书记、市长任组长的市平安建设领导小组，乡镇（街道、管委会）、各部门和26547个创建主体，成立由“一把手”总负责的领导机构，构建了三级创建领导体系。抓住关键，稳步推进。全面摸排澄清底子，确定了26547个创建主体，建立了全域覆盖的创建主体单位清单。建立了《“三零”达标情况台账》等7本台账，实行挂图作战，实时更新情况，做到底子清、情况明。编写了3万余字的培训教材，全市共召开培训会150余场次，参训人员达9000余人次，实现动员培训全覆盖。采取试点先行、典型带动，共培育示范点96个，实现了平安创建点上开花，面上结果。突出重点，力求实效。以“降发案、保平安”活动为抓手，加强防范，努力实现“零案件”；以矛盾纠纷多元化解机制为抓手，控新治旧，努力实现“零上访”；以安全生产专项整治三年行动集中攻坚为抓手，防早治小，努力实现“零事故”。2021年，全市“三零”达标村（社区）198个，达标率66%；达标企事业单位25585个，达标率97.48%。健全机制，长效常治。在全面贯彻落实郑州市十二项工作机制的基础上，出台了新郑市平安创建一系列工作机制。注重用好用活各项机制，狠抓督查指导、问题解决、网格治理、考核奖惩、一线推进，做到以机制促落实，以机制促长效。

【平安宣传工作】 传统媒体与新媒体相结合。利用报纸、电视等传统媒体，进行“报道式”“专栏式”“飞播式”宣传；利用“平安新郑”微信公众号、政法各部门微信公众号、官方微博等新媒体平台，进行“推送式”宣传。在各级媒体发稿11篇，微信平台累计发送信息1000余条，召开新闻发布会2次。固定载体与流动载体相结合。充分利用户外大型墙体、机关单位等LED显示屏等，进行“广告式”宣传，新建、完善宣传阵地260余处；利用出租车400余辆、公交车100余辆进行“流动式”宣传。集中与日常相结合。利用平安建设集中宣传月，开展集中宣传活动；平时围绕“双节平安”“防电信诈骗”等重要节点、重点工作，开展针对性的宣传。2021年全市共组织集中宣传活动100余次，发放宣传品40万余份，受教育群众达30万余人次。竞争性与娱乐性相结合。开展“平安随手拍”短视频大赛、平安建设知识网上有奖竞猜、平安新郑征文和摄影大赛等活动，吸引广大群众关注平安建设。创编平安建设戏曲节目，巡回演出100余场次，受众达10万余人次。同时，认真落实“三同步”机制，充分发挥“新怀正义”网评员和“晴朗天空”新郑网络舆情监控员作用，提高舆情应对能力，全市未发生有影响的负面政法舆情。

4月，新郑市政法干部学习培训研讨班开班（市委政法委/供图）

【信访工作】 强化不稳定因素排查，全面掌握涉稳风险。采取全面排查与专项排查相结合，地方排查与系统、行业排查相结合，定期排查与敏感节点时期排查相结合，确保排查不留死角。严格落实“四定四包”责任制和“五包一”制度。对排查出的人员，建立台账，落实“四定四包”责任制和“五包一”制度。采取帮扶解困、走访、教育转化等措施，确保重点人员稳定。启动战时工作机制，重要时期社会大局持续稳定。在中国共产党成立100周年大庆和党的十九届六中全会以及上三级“两会”、黄帝故里拜祖大典等重大活动期间启动战时工作机制，实行“日排查、日研判和日报告”制度，各方协同作战，圆满完成了安保维稳任务。坚持依法办理，涉法涉诉信访工作成效显著。全年共接待涉法涉诉信访案件220起，向政法各单位下达信访案件交办函9次43件。全市没有发生因涉法涉诉信访问题引发的重大不稳定事件。7月20日特大暴雨灾情发生后，市委政法委统筹调度全市政法综治干部全力投入安全隐患排查、维护社会稳定工作中，在全市开展公共安全视频监控系统灾后修复专项工作和灾后重建矛盾纠纷大排查大化解活动，确保了灾情期间和灾后重建期间社会大局持续稳定。

【反邪教工作】 宣传教育常抓不懈，组织反邪教宣传活动5场，受众达7000余人；及时更新4个反邪教科普游园宣传版面，吸引市民参观学习；利用庙会、集市和节日开展常态化宣传；拍摄反邪教视频，进行网上推广宣传，营造浓厚的反邪教氛围。持续加强排查整治，对重点地区和重点人员实时动态管控。开展防范打击邪教组织专项行动，共查处邪教类案件5起。扎实推进教育转化，成立教育转化领导小组，实行一人一专班，成功转化邪教人员3名。

【政法队伍教育整顿】全方位压实工作责任。成立由市委书记任组长的市教育整顿领导小组，设立“一办四专班”，建立完善11项制度机制；政法委和政法各单位均成立领导小组，统筹力量、全力投入；四个专班和相关成员单位紧密配合、齐抓共管，凝聚了强大的工作合力。多维度淬炼政治本色。抓牢“四项教育”，开展“六大活动”，铸牢政治忠诚。开展全警大讨论870场次，讲党课6场，召开警示教育大会114场次，组织观看警示教育片334场次，观看英模事迹报告会等172场次，评选“每周一星”557人次，选树政法英模10人。全覆盖开展自查自纠，通过政策宣讲攻心、谈心谈话交心、反面教育警示、组织生活加压、主动填报自查等形式，实现“自查从宽、被查从严”政策兑现落地。全市一共377人主动向组织说明问题，均作出从宽处理。强有力推进组织查处，通过“八查”，全市共收到线索588件，办结率100%，共有77人被查，均依法依规作出处理。高强度整治顽瘴痼疾，梳理了34个方面184项整治内容，排查出顽瘴痼疾问题5499个，整改率100%。完善修订各类制度机制10个，新研究制定制度机制50个。用真心回应民生关切，走访“两代表一委员”749人，召开座谈会28场，征求意见建议562条；累计为群众“办实事”9915件；聘请102名“两代表一委员”担任特邀监督员，召开新闻发布会2次，向社会公开教育整顿取得的成果。

【政法队伍建设】坚持政治建警，增强政法队伍忠诚度。聚焦“传承红色基因、坚定理想信念”等专题开展集中学习研讨21次，并采取专家领学、讲党课等形式，推动学习教育全覆盖。开展红色观影、参观中原英烈馆等红色教育活动40余次，筑牢信仰之基，铸就忠诚之魂。坚持素质强警，提升政法队伍履职能力。公安局开展警务技能战术培训，参训人员1200余人次，开展集中练兵2次，参训人员500余人次。检察院全面实施检察官业绩考评，案件办理从“办了”转向“办好”、素能提升从“被动”转向“主动”。市法院加强审判执行业务部门的干警信息化应用培训，提高了审判工作现代化水平。坚持从严治警，狠抓队伍纪律作风建设。政法委开展党规党纪集中学习22次，共发现整改问题2个。市法院通过召开警示教育大会、参观廉政教育基地等形式，增强干警树立廉洁意识。市公安局开展谈心谈话，常态化开展以案促改，干警作风明显好转。市司法局对执法司法权集中的科室、岗位实行分事行权、分岗设权、分级授权，杜绝了滥用执法司法权力等问题。坚持从优待警，增强队伍向心力和凝聚力。全面落实公安干警各项津补贴政策和改革惠警政策，落实干警年休假、就医体检制度，定期救助生活困难干警，落实好因公牺牲、因公伤残、特困干警救助工作，为一名因公伤残干警申请救助资金2万元。

【党史学习教育】聚焦“学党史”抓好组织领导，召开党史学习教育动员大会，制定方案，成立领导小组，明确工作职责，高标准推进党史学习教育。聚焦“悟思想”抓好教育深化，开展党史研学活动，在“平安新郑”公众号发布研学文章；利用“平安新郑”公众号开展网上有奖问答活动7期，参与群众10万余人；参观红色教育基地，在党旗下接受革命洗礼。聚焦“办实事”抓好为民服务，开展整治影响法治营商环境执法司法突出问题、化解涉法涉诉信访案件、开展平安建设安全防范和防诈骗知识宣传、为全市居民购买治安保险等7项实事，提升群众安全感和满意度。聚焦“开新局”抓好氛围营造，利用线上和线下宣传媒介，全面宣传党史学习教育的重大意义、目标任务、工作要求等，营造浓厚氛围；及时梳理亮点成效，编印工作简报15期，增强学习教育的针对性和实效性。

【疫情防控】强化统筹，确保工作高效，8月初，牵头完善社会管控部组织架构，成立12个工作组；11月初，对社会管控部组织架构进行调整优化，落实日调度、日督查、日通报等机制，确保了工作高效推进。分类施策，确保管控周密，对重点人员严格落实集中隔离和居家隔离政策，坚决防止失控漏管；科学划定封闭区、封控区，落实管控政策，圈住封死疫情传播途径；管好重点场所，落实防控措施，杜绝疫情扩散风险；落实村（社区）“三人小组”管控职责，实行闭环管理，严防疫情向农村蔓延；加强交通管控，严防疫情向外输出；强化宣传动员，形成群防群治合力。

（撰稿：陈慧霞　审阅：张新志）

公　安

【概况】2021年，新郑市公安局坚持以习近平新时代中国特色社会主义思想为指导，以学习贯彻党的十九届六中全会精神、紧扣中国共产党成立100周年安保维稳为主线，锚定“三零创建”工作目标，深入推进党史学习教育、队伍教育整顿等活动，全力以赴“战疫情、抗洪灾、防风险、保安全、护稳定”，进一步推动更高水平“平安新郑”建设，为全市经济社会高质量发展创造了安全稳定的政治社会环境。

【中国共产党成立100周年安保维稳工作】 始终把建党百年安保维稳工作摆在突出位置，坚持“万无一失、一失万无”的最高标准，从严从实从细抓好工作。强化情报信息收集研判，围绕节会、敏感日等重点时段以及重点场所、重点人，严格落实日分析、月研判及重要节点日研判、日调度等工作机制，依托“一村一警”压实情报“收集研判、指令核查、落地管控、上报信息”闭环管理，防风险、控隐患、盯动态。强化特殊利益群体防控，聚焦涉访、问题楼盘等特殊利益群体，强化对预警信息的第一时间发现、第一时间管控、第一时间反馈，确保发现得了、控制得住。强化反恐怖工作，修订完善应急处突预案体系，推动应急处突队伍标准化、规范化管理，建立局专业队伍、所队兼职响应的梯级、就近应急处突机制，加强党政机关、学校和水电油气等要害部位巡逻值守，完善“1、3、5”分钟快反机制，着力提高重点区域、时段见警率，确保发现在早、处置在小。强化警卫安保工作，坚持“精细、安全、顺利、圆满”的工作要求，全年圆满完成拜祖大典等各类警卫安保任务，确保了绝对安全、上级满意。

【严厉打击各类违法犯罪活动】 坚持以打开路、重拳出击，围绕“扫黑除恶”“云剑”“雷霆”“霹雳”“断卡”等专项行动等重点工作，紧盯人民群众反映强烈的盗抢骗案件穷追猛打。常态化开展扫黑除恶清剿战，市公安局按照“有黑必扫、除恶务尽”原则，建立了常态化扫黑除恶组织体系，完善了源头治理防范整治、打早打小依法惩处、激励约束考评等机制，上级交办线索全部落地核查，确保常态化扫黑除恶斗争有序推进。快侦快破大要案，依托“情指勤舆”一体化作战机制，对严重影响群众安全的大要案件坚持快速反应、多警联动、快侦快破，确保了现行命案全破。严厉打击侵财违法犯罪，坚持将盗抢骗销等多发性侵财犯罪作为主攻方向，坚持快侦、快打、快抓、快追“四快”标准，打现行、挖团伙、破串案，确保打出成效。全年，抓获电信诈骗犯罪嫌疑人269人，侦破3人以上电信诈骗团伙28个。持续打击“黄赌毒”丑恶现象，紧盯黄赌毒警情，采取区域整治、打防并举、控住重点、综合施治等举措，压发案、控总量，严防黄赌毒警情反弹。全年，打击处理“黄赌毒”违法犯罪人员456名。

【提升公共安全监管能力】 坚持严字当头，采取源头管理和排查整治齐头并进，动态管控，把各类隐患消除在萌芽状态，进一步织密防控网络。严格治安管理，采取“日常检查、重点抽查、集中清查”相结合，以“四实上传”为重点，开展旅馆、网吧和桑拿洗浴业清理整顿以及银行业金融机构安全大检查，加强物流寄递业、学校医院等重点单位的日常管理，强化对管制刀具、散装汽油等危险品销售渠道监管，不断夯实治安防范基础。严格交通管理，以全国文明城市创建为依托，锚定“减量控大”总体目标，组织对“两客一危一货”等重点车辆，酒驾、醉驾、闯红灯、闯禁行等严重交通违法行为的专项治理，进一步规范道路通行秩序，降低交通安全风险。严格互联网监管，深入开展“净网2021”“护网2021”专项行动，坚持执行“7×24”小时网络巡查，强化网络安全保卫，及时封堵网上有害信息，打击网络违法犯罪。严格监所管理，依托“平安监所”创建，牢牢把握“防事故、保安全”底线，严格制度落实，深化环境秩序系统治理，不断规范监所管理，启动高等级疫情防控机制，实现了监所疫情“零感染”、安全“零事故”、队伍“零违纪”目标。

【深化“平安新郑”建设】 坚持把平安建设工作摆上公安工作的重要议事日程，着力推进“1234”工作模式。即：建立一套机制，成立了平安建设领导小组、平安建设办公室，强化领导统筹，并根据市公安局《关于进一步深化平安新郑建设的实施意见》细化分解的12类48项具体任务，围绕“发案少、秩序好、群众满意、社会稳定”目标，建立了领导负责、工作清单、倒排工期、督导检查、标杆引领等“五项机制”，确保了工作落实落细。成立两个专班，按照“一办两专班”运转机制，平安办统筹两专班，“三零”创建工作专班，按照“挂图作战”要求，建立了“一表三清单”台账管理，即工作推动问题动态清零工作表及300个村（社区）、2480家企事业单位主体责任清单、治安隐患排查清单、督导检查清单，确保底数清、责任明，并建立“三色四步红黑旗”闭环管理模式，推动整体工作稳步运行。“反诈”工作专班，牵头开展“打、劝、治、宣”工作，即重拳打击电诈违法犯罪，遏制犯罪分子嚣张气焰；联动劝阻群众被骗，实现“点对点”高效反制；多元共治落实行业系统治理、源头管控措施；广泛宣传，采取“线上+线下、精准+漫灌、特色+时效”等形式，扩大全民“免疫”。依托三种力量，依托群防群治力量，建立“六支队伍”，做到“政策有人讲、街面有人巡、矛盾有人调、情况有人报、服务事项有人办、隐患有人排”，全面提升辖区社会稳定；依托“一村一警”力量，打造“1+6”全科网格，在村（社区）两委的直接领导下，由社区民（辅）警带领“六支队伍”有针对性开展工作，确保队伍有人带、任务有人领、工作有人落实；依托基层组织力量，落实“六个有之”，在乡镇办、村社区落实有组织领导、有专业队伍、有办公场所、有保障机制、有工作举措、有显著成效的“六有达标”。统筹四项主业，紧盯“平安”主题，聚焦“打防管治”主业，主动出击，综合施策，全力维护新郑社会治安大局持续稳定。

【应急处突工作】 市公安局全体民辅警闻令即动，全面投入防汛、抗疫“两个战场”。全力做好防汛救灾及服务好灾后重建工作，及时启动了《恶劣天气应急处置预案》，迅速组织警力组成三级救援梯队，最大限度把警力下沉一线，全员开展抢险救援、全线接收群众救助、全面排查辖区灾情，为抢险救灾、秩序维护、灾后重建作出了积极贡献。以最严最实举措坚决守牢疫情防控阵地，面对疫情，市公安局坚持“人民至上、生命至上”的工作理念，迅速响应、科学应对、同心战疫，按照“统一指挥、科学用警、集中食宿、文明执勤”的要求，强化“卡口值守、街面巡逻、检测执勤、应急处突”等措施，确保了封控区的社会治安秩序良好。牵头组建了“公安民警+政府人员+志愿者”470人信息核查队伍，规范涉疫数据“受、研、推、核、处”五大环节，24小时不间断运作，与病毒较量、和时间赛跑，累计排查各类信息15万条，及时消除风险隐患，全力筑牢遏制疫情扩散蔓延防线。

【服务中心工作】 对市委、市政府部署的中心工作，市公安局主动认领任务、不折不扣落实。优化营商环境，在全局开展优化营商环境大讨论，以“一网通办”“一网统管”改革为牵引，探索在派出所户籍室、社区警务室（站）建立综合服务窗口，扩大办证业务受理范围；试点推行公安办事服务项目入驻乡镇政务服务大厅，实现“进一扇门、办所有事”。充分发挥公安机关在食品药品环境安全治理体系末端打击“铁闸”作用，坚持大案攻坚引领、突出问题重点整治，坚持“打源头、端窝点、摧网络、斩链条、追流向”，破获食药环类案件47起，刑拘106人，打掉团伙22个，捣毁窝点23个，涉案金额5000余万元。深入开展“万警助万企”工作，根据市委、市政府联系企业分包工作要求，市公安局安排93名两级班子成员分包134家企业，通过走访排查，帮助解决企业问题46个。全力做好卫生城市复审，牢固树立全市“一盘棋”思想，对照任务分工，按照交通治理方案要求，不等、不靠、不推、不让，聚焦交通陋习综合整治，通过宣传教育、严管重罚、集中曝光等措施，制止交通乱象，维护“行有序、路畅通、人平安”的良好交通环境。

【夯实公安健康发展的根基】 市公安局以“开局即决战、起步即冲刺”的工作状态，精准发力抓谋划，从严从细抓落实，实现了规定动作有成效、自选动作有特色。全面动员、层层落实，夯实学习教育基础环节，成立教育整顿一办十二专班，统筹推进全局动员部署和宣传发动活动，开展全局分战区对抗赛，以“六比六看”为目标导向、以“局长政委抓班子、党委班子分包所队、所队班子负责民警辅警”的三级责任制为抓手，层层落实，掀起全局上下学习热潮，促进教育成果向思想成果和工作成果高效转化。刀刃向内、动真碰硬，把握查纠整改关键环节，结合警示教育，多频次、深层次的宣讲“自查从宽、被查从严”、监督执纪“四种形态”和“三个区分开来”政策，教育引导民警主动向组织说明问题，让主动坦白、真诚悔过的民警依法依纪得到宽大处理，让拒不交代问题的违规违纪民警受到从严处理。民意导向、建章立制，深化总结提升根本环节，全面梳理群众反映的热点焦点、案件评查暴露出的死角盲区、顽瘴痼疾整治遇到的堵点痛点，深刻剖析问题产生根源，找准队伍教育管理监督的短板漏洞。围绕进一步健全党领导政法工作体系、正风肃纪长效机制、执法司法制约监督机制、干警素质能力提升机制、干部交流轮岗机制、基层基础工作体系、履职保障体系7个方面，制定、修订、完善了31个制度机制。

【增强公安队伍凝聚力和战斗力】 牢牢把握“四句话、十六字”总要求和“四个铁一般”标准，纵深推进队伍正规化建设，着力提升队伍凝聚力、向心力、战斗力，为各项公安工作顺

平安守护（市公安局/供图）

利开展提供强有力的思想和组织保证。坚持政治建警、擦亮忠诚可靠底色，结合党史学习教育和队伍教育整顿，深入开展政治大轮训，借助班子成员讲党课、“我是指导员小小思政课”、“思政大讲堂”、参观红色及廉政教育基地等多种形式，扎实推进政治轮训工作，进一步提升全警思想认识、提高政治站位。坚持从严治警，保障公安铁军本色，紧紧依托理论学习中心组、公安大讲堂、“三会一课”等载体，持之以恒组织学习新思想、新党章、新条例，深入学习中纪委和公安部党风廉政建设会等会议精神，深刻认识和准确把握新时代全面从严治党的总体要求和主要任务，坚决维护党规党纪的严肃性和权威性。坚持改革强警，打造现代警务特色，以“三零创建”为抓手，践行新时代“枫桥经验”，深化推进“智能安防小区建设”切实提高人防、物防、技防水平，不断增强社会治安现代化治理能力。紧扣公安机关“放管服”改革，创新“群众就跑一次”户籍制度改革举措，建设“家门口的户籍室”，延伸服务群众触角，更高层次提升公安工作服务水平。坚持素质强警，锤炼英勇善战亮色，立足实战需求和队伍现状，不断健全“警种业务+警务实战+蓝军”全覆盖教官体系，围绕警务技能战术、心理健康保护、水域救援、礼仪队列、基本体能、心血管健康知识等内容进行综合组织培训，夯实警务实战能力。全年，仅教育培训方面，市公安局获省级荣誉2项、市级荣誉5项，受邀前往河南警察学院授课3次。坚持从优待警，提升暖警爱警成色。树立“关爱民警健康是对民警最大爱护”的理念，完善个性化体检方案，探索建立了精准提醒治疗工作机制，畅通民警就医“绿色通道”，多渠道为患病民警提供便捷、高效服务。持续强化人文关怀，完善救助帮扶机制，帮助民警解决重病住院、家属就业、子女就学等实际问题，为民警安心工作解决后顾之忧。

（撰稿：程炎辉　审阅：乔建立）

检　察

【概况】 新郑市人民检察院位于郑韩路西段，有干部职工96人，下设政治部、办公室、综合业务部、第一检察部至第五检察部等8个部门。2021年，新郑市人民检察院牢牢把握“稳进、落实、提升”检察工作总基调，坚持问题导向、目标导向、结果导向，转作风、抓落实、补短板、求实效，以党史学习教育夯实对党忠诚的思想根基，以政法队伍教育整顿锻造“四个过硬”的检察队伍，持续做优做强“四大检察”“十大业务”，全力推动检察工作提质增效。

【党史学习教育】 突出四项教育，做好学习教育。新郑市人民检察院坚持高站位部署、高质量推进、高标准统筹，持续推动政法队伍教育整顿落地落实。通过到红色革命教育基地、主题教育场馆接受革命教育等丰富多样的活动，使干警学有榜样，学有目标。做好查纠整改，整治顽瘴痼疾。严格按照高度重视、认真对待，切实把握自我革命的政策机遇。认清形势、持续推进，打好查纠整改攻坚战。坚持刀刃向内，举一反三抓好整改，加大检察监督工作力度，加快工作进度。确保每件线索“查实有结果、查否有依据，件件有落实、事事有回音”。通过为民办实事，巩固教育整顿成果落实落地。做好郑州市院爱民实践服务承诺事项的落实落细工作。扎实做好未成年人检察工作、全面推开检察听证工作。持续做好党史学习教育工作。坚持党史学习教育和政法队伍教育整顿同步推进，深刻认识开展党史学习教育的重大意义。明确方向，突出重点，切实加强开展党史学习教育的针对性。

【扫黑除恶专项斗争】 自觉把专项斗争作为核心检察业务和重大政治任务，坚决落实“不放过、不凑数”的办案原则，共起诉恶势力犯罪2件2人。坚持涉黑和重大涉恶案件层报省院统一把关、涉恶案件报市检察院统一把关制度。对办案过程中发现的重点行业深层次问题，充分发挥检察建议、联席会议作用督促整改，推进社会治理水平。盯紧重大案件，协同相关部门深挖彻查、拓展成果，积极向有关部门移送保护伞线索件，铲除黑恶土壤。

【维护社会稳定】 依法打击各类刑事犯罪，共批捕犯罪嫌疑人449人、起诉1096人。严惩危害国家安全和公共安全犯罪25件31人，起诉重大责任事故罪3件8人；批捕故意杀人、强奸等严重暴力犯罪32件35人，起诉30件33人；批捕“两抢一盗”等多发性侵财犯罪72件85人、起诉146件185人；批捕诈骗罪19件21人，起诉33件65人；认真开展涉检信访积案排查化解，减存量、防增量取得明显成效。

【维护民营企业合法权益】 实行院领导分包联系企业制度，通过召开座谈会、登门拜访，听心声、问需求、解难题，帮助共同渡过难关。突出打击各类侵犯知识产权、侵犯民营企业合法权益、破坏非公经济发展等犯罪，批准逮捕42件60人，不批准逮捕5人，审查起诉50件68人。依法审慎处理企业经营不规范问题，妥善办理涉民企犯罪案件，最大限度降低司法办案对企业经营活动的影响。

【社会综合治理】 落实群众来信件件有回复制度，共办理群众来信件119件126人，其中辖内来信36件39人，全部做到七日内程序性回复和三个月内办理结果或进展情况答复，班子成员办理群众来信29件33人。教育整顿期间，对2021年1—10月份以来办理的群众来信案件进行全面回头看，发现问题案件6件，问题包括双告知制度落实不到位、缺少督办函、讨论笔录等，6个案件均已整改到位。对办结的群众来信进行抽查回访，共回访47人，满意率78%。积极引入第三方参与矛盾化解，2021年律师参与接访32人次，有效促进案结事了人和。共对5名刑事案件被害人开展司法救助，申请救助金8万元，给群众送去了司法关怀。

【刑事诉讼监督】 实行捕诉合一，突出诉前引导、审前过滤，对事实不清证据不足的54人作出不批准逮捕决定，对无社会危险性85人作出不批准逮捕决定。充分贯彻最高检“少捕慎诉”刑事办案理念，节约诉讼资源，以“繁简分流、快慢分道”优化整合办案力量，提高办案效率。坚持质效并重，把握司法规律，监督公安机关立案1件，监督公安机关撤案1件。积极协调公安、法院、司法行政机关，落实“程序从简、处理从宽”法定要求，共办理认罪认罚从宽案件798件1064人，提出量刑建议747条，其中确定刑量刑建议617条，法院采纳610条。

【民事行政检察】 共受理一审民事生效裁判结果监督案件21件，协助郑州市检察院办理二审生效裁判结果监督案件88件，办结33件，提请省院抗诉5件，不支持监督申请26件，终结审查2件。为监督和支持人民法院解决群众反映强烈的执行难、执行乱问题，积极到新郑市人民法院进行座谈，争取法检两家在调阅执行卷宗、监督支持并重、建立专项活动协调联络机制、定期不定期召开联席会议等方面达成司法共识。积极到律师事务所开展座谈，征求意见建议，征集监督案件线索。从法院档案室调取执行卷宗共235册，发现法院的民事行政执行行为有违规情形的案件6件，依职权受理审查后，向法院发出检察建议，法院均已回复，采纳检察建议6件。

【公益诉讼】 公益诉讼工作立案15件，发出检察建议共11件，均为行政公益诉讼检察建议，发送对象为乡镇政府7件，市场监管部门1件，其中10件为生态环境领域，1件为食品安全领域。发出的11件检察建议，收到回复9件。共开展检察听证8件，均为民事案件。

【队伍建设】 抓牢党组自身建设。加强机关党建工作，推动党建和业务深度融合。抓实检察业务建设。开展“争当业务能手、争创品牌工作”活动，着力打造优秀团队、精品案件、业务品牌。持续抓实政治建设。深入学习贯彻习近平法治思想，坚持党组理论学习中心组学习制度，严格落实“第一议题”制度，推动习近平总书记重要指示、中央及省委、最高人民检察院、省检察院决策部署在检察机关落地落实。狠抓纪律作风建设。突出一个“防”字，打牢思想基础，把学习教育贯穿机关纪律作风建设始终，开展常态化以案促改活动，实现廉洁教育不间断；突出一个“管”字，强化监督管理，严格落实全面从严治党“两个责任”。

【检察听证】 认真贯彻落实上级院要求，把公开听证作为深化检务公开、化解社会矛盾、落实司法为民、提升案件质量的重要举措抓细抓实抓深入，通过细化措施和领导带头，全面推动工作开展，逐渐形成听证常态化运行机制。2021年6月10日上午，由郑州市人民检察院主办、新郑市人民检察院具体承办的以“检察听证：让公平正义看得见”为主题的检察开放日活动在新郑市人民检察院顺利举行。

【抗疫防控】 8月2日凌晨3点，新郑市委召开疫情防控紧急会议，安排部署疫情防控有关工作。疫情就是命令，防控就是责任，会后，院党组连夜进行工作安排，商登高速新村站“离郑公路核酸查验服务站”在5小时内集结完毕，分三班实行24小时全天候值守，每班均由一名党组成员带队。首班志愿干警于上午8时准时赶赴分包站点，对所有离郑车辆和人员开展48小时核酸检测证明查验，并对群众做好防疫政策的解释和安抚工作。

（撰稿：张欢欢　审阅：杜保周）

法　院

【概况】 2021年，市法院坚持以习近平新时代中国特色社会主义思想为指导，全面贯彻党的十九大和十九届历次全会精神，紧紧围绕“努力让人民群众在每一个司法案件中感受到公平正义”工作目标，牢固树立“第一时间”工作理念，在深化党史学习教育、推进队伍教育整顿、服务中心大局、践行司法为民、严格公正司法等方面取得新成效。共受理各类案件26119件，审执结25204件，为新郑市加快建设现代化全国一流中等城市提供强有力的司法保障。

【服务大局】 坚决打好疫情防控阻击战。面对突如其来的疫情，市法院闻令而动、向险而行，绷紧思想之弦，迅速启动应急机制，在审判管理、机关安保、后勤保障等方面细化责任分工，确保责任到人。综合统筹网上办案和线下防疫，主动服务防控大局，在确保工作不断、办案不停基础上，轮调干警5100余人次奋力投身抗疫一线，严守八千、S103新郑禹州交界处卡点，参加5个社区联防联控，用忠诚和担当书写“人民至上、生命至上”的战疫答卷。

持续优化法治化营商环境。坚持“法治是最好的营商环境”理念，建立涉企案件绿色通道，设立保护中小投资者案件专业合议庭，高标准、高质量、高效率处理涉企案件，一年来审结执行合同案件1639件。推动市场主体有序退出和有效救治，建立破产案件通报和联席会议制度，坚持“能执行的依法执行，不能执行符合破产条件的依法破产”，通过不断加大“执转破”案件的审查移送力度，完成执转破案件18件。深入开展送法进企业、“万人助万企”等系列活动，深入企业征求意见，帮助企业纾困解难。多渠道宣传市法院营商环境工作，发放营商环境宣传材料1600余份，发出涉营商宣传类稿件240余篇，营造了良好的营商环境氛围。

【忠诚履职】 2021年，受理各类诉讼案件17613件，审结17090件，审结数同比增长20.65%。严厉打击刑事犯罪，审结各类刑事案件1066件，同比上升15.24%。依法严惩危害公共安全和妨碍社会管理秩序犯罪，审结此类案件532件602人，维护了公共安全和社会稳定。严厉打击抢劫、强奸等严重暴力犯罪以及盗窃、电信诈骗等多发性侵财犯罪，审结此类案件298件，切实维护好人民群众生命和财产安全。惩治涉众型经济犯罪，依法审结非法吸收公众存款案件、集资诈骗案件5件，守护好人民群众的“钱袋子”。始终保持反腐高压态势，坚持对腐败“零容忍”，依法审结了程远健贪污、受贿案、郝富有贪污案等案件，审结贪污、贿赂、渎职案件5件。加强人权司法保障，贯彻宽严相济的刑事政策，对罪行轻微、真诚悔罪的271名被告人判处缓刑、单处罚金等非监禁刑事处罚，体现司法人文关怀。高效化解民事纠纷，持续服务“六稳”“六保”，审结各类民商事案件15296件，同比上升20.72 %。审结商品房买卖、建设工程合同案件2339件，净化房地产市场发展环境。审结金融借款、民间借贷等案件4712件，开展涉农商行不良贷款集中清收专项行动，并每周安排两个执行攻坚队集中执行，向被执行人单位送达协助执行函10份，审结此类案件351件，切实维护金融安全。加强民生权益保障，审结劳动争议案件1768件，连续十年开展拖欠农民工工资案件集中办理活动，让农民工能拿到钱过好年。深入推进家事审判改革，审结婚姻、赡养、继承等婚姻家庭纠纷884件，相关做法被最高法院推广肯定。监督支持依法行政，审结行政诉讼案284件，同比上升9.23%，审查非诉行政执行案件171件。积极推进行政机关负责人出庭应诉，实现“民告官能见官，官出庭又出声”，自2019年之后，出庭应诉率保持在100%。

【司法为民】 着力维护胜诉权益，巩固基本解决执行难成果，深化执行难综合治理、源头治理。全力以赴执行结案，连续开展“执行办案百日竞赛”“年终执行百日冲刺”“高品质执行结案竞赛”等系列活动，营造比超结案氛围。开展涉民生案件集中执行活动10余次，执行到位案款6045.9万元。坚持“有判必执”工作理念，长达二十年交通肇事案恢复执行，干警千里奔袭扣押车辆，捍卫法律权威。全面清理执行积案，每周召开局务会，研究超长期案件执行措施，实现执行收结案的良性循环。加大拒执犯罪打击力度，对拒不执行2起案件依法移送公安机关查处，被评为全省打击拒执罪金牌法院。创新执行工作机制，紧紧依靠市委，建立全市执行攻坚联动机制，联合纪委、住建等61个部门参与失信惩戒，累计将4099人次纳入“失信黑名单”，与不动产中心、车辆管理所等部门协商建立不动产和机动车信息查控专线。建立失信曝光平台，累计曝光13人次，向被执行人加压，迫使其主动履行法定义务。完善执行案款管理系统，实现案、款、人精准对应；规范案款发放流程，严格执行线上线下双审批机制，确保案款实现“透明化、规范化、信息化”运作，让老百姓打赢官司能切切实实拿到钱。严格规范执行纪律，制定《执行攻坚十条纪律》，开展“一案双查”，对2016年以来的执行案件进行全面自查自纠，以政法队伍教育整顿为抓手，深入推进执行条线顽瘴痼疾整治。一年来共受理执行案件8506件，执结8114件，平均执结率87.11%，执结标的额15.22亿元，整体质效连续两年位居全市法院第一。

诉讼服务优化升级，立足群众需求，深入推进两个“一站式”建设，深化司法领域“最多跑一次”改革，坚决落实立案登记制，形成现场立案、自助立案、网上立案、跨域立案共同支撑的立案新格局。强化智慧法院建设，大力推进移动微法院、律师服务平台等网上立案平台的应用，自疫情以来，引导当事人完成网上立案6911件，网上开庭1405件，网上调解14012件。配置诉讼服务自助终端，集成诉讼引导、案件查询等各项自助功能，充分发挥窗口作用，实现“一窗通办”，不断提升人民群众司法获得感。

用心化解涉诉信访，一年来共受理信访案件595件，办结率100%，接待信访群众82人，息访348件。认真落实领导接访制度，制定化解方案，通过领导接待、实地走访、视频接访等工作措施化解信访案件，共开展院领导接访活动12次。引入第三方参与化解机制，召开信访案件听证会4场，听取案件汇报14件，第一时间在源头化解信访矛盾，信访案件数量明显下降。队伍教育整顿活动开展以来，上级部门共向市法院移交线索

513条，均全部办结，妥善化解了矛盾纠纷，及时回应了人民关切。

帮助困难群众摆脱困境，向社会公开为民办实事十项举措，切实提升人民群众司法获得感。落实结对帮扶制度，开展爱心捐赠、节前慰问、精神文明帮扶等活动10次。加大对弱势群体司法保护力度，对追索劳动报酬、抚养费、赡养费等案件实行优先立案、优先审理、优先执行。加大司法救助力度，发放救助金额20万元，让救助更加及时、让司法更有温度。

【司法改革】繁简分流提速增效，积极探索分流模式，简化速裁案件庭审程序，扩大简易程序适用范围，进一步补充完善《关于适用小额诉讼程序操作指引》。审结民商事案件1596件，其中简易程序适用率达93.72%，小额速裁程序适用率达42.91%，同时建立“快立快办”机制，案均审理天数缩短至34.85天，真正实现案件繁简分流、轻重分离、快慢分道。

强化管理提高质效，建立审判执行工作日通报、月讲评制度，每日通报结案进度，每月进行分析讲评。持续开展“四评查”活动，围绕提高案件质量、效率和效果，制定《新郑市人民法院“四评查”活动实施方案》，对全院已结案件逐一评查，每周召开审委会，对发回、改判案件进行重点研讨，在评查中坚持问题导向，达到以评促改效果，全面提升案件质量。

诉源治理化解纠纷，加强矛盾纠纷源头预防、前端化解、关口把控，市法院诉调对接中心受理诉前委派调解成功案件4241件，当场履行1415件，当即履行金额达2088.7万元。争取市委支持，召开全市诉源治理工作联席会议，完善行业调解组织，建立以委派调解机制为核心的县、乡、村三级调解体系，着力化解批量案件，一批物业、金融等纠纷已在行业内部得到化解。“委派调解+司法确认”工作模式被《人民法院报》《河南日报》等多家媒体宣传推介，相关经验做法被上级法院肯定推广，陈某某等43名农民工与某食品公司劳动合同纠纷案被评为全省矛盾纠纷多元调解十大典型案例。

【队伍建设】铸牢政治忠诚，坚持党对法院工作的绝对领导，认真落实《中国共产党政法工作条例》《中国共产党重大事项请示报告条例》，一年来，多次向市委、市委政法委报告工作。深入开展“不忘初心、牢记使命”主题教育、党史学习教育，把党史学习教育和警示教育、英模教育融合起来，多方兼顾、一体推进。先后组织干警前往中原英烈纪念馆、任长霞纪念馆、豫西抗日根据地纪念馆等地接受红色革命教育，有效提升干警思想政治水平。

严守廉政底线，扎实开展政法队伍教育整顿，坚持刀刃向内，清除沉疴积弊，以学习教育开路，以查纠整改清疾，以总结提升强基，力促教育整顿动真格、下实功、出实效。出台“6+6”顽瘴痼疾整治方案，排查顽瘴痼疾107条，出台各项规章制度63个，进一步优化了队伍结构，激发了队伍活力，队伍教育整顿成绩位居全市法院第一名。开展“以案促改”活动，组织干警观看学习《伞戒》《代价》等警示教育片，严格落实“三个规定”专项整治，做到防微杜渐、警钟长鸣。

推进标兵制度，坚持“以成绩论英雄、以质效用干部”，根据每月、每季、每年审判执行工作一线人员办案数量和质效，分别评出审判标兵、执行标兵、调解标兵，形成“比学赶帮超”的浓厚氛围。全院涌现出了情系群众冷暖、能调解必调解的诉调法官赵瑞莲，深耕执行工作业务多年、执行结案高效的执行干警林林等一系列先进典型，在全院范围内起到了良好的示范带动作用。共评出审判、执行、调解标兵800人次。

建设学习型法院，紧紧围绕“以审判促调研、以调研精审判”的工作理念，开设法官驿站，改建文化长廊，创办院刊《本苑认为》，将其打造成为法院学术理论研究、审判实践交流的前沿阵地。开展涉灾情疫情纠纷化解学术大讨论、“发挥审判职能、服务中心大局”等学术调研活动。一年来，市法院承担国家级司法调研课题1项，完成省级司法调研重点课题2项，40余篇调研文章在省级及以上学术讨论会上获奖，市法院被河南省法学会审判理论研究会评为先进组织单位，被省高院评为全省法院系统学术讨论会组织工作先进单位，荣获第六届“法治河南青年论坛”优秀组织奖。

【自觉接受监督】始终坚持把法院工作置于党的绝对领导下，强化接受监督意识，自觉接受人大监督，五年来，五十余次向市人大常委会专项报告司法改革、执行攻坚和重点工作开展情况。进一步加强代表委员联络工作，积极配合人大代表专题视察，邀请人大代表、政协委员参加征求意见座谈会，共邀请人大代表、政协委员和社会各界人士140余人参加旁听庭审、见证执行、信访听证等活动，认真落实代表建议，有效促进司法公开，实现代表、委员和社会各界人士监督法院工作的良性互动。

（撰稿：左世友　审阅：高　魁）

司法行政

【概况】新郑市司法局位于新郑市新建路76号。设办公室（编制人事科）、政治处、法制宣传教育科、基层工作指导科、社区矫正工作管理科、公共法律服务工作科、行政执法协调监督科、法制审查备案科、普法与依法治理科、律师与法律援助工作科。截至2021年12月底，新郑市共建立各级人民调解委员会296个，其中市级人民调解中心1个，乡镇（办）级人民调解委员会13个（每个乡镇配备专职调解员2名以上），村（社区）人民调解委员会282个（各配备专职调解员1名），派驻各公安派出所、人民法院、法庭、交警大队调解室16个。2个事业单位（1个法律援助中心、1个公证处）和13个派出机构，8个律师事务所、10个基层法律服务所，2个司法鉴定所。2021年，新郑市司法局坚持以习近平新时代中国特色社会主义思想为指导，深入贯彻习近平总书记关于政法工作重要指示和视察河南重要讲话精神，落实中央、省委、市委政法工作会议和全国司法厅（局）长会议、全省司法行政工作会议精神，统筹推进全面依法治市，加快建设法治政府，更好地发挥司法行政职能作用，推动新郑市司法行政工作高质量发展，为经济社会发展提供有力的法治保障。

【法治宣传教育】 新郑市司法局积极发挥普法宣传职能，始终坚持以法律“七进”为载体，大力宣传以宪法为核心的中国特色社会主义法律体系，深入开展“12·4”国家宪法日、“4·15”国家安全日、“防控疫情、法治同行”、反诈骗、《中华人民共和国民法典》护航美好生活等主题法治宣传活动。全年共开展普法宣传活动100余场，其中结合各乡镇实际情况，开展“法治文艺汇演”主题活动30余场，为基层群众送去法律书籍1.6万余册、宣传彩页共计4.3万余份，并为群众发放手提袋、雨伞、水杯、纸牌等普法宣传物品；扎实开展全市“法律明白人”建设工程，依托各乡镇办调解员、大学生村干部、法律工作者，建立了全市各村（社区）平均5—7人的“法律明白人”队伍，在基层法律服务中起了重要的作用。全面推进依法治理和法治创建工作。2021年，新郑市被郑州市评为民主法治县（市）区，并新增创建河南省民主法治示范村1个、优秀法治宣传教育基地1个，郑州市级民主法治乡镇（街道）4个、民主法治示范村（社区）3个、优秀法治宣传教育基地1个。

【法治政府建设】 2021年，认真贯彻落实中共中央印发的《法治中国建设规划（2020—2025年）》和省、市关于法治政府建设的要求，深入推进依法行政，进一步弘扬法治精神，圆满完成了法治政府建设各项工作。扎实推进行政执法工作，下发《新郑市2021年法治政府建设工作要点》，对全年法治政府建设工作进行安排部署。组织市水利局积极创建河南省行政执法责任制示范点。特邀法律专家，成立案卷评查领导小组，开展2021年度行政执法案卷评查工作。新郑市行政执法“三项制度”工作荣获2020度郑州市法治政府建设重点工作先进单位。加强行政执法人员管理，围绕行政执法证初次申领和年审工作，全面审定行政执法资格，组织300名初次申领行政执法证人员分单位进行公共法律知识培训和考试。做好行政执法行为备案工作，全年，市人民政府共作出行政执法行为358068件。其中，行政许可88424件，行政处罚4848件（重大行政处罚239件），行政确认242358件，行政强制714件，行政征收298件，行政裁决67件，非行政许可的行政审批8109件，其他行政行为13250件。

【人民调解】 人民调解基础设施及队伍建设情况。截至2021年12月底，新郑市共建立各级人民调解委员会296个，其中市级人民调解中心1个，乡镇（办）级人民调解委员会13个（每个乡镇配备专职调解员2名以上），村（社区）人民调解委员会282个（各配备专职调解员1名），派驻各公安派出所、人民法院、法庭、交警大队调解室16个。共选聘、培养专职人民调解员337人，其中村级调解员282人，专职调解员55人。全市矛盾纠纷排查调处工作。至2021年12月31日，全市各级人民调解组织妥善处置化解婚姻家庭、邻里、债务、损害赔偿、土地等多发性矛盾纠纷全市人民调解组织共调解民间纠纷1359件，调解成功1340件，调解成功率98.6%，排查矛盾纠纷45次，预防纠纷40件，未发现有“民转刑”的矛盾纠纷。推进司法所规范化建设。2021年9月，新郑市已建成2个五星级规范化司法所：新村司法所、辛店司法所；已建成3个四星级规范化司法所：城关司法所、和庄司法所、辛店司法所。

【法律服务】 新郑市已建成以市公共法律服务中心为核心，乡镇（街道）公共法律服务工作站为载体，村（社区）公共法律服务工作室为基础的三级公共法律服务平台。全市有市公共法律服务中心1个、乡镇（街道）公共法律服务工作站13个、村（社区）公共法律服务工作室300个，实现一村（居）一法律顾问全覆盖。全市现有律师事务所7个，执业律师61名，基层法律服务工作者54名，初步形成司法行政机关、法律援助机构、公证机构、司法鉴定机构、人民调解组织、律师事务所、基层法律服务所共同参与的“横向到边、纵向到底”公共法律服务体系。加强实体平台建设，市公共法律服务中心办公地点设在司法局一楼，设有服务区、等待区、办公区三个功能区。接待大厅设置人民调解、法律咨询、法律援助、公证咨询4个接待窗口，采用“前台统一受理、后台分别办理、结果及时反馈”的模式，确保业务在中心内顺利流转，按时完结。对于符合援助条件的法律咨询，办理流程为受理→指派律师→办理援助事项→结案

→归档。积极参与“12348”公共法律服务热线平台工作。因“12348”是河南省唯一对外服务的法律热线号码，并只在各省辖市设置“12348”热线坐席，县级市不设热线平台及坐席，只负责上级交办案件的办理工作，对于上级交办的案件市司法局进行分类，转交至专业部门进行按程序按时办结。积极融入“河南省公共法律服务网络平台”，河南省公共法律服务网络平台由“12348河南法网”门户网站、移动客户端和“河南掌上12348”微信公众号组成，新郑市已于2018年12月底将人民调解、法律援助、公证、律师、司法鉴定等机构和人员信息采集并上报融入此平台，方便群众通过网络查询和法律咨询。

【特殊人群服务管理】 细化落实社区矫正对象管理教育。全面落实郑州市司法行政系统刑罚执行一体化，与郑州市社区矫正警察支队五大队进行工作联动，提高刑罚执行水平，推动新郑市社区矫正工作再上新台阶。按照《中华人民共和国社区矫正法》《中华人民共和国社区矫正实施办法》《河南省社区矫正工作细则》的相关规定，严格规范社区矫正工作。2021年，累计接收社区矫正对象456人，累计解除447人。在矫人员462人，其中缓刑人员452人，暂予监外执行人员7人，假释人员3人。全年共联合检察院开展执法监督3次，联合矫正警察五大队开展集中点验、突击检查8次，开展集中点验30次，组织公益劳动教育213次。累计训诫24次，警告处罚8人次，撤销缓刑1人。

【加大扫黑除恶力度】 新郑市法律援助中心坚持以人为本，牢固树立大局意识、责任意识，强化服务意识，坚守法治理念，求真务实，改革创新，不断提高法律援助维护困难群众合法权益、维护社会公平正义、维护社会和谐稳定的能力，推动新郑市法律援助事业向更宽领域、更高水平迈进，促进新郑的经济发展和社会稳定，得到了上级司法行政部门的充分肯定和广大群众的一致好评。充分发挥法律援助服务保障和改善民生的作用，持续开展“法援惠民生”系列活动，助力脱贫攻坚。加强农民工、军人军属、残疾人、老年人、未成年人、妇女等特殊群体的法律援助工作，做到应援尽援、应援优援。全年共受理民事法律援助案件594件，解答群众咨询4575人次。认真做好刑事案件律师辩护全覆盖试点工作。完善与法院、志愿律师开展试点工作的沟通、协调、衔接机制，全年新郑市刑事案件律师辩护全覆盖工作共办理刑事案件1206件，其中提供刑事辩护的387件，提供法律帮助的819件，审判阶段辩护率达到95%。以《中华人民共和国法律援助法》实施为契机，开展法律援助进企业、进工地、进学校、进监所、进军营、进社区等宣传活动，进一步提升法律援助在困难群体中的知晓率和影响力。在疫情防控期间，充分发挥法律服务职能作用，积极扩大民事法律援助范围，通过“12348”公共法律服务热线、设置法律援助工作点、公共法律服务中心（站、点）等法律服务平台，及时开辟疫情防控法律援助绿色通道，为200余名困难群众提供高效的法律帮助。全程开展案件回访，法律援助办案质量不断提高。根据《河南省法律援助条例》等规章制度，规范法律援助接待、受理、审查、承办等业务程序，在提高案件数量的同时，更注重不断完善案件质量监控机制，抓好“事前提醒、事中监督、事后回访、定期评查”四个环节，建立“案件质量评估机制”，做好案件的日常评估和集中评估工作，切实将评估结果补贴发放衔接，保证案件质量。通过电话回访等方式对受援人实现全覆盖回访，且受援人对法律援助工作满意度达100%，当事人为表达谢意，送来锦旗四面。全面加强法律援助工作队伍建设，内强素质，外展形象，服务民生。把“文明服务、热情接待、忠于法律、维护正义”作为首要的工作原则。把法律援助工作当作一项民心工程，当作一项密切党和政府同人民群众血肉联系，树立党和政府在群众中威信的形象工程来做，把“以民为本，维护正义，无私奉献”作为工作的立足点和出发点。

【队伍建设】 在疫情防控一线守初心担使命。面对疫情，司法局全员上阵，116人奔赴G107新郑长葛界卡点，24小时轮班值守，发挥党员干部全心全意为人民服务作风，守好新郑南大门，为全市疫情防控工作作出了应有的贡献。强化制度落实，推进党建工作常态长效。全面落实“三会一课”、组织生活会、党员民主评议、党员承诺践诺等基本制度，严肃党内政治生活，全体党员签订“亮身份、当先锋”活动承诺书，规范党徽佩戴。结合2021年的政法队伍教育整顿，制定《新郑市司法行政队伍学习教育实施方案》，组织自学21次，集中学习15次，组织学习讨论21场，讲座3次，领导班子讲党课5次。扎实开展党史学习教育。成立了新郑市司法局党史学习教育领导小组及办公室、明确了司法局党史学习教育领导小组工作规则，制定了《新郑市司法局关于开展党史学习教育的实施方案》，印发了党史学习教育应知应会题库。在推进党史学习教育，从党史中汲取的智慧和力量，投入“我为群众办实事”实践活动中。2021年共为群众办实事3849件。

（撰稿：李　娜　审阅：马伟杰）

城乡建设和环境保护

URBAN-RURAL CONSTRUCTION AND ENVIRONMENTAL PROTECTION

·城乡建设和环境保护 >>>

URBAN-RURAL CONSTRUCTION AND ENVIRONMENTAL PROTECTION

住房和城乡建设

【概况】新郑市住房和城乡建设局位于新华路中段218号，2019年3月，因机构改革，由新郑市住房和城乡规划建设局更名为新郑市住房和城乡建设局，是新郑市城乡建设、住房保障和房地产业管理的行政主管部门。市住房和城乡建设局内设局办公室、编制人事科、财务计划科、法制信访科、住房保障和房地产管理办公室、建筑业监管科、勘察设计科、村镇建设科、市政工程建设科、行政审批科、党建办、纪检监察室、建设工程消防验收科、装饰装修科、新型建筑材料科、工程质量监管科、建设安全监管科17个科室；所属有住房保障和房地产服务中心、房屋征收事务中心、建筑节能与装配式建筑发展中心、装饰装修服务中心、工程质量监督站、建设工程咨询服务中心、建设技术服务中心、市政设施建设中心、房地产市场和产权交易服务中心、房地产服务中心10个二级机构。有干部职工801人（含环保局退休），取得职称人员391人，其中副高级工程师21人，工程师99人、助理工程师51人；取得技师职称69人，高级工82人、中级工60人、初级工9人。

2021年，市住房和城乡建设局紧紧围绕加快新郑建设郑州南部重要对外开放高地的要求，强力推进重点工程建设、持续深化建筑市场管理、强化为民服务意识、提高城市综合承载能力，完成了2021年目标任务，干成了一系列惠民生、利长远的实事、好事。

【城市路网体系建设】大力实施城市道路畅通工程，总投资额约2.58亿元，2021年已完成投资额约1.53亿元。实施市政道路、桥梁项目8个。其中续建项目4项：郑韩路东延工程和西关桥新建工程、华瑞路（郑韩路—新密铁路桥）改造工程和溱水路人行道改造工程；新开项目4项：鼎坛南路（嫘祖路—迎宾路）新建工程、嫘祖路连通工程、子产路连通工程和北苑南路新建工程。已完成解放路改造工程、褚庄路改造及南延工程、郑新路雨污分流和人行道改造工程、阁老路改造工程、南大街改造工程。

【供水、污水工程建设】供水、污水工程共8项，总长4.1万米，总投资约1.33亿元，已完成投资约0.89亿元。供水工程5项：梨河镇供水工程、辛店镇安全用水工程、S323供水工程、辛店镇铁炉等四个行政村供水管道改建工程、中华路西辅路（汇丰路—汇通路）供水管道工程。污水工程3项：文明路（祥云路—文化南路）污水工程、子产路污水工程、学院路（中华路—莲河西岸）污水工程。其中，辛店镇铁炉等四个行政供水管道改建工程、中华路西辅路（汇丰路—汇通路）供水管道工程、S323供水工程已完工。

【村镇建设】围绕促进郑州市国家中心城市建设，统筹城乡协调发展，加快提升中心镇综合承载能力和服务功能，2021年全市4个中心镇共实施29个建设项目，年度计划总投资约18.12亿元。累计开工29个，完工21个，完成投资18.12亿元，有效提升中心镇基础设施综合承载能力。

【农村房屋排查改造】为进一步巩固拓展脱贫攻坚成果，接续推动乡村全面振兴，实现新郑市六类重点对象农

7月6日，新郑市住建局组织召开新郑市工程建设项目审批制度改革工作座谈会（市住建局/供图）

村困难群众住房安全有保障，建立健全农村低收入群体住房安全保障长效机制。全市11个乡镇（管委会）222个有排查任务的行政村，共排查房屋97167座，经鉴定存在安全隐患房屋457户，2021年7月10日之前已全部整治完成。开展村民住房灾后重建工作，“7·20”暴雨后，全市共1433户农村住房受损。经评议审核，全市符合补助条件的农户329户，其中需修缮加固205户，原址重建124户，均在2021年12月底前全部完工。

【深化“放管服”】 2021年共接受业务咨询350余人次，审批施工许可证81项，建筑面积约454.39万平方米，造价78.38亿元，办证准确率100%，按时办结率100%。推行分阶段办理施工许可证新模式，出台《关于优化实施房屋建筑工程办理施工许可证（试行）的通知》，在全市范围内推行分阶段办理施工许可证的新模式，企业在拍地后，可跳过不动产权证、建设工程规划许可证、施工图审查合格书、消防设计审查意见等环节，先行申请办理第一阶段建筑工程施工许可证，极大缩减了企业开工时间。2021年办理6个基坑支护和土方开挖阶段施工许可证。落实和深化“放管服”改革精神，取消、合并施工图设计文件审查备案、合同备案、工程质量监督登记、工程安全监督备案等环节，实行“一个窗口受理、后台信息流转”，变群众跑路为信息跑路。

【建筑市场管理】 认真贯彻落实《保障农民工工资支付条例》，以“一金三制”为重点，形成制度完备、监管有力的欠薪治理格局；贯彻《中华人民共和国招标投标法》《河南省住房和城乡建设厅关于全面开展建设单位工程款支付担保工作的通知》《房屋建筑和市政基础设施工程竣工验收备案管理办法》等政策法规，加强建筑市场秩序监管，强化建筑行为监督，保证建筑市场秩序稳定。严格基本建设程序，办理建设项目招投标45项，工程造价31.09亿元；直接发包30项，建筑面积192.6万平方米，审批办理建设工程竣工验收备案50项，建筑面积372.08万平方米，造价57.91亿元。

【安全生产监管】 监管施工项目147个，建筑面积总计约1797.6万平方米，总造价约320亿元。下发《建筑工程施工现场安全监督检查隐患整改通知》共计453份，发现一般安全隐患累计2822处，督促施工企业及时整改安全隐患，隐患整改反馈率100%，重大危险源监控率100%。办理建筑起重机械设备安拆告知316台、拆卸告知159台，使用登记350台，建筑起重机械设备产权备案98台。在日常检查的基础上，累计开展“双随机、一公开”检查活动2次，安全生产专项治理活动7次。

【疫情防控】 设置高速路口服务点，值守防疫第一线。在疫情防控的关键时期，为全力做好离郑个人核酸证明查验，狠抓关口卡控，部署安排人员前往京港澳高速新郑站高速路口设置离郑个人核酸证明查验服务点，组织干部职工穿上志愿服、设置提示标牌、设置渠化引导车道，在做好自身防护的同时，在服务点对离郑车辆及人员按照要求进行查验，同时对群众耐心做好解释工作。加大宣传力度，疫情防控知识全覆盖。为了加大疫情防控知识的宣传力度，利用局大厅LED电子屏每天滚动播放疫情防控知识，加强干部职工的疫情防控意识，同时在疫情防控期间，要求所有干部职工凭工作证出入办公楼，对外来人员实行扫健康码和出示核酸阴性证明的方式方可进入办公楼，把好局机关疫情防控的关口。为助力有效阻断疫情传播和全员核酸检测工作顺利开展，组织党员干部穿上红马甲走上街头，志愿者们走街串巷对沿街商户、市民群众宣传疫情防控知识，引导市民积极参与核酸检测，动员全民力量共同参与抗疫。加强保障工作，保证防控工作全力开展。不断强化后勤保障，不仅落实好疫情防护等医疗用品供应，向疫情防控卡点供应84消毒液、医用口罩、面包、方便面、水等物资，保障卡点执勤人员的正常生活；加强值班值守工作，实行24小时值班制度，晚上保证2名值班人员值守，始终保持通信顺畅；在局机关开展卫生清洁和消毒消杀工作，确保新冠病毒防治、控制工作有序、有力开展。

【建筑节能和墙材革新】2021年新郑市建筑节能已竣工验收备案的建设工程70项居住建筑和15项公共建筑，建筑节能面积分别达到273.4万平方米和91.3万平方米。强化新型墙材推广监督管理。认真做好墙体材料价格变化情况调查及墙体材料革新主要指标统计报送工作。完成流向信息统计项目17个，把产品流向信息统计工作纳入常态化工作中，更好地服务新材生产企业，促进新材企业健康发展。

【装配式建筑工作】出台《新郑市2021年建筑节能与装配式建筑工作要点》，对新郑市全年装配式工作制定了明确的任务。依托工业重镇辛店镇积极打造国家级装配式建筑产业园，以钢构和装配式建筑部品部件（简称PC部件）为主导产业，规划总面积5.3平方千米，入驻并投产的企业有省五建、省一建、郑州一建、泰宏装配式建筑企业等。2021年新郑市装配式建筑总体目标占新建民用建筑面积比例达到30%，全市18个项目已完成装配式建筑设计图评审，实施装配式建筑项目面积44.31万平方米。出让国有土地面积为74.76万平方米，拟新建民用建筑总建筑面积为208.49万平方米，拟采用装配式技术建设的建筑面积为66.93万平方米，完成量占总量的32.1%，超额完成郑州市下达目标任务。

【工程质量监督】建立工程质量管理长效机制，逐步实现质量行为管理标准化和工程实体质量控制标准化，促进工程质量均衡发展。2021年，受监在建项目110个，总建筑面积约1347.38万平方米；共受理工程质量投诉240起（含重复投诉），结案回复率达100%；竣工验收38个项目，竣工总面积约264.32万平方米，出具38份监督报告，发出整改通知书484份。在河南省监督员资质考核中新增5名监督员。两个项目被认定为河南省建筑工程质量标准化示范工地，五个项目（20个单体）获评郑州市优质结构工程（结构商鼎杯）。开展灾后建设领域复工复产与灾后受灾房屋的处置、鉴定工作；开展“双随机一公开”检查两次。组织新郑市2021年预拌混凝土企业生产质量现场观摩会。加强对检测机构现场检测活动日常监管。加强对新郑市34家商砼企业监管，共下达22次整改通知书，完成新能源商品混凝土罐车替代70辆的任务。2021年完成检测公司六年一次的资质审核。

【建设监理】以质量效益为核心，强化管理为手段，坚持“服从大局 严格监理 热情服务 确保质量”的服务宗旨，团结奋进，努力开创监理工作新局面。2021年新承接监理业务51项，已竣工项目合格率达到100%。

【装饰装修管理】加强对投资额100万元以上或者建筑面积超过500平方米的公共建筑装饰装修工程的监督管理。印发《新郑市住房和城乡建设局关于加强建筑装修装饰工程施工许可证班里的通知》，开创了新郑市装修装饰工作新局面。2021年核发装修装饰施工许可证5件，按时办结率达到100%，业务办理和咨询接待的群众满意率达到100%，监管面积约29800平方米，进一步规范了装修装饰市场。

【消防设计审查】深化“放管服”改革，全面落实“四减一提”行动，全面执行标准办工作，全面落实“首问负责制”“一次性告知制”“限时办结制”，积极探索建立网上信息报送管理系统，引导相关单位加快电子营业执照、电子印章推广应用，做到相关单位及人员信息网上查验、信息共享。共完成消防设计审查47个项目，严格控制审批时间，做到限时办结，按时办结率100%。完成行政处罚5项。

【消防验收】根据“放管服”改革要求，实行一次性告知制，简化办事流程，制作简易明了的二维码，为企业提供方便。2021年共完成消防验收36件，消防竣工验收备案45件，其中抽中项目13件，按时办结率达100%。完

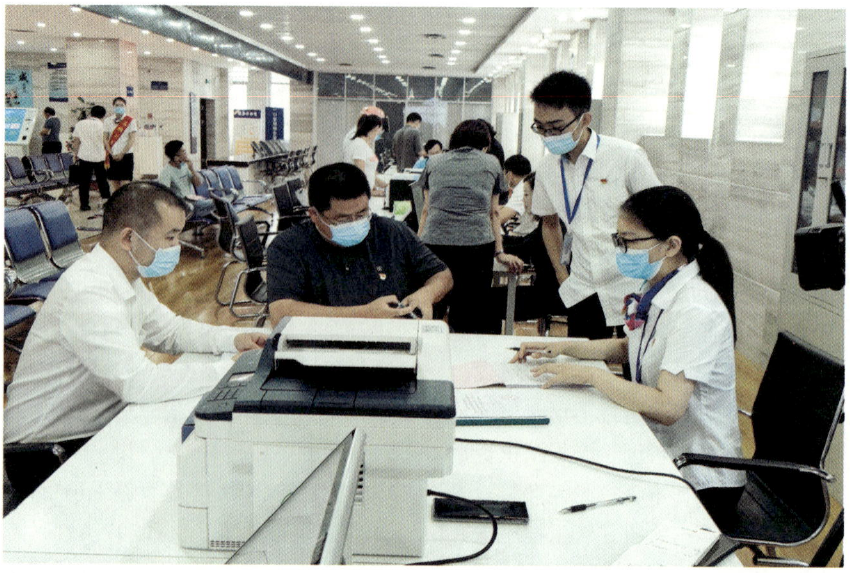

7月28日，新郑市住建局党组书记、局长李宗元到政务服务大厅开展“一把手”走流程活动（市住建局/供图）

成行政处罚6项。积极推动消防验收业务的拓展。

【房屋征收】积极配合市财政局、土地局、审计局以及有关乡镇、街道办事处完成12项集体土地上房屋丈量统计工作，正在进行1项。郑州市南四环至郑州南站城郊铁路工程鸿鹄路站（小乔站）规划红线内国有土地上房屋征收与补偿工作，本着程序完备，信息公开透明、科学合理到位的原则，与龙湖镇密切配合，积极协调，已下达征收决定，按程序步步推进。

【房地产整体运行情况】商品房预销售情况：2021年新郑市商品房累计投放220.42万平方米，同比下降44.07%，其中商品住房投放面积为201.54万平方米，同比下降45.32%。2021年新郑市商品房累计销售面积240.14万平方米（20846套），同比下降22.71%，其中商品住宅累计销售面积216.76万平方米（19314套），同比下降22.69%。新郑市商品房累计销售均价为7835元/平方米，同比下降7.05%，新郑市商品住房累计销售均价7917元/平方米，同比下降4.20%。安置房网签情况：2021年，新郑市安置房网签面积17.08万平方米（1497套），同比下降41.25%，安置房网签均价3993元/平方米，同比下降19.10%。二手房交易情况：2021年新郑市二手房累计交易面积41.91万平方米（3753套），同比下降5.18%，其中二手住宅累计交易面积41.29万平方米（3680套），同比下降5.62%，二手住宅交易均价7142元/平方米，同比下降3.34%。商品房库存情况：截至2021年12月底新郑市商品房累计可售面积506.53万平方米，其中，商品住房累计可售面积334.06万平方米。按前12个月商品住房月均消化面积19.84万平方米计算去化周期，新郑市待售商品住房消化周期为16.84个月。

9月29日，新郑市委书记马志峰、常务副市长张慧娴等市领导到西关桥实地踏勘，市住建局党组书记、局长李宗元陪同踏勘（市住建局/供图）

【红色物业覆盖情况】组织召开了新郑市加强党建引领大力推进物业服务企业提质增效工作会议，积极推行红色物业全覆盖。全市物业企业共成立了25个党组织，其中物业公司党支部2个，临时党支部15个，党小组8个，全市45个物业服务项目已选派党建指导员，成立小区党支部16个。

【老旧小区改造】2021年新郑市实施老旧小区综合改造2个片区、3个小区（合计18个小区，涉及1130户、12.56万平方米）。联合市督查局，采取现场走访、群众座谈等多种形式，指导推进老旧小区改造工作。5个老旧小区（粮食局家属院片区、工行家属院片区、交通局家属院、棉织小区和宝丽来小区）已全面完成各项改造，包括道路翻修改造、违建拆除、楼顶防水、雨污分离、线路“上改下”、墙面保温和粉刷及楼道粉刷等。

【住房租赁市场发展试点】新郑市2021年共完成2500套安置房转租赁住房任务。共调查统计安置房转租赁住房房源信息2510套，完成总任务量占比100.4%，其中，安置房规范化管理信息备案2775套（间），占比111%。在房屋租赁市场管理方面，全年共办理房屋租赁登记备案证明1540件。面积17.32万平方米。

【问题楼盘专项攻坚化解】成立专项指导组及化解专班，通过重点研判、联动协调深入推进新郑市问题楼盘攻坚化解专项工作。先后接收省、郑州市交办六个批次35起案件“五包一”责任书签订和领导见面完成率均已完成；息诉罢访承诺书签订30起，签订率86%；经上级审核认定终结性化解29案，终结性化解率83%，各项任务指标圆满完成。

【人大建议政协提案办理】高度重视人大建议政协提案办理，在解决实际问题上狠下功夫，紧抓落实。2021年共办理人大建议17件，政协提案14件，共计31件。内容涉及道路改造、城市基础设施建设等方面。

【舆情处置】健全网络发言人、信息员、网络平台管理员队伍机制，问政平台管理到位，按照“分类处置、全程掌控、注重实效，依法处舆”的原则，2021年共接收办结市长热线转办件484件，接收处置心通桥投诉帖16件，接收回复舆情提示函16件，办结率100%。

【综治维稳】 全年接待信访人员900余人次，受理各类信访案件180余件并按时办结。强化法治建设，调整“两库一单”数据，完善“双随机一公开”检查机制，扎实推进抽查检查工作。广泛开展平安建设宣传活动，切实加强对住建领域扫黑除恶专项斗争的组织领导，使综治稳定与平安创建工作落到实处。

【年度工作荣誉榜】 2020年度综合工作优秀单位、2020年度行政执法先进单位、2020年度建设工程安全管理先进单位、2020年度装配式建筑工作先进单位、2020年度既有建筑节能改造工作先进单位、2020年度建筑节能与墙材革新先进单位、2020年度发展散装水泥工作先进单位、2020年度农村危房改造工作先进单位、2020年度建筑市场管理先进单位、2020年度郑州市建设工程消防设计审查验收先进单位、2020年互联网筹资工作爱心单位、市级节水型单位、2020年度全市城镇小区配套幼儿园治理工作先进单位。

（撰稿：高一涵　审阅：高豪杰）

城市管理行政执法工作

【概况】 根据中共新郑市委、新郑市人民政府印发《新郑市机构改革方案》的通知（新发〔2019〕1号），将市住房和城乡规划建设局的市政公用、市容环卫、园林绿化、城市管理执法等城市管理相关职责，城乡建设领域法律法规规章规定的行政处罚权以及相关部门纳入城市综合执法范围的行政处罚权等整合，组建市城市管理局，作为市政府工作部门。市城市管理局挂市城市综合执法局牌子。

根据市委办公室、市政府办公室印发《新郑市城市管理局职能配置、内设机构和人员编制规定》的通知（新办〔2019〕31号），新郑市城市管理局下设5个内设机构，分别是办公室（计划财务审计科）、编制人事科、政策法规科（行政审批科）、市政公用管理科（园林绿化管理科）和市容环卫管理科。全局共1065人，其中在编在岗人员838人。编制形式4种，行政2人，公务员7人，事业全供138人、事业差补274人、自收自支417人，城市管理协管员230人。

2021年，新郑市城市管理局获得省级荣誉7项，分别是农村人居环境整治三年行动先进单位、数字化城市管理奖（项目建设奖）一等奖、运行管理奖一等奖、绩效考核奖一等奖、“12139”热线奖二等奖、拓展创新奖一等奖、第一批节约型机关建成单位。郑州市级荣誉19项，分别是省会铁路沿线、生态廊道、过境干线公路、高速互通互交及出入口区域绿化工作先进集体，2020年度环卫工作先进单位、2021年度环卫工作先进单位、2020年度改进城市管理与改善人居环境工作先进单位、污染防治攻坚战三年行动计划先进单位、郑州市先进基层党组织、2020年度户外广告管理先进单位、2020年度建筑垃圾处置管理先进单位、2020年度城市管理执法先进单位、2020年度城市管理执法先进中队、2020年度公用事业服务保障先进单位、2020年度黑臭水体整治先进单位、2020年度郑州市“强基础、转作风、树形象打造人民满意城管”三年行动先进集体、2020年度城乡管理综合考评工作第一名、郑州市模范职工之家、城市管理综合执法职业技能竞赛优秀组织奖、城市管理综合执法职业技能竞赛现场模拟执法竞赛三等奖、2021年度郑州市城市综合执法系统队列训练会操比武活动二等奖、郑州市无烟党政机关。

【机关党建】 严格落实“三会一课”制度，定期召开民主生活会、组织生活会，牢固树立“四个意识”，有效推动全面从严治党主体责任和工作任务落实。围绕“不忘初心、牢记使命”主题教育开展一系列联系群众活动，认真组织党员干部学习《中共中央关于加强党的政治建设的意见》，全年共开展志愿者服务活动56场共计2000余人次；在元旦、春节等重要节点组织开展廉政谈话会，同时局党组成员与其分管部门负责人签订党风廉政建设责任制责任书，并组织召开以案促改工作动员部署会、以案促改警示教育大会、以案促改专题组织生活会。

【党风廉政】 在2021年元旦、春节、五一、清明节、端午节等重要节日期间组织开展廉政谈话会，扎紧风险防控“篱笆”。新郑市城市管理局党组成员与其分管部门负责人分别签订《党风廉政建设责任制责任书》，制定《中共新郑市城市管理局党组关于围绕赵会迎、高海威违纪违法案件开展以案促改的活动方案》，组织召开以案促改工作动员部署会、以案促改警示教育大会、以案促改专题组织生活会，要求全体干部要以反面典型案例为镜子，吸取教训，提高政治站位，做好城管工作，筑牢拒腐防变思想堤坝。召开党风廉政建设和反腐败工作、集体廉洁自律谈话会等各类专题会议，部署安排2021年党风廉政建设和反腐败工作；制定《中共新郑市城市管理局党组2021年党风廉政建设责任制实施意见》和《新郑市城市管理局关于2021年“八项规定”实施意见》，层层压实责任，细化具体措施，紧扣城管中心工作，统筹推进确保实效。

【战汛抗疫】 自“7·20”特大暴雨以来，新郑市城市管理局累计发现市政设施、道路损毁等问题495处。按照市委、市政府灾后抢险修复工作具体要求，深入践行“脚步丈量”工作法，制定市城市管理局防汛“六个六”工作机制及市政基础设施灾后重建工作方案，按照“市政工程六步抢修法”分类组织实施修复，已全部完工。同时雨后第一时间开展城乡“两清一消”工作及绿地消杀工作，累计出动清洗车、冲洗车1500多车次，冲洗路面520万平方米，清大小积水200余处，清淤7000余立方米，清理积存垃圾1250余立方米，消杀累计投入药品约20157公斤，消杀面积约1131.4万平方米；游园绿地设施设备共计喷洒84消毒剂原液2500公斤，投放灭蝇笼123个，灭鼠药57.5公斤，投饵洞137个，有效降低病媒生物密度，防止病媒传染病传播。积极宣传疫情防控知识，及时督促未接种新冠疫苗的摊贩、店主；各下沉执法中队深入一线，及时配合各乡镇办开展疫情防控工作，同时发动全局及身边人员完成疫苗接种，2021年，本局监管的企业、公司共6082人，完成接种的6034人，剩余46人因身体疾病等原因未接种，8月份，抽调全局150名干部职工参与新华街道疫情防控卡口和社区防疫工作，累计在隔离酒店设置废弃口罩收集桶75个，设置工作人员生活垃圾专用桶共70个，在梨河、辛店、城关、新村、观音寺居家隔离人员居住区设置专用桶共63个；清运8个隔离酒店生活垃圾16.5吨，封闭区生活垃圾263吨，封控区垃圾1150吨；清运居家隔离人员生活垃圾11.4吨。

【城市秩序】围绕打造城市“四化”（序化、美化、绿化、洁化）中心，结合“脚步丈量”工作法，先后开展各类占道经营、校园周边整治、集贸市场整治及夏季夜市烧烤摊点、疏导点规范等专项整治工作。共规范、引导流动摊贩2.2万余处，治理突店、占道经营1.4万余次，联合交警贴单1.67万辆，拖移违章车辆640辆，拆除破损、违规广告469处，实现违法大型户外广告零增长。开展联合执法169余次，查处违规运输渣土车辆118辆，罚款94.6万元。

【环境卫生】以创卫复审、文明城市创建等活动为契机，紧扣“道沿无尘、路无杂物、设施整洁、路见本色”目标，以“治脏”为重点，以“双五”标准深化“以克论净”，深入开展美化城市“三大行动”，实现高标准道路清扫保洁；市区生活垃圾清运实行定点定时，及时清运，确保日产日清，清运率达到100%；所有生活垃圾均运往光大焚烧发电厂进行“无害化”“减量化”“资源化”处理，无害化处理率达到100%；完成19座垃圾中转站、17座公厕全面提升，更换4座移动公厕，完善标识标牌、公益广告120余块；逐步建立前端分类投放、中端分类收集和运输、末端分类处理的生活垃圾分类管理体系，以华信金融大厦、滨河帝城小区、梨河镇唐寨村等地为示范点，实现市生活垃圾分类覆盖率大幅攀升。城区规范改造垃圾分类投放容器2万余个，覆盖居民小区320余个，覆盖率达到97%。同时，指定9座厨余垃圾中转站、11座其他垃圾中转站，并改造配套车辆，张贴厨余垃圾和其他垃圾分类标识，已初步实现厨余垃圾和其他垃圾分类收集转运。

【公用事业】委托国家水质监测网郑州检测站对106项水质进行全面检测，水质综合合格率达到100%；全市8家污水处理厂及2个污水处理应急项目正常运营，全年共处理污水约1亿吨，排水指标均达到特许经营协议约定标准；全年维护道路路灯8555盏，箱变37台、配电箱57台，维修率100%，城市主干道亮灯率和设施完好率达到98%以上，背街小巷亮灯率达到95%以上。

【燃气保障】定期组织开展城镇燃气安全专项整治，按照市委、市政府关于安全生产的一系列批示要求，进一步压实各级安全生产责任，燃气安全隐患排查和事故隐患整改率达到100%；同时提前对老城区供热外网和36个换热站进行维修管护，确保全年供热顺利平稳。

【市政工程】完成市区46条道路设施维护日常管理工作，完成市区新华路、洧水路、文化路、新建路、中华路、人民路、玉前路等道路坑槽的集中修补约6000平方米；完成“7·20”暴雨后城区道路水毁塌陷应急抢险287处，积水点改造12处，市区道路及涵洞桥雨水井清淤3200余座，累计整治提升公共区域窨井盖1541座。

【园林绿化】按照“美化、绿化、节能、环保”的理念，由点带面，紧抓春、秋两季绿化黄金季，大力推进绿地建设和管护工作，新建公园4个（故里广场、中兴路公园、学院路北公园、学院路南公园），游园6个（中兴路北、中兴路桥头、中兴路西、城墙口东、城墙口西、城墙口北游园），完成2条新建道路绿化（郑新快速路，郑韩路至中兴路段、郑韩路东延段），打造1条“市花”景观大道（郑韩路东延），完成1条生态廊道建设（机场高速新郑段），新栽植乔木约1150棵，全年新增绿地约25.36万平方米；围绕“三月三”黄帝故里拜祖大典、五一、中国共产党成立100周年、十一等重大节日，共栽植摆放花卉300余万盆，并在炎黄广场及人民路段摆放鲜花造型组团2处，营造喜庆热烈、文明和谐的节日氛围。

【城乡建设】不断优化城乡联合考评机制，科学考评环卫作业质量，在坚持“月暗访”及问题复查的基础上，增加重大活动保障、环卫工资拨付、重点工程建设、环卫设备购置、垃圾分类推进等考核项目，全面考核运营情况，严格考评标准，强化重点督办。在做好疫情防控前提下，联合考核组坚持每月深入田间村落，共下发

《城乡环卫一体化责令整改通知书》360份，涉及各类问题3000余处，整改率达到98%以上。

【数字平台】 建立高位指挥协调的大城管体制，推动城管内管理资源融合和全市大城管范围内管理资源整合，初步实践应用智慧城市管理AI视频分析系统和城市桥涵积水智能监测系统，实现城市管理事件问题的自动发现上报核查，实时精准掌握桥涵积水情况，有效提升雨季桥涵积水监督和响应能力。城市精细化管理工作共督办各类城市管理问题101206件，处置100286件，处置率99.25%，按期处置93846件，按期处置率92.87%。12月，新郑市数字化城市管理系统项目以96分的优异成绩通过省级验收。

【行政审批】 24小时自助办服务，整合水、气、暖三个部门资源，实现水气暖办理业务“最多跑一地”。同时深化“互联网+供水服务”，加大宣传供水业务线上办理，并且对IC卡补卡业务由原来的微机室办理，延伸到窗口也可同时进行办理，尽最大努力满足企业、群众的需求。

【宣传教育】 2021年，围绕拜祖大典、防疫防汛、“双创”工作等年度中心工作深入挖掘城管系统的先进经验和先进人物，共审核上传信息455篇，其中新浪网等国家级媒体采用17篇，学习强国、《大河报》等省级媒体采用32篇，郑州广电新闻客户端、《郑州晚报》等郑州市级媒体采用35篇，行政审批科报送的《“一把手”走流程 新郑市城市管理局：“用脚步丈量城市”推动城市管理服务提质增效》、网络信息科报送的《防疫+防汛，新郑城管严守安全“双防线”》在新浪网等国家级媒体刊登，受到了网友的一致好评；开设“城市文明守护者”抖音号、微信视频号对本局开展的重点突出工作进行宣传，先后发表抖音作品71篇，有粉丝1300余人，获得点赞83万余次，尤其是“助力疫情防控 开展夜间消杀”等宣传视频，及时将局工作动态以更加新颖、翔实的内容呈现给公众，受到群众的积极评价。全市城市管理局共处置回复心通桥舆情15起，云上新郑问政舆情27起，被市网信办评选为舆情处置先进案例。先后多次接待河南电视台、民生频道、《大河报》等媒体记者来访，积极地回应了大家关心的问题，及时解决了大家的后顾之忧；同时邀请新郑市电视台报道城市管理工作30多次；召集各家主流媒体召开新闻发布会，通过多领域、多渠道全面展现城管工作成效。

（撰稿：汪　君 审阅：王发民）

城市开发经营

【概况】 新郑市城市经营管理中心是新郑市政府直属事业单位，受新郑市人民政府直接领导。主要职责：落实市委、市政府城市经营的重大决策和部署，运用市场机制，对城市空间和作为城市功能载体的自然资本、人力作用资本及相关的延伸资本等进行重组和运营，获取经营收益，将收益投入城市建设，实现城市的自我滚动、自我积累、自我增值；通过市场化运作，引导城市开发，盘活城市有形资产，提升城市无形资产，发掘、利用城市的各种稀缺资源、战略资源，改善城市的硬、软环境，增强城市功能，提升城市整体竞争力；受市政府委托，以参股、控股的投资方式，对城市建设项目进行投资、建设、管理、经营，确保国有资产的保值、增值。

【党史学习教育】 抓好党员干部学习教育，加强思想政治建设，打造过硬干部队伍。扎实开展党史学习教育，筑牢思想根基。党支部将党史学习教育作为一项重要政治任务，按照“学史明理、学史增信、学史崇德、学史力行”总要求，召开动员会部署会并印发《中心党史学习教育实施方案》，通过个人自学、集中学习、专题研讨等方式，组织党员干部读原文、学原著累计开展集中学习12次，撰写党史学习教育信息、心得体会16篇；创新学习形式，强化学习效果。充分利用“三会一课”、主题党日，以庆祝建党100周年为主线，结合中心实际，开展“现场宣誓、聆听历史故事、诵读文献史料、听老党员讲党课”等六个一活动。支部书记、班子成员以“学党史、悟思想、办实事”为主题讲专题党课3次，通过“学习强国”平台丰富党史学习教育，组织观看中央党史学习教育官网百集微纪录片《百炼成钢：中国共产党的100年》等视频，全员参与党史知识线上答题活动；开展“我为基层办实事”活动，践行“脚步丈量工作法”，中心每名在职党员进社区报到，亮身份、强服务，认领“社区微心愿”1个，办理“民生微实事”2项。

【疫情防控】 为坚决打赢疫情防控阻击战、加快推动复工复产各项工作，中心党组以思想教育为抓手，把牢政治方向、强化理论武装。在疫情防控工作中，以视频会议、“学习强国”等形式，组织全体干部职工及时学习党中央、省市关于疫情防控的工作要求。通过微信群等载体，下发了《致全体党员干部的倡议书》和《致职工及家属的一封信》，营造了坚决战胜疫情、捍卫职工生命健康安全的浓厚氛围。同时中心党组根据市委疫情防控要求，安排中心党员干部共12人下沉到祥和一街无主管楼院学府佳苑小区进行疫情防控，并圆满完成了疫情防控工作。特别在复工复产的第一时间，组织7名党员开展党性教育活动，以研讨会的形式组织党员干部谈认识体会、找差距不足、提改进措施，为复工复产工作的有力推进筑牢了思想基础。

【债权化解】泓泰城投公司债权化解情况。2019年12月31日，在新郑市人民法院举行的新郑市热电股份有限公司债权人会议上达成债权和解方案。中心下属泓泰城投公司持有的新郑市热电股份有限公司债权得到确认。2021年以来，多次就此债权与市科工信局、新郑市热电股份有限公司破产清算组联系，泓泰城投公司持有的债权，将按照债权人会议作出的和解方案进行化解。市科工信局、新郑市热电股份有限公司破产清算组正在按照市政府有关要求，已向市财政局完成移交手续。泓泰城投公司持有的韩春化工有限公司债权，已按有关规定程序进行了债权申报。

【中心资源运作】按照市委、市政府的要求，结合中心实际，联合政通投资控股有限公司、新区发展投资有限责任公司共同注册成立了新郑市泓泰城市建设投资有限公司（以下简称为泓泰城投公司）。主要职责是履行政府投资主体职能，依法对城市基础设施、旧城改造、新型社区、安置房及国有土地的综合整治开发等经行管部门批准的新型城镇化建设项目进行投资等。

【解决遗留问题】中心代管的新郑市城市开发经营总公司在康盛商贸城的部分房产，通过市委市政府领导协调（此房产已于2015年年底，在地税和房管部门缴纳齐各种房屋税费、办证费用及房屋维修基金后，房管部门依据有关规定，将房屋产权办理到“新郑市城市开发经营总公司”名下。依据房管部门有关规定，房产从新郑市城市开发经营总公司过户到个人名下，涉及国有资产出让转让，必须有国资等部门出具证明手续），4月，中心就房产过户等情况再次向市政府请示，经市政府领导组织召开各部门协调会，由市国资局、房管中心和市税务局等部门，按照有关政策尽快解决历史遗留问题，此项工作正在推进中。中心拥有产权的康盛商贸城的房产租赁已到期，受疫情影响公开招租工作无法正常进行，中心正积极与国资局对接，化解国有资产未入国库等遗留问题。

【资产清查】中心下属新郑市泓泰城市建设投资有限公司，按照新郑市国有资产审计工作领导小组的统一安排，根据《新郑市国有资产清查工作方案》精神，中心按照市政府统一要求，于2021年11月底之前对泓泰公司资产进行全面清查和审计，完成了资产清查和审计各项工作。泓泰公司对外没有债权债务，风险可控。

（撰稿：马彦锋　审阅：吴　晨）

大气污染防治工作

【概况】新郑市委市政府大气污染防治督导组（以下简称“督导组”）成立于2016年7月22日，位于新郑市中兴路华夏国际商务中心18楼，内设党办(人事办)、战区办公室、督察室、文秘科、保障科、融媒体科等6个机关科室和8个督查科室，现有人员50人。2016年9月2日成立督导组临时党支部，现有支部委员5名，党员31名。督导组人员依规从市直各单位抽调，定期进行人员轮换。按照退役军人历练机制，每年组织安置到全市行政事业单位的退役军人到督导组进行为期一年的历练。

2021年，督导组坚持以习近平生态文明思想为指导，紧紧围绕省、郑州市下达的目标任务，在市委、市政府的坚强领导下，大力培植弘扬“咬住目标死不丢，不达目的不松口”的战狼精神，坚持问题导向，突出跟踪督办，强化问责力度，着力锻造一支特别能吃苦、特别能战斗、特别能奉献的环保督察铁军，有力地推动了全市空气环境质量改善提升，圆满完成了“十四五”规划开局之年空气环境质量目标任务，获得“新郑市污染防治攻坚战三年行动计划突出贡献奖”“新郑市先进基层党组织”等荣誉。市人民政府党组成员、市环境攻坚办常务副主任、督导组党支部书记苗瑞光，被河南省生态环境厅评为“河南出彩环保人”杰出人物，郑州市委市政府记公务员二等功。

【2021年空气环境质量改善情况】1.年累计综合指数排名：2021年，新郑市累计综合指数为4.59，在郑州六县（市）中排名为并列第4名，在全省103个县（市、区）中排名为第75名。2.郑州年度目标完成情况：2021年，新郑市PM10累计浓度为76微克/立方米（目标值83），排名第4，目标完成率排名第4，同比下降8.43%，改善率排名第4；PM2.5累计浓度为44微克/立方米（目标值48），排名倒2，目标完成率排名第4，同比下降13.73%，改善率排名倒2；NO_2累计浓度为27微克/立方米（目标值28），排名倒2，目标完成率排名倒1，同比下降10.00%，改善率排名倒1；优良天累计227天（目标值245天），排名倒2，目标完成率排名倒2，同比减少18天，改善率排名倒2。

【督导督查情况】督导组按照督导职责开展督查工作。督政工作，负责督政各相关单位落实环境保护责任情况，重点督办市环境污染防治攻坚战领导小组和领导小组办公室安排部署的各项重点工作的落实情况，上三级交办问题和市本级督查交办问题、市领导批示问题的整改落实、处罚、责任追究等情况，以及媒体曝光及市民群众反映强烈的环境污染突出问题的整治情况。督企工作，对各类工业企业、建筑工地等企业主体开展督导工作，督导工业企业“环评”手续是否齐全、污染防治设施是否开启并正常使用、企业无组织排放是否按“环评”批复要求管理到位、是否执行“一厂一策”要求、是否落实停限产管控规定;督导建筑工地是否落实“八个百分百”要求、是否取得开复工验收手续、是否按照重污染天气管控要求进行施工。督导过程中发现问题并留下照片、视频资料，对于情节较重的问题现场开具问题交办单，移交属地政府和相关职能部门进行处理;对违反管控要求的，交办市控尘办依法依规立案处理；对涉嫌构成违法犯罪的，移交公安机关依法追究刑事责任。

2021年，督导组召开全体督查人员会议12次，组织各乡镇（街道办、管委会）、市直各有关单位（部门）收听收看河南省、郑州市大气污染防治攻坚战视频调度会16次，召开新郑市大气污染防治攻坚战调度会18次，对大气污染防治工作进行精准调度、科学调度、依法调度。全年，督导组出动督查人员23500余人次、督查车辆5800余台次，督查发现各类环境污染问题2143个、挂牌督办194个，并圆满完成中央第五生态环境保护督察组交办群众举报案件213个、郑州督导组交办案件209个。

【24小时快速反应机制】 督导组严格落实每天24小时应急值班机制，坚持开展“晨查”“零点夜查”行动;建立及时研判、准确定位、快速出击、有效应对的快速反应处置机制，对造成空气质量监测站点数据异常的各类污染源，进行第一时间调度、第一时间处置、第一时间反馈；实行岗位轮换机制，定期对督查队伍和督查任务进行调整部署；建立工地指导员制度，推动督查方式向指导帮扶转变，努力做到工地不停工、数据又可控。2021年，督导组开展“晨查”“零点夜查”行动530余次。

【坚持党建引领】 为加强督导组建设工作，市政府研究制定下发了《新郑市人民政府关于进一步加强市委市政府大气污染防治督导组建设的指导意见》（新政文〔2021〕12号），督导组在党支部的带领下，认真学习贯彻习近平新时代中国特色社会主义思想，深入践行习近平生态文明思想，树牢“四个意识”、坚定“四个自信”、做到“两个维护”，以求真务实作风坚定不移把党中央决策部署落到实处，充分发挥“党旗插在前沿，党员冲在一线”引领作用，着力推进党建与督查融合发展，努力打造全市干部历练的平台、环境保护的铁军、攻坚行动的尖兵。严格按照抽调人员管理规定对督查人员定期轮换，严格按照支部委员实名推荐制进行选拔任用骨干，严格对抽调人员进行每月考评，严格对抽调人员历练进行鉴定，严格按照五个级别设置资历荣誉。积极开展以“比业务、比学习、比秩序、比士气、比作风”为主要内容的“五比五看”活动。2021年，督导组组织召开党支部会议15次，开展周卫生检查与着装评比52次、实施月度督导工作考评12次、组织季度专业理论考核4次。

【规范化管理】 督导组实行军事化、规范化管理，不断强化执行力、凝聚力和战斗力。规范着装配置，为督查人员统一配发了服装、督查证件、对讲机、执法记录仪；规范督导流程，严格落实《新郑市大气污染防治重大问题挂牌督办工作规范》，实施“挂牌督办单——立案查处单”两单制督导方式；规范联合执法，重大行动和晨查夜查由督导组牵头组织生态环境、交通、城管、公安、住建等部门联合开展；规范处罚流程，严格落实《新郑市渣土车违法行为处罚管理规范》，对违规渣土车进行联合执法、联合处罚；规范专责力量，严格落实《新郑市重点区域专责小组建设实施方案》，围绕两个省控基站压实辖区政府、职能部门职责。

【廉政建设】 针对环境污染防治督查每天与企业、工地打交道，督查人员来自全市各单位的实际情况，督导组坚持认真落实党风廉政建设主体责任和监督责任，严格执行支部委员汇报思想制度、三大纪律八项注意、廉政督查制度、日常考勤制度、请销假制度等管理制度，定期召开党内民主生活会，有效地确保了督导队伍的纯洁性和执行纪律的严肃性。

【环保战狼精神】 督导组全面叫响“咬住目标死不丢，不达目的不松口”的战狼精神、“我活着就是为了让别人更好的活”的环保精神、“发现问题是能力，解决问题是水平”的担当精神、“进了督导组的门，永远是督导组的人”的团队精神和“努力到无能为力，拼搏到感动自己”的拼搏精神等“环保战狼精神”，为圆满完成大气污染防治攻坚目标任务提供了坚强有力的精神支撑。

（撰稿：樊朝阳　审阅：刘春江）

环境保护

【概况】 郑州市生态环境局新郑分局位于新郑市中兴路69号华夏国际商务中心，负责新郑区域内生态环境管理工作。内设机构有办公室、编制人事科、行政审批科、法制信访科、污染防治科、自然生态保护科、危险废物和辐射环境管理科、污染物排放总量控制科、纪检监察室等9个科室，下属有郑州市新郑生态环境监测站、郑州市生态环境局新郑综合行政执法大队、郑州市新郑生态环境技术服务站三个二级机构。在职干部职工共186人，具有环保类专业技术任职资格共67人，其中高级2人，中级44人，初级21人。

2021年，郑州市生态环境局新郑分局深入践行习近平生态文明思想，认真贯彻上级各项决策部署，统筹推进各项污染防治工作，污染防治攻坚战再创佳绩，先后荣获全国生态环境保护执法大练兵活动县级表现突出集体、全国节约型机关、河南省第二次全国污染源普查表现突出集体、河南省生态环境综合执法大练兵网络晋级知识竞赛先进集体等称号及河南省生态环境系统监控业务大比武县（区）代表队团体一等奖、郑州市生态环境监控业务大比武团体一等奖、郑州市污染防治攻坚战三年行动计划团结奋进奖、新郑市污染防治攻坚战集体三等功。

6月3日，走进“好想你”进行环保宣传（郑州市生态环境局新郑分局/供图）

【环境攻坚】 决战决胜三大战役。蓝天保卫战方面：开展涉挥发性有机物企业治理，完成了17家企业挥发性有机物“一企一策”深度治理任务。做好重污染天气应急应对，781家纳入了秋冬季应急减排清单；组织企业开展了绩效分级，其中8家被评为A级，32家被评为B级，211家纳入差异化管控。夏季臭氧管控期间将352家涉挥发性有机物企业纳入管控清单并实施错峰生产调控；秋冬季管控期间，对3家砖瓦窑、4家陶瓷、1家碳素实施了错峰停产，对1家短流程钢铁压减产能7万吨。持续加强机动车管控，2021年共路检重型货车15515台次，不合格678辆，“6063”代码处罚678辆，全部处罚到位；入户抽检2011辆，不合格19辆。现场采集非道路移动机械油品973批次，编码登记5055台次；130家大宗物料运输企业安装门禁系统；开展油气回收现场监管及抽测工作，对加油站、储油库检查1400余次，抽检加油站、油库、油品113组。

碧水保卫战：深入打好饮用水源地保护攻坚战。完成了南水北调保护区内86个问题排查整治，完成率100%；完成保护区内574个卫片图斑核查认定；开展地表水型集中式饮用水水源保护区环境问题整治“回头看”工作，实现了“动态清零”；全市集中式饮用水源水质达标率100%，南水北调干渠水质稳定达到II类，保障了一渠清水永续北送。深入打好城市黑臭水体治理攻坚战。定期开展城区河道水质监测，开展排查整治，实现了城区黑臭水体“动态清零”，保持“长治久清”。督促完成学院路雨污分流工程；督促城管部门抢修完善污水管网4次，督促完成城关污水处理厂中水回用项目建成投运，提升了出水水质；长效监管污水处理厂，不定期开展明察暗访，出水水质稳定达标。深入打好河湖水生态环境治理与修复攻坚战。积极开展双洎河、黄水河、潮河、十七里河调查，共下达督办67份，解决问题79个；督促十七里河、潮河完成了河道清淤，并对雨污管网进行了完善；完成了10处入河排水口综合整治工作。建立了水污染防治工作群，及时发布、收集信息，定期开展会商研判、联合响应、应急处理等工作；建立了河流上下游乡镇（街道、管委会）及相关部门之间的联防联控、信息共享机制，加强了与双洎河上游新密市的协调联动；加强水生态治理，申请补水3800万立方米，保障了河流生态流量；助力企业绿色升级，对2家污水处理厂和2家农副食品加工企业开展了清洁生产审核工作。

净土保卫战：为实现土壤安全利用，排查筛选出土壤污染重点监管单位7家，疑似污染地块8块，污染地块1块，均已录入国家污染地块管理系统，对确认为污染地块的新郑市韩春化工厂区，已经列入污染地块风险管控计划进行规范处置；坚持源头管理，联合资源规划部门，积极推进疑似污染地块、污染地块空间信息与国土空间规划的“一张图”管理，绘制矢量化污染地块标注图，确保建设用地安全利用率100%；强化农村环境治理，全市138个规划保留村共建成225座村级污水处理站，实现了全覆盖；农村生活垃圾治理率达到100%、农村生活污水治理率达到80%以上、农村黑臭水体整治“动态清零”、农村饮用水水源保护率100%、规模化畜禽养殖场粪污处理设施配套率100%、农膜回收利用率96.5%，全面完成农村污染治理攻坚任务；实现了危险废物全过程监管，对499家危废企业开展排查整治，转移处置危废29117吨，合同签订率和实际收集率均达到100%；加强核与辐射安全监管，对全市30枚放射源做到“一源一档”动态监管，辐射安全实现零事故、零投诉。

2021年环境质量持续改善。“气质”越来越好。空气质量综合指数和PM2.5、PM10、NOx四项约束性指标均同比下降（下降率分别为7.6%、13.7%、8.4%和10%），其中PM2.5年均浓度值为44微克每立方米，不但完成了约束性目标任务，还超额完成了年均值低于45微克的激励性目标任务，优良天完成227天。“水质”越来越清。双洎河黄甫寨国控断面水质稳定达到国家地表水三类标准；南水北调总干渠（新郑段）水质稳定达到国家二类标准；全市集中式饮用水水源地水质达标率100%。“土质”越来越净。全市土壤环境质量总体稳定，农业农村污染防治进展顺利，10处黑臭水体已全部整治清零，重点行业重点重金属污染物排放量实现零增长，建设用地及农用地安全利用率均达到100%。

【生态创建】积极推进生态文明示范创建工作，完成创建省级生态市核查验收。持续开展生态乡镇、村创建，截至2021年底，新郑市命名省级生态乡镇8个，国家级生态乡镇1个（薛店镇）；郑州市级生态村44个，省级生态村26个。新郑市加快中心镇、特色小镇和美丽乡村建设，其中龙湖泰山村被农业农村部评为中国美丽休闲乡村，辛店镇入选省级生态乡镇，辛店镇人和寨、观音寺镇溟水寨被评为首批郑州市历史文化风貌特色村。

【综合执法】履行环境监察职能，加强环境执法监督检查。开展日常双随机执法检查，完成执法任务452个，先后开展了“涉挥发性有机物企业专项执法”“危险废物企业安全隐患排查”“涉水企业专项执法”“排污许可证专项执法”“秋冬季大气环境严管执法工作”“执法大练兵”等10余个专项活动，对工业污染源、自动监控设施、建设项目“三同时”等开展拉网式排查，确保企业污染防治设施正常运行、污染物规范排放。全年共检查企业数4500余家次，出动9800余人次，依法立案查处违法案件47件。做好环境应急工作，加强风险管控。对全市重点企业进行环境风险隐患排查，对存在问题的企业及时提出整改意见，督促企业完善隐患排查台账，2021年未发生突发环境事件。建立应急机制，加强管理，强化训练，提高企业应急能力，指导46家企业完善了突发环境事件应急预案网上备案工作。围绕土污染事件展开实战演练，组织开展了新郑市突发环境事件应急演练。加强汛期应急值班值守工作，汛期期间24小在岗在位，保持电话畅通并进入战备状态，及时传达市防汛办各类指令，及时落实市防汛办各项防汛工作要求。加强企业环境管理指导帮扶，为进一步提高监督帮扶水平，帮助提升企业环境管理能力，持续推进“企业服务官”和“环保管家”制度，郑州市生态环境局新郑分局与43家重点企业结对帮扶，为企业提供热情、专业的服务，一线执法人员担任700余家企业的“环保管家”，把服务意识落实到行动上，同时组建“专家团队”定期对企业的“疑难杂症”进行会诊，帮助企业“对症下药”，并给出针对性措施，让环保执法从过去的“送罚单”变为送政策、送法律，从末端查处变为送方案、送服务，从事后处置变为事前预防，刚性约束与柔性执法相结合，让执法有情有理更有温度。文明执法，优化民营经济环境监管服务。一是差异化监管。通过激励性、差异化的环境监管执法措施，引导企业守法经营，对绿色发展企业实施差别化管理，减少对企业的干扰，避免“一刀切”，优先将45家治污水平高、环境管理好的企业纳入正面清单。二是拓展“无打扰”执法方式。以全国排污许可证管理信息平台、“三网合一”平台为基础，充分利用视频监控和用水、用电监控等物联网监管手段，建立数据采集分析、违法风险预测等工作程序，推行非现场执法监管方式，做到无事不扰。三是落实免罚措施。按照省市生态环境违法免罚事项清单，坚持无过错无危害不处罚原则，

3月2日，郑州市生态环境局新郑分局在炎黄广场参加首届“新时代文明实践推动周”活动（郑州市生态环境局新郑分局/供图）

对10项生态环境违法行为免予处罚，对无主观过错、违法情节轻微并及时改正、未造成危害后果的违法行为免予行政处罚，对7起轻微违法行为当事人免予处罚。2021年，郑州市生态环境局新郑分局围绕环保重点工作，认真履行环保职能，整治环境违法行为，加强环境执法监督检查，同时提高指导帮扶企业力度，优化营商环境，切实维护广大群众的合法环境权益，确保了全市环境形势持续稳定好转。

【环境监测】 做好对全市地表水、地下水、饮用水源地、（国控、省控、市控）断面的水质监测、城区环境空气质量、城市区域噪声、主干道交通噪声、重点污染源、土壤等各类监测工作。按时对地表水双洎河责任断面、饮用水源地、重点河流流域等进行水质监测。每月对双洎河（马鞍洞、黄甫寨断面）、黄水河（公园、双龙寨断面、茨山路桥）、莲河（陆庄桥断面）、十七里河、潮河等地表水进行常规性取样监测，编制地表水水质月报12期。完成对新郑市饮用水源地地下水井群监测工作，全年共取样监测12次，所测试项目均达到《地下水环境质量标准》三类水质，水质达标率100%。每月对全市各乡镇16个考核断面水质进行取样监测，并按郑州市生态环境局的任务要求，完成了4个季度的农村环境质量监测、农村饮用水源监测工作。根据新郑市疫情防控办工作安排，先后对全市10个关爱中心、5个收纳水体污水处理厂、1个定点医院、1个医疗废物处置中心进行外排废水余氯监测和粪大肠菌群监督性监测。完成空气质量数据统计上报工作，为上级决策提供科学数据支撑。全年共编制空气质量日报365期，空气质量周报53期，空气质量月报12期，季度报4期，专项统计报表12期；定时发送小时数据和其他重要数据，发布数据分析研判信息，为点位所在辖区和相关部门提供大气污染防治意见建议。配合市攻坚办、大气专家组利用雷达激光扫描车实时开展污染源排查，及时将扫描结果向责任单位和专家组反馈，为全市精准治理大气污染提供技术支撑。完成空气质量数据质量控制工作，确保数据真实性、准确性。积极协调第三方公司对省控点位、重点区域加密点位和重点乡镇点位等14个空气自动监测点位开展管理维护工作，定期开展点位巡检。全年共开展空气监测站点周边环境巡查85次，排查问题隐患6次，及时向辖区和相关部门进行反馈，并督促其整改到位。完成全市城区133个区域噪声、10条主干道18个噪声点位的交通噪声现场监测和上报工作。完成4个季度的农村环境质量、农村水源监测工作，及时上报监测数据；集中完成了82家农村生活污水处理设施废水监测工作；完成了6家黑臭水体取样监测工作；完成关于韩春化工的年度监督性监测任务。配合市局完成新郑市96家统计单位的国家“三上三下”审核工作，县级环统已定库。

【法治信访】 加强法治建设，进一步深入推进“三项制度”（行政执法公示制度、执法全过程记录制度、重大执法决定法制审核制度）落实，全年未发生因行政执法引起的复议诉讼案件。对33家违法企业立案处罚，其中移交公安机关案件13起，查封扣押案件4起。已申请法院执行案件3起。多形式、多平台开展普法教育活动，利用项目审批、环境监察、环境监测等活动，把环保法律法规送到乡镇、社区、学校和企业。全年完成了127家企业信用评价工作，其中10家企业评为信用诚信单位，97家评为信用良好单位，14家企业列为信用警示单位。积极服务群众，妥善解决环境诉求。针对重复举报和疑难信访件，制定投诉问题专项化解方案，通过“走下去、坐下来、带案子、听民意、解民忧、除积案、化风险”等形式，达到“三降低、三提高”（降低案件总体数量、降低案件重复举报数量、降低案件疑难问题数量，提高案件查处效率、提高案件查处质量、提高案件查处群众满意度）。认真办理人大代表建议、政协委员提案。全年共受理建议提案4件，全部及时办结，并逐个回访每个代表和委员，办结率满意率100%。认真解决各类信访投诉问题。全年共受理、解决“12369”热线投诉、各类举报和转办件1068件，所有案件均得到妥善办理，受到群众好评。

【优化营商环境】 新郑分局坚持“一线问需”“一线破难”“一线攻坚”，以“精准对接”的钻劲、“夜以继日”的拚劲、“贴心服务”的韧劲，惠企为民。认真落实“万人助万企”十条措施，同步推行“用脚步丈量环境”和“环保管家”活动，实施“全体党员联络服务企业、分局党支部和企业党支部联建、特邀监督员”三项制度，助力企业高质量发展。共走访企业286家，召开座谈会28次，帮扶解决问题425个；全年完成建设项目审批63家，总量核定58家，核发排污许可证19家，变更排污许可证27家；受到企业一致好评，收到企业锦旗33面、感谢信76封；在“三网合一”的基础上，追加投资400余万元，用于完善智慧环保平台，为远程监管、无事不扰企业提供科技支撑。

【灾后帮扶指导】 “7·20”暴雨袭击后，郑州市生态环境局新郑分局迅速成立了以局党组书记、局长任组长的防汛救灾领导小组，组织20余名党员干部成立的应急队伍，奔赴一线抢险救灾、帮助重建。对全市企业开展帮扶指导，重点对污水处理厂、河流水质自动监测基站、湿法脱硫企业进行现场查验，指导企业做好灾后卫生防疫工作，督促企业规范生产，严防出现汛期环境污染事件；积极申请上级救灾资金180万元对3个水毁项目进行修复；走访慰问支部联建的两个“无主管”老旧小区，及时为困难群众送去生活物资；组织70余名志愿者前往孟庄镇冯辛庄村开展志愿服务，及时帮助清理堆积的泥沙和垃圾，恢复村容村貌，并发放救灾物资；组织50余名志愿者到洧水公园开展河道清淤活动。

【疫情防控】 开展隔离点、定点医院和污水处理厂污水防疫帮扶工作，现场对新郑市公立人民医院进行污水防疫技术培训，完善污水处理站规范操作流程；指导帮扶12家隔离点建设安装污水消杀处理设施，完善医疗废物转运间，印发了《关于新冠肺炎集中隔离医学观察点和城镇污水处理厂医疗废水污染防治指导意见》，规范污水消杀处理技术，确保污水达标排放；每天对各隔离点、定点医院和污水处理厂的污水消杀情况进行抽样检测，并定期进行现场巡查，筑牢了疫情通过污水传染的屏障；抽调93名志愿者下沉东关街社区14个卡点，协助做好社区疫情防控工作；抽调专人组建16支队伍对各乡镇（街道、管委会）全员核酸检测现场医疗废物进行监管帮扶。

【环境宣传教育】 坚持以习近平新时代中国特色社会主义思想为指导，以生态环境保护中心工作为引领，进一步加大环境宣传教育工作力度，扩大生态环境保护宣传覆盖面，不断提高公众关注环保、参与环保的热情和积极性。2021年在上三级新闻媒体发表稿件232篇，其中国家级76篇，省级135篇，郑州市级21篇。充分利用“6·5”环境日、世界地球日、国际生物多样性日、低碳节能宣传周等节日，面向乡镇、社区、学校、企业等不同群体，开展生态环境保护主题宣传活动，全年共计800余人次参加宣传，受众群体超过万人。成立生态环境志愿服务队，持续开展不同主题的环保志愿服务和环保公益活动。积极开展疫情防控、环境攻坚战、生态创建、污染防治、绿色创建等宣传活动，同时通过电视台、报纸、网站、App客户端等载体，积极在全市培育生态文化、生态道德，转变全社会价值观、生活观和消费观，引导民众树立绿色增长、共建共享的理念。

（撰稿：姚　佩　审阅：冯胜利）

商务 政务

COMMERCE & GOVERNMENT AFFAIRS

·商务 政务 >>>

COMMERCE & GOVERNMENT AFFAIRS

对外开放

【概况】 新郑市商务局位于新郑市中华北路中原华信大厦九楼，内设办公室、招商引资科、商贸管理科、外资和外经贸科、电子商务科，新郑市招商服务中心（二级机构），有干部职工52人。2021年主要指标完成情况：全年共签订投资项目30个，协议总金额303.11亿元。实际吸收外资23988万美元，外贸进出口额5.90亿元，社会销售品零售总额332.2亿元。

【招商引资】 在引进项目的筛选上把握“三项原则”。坚持符合新郑市产业发展方向，重点围绕新郑市确立的电子信息、健康食品、高端商贸物流、生物医药、智能装备制造、高端文旅等“三主三新”产业签约。坚持抓“高、大、上”项目。即高成长性项目、体量大项目、行业20强项目，签约投资规模不低于2亿元。坚持招商选资。对前期在谈的重大项目可行性，邀请专业评估机构，召开项目评审会，对其产业拉动、税收额度、产值大小、影响力等深入开展研判、评审，严把招商引资质量关。

【外资、外经贸】 外资、外经贸稳定增长。通过各种渠道，加强与外商沟通和联系，每月由局主要领导带队，上门走访外资企业，协助解决企业运营中存在的困难和问题。落实首席官服务制度，建立外商投资项目跟踪服务机制，成立项目跟踪服务小组，密切跟踪在谈外资大项目，列出清单，分类施策，一企一策。深入中德产业园等园区，重点对新注册的外资企业，落实分包帮扶责任制，实行“店小二”式服务，奔驰卡车改装项目已签订协议。积极宣传省市外资优惠政策，鼓励企业积极申报，为光大环保、民商物联网2家企业申请重点外资企业补助15万元。扶持外贸企业做大做强，实施梯度培育计划，扩大外贸增量。开展“送政策进企业”活动，强化外贸进出口联络员制度，为企业提供便利化服务。紧盯新增出口企业，主动对接海关、检验检疫等部门，协调解决外贸企业通关、退税等

4月，新郑市辛丑年黄帝故里拜祖大典网络推介暨项目签约仪式举行
（市商务局/供图）

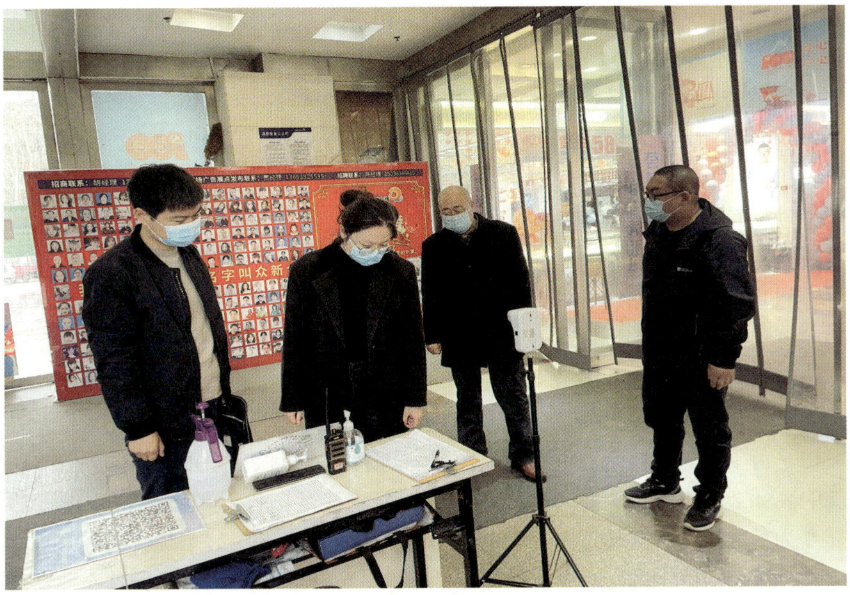

9月10日，市商务局领导到庆都生活广场进行疫情防控检查（市商务局/供图）

相关问题，助力企业顺利开展进出口业务，全年，新增外贸经营者备案登记企业45家。组织开展出口信保、资金申报政策解读、加工贸易通关等外贸业务培训。为峰泰纳米、运达造纸、卧龙游乐设备、正佳能源、吉祥铝业等企业兑付中小开资金补贴，累计金额约21.6万元。为正佳能源申请外经奖励资金83万余元。为正佳能源、格德格瑞、运达造纸等6家企业申请进出口增量奖124万元，缓解企业资金压力。

【电子商务】 电子商务稳步发展。根据《河南省商务厅 河南省财政厅 河南省扶贫办关于进一步做好电子商务进农村综合示范县项目验收工作的通知》（豫商体系函〔2021〕1号）文件精神，6月份，在符合验收条件的情况下，委托有资质的专业第三方机构对新郑市河南省级电子商务进农村综合示范项目实施情况进行了全面验收，验收结论为验收合格，并呈报省市级主管部门。

为扩宽农村企业销售渠道，提高知名度，积极举办各类电商活动，着重邀请贫困村企业参加，如新郑市网络直播货源对接会暨电商高峰论坛、青年网络创业大赛、电商助力乡村振兴农产品展会、电子商务诚信企业评选活动等。借助新郑市电子商务公共服务中心服务功能深入开展巩固电商脱贫工作，鼓励贫困村、贫困户企业及其产品免费入驻，服务中心入驻贫困村企业6家；新郑市农副产品展厅推广展示新郑市贫困村农特产品22种；定期举办沙龙培训会，聘请第三方培训机构负责人、电商企业高管等对电商知识进行培训讲解，积极邀请贫困村企业负责人参加。还积极开展了更为安全广泛的线上培训，通过线上网课的形式对贫困村进行宣传培训，共开发了10期电商扶贫专题网课培训，课程总浏览量3000余人次。除了线上，还着重对贫困村进行“一对一”的线下培训，“手把手”教他们了解电商实操内容，使贫困户真正了解电商、应用电商。

【商贸管理】 根据疫情防控工作的安排部署，疫情防控期间每日对全市辖区11家大型商超、8家商务酒店、市场保供单位的疫情防控工作进行专项督查。及时协调解决供应中出现的困难和问题，进行预警预测，确保生活必需品价格平稳。

积极引导新郑市大型商场、商业综合体开展各类促消费活动，郑州华盛奥特莱斯举办“华启拾年 盛世来潮”活动，龙湖锦艺城购物中心举办“彩虹花朝节”“以爱之名 惠聚全城”“甜蜜520”活动、由新壹城举办“星空集市”活动、华祥国贸举办“29元嗨卡抢购”活动。

为确保“三夏”期间新郑市境内农机和农用车辆能及时加注到油品，市商务局联合中石化新郑分公司、中石油新郑片区采取多种措施，给予柴油每升最高0.2元价格优惠。并在加油站内设立了“便民服务台”。

为扎实稳步推进安全生产工作，每周不定期对新郑市大型商超、成品油零售企业的安全生产工作进行现场督导检查，督促企业切实落实安全生产主体责任。

加强对汽车销售及其相关服务活动实施日常监督检查，要建立完善汽车销售和售后服务体系，保证相应的配件供应，提供及时、有效的售后服务，严格遵守家用汽车产品“三包”、召回等规定，确保消费者合法权益不受侵害。同时根据《二手车管理办法》对新郑市已经备案的5家二手车市场和一家报废车辆拆解企业加强日常监管。

（撰稿：周建玲　审稿：张金伟）

政务服务和大数据管理

【概况】 新郑市政务服务和大数据管理局于2019年1月30日挂牌成立，下设有新郑市政务服务中心和电子政务办两个事业单位。主要承担着新郑市行政审批与便民服务建设、电子政务、数据挖掘利用、推动大数据产业发展等相关职责。全市43家行政事业单位和社会化服务单位进驻办事大厅，设置窗口112个，进驻人员365人（含首席代表），全市1118项审批服务事项（除因场地或涉密等原因未能进驻的事项外）全部进驻大厅办理。

2021年，新郑市政务服务和大数据管理局全面推进“一网通办、一次办成”“一件事一次办”改革攻坚；着力推行“双减半”、周末无休；创新推出“三个一”工作模式、“好差评”工作法；在河南省首个推出智能政务工作台，打造“网上办”自助服务区和24小时自助区；实现乡镇（街道）便民服务中心自助服务终端全覆盖，打造基层“一站式”综合便民服务平台等改革措施，成效显著。2021年先后被郑州市政务办选为开展乡村两级政务服务事项标准化梳理工作试点、“落实企业开办一窗受理，推动线下企业开办一件事1个工作日一站式办”试点及“加快推进重点民生事项就近办”试点。9月份又被河南省大数据管理局确定为政务服务改革综合试点，试点包含便利老年人服务、智慧政务大厅、政务服务一体自助办、综合窗口运行四项内容。12月9日，郑州市及各县区大数据局经验交流现场会在新郑市政务服务和大数据管理局圆满召开。

【政务服务】 推动两个政务服务分中心的建设使用。依托华夏幸福产业新城已建设的服务中心，重点围绕涉企和投资项目审批等业务设置产业新城政务服务分中心。采用窗口接件、远端辅导、全程帮代办的模式，设置企业开办等窗口，推行“有温度”的管理体制，规范窗口管理、提升服务效能。探索服务端口前延、服务事项下沉等措施增强乡镇便民中心政务服务能力，打造梨河镇政务服务分中心，以医疗、养老等个人事项办理为主，推动群众申报量大、服务流程较为简易的高频政务服务事项窗口前移、业务下沉，总结成熟的工作经验，打造可复制、可推广的乡镇服务试点。做好营商环境省评及创新示范市创建工作。

【便企服务】 提前办结高效服务，创新举措利企便民。2021年，大厅共办理业务164.43万件，提前办结率100%，2021年以来，共计有21个进驻单位推出便民创新措施102项，其中重大创新1项，较大创新6项，普通创新88项，表扬7项。

进门办事“跑一窗”，跨部门事项“打包办”。持续推进综合受理，通过窗口优化调整，业务“加量”等措施，实现税务局、公积金、民政局窗口平行受理。围绕企业群众关心关注的高频业务，推动更多跨部门业务转变为集成服务，共梳理跨部门联办事项79项，可线上办理11项。分别设置线下企业和个人“一件事”专区，新推出“灵活就业”“创业担保贷款”等多个跨部门联办“一件事”。创新推出“创业服务大礼包”，实现了“企业开办”证照、政策“一袋拎取”。

精心打造老年人服务专区，让老年人办事更便利。在一楼出入最方便A区设立老年人服务专区，对老年人常办事项进行梳理，形成135项涉老化清单，设置残联、卫健委、不动产等12个高频事项窗口。大厅南门开设“老年人通道”，方便不能使用智能手机的老年人，并做好服务引导。在专区内设立等候专席，设置老年人服务专线“62651111”，同时，成立“助老帮办员”队伍，为老年人提供现场咨询引导、协助填表、免费拍照和复印打印等全流程“陪伴式”帮办代办。老年人服务专区办理业务8000余件，帮代办400余件。

民营经济帮代办，让企业有了“私人定制”服务。组建代办队伍，在咨询辅导区设置帮代办员，在做好首问接待基础上，免费为民营企业办理行政审批服务事项提供申报辅导、全流程帮办代办等各类“定制”服务，为企业解决好“烦心事”“难办事”。2021年共为各类民营企业帮代办117件，提前办结率100%，累计为企业节省1400多个工作日。

设立“办不成事”反映窗口，提升群众满意度。结合“用脚步丈量工作法”，设立“办不成事”反映窗口，制作醒目指示牌，制定窗口值班制度，每天由局班子成员带班在窗口无差别受理群众诉求。采取“受理—告知—协调—督办—跟进—回访”闭环工作机制，针对不同情况对症下药，及时为当事人做好解释疏导、说明情况、讲明政策、消除疑惑、解决问题。自窗口开设以来，共解决了15起疑难问题，群众获得感和体验感明

新郑市行政服务大厅老年人服务专区窗口（市大数据局/供图）

显提高。

探索政务服务大篷车，实现便民服务“零距离”。打造“不忘初心号”大篷车为民服务品牌，将行政审批、公共服务、政策解读整合为政务服务智能流动窗口。共梳理出13个单位共计90项事项，居民可以现场办理社保、商事登记、税务等部分政务服务事项，以及水、气过户、缴费、移动开卡、宽带业务等公共服务事项。2021年共计为居民提供服务343次，其中接待居民咨询163次，提供上门服务2次，办理老年优待证73件，人社社保业务56件，其他业务49件。

创新激励机制，助推改革再提升。每月对大厅管理人员、进驻大厅部门窗口和工作人员实行月考评、月排名、月点评，并根据月考核情况评出“红旗窗口”“党员示范岗”“服务标兵”及“创新机制奖”等。增强了工作人员责任感和服务意识，提升了改革力量。创新推出“三个一”工作模式。即进驻大厅窗口单位党组每季度研究一次政务服务专项工作，“一把手”每月听取一次政务服务专题汇报，“一把手”每月到窗口一线体验工作全流程，提升企业和群众办事便利度。自推行“三个一”以来，共29个单位一把手，510余人次体验。创新专区观摩，促进规范管理。将专区和后台区分别采取实地观摩、现场介绍、点评、打分排名的方式进行评议。对专区现场秩序、规范管理等10项情况进行现场点评、打分。通过“走、看、评、议”，在横向比较中寻找差距，在相互交流中学习经验，充分调动大家工作积极性，并将得分情况进行排名，纳入绩效考核。同时对4个后台审批区布局进行调整，提升后台审批区整体形象。

持续推进基层便民服务工作规范化建设，进一步完善乡级综合性政务大厅集中服务模式，推动公民办理高频的社保、医保、民政、计生等事项，全部进驻乡级便民服务中心，实现“一站式”集成服务。3月以来，新郑市作为郑州市“加快推进重点民生事项就近办”改革任务第一阶段试点，积极推进工作开展。市场监管局在新华路街道、薛店镇等11个乡镇（街道）综合便民服务中心设置办事窗口，为群众和企业提供个体工商户营业执照设立、食品生产许可证等“一站式”业务办理。税务部门依托新郑市农商行145个金融便利店和金融网点开展居民两险征收工作，群众家门口即可完成参保缴费。通过各部门紧密配合，不断创新工作举措，群众就近能办102项政务服务事项。

新郑市政务服务大厅自助服务区（市大数据局/供图）

抓好郑州市试点改革任务承接落实工作，9月份以来，郑州市选取新郑市作为试点开展乡村两级政务服务事项标准化梳理工作，新郑市组织梨河镇、观音寺镇、辛店镇、新建路办事处业务骨干及人社、医保、民政、公安等相关业务指导部门，对乡村依申请权力事项和公共服务事项进行全面梳理，并根据上级反馈意见，对照事项清单逐项编制办事指南，为全省下步统一乡村政务服务事项提供基础样板。

做好政务服务自助一体化试点工作，持续推进政务服务自助终端机覆盖范围，完善村级电子政务网络铺设，已实现市级政务服务大厅、乡镇便民服务中心全覆盖，并完成130台村级自助终端机铺设工作，进一步提升群众自助办便利度，实现市民群众“就近办”“自助办”。同时通过数据归集、接口对接等方式，进一步提升自助终端服务功能，在自助终端上开设“新郑政务服务分厅”，已实现公积金提取、青年人才补贴、医保社保服务、个人房产查询打印、不动产信息查询、便民缴费等200余项事项的办理。

加快电子证照归集使用，累计归集全市55个部门349类数据资源339万条，完成制作27个部门电子签章，生成各类电子证照52万个。协调不动产中心和房管中心进行数据推送共享，建设不动产及房管交易共享库，已推送结构化库表共96张近3486万条。积极向郑州市局申请不动产权证、出生医学证明、居住证、教师资格证等接口。依托数据交换平台，以数据集中汇集、应用服务创新为抓手，合理有效利用现有数据共享资源，优化相关审批职能部门服务流程、提升服务效能。

【城市治理】 加快建设智慧城市大脑项目。2020年3月以来，积极抢抓

"新基建"发展机遇，先后谋划立项了智慧城市大脑项目和智慧城市综合应用业务系统建设项目。截至2021年10月，数字城市运行管理中心、龙湖城管分中心已建设并投入使用；智慧政务、智慧监管、智慧交通、智慧党建、智慧司法、领导驾驶舱、城市运行指挥系统等已完成部分功能研发，并实现了前端的展示，已完成全市电子政务网络IPv6升级改造。正式启动智慧环保一期、信用平台建设。

聚焦场景应用建设，自项目启动以来，充分运用新一代信息技术，基于数据交换平台归集海量数据，复用市级各类平台系统，避免重复建设，高标准推进智慧应用场景建设工作。智慧政务采取"数据平台+智慧大厅+智能终端"的模式，构建线上线下一体化的县乡村（社区）三级联动互联网政务服务体系。智慧监管系统对市场监管的重点场所、与市民息息相关的场所如厨房、药店、电梯等，运用智能AI算法对存在风险的状况及时预警，实现科学监管；领导驾驶舱系统的市级综合页面，整合新郑市各业务口重点指标数据，综合展示新郑市各方面的能力和城市基础情况。同时，积极与市卫健委、市城市管理局、市交通运输局等部门沟通对接，将其建成的业务系统、平台诸如区域医疗数据监管平台、建筑垃圾管理平台等接入数字城市运行指挥中心，实现各部门业务系统综合呈现、多部门智能业务协同。

加快城市运行指挥系统建设，该系统已开发疫情防控、防汛指挥、一网通办等12个专题模块。利用该系统研发上线防疫、防汛专题，"疫情防控"专题通过接入国家、省、郑州市及新郑市发布各类疫情数据，呈现当前疫情态势，并将新郑市五次核酸检测以及疫苗接种点、核酸检测点、隔离点、医疗资源数据进行汇总分析，全面了解新郑市整体检测情况；"防汛指挥"专题将全市水库、积水点信息接入并在地图上展示，遇到道路积水、水库水位异常，通过视频监控，及时通过电话、短信方式，向负责人及时发布指令，做到早预防早排除。

全面做好疫情防控工作，成立核酸检测大数据信息保障专班，抽调20人分成9支队伍，深入16个乡镇（街道办）、管委会的600多个检测点，负责培训全市约2900名录入系统管理员、操作员，保障系统顺利运行。24小时不间断，现场查看指导，为全市全员核酸检测奠定了良好信息技术保障。圆满完成了新郑市110多万人的五轮全民核酸检测和重点人群五轮13.7万余人次的核酸检测任务，以及教育系统1次师生核酸抽检和1次全员核酸检测。

（撰稿人：贯湘峰　审阅：李水英）

园区建设

ZONE CONSTRUCTION

·园区建设 >>>

ZONE CONSTRUCTION

郑州新郑教育园区（龙湖镇）

【概况】郑州新郑教育园区（龙湖镇）位于新郑市最北部，与郑州市区接壤，毗邻郑州航空港经济综合试验区，是郑州国家中心城市规划的南部新城核心区、黄帝千古情核心板块所在地。2021年7月，新郑市委、市政府授权教育园区、龙湖镇启动套合改革，9月初，按照“宜统则统、宜分则分”的原则，实现了所有行政事业机构统一领导和管理，两个单位所有内设机构、事业单位进行了机构职能整合，合署办公，共同承担相应职责，由教育园区党工委统一领导。教育园区（龙湖镇）辖17个行政村、11个社区，区域面积96平方千米，耕地面积2840公顷，常住人口53.7万人，流动人口约20万人，实际管理服务人口73.7万人。

教育园区（龙湖镇）主要有三个特点：首先，是一个“桥头堡”。与省会郑州接壤，与航空港毗邻，是郑州市的“南大门”。4条主干道连通郑州主城，2条高速公路穿镇而过，地铁2号线贯通镇区东延至新郑机场，“九纵十横、内外通达”的路网体系基本形成，实现与郑州市区、航空港区的无缝对接，是新郑市实施“双融入、双承接”战略的桥头堡。其次，是一个“后花园”。梅、泰二山屹立境内，十七里河、十八里河蜿蜒流过，8座水库星罗棋布，1333.33公顷小杂果基地集中西部。全镇现有各类广场、游园14个，占地133.33公顷的十七里河省级湿地公园、占地66.67公顷的社会主义核心价值观公园建成开放，人均公共绿地面积11.5平方米，森林覆盖率56%，是郑州市区及周边市民休闲度假的好去处。第三，是一个大学城。拥有9所大学、8个省级以上培训中心，常年在校师生15万余人。“双创”综合体、“双创”学院、大学科技园5个。人才和智力资源十分丰富。

2021年，教育园区（龙湖镇）围绕新郑建设全国一流中等城市战略部署，牢固树立“人民至上、生命至上”理念，对照“九高”目标，抓实“九项工程”，躬身践行“脚步丈量工作法”，把市委决策部署条条落实、件件落地、事事见效，奋力推动郑州南部新城现代化建设再启新程、再开新局。

【经济发展】经济增长稳中有进。2021年度完成地区生产总值226亿元，固定资产投资101.1亿元，地方财政收入12.5亿元，规模以上工业增加值增速20%，社会消费品零售总额115亿元，以全国40名、河南第一名的成绩再次荣登2021年度全国千强镇榜单。

招商引资成效显著。2021年，面对重大产业项目落地速度不快导致的“转型阵痛”，疫情、汛情叠加影响带来的“经济疲软”，教育园区（龙湖镇）千方百计想办法、找对策，深入实施“挖潜”“培源”“护航”三大行动，努力以新旧动能加速转换推动经济发展健康平稳。实施“深挖”行动。通过在全镇各类企业、商户中深入开展税源大普查，摸清底子，督促进行税务登记1800余家，新增税收1300余万元。实施“培源”行动。始终坚持“项目为王”理念，围绕产业规划布局，以高水平招商引资促进产业向高端转型发展，天乐电商与河南唐宫夜宴集团合作的文创产品开发项目已签订协议，河南最大直播生态体系正在积极谋划；寒舍·轩辕夜游谷、同赢服装总部港、协飞大数据物联网产业园等项目有序推进。

实施“护航”行动。选优扶强辖区企业，对辖区临界点企业开展经营情况摸底大调查，新入库企业61家，筛选符合入库条件企业97家。扎实开展“万人助万企”活动，健全完善服务企业“点对点”、周例会、“跑腿帮办”等制度，切实当好服务企业“店小二”，以更加优质、便捷的营商环境，助推项目快建设、快见效。

【城乡建设】 城市提质步伐加快。把黄帝千古情核心板块高品质建设作为龙湖实现新一轮跨越发展的风口和机遇，制定“223”工作思路，围绕东部、西部“双统筹”，规划、建设“两同步”，基础设施、生态环境、公共服务“三优先”，以核心板块先行先试，带动西部区域联动发力，撬动龙湖全域整体提质。研究制定千古情核心板块城市更新方案，项目区域范围北至双湖大道和水库路、南至杜水路、西至郑平路、东至湖景路，区域面积358.87公顷。核心板块内文明路污水管网、110千伏小乔变电站、220千伏新港变电站等3个项目土地征收已到位；新老107连接线西延工程本年度任务已完成；宏达路、商虞路、祥安路西延等3条道路工程土地征收和组卷报批工作正在加紧推进；西部五村安置房规划建设初步选址已拟定。

城乡管理精准精细。尊重群众主体地位，迈开脚步丈量民心所盼，坚持群众满意标准，聚焦城乡建设的短板、群众反映的痛点、经济发展的“绊脚石”，用脚步丈量城乡，用实干为民解难。拆除私搭乱建3万余平方米，清除违规广告2.1万余处，规范游商突店、车辆乱停8.9万余起，清运积存垃圾12.3万余吨；新增绿化面积7000余平方米，美化墙体1万余平方米，整修路面1.5万余平方米，新增临时停车位500余个。

【生态环境】 大气污染稳定防控。严格落实建筑工地“三员管理”和“工地警长”责任制，对全镇79个建筑工地建立台账、动态监管，确保“8个100%”“两个严禁”执行到位。深入开展“散乱污”企业专项集中整治，关停取缔93家。大力整治餐厨油烟污染，取缔露天烧烤摊点136个，督促810家餐饮服务单位安装使用油烟净化装置。加强非法营运渣土车整治，查处治理430余台、依法刑拘7人。严控机动车尾气排放，取缔黑加油点、流动加油车74个（台），行政拘留78人、刑事拘留1人。实施全年全面禁烧，基本实现重点监控时段“零火点”目标。全面加强重污染天气预警管控，依法查处违规案件8起、行政拘留15人。顺利完成中央及省市各级交办问题整改，全年完成各级交办案件702件。

水体治理取得实效。认真落实“河长制”工作要求，累计投资5650余万元对辖区建成区违法违规排污问题开展专项排查整治，排查雨污水管网97千米、整改沿街单位240家。全镇14处临时污水处理设施设备，日处理总量达2.78万吨，投用累计处理污水量583.8万吨；通过污水截污纳管，累计进厂处理污水4465万吨；十七里河上游水质提升项目已经完成方案设计并通过前期研究论证；十八里河湿地公园建设稳步推进，河道水质污染问题得到逐步缓解。

生态建设扩面提质。围绕“大生态、大环保、大格局、大统筹”总体要求，统筹推进湿地、农田、流域等生态系统建设，大力实施生态廊道、地铁沿线、高速互通立交及出入口区域绿化整治提升。新增生态林57.33公顷，廊道绿化41千米，移栽各类苗木2300棵，种植草坪15000平方米，修剪管护绿篱、草坪、行道树55万余平方米。

【社会治理】 社会大局持续稳定。把维护安全稳定放在发展之需、群众之愿、守土之责的政治高度，扎实开展“三零”创建。认真落实科级干部接访、干部案件分包、信访联席会议等制度，充分发挥管区、村（社区）矛盾排查调处机制，排查调处各类矛盾纠纷1300余件，办理信访案件623起，结案515起。加大案件侦办力度，刑事立案3225起，破案177起，刑事拘留214人；受理治安案件6004起，行政拘留440人。持续强化安全生产。加强对辖区内各类市场、建筑工地、景区、物流仓储、“三合一”场所等重点行业企业、重点领域经营场所进行监管，层层签订安全生产责任书，发现各类隐患万余处，并下发整改通知书，限时督促进行整改。在全镇范围开展电动车充电桩及高层建筑防电动车上楼智慧电梯系统安装专项行动，28个村（社区）基本实现全覆盖。在侯庄村试点建立“多合一”场所标准化模式，以点带面，在全镇推广。始终坚持“人民至上、生命至上”，全力打好疫情、汛情“双线战”“并线战”，坚决筑牢人民群众生命财产安全“双防线”。面对“百年不遇”的极端强降雨天气，全面动员各方面力量，全力做好“防大汛、抢大险、救大灾”工作。汛前未雨绸缪，制定防汛防洪应急预案、抗洪救灾工作方案，全面排查各类隐患点，充实防灾减灾物资储备，做到了隐患清、物资足；汛期果断处置，班子成员第一时间深入一线查汛情，果断出击快部署，镇村两级干部全部驻守防线，各类险情在最短的时间内得到消除；汛后全力抢修，全体干部职工全部包村入户、实地核查，第一时间核实、上报灾情，加快城乡水毁基础设施修复，实施灾后重建项目27个，已完成修复25个。面对突如其来的疫情，全面落实上级各项部署要求，以“人不解甲、马不卸鞍”的战时状态，扎实推进疫情防控各项工作。全体党员干部迅速到岗到位、下沉一线，设立各类卡点237个，投入公安、党员干部、群众志愿者等各方力量6000余人，严格落实扫码测温登记各项措施；设置健康关爱中心3个；设置核酸检测点152个，带动超过5500余名党员干部、医护人员、公安干警、群众志愿者支援核酸检测工作，圆满完成5轮206.5万人次核酸检测任务。

社会保障更加强化。不断加大群众创业就业帮扶力度，完成劳动力转移培训814人，完成就业再就业877人，发放创业贷款15笔，255万元。持续加强弱势群体帮扶工作，累计救助贫困家庭20户，发放临时救助补贴37300元。为80岁以上龙湖籍老年人每月发放生活补助，受惠群众近万人。不断加大农民工劳动维权和保障力度，解决劳资纠纷近千起，涉及农民工9000余人次，清欠农民工工资近超亿元。

社会事业全面进步。积极筹备第四届“龙湖榜样”，持续开展“十星级文明户”“最美家庭”“好媳妇好婆婆”等评选活动，传扬崇德向善感人事迹，激发见贤思齐正能量。加大公共文化服务向基层延伸力度，组织群众收看远程教育直播、点播近万人次。依托镇村两级29个党群服务中心和75支群众文艺队伍，开展群众性文化活动360余场次。加紧解决“上学难”问题，东苑小学、梅山小学新建项目有序推进，秋季开学新增学位6000余个，“大班额”有效缓解。紧扣政府十大民生实事办理，祥和路社区卫生服务中心建设接近尾声，泰山卫生服务中心、第三、第四社区卫生服务中心加速推进。

【党的建设】 持续加强政治建设。开展建党百年党史理论宣讲、党史知识竞赛、红歌比赛、党组织书记集中轮训和党员教育培训等活动70余次。依托“万名党员进党校”等活动载体，完成党员干部教育培训4000余人次。深入推进“我为群众办实事”实践活动，处理解决民生事项70余件。抓好“学习强国”学习，持续增强“四个意识”，坚定“四个自信”，做到“两个维护”。

不断夯实基层基础。圆满完成镇党委换届选举、“两优一先”评选表彰、“光荣在党50年”纪念章颁发等工作。按照“无到有、有变优、优做精”的思路，投资780余万元，新建、改造、提升支部阵地19个。加强软弱涣散党组织整顿，梅山支部顺利通过验收。圆满完成28个社区（村）无疫社区（村）申报和创建工作。开展党支部书记“亮赛比”活动4次，村级集体经济经营性收入10万元以上的村达到100%。54家10人以上非公企业实现党组织全覆盖，推荐“两新”组织党建示范点2个。严把入党关口，确定发展对象39人，资格联审终止发展1人；严格党员发展程序，全年召开2次入党积极分子培训会和4次党务工作培训会，累计备案入党积极分子108名。开展农村发展党员违规违纪问题排查整顿“回头看”，基层党建能力水平不断提升。

强力推进廉政建设。开展警示教育、以案促改活动16次，班子成员、支部书记带头讲廉政党课54次，扎实开展“以身边事教育身边人”专题警示教育活动，对市纪委通报曝光的案件，一律镇村两级学习通报、深刻剖析，教育引导广大党员干部守纪律、明底线、知敬畏。围绕群众反映强烈的村组经济问题等方面开展集中查究活动53次，受理问题线索32件，立案7起，党政纪处分7人。积极回应民生关切，深入开展“我为群众办实事”活动，接受群众信访举报件8件，办结8件。

【特色产业】 龙湖樱桃种植。龙湖镇位于新郑市西北部，距郑州12千米，总面积96平方千米。龙湖镇内岗峦起伏，沟壑纵横，龙湖水库蜿蜒曲折。碧波荡漾，雾气蒸腾，变化万千，从空中鸟瞰，恰似巨龙舞爪，遂得名龙湖。而龙湖樱桃就位于新郑市的龙湖镇，龙湖镇樱桃色泽鲜艳、营养丰富、粒大圆润，果实中的糖、蛋白质、维生素、铁含量居鲜食果中之首，有“百果之先”的美誉，是真正的绿色果品。

新郑市属暖温带大陆性气候，温暖气团交替频繁，常年雨量偏少，春季温暖无常，少雨多风；夏季多雨炎热；秋季凉爽，光照充足；冬季干燥寒冷，风多雪少，四季分明。优越的气候条件适宜樱桃的生长种植，为发展优质樱桃提供了良好条件。龙湖樱桃已经遍及新郑市龙湖镇山西乔村、泰山村、张沟村、古城村、于寨村、梅山村郭庄等村镇。龙湖镇山西乔村种植樱桃有2000多年的历史，种植面积60多公顷，龙湖樱桃驰名邻近各省县，已成为樱桃生产基地之一。

龙湖樱桃的开发利用。优质的果品推动了新郑市龙湖镇农业的发展。龙湖镇村民以龙湖樱桃为依托，通过规范化的管理，生产技术的革新，带动了村民的经济收入，也推动了周边经济的迅速发展。

当地政府的大力支持，村民转变营销思路，实施乡村采摘游、“互联网+”等销售策略，逐步形成“一业带多业，一二三产业融合发展”的新格局。通过参与休闲农业与乡村旅游业，龙湖镇很多农户不仅由从事第一产业的传统农民变为从事第三产业的旅游从业者，而且实现了致富奔小康，像山西乔村、泰山村、古城村、梅山村、于寨村等依托本地的樱桃发展，以田园赏花摘果、民俗农家美食、乡村节会活动为主的采摘游，每年增加丰厚的收入。

龙湖镇樱桃产业链已经形成，除了销售鲜食樱桃，围绕樱桃产业特色优势，还举办樱桃文化节，发展观光农业，培育龙头企业带头发展樱桃产业。在政府的大力支持、鼓励和引导下，通过延长产业链的方式，新郑龙湖果农走出了一条适合自己的发展道路，让新郑龙湖樱桃走出河南，走向全国，带动新郑龙湖村民过上富裕的生活。

龙湖樱桃的生产方式。品种、建园选择讲究。选择地下水位低、不易积涝、土壤pH值6.5—7.5，结构适宜，理化性状良好，土层深厚的沙壤土和壤土上，排灌方便。樱桃品种的选择以区域化和良种化为基础，选择优良品种及砧木，实行适地适栽。生产管理。土壤管理：包括深翻改土、中耕松土、地面覆草。施肥主要包括秋施基肥、花果期追肥、采果后补肥，并且使用有机肥。水分管理一般采用喷灌、渗灌、滴灌等。一年灌水4次，包括花前水、花后水、果实膨大水、封冻水。樱桃怕涝，降雨量大时及时排水。花果管理：樱桃畸形果与花芽分化期的高温有关，7、8月树上喷水可显著减少畸形果。大樱桃花量大，在花芽萌动前将弱花芽、瘪花芽掰掉，以节约营养，提高果品质量，每个枝组掰掉30%—50%的花芽，注意保留中间的叶芽。整形修剪：樱桃喜光性强，应培养纺锤形，幼树利用拉枝开角、摘心等手法适当控制器外围拉力，除中干延长头、主枝延长头留一新梢使其向外延伸外，其余新梢长度达到10米时反复摘心，以缓和树势，使其内外势力均衡，提高其立体结果能力，从而提高产量和品质。冬剪时除中干、有延伸任务的延长头采取轻短截外，其余枝本着有空就留的原则多留枝，过多的则从基部疏除。多年生结果枝组采取回缩的剪法，以节约养分，扶壮枝组，延长结果年限。

（撰稿：谭杰超　审阅：高　帅）

新港产业集聚区

光明乳业（新港产业集聚区/供图）

【概况】 新港产业集聚区是河南省首批重点产业集聚区，位于新郑市东部，规划面积27.61平方千米，北接郑州市区，毗邻郑州新郑国际机场，京广铁路、石武高铁、京港澳高速、商登高速、南水北调穿境而过，交通区位优越。2021年，新港产业集聚区管委会坚持以推动高质量发展为主线，着力做好规划完善、招商引资、产业项目建设、基础设施建设等重点工作，在疫情和复杂多变的国内外经济形势下，集聚区呈现出健康稳定的发展态势。

【规划编制】 按照省市高质量发展相关精神，产业集聚区管委会聘请工信部赛迪研究院和同济大学上海同华建筑规划设计有限公司联合编制发展规划，初步方案已编制，确定了电子信息、食品加工、装备制造、商贸物流四大主导产业，鉴于全国正开展国土空间规划试点编制工作，待省市国土空间规划确定后再进一步核定，确定产业集聚区四至边界范围面积。

【招商引资】 新港产业集聚区始终把招商引资作为产业发展的头号工程，按照“项目为王”的工作导向，以“服务企业、服务项目、服务投资者”为核心，紧紧围绕电子信息、食品加工、生物医药、智能制造等主导产业，加强以商招商、基金公司招商、专业团队招商，推行产业链长制，精准服务，通过建账、理账、对账、交账、算账，着力解决项目推进难题，认真抓好签约项目开工、开工项目投产、投产项目达效等工作。宏胜饮料生产、花花牛迁建等20个项目正在进行洽谈，已签约投资10亿元的星河亮点、投资4亿元的郑韩实业及正佳能源等项目正在履行签约程序。

【项目建设】 以“服务企业、服务项目、服务投资者”为核心，紧紧围绕重点产业项目，精准服务，着力解决项目推进难题，积极为项目建设营造良好的环境。全年共计谋划产业项目26个，总投资237亿元，其中已开工项目6个，包括总投资30亿元的华思光电、总投资51亿元的尊绅光电、高森包装、中储粮物流仓储、诚中新材料优质原粮加工等项目；拟开工项目7个，包括总投资10亿元的联东U谷新郑电子信息产业港、康之健智慧化洗涤中央工厂、昂特瑞食品项目、美盈森环保包装等项目，正在加快办理各项手续；全年续建项目12个，其中锐杰微封装芯片项目、好想你分拣配送产业园一期、金星啤酒一期、

河南达利食品有限公司（新港产业集聚区/供图）

华润雪花啤酒一期配套、光明乳业莫斯利安生产线改造等项目已经完工投产，其余项目正在加快推进。

【强化要素保障】 完善基础设施，重点围绕电子信息产业集群，加大协调力度，加快推进电子信息产业园专业污水处理厂建设，应急池、提升泵房主体建设已经完成，年底前试运行；积极推进电子信息产业园配套变电站建设工作，规划220千伏枣园变电站国家电网内部设计、施工、物料招标工作已经结束，土地正在组卷报批，待土地批回后可以进行施工建设工作；积极协调华思光电、尊绅光电等企业用电、用水问题，强化要素保障成效。积极协调推进新村大道东延工程、莲花路下穿京广铁路改建工程等，加快融港道路建设。积极推进工业用地提质增效，盘活低效用地3宗（面积3.58公顷），通过“腾笼换鸟”方式，进一步优化集聚区内部空间。积极推进“标准地”出让，2021年成功出让产业集聚区内3宗国有建设用地“标准地”使用权，成为郑州市范围内率先推行带图出让的“标准地”改革县（市）。推进区域评估。对工程建设项目审批过程中具有共性的矿产压覆、地质灾害、水土保持、文物保护、雷击、环境评价等事项，开展区域评估，已完成评估成果审查，实现成果应用共享。推进校企合作，组织电子信息产业园内企业到河南工业贸易职业学院、郑州电子商务职业学院、中原工学院电子信息学院、郑州升达经贸管理学院信息工程学院等高校，就开展校园招聘、订单式人才培养、开设实践课程等形式的校企合作、协同育人进行了对接和洽谈，以打造产学研合作新标杆，更好服务区域经济发展。在解决企业对蓝领人才需求方面，联合市教育局组织辖区内中专学校、企业召开“校企合作、产教融合”洽谈会，为学校和企业牵线搭桥，既解决企业用工难问题，又解决学生就业难问题。组织尊绅光电等企业到新郑中专、郑州电子商务职业学院等学校考察调研，就人才培养和人才招聘等事项开展合作。

（撰稿：张伟锋　审阅：朱黎娟）

遂成药业股份有限公司（新港产业集聚区/供图）

新郑新区

【概况】 新郑新区是为适应新郑市经济社会高质量发展需要，以满足城市商业、行政、居住等需求为目标，按照“产业为基，产区互动，协调发展”的整体布局进行开发建设的新城区。新区位于新郑主城区北部，距省会郑州30千米，距新郑国际机场和郑州航空港区13千米，南依郑韩故城墙，西临郑新快速路，北至南水北调总干渠，东达京广铁路，总规划面积30.6平方千米，下辖能庄社区、苟郑社区、韩庄社区、高千庄社区、李唐庄社区、常庄社区、赵庄社区和王庄社区共8个社区居委会，截至2021年年底，辖区总人口约7.93万人，其中常住人口7.15万人，户籍人口2.19万人，外来流动人口约5.75万人。

2021年新区坚持以人民为中心的发展思想，把握“稳中求进”总基调，突出“奋发有为”总要求，紧紧围绕“宜居宜业宜商新区”这一目标，以高质量发展为中心，践行“用脚步丈量”工作法，加大招商引资和基础设施建设“双拳”力度，坚守安全稳定、防汛救灾、疫情防控、生态环保四条“底线”，扎实做好双城联创重点工作，用心用力用情增进民生福祉，社会大局保持和谐稳定，城市文明得到显著提升，居民生活水平持续提高。

2021年，新区地区生产总值累计完成39.8亿元，同比增长6.4%；地方财政一般公共预算收入完成40450万元；固定资产投资全年完成63.7亿元，与2020年同期持平；社会消费品零售额全年完成8.2亿元，同比增长12.94%。新区围绕高质量发展工作重点，坚持抓项目就是抓发展，谋项目就是谋未来。

【基础设施】 2021年，新区城市人居环境持续提升，新修建崇文路、常青路、湖滨路及新尚周边等10条道路，完成常青路、学院路等道路绿化，建成并开放黄水河公园和暖泉河公园；城市管理成效明显，建成并投入使用新村大道垃圾中转站、新郑市城乡一体化智慧指挥中心，数字化城管基本实现全域覆盖；教育配套日趋完善，建成并投用泥河新城幼儿园、子产路小学、鸿福路中小学等4所学校，少典路小学建设项目也已完成土地清表，建成后可进一步满足新区居民教育需求。一大批基础设施项目的建设有效增进了民生福祉，大幅提升了市民在经济社会发展中的获得感、幸福感、安全感。

【招商引资】 新区顺应高质量发展新要求，加大招商引资力度，加速新区人员再就业、税源再扩大，推动新区产城融合发展。招商质量不断提升，中交二公局中原建设有限公司已签约并入驻新区，注册资本10亿元。中央商务区华祥喜度、世基城市广场等总部商厦相继入驻了平安财产保险、中国人寿财产保险、三体共享办公、郑韩实业、五彩人才孵化中心等规模企业十余家。招商结构持续优化，全力招引大型商业及文旅产业项目。北京喜高乐文化科技有限公司已签约郑州卡通文化生态海岸项目，预计投资42.32亿元，新城控股集团拟投资吾悦广场商业综合体项目，正在加紧督促项目落地。

【防汛抗疫】 在防汛救灾“遭遇战”中，新区坚持预防和应急相结合，闻“汛”而动，迎险而上，严格落实排查巡查、值班值守和包社区入户制度，及时对可能发生险情的59处重点部位、薄弱环节进行紧急加固，防汛抢险工作取得积极成效，汛期未发生人员伤亡。汛后成立灾后重建工作小组，积极开展灾后重建工作，投入资金409.44万元，完成灾后基础设施修复项目31个。积极开展“万人助万企”活动，协助河南领创医药科技完成企业信用贷款，增强了企业投资的信心。在疫情防控“阻击战”中，新区坚持人民生命至上，严格落实疫情防控工作要求。快速反应，迅速设立26个疫情防控检查站，24小时不间断值守，严格落实闭环管理，9次核酸检测共计采样432925人次。压实责任，领导班子深入一线靠前指挥，严格落实返郑排查、居家隔离、集中隔离和健康监测政策，设立麗枫酒店集中隔离点，在郑州市督导组督查评比中多次排名第一。

【生态建设】 2021年新区持续推动制度化夜查，切实做到环境保护和项目建设两手抓、两不误。坚持大气污染防治工作常态化，严格落实降尘控尘措施，坚持24小时管控巡查，加大对废弃车辆的管理，新区开展夜查290余次，日常巡查2300余人次，大气污染防控主要指标均控制在目标值以内。坚持落实专项整治工作专业化，加强日常督查和问题处置，广泛宣传禁烧工作，做好农业救灾和生产恢复工作；对辖区土地拉网式联动排查，积极开展“大棚房”问题专项清理整治；强化巡河制度，做好辖区内生态廊道附属物普查清点工作，开展河湖“清四乱”专项行动，乡村两级河长常态化巡河600余人次，发现并整改问题12个。坚持土地管理工作全面化，对新区农业用地抛荒撂荒进行全面排查整治，配合土地部门做好土地征收工作，已完成土地征收52.44公顷、收储土地4宗14.09公顷、出让土地5宗19.26公顷，出让金8.4亿元。

【社会治理】 新区以隐患排查和矛盾化解为抓手，以信访稳定、治安反诈、隐患排除和劳动监察为重点，加强禁毒、反邪教等宣传教育工作，多管齐下确保新区社会大局和谐稳定。在信访稳定方面，建立了三级矛盾化解中心，依托“郑好办”App，借力郑州市“智慧矛盾调解系统”，及时介入处理矛盾纠纷。接待来访群众81批194人次，办理信访案件56件，处理信访局交办的书记市长短信案件46件。在治安反诈方面，组建了治安巡逻队，开展平安建设宣传，发放宣传彩页，切实提高了居民群防反诈意识，有效降低了盗窃、抢劫、抢夺案件的发案率。在隐患排查方面，开展安全隐患排查整治活动，发现并排险2537处，到企业、社区开展宣传教育45次，排查高层建筑227栋、“九小场所”1814家。在劳动监察方面，以工程建设领域为重点，对商铺、小微企业和项目工地实地巡察、现场处置，共接待欠薪案件206起，涉及1900多名工人，累计金额3000余万元，实现了欠薪隐患早发现、问题早处置、案件早办结。

【征迁安置】 截至2021年年底，新区已建成投用了新新家园、李唐庄安置区、府屋新城（二社区）、泥河新城等拆迁安置社区；建成商业小区17个，分别是阳光港湾、碧水蓝天、轩辕湖一号一期和二期、昌鼎润苑、湖心佳苑、天鹅湖畔一期和二期、剑桥郡、一江弘城一、二和三期、碧桂园1号院和2号院、招商轩辕华府，正弘新城1号院和2号院。

【社会保障】 2021年新区秉持“以民为本，为民服务、为民解困”的理念，确保社会保障政策落实。以培训促进群众再就业，广泛动员就业困难人员免费参加职业技能培训，引导学员积极参加职业技能考试，新增再就业84人，返乡创业45人。开展扶贫助困，建设社区养老照料服务中心6个，慰问困难群众286人次。落实惠民政策，积极宣传和动员群众完成孕前优生检测118人，做好“两险”征缴工作，居民医保缴费12652人，社会养老保险续费3871人。做好拥军优属，建立了赵庄、苟郑和高千庄社区退役军人服务站，为400余名退役军人家庭悬挂“光荣之家”门牌，在春节、八一等节日开展走访慰问抚恤活动。发挥便民服务中心作用，推进窗口和政务公开专栏建设，精简办事程序，提高办事效率，2021年共接待来访群众3000余人次，办结事项1500多项，全面提升了政务服务形象。

（撰稿：李乔乔　审阅：唐君亚）

农业 农村

AGRICULTURE AND RURAL AREAS

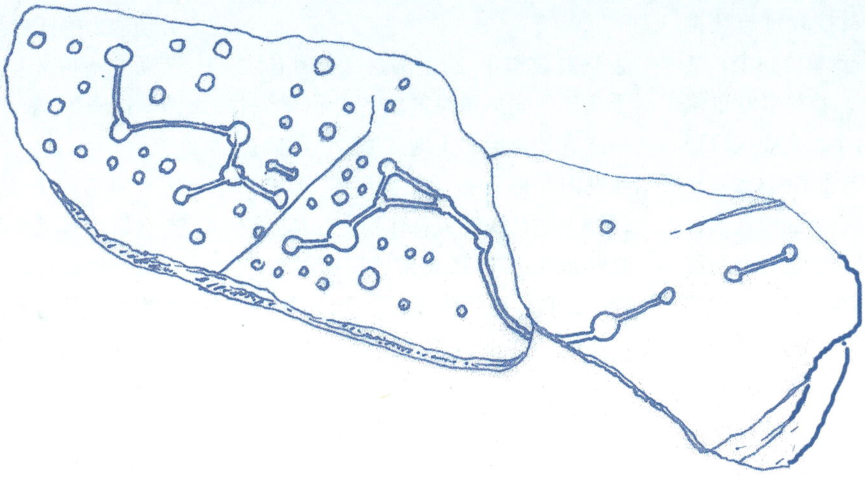

·农业 农村 >>>

AGRICULTURE AND RURAL AREAS

农业工作

【概况】 新郑市农业农村工作委员会位于人民路与中华路口中信银行三楼，为市政府工作部门，一级预算单位。内设科室15个（挂牌2个）：办公室（财审科）、编制人事科、法规信访科（行政审批科）、农村建设与社会事业科、农村改革与经济科、农村产业与发展规划科、农业生产科、农业机械科、项目计划与农田建设科、农产品质量监管科、农资与种业管理科、扶贫管理科、畜牧兽医科、畜禽屠宰管理科、科技教育与数据信息科。下属二级事业单位18个，其中全供事业单位9个，差补事业单位5个，自收自支事业1个，企业化管理事业3个（自筹），事业编制372名。2021年，新郑市农委以党的十九大、十九届历次全会精神为指引，全面落实中央、省和郑州市农业农村工作部署，持续巩固脱贫攻坚成果，坚决扛稳粮食安全重任，着力提升农业高质量发展水平，全面推进美丽乡村建设，乡村振兴工作取得阶段性进展。全年粮食播种面积4.089万公顷，实现总产23.66万吨。其中，夏粮面积2.03万公顷，总产12.54万吨；秋粮2.08万公顷，总产11.12万吨。蔬菜播种面积0.49万公顷，总产量21万吨，实现产值4.2亿元。瓜类总产量1.3万吨、水果总产量4.5万吨、肉类产量1.6万吨、禽蛋产量2.1万吨、奶产量0.35万吨，生猪存栏19万头。全年谋划争取脱贫攻坚、乡村振兴、美丽乡村建设、畜禽标准化养殖、农机购置补贴、耕地地力补贴、村级集体经济公共服务、灾后重建、生态农业建设项目奖补、蔬菜绿色高质高效行动计划、美丽牧场建设等经济社会发展项目38个，累计争取上三级项目资金 1.8亿元。

【脱贫攻坚】 制定出台《新郑市关于实现巩固拓展脱贫攻坚成果同乡村振兴有效衔接的实施意见》，明确过渡期内严格落实“四个不摘”要求，保持主要帮扶政策总体稳定。加强巩固拓展脱贫攻坚成果项目库建设工作，实现储备入库项目80个，总投资13767万元。2021年，共投入衔接资金7939万元，批复实施项目43个。突出工作重点，兜牢“两不愁三保障”防线。共为23497名家庭经济困难学生发放资助资金约1655.84万元；为脱贫群众减免各项医疗费用196.55万元，开展义诊42次；实施两批农村饮水工程维修养护项目，涉及9个乡镇，61个行政村，受益人口12.07万人；为符合条件残疾人发放特殊生活补贴资金1467.88万元；对48户困难重度残疾人家庭无障碍改造；为全市11796名持证残疾人购买了综合保险。以就业产业为支撑，千方百计促进脱贫群众增收。举办线上招聘会4次，线下招聘会7次，共有639家企业提供就业岗位信息19295条，开展职业技能提升培训138期6816人，销售脱贫村脱贫户农畜产品238万元，发放小额贷款246户1171.3万元。易地扶贫搬迁群众有劳动能力搬迁户都已实现稳定就业，劳动力就业率达到100%，社会兜底保障率达到100%。

【乡村振兴】 按照“产业兴旺、生态宜居、乡风文明、治理有效、生活富裕”的总要求，切实做好了巩固脱贫攻坚成果同乡村振兴的有效衔接，紧紧围绕五大振兴，以优化农业产能和增加农民收入为目标，农业农村现代化步伐不断加快。制定出台新郑市“十四五”乡村振兴发展规划，通盘考虑土地利用、产业发展、居民点布局、生态保护和历史文化传承等因素，全面开展乡镇国土空间规划编制。实施提升“全域公交”工程，打造“美丽农村路”，新改建农村公路20千米。实施农村供水保障工程，饮用水水源地表化工程覆盖农村人口达70%以上。推进乡村电网建设和乡村电气化提升工程，投资2112万元对7个乡镇22个自然村进行配电网工程建设。建立健全城乡一体的就业创业、教育、医疗、养老、住房等政策体系。完成4所农村学校改扩建和3所农村学校教师周转宿舍建设。全面推进健康乡村建设，开展卫生村镇创建，完成38家村卫生室公有产权改造，村卫生室公有产权比例达到80%。开展“百场演出送农民”演出活动300场，“红色文艺轻骑兵”下乡巡演150场。实现农村旱厕、垃圾、黑臭水体治理“动态清零”。建设“美丽小镇”“四美乡村”“美丽庭院”，推动农村人居环境持续改善。实施水系连通及农村水系综合整治，强化河湖长制，扎实推进“河湖清四乱、三污一净”等专项整治工作。

【农村改革】 加强农村宅基地改革和管理。举办3期农村宅基地管理培训班，培训乡村干部960余人次，开展闲置农村宅基地和闲置农房调研7次，引导乡村逐步加强和规范农村宅基地和村民自建住房的管理工作。积极稳妥开展农村宅基地制度改革试点工作，稳步推进农村闲置宅基地、闲置农房盘活利用。规范农村土地流转行为。引导乡村、农业经营主体使用农村土地流转示范合同文本，指导完善农村土地经营权流转合同860余份，建立乡村农村土地流转台账265个，登记备案土地流转的农业经营主体420多个，规范土地流转7500多公顷。出台《新郑市促进家庭农场式适度规模经营发展指导意见》，推广农业生产托管服务，引导农村土地有序流转。打造农业经营新体系。大力培育发展新型农业经营主体和农业社会化服务组织，认真开展农民合作社质量规范提升行动。培育发展农业规模经营户（种养大户）860家，新发展家庭农场7家，新发展农民合作社3家，新培育发展郑州市级农民合作社示范社3家、省级示范社2家。全市农民合作社总数达283家，社员总数达1.64万户，带动一般农户3.08万户，新型农业经营主体得到蓬勃发展，农民组织化程度日益提高。

【美丽乡村】 始终把美丽乡村建设作为乡村振兴的重要抓手和乡村建设行动的重要内容，2021年，作为民生实事之一，新郑市启动了2个精品村、12个示范村和7个特色村的美丽乡村建设。按照“建设中国著名休闲旅游乡村”的目标，参照国家AAA级旅游景区建设标准，打造两个精品村（龙湖镇泰山村和新村镇裴李岗村）。按照建设完善村内“道路、路灯、绿化、广场、游园、村史馆、图书室”等基础设施，弥补农村短板，美化农村环境，提升公共服务水平，满足群众生活需求，增加群众幸福感和获得感的要求建设美丽乡村示范村12个。按照对村内基础设施进行“规范、完善、提升”的理念，按照“缺啥补啥”的要求，整治提升7个特色村。在推进美丽乡村建设时，高标准谋划产业项目，把产业项目与美丽乡村建设有机融为一体，科学植入，互为支撑，相得益彰，逐步扭转了以往有投入无产出，建得起用不起的弊端，村庄实现了由输血功能向造血功能的华丽转变。

10月31日，2021第三届郑州种业博览会暨第六届中原国际种业科技展览会在新郑召开（市农委/供图）

【灾后重建】 “7·20”暴雨致全市0.31万公顷粮油作物、0.2万公顷蔬菜园艺作物和171家畜牧企业受灾。按照防汛一级响应标准要求，科学研判，迅速行动，出台各类农作物灾后生产管理意见，因地制宜指导恢复生产。组织农技人员到各乡镇、各农业经营主体开展技术指导，指导农户对玉米、大豆、花生、蔬菜、瓜果等作物进行灾后管理。指导各乡镇组织养殖户开展自救和灾后重建，发放消毒药剂180箱，消毒养殖场（户）724家，屠宰场3家，消毒面积141万平方米，无害化处理禽类21464只、猪267头、牛26头、羊185只。及时召开农业生产救灾补助资金安排部署会，统计各乡镇作物受灾情况，指导受灾经营主体和农户开展生产自救，落实上级农业救灾资金370.23万元，对绝收地块进行补种改种，加快恢复农业生产，减少灾害损失，提高救灾资金使用效益。

【农业新技术推广】扎实推进试验示范推广，实施完成大田作物和蔬菜品种试验示范项目9个，引进农作物（蔬菜）新品种38个，推广玉米全程机械化粒收技术、谷子简化栽培技术、玉米大豆带状种植技术、高温闷棚防土传病害技术、葱蒜地化学除草技术等新技术13项。开展了新型肥料、化肥减施增效、微量元素、（小麦、玉米）肥料利用率和“2+X”施肥试验6个。在城关乡、辛店镇等乡镇建立化肥减量增效示范区5个，带动示范面积1666.67公顷。测土配方施肥技术在主要农作物上基本实现了全覆盖，在果树、蔬菜等经济作物上得到广泛推广。对全市10个国家级墒情监测点和11个市级墒情监测点，定时定点进行农田墒情监测、评价和上报，共采集墒情土壤样品460个，处理样品数据460条，为全市农田的防汛抗旱以及节水技术推广工作提供信息服务和技术支撑。认真做好小麦条锈病、赤霉病、草地贪夜蛾等重大病虫害的监测预警工作，共发布病虫信息12期，植保工作信息12期。在全市范围内选择小麦种植相对集中连片、产量水平高的小麦主产区集中开展统防统治15333多公顷。积极开展“万名科技人员包万村”活动，大力实施基层农技推广补助项目，组织150名农技、农机、畜牧技术人员践行“用脚步丈量工作法”，把农业生产技术、农机维修技术、畜牧业生产技术送到田间地头、千家万户。

【农业机械化】大力推广农机先进机具及先进技术，积极实施省级全程机械化和基层农机推广体系建设与改革项目，优主项，强弱项，补短板，农机装备水平和服务能力进一步提升。农机总动力65.1万千瓦，大中型拖拉机2617台，各种配套农具13305台（套），收割机1800台。实施保护性耕作面积9066.67公顷，深松整地作业面积2000公顷。小麦耕种收综合机械化率99.99%，玉米耕种收综合机械化率99.28%，农作物耕种收综合机械化水平达到87.36%，秸秆综合利用率达94%以上。2021年共计使用中央资金374.531万元，省级资金13.863万元，郑州市级资金166.36万元，补贴各类农机具245台（套），收益农户175户，农业生产经营组织14家。强化农机安全监管，全年无发生农机安全生产事故。

现代智能化猪舍（市农委/供图）

【农业综合执法】深化农业执法改革，积极开展春季农资市场检查和农资打假专项治理行动，全年出动农业执法人员310人次，检查农药生产企业5次、农资经营门店63次，查处种子案件1起，结案1起，罚没金额109201元人民币。畜牧系统查处违法案件15起，结案15起，罚没金额153651元人民币，严厉打击了违法生产经营饲料、违法开展动物诊疗、违法开展兽药经营行为，捣毁制假窝点（兽药）1个。

【农畜产品质量安全】大力开展绿色食品质量安全监督管理“绿剑行动”，进一步完善生产经营主体名录，持续试行食用农产品合格证制度。全年完成本级定量抽检90批次，监测范围涵盖蔬菜、水果，合格率达99.9%。产地检疫畜禽25798236头只，其中生猪134879头、禽类25658387羽、牛342头、羊490只、其他4138只，出栏检疫率100%；屠宰检疫生猪390841头，检疫率100%。组织申报10个绿色食品认证，6个名特优新农产品登记，圆满完成郑州市下达的目标任务。按照《2021年新郑市兽药饲料和畜产品质量安全计划》，开展风险监测和监督抽检，全年完成畜禽产品1036批、兽药样品24批、饲料样品12批的风险监测任务。完成8家兽药生产企业、10家饲料和饲料添加剂生产企业的双重预防体系建设。

【年度工作荣誉】2021年，农业农村部授予新郑市全国第六批率先基本实现主要农作物生产全程机械化示范县市称号；全国干部培训教材编审指导委员会编写的《乡村振兴实践案例选编》一书收录了新郑市在乡村振兴工作中的典型案例；中共河南省委农村工作领导小组授予新郑市分类推进乡村振兴示范引领县（市）、农村人居环境整治三年行动先进单位（农村厕所革命先进市）称号；省秸秆禁烧领导小组授予新郑市2020年度秸秆禁烧工作先进单位称号。新郑市农业农村工作委员会荣获河南省易地扶贫搬迁工作表现突出单位、河南省脱贫攻坚先进集体、河南省先进基层党组织、河南省卫生先进单位等称号。

（撰稿：吴俊锋　审阅：秦水亮）

林　业

【概况】 新郑市林业局是负责全市造林绿化、林业资源管理、森林资源清查、陆地野生动植物资源管理、森林防火、森林病虫害防治检疫、林业产业技术服务、林业科研项目攻关和推广等工作。内设办公室（人事财务科）、林业产业和政策法规科、生态建设修复科、森林资源管理科（行政审批科）、自然保护地建设管理科5个行政科室，辖林业产业发展中心、森林病虫害防治检疫站、森林公安局行政服务中心，林政稽查中队，林业科学研究所5个事业单位。全局2021年有干部职工112人，行政开支13人，全供4人，差补95人。高级工程师9人，工程师23人，助理工程师6人。

【生态造林】 造林绿化工作再跨新台阶，一是超额完成营造林任务。2021年，郑州市下达新郑市新造林任务213.33公顷（含种苗花卉73.33公顷），森林抚育任务466.67公顷，实际完成新造林286.67公顷（含种苗花卉73.33公顷），完成率134%；完成森林抚育833.33公顷，完成率178.57%；完成G343南移、新村大道东延等2条道路的绿化工作；同时，按照时间节点完成全市约31个1136万平方米绿化项目的养护工作。创建省级森林城市工作稳步推进，新郑市以创建省级森林城市、创建森林特色小镇和森林乡村为契机，组织全市各乡镇对照标准，开展各级森林乡村、森林特色小镇的上报与创建，按照任务要求，25个森林乡村已全部完成，等待郑州市验收，完成率100%；3个森林特色小镇：北靳楼生态旅游沿黄示范小镇已经完成建设任务，并通过河南省林业局的验收；梨河、和庄两个特色小镇已被郑州市验收通过，现进一步完善提升中。推荐新郑市新烟街道为“河南省绿化模范乡镇”；新郑市市场监督管理局、新郑市林业科学研究所为“河南省绿化模范单位”。完成创森材料的收集与整理、总体规划的编纂以及创森纪录片制作等工作，开展创森相关宣传活动。按照新郑市创森实施方案，全市动员、全员参与，积极建设省级森林城市，创森工作顺利通过省级验收。完成全民义务植树工作，充分开展义务植树宣传工作，形成“植绿、护绿、爱绿”的生态文明意识，使市民自觉投身到全民义务植树活动中。应上级文件要求于3月12日组织开展省市县乡四级联动的义务植树活动，植树节当日，包括市四大班子领导在内约200人，栽植500株大叶女贞、高杆石楠等树种。全市各乡镇将在植树分现场自行开展活动，约2000人次栽植树木5000株。

2月2日，开展第二十五个世界湿地日主题宣传活动（市林业局/供图）

【森林资源管理】 科学行政审批管理，根据省下达新郑市定额采伐要求，结合本市实际，科学合理分配采伐计划，截至年底共发放林木采伐许可证45件，办理植物检疫证书4件。强化林业资源管理，强化林木资源和木材市场管理，大力加强森林资源管理，对全市林业资源进行规划编制，完成森林资源管理“一张图”更新工作，判读并处理疑似违法案件，对全市林业资源实行强化管理，使全市林业资源得到有效保护。加大案件查办力度，及时有效查处各类林业行政案件。切实查处违法违规行为，严厉打击破坏森林资源的违法行为，2021年处理林业信访案件15宗、林业行政立案45宗，办结39宗。拆除违规建筑恢复林地1800多平方米，对轻微违法人批评教育累计300多人次。2021年累计出动执法车辆600多台次，人员1800多人次。林长制工作稳步推进，按照国家、省、市工作要求，制定新郑市林长制工作方案和相关工作制度，初稿已完成，并已征求各乡镇、有关单位意见，完成后下发各有关单位。

【病虫害防治】 认真组织有害生物防治，新郑市寄主总面积17900公顷，2021年，实际监测面积357.5万亩次，发生各类病虫害总计3233.33公顷，

7月12日，开展林业有害生物飞机防治工作（市林业局/供图）

其中轻度2493.33公顷，中度633.33公顷、重度106.67公顷。累计向各乡镇、生态廊道发放各类防治药剂2吨；协助郑州市开展杨树食叶害虫飞防工作，全市共计飞防7个架次，防治面积1120公顷；检疫苗木2.75万余株，复检过程中共发现的违法违规调运行为1起并予以行政处罚。

【森林防火】 实现森林零火灾。强化组织领导，切实落实责任；狠抓宣传教育，增强防火意识，累计张贴宣传标语和悬挂横幅、禁火旗500多条，印发各种宣传资料、宣传品5000余件，利用电视等媒体循环播放森林防火宣传标语200多条（次），召开森林防火会议、发布《禁止野外用火的通告》；加强检查监督，组建专职防火队伍，认真落实护林防火责任制，执行24小时值班制度，做到接到火警，发现火情，立即集结，随时扑灭。同时建成了新郑市森林防火监控预警指挥系统，对重点林区实行全方位森林防火监测，制定森林防火网格化管理方案、安排专人做好“防火码”推广应用和“互联网+森林草原防火督查”信息系统及时更新填报工作。2021年，新郑市未发生较大规模的森林火灾、未造成人员伤亡事故，森林火灾受害率控制在0.9‰以内。

【野保工作】 加强对陆生野生动物资源的保护工作。为做好全市野生动物繁育场疫情防控工作，新郑市林业局成立专项领导小组，组织安排林政、稽查中队进行巡查和督导，在轩辕湖、双洎河、十七里河、湿地公园及具茨山自然保护地栽植、悬挂标语和固定温馨提示牌，监管、巡查野生动物人工繁育场所和经营点14家、大型农贸市场14家、大型超市20多家和餐饮单位30多家，张贴宣传倡议书200份；救助候鸟等野生动物70多只；圆满开展了“爱鸟周”“野生动植物日”和“河南省野生动物保护宣传月”等宣传活动，受到上级业务部门及社会各界肯定。

【林业产业】 林业产业持续健康发展，2021年全市林业产业总产值达到16亿元，其中第一产业完成总产值约8亿元；第二产业的发展主要以经济林产品加工和木材加工为主，产值约达到6亿元，培育出以好想你枣业股份有限公司为代表具有代表性的红枣加工企业；第三产业中，依托新郑市具茨山寻根拜祖游、龙湖镇樱桃节等活动，大力发展餐饮业及休闲旅游业，带动第三产业产值约达到2亿元。

【为民办事】 优化行政审批流程，开展“减证便民”工作。深入贯彻“放管服”改革要求，按照“应减尽减”的原则，认真清理和规范前置申请材料，对凡是没有明确法律法规依据的一律取消，进一步使审批程序更加优化、简化，减少了相关环节，全方位提升政务服务效能。落实法律顾问制度，在不断完善市林业局法律顾问制度的基础上，对本局法律顾问的职责、外聘方式、管理制度等内容做了明确规定。聘请法律顾问参与林业决策、合同签订、政策咨询等工作，有效发挥了法律顾问的作用。推动林业信用体系建设任务，按照“谁主管谁负责，谁发证谁管理”的原则，务实推进企业“双公示”具体事项。落实了行政许可、行政处罚信用信息“双告知”的具体任务，收集了各类林业主体信用信息，推动林业信用体系建设工作。

【年度工作荣誉榜】 新郑市林业局先后获评2020年度河南省卫生先进单位，郑州市野生动物保护及疫情防控先进单位，郑州市国家森林城市复审工作先进集体，2020年度人大代表建议政协委员提案办理工作先进单位，2020年度统计工作先进集体，2020年度新郑市宣传思想文化工作先进集体，2020年全市林业工作优秀单位，2020年度综合工作先进单位，2021年度郑州市优秀林业行政执法案卷，2020年度郑州市林业生态先进集体等。

（撰稿：王　帅　审阅：刘淑香）

水利

WATER CONSERVANCY

·水 利 >>>

WATER CONSERVANCY

水利工作

【概况】 新郑市水利局作为市政府职能部门，负责全市水资源管理，水生态建设，水利规划等职能。2021年，新郑市水利局深入贯彻党的十九大和党的十九届二中、三中、四中、五中、六中全会精神和习近平总书记视察河南重要讲话精神，认真落实市委、市政府决策部署，按照“水利工程补短板、水利行业强监管”的总基调，坚持“四水同治”，多措并举，攻坚克难，统筹抓好防汛防疫和水利建设，水利事业发展取得了新的进展和成效。2021年全年争取上级资金15212万元，其中水利发展资金10252万元，债券资金4960万元。2021年11月，根据中共新郑市委机构编制委员会办公室文件精神（新编办〔2019〕29号），撤销新郑市南水北调办公室、新郑市南水北调移民局，成立新郑市南水北调工程运行保障中心，隶属新郑市水利局。

【重要水利项目建设】 2021年共实施水源调蓄、水系连通、生态修复、安全饮水、维修养护等重点水利项目8个，年度计划总投资3.98亿元。其中，总投资238.57亿元的南水北调中线观音寺调蓄工程，正在进行可研报告技术审查；总投资2.8亿元的水系连通及农村水系综合整治试点县项目，已进入扫尾工作；正在对“7·20”水毁部分进行灾后重建，并抓紧推进潮河水系施工；投资1.08亿元的老观寨水库区域生态修复工程，已完成70.6%土方开挖，正在抽排库区洪水；投资673万元的龙湖镇新打机井及配套工程，新打配机井6眼，铺设管道、电缆8690米，已完工并投入使用，有效改善和提升龙湖镇张沟、菜园沟、山西乔、王口、西张寨、东徐6个行政村、4.5万多人的安全饮水条件。积极协助溱洧水务有限公司做好新郑市饮用水地表化建设，编制完成《新郑市饮用水地表化工程项目建议书》《新郑市饮用水地表化工程可行性研究报告》，项目已完成招投标并开工建设。

7月11日，新郑市副市长李猛考察农田水利设施整改工作（市水利局/供图）

【河长制】 2021年，新郑市河长办坚持“全面、率先、扎实、有效”工作总基调，以“两函四巡三单两报告”工作法为抓手，以“河湖四乱”“三污一净”专项整治为突破口，压实责任，完善机制，推动河湖长制工作向“有力、有为”发展。督促河长履职。根据人事调整，及时对市、乡、村三级河长进行调整，保障河长工作有效衔接。建立南水北调干渠渠长体系，设置市总渠长1人，乡级渠长6人。积极提请县、乡、村三级河长及巡护员巡河履责，县级河长巡河57次，乡级河长巡河421次，村级河长巡河6235次；印发总河长令1份，河长令2份，河长交办单28份、河长办交办单31份。深化“河长+检察长”工作机制，市河长办与市检察院召开座谈会3次，组织联合巡河4次，依法依规拆除十八里河沙窝李违建。抓好专项整治。将河湖“清四乱”“三污一净”专项行动作为重点，共列出问题清单55项，完成整改47项，其中整治排污问题15处，清除河道垃圾10000余立方米，拆除违章建筑10508.46平方米，清除淤泥23万余立方米，执法事项1起，清除围垦约2000平方米。加强能力建设。增加技术力量，抓好“两函四巡三单两报告”制度学习，积极学习借鉴新密等兄弟县市“清四乱”“三污一净”等先进经验。强化工作宣传。累计更换河长公示牌174块，新增河长公示牌5块、渠长公示牌6块。深入推进“河长+媒体”，开展“河长访谈”，积极向媒体投送消息，县级媒体先后4次刊登新郑市推行河长制先进经验和成效。

【水资源管理】 2021年新郑市坚持节水优先，以最严格水资源管理制度落实为抓手，深入实施水资源消耗总量和强度“双控”行动，严格计划用水、取水许可、定额管理、水资源论证等制度落实。2021年，自备井用水单位共申报用水计划1738.4093万吨，核准用水计划1187.2639万吨，核减用水量551.1454万吨。积极协助税务部门做好水资源税征缴，共征缴水资源税2459.667万元。不断提高行政审批效能，共办理各项许可业务92件，其中，新办取水许可20件，延续取水许可32件，发放取水许可电子证照52份；洪水影响评价类审批3件；水土保持区域评估1件，建设项目水土保持方案报告书（表）审批35件，收缴水土保持补偿费465.05万元。加大水政监察执法力度，立案查处水事违法案件3起，共处罚金7万元。1—8月，共封停自备井7眼井，压采地下水62万方。积极协调生态补水，利用南水北调汛前退水，共向望京楼水库、老观寨水库及双洎河、沂水河生态补水5385.74万立方米。加强饮用水源地保护，加强日常巡查，及时修复损坏防护网，集中驱赶钓鱼人员300多人次。开展县域节水载体建设工作，已完成郑州市级节水单位8家、节水型院校4家、节水型企业4家、节水型小区1家。 加强节水宣传，利用“世界水日”“中国水周”组织开展水法宣传活动，悬挂宣传口号横幅30余条，发放水法宣传资料、节水知识小手册等4000余份。联合教育部门在中、小学举办“节水教育进课堂、创建节水校园”节水主题教育活动，组织参加网上水法律法规知识问答活动，进一步提升全社会节约用水意识。

7月20日，郑州市委常委、组织部部长，黄水河市级河长吕挺琳调研指导防汛工作（市水利局/供图）

【防汛抗旱】 为认真贯彻落实上级防汛工作有关会议精神，2021年3月19日，印发专项开展汛前检查的专项通知，对水库、河道汛前隐患排查、整治等工作进行了具体安排部署。同时，采取自查整改、实地核查相结合的方式，对水库、河道汛前隐患排查工作进行跟踪督导，对发现的问题建立隐患台账，明确整改措施和整改时限，及时消除隐患。另外，已申请小水库维修养护县级资金95万元，专项用于18座小水库维修养护。

5月份，市委主要领导先后多次前往望京楼、老观寨等水库和双洎河、十七里河等河道调研防汛工作。6月25日，新郑市人大常委会带领部分人大代表对唐寨水库、双龙坝等防汛重点，现场检查督导防汛工作，并就工程安全运行、山洪灾害防御、防汛物资储备、饮用水源地保护等工作提出一系列具体要求。

入汛以来，水利局多次组织市气

9月24日，南水北调观音寺调蓄工程岩溶水文地质专题咨询会召开
（市水利局/供图）

象、水文、水库、河道、水利站等部门进行防汛会商，制定一系列的防汛应对措施，局各班子成员不定期深入水库、河道一线实地检查工程运行情况，严格督促各工程管理单位加强巡查，确保安全度汛。

修订完善方案预案，做好水库、河道防汛工作。按照上级有关要求，结合2021年汛期气象预测，组织相关技术人员对中小型水库“三个预案”、《双洎河防洪应急预案》《黄水河防洪应急预案》进行了统一修编，进一步修订完善提高预案适应性、可行性，并予以实施。

关注汛期雨季水库蓄水动态，严格执行汛期调度运用计划，严密监视水库汛限水位。所有未进行蓄水验收的水库，要坚决做到空库运行，千方百计确保工程质量和下游人民群众的人身财产安全。全市20座水库全部都有公示标牌，设立有三个责任人（行政责任人、技术责任人、巡查责任人）全部到位，确保了水库运行安全。为做好全市中小学生的防溺亡工作，在总结2020年零伤亡的基础上，对有水域的地方认真排查，设立警示标志，全市共设立警示标志近300块、横幅210条。

抓好山洪灾害防御工作。山洪灾害防御工作主要涉及具茨山管委会、观音寺镇、龙湖镇等3个乡镇，9个行政村，12个自然村（共计135户474人）。进一步落实山洪灾害防御责任，完善预案体系，细化防避方案，加大排查力度，充分利用本市建立的山洪灾害防治预警系统，加强对山洪、滑坡、泥石流等危险点检查监测，做好预警预报工作。进一步加强山洪灾害防御知识的宣传和培训，提高基层干部群众防灾避灾、自救互救能力，进一步完善巩固“县、乡、村、组、户”五位一体的群策群防体系，确保灾害发生时，群众能及早安全转移。2021年3月22日，市水利局积极开展“世界水日、中国水周”活动，大力宣传防汛法规、防灾减灾知识，切实提高全社会防灾意识和避险自救能力，全市防治区域乡镇、水利站、水库100余人参加了活动。

突出抓好会商研判、汛期值班和信息传递工作。严格落实汛期24小时值班和领导带班制度，市河湖防办对各相关单位值班带班情况进行不定时抽查、暗访，切实杜绝脱岗、漏岗现象。同时，入汛以来，水利局同气象等部门保持密切联系，建立会商研判机制，准确发布预警信息，及时掌握突发险情、灾情，为领导指挥决策提供科学依据。共先后9次召开雨情分析专题会，提前安排部署极端恶劣天气的应对措施，保证了汛期3次强降雨过程中各水库、河道及相关水利设施运行安全。

6月11日10时，气象部门发布强降水等强对流天气防汛预警信息。6月11日下午3时，新郑市水利局在视频会议室主持召开新郑市水利局汛期会商研判会议，就全市汛情、雨情、水情进行研判、分析，并安排部署防汛工作。水利局党组成员、副局长肖廉洁主持会议，市气象、水文、水利局各水库、河道、水利站等相关部门负责人参会。

6月14日16—18时，新郑市平均降水量16.5 毫米，最大降水量出现在具茨山管委会柿树行 ，达到42.2 毫米，气象部门发布短时强降水等对流天气的预警信息后，局长岳明旺亲自安排部署，要求各单位值班人员值守情况，局机关值班室抽查，并及时做好雨情汛情汇总上报。副局长肖廉洁传达上级和局党组要求，进一步安排部署下一步工作。要求各运管单位密切关注气象部门发布的预警信息，提前做好各类灾害防御工作；各运管单位要加强值守巡查，督促各级防汛责任人上岗到位，履职尽责，做好各项防范应对工作；严格遵守防汛工作纪律，确保遇到突发险情、灾情第一时间处置上报。运管科及时发布预警信息，督导各水库、河道、水利站做好汛情、雨情、水情、工情监测记录；做好水库、河道的巡查工作，做到24小时不间断巡查。

7月19—23日，新郑市遭遇特大暴雨袭击，降水量累计达到433毫米，其中，7月20日19—20时，小时降雨量达到74.7毫米，突破历史极值。水库、河道防汛形势异常严峻，在市防指指挥调度下，水利局强化担当、妥善应对，保证了水库河道正常运行。

9月18日6时，气象部门发布强降水等强对流天气防汛预警信息后，新郑市水利局及时召开雨情会商研判工作会，及时传达省、市防汛工作会议、文件精神，深入分析当前防汛薄弱环节及风险隐患，认真研究安全度汛措施。下午，又召开新郑市河湖及水利工程防汛会商会，对迎接新一轮强降雨再安排、再部署，工程管理单位和乡站全部一线备汛。做好水库、河道巡查，各水库（河道）运管单位，时刻关注气象变化及预警信息，紧盯水库“三大件”（大坝、溢洪道、放水涵洞）和河道重要河段，做好巡视检查，特别是前几轮强降雨出现过的险情区域，加密查险频次，发现问题及时处置。全市20座中小水库（河道—双洎河）水位均在汛限（警戒）水位以下，正常运行。做好应急准备、物料补充，将沙子415 立方米、块石 420立方米、沙石料 540立方米、石子438立方米、救生衣487件、救生圈297件、雨衣57件、胶鞋61双、雨伞15 把、手电灯67个、手提灯6个、探照灯2个、发电机6台、汽油50升、柴油300升、铁锨1087把、洋镐47把、扩音器5个、喊话器3个、铁锤8把、钳子5把、铁丝97.5捆、铁丝网50、土工布13卷、土工布2800平方米、警戒带47盘、杉木杆1175根、编织袋75290条、小斗车2辆、电缆线1530米、冲锋舟1艘等应急抢险料物提前预置到位。自9月18日起，全体中层人员进入应急状态，24小时值班值守，各协作区分包领导、水库技术责任人、水库（水利站）全体人员全部一线备汛。强化值班值守，各水库（河道）运管单位、基层水利服务站、机关各科室，按照防汛值守要求，做好24小时值班值守，及时掌握雨水情、工情、汛情和险情，发现险情第一时间报告、第一时间应急处置，杜绝瞒报、误报、漏报、迟报。

为全面做好应急抗旱工作，积极组织68套水泵、600米地埋线、6431米电缆线、6639米井管、28100米浇地软管及配件等抗旱物资，为群众抗旱浇地提供服务。充分发动群众利用现有条件进行抗旱保收，帮助群众解决抗旱浇地中遇到的技术问题，进行抗旱服务技术指导，及时为群众排忧解难，全力保障农业生产和粮食丰收。

【农村饮水安全】 饮水安全新打机井及配套工程。投资673万元的龙湖镇饮水安全新打机井及配套工程，新打配机井6眼，购买30吨压力罐6台套，铺设地埋电缆和管道8690米等配套设施，已通过验收并投入使用，有效改善和提升龙湖镇张沟村、菜园沟村、山西乔村、西张寨村、东徐6个行政村45560人饮水安全条件；投资170万元的梨河镇岗李村、郭店镇武岗村及新村镇屯孙、郝家岗村饮水安全新打机井及配套工程，新打配机井4眼，购安30吨压力罐4台套，铺设地埋电缆、管道1205米等配套设施，已通过验收并投入使用，有效改善提升了岗李、武岗、屯孙、郝家岗4个行政村7055人饮水安全条件。

农村饮水工程维修养护项目。投资129万元实施的2021年度中央和省级农村饮水工程维修养护项目，更换水泵19台、启动柜20台、压力罐23台、消毒设备4台、防水电缆1494米、泵管1494米、地埋电缆600米。已完成验收并投入使用，有效改善了新村镇、观音寺镇、梨河镇、城关乡、辛店镇、郭店镇、龙湖镇、具茨山管委会8个乡镇40个行政村77806人的饮水安全条件。投资105万元实施的2021年度市级农村饮水工程维修养护项目，更换水泵7台、启动柜8台、压力罐20台、防水电缆1388米、泵管243米、输水管网12米。已完工投入并使用，有效改善了郭店镇、和庄镇、新村镇、龙湖镇、观音寺镇、辛店镇、具茨山管委会、城关乡共8个乡镇30个行政村61774人的饮水安全条件。

饮用水地表化项目。积极协助新郑市溱洧水务有限公司做好新郑市饮用水地表化建设工作，编制完成《新郑市饮用水地表化工程项目建议书》《新郑市饮用水地表化工程可行性研究报告》并完成市发改委备案工作。该项目于2021年9月完成招投标工作，已完成郭店镇，薛店镇施工图设计，管网延伸、智能水表更换工作。

12月10日，水利部规计司副司长李明带队现场调研新郑市水系连通项目建设工作（市水利局/供图）

【“7·20”灾后重建工作】“7·20”特大暴雨过后，新郑市水利局积极践行“用脚步丈量工作法”，深入水库、河道、在建工地以及农村水利等现场一线排查，共排查出水库、河道、在建工地、农村饮水安全工程4大类373处问题。不等不靠，按照“先急后缓”原则，把影响水库本质安全、影响群众用水的问题摆在第一位，积极开展应急修复工作。已修复处理水库、农村安全饮水、河道等118处问题，保证了汛期水库、河道安全度汛和人民生命财产安全。在抓好水毁工程应急修复处理的同时，按照救急救险与能力提升相结合的思路，精心谋划灾后重建项目，制定了《水利设施恢复重建方案》，包括中小型水库综合整治、双洎河防洪综合治理、十八里河防洪综合治理、小流域综合治理等，涉及总投资10.53亿元。积极与上级主管部门对接，将恢复重建项目纳入上级规划的“大盘子”。已完成中央预算内投资计划申报3000万元，争取中央应急抢修资金160万元，郑州市水库维修养护资金90万元，市财政资金300万元。

【新时期水利发展规划】2022年，新郑市水利发展围绕学习贯彻省委、郑州市委工作会议及郑州市第十二次党代会、新郑市第六次党代会精神，坚决落实市委、市政府决策部署，以再夺农田水利基本建设郑州市“中州杯”和省“红旗渠精神杯”为目标，着力抓好以下几项重点工作：一是聚焦“补齐短板”，全力推进重点水利工程建设。一方面，加快推进南水北调中线观音寺调蓄工程、水系连通、老观寨水库区域生态修复等项目建设，再掀水利建设高潮，为再夺省“红旗渠精神杯”营造氛围。另一方面，抢抓政策机遇，积极争取上级灾后重建资金，抓紧实施中小型水库综合整治、双洎河防洪综合治理、十八里河防洪综合治理、小流域综合治理等水利灾后重建项目，尽早补齐抗御特大自然灾害工程短板。二是围绕“强化监管”，全面提升水资源综合利用效益。坚持节水优先，围绕创建国家级节水型城市，扎实开展水资源消耗总量和强度“双控”行动，深入实施国家节水行动，强化水资源刚性约束，倒逼产业结构调整，努力提高水资源综合利用水平。三是聚力“乡村振兴”，着力打造现代河湖水网体系。以“一渠八脉”水系为框架，把水系连通作为乡村振兴的源头活水，以补齐一批农村水利短板、建设一批乡村宜居示范点、彰显一批文化传承点为目标，通过集中连片规划、统筹水岸并治，着力打造河湖风景线，让河畅、水清、岸绿、景美的生态水系为乡村振兴提颜值、增气质。四是推进“生态改善”，持续整治河湖生态环境。坚决打好“碧水保卫战”，深入推行河湖长制，统筹推动水资源、水生态、水环境治理，扎实开展河湖“清四乱”专项整治行动，健全完善“河长+检察长”等机制，妥善解决涉水问题，推动河湖生态环境持续向好。

【年度工作荣誉榜】新郑市被省住房和城乡建设厅和省发展和改革委员会命名为“河南省节水型城市”，市水利局先后获省水利厅“农村饮水安全脱贫攻坚先进集体”“2019—2020年度全省水政监察工作先进集体”、郑州市水利局“2020年度全市扫黑除恶专项斗争优秀单位”“2020年度全市水政监察队伍建设优秀单位”、新郑市“2020年度综合工作先进单位”“三八红旗集体”“先进基层党支部”“数字城管先进单位”“2020年度人大代表建议政协委员提案办理先进单位”“2020年度关心支持国防建设先进单位”等多项称号。

（撰稿：岳建伟　审阅：王银超）

工业

INDUSTRY

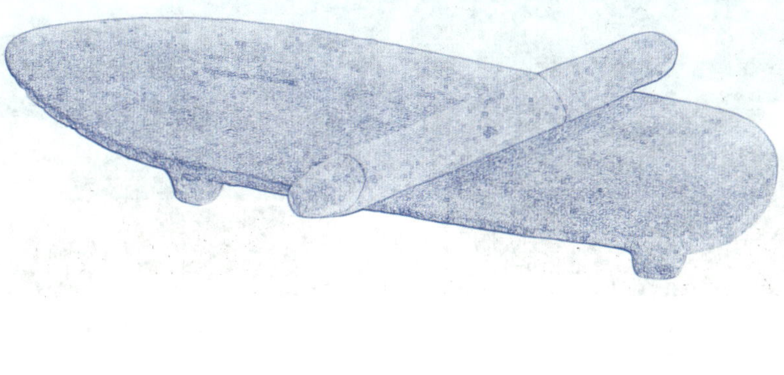

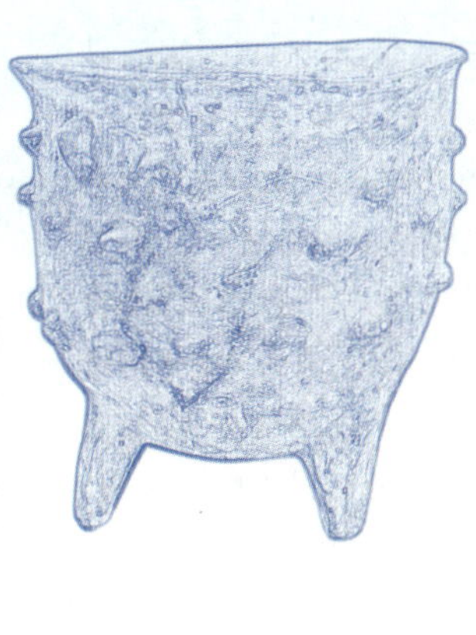

·工 业 >>>

INDUSTRY

科学技术和工业信息化

【概况】按照市委市政府机构改革要求，2019年3月，原市科技局和市工信委合并为市科学技术和工业信息化局，共设置15个科室、4个二级机构，分别为办公室、编制人事科、综合计划科、高新技术科、农村和社会发展科、成果管理科、院校合作科、创新创业科、工业经济运行科、投资管理科、产业指导科、企业服务科、能源综合利用科、信息化推进科、煤炭行业管理科。下辖中小企业服务中心、节能服务中心、煤炭服务中心、企业家服务中心4个事业单位。

【主要目标完成情况】全市规模以上工业增加值同比增长6.1%，全社会研发投入强度达到1.7%，工业投资增速70.9%，规模以上制造业增加值增速8.1%，战略性新兴产业增加值占全市规上工业增加值比重达30.7%；新增高新技术企业36家，科技型企业58家，规模以上工业企业39家，省级“专精特新”企业12家，郑州市级研发平台6家，“贯标”企业9家，“对标”企业25家，在孵企业48家；完成国家网技术合同成交额10亿元；获得贷款或投融资的科技型企业35家，贷款额4.12亿元。

【经济运行】践行用“脚步丈量”工作法，深入重点企业、项目，摸排研发投入、产值等数据，掌握第一手资料，实现精准调度。强化30强30优企业监测，通过用电量、税收、产值情况分析企业生产经营状况，确保工业经济平稳运行。

【项目建设】2021年，共实施工业建设项目81个，总投资383.8亿元，1—12月累计完成投资83.4亿元。其中新开工项目40个，完成投资40亿元；续建项目41个，完成投资43.4亿元。推荐锐杰微年产SIP封装芯片等8个项目进入省企业智能制造项目库。以光明乳业莫斯利安生产线改造为首的45个技改项目总计完成投资7.39亿元。

【科技创新】鼓励企业加大研发经费投入，新增郑州市级研发平台6家、

4月2日，新郑市“亩均论英雄”评价暨科技工业政策宣讲会召开

（市科工信局/供图）

新型研发机构1家，助推企业提升创新水平。统筹协调相关部门，分乡镇、分批次开展研发投入业务宣讲会14场，对研发投入为0的企业逐一摸排、逐个指导，做到应统尽统。经过努力，研发为0的“四上”企业由2018年的200余家递减到2021年的个位数。R&D强度由2018年0.86%的增加到2020年1.7%。规模以上工业企业研究与试验发展经费支出占主营业务收入的比值从2017年0.46%增加到2021年的2.6%。推荐省级研发平台6家。建立科技型企业、专精特新、高新技术，对有潜力企业进行跟踪服务、精准辅导，加大培育力度，确保符合条件的企业应报尽报、应统尽统。新增高新技术企业36家，新增科技型企业58家；新增郑州市级“专精特新”企业25家，省级12家。

【人才引育】 制定《新郑市关于引进创新创业团队的实施细则》，对高端创业团队、领军团队、紧缺人才给予扶持，已评审5个创新创业领军人才项目拟支持400余万元。深入中原工学院大学科技园等大专院校及企业宣传人才政策，深化校企合作。完成技术合同交易额10亿元，新增创新创业载体在孵企业48家，先后为35家科技型企业争取贷款支持4.12亿元，有效缓企业资金难问题。举办“智汇新郑 创新未来”新郑市第五届创新创业大赛，邀请在校大学生及毕业5年内大学生团队、成立5年内的中小微企业参赛，共征集项目116个，引导更广泛的社会资源支持创新创业，推进大众创业、万众创新。

【企业转型】 开展2021年“亩均论英雄”工作，建立评价体系，依据总产值、增加值、研发投入、能耗等9项基础数据，对936家企业进行归档排序，其中规上企业213家：A类32家，B类160家，C类11家，D类淘汰10家；规下企业723家：A类108家，

5月18日，“就在新郑 创赢未来”新郑市2021年企业进校园巡回招聘会举行
（市科工信局/供图）

B类543家，C类36家，D类36家。评价结果为：亩均税收15.7万元/亩，亩均利润48.57万元/亩，研发投入强度2.18%，单位能耗总产值6.82万元/吨标准煤，全员劳动生产率18.65万元/人，单位污染物排放税收123972.8万元/吨（取最高值）。瑞泰科技成功认定为省级服务型制造示范企业，推荐正佳能源申报国家级绿色工厂，已通过省级初审。运达造纸通过国家级绿色供应商招标项目。

【企业服务】 银企对接会中33家企业与12家银行现场签约7.6亿元。先后组织56家龙头骨干企业到中原工学院、郑州工业技术学院等5所高校进行巡回招聘会，达成用工意向1329个。产销对接会中豫力、莱茵等5家企业与多家上下游企业精准对接，现场签约6800万元。成立新郑市5G应用产教融合联盟，加快构建产、学、研、用相结合的开放合作新平台，推动创新链、产业链和应用链融合发展。组织开展制造业高质量发展、灾后重建政策宣讲会5场，印发政策3套2万余本，惠及企业500余家。积极组织申报郑州市制造业高质量发展专项资金补助62个项目4938万元，提振企业发展信心。

【小微企业园建设】 率先出台《关于规范提升小微企业园发展的实施意见》，涵盖小微企业园建设标准、管理规范、扶持政策等8个方面。中德产业园作为郑州先进典型多次接受观摩交流，并已认定为郑州首批小微企业园。新建园区2个，分别为：新郑市集成电路产业港，占地14.07公顷，总投资15.6亿元，新郑市光电显示产业园，占地13.33公顷，总投资8.1亿元；在建园区1个，航美国际智慧城小微企业园，占地14.67公顷，续建部分投资1.5亿元。

【灾后重建】 “7·20”暴雨对98家规上企业造成直接损失8498万元，科工信局主动作为、不等不靠、深入一线，竭力将企业的损失降到最低。积极协调相关部门，帮助企业恢复通水通电通信，做好消杀、设备检修等工作，避免暴雨造成安全事故，指导企业科学复工复产，及时发放83家企业救助补助资金600万元，解决了企业燃眉之急。

【万人助万企】 “万人助万企”活动

7月23日，新郑市"万人助万企"活动政策宣讲会举行（市科工信局/供图）

开展以来，52名县处级领导、41个职能部门主要负责人任174家重点企业首席服务官，乡镇科级以上领导干部包联企业505家，实现"四上"企业679家全覆盖。建立干部、企业、问题三类数据库，以十项问题为导向，践行"用脚步丈量"工作法，纷纷深入企业生产一线和项目建设工地，助企工作取得了较好成效。2021年，全市各级包联干部累计走访企业664家，摸排问题380条，解决销号问题378条，办结率99.5%。召开金融政策宣讲会5场、高质量发展政策宣讲会5场；用电保障推进会解决19余家企业用电负荷功率不足问题；交通运输保障推进会解决新港产业集聚区120余家企业的车辆限行问题；开展线上招聘活动5场，现场人才对接活动2场，缓解企业人才技能短缺问题，企业和高校初步达成技能人才用工意向850人，技能人才用工意向50人，实训基地合作意向15家；疫情期间帮助55家企业办理应急物资运输车辆通行证409个；开辟供电绿色通道保障"30强""30优"企业开足马力生产。

【煤炭管理和安全生产】围绕"落实安全责任、推动安全发展"安全生产月宣传主题，机关干部全部下沉到企业车间、项目一线，实地走访、排查、宣传、指导企业386家，发放《安全生产法律法规政策汇编》《安全生产倡议书》等12000余份，切实做到不漏一企不留一厂，并督促企业落实主体责任。聘请10名煤炭行业专家，对赵家寨和王行庄煤矿开展专家会诊服务活动，排查出各类隐患68条，已全部解决。派驻4名专职驻矿人员督促做好安全生产工作。

（撰稿：李　博　审阅：赵　钊）

轻工业发展和管理

【概况】新郑市轻工业总公司是由新郑市轻工业局1996年2月改制而成的事业单位，是新郑市集体所有制企业的主管部门，总公司位于新郑市新华路中段183号。主要职能是为轻工系统的企业提供政策指导、协调、服务。2021年，总公司有工作人员6人，下设一室四科（办公室、信访稳定科、安全生产监督管理科、财务审计科、人事劳动科）。总公司协调企业5家：河南庆安化工高科技股份有限公司、新郑市建安工程有限公司、新郑市日出泡沫建材有限公司、新郑市工业物资有限公司、新郑市新美镀膜制镜有限公司。5家企业占地面积共计16余公顷，建筑面积6.2万平方米，固定资产3.5亿元，共有职工385人，其中各类专业技术人员200人。2021年，在市委、市政府的领导下，全面贯彻党的十九大精神，始终以习近平新时代中国特色社会主义思想为指导，立足实际，转变思路，强化意识，为企业提供政策指导、协调、服务。

【党建工作】总公司党委扎实开展"不忘初心、牢记使命"主题教育，认真推进"两学一做"学习教育常态化制度化学习，充分利用"学习强国"学习平台，教育引导党员干部认真履行"一岗双责"，严格执行各项规章制度及"三会一课"制度，加强了机关党风廉政建设工作，规范了党内政治生活。

【安全生产】总公司认真落实上级安全生产的指示精神，抓好和落实安全生产大检查（化学危险品、劳动防护用品等），积极参加上级部门组织的安全生产工作培训及职工安全技能知识培训，坚持每月召开安全生产例会及安全生产大检查工作，对排查出的安全隐患及时下发整改通知书，要求企业限期整改，并跟踪督查，杜绝了重大事故的发生。全年总公司安监科安全生产大检查出动车辆10台次，安全检查人员30人次，查出一般性安全隐患51处，整改51处，整改率100%。

【信访工作】因系统破产企业多，改制后遗留问题多，为了保持大局稳定，时刻绷紧信访稳定这根弦，坚持群众利益无小事，脚踏实地解民忧的原则。坚持做好领导接访、下访接待日活动，千方百计做好每一个信访案件，积极协调市职能部门处理好企业职工补交养老保险、医保和完善职工退休手续，深入细致做好思想稳定工作，有效地防止了集体上访和非正常上访，保障了社会大局的稳定。2021年度轻工系统没有出现一起越级上访案件。

【服务企业】总公司始终把环境建设作为发展服务的生命线，常常深入企业进行指导、督促、协调、服务，切实帮助企业解决了实际困难和问题。

【社会保障】认真做好离退休老干部工作，每年两次探望离退休老干部，与他们座谈汇报单位工作情况，并与其家属交谈了解他们生活和身体情况，组织离退休老干部参加体检，为他们订阅党报党刊，让他们了解国家大事，总公司拿出专项资金为老干部订阅《老人春秋》杂志及报纸，不定时组织各种活动，丰富他们的晚年生活。由于轻工系统停产企业多失业人员多，职工生计问题日益突出，在市工会的领导下，开展了一系列扶贫送温暖活动。对困难劳模，力所能及地为他们解决实际问题，让他们感受到政府的温暖和关怀。

（撰稿：肖利娟　审阅：郑留玉）

电力供应

【概况】国网河南省电力公司新郑市供电公司属国家中二型企业，担负着新郑市全市的供电任务。截至2021年年底，公司有主业在岗职工551人。所属变电站22座，主变42台，变电总容量达到1615.5兆伏安；110千伏线路38条332.169千米，35千伏线路12条127.746千米，10千伏线路191条2025.7816千米；配电变压器3697台，容量1449.950兆伏安。

【各项经济技术指标完成情况】2021年，全年完成售电量36.12亿千瓦时，同比增长7.14%；电费回收率100%；综合线损率5.13%。综合电压合格率99.96%，综合供电可靠率99.92%。

【安全生产】滚动修订168类岗位安全责任清单，安全责任体系进一步完善，管控能力有效提升，公司安全生产纪录再创新高。高效完成年度32项技改大修任务，并首次完成省内最复杂的一次不停电综合检修任务——110千伏郭店变电站不停电转移负荷及站内设备深度检修工作。强化电网运维管理，属地化线路实现全年“零跳闸”。成功应对历史新高负荷考验，圆满完成庆祝建党100周年、黄帝故里拜祖大典等94项重要保电任务。在庆祝建党100周年、“一节两会”等重要时期启动信访隐患排查和预防机制，严格落实“一人一策”“四定四包”责任，确保了公司和谐稳定局面。严密有效防控疫情，实施科学精准防控策略，持续保持“双零”态势。截至2021年12月31日，实现连续安全生产11635天。

【电网建设】推动公司“十四五”电网发展规划纳入新郑市国土空间规划，解决49个项目的选址选线问题，为电网高质量发展提供有力保障。推进各级电网建设，累计新开工（续建）110千伏及以上电网工程7项，投运2项，新增220千伏容量24万千伏安、110千伏容量5万千伏安，110千伏变电总容量达到146.8万千伏安，110千伏容载比达到1.78。有序推进配网建设改造，完成配网建设项目137个单项工程。攻坚完成54项灾后重建项目，新建、改造10千伏线路69.62千米，配电台区39个，配电容量12.43兆伏安，400伏线路26.51千米；重点民生项目共31个单项工程，新建、改造10千伏线路7.39千米，配电台区31个，配电容量10.6兆伏安，400伏架空线路20.27千米，涉及7个乡、镇，23个行政村；龙湖镇东徐村新建配电台区1个，配电容量400千伏安。受损电力设施全面恢复至灾前水平。推进调度数据专网第二张网建设，实现22座变电站“双网络”接入主站，自动化支撑能力显著提升。

【乡村振兴】电网规划方面，高质量编制完成《新郑市“十四五”配电网规划》滚动修编工作，为规划项目落地打好了基础；完成《2021年郑州新郑市中压网架诊断报告》，以“供电网格”为单位精细开展现状电网诊断分析，全面排查电网薄弱环节，促进新型城镇化和城乡一体化发展，推动乡村电网提档升级；完成《新郑电网灾后重建暨“十四五”高质量发展规划》，落实“7·20”灾后重建工作部署，全方位分析新郑电网受灾原因，梳理电网防灾能力提升策略与电网发展提升策略，系统性提高城乡电网防灾抗灾和应急保障能力。供电服务工作方面，建立健全光伏扶贫工作机制，落实光伏扶贫项目并网绿色通道工作要求，采取有效措施保证光伏扶贫上网电量及时结算。2021年观音寺镇岳口村村民委员会光伏扶贫项目上网电量308763千瓦时，新郑供电公司累计支付上网电费116681.54元。严格落实低收入家庭优惠用电政策，对新郑城乡“低保户”和农村分散供养的“五保户”家庭，设置每户每月10千瓦时的免费用电基数，2021年新郑供电公司补贴城市低保9050户次，农村低保44194户次，分散供养“特困人员”11133户次，共补贴金额360337.60元。为低压居民和小微企业提供零上门、零审批、零投资的“三零”服务，为高压用户电力报装提供省力、省时、省钱“三省”服务，为村民自主创业提供便利。开展现场走访，结合电话回访等方式，对重要用户进行重点走访，递上连心卡，建立供电服务群，深入一线了解客户需求，帮助客户解决用电问题，拉近与客户的最后一米距离。定点帮扶工作方面，驻村工作队对新郑市供电公司定点驻村帮扶对象龙湖镇东徐村积极开展人员排查和救助工作，共排查脱贫户31户，低保户12户，重度残疾户13户，一般农户大病户10户，“一户双残”户2户，在防返贫监测排查方面做到了心中有数。

【经营管理与供电服务】 着力优化电力营商环境。扎实开展“万人助万企”活动，践行“用脚步丈量工作法”长效机制，加强客户供电安全管理和优质服务工作，全力打造一流的供用电环境。对企业开展大走访，共计走访包括好想你健康食品股份有限公司在内的企业1000余家，听取企业对供电服务的意见和建议，介绍当前供电服务新政策、新举措，了解客户企业当前生产经营现状和用电需求等问题，指导客户安全用电、合理用电。大力推广网上国网App、河南电力微信公众号等线上业务办理渠道，实现24项简单业务一次都不跑，建立良好的沟通信任机制，主动征集客户群众关切的办电意见建议，及时掌握用户诉求，确保及时响应并解决客户日常用电问题，做到解决客户诉求“急事急办、特事特办”，提高了客户获得感和满意度，公司营商环境整体排名逐步提升。着力打造服务前端，优化供电服务模式，推行“设备主人制”，推动供电所管理和服务提质升级，龙湖供电部成功创建省公司“五星级乡镇供电所”。着力提升供电可靠性，开展线路综合检修，精准治理高故障线路、低电压台区，有力保障了居民生产生活和重点项目用电需求。开展配网不停电作业1125次，扎实推进高故障线路和台区、诉求集中台区和重复诉求号码治理。积极推广清洁能源，鼓励和引导用户自建或与专业化企业合作建设屋顶光伏发电工程，主动协调电网接入、项目备案，共计安装光伏201户，容量1.46万千瓦。

（撰稿：王亚苹 审阅：梁建立）

交通 通信

TRANSPORTATION & COMMUNICATION

· 交通 通信 >>>

TRANSPORTATION & COMMUNICATION

公路交通运输

【概况】 新郑市交通运输局位于新建路繁荣街108号。内设11个科（室），分别是办公室、行政审批科、人事科、工程科、财务科、路政法制科、质量监督科、安全科、运输管理科、规划发展科、公路管理科；下辖11个二级机构，分别是公路管理局、交通运输综合行政执法大队、农村公路管理所、道路运输服务中心、海事中心、公路派出所、汽车站、运输公司、祥通客运公司、汽车综合性能检测站、怡和运输公司。2021年，系统有职工1027人，其中行政人员22人、事业人员579人、企业人员426人。

【疫情防控】 面对疫情，新郑市交通运输局积极应对，精准施策、筑牢疫情防线。坚持严防控，牵头设立6个交通卡口，组织8个单位240多人，日夜坚守阵地，严防疫情扩散。坚持逢车必检、逢人必查、逢疑必核，不漏一车一人一疑，阻断病毒外传途径，共查验16.3万辆车、21.5万人。运输保畅通，设立绿色专用通道，保障企业物资运输畅通无阻；协调开通核酸检测绿色通道，帮助7736名货运司机快捷进行核酸检测。急速送样本。调集28辆冷藏车，以最快速度运送核酸检测样本和物资，转运核酸检测样本59.1万管、448万份。

【重点道路建设】 2021年，新郑市交通运输局精心组织，建设精品工程。坚持“北进东连、西拓南延，纵横通达、内畅外联，融郑融港、完善路网”的思路，按照“负起历史使命，弘扬工匠精神，下足绣花功夫，锻造钻石品质”的总体要求，2021年共推进交通道路建设项目28个，181.1千米。其中：完工项目2个、续建项目5个、新建项目4个、前期项目12个、省市重点项目（协调）5个。

【灾后重建】 面对今夏严峻汛情，市交通运输局闻令而动、抢险抢通，昼夜奋战、恢复重建，实现了“公路无断行、运输无事故、交通无拥堵、交

8月，调集冷藏车，转运核酸检测样本（市交通局/供图）

通参与者无伤亡”的“四无”目标，为企业发展保驾护航，提供畅安交通环境。应急抢险保畅通，多次暴雨共造成国省、县级公路水毁160处。交通局迅速应对、聚焦“四抢”，高效“抢通、抢清、抢修、抢复”，确保了干线公路交通不中断，企业物资运输基本不受影响。统筹施策快重建，实施项目化恢复重建，优化项目实施方案，硬化项目推进措施，强化专班推进制、台账管理制、问题清单制、即时调度制等四项工作机制，争取“亚投行”贷款9674万元，高效率推进恢复重建。

10月，市交通局对客运车辆进行安全检查（市交通局/供图）

【“三零”平安交通】狠抓行业安全生产，坚守安全红线，以落实责任为主线，深化专项整治为抓手，紧紧围绕“两客一危一货、两路一水一建”等六大专项整治行动，共开展综合性隐患大排查大整治4次，一般性隐患排查25次，排查隐患1259处，按照隐患闭环管理五步工作法，对排查出的隐患进行逐一销号清零，彻底整治消除隐患，已整改到位1259处。完成了79家企业安全生产双重预防体系建设，正在开展6家。积极推进G343城关乡至辛店镇段安全设施提升工程、大高庄转盘交通安全设施提升工程；扎实做好县道安全隐患整治工作，投资177万元，完成了303个非灯控路口安全隐患整治工作；还做好了新郑境内G343线、G310线等各项涉路工程保通监管工作。务实解决信访问题，建立了矛盾纠纷多元化解中心，组织开展矛盾集中攻坚化解行动，深入排查化解农民工工资、公交车线路等方面的矛盾纠纷，确保防范在先、发现在早、处置在小。2021年，共接待受理群众来信来访41件，接待来访群众480余人次，较2021年同期下降27%。其中已办结41件。办理市长热线、“12328”热线事项 1550 件。推进三级监管平台建设，依托河南省综合交通运输监管平台，构建“互联网+统一指挥+综合监管”新型监管模式，推动平安交通制度标准流程重塑，推进综合交通运输由事后监管向事前预警和事中监管转变。通过监管平台大数据分析，对安全隐患排在前四位的“超速行驶、疲劳驾驶、卫星定位装置不在线行驶、注意力不集中驾驶”等，实行针对性的重点防范和整治。自平台运行以来，通过消灭存有量、及时控增量，确保无新量等一系列强有力的工作手段，实现了报警推送信息更少，报警信息处置更效率，运输企业更负责。已处置违规线索2010条，处理违法线索806条，违规违法量环比直线下降。

【农村公路建设】2021年，继续按照“总体谋划、分批实施，因乡制宜、按路施策”的原则，以“破路修复、窄路加宽、设施完善”为重点，大力推进农村公路高质量发展，助推乡村振兴。全市11个乡镇共249个建制村、704个自然村已全部达到通硬化路标准，完成了“百县通村入组”工程目标要求。获得了河南省“四好农村路”示范县称号。

【道路运输管理】2021年共增加货运公司69家，货运车辆增加1773辆。新郑市道路运输企业已达300家，公路运输总周转量达32.86亿吨千米，同比增长8.1%；客运量达421万人次，同比增长46.40%。同时。稳步提升运输保障能力。加强公交场站建设，全市已投入运行4个公交场站，725个站牌，实现了城市建成区公交站点500米全覆盖。根据城市发展和客运需求，优化运营线路，完善公交网络。对8条公交线路进行了优化调整和延伸，进一步提高人民群众出行的舒适度、安全感。投资新购公交车10台，运营手续已办完。提升智能服务，规范高效运营。开发“嗨行新郑”App，集公交实时查询、预约包车、出行服务（旅游、商场、公交充值、饭店、加油站）、公交新闻、乘车码支付、失物招领、疫情登记扫码等一体，让市民畅享智慧化出行。

【依法行政】扎实开展执法领域专项整治，坚持“四寓”做法，寓执法于教育，寓执法于服务，寓执法便民，寓执法于监管，力求良好执法效果和社会效益。把“党史学习教育”融入专项整治行动，将“学党史、优执法、办实事”贯穿行动全程，开展了“新郑交通党旗红”，“学党史、优作风、强服务”，“学党史、严执法、保安全”系列活动。成立工作专班，对执法大队、运输服务中心等部门开展督导检查35次，开展执法教育轮77次，参训执法人员548人次。同时，走访货运司机、班线客车司机、出租车司机等道路运输市场从业人630人次，走访相关企业407家，受理各渠道反映问题投诉举报303件。广泛开展打非治违行动，加强法治交通建设，执法公示、执法记录、重大执法决定审核等制度不断健全，“放管服”改革不断深化，“双随机、一公开”不断深入。加强道路日常巡查力度，共组织非公路标志专项治理行动12次，清理违规占道经营396处，清理非公路标志和广告牌453处，清理违法加水点24处，净化了公路路域环境；加强超限超载深度治理，实施“严格执法、文明服务”，检测货运车辆130万台次，查扣违法车辆1436台，查扣“百吨王”249台。加强客运市场专项整治，采取蹲点值守、执法巡查、暗访抽查等方式，共查处违法违规的客车及出租车128台，违规违法驾培点19家。

【大气污染防治】 高标治理空气扬尘污染，不间断对管养的6条国省、12条县道和5个在建工地扬尘治理情况进行检查，发现并整改存在问题 13处。出动养护工6.8万人次，养护车辆19052台次，清扫保洁公路1.14万千米，整修路肩边坡91.3万平方米；疏通边沟564千米；清理垃圾312吨，路面洒水425万平方米，万邓路铁路立交桥抽水7.2万立方米，清理路面淤泥106立方米，排除积水10.1万立方米。全力推动国三车辆淘汰，国三营运柴油货车淘汰工作。新郑市交通运输局坚持专班推进，牵头组织全市国三淘汰工作，完成机动车报废回收442辆，注销完成1982辆，为420名车主发放奖补资金664.61万元。

（撰稿：李　欣　审阅：杨伟增）

铁路运输

【概况】 2021年，新郑车站全面贯彻落实上级精神和工作部署，以“标准化规范化建设”工作为主线，坚持“一个核心、两个关键、四大风险”工作思路，突出“春运”“集中修”防洪防汛、防暑降温、防寒过冬等工作重点，从管理制度、现场作业、关键卡控等方面加强管控，确保了车站的安全稳定有序可控、经营收入持续发展。截至2021年12月31日，顺利实现了安全生产11967天。

【强化过程把控】 在管理标准的落实过程中，坚持全面控制与重点盯控相结合，做到一个强化、两个卡控、一个提升，即强化作业标准落实的“过程”控制。牢记“问题在现场”的要求，充分利用日常检查、记录仪检索、添乘检查、现场盯控等方式，实现接发列车、调车作业、天窗维修、集中修施工的过程控制。加强对关键人员、岗位、时间段进行重点检查，对职工作业标准、工作状态、卫生定置等不定期抽查，转变工作作风，提高管理人员的工作质量；通过宣传教育和严格检查，转变观念，提高职工遵章守纪的自觉性。对检查发现的问题以最快时间掌握，段每日视频交班会结束后，车站值班干部、管理人员加强问题处理情况的汇报、反馈，确保问题得到有效整改。每周二上午车站召开安全分析会，传达学习文件、要求，对前一阶段工作情况进行总结，对典型问题、惯性违标等重点剖析，对涉及安全的每一方面、每一环节进行再检查、再补强，确保安全生产主线不能位移。卡控阶段性重点工作，抓牢安全重点。狠抓“353”号电报落实，加强施工维修作业关键卡控，对春运、防洪防汛、防暑降温、“集中修”施工、除雪打冰等阶段性重点工作，强化季节性安全风险研判和控制。深度查找车站在天窗修施工管理、冬春季人身安全、道路交通安全和防火防爆、反恐等方面存在的安全风险，及时制定安全措施及应急预案，加强站区协调和业务学习、实作演练，坚决不放过任何一个漏洞，不丢掉任何一个盲点，不放过任何一个隐患，提高防范和处置各类突发事件的能力。卡控日常作业关键，实行现场作业“双盯控”。主班值班干部重点在信号楼盯控关键作业，副班值班干部带队加强现场作业抽查，重点抓好车辆复检、铁鞋管理等工作。提升应急处置能力，提高团体作战能力。结合车站实际对各项应急预案进行修订完善，注重日常的学习演练，使各岗位人员对自己在应急处置过程中的角色、标准做到心中有数，实现了在施工及各项应急处置过程中安全有序。

【标准规范建设】 坚持抓好“标准化规范化”建设，严抓日常标准落实，认真落实“职场管理”要求，从外部整治、岗位整理、标准升级、创新完善等方面逐项进行落实，对相关台账资料对标自查，不定期组织岗位卫生检查，切实做到定置管理、卫生整治常态化、日常化。重点抓好班组长队伍建设，充分挖潜、发挥班组长管理和带动作用，车站、班组、岗位层层推进落实，进一步推动标准化规范化建设工作。

【安全工作】 深化安全双重预防机制，常态化开展“作业违标、管理失职”整治活动，加强专项活动和关键时期现场安全管控。结合季节特点、车站实际作业情况，按时召开“双重预防机制研判专题会议”，用好“一岗一月一表”，抓好风险预警、日常检查、检索和效果评价，风险薄弱环节责任到人，明确整改机制、整改期限、整改效果，使双重预防机制落地生根真正发挥作用，为现场作业奠定坚实基础。推进铁路运输安全生产专项整治，持续推进安全生产专项整治三年行动，重点围绕防溜、调车作业、危险货物运输和防止集装箱空重错装等专项整治有序开展。强化防洪防灾，修订完善防洪防灾应急处置预案，备足防洪备品，定期开展应急演练。全面排查防洪安全及地质灾害隐患，严格落实汛期行车安全办法，加强汛期行车指挥，规范防洪工作“一图一表”制度，及时采取“扣、拦”措施，坚决做到“宁可错拦、不可错放”。推进消防安全专项整治，落实设备设施巡视制度，常态化开展消防安全风险研判和隐患排查治理，加强消防安全应急管理，完善预案，强化演练。强化网络安全管理，进一步提升网络安全责任意识，每周不定期升级北信源病毒库，做好重要时期网络安全保护工作。严格落实疫情防控常态化措施，按照国家“外防输入、内防反弹”总体防控策略，坚持属地管理原则，落实人物同防，坚持每日职工测温、岗位消毒，抓紧抓细抓实常态化疫情精准防控和应急处置工作。随时掌握职工疫苗接种情况，提醒、督促职工到期按时接种疫苗。常态化、持续化抓好外部环境隐患整治工作，加强站区线路巡防和周边彩钢瓦建筑物排查，及时发现隐患苗头，抓早抓小、及早消除、遏制新增。经过不断努力和协调，安全隐患及时进行了消除，进一步创造了良好的铁路运输环境。

【挖潜提效】 克服暴雨、疫情等因素带来的影响和困难，车站想方设法、主动出击，紧盯煤炭运输不放松，准确了解煤炭运输需求，及时配送空车，保证煤炭运输效率和质量。积极拓展白货货源，抓好啤酒、集装箱、钢材等白货运输。2021年，新郑车站完成运输收入2.4亿余元，装36166车、卸16036车，发送货物230.6万吨。

【队伍建设】 依托“星级职工”评定平台，规范职工业务学习、日常演练，以业务技能、实作技能、安全警示、“三新”人员培训等为重点，充实培训内容，加强考核、公示，不断提升职工业务水平和整体素质。关心职工生产生活，关注职工思想动态，努力改善生产环境，结合上级主体活动，丰富职工生活，高质量推进各项工作。

（撰稿：张文慧　毛文娟
审阅：宋　毅）

邮政通信

【概况】 中国邮政集团有限公司河南省新郑市分公司位于新郑市区中华路南段341号，分公司设7个部门，分别是综合办公室、市场营销部、金融业务部、渠道平台部、集邮与文化传媒部、寄递业务部、运营监控部；下设11个邮政支局、13个邮政所，其中：邮政营业网点24处，邮政储蓄联网网点11处，信箱信筒24个，ATM、ITM等自助设备40台；自办汽车邮路7条，邮路总长1120千米；投递段道167条。2021年年末在岗职工160人。2021年，新郑邮政坚持以习近平新时代中国特色社会主义思想为指导，认真贯彻落实省、市分公司党委和新郑市委、市政府决策部署，推动新郑邮政改革发展再上新台阶。汛情、疫情多重不利因素对生产经营产生重大影响，全体干部职工坚定信念，迎难而上，紧盯目标，分秒必争，在抓好防疫救灾、安全生产的同时，继续保持业务较快发展，全年收入完成1.07亿元，规模列县分公司第三位。另外，新郑市邮政分公司被郑州市总工会、郑州市应急管理局、郑州市卫生健康委员会授予“安康杯”竞赛优胜单位；在郑州市第十八届职工技术运动会邮政投递员职业技能竞赛中，新郑市邮政分公司被评为团体一等奖；2名参赛选手被授予“郑州市技术标兵”称号。

【牵头成立新郑市快递行业工会联合会】 在新郑市总工会和新华路街道办事处的支持下，分公司牵头各快递行业公司于2021年12月30日成立新郑市快递行业工会联合会，并成功召开第一届会员代表大会第一次全体会议。大会选举产生了第一届委员会委员和经审委员会委员，经过选举，新郑市邮政分公司副总经理、工会主席吕宗杰当选新郑市快递行业工会联合会主席。

【普遍服务】 坚持普服为“根”、客户为“本”，不断强化“人民邮政为人民”的宗旨意识。建制村持续通邮率、乡镇邮政局所覆盖率、四项普服业务开办率均达到100%。强化普通邮件质量管控，扎实开展投诉治理、平信和普邮邮件丢损率压降专项活动，实现了全年无重大有责投诉、平信和普邮丢损率全年达标。县、乡、镇党政机关党报党刊全部实现当日见报，机要通信保持质量全红。

【寄递改革取得成效】 强化运输管控，通过新增早班车，利用市县趟班车返程代运大宗邮件等方式，提高邮车利用率和满载率，减少外委用车成本。优化运输路线。2021年11月新成立华南城揽投部，拉直郑州至华南城邮路，避免该区域邮件二次运输、二次分拣，实现降本增效。加大设备投入。2021年在邮件处理中心、城区揽投部、华南城揽投部新增圆盘分拣机共3台，既节省人工成本又提高邮件分拣处理效率。

【防汛抗疫彰显担当】 践行“四不中断、四免费办”的服务承诺，确保邮政普遍服务渠道畅通；投递人员坚守岗位，全力确保党报党刊、机要邮件的及时妥投，在防汛抗疫的关键时期保证传递党的声音不中断，机要邮件传递及时安全。另外，分公司各单位认真落实常态化疫情防控措施，组织重点人员按要求参加核酸检测，组织职工按要求参加新冠疫苗接种等，党员干部主动深入投递一线帮扶作业，做到“人民有呼唤，服务不间断；国家有要求，邮政挑重担”，充分彰显中国邮政关键时刻听指挥、拉得出，危急关头冲得上、打得赢的“国家队”的责任和担当。

【关心关爱员工】 认真贯彻落实省公司“三保证三关爱六落实”政策，全年申报发放各类补助共74人次，金额36400元；继续为职工购买重大疾病保险和意外伤害保险；为55名职工申报补充医疗保险二次报销，申请理赔金额10.47万元；安排了305名职工（含退休职工）进行了健康体检；为全体会员送上“生日祝福”；并为57名退休职工订阅了杂志；另外，郑州洪涝灾害期间为一线员工发放临时性工作补助2.36万元；组织开展了“冬送温暖、夏送清凉”慰问活动。通过一系列的关爱政策和活动使企业的凝聚力和向心力显著增强，有力地促进了各项业务健康有序发展。

（撰稿：李丽娜　审阅：白宗华）

联通通信

【概况】 中国联合网络通信有限公司新郑市分公司（以下简称“新郑联通”）位于新郑市人民路118号，2021年有在职职工221人，其中正式员工86人，委派用工135人。在岗职工大专以上学历129人，高中（含中专）学历92人。党员31人。公司设有综合部、公众客户营销中心、政企客户营销中心、网络中心一部三中心，下辖5个生产班组以及13个城乡营业部。市区设置自有营业网点5个，乡镇以营业部为中心共分布自有营业网点10个，专营店69个，代理点23个，共同组建了新郑联通公司完善的通信服务网络。

【网络建设】 固网建设：截至2021年，固网建设驻地网工程58个，大客户下线123条；固网建设累计投资183.4万元，新建FTTH端口10160个；有力地支持公司前端各部门的业务发展。

移网建设：新建5G室分493栋楼宇，新建5G基站93个。计有3G基站406个、4G基站693个、5G基站612个。

【设备维护】固网：支撑了黄帝故里拜祖，U20重保，完成了重保包括卫生系统、政府系统电视电话会60余次，保障了电视电话会议，视频会议的正常运行；新开通OLT11台，FTTH光缆质量压降到0.2%以下。

移网：应急通信保障7次（黄帝故里拜祖等）；优化网络弱覆盖区域，进行现网资源腾挪、搬迁异地重建共计实施22处；完成IPRAN超限链路改造2条；U2900返升10M改造35处，4GRRU在服率完成99%以上；5GRRU在服率完成99%以上。

【资源管理】 新建FTTH小区79个，分光器315个；宽带总端口200667个，占用106940个，利用率53.29%。

【线路维护】 共处置各类固网、移网光缆障碍、抢修共1600余次。大型线路迁改、道路落地4起。配合政府、卫生城创建和百城提质建设工程捆扎线路、改造等85处，整治美丽乡村线路35处、老旧整治小区整治4处，布放大客户下线光缆58段，布放5G建设光缆105段，合计1020皮长千米。

【数字经济】 数字产业化：打造好想你“5G智慧枣业”省级揭榜挂帅项目，以车间智能化改造、“5G+VR”智慧博物馆等应用场景全面提高企业效益；助力全省万人助万企活动，以人人利食品为代表的企业上云战略，为企业赋能。产业数字化：助力本地头部企业开展5G网络升级，实现润弘制药建设5G网络覆盖，为5G场景搭建奠定基础；助力航美产业园数字惠企能力升级，为超过30家园区企业提供高品质通信及网络服务。城市智能

6月，和庄镇“数字乡村”启动会暨战略合作签约仪式举行（联通公司/供图）

8月，第十届中国创新创业大赛河南·郑州分赛大赛举行（联通公司/供图）

化：数字乡村方面，打造酒孙村为省级5G数字乡村示范村，并与和庄镇人民政府签署数字乡村战略合作协议，完成数字乡镇3个；智慧城市方面，参与新郑智慧城市应用建设，中标并完成智慧城管一期、二期，智慧党建及智慧司法项目市场份额突破50%。

（撰稿：李玉兰　审阅：王　旭）

移动通信

【概况】 中国移动通信集团河南有限公司郑州市新郑分公司（以下简称“新郑移动”），于1999年10月18日正式挂牌成立，隶属中国移动通信集团河南有限公司郑州分公司管理，属国有内资上市企业。2021年，新郑移动共有员工170人，经理1人，副经理2人。机构设置有4个部室，12个区域营销中心，500余个移动代办点。2021年，新郑移动坚持以客户为中心，坚持稳中求进总基调，以推进数智化转型、实现高质量发展为主线，统筹推进CHBN全向发力、融合发展，各项工作取得了新进展。截至2021年12月底，新郑移动客户达78.17万户，现网运行基站2885座，实现了新郑境内无缝隙覆盖，先后被授予“全国总工会模范职工小家”“集团公司先进基层党支部”“省级文明单位”“省五一劳动奖状”“省级青年文明号”“省公司先进部门工会”“省公司基层党组织建设达标单位”“省十强营业部”“省模范职工小小家”等省级以上荣誉9项。

【业务管理】 严格业务操作规范，不断强化服务意识，提升服务技能，认真倾听客户意见和建议，及时处理客户关注的热点难点问题。严格客户办理业务实名制，强化用户实名登记关键环节管理，对个人客户一个证件登记5个以上手机号严禁办理入网手续，对实名登记信息未经后台集中审核严禁开通通信服务。防范打击通信诈骗，持续净化网络空间，配合公安部门做好伪基站的定位和打击。利用分公司微信群、楼道电视墙及多种会务场合，组织学习与企业经营发展密切相关的电信条例等行业监管法规，组织学习与企业经营管理密切相关的竞争法、广告法、消费者权益保护法、电子商务法等方面的法律法规，适时提醒和引导全体员工在生产经营中应树立诚信守法、爱岗敬业的价值理念，提高依法经营、依法办事的法治能力，恪守遵循秩序、崇尚规则的合规态度。

【客户服务】 坚持以客户为中心，高质量发展理念，聚焦客户感知和热点投诉问题，实施优感知、优服务、优支撑、降投诉“三优一降”服务举措，不断夯实窗口服务质量、网络服务质量、业务服务质量等基础服务，较好地控制了客户投诉，降低了万客户投诉率，实现满意度行业领先。不断加强营业厅现场服务督导、开展服务礼仪培训、月度服务质量分析等，提升并掌握服务技能，查找服务短板，提升服务质量，努力塑造“真诚、温馨、亲情、微笑”的窗口服务形象。公开服务事项和服务流程，公示服务标准，接受群众监督，开展文明服务、诚信服务、优质服务竞赛以及岗位明星、服务标兵评比，加强业务知识和岗位技能学习，增强服务意识，提高工作效率和服务能力，争创群众满意窗口、优质服务品牌、优秀服务标兵。实现全心全意为您服务目标，打造客户十分满意品牌服务。持续做好服务面对面活动，把每个月第三个星期的星期四上午作为服务面对面活动日，及时倾听和收集客户声音，切实解决客户关切的热点问题，有效提升公司“全心全意，为您服务”的良好服务形象。开展“小移课堂”，“银发暖心活动”，“防电信诈骗进校园”等爱心讲座，关爱老年人，宣传解决客户的疑点问题。强化厅店首问负责制，要求营业厅认真接待每位到厅客户，针对有不满情绪或投诉意向的客户，营业厅需做到100%接待受理，不得以任何理由推诿客户避免升级投诉。不断梳理改善现有投诉处理规范及处理权限，建立投诉快速处理流程，24小时处理完结客户反映的各类问题，实现投诉客户满意度达96%以上。积极开展各业务触点的满意度调访工作，及时查找业务服务不足，修复客户反映的各类不满问题，全力打造“品质强基、服务运营、攻坚降量、投诉解决”四大质量提升，给客户提供放心，暖心，舒心的电信服务环境。

【工程建设】 2021年，新建基站306座，4G站点2座，5G站点300座，小基站4座，现网运行基站总数达到2885座。完成5G宏基站新建300座，完成室分基站155座。新增管道12.8千米，三方租赁管道24.3千米。架空线路235千米，管道铺设光缆860千米；新增集团专线813条。

【网络维护】 以客户感知为标准，以提高通信质量和覆盖效果为重点，持续开展网络优化活动，努力打造城镇精品网络和乡村精品网络，强化在重点区域、重要地段和人口密集区的网络领先优势，确保客户随时随地通信畅通。2021年完成基站应急扩容598站次，新增载波506个；天线优化调整59站次；基站累计应急发电8436小时；处理设备告警及其他各种故障4658次，先后为辛丑年黄帝故里拜祖大典、黄帝千古情会演、高校秋季迎新等大型活动的成功举办及新郑市跨越式发展提供了强有力通信保障。

（撰稿：宋智谋　审阅：付　东）

商业贸易

COMMERCIAL TRADE

·商业贸易 >>>

COMMERCIAL TRADE

商贸服务

【概况】 新郑市商业贸易总公司位于中华南路326号，主要职责是为商贸系统的企业和职工提供管理和服务，总公司有干部职工6人，公司内设一室二科：综合办公室，人事、财审科，信访稳定、安全生产监督管理科。下属企业有新郑市食品公司。2021年，新郑市商业贸易总公司认真贯彻落实市委整体工作部署，紧紧围绕责任目标，狠抓工作落实，圆满完成了各项工作任务。

【信访工作】 信访工作是商贸总公司的重要工作。年初，公司与二级机构签订了目标责任书。2021年，面对严峻的信访形势和思想稳定工作，商贸总公司进一步贯彻落实了《信访工作条例》，强化领导责任，落实工作任务，提高了干部、职工的信访工作意识，确保了大局稳定。继续实行领导干部分包企业责任制和信访接待日制度。商贸总公司副科级领导干部坚持定期深入基层，帮助企业理清工作思路，及时调查职工反映的热点、难点问题，切实解决疑难问题。对系统不稳定因素进行了认真细致的排查，对不稳定隐患及时进行解决，确保了全系统不发生不稳定事件。针对商贸系统历史包袱沉重、下岗职工多等问题，积极为下岗职工创造良好的就业环境。积极做好郑韩饭店国有“僵尸企业”处置工作、职工安置及思想稳定工作。积极为离退休人员、军转干部提供周到的服务和提供相关的材料，认真做好企业军转干部和离退休人员思想稳定工作，严格按照政策，积极为他们搞好服务，解决他们生活中的实际问题。建立了信访稳定隐患定期上报制度，总公司对交办的1起信访案件，积极主动，深入调查，了解情况，帮助解决，结案率100%。一年来，全系统未发生过一起越级上访事件，为全系统各项工作的顺利开展创造了良好的发展环境，确保了大局稳定。

（撰稿：郭明灿　审阅：李　鸣）

供销合作

【概况】 新郑市供销合作社联合社（以下简称新郑市供销社）是市政府直属正科级事业单位。其职能是宣传和贯彻落实党和政府有关农村经济发展的方针、政策；参与研究和制定全市农村商品流通政策和规定，制定全市供销合作社的发展战略和发展规划。指导全市供销合作社的改革与发展。建立和完善农业社会化服务的体系，强化为农服务功能。 新郑供销社成立于1950年，在计划经济时代逐渐发展壮大，在调配农村物资供应中发挥了巨大作用。在市场经济条件下，供销社积极转换机制，狠抓体制创新和网络建设，积极服务社会主义新农村建设，发挥着农村合作经济组织的指导、协调、监督、服务功能。新郑市供销社市社机关有在职人员22人，设有五科一室，分别是业务科、组织人事科、财务审计科、资产管理科、安全生产科、办公室。下设二级机构23个，其中基层供销社11个，直属公司12个。为健全农村市场体系，发展适应现代农业要求的流通产业，国务院决定实施“新农村现代流通服务网络工程”（简称“新网工程”）。“新网工程”旨在大力发展农业生产资料现代经营服务网络、农副产品市场购销网络、日用消费品现代经营网络和再生资源回收利用网络。全系统按照国家和省、市政府要求，结合新郑市供销社的实际情况，狠抓项目建设、龙头企业培育和乡镇级超市、村级综合服务社建设工作，以现代流通方式改造传统的经营体制，使供销合作社的网络得到升级和完善，也使供销社在统筹城乡经济协调发展的进程中焕发出生机与活力，为推动新郑市经济发展作出了积极的贡献。

【目标任务完成情况】 全系统完成商品销售总额约28.7亿元，其中电子商务销售额6300多万元，连锁经营销售额6.2亿元，化肥销售9万吨，土地流转600公顷，圆满完成了上级社和市委、市政府年初制定的目标任务。

【互联网+农产品营销】 促进农产品销售，积极培育“互联网+农产品营销”经营主体。引导农产品批发市场、农民专业合作社、家庭农场等经营主体，依托优势特色产业发展农产品电子商务，打造一批农产品网上销售品牌店。组织农产品电子商务产销对接。引导好邻居公司、丰农林果、赵霞剪纸等8家企业及农民专业合作社与郑州供销“农三品”网站进行网购市场对接，拓展农产品电子商务销售渠道。立足郑州市供销网络销售平台，制订“互联网+农产品营销”行动计划，全力推进上级社“一村一品一店”的建设规划，实现“农产品进城”和“工业品下乡”双向流通。

【为农服务社】 截至2021年12月，共建设村级综合服务社412个，专业合作社11个，专业合作社联合社3个。达标镇级日用品超市14个、农资超市13个、新型农村社区超市10个、规范提高龙头企业和配送中心各2个。围绕新郑市农业产业特色，推进农民经纪人队伍建设。组建农民经纪人协会，组织3名农民经纪人参加省级高级农民经纪人培训，组织市级培训30余人次。同时直接参股扶办农民专业合作社和联合社。2021年，在辛店、观音寺镇玉米种植面积较大的地区为农户免费提供知识培训，结合专业合作社、农户，凸显“合作社+农户”共同发展的模式，通过合作社平台将种肥同播等方式谋求服务新路径。积极创建为农服务社。继续把为农服务社创建工作摆在突出位置，明确目标，分解任务，扎实推进，确保四星级为农服务社任务完成。

【充分发挥再生资源管理】 办公室和再生资源协会组织协调、监督职能，加大对新郑市再生资源回收利用行业的管理，定期不定期对各类收购网点、流动收购人员进行检查，杜绝经营中违法情况的发生。全市建成再生资源分拣中心1个，社区回收站亭28个，为新郑市再生资源行业的健康稳定发展和建设友好型、环境节约型社会作出了积极贡献。

【传统业务】 供销社担负着农村商品流通主渠道重任。好邻居日品配送中心多方组织货源2000多品种商品，合理优化直营店、镇级超市和村级综合服务社网点配置，加大调拨力度，保障市场供应，稳定物价，稳定民心。配合相关部门整顿和规范烟花爆竹市场，保障群众节庆和红白喜事需要，安全消费。积极寻找新的发展方向，开展农产品购销，帮助农民增收致富。

（撰稿：石　林　审阅：郭连伟）

物资贸易

【概况】 新郑市物资总公司位于新郑市新华路183号，机关在职干部职工6人，物资总公司主要工作职责：负责解决物资系统历史遗留问题、帮助下岗失业职工就业再就业工作、负责物资系统信访稳定安全生产工作、承办市委、市政府交办的其他事项等工作。机关内设党政办公室、安全稳定科、人事科。下属企业有物资租赁公司、燃料公司、特种油品公司等十余家企业，下岗失业职工400余人。2021年，物资总公司认真贯彻学习党的十九届四中、五中、六中全会及习近平总书记重要讲话精神，团结带领全体干部职工解放思想，开拓进取，扎实工作，各项工作取得了新的成绩，圆满完成了市委、市政府下达的各项目标任务。

【党建活动】 2021年，总公司党委认真开展党史教育，精心组织党员深入学习习近平总书记《论中国共产党历史》《习近平新时代中国特色社会主义思想学习问答》等学习资料。坚持学史明理、学史增信、学史崇德、学史力行，认真解决怎样学、怎样做的问题，努力实现“六个进一步”的目标。深刻理解党史学习教育的重大意义、目标任务和基本要求。通过扎实开展三会一课、“学习强国”、网络课堂学习等活动，进一步巩固深化了“不忘初心、牢记使命”主题教育成果。

【信访工作和安全生产】 面对严峻的信访形势和繁重的维护稳定任务，进一步深化对信访工作重要性的认识，把信访工作列入党政议事日程，作为一项重要的内容抓紧抓好，研究信访工作，针对系统内停破产企业多、失业下岗职工多、流动性大、难以管理的特点，制定出台了物资总公司《关于建立信访稳定工作新机制新体制的意见》，对全系统的信访工作进行排查摸底，登记造册。对信访群众反映的问题进行分类，明确工作重点，深入基层走访座谈困难职工，及时了解企业下岗职工的生活，想方设法帮助解决困难，化解矛盾，消除不安定因素。做好职工的思想转化和教育疏导工作，有效遏制了部分上访职工越级重复集访的势头。特别是在解决停、破产企业下岗失业职工统筹、医保问题上，及时走访停、破产企业下岗失业职工，了解情况妥善解决，保持安定团结的大好局面。2021年，总公司切实加强安全生产工作，定期开展安全生产大检查，重点查看安全生产规章制度的完善和落实情况、职工安全教育学习情况，集中排查并及时消除安全隐患情况，有效预防各类安全事故的发生。全年未发生安全生产责任事故。

（撰稿：王慧玲　审阅：黄现生）

食盐专营与管理

【概况】 新郑市盐业管理局（盐业公司）位于新建路536号，为一个机构、两块牌子。新郑市盐业管理局为事业单位，企业化管理，经费实行自收自支，负责新郑市盐业行业管理和盐业市场监管。2020年7月11日新郑市人民政府印发的《新郑市盐业体制改革工作实施方案》（新政〔2020〕12号）明确，按照政企分开的原则，实施市盐业管理局和市盐业公司分离，调整机构职责，撤销市盐业管理局，把市盐业管理局的盐业行业管理职能移交到市科工信局，行政执法职能移交到市市场监管局；2021年1月，通过2020年12月新郑市盐业体制改革公开选聘事业单位工作人员选聘出的15名工作人员已分别转入市科工信局和市市场监管局，相应的职能也分别划转市科工信局和市市场监管局，新郑市盐业管理局职能移交到位；至2021年12月底，随着新郑市盐业体制改革富余事业人员分流安置主体工作基本完成，新郑市盐业管理局因人员多次分流已没有组织架构、内设机构、工作人员，严格意义上已经不存在。盐业政企分开后，新郑市盐业公司为独立的企业法人和新郑市区域内唯一具有食盐批发资质的国有食盐批发企业，自主经营，自负盈亏，负责落实政府储备和企业社会责任储备任务，保障全市食盐供应和应急需求。经营范围：食盐批发，食品销售，酒类经营，道路货物运输，化妆品批发、零售，保健食品销售，日用百货销售，广告设计、代理、制作、发布等，主营大小包装食盐、精制工业盐、工业原盐、保健用盐、洗化盐、盐工艺品等各类盐产品，以及“轩辕故里”牌艾草贴、艾草足浴包等艾草系列产品；内设综合部、营销部、财务部等三个部室。2021年，盐业公司共销售各类盐产品7999吨，其中小包装食盐 2371吨；实现销售收入 611万元。

【盐业体制改革】 新郑市盐业体制改革在公开选聘事业单位工作人员选聘考试已经分流15人的基础上，新郑市人民政府进一步研究制定了盐业体制改革富余事业人员分流安置措施，于2021年9月30日新郑市盐业体制改革工作领导小组办公室印发了《新郑市盐业体制改革富余事业人员分流安置工作实施方案》（新盐改办〔2021〕1号），正式启动盐业体制改革富余事业人员分流安置工作。方案明确分流安置方式分为两种：一是选择领取一次性经济补偿，与市盐业管理局解除聘用关系，而后可以选择留在市盐业公司就业、劳务派遣岗位就业、自谋职业；二是选择保留事业自筹身份，人事、工资关系转入新郑市盐业服务中心，由市财政承担其在市盐业服务中心期间的全额社保金，社保缴费基数按市人社局审批的档案工资的85%确定。截至2021年12月底，符合分流安置条件的48人中，选择领取一次性经济补偿的8人，选择保留事业身份转入市盐业服务中心的24人，没有作出选择的16人也脱离了市盐业公司的工作岗位。至此，新郑市盐业管理局与新郑市盐业公司完全实现政企分开，新郑市盐业体制改革政企分开任务完成。

【企业经营管理】 2021年，新郑市盐业公司紧跟改革步伐，创新发展思路，以转型发展为方向，以建设盐业综合商贸物流企业为发展目标，以盐产品、非盐产品、盐业综合物流、广告盐业务为四大发展方向，大力实施

5月15日，新郑市盐业公司在市区炎黄广场开展全国防治碘缺乏病日集中宣传活动（市盐业管理局/供图）

10月9日，新郑市盐业体制改革人员分流工作动员会召开（市盐业管理局/供图）

"产销合作、互联网+盐业、品牌建设"三大战略，着力推进产品结构调整工程、产销研战略合作工程、互联网平台共享工程、轩辕故里品牌运作工程等四大工程，着力完善内部竞争激励机制，推动了企业转型发展迈出实质性步伐。作为一家传统盐业批发企业，公司在主营业务上下足功夫，保证自有品牌"轩辕故里"精纯盐的基础盐地位，先后与青海省盐业股份有限公司河南分公司、大连盐化集团有限公司河南分公司、湖南雪天盐业技术开发有限公司等食盐定点生产企业签订长期合作协议，引进了青海"茶卡"系列湖盐、大连"海原味"系列海盐、湖南"雪天"系列矿盐，使新郑市场上同时具有井矿盐、湖盐、海盐三大系列、二十余个食盐品种，极大丰富了广大市民的盐罐子；先后引进牙膏、沐浴、洗发、洗面、洗衣等含盐洗化用品，热敷盐、足浴盐等保健盐产品，以及盐灯、盐雕等盐工艺品，满足了不同层次消费者用盐方面的需求。同时，大力开拓创新，转型发展，开发生产"轩辕故里"牌艾草贴、足浴包、足浴粉等艾草保健产品，创造新的经济增长点。2021年，由于受新冠肺炎疫情和体制改革双重影响，盐业公司经营业绩虽几经努力仍处于下滑态势，全年共销售各类盐产品7999吨，较2020年同期8689吨下降8%；实现销售收入 611万元，较2020年同期662万元下降8%，但基础食盐市场基本稳固，公司客户依然存在。近五年来，盐业公司的亏损数额从2017年的月平均27.4万元逐步减少到2021年的8.2万元，尽管离扭亏为盈的目标还有不小的距离，但企业经营活动的正常开展，为今后打赢盐业体制改革翻身仗奠定了基础。

（撰稿：刘会玲　审阅：李林祥）

烟草专卖与管理

【概况】 新郑市烟草专卖局（分公司）位于人民路490号，2021年有在职在岗干部职工135人，正式党员65人，预备党员9人，设综合管理办公室、人事科、财务管理科、纪检监察科、安全管理科、内管派驻组、专卖监督管理科、卷烟客户服务部共8个科室，下设4个卷烟市场部、1个终端信息部、4个市场监管稽查队、1个内部监管稽查队、1个打私打假稽查队。2021年销售收入17.24亿元，同比增长10.16%；上缴地方税费0.65亿元。

【卷烟经营】 始终把调优市场状态作为卷烟经营的重中之重来抓。稳销量提结构，全年共销售卷烟43294.73箱，同比增长2.18%；单箱销售收入达到39824.61元，同比增加2885.35元，增长7.8%。抓终端强基础，2021年累计建成现代终端646户、示范街7条、示范店35个、打造加盟终端32户。重实效提质效，共建有诚信互助小组191个，100%覆盖持证客户，累计开展诚信小组活动789次。强力推进"条盒同价"工作，如期完成"条

新郑市烟草专卖局（市盐业管理局/供图）

盒同价”工作目标。扎实开展“我与客户共成长”主题营销活动，开展客户经理培训6次、零售客户培训6次、“金叶道”直播32次，参与培训、直播人数达到12000人次，帮扶困难商户19户。积极推进124访送模式重建工作，圆满完成2021年年底月度“1次、2次”订货商户占比达到20%以上阶段性推进工作。

【专卖管理】始终把提质增效作为市场监管的提升点来抓。提升市场掌控力，扎实开展“猎狐2021”“围歼3号”、物流寄递、校园周边、电子烟规范等专项整治行动，加强与市监部门多方协同，有效维护市场秩序，筑牢基础防线。全年共查处各类涉烟违法案件310起；查处卷烟27904.4条，完成市局下达目标任务的121.33%，烟丝1090公斤，总案值561.92万元，罚没款24.05万元。其中万元以上案件77起，完成市局下达目标任务的153.33%；5万元以上案件23起，完成市局下达目标任务的192.5%。刑拘29人，批捕18人，判刑21人。突出监管重点，以物流寄递业为监管重点，建立案件通报、信息共享、公安提前介入等工作机制，共查处物流寄递环节案件47起，其中5万元以上案件7起，查扣卷烟201.36万支，烟丝1050公斤，总案值180.83万元。严格证件管理，修订新郑市烟草制品零售店合理布局规定，持续开展校园周边零售户的清理工作，校园周边零售户取缔率100%。

（撰稿：王书勤　审阅：戴　冉）

金融

BANKING

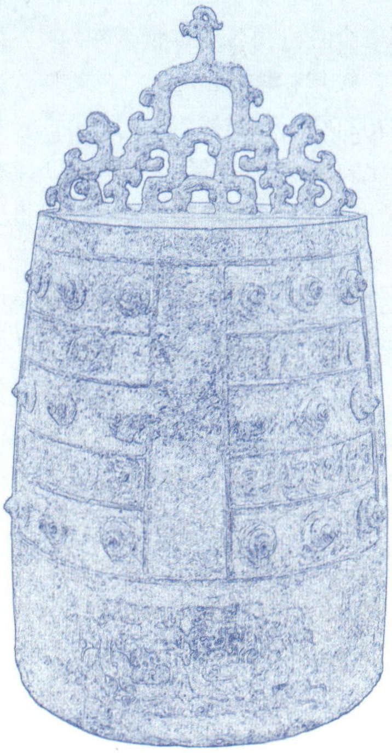

·金融 >>>

BANKING

中国人民银行新郑市支行

【概况】中国人民银行新郑市支行现位于新郑市中华路南段408号，于1986年人、工两行分设，内设三科一室（办公室、货币信贷调统科、金融稳定科、金融服务管理科）。在编人员33人，其中行级领导4人，中层干部12人，中级专业技术职称25人、初级专业技术职称3人。2021年，新郑市支行在郑州中心支行党委的领导下，坚持“稳中求新”工作思路，在不折不扣落实好疫情防控要求的前提下，深入贯彻新发展理念，以党史学习教育为契机，坚持党建统领，凝心聚力，主动作为，强化对外履职和内部管理，各项工作取得明显实效。

【金融支持】全面贯彻落实稳健货币政策，切实服务市场主体，助力实体经济。应用尽用，充分发挥结构性货币政策工具牵引带动作用。截至12月底，新郑农商银行累计申请支小再贷款2.31亿元，累计支持96家企业和个体工商户，加权平均利率4.72%，较同类贷款低3.25个百分点；新郑郑银村镇银行累计申请支农再贷款0.0258亿元，累计支持28户农户，加权平均利率5.36%，较同类贷款低3.79个百分点。多措并举，努力打造金融有效支持实体经济的机制。年初召开工作安排会1次，全年组织召开金融形势分析及行长联席会3次，及时传达最新政策精神及要求。引导金融机构将资源向科技创新企业、绿色低碳产业等重点领域倾斜，保持信贷总量合理适度增长。截至12月底，新郑市金融机构各项存款余额747.78亿元，较年初增长0.82%；各项贷款余额702.00亿元，较年初增长8.03%；存贷比93.88%。存贷款余额及存贷比在郑州辖区六县市均排首位。统筹推进金融支持市场主体行动，成效显著。截至12月底，“百千万”行动名录库共纳入企业117家，2019年行动开展以来累计有101家获得贷款支持，贷款金额17.76亿元；金融支持市场主体特别帮扶行动名录库共纳入市场主体744家（其中企业378家、个体工商户366家），银行累计对接677家、授信631家，实现贷款发放623家、金额合计41.83亿元，其中个体工商户类贷款306家、金额合计2.36亿元。着力畅通政银企对接各种渠道。到2家公司开展“一对一”式辅导和调研，因企制宜、一企一策；对好想你公司采取“每月对接、每两个月现场走访”的形式开展“万人助万企”活动。认真履职，全力做好防汛救灾金融支持各项工作。宣传人民银行支持河南灾后重建200亿元专项再贷款政策，引导新郑农商银行积极申请使用专项再贷款1211万元，支持3家市场主体和4户农户进行灾后重建和复工复产，加权平均利率低至5.97%。建立金融支持灾后重建监测制度，引导金融机构丰富金融支持方式。形成以“线上服务+专项产品”“基础服务+紧急避险”和“主动出击+绿色通道”为主要特点的“3+3”金融支持模式。

【普惠金融】因地制宜，做好普惠金融模式复制推广工作。提前谋划、注重落实，在组织协调上开新局。年初召开普惠金融工作专项会议，调整行内普惠金融工作牵头部门。主动汇报、积极宣传，在工作推动上求合力。全面推进、重点突破，在以点带面上做文章。结合实际对各主办行分类施策，中原银行2021年新增站点21家，多家站点参与到医疗保险代缴中。带动建设银行在辛店镇北靳楼村新设普惠金融服务站。

【金融扶贫】扛牢责任，深化金融支持巩固脱贫攻坚同乡村振兴有效衔接。认真学习上级文件、政策和会议精神，并及时转发、传达至辖内金融机构，畅通政策传导渠道。统筹谋划巩固脱贫攻坚成果、过渡期脱贫户小额信贷、大力发展普惠金融等工作，积极建立完善特惠金融、普惠金融、商业金融有序衔接、相互贯通的乡村振兴服务体系。全年累计发放脱贫人口小额信贷269户、金额1274万元，存量贷款397户、余额1846万元，均为生产经营性用途。重点指导和支持新郑农商银行努力打造全市金融支持巩固脱贫攻坚标杆银行。

【金融稳定】防范化解金融风险，维护辖区金融安全稳定。时刻关注地方法人金融机构风险情况，加强监测预警。及时上报法人金融机构风险监测表。针对监测到的风险情况，及时发出风险提示书，实行“一对一”风险提示，约谈法人金融机构相关责任人员。密切关注非金融机构突发。加强金融安全风险监测预警，关注苗头性、倾向性、趋势性问题，时刻保持对金融风险的敏感性。严格执行重大事项报告制度，定期开展金融突发事件应急演练。切实开展辖区反洗钱分类评级工作。

【金融管理与服务】坚守金融为民初心，持续优化金融管理和服务。深入推进依法行政工作，常态化开展金融知识宣传。严格执法证管理，做好“大换证”工作。持续做好政务公开工作，开展普及金融知识、非法集资宣传月、宪法宣传周等宣传活动10余次。与新郑市法院联合发文，切实推进金融纠纷多元化解工作。多措并举，打好优化账户服务组合拳。开展涉案银行卡账户整治工作，对农行新郑市支行开展督导约谈。对辖内116各银行网点开展个人银行结算账户开户服务暗访，覆盖率达到100%。加强辖区账户管理非现场监管。加大打击电信网络诈骗力度，强化警银联动，提升联防联控合力。下沉服务重心，深入开展农村支付环境建设、提升适老化支付服务便利化。倾力打造移动支付引领县，持续拓展移动支付便民工程的广度和深度。截至12月底，“云闪付”App注册用户数400020户，2021年“云闪付”App新增注册用户为66470户，位居郑州辖区县域用户拓展第一名。落实减税降费要求，提升国库履职质效。全年共办理预算收入844431笔，金额1526846.60万元；预算支出75782笔，金额1298389.35万元；预算收入退付39805笔，金额45474.31万元。强化征信合规管理，确保征信信息安全。全年办理个人征信查询55393笔，企业查询1003笔，个人收费6733人次。加强人民币管理，净化人民币流通市场。查处金融机构网点残损币兑换推诿2次，受理群众举报1起，处理收缴假币争议2次，为群众鉴定特殊残损币7笔金额34789元，收缴假币174106元。结合履职开展调查、调研，强化金融研究。支行青年组成两组青年课题组，完成青年课题成果2篇，其中1篇获河南省人民银行系统2021年青年课题组活动一等奖。围绕普惠金融、货币信贷政策等，每月上报政务信息选题，完成政务信息报送80余篇。

【内部管理】坚持安全高效原则，提升内部管理水平。厉行节约，切实“过紧日子”。制定《中国人民银行新郑市支行关于过好紧日子情况下差旅费执行标准暂行规定》并严格执行。开展节能宣传周活动，浓厚勤俭节约氛围。标本兼治，扎实推进巡察反馈问题整改。高效完成公车改革后续工作，支行公车改革后续工作已于4月完成，1辆取消车辆已完成正常报废业务处理。做好安全保卫，营造安全稳定履职氛围。做好科技保障，督促辖内地方法人金融机构加快推进无障碍金融服务，尽早完成适老App改造。组织开展“我看建党百年新成就”专题座谈会、退休干部与青年员工主题座谈会；为一名老党员颁发“光荣在党50年”纪念章，并邀请其为全体党员讲党课，激励全体党员“学典型 守初心 担使命”；组织老干部积极参与上级行举办的主题征文、摄影大赛等活动，上报征文1篇、书画1幅、摄影2组，切实增强老干部归属感和获得感。

（撰稿：李　婷　审阅：闫中坤）

中国工商银行股份有限公司新郑支行

【概况】中国工商银行股份有限公司新郑支行是中国工商银行设在新郑市的分支机构，隶属中国工商银行股份有限公司郑州分行。位于新郑市中华路与新华路交叉口东北角238号，2021年有在职职工131人，领导班子成员5人，郑州分行营业部派驻纪检员1人。内设机构：综合管理部、对公业务部、个人金融业务部、个人资产团队和机构结现团队。辖属中国工商银行股份有限公司新郑支行营业大厅和六个二级支行：中国工商银行股份有限公司新郑北关支行、中国工商银行股份有限公司新郑中兴路支行、中国工商银行股份有限公司新郑龙湖支行、中国工商银行股份有限公司新郑车站支行、中国工商银行股份有限公司新郑双湖大道支行、中国工商银行股份有限公司新郑中兴路支行。2021年，新郑支行严格贯彻落实总行党委“四十八字”工作思路、“三比三看三提高”工作方法，注重市场占比、善于研究同业，强力突破，高效率、快节奏推动各项重点工作，全面提升支行市场竞争力和可持续盈利能力。

【主要指标完成情况】截至12月末，各项存款余额63.38亿元，较年初净增3.3亿元，同业排名分别居郑州市第一、第二。其中：储蓄存款余额45.16亿元、同业第一，增量5.6亿元、同业第一；对公存款余额18.21亿元、同业第一，增量-17770万元、同业第二（其中公司存款5.63亿元，较年初增加706万元，机构存款12.58亿元，较年初下降2.41亿元）。12月末新郑支行各项存款、对公存款、储蓄存款、各项贷款、公司贷款、拨备前利润等主要业务指标同业市场占比超过25%；其中公司存款和公司贷款市场占比超过30%，全部存款、储蓄存款增量占比高于余额占比8.97、1.77个百分点，各项存款、对公存款、储蓄存款、各项贷款、公司贷款余额五项同业第一、两项同业第二。

【个人客户】个人客户得到较好的提升：截至11月末，全量客户达到461788户，较年初净增23640户，郊县行排名第一；个人有效客户达到350908户，较年初净增13955户，郊县行排名第一；月日均金融资产5万元以上客户18195户，较年初净增1954户，完成分行任务的147.58%，分行排名第二，郊县行排名第一。截至12月末，借记卡柜面发卡新增34040张，郊县行排名第一，任务完成比104.1%，郊县行排名第二；其中特色卡发卡新增9839张，完成年度任务的137.22%，分行排名第三，郊县行排名第一。全年手机银行客户净增20285户，郊县行排名第一；第三方支付绑卡新增40428张，郊县行排名第一。

【对公业务】2021年结现专业新开结算账户967户，新开机构账户23户，新开账户目标完成率116%，结算套餐销售905户，全年任务完成率151%，郊县排名第一，新开有效账户732户，新开户有效户占比75.7%，郊县排名第三；日均金融资产万元客户893户，较年初增加275户，完成全年任务的210.58%。成功签订教培云，开立G端顶点账户1户、B端教培机构账户16户，教培保证金缴存总额220万元；三方托管账户开立完成全年任务的120%，郑州分行排名第一。万元客户提升51户，完成了分行分配目标任务的1000%，郊县排名第一，日均金融资产5万以上公司客户528户，较年初增加151户，公司金融资产50万元以上客户140户，较年初增加17户。公积金今年归集缴存额共计8亿元，委托贷款发放共计6.7亿元，归集率及贷款发放占比99.99%，远超同业水平。

【从严治行】新郑支行先后认真组织全体员工学习相关案件，结合真实案例增强警示教育针对性，以案释纪、以案释法、以案明德，推动全行人员筑牢思想防线、守住行为底线、消除贪婪之念，把管党治党的“严”螺丝一环环拧紧；组织各级格长参加员工网格化管理信息系统用户培训；组织开展了排查员工违规经商办企业专项治理以及季度案件风险和员工异常行为排查活动。2021年新郑支行三季度内控案防在郑州分行23家支行中排名12位；积极配合分行对新郑支行2020年内控案防重点关注行问题整改情况进行了验收评价，整改效果得到了分行肯定，重点关注行已于2021年4月26日予以解除。

【资产质量】截至12月底，公司贷款余额18.5亿元，较年初下降4.7亿元。支行法人有贷户49户，贷款余额18.5亿元，不良贷款率为0。普惠有贷户48户，裸贷客户为0。2021年雏鹰农牧集团股份有限公司7800万元不良贷款核销，不良公司贷款余额为0。个人贷款截至12月底投放11672万元，不良贷款余额1799万元，较年初下降431万元，累计清收转化不良资产686万元，不良贷款率0.5%，较年初下降0.1个百分点，不良贷款持续“双降”。

（撰稿：王培杰　审阅：陈　强）

中国农业银行股份有限公司新郑市支行

【概况】中国农业银行股份有限公司新郑市支行位于人民路西段290号，在职员工110人，领导班子成员5人，支行机关内设综合管理部、运营财会部、公司业务部、零售业务部等4个部门，下设支行营业室、双湖大道支行、轩辕湖分理处、车站分理处、郭店支行、薛店支行、龙湖支行、华南城支行、辛店分理处等9个营业网点。2021年，新郑支行面对风险挑战不断上升、同业竞争日趋激烈、疫情汛情叠加的复杂局面，全行上下以加快突围发展为目标，扎实践行省分行“12333”发展路径，贯彻落实郑州分行党委的决策部署，坚持抓党建强队伍、谋改革促转型、拓客户夯基础、严管理控风险，核心业务有效发展，经营管理开创新局面。固强补弱，同业抢份额，系统争先进。保持新郑支行个人存款、零售、个贷等业务的领先优势，强化对公业务的基础管理，夯实对公业务的发展基础，认真开展“两户”管理、考核激励，全面提升支行的综合竞争能力。加强支行的“双基”管理，确保安全经营无事故。支行党委以党建为统领，加强各网点、各部门的管理能力，提升全行的管理水平，提高风险管控能力，把工作做在日常，做在每一件事情上，强化合规就是效益的指导思想，把合规理念植入每一名员工的内心，从要我合规到我要合规，把经营管理风险降到了最低，确保了全年经营无事故，实实在在地打造平安农行。

【经营业绩】截至2021年年底，农

行新郑市支行各项存款余额515341万元，较上年增加59524万元，其中，储蓄存款余额432534万元，较上年增加36851万元；对公存款余额102808万元，较上年增加22672万元。各项贷款余额495025万元，较上年增加56033万元，其中，对公贷款余额12331万元，较上年减少19154万元；个人贷款余额482694万元，较上年增加75187万元。中间业务收入2403万元，完成市行年度计划的78.5%，其中，对公中间收入520万元，完成市行年度计划的56.09%，零售中间收入1883万元，完成市行年度计划的88.24%；实现利润13424万元。

【存款业务】 支行提出了存量流量并重、重日均轻时点、对公储蓄兼顾、大小客户统揽，把存款工作抓到每一天、落实到每个网点、每个部门、每名员工，人人有压力、人人有动力。支行在重点抓好个人存款的同时，逐渐改善对公存款结构，对辖内对公客户做好分层管护维护，定目标、促进度、看成效，实行目标责任制，奖优罚劣。

【资产业务】 支行班子主动和政府职能部门、主要领导对接，围绕新郑特色产业、重点客户、重点项目摸排调查，全力营销大客户、大项目，助力新郑市乡村振兴建设，优化本行信贷资产结构。2021年，支行大力支持个贷业务的发展，在做好个人住房贷款的同时，强力持续推动网捷贷、烟商贷、药商贷、惠农e贷等线上信贷业务的发展。法人信贷业务方面，常态化推进普惠金融类贷款，加大纳税e贷、抵押e贷款等线上信贷产品的营销推广，持续做好对小微企业支持。

【渠道建设】 2021年，新郑支行班子行加大渠道建设，对新建路分理处实施迁址建设，迁往新郑新区，更名为轩辕湖分理处，该网点已于2021年7月开门营业，网点布局持续优化、网点服务能力持续提升；大力拓展电子网络，积极开展互联网金融服务升级，布局线上业务，把智能POS、农银e管家市场专业版、掌上银行、缴费商户、市场通、超级柜台等新型结算方式作为交易渠道的延伸，融合线上线下渠道，突破物理网点、人员的限制，扩宽服务渠道，提升服务质量。在支行党委的强力推动下，从优化流程、规范职责、优化考核机制三个方面全力推动网点转型，积极实施网点的硬转和软转，压缩后台人员，充实营销队伍，提高全行的市场营销外拓和服务能力。

【内控管理】 支行积极完善制度，强化管理，构建合规经营长效机制，有效防范了风险，确保了安全经营。坚守底线，严控风险，筑牢管理基础。强化合规理念的传导，开展合规理念宣讲，认真组织全行干部员工参加郑州分行组织的合规教育和案件警示教育，加强员工的合规培训，规范员工行为和操作，时刻提醒员工牢记合规要求，增强全员遵章守纪及主动合规意识，扎实开展“三化三铁”和“平安农行”创建。强化信贷资金风险的管控，对全行信贷资产进行全面梳理，对有风险的信贷资产进行认真的贷后管理，对形成不良的信贷资产，包括信用卡不良，与上级行积极沟通，组织人力开展清收和核销，积极压降不良信贷资产占比，全面提升信贷资产质量。新郑支行获评2021年省分行“三化三无”先进单位。扎实开展员工行为排查。通过“三线一网格”、企查查、工商局注册登记等渠道对员工行为进行大排查，对上级行提取的可疑员工行为进行认真排查核实，整肃干部员工队伍，营造风清气正氛围，确保了全年安全经营无事故，为实现“平安农行”奠定了坚实的基础。

（撰稿：陈永强　审阅：刘国阳）

中国银行股份有限公司新郑支行

【概况】 中国银行股份有限公司新郑支行位于新郑市新华路与中华路交叉口东南角。2021年，新郑支行下辖网点4个：郑支行营业部，新郑人民路支行，新郑龙湖支行、新郑新区支行。支行认真贯彻总行“建设全球一流现代银行集团”的战略目标，坚持业务发展、疫情防控、汛情救灾、风险化解、经营管理多线作战，沉着应对，负重前行，确保各项业务持续稳定发展。

【主要经营指标】 截至2021年12月末，各项存款余额557245万元，较年初减少 44072万元。其中公司存款余额166484万元，较年初减少98206万元；储蓄存款余额390761万元，较年初增加54133万元。各项贷款 453521万元，较年初增加7151万元。其中公司贷款87712万元，较年初下降2737万元；个人消费贷款365809万元，较年初增加9588万元。实现净利润 10236万元。

【主要实施措施】 通过精准有效的金融服务持续加大对实体经济支持力度，减负纾困。扶小助优，培大育强，助力乡村振兴战略，促进实体经济健康发展，确保人民币贷款投放力度持续加大，以“八大金融”为主要抓手。强化对中小微企业、先进制造业等市场主体支持力度；扎实推动“5个3”长效机制建设，强化对中小微企业、先进制造业等市场主体支持力度，深入推进对公、对私普惠一体化经营、支持中小企业融资增量扩面、提质降价，加快普惠金融线上化业务转型，持续完善产品功能和风控，大幅提升线上业务占比。同时积极培育扶持“专精特新”企业，助力科技型企业做大做强。持续深化改革，不断固化强化前期改革发展思路及成果，为经营管理持续注入动力；扎实推进“三基”建设，推动PCCA、“五图六表”等管理工具应用；综合开展岗位练兵、技能比武、专项培训、实践学习等主题活动，组织开展建党100周年摄影、书法、绘画作品展，观看爱国主义题材电影《长津湖》；完善考核机制，简化考核指标设置，优化指标分值，提升核心业务指标比重，充分发挥绩效考核指挥棒作用。响应政府号召，全面落实“三送一强”活动，解决企业生产经营资金需求，充分利用本行授信政策、产业和行业导向，及对中小企业支持产品特点，积极参加政府部门组织银企对接洽谈会，建立各乡镇对接联络站，选择意向客户，大力拓展“普惠贷”，为企业正常生产经营提供强有力的支持。增加惠民支持力度，积极利用中国银行线上、线下各类普惠金融产品大力拓展普惠贷款，为中小企业和个体工商户以及个人提供资金支持，全年共投放普惠贷款1亿余元，有力地服务了地方经济发展，也体现了社会责任担当。认真开展党史学习教育，从中汲取智慧力量，努力将学习成果转化为推动基层组织的向心力、组织力、战斗力、凝聚力不断提升的强大力量。党支部认真对照学习教育工作计划，开展学习教育活动，与党建共建单位郑州西亚斯学院共同开展学党史系列活动，邀请西亚斯学院教授进行专题报告授课活动。坚持常态化组织党员党建理论知识学习，坚持学思用贯通、知信行统一，全面系统学，深入思考学，联系实际学。通过以学促做，提高思想觉悟、能力素养、道德修养、作风形象，增强党员先锋模范作用，在业务发展中建功立业，发挥主力军作用。统筹抓好常态化疫情防控。支行多次召开疫情专题会议，就人员管理、网点运营、应急值守、食堂防疫、环境消杀、物资储备等进行全面部署，抓好常态化疫情防控，坚持工作常态、演练常抓、监督常管，持续巩固防控成果。加强员工及三方人员管理，加强重点场所管控，做好营业网点、离行自助、办公大楼、职工食堂等防疫管理。

（撰稿：史广鑫　审阅：桑　峰）

中国建设银行股份有限公司新郑支行

【概况】 中国建设银行股份有限公司新郑支行（以下简称建行新郑支行）位于新郑市中华路373号，领导班子成员5人，支行本部内设办公室、综合业务部、个贷部、市场拓展部等4个部门，下设新郑支行营业部、新郑人民路支行、新郑郑新路支行、新郑龙湖支行、郑州华南城支行5个营业网点。2021年，建行新郑牢固树立数字化营销理念，践行新金融行动，融入新发展格局，纵深推进“3+N”战略，持续深化“三个一”重点工程，积极支持地方经济发展，坚持合规经营，全行业务持续健康快速发展。

【业务经营】 截至2021年12月31日，建行新郑支行一般性存款时点余额50.53亿元，较年初新增9987万元。各项贷款时点余额60.80亿元，较年初新增4522万元，其中个人类贷款时点余额54.54亿元，较年初新增1.67亿元。

【防汛抗疫】 在面对2021年的“7·20”特大汛情时，建行新郑支行领导班子带领全体党员义无反顾地投入汛情疫情第一线，新郑支行孙孟行长带队，各班子成员按照分包网点及离行自助设备巡查分工，紧急制定巡查路线，分头对支行及离行自助设备基础设备运转及渗漏水情况进行挨个排查，全力做好防汛险情的预警及应急保障工作。建行新郑支行在疫情核酸检测时期紧密联系政府，组织青年党员积极参与配合当地政府防疫工作，加强了与政府部门的沟通联动，用实际行动彰显了大行担当，为建行树立了良好的金融形象，该事迹也获得了省行的宣传报道。

【普惠金融】 精准滴灌，做普惠金融发展的排头兵。建行新郑支行按照新郑市委、市政府促进、支持新郑经济社会发展的要求，积极行动，全力发展普惠金融业务，不遗余力发挥国有大行作用。为帮助企业渡过难关，助力企业复工复产，2021年新郑支行共为企业信贷客户办理贷款延期140笔，金额总计4800万元；2021年全年共发放普惠贷款1081笔，金额共计72390万元，其中纯信用贷款 857笔，金额总计41576万元， 有力地支持了小微企业的信贷需求。建行信贷政策将继续实施普惠、涉农等特点，主要产品有信用快贷、云税贷、商户贷、抵押快贷等，为企业助力，为支持新郑经济发展作出建行应有的贡献。

【获得荣誉】建行新郑支行2021年获河南省分行“先进基层党组织”、绿城支行“标杆支部”称号、2021年个人存款“日均新增贡献奖”、2021年商户业务“先进支行”、2021年普惠金融“突出贡献奖”、2021年手机银行综合实力“先进网点”、2021年信用卡“分期规模贡献奖”、2021年商户营销“百户明星网点”、2021年建信“协同贡献奖”等。

（撰稿：陈国厂　审阅：孙　孟）

中国农业发展银行新郑支行

【概况】 2021年，农发行新郑市支行牢牢坚持党建统领，扎实开展党史学习教育，以高质量发展为主题，以服务乡村振兴统揽工作全局，高质量完成各项工作任务。2021年，获得新郑市委、市政府抗击疫情支持复工复产特殊贡献奖。

【支企工作】始终把服务国家粮食安全作为首要目标，坚持聚焦服务“三农”主责主业，全力保障粮食信贷资金供给，筑牢农发行立行之本、发展之基。全年发放中央储备粮油贷款77565.18万元，中央储备粮油轮换贷款12000万元，支持轮换小麦12018.3万公斤、轮换油脂油料9048.12万公斤。发挥政策性金融导向作用，全力支持重点领域重点项目。农发行新郑市支行牢固树立发展意识，聚焦高质量服务乡村振兴的重点领域、重要客户。组织项目营销攻坚小组，带头上门宣讲政策，贴身营销业务，搭建银企合作平台。完成郑州工业应用技术学院中长期项目贷款获批2亿元，投放1.5亿元，项目建成后将解决3000余名学生的高等教育问题，不仅大大缓解学生入校压力，同时为河南机械、物流运输等行业发展输送急需人才，有利于促进区域高等教育稳定、持续、健康发展。着力克难攻坚，清收处置不良贷款。中国农业发展银行新郑市支行已于2021年完成呆账核销，实现不良贷款清零。

【运营保障】强化运营基础工作，为高质量发展助力。稳步推进运营集约化改革。电子支付替代率99.58%，在全辖领先。加强责任监督，营造合规氛围。全面落实“一岗双责”，抓实廉政教育，注重日常各类警示教育引导，经常性开展谈心谈话，让咬耳扯袖、红脸出汗形成常态，加强行容行貌治理、劳动纪律检查，营造清风正气。加强队伍建设，筑牢思想根基。坚持以“四个一”支部工作法为抓手，切实发挥党建引领业务发展，积极开展“我为群众办实事”实践活动，采取打造高质量的小食堂、温馨舒适的员工宿舍、走访慰问老干部等系列举措，进一步增强干部职工的获得感和幸福感，为农行业务高质量发展提供了有力保障。

（撰稿：史　良　审阅：张现军）

河南新郑农村商业银行股份有限公司

【概况】河南新郑农村商业银行股份有限公司（简称新郑农商银行），下设1个营业部，17家支行，共58个营业网点，137家金融便利店和1家乡村振兴服务示范点。2021年是新郑农商银行第六个三年发展规划的开启之年。面对突如其来的汛情和疫情常态化下复杂多变的经济形势，新郑农商银行围绕省联社“四三二一”工作布局和“强党建、严管理、转作风、求实效”工作主基调，坚持以“转型”为中心，全面推动各项业务稳健发展。2021年，新郑农商银行获中共新郑市委、新郑市人民政府授予的“金融扶贫特殊贡献奖”“支持地方经济发展奖”。

【业务经营】2021年，新郑农商银行资产总额364.41亿元，其中贷款余额176.27亿元；负债总额331.58亿元，其中存款余额307.04亿元，存、贷款市场份额继续保持辖内金融机构首位。

【普惠金融】2021年，国家进入巩固拓展脱贫攻坚成果的新阶段，新郑农商银行从全面推进乡村振兴的战略高度出发，认真做好过渡期脱贫人口的小额信贷工作，累计发放扶贫小额贷款1734笔，发放金额8048万元，余额1846万元；全面推进“党建+普惠金融”深度融合，累计签署243份党建共建协议，开展各类党建主体活动百余场次；为深入贯彻落实习近平总书记关于防汛救灾工作的重要指示精神，切实帮助受灾群众、受灾企业恢复生产生活，推出“助力贷”“轩辕同舟贷”“防汛应急贷”“金燕爱心快贷”等普惠产品，加大对受灾、脱贫攻坚、春耕备耕、禽畜养殖等领域的支持力度，截至12月底，累计投放再贷款112笔，金额2.43亿元，延期还本付息业务68笔，贷款金额5.89亿元，其中，普惠型小微企业贷款52笔，贷款金额1.6亿元。同时，响应国家号召，开展“万人助万企”活动，通过实地走访对接，建立重点支持企业名录库，提升全辖民营小微企业授信率，实现民营和小微企业贷款“增量、扩面、提质、降本”目标，截至12月底，共建档5827户，为辖内实体经济高质量发展提供有力金融支撑。

【社会责任】2021年7月22—23日，郑州遭遇特大洪灾，新郑农商银行积极践行社会责任，陆续为新郑市消防大队、各乡镇防汛安置点、受灾严重的企业、农户等送去面包、方便面、矿泉水、雨伞、口罩、消毒液、酒精等共计50000余元的物资；9月，新郑农商银行组织公益助学活动，共向38名优秀学生捐赠10万元。

（撰稿：汪　华　审阅：杨茂林）

中国邮政储蓄银行股份有限公司新郑市支行

【概况】中国邮政储蓄银行股份有限公司新郑市支行成立于2007年12月29日，共有从业人员73人，内设综合管理部、风险合规部、零售金融部和公司金融部四个部门，下辖玉前路、辛店镇、龙湖镇、豫康新城4个二级支行。2021年，邮储银行新郑市支行始终坚持服务“三农”、服务乡村振兴，积极履行企业责任，不断提升金融服务水平。面对新冠肺炎疫情防控、“7·20”洪涝灾害、外部环境变化等严峻挑战，邮储银行深入贯彻新发展理念，积极践行普惠金融，围绕新郑市委、市政府工作部署，站位全局、争做贡献，为新郑辖内居民提供优质、便捷、高效的综合化金融服务。截至2021年年底，邮储银行新郑市支行存款规模49.59亿元，其中公司负债余额10.09亿元，居民储蓄余额

39.5亿元。整体贷款规模44.92亿元。其中个贷整体结余39.76亿元，公司贷款结余3.04亿元，小企业贷款结余2.12亿元。

【共克时艰】践行“国家队”使命责任，在服务乡村振兴、践行普惠金融、服务实体经济等方面展现邮储银行的政治担当。面对疫情，全力维护员工、客户人身健康，全行无禁忌人员疫苗接种率100%。面对“7·20”洪涝灾害，保障人员、资金安全，参与社会救助、支持复工复产。在洪水和疫情期间新郑市支行除了做好自身防疫、防灾工作外，配合政府做好地方企业商户的金融支持，确保金融服务不断档、全力支持地方恢复生产生活。组织开展防汛救灾捐赠活动，为辖内居民及抗洪一线的工作人员送瓶装水、面包、泡面等爱心物资，展现了邮储担当。多次组织党员干部开展社区核酸检测、青少年疫苗接种等志愿服务，各二级支行、后台办公室联系所在社区、乡镇，为受灾乡镇、企业组织捐赠物资，为防疫、防洪等贡献邮储银行的积极力量。

【助力经济发展】2021年，邮政储蓄银行新郑支行严格按照新郑市委、市政府和上级行工作要求，防疫工作和经济发展两手抓，在金融支撑方面，提供灵活放款快捷的信贷支持方案，保障企业复工复产，支持地方实体经济发展，获得了政府、客户的一致好评。邮储银行持续提升服务实体经济质效，着力提高服务客户能力，充分发挥邮储银行自身优势，解决小微企业融资难融资贵的问题，发挥邮储责任，做好服务支撑。2021年支持辖内商户、小企业累计投放贷款2307笔，5.38亿元，助力新郑经济发展。做好日常的专业市场走访宣传，结合日常走访、广告宣传、推介会等方式，加强对华南城、华商汇、万货城、郭店物流园区、郑邦管材市场等专业市场的宣传力度，做好市场方的对接和沟通，市场走访累计覆盖商户近3850户。加快业务转型，提高线上金融服务效率、丰富线上产品模式，切实做好服务“三农”及小微企业的发展。邮储银行推出的个人极速贷和网商贷，产品利率低、流程短、操作简便，商户可直接通过线上申请，快速、高效地解决了客户的用款需求；推出线上小微易贷综合模式、增值税模式、税务模式等13种模式，最快可实现开户当天放款。存量500万元以内的贷款，均可实现网上E捷贷的自主支用。加快线上产品的推广，实现线下产品向线上产品的迁移，在特殊时期更好地服务实体经济。在支持小微企业发展方面，邮储银行坚持以服务中小企业为中心，把服务实体经济作为一项战略性事业来抓，在人、财、物等方面全面给予倾斜。充分发挥网络、资金和专业优势，大力服务小微企业，提升小微金融服务水平，对小微企业实施个性化利率政策，减轻企业的财务负担。与其他商业银行形成良好互补，取得了良好的社会效益。小微企业客户的数量显著增加，贷款规模比例不断增大，截至2021年年底，新郑市支行小企业贷款结余21239万元，当年净增7094万元，邮储系统内结余全省排名第四位，净增全省排名第三位。重点支持科技型企业发展，全力配合科技型企业的科技研发及原材料供应的资金需求，逐户制定科技贷款政策，为企业提供多样化“一企一策”的金融服务方案。围绕“三去一降一补”，优化信贷资源配置，有效增加信贷资金投放。纯信用最高500万元，抵押物可以放大三倍抵押价值，大大减轻了科技型企业轻资产的融资难问题，保证企业在科技研发及支付原材料款时的资金需求。科技贷结余的4户全额1436万元；科技型企业贷款结余13户金额7607万元，大大支持了科技型企业的发展。加强平台合作，与新郑市再就业担保中心合作开展再就业担保贷款，加快贷款的业务处理流程，丰富了小微企业融资渠道，减轻了企业负担。2021年新增贷款213笔，4235万元；自开办业务以来累计放款达到3650笔，金额达到4.21亿元。与郑州农担对接，为新郑市种植养殖行业及新型农业主体等与涉农相关客户群体提供资金支持，全年累计投放贷款2750余万元。与地方工信委工作人员共同上门走访小企业，了解疫情期间小企业的复工复产方面的困难，为企业送政策、送资金。

【服务“三农”】邮储银行新郑市支行坚持服务“三农”，履行邮储国有大型商业银行的责任担当，深化合作、创新服务。积极响应政府号召，坚持把服务“三农”、发展农村经济作为重点工作，不断加大对农户的直接融资支持，助力乡村振兴。积极响应国家支农惠农的号召，创新金融支持模式，紧紧围绕大众创业，万众创新的模式，有效解决了退伍军人、下岗失业人员、就业吸纳能力强的企业和返乡农民工创办的企业融资难问题；通过深化与河南农信担保等政策性担保平台的合作，加大对适度规模新型农业经营主体和农业产业龙头化企业的支持力度，全面贯彻落实乡村振兴战略目标，积极服务农业产业、经营等新型产业，为乡村振兴贡献力量。2021年发放涉农贷款1719笔，4.28亿元。持续开展“村村贷”走访活动，增强涉农服务能力，对信用环境良好，人口集中、资金需求旺盛的行政村建设信用村，评定信用户，按照一村一案的原则，更大限度地服务“三农”。通过村村贷走访活动，2021年累计评定信用村204个，信用户735户。

【便民服务】邮储银行一直以来自觉承担起金融机构的社会责任，为辖内居民提供便捷服务。邮储银行网银、手机银行、微信银行、电话银行渠道体系长期运营、功能完善，为满足群众对便捷金融服务体验的需求提供可靠的保证。邮储银行新郑市支行服务客户约48万户，是贴近百姓、服务基层的主力军，是老百姓身边的银行。邮储银行多年来一直承担代发全市企业养老金、失业金、代收居民养老保险等服务，在服务城乡居民、老年客户群体方面一直有口皆碑。坚持服务困难群体，主动为团体客户、高龄、重病、伤残等行动不便的特殊人员提供上门服务，切实解决特殊客户群体困难。与社保局对接，在网点为新郑市民提供社会保险代办受理服务。

（撰稿：郑新蕾　审阅：张水云）

郑州银行股份有限公司新郑支行

【概况】郑州银行新郑支行成立于2009年7月22日，内设三部一室：营业部、市场部、零售部、办公室，开立营业网点4个：新郑支行、新郑龙湖镇支行、新郑解放路支行、新郑新华路支行。有员工共60人，其中党员13人。截至2021年5月，各项存款余额44亿元，各项贷款余额63亿元。2019年9月19日，A股上市仪式在深圳证券交易所举行，成为国内首家A+H股上市城商行。2020年3月9日，“2019年中国银行业100强榜单”发布，郑州银行排第41位。作为一家当地金融机构，郑州银行新郑支行紧跟总行战略部署，将“五朵云”与“四新金融”有效衔接和充分融合，多措并举开展郑州银行转型发展的“五四运动”。大力推进“四新金融”战略：健全“四肢”，统筹好“两手、两脚”，“两手”即“一手抓科创金融、一手抓小微企业园金融”，“两脚”即“一只脚插到泥土里，一只脚插到社区里”去发展乡村金融和市民金融，实现真真正正的转型和高质量发展目标。

【对公业务】信贷业务投放模式不断优化，特别是2020年疫情出现以来，主动参加市政府组织的“三送一强”“银企面对面”现场会，针对企业在复工过程中的不同需求，推出多项举措同时发力，全面支持企业生产自救、复工复产，与企业共渡难关。疫情期间，行根据河南省政府、省发改委、省工信厅、省金融服务中心等部门重点项目名单筛选“白名单”客户，对于参与疫情防控的医药制造及流通、医疗器械制造及流通、医院、物流、公共卫生基础设施建设项目，建立出账“绿色通道”。同时根据抗疫重点企业“白名单”，全力推动人民银行专项再贷款及时落地。在支持小微企业方面，针对疫情影响无法正常经营、复工复产遇到暂时困难的小微企业，采取帮扶措施。对还息困难户，通过调整结息方式减轻企业还息压力；针对疫情防控物资生产和市场保供领域小微企业，在原有贷款利率水平基础上降低0.5个百分点；对因疫情导致的非主观、非恶意逾期、欠息、违约情况，核查属实后不计入企业、个人征信记录，对产生的复利、罚息、违约金等给予酌情减免。同时，推出“郑科贷”“科技贷”“专精特新贷”“房E融”“E采贷”“经营贷”等产品，客户可享受最低年息3.7%的优惠政策，用于支持科技型企业、小微企业、个体工商户、农户等客户群体复工复产的信贷资金需求，确保金融“活水”不断流。

【零售业务】截至2021年年末，新郑支行储蓄存款呈现持续增长态势，余额较年初增长3.45亿元；信用卡共计发卡578张，实现连续3年发卡量稳定增长；个人消费贷款新增2676万元，余额达到4147万元；代发8500余户，其中财政代发7000余户。2021年深耕细作代发客群，取得了一定效果，代发工资客户存款及AUM有了明显增长，同时代发客群的保险与贵金属业务也较往年有大幅提升。工会卡客群也是本行重要客群之一，本行利用工会卡理财，大力发掘工会卡客户，并精准定位教师客群，开展了教师节理财特别营销活动，不但提升了客群的AUM并且起到了宣传品牌形象的良好效果。为响应国家振兴乡村金融的号召，零售部成立惠农业务团队，深耕乡村市场，截至2022年6月底，共成立惠农站点31家，其中“双百站点”4家，存款余额达4600余万元。推出了乡村振兴卡和一系列针对村民的优惠活动，打破银行和农民之间的壁垒，构建泛农村金融服务生态圈，有力助推脱贫攻坚成果巩固和乡村金融振兴。同时，零售部成立业务督导小组，实现重点业务精细化管理，实行实时监测、动态分析及业务营销计划制定。储蓄存款管理。储蓄存款为立行之本，规模保持平均每年2亿元的储蓄存款新增，存款结构也在逐步调整。客户AUM金融资产管理。理财产品是县域支行本地立足的拳头产品也是客户AUM金融资产的重要组成部分，支行余额万元以上理财客户2770人，理财余额达8.58亿元。

【内控合规建设】郑州银行新郑支行将合规文化建设工作作为经营管理目标的重要内容，与各项业务发展和其他工作紧密结合，统一部署、统一落实、统一检查、统一考核，着力促进全辖区合规制度执行力全面增强，风险管理水平持续提高，有效防控种类案件的发生。支行以案件防控为主线，加强对员工理想信念、合规化、职业道德和反腐倡廉等方面的教育，其内容包括案件治理与风险防控政策，内控管理基本制度规定，主要业务流程操作风险及防控措施等。引导员工树立良好的职业道德风尚和爱岗敬业精神，促进各岗位从业人员掌握风险控制要点，强化员工的遵纪守法意识和风险防控意识，做到自重、自省、自警、自廉，增强主动防案件的内在动力，使全员的业务素质及合规意识得到新的提升。

（撰稿：苗　龙　审阅：孙志扬）

中国人寿保险股份有限公司新郑支公司

【概况】中国人寿始终秉持“用心经营、诚信服务”的理念，以市场为导向、以创新为动力，经营效益稳步增长。中国人寿保险股份有限公司新郑支公司，具有经营历史长、专业人才多、机构网络全、市场占有率高、运作经验丰富、偿付能力强，服务质量好等优势。公司设有综合部、个险销售部、教育培训部、团险销售部、银行保险部、健康险部、客户服务中心等。下设14个营销服务部，实现区域、乡镇全覆盖。主要经营有人寿保险、健康保险、意外险等100多个险种，保障全面、内容丰富，可以满足人们的健康、教育、理财、婚嫁、计生、旅游等多方面健康保险保障服务。

【党风廉政建设】2021年新郑支公司党支部按照上级党委总体要求，全面落实全面从严治党主体责任，坚持以习近平新时代中国特色社会主义思想为指导，全面贯彻党的十九大、十九届五中、六中全会、十九届中央纪律检查委员会第五次会议及全国两会精神，增强“四个意识”、坚定“四个自信”、做到“两个维护”，全面落实新时代党的建设总要求，坚持稳中求进工作总基调，确保习近平总书记重要指示精神贯彻落实，为不断推进公司高质量发展提供坚强保证。通过开展唱红歌、与广发银行开展互动活动、过政治生日等一系列主题党日活动，传承红色精神，营造积极向上的政治生态，坚定了全体党员的政治立场，激发了全员努力拼搏，持续引领的内在动力。

【诚信建设】随着保险业的快速发展，保险销售人员队伍日益壮大。保险销售人员作为连接保险公司与客户之间的桥梁，不仅为保险行业的迅猛发展发挥极其重要的作用，而且在保险行业的诚信建设中也肩负着重要使命。多年来，中国人寿新郑公司的全体人员恪尽职守、诚信经营、忠诚服务为保障千家万户的幸福安康，促进保险事业的发展，塑造保险行业的良好形象作出了突出贡献。

【经营发展】2021年，是经疫情以后保险行业进入发展快车道的关键之年。新郑公司以党建工作为统领，内强素质，外树形象，统筹发展，攻坚克难，克服疫情影响，紧紧围绕上级公司提出的“转型升级 高质量发展”为总基调和发展策略，抢抓机遇，奋力进取。

【扩大保险保障覆盖面】中国人寿多年来一直关注着学生成长和进步，先后推出一系列“国寿学生儿童”保险，旨在加强学生安全防范、规避学生安全风险，为保障学生的人身安全创造了平台，保障涵盖意外伤害、意外伤残和各种医疗费用，为孩子、为家庭撑起了一把“保护伞”。公司秉承“保险让生活更美好”的企业责任心和使命感，每年积极主动地开展学平险业务，为更多的未成年人提供意外、疾病医疗等保障。此外，新郑公司还开办建筑工人人身意外险，建筑工程保险、驾乘保、旅游险、女性安康系列保险、病员安康系列保险等，为整个行业从业人员提供了贴身的保障。

【防范金融风险】2021年，新郑公司上下联动，坚持以防为主，始终坚持稳中求进工作总基调，坚持回归本源，严守风险底线。坚持定期对员工、营销员进行反洗钱及防范非法集资知识学习，并为办理业务的客户和过往行人发放宣传资料、讲解风险知识，从而增强客户意识，减少风险发生，保证保险业更好发挥自身优势、助力保险业高质量发展。

【履行行业职责】作为国有民族寿险企业，公司主动承担社会责任，认真履行行业职责，积极贯彻落实“目标”中统筹发展城乡商业养老保险和健康保险，完善多层次社会保障体系的要求。积极介入政策性服务，承办了职工补充医疗保险。每年参保人员7万多人，为当地政府、企事业单位和个人缓解了家庭经济支出，进一步完善了职工健康保障体系，得到了政府、参保职工和基本医疗经办机构的认同和好评。同时，积极承办特殊人群保险业务，增强特殊人员保障力度和抵御风险能力。

【汛情工作】“7·20”汛情爆发，新郑公司高度重视，迅速成立防汛小组，对防汛工作统筹安排，为开展防汛工作提供可靠的后援组织保障。提供多渠道、全面化快速理赔通道，并且根据实际情况可为受灾客户提供上门理赔服务。同时，中国人寿积极与受灾严重乡镇对接，并于7月25日到新郑市龙湖镇政府进行防汛物资捐赠，得到当地政府和老百姓高度赞扬，彰显国寿担当。2020年新郑公司柜面优化理赔服务，全面简化流程，缩短办案时效，理赔服务高效便捷，得到老百姓高度认可。随着人寿保险事业的发展，新郑公司打造出一支政治素质高、合规观念强、业务水平精的营销及保险服务队伍，充分展现了国有寿险公司的雄厚实力，形成一支能够熟练处理城乡人身保险业务、复杂技术难题的专业骨干队伍，利用机构遍布新郑市区及各乡镇的优势，充分服务于全市人民群众。

（撰稿：郭　蓓　审阅：秦　磊）

财政 税务

FINANCE & TAX AFFAIRS

·财政 税务 >>>

FINANCE & TAX AFFAIRS

财 政

【概况】 新郑市财政局是市政府主管全市财政收支预算，贯彻国家财税政策，监督财会制度执行，参与对国民经济进行宏观调控的经济职能部门，内设16个科室，下属9个二级机构，14个乡镇（办事处）财政所。全系统共有干部职工396人，其中，中共党员249人，研究生学历3人，本科学历198人，大专学历140人，中专55人。局领导班子成员5人。2021年，市财政局在市委、市政府的正确领导下，以习近平新时代中国特色社会主义思想为指导，坚持稳中求进工作总基调，深入贯彻新发展理念，落实高质量发展要求，充分发挥财政职能作用，积极应对新冠肺炎疫情和“7·20”特大暴雨灾害等不利影响，迎难而上，共克时艰，圆满完成了各项工作任务，为经济持续健康发展和社会和谐稳定作出了积极贡献。

【财政收支】 2021年全市一般公共预算收入预算86.7亿元，执行中因经济下行、新冠肺炎疫情、水灾等因素影响，一般公共预算收入预算调整为71亿元，实际完成74.7亿元（六县市排名第一），占调整预算的105.2%，其中：税收收入完成43.05亿元（六县市排名第一），收入质量57.6%（六县市排名第二）。2021年全市一般公共预算支出预算为98.7亿元，执行中因收入减少、上级转移支付增加、新增政府一般债券、调入资金等因素，支出预算调整为108.42亿元，实际完成100.96亿元，为调整预算的93.1%，下降17.95%。在安排财政支出时，本着有保有压的理念，即在确保工资、运转经费及时足额拨付的前提下，压缩一般性支出，切实保障民生支出，统筹各项财政资金，支持重大项目建设。全年财政用于教育、社会保障、医疗等民生的总投入达到83.21亿元，占一般公共预算支出的82.4%。

【防汛救灾】 面对罕见的“7·20”暴雨，全体财政人奋不顾身、冲锋在前。迅速建立专班，提高责任意识。成立14个防汛抢险应急分队和两个工作组（应急资金保障组、应急物资采购组），由党组书记、局长负责指挥全面工作，每个分队及工作组由一名副科级领导干部任组长，两名中层干部任副组长，第一时间下沉防汛抢险一线。由主要领导带队，前往具茨山管委会李庄村，实地查看水库汛情，安排人员时刻关注水位变化，采取有效措施确保水库运行在安全线以内；紧盯重点部位和薄弱环节，持续开展险情隐患排查整治，与驻村工作队一同搬运、设置防汛沙袋，并与村两委实地商讨防汛工作，协调物资，及时安置转移受灾群众40户、67人。统筹财政资金，提高财政应急能力。灾情发生后，财政部门立即安排本级预备费5000万元做好防汛抢险及灾后重建的资金准备，同时，统筹上级救灾资金、红十字会及慈善总会捐赠资金3.3亿元，科学合理分配资金，有力提升了防汛救灾及灾后重建资金保障能力。优化拨付流程，提高资金使用效率。严把三个“第一时间”，即第一时间向市委、市政府汇报，第一时间根据市政府分配方案和文件要求将资金下达各乡镇办、管委会及市直相关部门，第一时间根据各单位资金需求完成支出。从7月26日下达第一笔资金开始，只要资金指标在上下贯通系统上显示，市财政局随即分配或最迟次日分配。加强资金监管，提升资金规范使用。配合市纪委、审计部门对灾后重建资金规范使用、透明使用、专款专用情况加强督导检查，严防资金被挤占、挪用、截留、滞留，确保资金使用安全、规范。

【疫情防控】面对疫情，市财政局按照市委、市政府要求，迅速成立新冠肺炎疫情防控工作领导小组，设立6个工作组，明确职责，有序运转；设立新区商登高速核酸查验服务站，成立防疫临时党支部，做好离郑人员查验登记；组织志愿者配合新区管委会下沉碧水蓝天、轩辕华府等15个社区，开展测温、消毒、健康码查验、防疫知识宣传等工作，共出动志愿者158人。

【维稳调优】稳住经济大盘，全力推进经济可持续发展。夯实重点项目基础。2021年统筹财政资金5.8亿元，重点支持教育、市政、道路、农林水等工程建设，有效发挥政府投资拉动作用；全年争取政府新增债券9.94亿元，支持西关桥、华南城二路、老观寨生态修复、5G建设管廊、产业集聚区工业互联网、智慧城市大脑等项目建设，进一步拓展投资空间。充分释放减税降费改革红利。持续落实各项制度性减税降费政策以及部分延续性税费支持政策，巩固涉企行政事业性收费零收费成果，全年全口径减税降费25亿元，激发市场活力。优化产业结构。市财政对国有平台公司注资2.1亿元，设立总规模3.75亿元的郑州战新信息产业投资基金，支持电子信息产业建链、补链、强链文章，打造30亿元级电子信息产业集群。牢牢守住金融风险底线。不断完善政府债务监控系统，时刻防范违规举债风险；主动与省财政厅沟通衔接，争取再融资债券7.16亿元，有效缓解到期政府债务还债压力；抓实抓细政府债务风险化解工作，全市债务风险总体可控。不断提高财政服务水平。结合“万人助万企”活动，认真践行“用脚步丈量工作法”，聚焦“城市建设”“乡村振兴”“营商环境”“主责主业”等重点内容，深入乡村、社区、企业和各预算单位，坚持目标导向、问题导向，发现问题、解决难题。2021年，共“丈量”李庄村、双楼村等乡村121个，锦亿农业、遂成药业等企业245个，环保局、民政局等预算单位58个，共排查各类问题307个，已解决问题269个。

【守好“三农”】稳住农业基本盘，是关系全局的“国之大者”。2021年，全市农林水支出10.43亿元，有力支持了农业强省建设。巩固拓展脱贫攻坚成果。严格落实过渡期内“四个不摘”要求，全年投入脱贫攻坚衔接资金7939万元，支持脱贫攻坚项目建设，促进农业增产增效和农民增收。夯牢粮食安全“压舱石”。坚决落实藏粮于地、藏粮于技战略，统筹资金1513万元，支持农田水利设施修复和水利应急抢险工作，巩固提升粮食综合生产能力；安排资金280万元，支持国家储备粮战略，扛稳粮食安全重任；投入资金6347万元，用于耕地地力保护、农机购置补贴、种粮一次性补贴等，确保粮食供应和市场稳定。扎实推进乡村振兴战略。拨付资金3.7亿元，实施精品街改造、街头游园景观提升、电力线路迁移、雨污管网建设，支持农村基础设施提档升级。拨付资金1.4亿元，支持龙湖镇泰山村、观音寺镇唐户村美丽乡村建设，打造了文士湾等12个农村人居环境改造示范村，史垌等11个农村人居环境改造特色村，激发了乡村活力和内生动力。力守护绿水青山。全年生态环保支出1.23亿元，重点推进扬尘治理、大气污染、水污染治理，支持打好蓝天、碧水、净土保卫战，推动碳达峰、碳中和有序开展。

【保障民生】把“人民至上”理念落到实处，坚持方向不变、力度不减，投入不减，打造民生福祉的“新高地”。2021年，全市民生支出83.2亿元，占一般公共预算支出的82.4%。一是千方百计兜牢“三保”底线。预算安排上，本着轻重缓急的原则，做足“三保”支出预算；预算执行上，科学调度现金，优先拨付“三保”支出，全年“三保”支出完成53亿元，其中工资福利支出32.5亿元，运转支出2.3亿元，基本民生支出18.2亿元，有效保障了机关事业单位人员工资足额发放、政府机关高效运转、基本民生支出全面落实。二是支持教育事

5月20日，市财政局组织干部职工到任长霞同志先进事迹陈列展参观学习
（市财政局/供图）

业发展。全年教育支出19亿元，同比增长3.6%，新增学位6930个，“入学难”“入园难”问题有效缓解，城乡义务教育办学差距逐步缩小，普通高中办学条件较好改善。三是加大科创投入。全年科学技术支出2.22亿元，同比增长12%，重点用于企业科技研发、科技成果转化、制造业高质量发展及创新创业载体建设，支持好想你、航天液压、达利食品、润弘制药等近百家企业进行设备改造、产品创新。四是推进公共卫生和医疗事业发展。建立疫情防控资金保障机制，畅通防疫物资采购渠道，全年拨付资金2500万元，全力支持抓好抓实常态化疫情防控工作；拨付资金1.08亿元，支持公立人民医院及乡镇卫生院综合改革、加强医疗服务与保障能力建设、开展卫生健康人才培养等，保障居民享受更好的基本公共卫生服务。五是完善社会保障和就业体系。全年社会保障和就业支出7.78亿元，同比增长2.9%，企业和机关事业单位离退休人员基本养老金标准、城乡低保财政补助标准进一步提高，退役军人安置保障和优抚优待政策、高龄津贴制度有效落实，困难群众及特殊群体基本生活得到有效保障。六是推动新型社区建设。拨付新型社区建设资金6.6亿元，支持薛店镇解放北路、郭店镇华阳寨等7个社区建设，基本建成6585套，确保人民群众住有所居。

【改革创新】2021年，大力推动各项财政改革，不断提升财政管理水平。加快预算管理改革步伐。扎实推进全省预算管理一体化系统建设，促进预算编制、预算执行、绩效管理、财务核算、财政监督全面深度融合。加大财政资金监管力度，2021年财政评审项目300个，评审金额42.01亿元，审定金额35.6亿元，累计为市财政节约资金6.41亿元，平均审减率15.25%。推行电子化政府采购。开通政府采购网上商城，实现政府采购规模48671万元，节约资金5248万元，节约率9.73%。积极盘活财政存量资金。加强财政资金动态监控，建立“定期清理、限期使用、超期收回”长效机制，全年共盘活财政存量资金6.35亿元，统筹用于为民办实事、灾后重建和重点项目建设。全面推进预算绩效管理。建立预算绩效管理工作考核机制，规范事前绩效评估、事中绩效监控、事后绩效评价、评价结果运用全流程绩效管理，有效提升预算绩效管理水平。

【党建引领】坚持和加强党对财政工作的领导，深入学习贯彻习近平新时代中国特色社会主义思想，树牢“四个意识”、坚定“四个自信”、做到“两个维护”，把讲政治的要求落实到财政工作的全过程各环节。加强党史学习教育。制定《新郑市财政局关于开展党史学习教育活动方案》和党史学习教育计划，组织开展党史学习教育、组织专题活动和特色实践活动，积极营造“学党史、悟思想、办实事、开新局”的良好氛围。扎实开展各项学教活动，做到严抓规定动作不走样、自选动作有特色。先后组织开展“踏寻党的足迹”“重温长霞精神”“观智慧党建·悟初心党史”和“庆祝建党100周年党史知识竞赛”活动；全年发布214期“百年党史天天学”，开展9期“红色电影周周看”和8次“主题党课月月讲”活动，使广大党员干部职工在耳濡目染中增长知识，在潜移默化中增强党性修养。持续开展志愿服务活动。局党员干部到文明交通岗、文明路段、联建社区开展志愿服务活动累计达980人次，着力解决人民群众在实际生活中遇到的困难；先后组织开展多次“听民意 问企声 解难题 纾企困”活动。成立14个财政服务工作小组，协助遂成药业股份有限公司、河南省瑞腾塑胶制品有限公司等企业申报上级科技、工业等财政支持项目，获得专项补助经费，切实帮助企业解决产品科技研发周期长、投入大、资金需求大等问题。加强党风廉政建设。围绕春节、端午节、中秋节、国庆节等重大节日召开廉政谈话会，持之以恒强化作风建设；推进以案促改工作常态化，全年紧紧围绕身边的违纪违法典型案例，在全系统范围内开展2次以案促改工作，旨在查找出个人作风和廉政建设方面存在的问题和不足，切实整改提高。突出党管意识形态。将统战、宗教、平安建设等工作纳入财政工作年度计划，纳入党组中心组理论学习计划，做到与财政工作同部署，为财政各项工作开展提供强有力的思想引领、舆论推动、精神激励和文化支撑。2021年以来开展意识形态分析研判会议3次，组织集中学习6次，参加人员342人次。加强干部队伍建设。通过推进财政干部教育培训创新，着力提升财政干部生财聚财理财、运用政策、责任担当、主动服务和团队协作等方面能力建设。印发《新郑市财政局“作风纪律整顿年”活动实施方案》，从学习教育、纪律作风、工作作风服务效能、党风廉政建设等方面开展重点整顿，全面加强思想作风、学习作风、工作作风、生活作风建设，着力解决突出问题，弘扬新风正气，抵制歪风邪气，实现财政干部形象的进一步转变，为推进经济社会高质量发展提供有力保障。

（撰稿：翟宇龙　审稿：刘国强）

公共资源交易

【概况】新郑市公共资源交易中心（以下简称交易中心）是经新郑市委、市政府批准设立的机构，为全额拨款事业单位，成立于2009年10月，是新郑市进行建设工程招投标、国有土地（矿产）公开出让、国有产权交易和政府采购等交易活动集中统一的有形市场，是公共资源交易公开、公平、公正和诚实信用服务的“阳光平台”。交易中心内设综合、网络信息、建设工程、政府采购、土地及产权交易5个科室，主要分为业务受理大厅、办公区、开标区、独立评标区，以及电子评标室、监控室、专家抽取室、专家休息室等，配备有先进的电脑、投影仪等电子设备和电子屏蔽、现场监控等系统，建立了全封闭的评标区，实现了对开、评标全过程的电子监控，基本满足日常开评标需要。

【工作成效】 2021年，交易中心共办结政府采购、建设工程、土地及产权交易等各类业务278宗，总成交金额约106.75亿元，节约财政资金约1.33亿元，增加财政收入约35.84亿元。在10月12日发布的全省营商环境评价中，新郑市招投标工作表现优秀，三项指标中有两项均为100分，“招标投标”指标名列全省104个县（市）前茅。

【“互联网+公共资源交易”】 确立全流程电子化主线，提升便民利企水平。业务查询“掌上办”，对现有的招标投标App进行优化升级，投标企业足不出户轻点手机就可以完成投标登记、标书下载、保证金缴纳查询、保证金退款查询等多项业务，让公共资源交易平台在移动端延伸，实现“让信息多跑路、让群众少跑腿”，实现交易办理电子化；线上开标“手机办”，打造全省唯一手机版“莲鹤不见面”开标系统，一部手机不受时空限制，在线即可在异地、多点、投标解密、定位跟踪、同步观看互动、交流答疑，飞速完成开标所有工作，进一步提升服务质效，确保营商环境“不掉线”，实现开标全程电子化；评标创新“机器人辅助评”，创新打造智能辅助评标。在全省率先开发建设基于大数据、人工智能技术为底层支撑平台的AI（人工智能）辅助评标系统，构建智能辅助评标模型，降低专家滥用评分自由裁量权和主观评价风险，提升结果客观性，真正做到智能辅助评标，营造高效、规范、公平、公正的评标环境，创新“机器人”辅助评标；积极探索跨省域远程异地评标。依托“互联网+公共资源交易”，已与西安、大连、绵阳、张家港、昆山等多地开展远程异地评标工作，交易金额达17958.4万元，该项工作已经走到了县（市）级公共资源交易前列，实现了各地评标专家共享和交易中心评标设施、场所等资源的共享。

【精准化服务】 围绕全市重大项目和民生工程，搞好全程服务。“四大工作机制”服务新郑市重大项目建设。以认真践行“用脚步丈量工作法”为有力抓手，不断深化“四大工作机制”举措，为项目建设抢时间、抓进度，确保重大项目顺利完成招投标，确保新郑市重大专项活动得到有效落实。1—12月份，共办结省市重点类项目3宗，成交金额5.53亿元；办结民生实事类项目40宗，成交金额15.7924亿元；办结扶贫类项目10宗，成交金额0.49亿元；办结大气污染防治类项目3宗，成交金额0.0596亿元；办结人居环境改善类项目10宗，成交金额5.55亿元；办结国土绿化类项目8宗，成交金额1.15亿元；办结平安建设类项目9宗，成交金额0.2296亿元；做好土地及产权交易，为财政创收助力。针对全市的重大重点项目的用地工作，提前介入、提前对接，加强与国土局、各乡镇的紧密对接，及时了解用地审批情况、土地状态，做到进场即办理，高效、高质量服务好重大项目落地。2021年，共办结土地及产权交易类项47宗，成交金额35.84亿元。

【便民惠企服务】 用脚步实地丈量，推动便民惠企更加精准贴心。以“万人助万企”为抓手，全员践行、深入践行“用脚步丈量工作法”，在中心党组成员的带领下，围绕基层支部联建，围绕民生实事、乡村振兴、省市重点项目、灾后重建等重点招投标项目，用脚步丈量企业、社区。强化金融服务，积极探索电子保函、投标贷、中标贷等公共资源交易领域供给侧服务，开发建设金融服务平台，实现申请、受理、审批等全线上服务，为企业与金融机构之间搭建信息桥梁，精准“输血”中小微企业，有效缓解企业“融资难、融资慢、融资贵”等问题，提升公共资源交易附加值，实现“政银企”多方共赢。金融服务平台上线后提供服务次数376次，开具成功笔数374笔，释放资金14950万元；精准助力企业。深入走访中鼎万联、润弘制药、恒天铜业、郑州佳利食品添加剂有限公司、郑州顶真食品有限公司等企业开展助力企业发展活动，认真了解企业在发展过程中遇到的难点、堵点，对制约企业发展的问题梳理出共性和个性问题，并充分发挥中心优势，联合农行河南省、郑州市、新郑市三级银行到润弘制药，联合邮储银行、郑州银行到恒天铜业实地进行考察评估，解决企业发展融资问题，打通服务企业“最后一公里”，切实提高企业参与新郑市建设发展“获得感”。

（撰稿：李丙战　审阅：郑建和）

税　务

【概况】 2021年，新郑市税务局有干部职工306人，其中：在职干部职工208人、退休干部98人，在职干部职工大专以上文化程度203人，其中研究生学历24人、注册税务师8人、律师5人、中级经济师16人、工程师1人；在职党员155人；局班子成员9人。全局共有办公室、法制股、税政

9月6日，郑州市税务局2021年度督察审计组在市税务局召开督察审计组进点会
（市税务局/供图）

一股、税政二股、社保和非税股、收入核算股、征收管理股、税源管理股、税收风险管理股、财务管理股、人事教育股、机关党委、纪检组等13个行政机构及信息中心、票证服务中心2个事业单位。下设第一税务分局、第二税务分局、新建路税务分局、新华路税务分局、龙湖税务分局、和庄税务分局、新村税务分局、辛店税务分局、薛店税务所等9个派出机构。

【经济税源】截至2021年年底，市税务局共管理正常户纳税人7.1万户，税源主要集中在房地产业，煤炭开采和洗选业，酒、饮料和精制茶制造业，建筑业。

【税收收入】2021年，累计组织税费收入92.73亿元，其中：税收收入67.17亿元。严格落实依法组织税费收入原则，通过运用风险管理、汇算清缴、评估核查、欠税清理等手段，抓好抓牢抓实组织收入工作。强化风险派单管理，共办理省税务局、郑州市税务局风险派单2186户次，入库税款、滞纳金合计1.28亿元。全面落实各项税收政策，特别是聚焦企业诉求，推动各类减税降费政策直达快享。其中，自四季度开始落实中小型制造业缓税政策，11、12月份共办理缓缴五税两费3813万元，帮助企业纾难解困。

【税务监管】坚持依法治税，积极推进征管方式转变，全面提升税收治理能力。优化税收执法，积极参与“数字郑州城市大脑”三期建设，加快实现税收法制业务数字化转型；编制《基层税务执法文书使用指引》等多套税务执法丛书，确保重大执法决定准确规范；传递“执法温度”，积极推行首违不罚清单制度，2021年共对151例涉税轻微违法行为实行“首违不罚”；充分利用好内控平台以及执法信息公示平台。夯实管理基础，深入推进征管质量5C监控评价工作。加强平台维护，提升网络和信息系统安全。

【营商环境】紧跟省税务局、郑州市税务局数字税务建设整体部署，充分利用好大数据资源，坚持以数据驱动贯穿纳税服务工作全过程，实现智能化、精细化服务。打造升级版智慧办税服务厅，完善智能咨询、远程视频、自助办税等应用，推进税费事项智慧办理、发票电子化增效降负等，积极推广“中原易收宝”两险代收系统，深化“非接触式”缴费服务，缩短环节简化流程。企业开办流程压缩至1个环节，开办时间压缩至0.5个工作日，实现新办纳税人首次发票核定事项即时办结。着力构建“信用+风险”新型管理方式，积极宣传信用等级A级纳税人，将涉税违法失信行为影响较大的纳税人列入黑名单，实现纳税人差别化管理和服务，提高纳税遵从度。

【党的建设】把党史学习教育作为一项重要政治任务扎实推进，成立党史学习教育领导小组，打造“党史书廊”，构建“一馆四廊”的党史学习教育阵地，开展“党史青年说”，举办党史微党课展评，邀请老党员老税干分享入党故事、峥嵘“税”月等，激发奋斗信仰；与中国税务报社开展“百年传承忆初心税务党建在行动”联建活动，签订共建协议。组建9支“非公党建工作联盟队”，与辖区非公有制企业携手开展“党史联学、党建联建”，服务全市规模以上非公企业900多户，进驻非公企业党组织15家；作为总局“税务党建云”平台系统的县级试点单位，探索把党建工作信息化、数据化，推进党建工作全流程动态管理。

【年度工作荣誉榜】2021年，新郑市税务局被国家税务总局授予“全国税务系统文明单位”称号；被中共国家税务总局河南省税务局委员会授予“河南省税务系统先进基层党组织”称号；被河南省人力资源和社会保障厅、国家税务总局河南省税务局授予“全省税务系统先进集体”称号；被国家税务总局河南省税务局授予“河南省税务系统行政执法责任制示范点”称号；被河南省总工会授予“2021年河南省工人先锋号”称号。

（撰稿：马彪帅 审阅：李广奎）

经济管理与监督

ECONOMIC ADMINISTRATION AND SUPERVISION

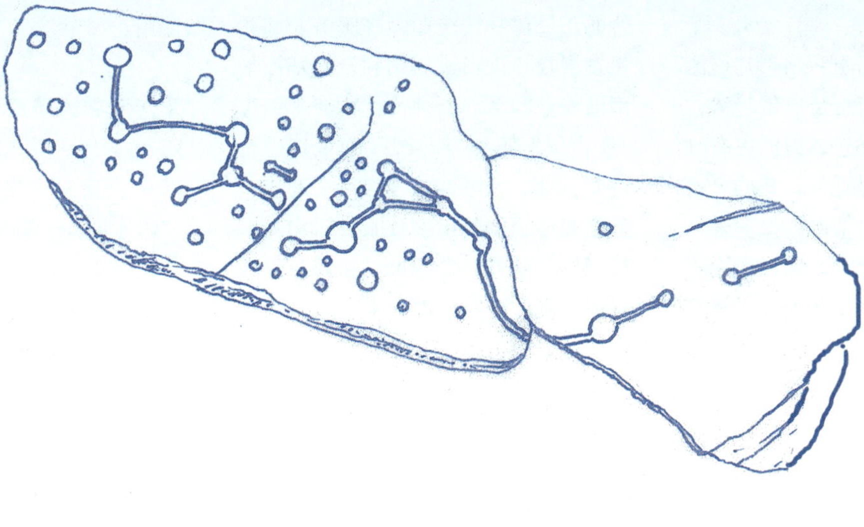

·经济管理与监督 >>>

ECONOMIC ADMINISTRATION AND SUPERVISION

发展和改革

【概况】2021年，新郑市发展和改革委员会（粮食和物资储备局）深入贯彻党的十九大和十九届二中、三中、四中、五中、六中全会精神，贯彻省、郑州市、新郑市党代会精神，牢固树立新发展理念和以人民为中心的发展思想，做好“六稳”工作，扎实推进稳增长、促改革、调结构、惠民生、防风险、保稳定各项工作，统筹推进疫情防控和经济社会发展，较好地完成了各项工作任务。

【保障经济运行】加强经济形势监测分析，密切关注经济形势发展趋势，及时掌握经济运行动态，提出更有时效性、针对性的意见建议，完成《新郑市上半年经济运行情况汇报》等，为市委、市政府决策当好参谋助手。认真编制发展报告，围绕国民经济和社会发展的重大战略问题，高质量起草了《新郑市2020年国民经济和社会发展情况与2021年国民经济和社会发展计划（草案）》和《新郑市2021年产业升级提速工程工作方案》。完成“十四五”规划编制工作，制定下发《新郑市国民经济和社会发展第十四个五年规划和二〇三五年远景目标纲要》，对新郑市“十四五”期间的总体目标、战略重点和重大举措进行完善明确规。积极发行新增专项债券，认真做好政府债券项目手续办理、申请发行工作，发行2021年度专项债券项目5批次共17个，发行专项债券5.57亿元。

【推动产业升级】努力做大现代服务业，完成《新郑市服务业发展“十四五”专项规划》初稿，中原物流小镇核心区、华南城盛世广场、腾达畅正仓储物流产业园等服务业高质量发展重点项目进展顺利，对郑州华南城专业园区、新郑传化物流小镇等2家省级服务业专业园区的规划进行调整强化。上报家可美等3家家政服务企业申请郑州市家政服务机构开展等级评定工作，全力推动新郑市家政服务业提质扩容。做好上三级资金申报工作，全力申报服务业专项资金，做好前期项目筛选储备，认真解读文件精神，全力组织符合条件的项目申报，共申请国家服务业发展资金企业1家，申报郑州市服务业发展引导资金企业6家。加强创新载体建设，推动重点企业创新平台建设，激发企业自主研发能力。建成好想你国家级企业技术中心和润弘制药、白象食品、航天液压等17家省级企业技术中心；建成遂成药业、恒天特种电缆、瑞泰耐火材料等5家工程研究中心。申报中铁十五局第四工程有限公司为省级工程研究中心，申请河南国德标检测为郑州市工程研究中心。加快数字经济建设，制定下发《关于加快推进新型智慧城市建设的意见》，重点开展智慧城管、智慧旅游、智慧环保等特色智慧应用建设，数字城市运行管理中心、龙湖城管分中心已建设并投入使用。

【防汛救灾防疫和灾后重建】做好防汛工作，郑州市“7·20”暴雨以来，新郑市发展和改革委员会闻“汛”即动、听令即行，为抢险救灾及灾后重建作出了积极的贡献。在粮库方面，深入粮库基层一线，查看防汛措施情况，密切关注生产运行，查找整改安全隐患，确保各粮库人员和物资安全。在应急物资储备方面，积极应对应急物资储备、使用、调配等情况，随时掌握底数，确保备灾物资随时调得动、用得上，在汛情期间共调拨排水泵、救生衣、探照灯等应急物资21批次，接收防汛物资12批次，有力支援了全市防汛救灾工作。在油气长输管道安全防范方面，及时展开工作调度，及时查看管道隐患整改情况，科学处置紧急事故，避免了重大安全事故的发生。做好防疫工作，坚决服从市委市政府工作部署，成立发改委下沉社区参与疫情防控工作领导小组及“三班一组”（三个工作专班和一个宣传后勤保障组），明确专班领导和工作组长，共抽调70余人下沉社区10个卡点，坚决落实下沉任务，坚守工作岗位，用实际行动为人民群众筑起健康的屏障。做好灾后重建工作，成立新郑市特大暴雨灾害灾后恢复重建工作领导小组，制定了《新郑市特大暴雨灾害灾后恢复重建工作方案》和《新郑市灾后恢复重建总体规划（2021—2021年）》，已通过专家评审；全市农村房屋、水利、交通、电力、应急能力提升等18项灾后恢复专项工作方案已全部完成并印发，逐步构建起“1+1+N”（1个总体工作方案、1个重建规划、N个方案政策举措）的灾后恢复重建政策体系。谋划全市灾后重建项目333个，总投资22.34亿元，2021年计划投资4.7亿元，已完成投资2.1亿元。谋划上报郑州市灾后重建项目共106个，总投资6.9亿元。加快重建家园，1433户农村受灾损毁房屋全部完成修缮和重建；发放救助资金7.44万元，确保群众温暖过冬。加快水毁修复，水利基础设施水毁373处已全部修复完成，7000公顷农田积水排涝已结束，市政基础设施水毁310处已全部修复完成，实现全市供水、供气、供电、通信全部恢复，市财政统筹拨付防汛救灾、灾后重建资金共3.31亿元，生产生活秩序全面恢复。

【重点项目建设】 省、郑州市重点项目进展情况：2021年，新郑市列入省、郑州市重点项目40个（省重点项目14个，郑州市重点项目26个），年度计划投资252.3亿元，1—12月份完成投资271.3亿元，占年度计划投资的107.5%。尊绅光电、黄帝故里核心景区改扩建等15个新开工项目已开工建设，开工率100%。华南城二期、航美国际智慧城等续建项目进展顺利。省、郑州市15个新开工项目共完成联审联批事项90项，完成率100%。市本级重点项目进展情况：2021年，259个市本级重点建设项目（138个新开，94个续建，27个前期），年度计划投资319.6亿元。1—12月份累计完成投资327.9亿元，占年度计划投资的102.6%。光明乳业莫斯利安生产线配套设备改造、骏创物流产业园等138个项目已全部开工建设，开工率100%。主要工作措施：完善重点项目及三个一批项目建设考评办法，每月对全市重点项目建设情况进行考核排名，压实项目单位推进重点项目的主体责任；定期召开重大项目建设暨重点企业服务例会，研究解决了航美国际智慧城标准化厂房建设、郑州理工职业学院新校区等25个重点项目存在的问题。先后于1月4日、5月11日举行了两批次全市重点项目集中开工活动，共集中开工项目65个，在全市迅速掀起项目施工热潮。

【民生事业】 深入开展“白色污染”治理，制定《关于印发〈新郑市2021年塑料污染治理工作要点〉的通知》，开展“限塑”宣传“进商场、进超市、进市场、进企业、进景区”，利用消费者权益保护日、食品安全周及其他集中宣传活动，持续深入开展“限塑”“禁塑”法律法规宣传。推进能源结构调整优化，加快推动新郑市电动汽车充电基础设施建设，新建设完成兴龙路与华南城大道交叉口充电桩、畅通能源弘远路充电站等3个充电站，新增直流充电桩55个，其他区域新增交流桩894个。加快推进光伏发电项目建设，累计并网光伏发电项目99户，总装机容量达到5.35万千瓦。排查治理隐患保安全，制定了《新郑市2021年油气长输管道攻坚行动方案》等文件，结合“7·20”特大暴雨灾害，组织第三方机构的技术专家进行隐患排查，共排查油气长输管道安全隐患数为60处，已整改隐患60处，隐患排查整改率为100%。搭建完成两级双重预防线上平台，为构建安全生产长效机制提供技术保障；完善第三方管道交叉施工审批制度，2021年共审批第三方管道交叉施工项目5个，其中4个项目已完工。完成“占地造湖”整改，成立了新郑市“占地造湖”问题专项整治工作领导小组，对辖区内涉及“占地造湖”问题项目进行排查整治，按照“专班、专案、专项”推进的整改要求，分别组建了市发展改革委、资源规划局、水利局、生态环境分局牵头的立项手续办理专班、土地和规划手续办理专班、水行政许可办理专班和环评手续办理专班，合力推动工作落实。望京楼公园、新区城市生态公园、暖泉河生态水系建设等3个项目均已完成整改任务。

【优化营商环境】 成立新郑市优化营商环境工作领导小组，抽调业务骨干组建营商环境工作专班，完善组织架构。制定《新郑市优化营商环境2021年工作要点》，明确94项营商要点工作责任分工和时间节点；制定《新郑市贯彻落实全国深化“放管服”改革优化营商环境电视电话会议重点任务分工方案》，推动工作落实落细。组织召开了全市营商环境工作推进会议、评价工作会议，组织全市43个单位圆满完成省评指标评价。组织《优化营商环境条例》宣传学习，把条例纳入党员干部培训教学课程，发放《优化营商环境政策文件汇编》、宣传折页、海报等1万余本。出台《新郑市人民政府关于聘请新郑市营商环境特邀监督员的通知》，聘请30名监督员持证开展监督工作；发布营商环境监督举报电话，建立问题处理办法和台账。突出创新服务，率先推出“商事登记一件事”，将企业开办事项并成1个事项，办理时限压缩至半天办结，企业不出“一件事”专区即可一站式办结所有事项。创新推出企业开办“大礼包”，实现企业开办证照、政策“一袋领取”，新郑市各类市场主体突破10万家，稳居全省各县市第一；工程项目全流程审批实现最短22天最长61天；推行“标准地”出让，让用地企业享受到“拿地即开工”，让企业项目落地跑出加速度 。整合成立3家水气暖一站式服务中心，设置水气暖24小时自助服务平台，水气暖事项实现就近办、马上办，群众满意度逐步提升。在2020年河南省营商环境评价报告中，新郑市总体得分高于省平均值2.8分，其中客观指标表现83.57分，在104个县（市）中排名第一，并且是唯一一个达到地市级优秀水平的县市。

【价格稳控服务】 加强价格监测调控，强化对主要农副产品价格和农业生产资料价格的监测力度频度，共上报生活必需品及农业生产资料价格188期；为市政府和电视台《物价信息》栏目提供农副产品及农业生产资料价格148期，进行市场价格分析48期。对5户生猪调查户和6户蔬菜种植户的生产成本和收益情况进行了成本调查，为郑州升达经贸管理学院附属小学等5家学校教育定价进行成本监审。清理整治水电气暖不合理收费，制定《新郑市关于清理规范城镇供水供电供气供暖行业收费专项治理的公告》《新郑市清理取消城镇供水供电供气供暖行业不合理收费专项整治行动方案》，成立了新郑市专项整治领导小组；召开了新郑市清理取消城镇供水供电供气供暖行业不合理收费专项治理告诫提醒会，对全市6家供水供电供气供暖企业及102家在建在售房地产开发企业进行收费行为告诫提醒，安排部署房地产开发企业收费自查自纠、供水供电供气供暖企业行业进行收费清理工作，建立整改台账，主动向社会作出承诺，接受社会监督。扎实开展行政事业性收费管理，组织对全市教育、民政等11个部门53家收费单位2020年度的收费及执行情况进行了统计上报，全部纳入“全国市场价格监管系统”。依法依规做好收费审批，对郑州剑桥中学等8所学校收费标准正在进行审批。依法合规开展价格认证，共办理公安涉案委托249件，涉案金额988万元。保证了各类案件能够及时审理、准确定性，保护了自然人、法人和其他组织的合法权益，保障了司法、行政执法工作的顺利进行，促进了社会秩序的安定和谐。

【粮食和物资储备】 严格地方储备粮购销管理，在全市统筹设立市场化粮食收购网点18个，督促国有粮食收储企业共准备完好仓容6万吨，年底新郑市各类涉粮企业共收购小麦和玉米35万余吨，完成地方储备粮4500吨的轮换任务。加大储备粮监管力度，实现粮食储存“一符四无”率98%以上，在2021年5月河南省政策性粮油库存检查中，新郑市地方储备粮账实相符、质量完好、储存安全，未出现违规违纪的涉粮案件，得到了省检查组的充分肯定。健全粮食应急保障体系建设，加强粮食监测预警，全市共落实原粮市场价格监测点6个，定期了解市场价格和动态；对全市22家粮食应急供应网点的建设运营情况进行考核打分，经现场查验22家应急网点均通过了考核，健全粮食应急供应保障体系。开展粮食质量调查，到郭店、辛店等5个产粮乡镇200余户农民家中进行新粮扦样、品种和产量调查，圆满完成了新郑市2021年新收获粮食质量调查工作。加强应急物资储备，规范应急物资储备管理和调配使用，严格按照专库存储、专账记载、专人管理要求，加强物资储备管理，保证在库物资账实相符，质量完好，共配合应急局完成应急物资入库6次、调拨防汛救援类物资16次868件（台），灾后安置类物资10次384顶（张）；认真做好救灾物资采购工作，严格按照政府采购程序，公开招标确定供货商，项目已全部完工并通过了验收，为新郑市汛期期间应对突发情况提供了充足的物资保障。扎实开展粮食流通监督检查，完成了全省政策性粮食库存检查工作、全省粮食流通“亮剑2021”专项执法行动和“除隐患、降风险、保安全”专项整治、承储库点执行国家粮食购销政策情况监督检查、粮食收购专项监督检查等工作，开展了2021年新郑食品安全宣传周活动、粮食流通管理条例培训等活动，完成7家国有粮食购销企业的固定资产排查统计和证件登记，完成2020年度关于全面落实粮食安全省长责任制的考核工作。

【改革创新】 做好农业水价综合改革，编制完成《新郑市2021年农业水价综合改革实施方案》，进行改革选区的以电折水系数测算，开展安装用水计量设施的招标工作，组建县、乡、村三级农民用水协会、用水合作组织175个，共颁发水权证4651本、使用权证220个、产权证220份。深化行政审批制度改革，全力推行“互联网+行政审批”在线监审平台应用，压缩办理时限、严格审批时效考核、即时处理网上咨询，推进行政审批工作规范化运行，共办理政府投资项目审批83件，总投资44.93亿元；核准项目3个，总投资3.7亿元；企业投资项目备案276件，总投资251.23亿元，办结率100%。推进开发区体制机制改革，拟定《河南省新郑经济技术开发区整合方案》，加快新港产业集聚区、特色商业区、传化物流小镇、好想你健康食品物流产业园等4个园区整合成为河南省新郑经济技术开发区，规划面积30.25平方千米，积极推进开发区整合挂牌、体制改革，提升开发区企业服务效能。健全社会信用体系，制定并发布了《2021年新郑市社会信用体系建设工作要点》《关于开展“屡禁不止、屡罚不改”严重违法失信行为专项治理的通知》等文件，对重点任务分工、严重违法失信专项治理和信用建设宣传等重点工作作出了具体部署安排，细化了各单位工作责任。做好信用信息归集工作，平台归集的信用信息已经达到473.8万余条，其中包含 7.5万条“双公示”信息，初步实现各部门互联互通、交换共享，为实现守信联合激励和失信联合惩戒夯实基础。

（撰稿人：杜方方 审阅：白龙杰）

市场监督管理

【概况】 根据《新郑市机构改革方案》（新发〔2019〕1号）文件要求，新郑市市场监督管理局于2019年1月31日挂牌成立，整合了原市工商管理和质量技术监督局、原市食品药品监督管理局职责，以及市发展和改革委员会的价格监督检查职责，市科技局的知识产权相关职责等。2019年12月17日，根据《中共新郑市委机构编制委员会办公室关于调整新郑市市场监督管理局事业机构的通知》，新郑市市场发展中心整合进入新郑市市场监管局。内设办公室、编制人事科、计划财务科、法规科、执法督查科等十九个科室，下属经济检查大队、315投诉中心、稽查大队、检测中心、培训中心等5个直属行政机构，15个乡镇（街道）派出机构。现市场监督管理局共有在编人员378人（男职工226人，女职工152人），其中行政人员192人（含公务员182人），事业人员186人。离休人员3人，退休人员140人。

2021年，新郑市市场监督管理局坚持以习近平新时代中国特色社会主义思想为指导，深入贯彻党的十九届五中、六中全会精神，认真履职尽责，敢于担当作为，各项工作均取得了新的成绩，守住了不发生重大安全事件的底线，系统上下更加团结，精神进一步焕发，作风进一步转变，整体监管效能进一步提升，确保“十四五”开好局、起好步，以优异成绩庆祝中国共产党成立100周年。

【食品安全】 全面推行“互联网+明厨亮灶”等智慧管理模式，大型餐饮服务单位安装41家，中小学幼儿园食堂已全部安装到位，大中专院校食堂也开始稳步推进。推进食品生产经营风险分级管理，围绕全国卫生城市复审工作和全国文明城市提名工作要求，认真开展餐饮服务日常监督管理工作。在监督检查过程中，深入开展生产经营风险量化工作，做到对全市餐饮服务单位实行“一户一量化”管理模式，力争年底达到风险分级公示率达到100%。开展食品生产企业“互联网+透明车间”建设工作，新增12家企业已对接到位，预计到年底，辖区70%以上企业将安装到位，所有小作坊示范单位全部安装到位。扎实开展春季大排查、大整治、大执法、大宣传保安全护稳定专项行动，推进桶装水专项整治清仓见底、“3·15”曝光问题羊肉专项排查、集体用餐配送单位专项治理、夏季餐饮食品安全整治、蜜雪冰城专项排查、畜产品及肉制品专项检查、灾后重建食品安全专项检查、餐饮环节非法使用西布曲明专项排查、对杨国福麻辣烫等餐饮服务单位开展食品安全风险隐患排查整治等行动，结合创建国家卫生城市，小食品店、小餐饮店食品安全环境卫生面貌明显改观，人民群众对食品安全满意度稳步提升。

【药化医械安全】基层诊所标准化药房建设是2021年郑州市民生实事之一，市市场监督管理局承担了13家基层诊所建设任务。市场监督管理局联合卫健委对13家基层诊所进行了现场验收，已完成全部建设任务。比郑州市市场监督管理局11月底全部完成超前两个月，在6月份的重大项目月考评中，新郑市市场监督管理局稳居全郑州市第一名。在疫情防控的高压态势下，为全面保障新冠疫苗质量安全，新郑市市场监督管理局超前响应，检查疾控中心4家次、疫苗接种单位（含新增加的临时接种点）107家次，对排查发现的风险隐患及时消除，有力地落实了市委、市政府对构筑全民免疫屏障的工作要求。开展元旦春节期间药品化妆品医疗器械集中整治行动、医疗器械“四规范四整治”活动等专项整治工作，共检查医疗器械经营使用单位947家次，核查市市场监督管理局移交网络监测线索2条，立案13起，依法注销不具备经营条件第二类医疗器械经营企业3家。

【特种设备安全监管】 扎实开展特种设备安全隐患专项整治三年行动，组织开展了电梯、起重机械等专项整治，进行电站锅炉范围内管道、快开门容器和液化石油气瓶专项治理“回头看”，继续推动危化品相关移动式压力容器充装单位安全专项整治工作。先后排查20家57台15年以上的老旧电梯、297台起重机械、2家危化企业使用的压力容器、压力管道、8家大型游乐设施使用单位、2家液化石油气瓶充装单位，4家移动式压力容器充装单位、4家供热特种设备单位。联合省锅检院对本市快开门式压力容器的使用单位开展一次回头看工作，共检查使用单位 24 家、压力容器 69 台，建材行业蒸压釜28台、医疗行业灭菌柜16台、食品行业灭菌锅25台。

同时，配合市市场监督管理局

聘请第三方特种设备检测单位对新郑市部分特种设备使用情况进行隐患排查，共抽查设备225台，落实主体责任，防范化解重大风险隐患。2021年以来，累计检查特种设备生产、使用单位279家，检查特种设备1411台，发出特种设备安全监察指令书29份，提出整改意见80条，通过复查整改，消除安全隐患80处，立案查处8起，确保闭环管理。

【市场监管营商环境】 围绕“一网通办、一次办成”工作整体要求，持续推进商事登记“1+X”改革和“证照分离”改革向纵深迈进，对企业开办时间进行再压缩，力争年底前提前实现企业开办0.5日内完成。全面推行“网上办”“掌上办”“邮寄办”“预约办”的“四个办”服务，实现业务办理“无接触”“零见面”。2021年，新郑市开办企业网办率达95%以上。

持续推广“一件事、秒批、秒办”智能审批平台，累计梳理出63项个体登记事项，涵盖了70%以上的个体经营范围，按照申请零材料、审批零人工、办理零接触、存档零纸件的“四零”模式，将个体工商户信息填报、智能审批和执照领取进行“一站式”登记注册，即时申请、即时出照，实现了个体营业执照“秒批、秒办”。

多措并举，进一步提升开办企业便利度及福利。进一步降低市场准入门槛，全面实施全国统一的市场准入负面清单，落实“非禁即入”要求；推进企业开办经营便利化，全面推行企业开办全程网上办理，将企业开办时间压缩至1个工作日以内；放宽小微企业、个体工商户登记经营场所限制，全面实行住所（经营场所）自主申报承诺制（含农民专业合作社），在之前企业实施该制度的基础上，将应用范围扩大到个体工商户、农民专业合作社等所有市场主体；降低小微企业等经营成本，在确保食品安全的前提下，对只进行热食类制售（不含冷食类制售、裱花蛋糕等）的连锁便利店，不设置食品处理区面积的审批要求；实施个体工商户税务发票专用章免费服务，共免费刻制个体发票章3010枚，为群众节省费用13万余元；自2021年5月1日起（含当天），在新郑市登记的场（厂）内专用机动车辆车牌在颁发特种设备使用登记证时同步免费发放，企业无需再到河南省特检院领取。全年共免费为企业发放车牌219套。

在一系列“放管服”改革举措影响下，新郑市营商环境持续优化，以“最好、最高、最优”的姿态，迅速进入全省、全国的营商环境第一梯队，深度刺激市场主体“向快、向好、向健康”发展。2021年，尽管仍受疫情影响，但新郑市市场主体数量仍呈逆势增长态势，新增各类市场主体20893家，其中新增企业6319家、新增个体工商户14557家、新增农民专业合作社17家。

作为全省9个践行县域治理“三起来”示范市之一，新郑市被赋予156项省辖市级经济社会管理权限。为确保相关业务“接得住，做得好”，市场监督管理局积极组织业务培训，调增网上公示事项，本局负责的二类医疗器械备案、食品生产许可等7项新业务全部正常开展。

2021年，市场监督管理局按照市委、市政府“万人助万企”和“用脚步丈量工作法”两项重点服务活动安排，全体班子成员靠前指挥，深入一线开展精准帮扶，找准问题，积极协调，确保企业反映的问题件件有回音，事事有着落。“万人助万企”工作组共走访四上企业51家，现场解决问题3个，收到市级交办件8个。同时强力推动“个转企”工作，截至9月底，已完成“个转企”97户，提前完成了全年目标任务。

持续加大企业知识产权和自主品牌培育、评价、宣传推广和服务体系建设等方面的政策扶持力度，引导企业围绕文化、创新、质量、信誉等品牌形成要素，提升品牌内生发展能力。已累计培育国家级知识产权示范企业1家，国家级知识产权优势企业1家，省级知识产权优势（培育）企业4家，郑州市级知识产权优势企业11家，知识产权贯标企业10家。全市申报有效发明专利1249件，万人有效发明专利拥有量10.7件。润弘制药、遂成药业等6家企业已申报河南省专利奖，好想你公司设立高价值专利培育中心，航天液压已进行了高价值专利项目备案。品牌战略各项数据指标均在郑州县级市中排名第一。

截至2021年三季度，全市商标申请数量5014件、注册数量5003件，有效注册量21654件。2021年万人高价值发明专利拥有量达到4.1件。办理各类商标侵权案件22件，移交公安机关案件1件。

鼓励知识产权创造运用，变“知产”为“资产”。7月份，瑞泰耐火材料科技有限公司首笔2000万元专利质押融资办理完成，瑞腾塑胶、梅久实业等正在与银行对接中。推进知识产权维权保护工作站建设。中德产业园区设立知识产权维权援助工作站并已挂牌运营，在全市16个市场监管所和行政服务大厅设立知识产权综合服务岗位，实现知识产权咨询、维权、保护便利化。共受理知识产权维权咨询68起，办理知识产权维权案件14起。加强重点产业高价值专利培育工作，提高整体产业的专利质量效益。

【产品质量安全监管】 狠抓产品质量安全，积极贯彻新发展理念，提升监管效能，围绕助力构建新发展格局，创新监管手段，以加强质量技术帮扶，推动质量安全监管贯通化、系统化、协同化，开创产品质量安全监管工作新局面。在省质量强市示范市的申报前准备工作中，以小组第一的成绩，成功获批同意创建河南省质量强市示范市。

完成对各乡镇2020年度质量工作考核工作，撰写《新郑市质量工作自评报告》，起草并提交政府讨论通过《新郑市创建河南省质量强市示范市工作方案》。认真做好对申报市长质量奖单位的审核工作。开展形式多样的“质量月”宣传活动。加强认证认可检验检测机构管理工作，组织全市认证认可相关的47家获证企业召开认证认可工作会议，对辖区内获得资质认定的机动车检验检测机构召开了约谈会。

根据《市场监管总局办公厅关于聚焦中小企业质量提升开展质量基础设施“一站式”服务行动的通知》，结合省市局工作要求，制定了《新郑市小微企业质量管理提升行动实施方案》，筛选出8家食品生产企业，作为新郑市食品小微企业质量提升的试点企业。从出台方案、实地调研、组织线上线下培训到“一企一策”、分类指导、把脉问诊再到完善体系、逐步提升、初见成效，将小微企业质量管理体系认证提升行动由被动变主动，通过集思广益、群策群力、跟踪指导等方式，深入细致地研究解决企业在生产、销售、管理过程中的痛点难点问题，确保凡事有交代、件件有着落、事事有回音，从根本上为小微企业补短板、强弱项、疏堵点、破瓶颈，扎实提高企业的质量基础支撑能力，切实让各项帮扶政策成功落地，促进小微企业的质量管理体系认证提升行动取得实效。

【行政执法】推行行政执法“三项制度”工作，规范公正文明执法。2021年共办理普通程序行政处罚案件348件，简易程序行政处罚案件111件，万元以上大要案件145件，采取行政强制措施案件52件，移送公安机关4起，行政复议15件，行政诉讼8件，提出法规规章清理建议2个，清理规范性文件14件，制修订规范性文件2件，依申请召开听证会1次。专项整治行动持续加强，开展重点领域反不正当竞争执法专项行动，供水供电供气供暖行业乱收费专项整治、重点工业产品专项整治行动等取得良好效果。在河南省网络交易监管平台开展网络经营主体维护1400余户，淘汰异常及黄赌毒网站963个，已维护正常网站417个。网络案件共立案11起，结案11起。网上互联网平台共监测到新郑市互联网违法广告2条次，违法户外广告5条次，已全部处置到位。“双随机、一公开”工作整体推进，联席会议成员单位各司其职，顺利完成了各自部门“一单两库”建立和完善，完成了各自部门《2021年度“双随机、一公开”抽查计划》和《抽查事项清单》的制定和发布，一单两库完成率100%。分别由市公安局、市教育局、市农委、市住建局等牵头已制定部门联合抽查13个，已完成2个，其他部门联合抽查工作正在按要求有序推进中。全市共归集各类涉企信息30万余条，各部门通过国家企业信用信息公示系统（部门协同监管平台）共创建双随机抽查任务133个，已完成任务102个，完成率76.69%。列入经营异常名录市场主体9038户，移出经营异常名录2038户，列入严重违法失信企业607户，信用修复2101户。在政府采购、工程招投标、国有土地出让、授予荣誉称号等工作中，将企业信息作为重要考量因素，对被列入经营异常名录或者严重违法企业名单的企业依法予以限制或者禁入。联合惩戒初步显现，实现“一处违法，处处受限”。利用郑州市网络市场监管综合指挥系统，查办了一批有影响、有代表性的网络商品交易领域的大要案件。“互联网+市场监管”全覆盖平台正式投入运行，信息化智慧化水平进一步提升。

【保供稳价】以保民生物资供应为工作重心，在7月份河南省特大暴雨引起的洪涝灾害中，市场监督管理局始终坚持人民至上理念，立足本职工作，以保民生物资供应为工作重心，积极投身抗汛救灾中去。以全市大中型商超、农贸市场等民生物资供应点为重点目标，以米面粮油、瓜果蔬菜为重点对象，积极开展保供稳价工作，约谈企业负责人，要求企业提前谋划，做好生活必需品的准备工作，严厉打击囤积居奇、哄抬物价等违法行为，在此次灾情中，新郑市各类生活必需品供应充足，物价稳定，未发生哄抢、囤积、恐慌等现象发生。以打击违法违规为工作重心，在本次灾情中，人民群众生命财产受到严重威胁的情况下，康桥集团违规发布“入住高地、让风雨只是风景”广告，在群众中引起强烈的负面舆论，市场监督管理局迅速启用应急响应，按照广告法，给予相关单位100万元的顶格处罚，有效维护了市场秩序。响应市委、市政府救灾要求，在此次汛情中，全局党员干部充分发挥不怕脏、不怕苦、不怕累的先锋模范作用，主动响应市委、市政府抗汛救灾要求，100余人的志愿者服务队成为渭水公园一道亮丽的红色风景线。

【维护消费者权益】以农贸市场、大中型商超、水产品经营单位等为重点监督检查对象，深入摸底排查，掌握全市水产品的进货来源。并登记造册，督促其严格履行食品安全主体责任，严格落实进货查验及记录相关要求，禁止销售者采购、贮存、销售无溯源凭证、来源不明、过期变质等不符合食品安全标准的水产品及其制品。督促有进口冷链食品的餐饮单位必须落实食品安全和疫情防控主体责任。坚决执行疫情防控和集中监管要求，做好货物进出扫码、开箱消毒、专柜贮存、从业人员、包装废弃物处置等管理工作。加大外卖从业人员疫情防控督导检查。将商务部印发的

《餐饮服务单位新冠肺炎疫情常态化防控技术指南》第一时间传达给各餐饮服务单位，按照《外卖配送和快递从业人员新冠肺炎疫情健康防护指南（2021年8月版）》对外卖从业人员进行监督检查，并对美团和饿了么从业人员进行每周一次核酸抽检检测。两家外卖平台共检测663人次，检测结果全部阴性。

为贯彻以人民为中心的发展理念，给全市人民营造安全放心消费环境，改善消费体验，从而扩大和激励线下消费，促进经济可持续高质量发展，提升人民群众的安全感和幸福感，在全市范围内深入开展线下无理由退货承诺单位发展工作。通过在各基层服务微信群及进店等宣传方式，积极引导鼓励辖区内有着一定规模实力、重视消费者权益、注重企业信誉、勇于责任担当的优质企业，作出线下无理由退货服务承诺。已受理42家店申报线下无理由退货，市场监督管理局也已经制作了线下无理由退货牌，下一步将进行集中授牌，并对承诺单位进行培训。

全年共办理“12315”平台及信件投诉举报案件9379件，立案306件，挽回经济损失52.12万元。

加强质量技术服务帮扶。强化对食品、药品、医疗器械、特种设备、重要工业产品等复工复产企业的指导服务和产品质量监督检查，实行疫情防控期间复工复产企业报告制度，督导企业严格落实产品质量标准，及时掌握行业监管领域企业复工复产情况。

前置服务助力个体工商户复业。辖区16个市场监管所前置服务，对涉及“生活必需、生产必要”的生产经营单位，通过电话、微信、公众号、日常巡查实地指导等方式，宣传当前疫情防控形势，传达省、市关于市场主体复工复产的工作精神，在强化各项防疫措施落实的基础上，坚持日巡查、周督导，推进市场经济秩序安全有序恢复。

按照疫情防控要求，做好药品零售企业监管工作。按照郑州市市场监督管理局及新郑市防疫指挥部要求，督促药品零售企业落实好各项疫情防控措施，重点是要求进店顾客扫码、测温、戴口罩，暂停销售退热类药品，对购买抗生素、抗病毒和止咳类药品的人员实行实名登记制度，张贴温馨提示，劝导有发热、干咳、咽痛、嗅（味）觉减退、腹泻等症状的顾客到指定的发热门诊进行治疗。严格监管，深入排查，对执行不到位的药品零售企业责令立即整改，对拒不执行的暂停经营。要求企业严格落实主体责任，守法经营。

（撰稿：王伟峰　审阅：马治军）

自然资源和规划

【概况】按照省自然资源和规划厅、郑州市自然资源和规划局和新郑市委、市政府统一部署和整体安排，自觉服从、积极服务机构改革大局，有组织、有纪律、有步骤推进机构改革工作，按照时间节点要求高质量完成机构设置、人员转隶、挂牌组建和定岗定员等工作，2019年1月30日新郑市自然资源和规划局挂牌成立。新郑市自然资源和规划局位于新郑市中兴路与中华路交叉口96号，是主管全民自然资源规划、管理、保护与合理利用的市政府工作部门。

2021年，市自然资源和规划局坚持以习近平新时代中国特色社会主义思想为指导，深入学习贯彻习近平生态文明思想，紧紧围绕市委、市政府决策部署，坚持以党的建设高质量推动自然资源和规划工作高质量，辩证做好自然资源保护和服务经济发展两篇文章，在工业用地“标准地”改革、农村房屋不动产登记发证、土地征收报批谋划、存量土地盘活利用、行政审批流程优化、耕地保护和资源监管等方面，成效显著，相关典型经验被《中国自然资源报》、“学习强国”平台、《河南日报》《河南经济报》《资源导刊》等多家媒体宣传报道，社会反响热烈。荣获河南省基本农田保护保障体系建设先进单位、河南省基本农田保护保障体系建设先进基层所、郑州市自然资源领域扫黑除恶专项斗争优秀单位、新郑市先进基层党组织、新郑市关心支持国防建设先进单位、新郑市创建全国文明城市提名城市工作先进单位、新郑市“三农”工作先进单位、新郑市学习型组织先进单位等多项称号。

【机构设置】局内设办公室、自然资源调查监测科、所有者权益科、确权登记科、开发利用科、国土空间规划科、乡村规划科、国土空间用途管制科、耕地保护科、生态修复科、详细规划管理科、矿产资源管理科、建设工程管理科、市政交通科、行政审批科、建设项目监管科、法制监察科、编制人事财务科18个科室；下设土地储备中心、自然资源和规划发展服务中心、不动产登记中心、国土资源执法大队、自然资源和规划直属所、龙湖所、辛店所、和庄所、新村所、薛店所、中心城区所、土地整理中心、不动产登记服务中心、自然资源开发投资中心、规划编制服务中心16个二级机构。

【资源概况】土地资源：新郑市土地总面积701.74平方千米，耕地235.75平方千米，园地85.38平方千米，林地118.88平方千米，草地4.72平方千米，城镇村及工矿用地204.19平方千米，交通运输用地28.33平方千米，水工建筑用地0.37平方千米，水域15.91平方千米，其他8.21平方千米。

矿产资源：新郑市矿产资源较为丰富，发现各类矿种有9种，矿产地23处。区内固定矿产以沉积矿产为主，包括煤、黏土矿、石灰岩、红硅石、硅石等及部分沉积、变质矿产，铁矿、磷矿、白云岩矿、建筑石料等，还赋存着丰富的地热、矿泉水资源。新郑市资源格局以煤为主，煤区占全市总面积约41%，已探明储量134610.3万吨，占郑州市煤炭总量的20.5%。

【党建工作】 2021年自然资源和规划局立足实际，全力夯实党建工作基础，创新党建工作方法，全面提升党建工作水平，党建工作取得了一定成绩。强化理论武装，丰富学习载体。年初围绕建党100周年，结合党史学习教育，制定干部教育培训计划和《党史学习教育实施方案》，充分利用中心组学习、支部大会、支部书记座谈会、全体干部会、党史学习教育宣讲会和"学习强国"等，巩固和扩大干部学习覆盖面，推动习近平总书记重要精神和上三级决策部署条条落实、件件落地、事事见效。全年共开展理论学习中心组学习12次，全体干部集中学习4次，专题讲党课2次。夯实支部根基，巩固战斗堡垒。每位领导班子成员联系2个基层党支部，年初参加联系支部的组织生活会，七一前后到联系支部讲党课，充分发挥党员的模范带头作用。着力加强党支部书记及其党务骨干的培训工作，先后参加全市支部书记轮训2次，举办支部书记及党务工作者线上党务工作培训2次。先后开展"党史故事分享会"、"经典红色故事诵读"、"向党说说心里话"主题征文及党史知识测试以及组织全局党员干部分批次赴驻马店竹沟红色教育基地开展党史学习教育主题教育活动等形式多样的活动，以"沉浸式"学习体验增强教育效果。强化廉洁教育，正风肃纪推进党风廉政建设。多次召开党风廉政建设专题会议，深化"一岗双责"约谈提醒制度，进一步健全和完善党内监督制度，加强对重点领域的管理监督，年开展廉政教育4次，廉政谈话450余人次，组织观看警示教育片350人次，大大提高党员干部拒腐防变的意识和能力。

【空间规划】 扎实推进土地利用总体规划局部调整工作，加强耕地保护、强化用地保障、提升服务效能。加快推进国土空间总体规划编制工作。《新郑市国土空间总体规划（2020—2035年）》编制工作已形成城镇开发边界和永久基本农田核实整改阶段性成果。黄帝千古情核心板块控制性详细规划，已通过控规方案联审会（专家评审会），已通过郑州市联审联批会。开展蓝线规划和电力专项规划编制工作，进一步提升城市人居生态环境，提升城市功能，促进城市健康、协调、可持续发展。《新郑中心城区及镇区蓝线规划》和《新郑市城市电力专项规划》编制成果已通过专家评审并进行修改完善，预计2022年完成编制审批工作。结合各乡镇实际情况，完善城镇、村的配套服务设施，保障美丽乡村建设落到实处。

【耕地保护】 严格落实先补后占、占一补一、占优补优，确保耕地占补平衡落到实处。2021年度共完成补充耕地163.1公顷，全力保障第一批集体农转用补充耕地工作及第一、二、三、四、五、七批乡镇批次和平泰支线、地铁七号线单独选址项目补充耕地工作，实现了耕地总量动态平衡。严格落实建设项目用地征收工作，为全市建设、工业项目发展提供用地保障。2021年完成了12个预征收启动公告、12个批次的补偿安置方案（约182.25公顷）公告拟定工作；同时认真做好2021年以前批回批次的土地征收工作，共计完成277.21公顷。严格落实基本农田保护制度，压实责任，积极整改。认真完成全市永久基本农田核实整改补划工作自查整改报告，按时将开展情况以及问题图斑的类型、处置办法进行分析汇总。

【建设用地管理】 加大土地报批力度，优化土地报批方式，保障重点项目及民生项目用地需求。根据城规和控规，对全市范围内筛查出的连片地块进行先行组卷报批，实现招商即可出让，确保项目快速落地。2021年上报建设用地114.47公顷，批回国有建设用地180.07公顷、增减挂钩项目31.07公顷，全力保障联东U谷、薛店铁路物流基地、郑州南部环保能源、郑州第四十四高级中学、公立医院传

11月24日，新郑市自然资源和规划局党组书记、局长赵淑梅及局全体领导班子成员在辛店镇铁炉村委会组织召开巩固脱贫攻坚成果专题会

（市自然资源和规划局/供图）

染病综合楼、西气东输平泰支线、地铁7号线等一大批省市重点项目及民生项目用地需求；完成建设项目用地预审29个，总面积117.73公顷，保障了全市基础设施、重点项目顺利落地。稳妥推进增减挂钩工作，2021年实施规划1个批次，面积共计31.1公顷，及时保障了故里新华城、中铁十五局、华南城、乾龙物流、洪沟社区、第八人民医院等一批民生项目、商服项目、工业项目的用地需求。

【开发利用】 强化经营土地和政府主导供地，精准储备土地，优先保障省市重点项目、核心板块和民生项目土地储备，提升土地利用效益。2021年，新郑市共完成土地收储203.47公顷，共挂牌出让土地29宗，总面积128.13公顷，成交总价款37.7922亿元。盘活存量建设用地，加大供而未用闲置土地处置力度。对批而未征、征而未供土地进行全面的摸底核实，建立盘活存量用地详细台账。2021年省自然资源和规划厅下发新郑市闲置土地处置任务基数15宗，面积52.53公顷，完成任务量10.53公顷，已完成消除闲置2宗，面积8.4公顷，处置率达79.79%。郑州市下发新郑市闲置土地处置任务基数18宗，面积59.64公顷，完成任务量20公顷，完成消除闲置6宗，面积22.18公顷，处置率达110.9%，超额完成郑州市下达全年闲置土地处置任务。

【标准地出让】 经过前期谋划，各项程序机制明晰后，2021年3月成功出让新港产业集聚区内3宗国有建设用地“标准地”使用权，成为郑州市范围内率先推行带图出让的“标准地”改革县（市）。2021年新郑市今年共挂牌出让5宗“标准地”产业用地，其中一宗为带“工程图”出让，实现了对项目建设、竣工、验收、达产复核进行“全生命周期”监管，保障了新型工业用地、“标准地”供应、带“施工图”出让等用地制度改革政策落实落地。

【确权登记】 开拓创新，全力推进农村房屋不动产登记发证工作。多次召开加快推进农村房屋不动产登记发证工作推进会，加快推进两权审核、电子签名工作，真正保障农民权益。2021年农户共申请发证32304宗，已发证24068宗。保证业务质量，指导监督不动产登记发证工作。定期抽查登记质量和登记卷宗，并建立不动产登记质量监督卷宗，做到有序存档，便于查阅，促使该项工作得到有效开展。有序推进新郑市自然资源统一确权登记工作。陆续对太山雷达站、黄帝故里核心景区、望京公园等土地进行国有土地使用权确认；另对城关乡敬楼村两宗集体建设用地使用权进行确认，以上均已完成确权登记工作。龙湖镇泰山村集体建设用地、新郑市西关老工业园区旧城改造征迁区域内国有土地使用权确权登记工作正在办理中。

【生态修复】 完成露天矿山修复治理工作。17家露天矿山主要分布于观音寺镇西南、龙湖镇西部区域，约42.72公顷，已全部修复治理完成并通过专家组验收。创新工作方法，做好历史遗留矿山治理工作。3家政策性关闭煤矿，应治理总面积为46.33公顷，已完成总工程量的85%（37.07公顷）；历史遗留矿山图斑37个，应治理总面积为15.98公顷（剔除图斑重复面积），已完成总工程量的99%。做好京津冀生态修复工作，此次纳入新郑市任务图斑30个，面积137.65公顷，通过分四个标段同时开展实施，已完成总任务的100%，并已通过郑州市及省级组织的验收。积极推进生产型矿山修复工作。位于辛店镇王行庄、赵家寨两家生产型矿山，环境恢复治理方案已编制完成，王行庄有两个村庄已完成土地复垦；2021年矿山修复面积93.07公顷，年投入矿山修复基金146.34万元，累计修复治理551.93公顷。开展生态修复专项规划编制，督促技术单位完成自然资源部2021年9月底下发的229个历史遗留矿山现场核查、图斑甄别、系统上报等工作，系统做好本底调查，为国土空间生态规划编制提供基础技术支撑，已经市政府同意编制。

【执法监察】 严格按照上级《国土资源违法案件查处程序和时限》要求及时对相关案件进行调查处理，全年共立行政案件84宗，已交行政罚款10宗，缴纳罚款482.27万元；移送财政局没收41宗；移送法院拆除52宗。申请上级耕地破坏鉴定41宗，移送公安机关追究刑事责任26宗。

严格落实乱占耕地建房整治工作，零容忍遏制乱占耕地建房行为。针对上级下发点位图斑，及时组织会议部署，强化日常与各乡镇政府和属地自然资源所沟通协调，有力督促各乡镇完成本辖区内的新增点位整治工作，2021年省级下发新郑市新增点位1—46批和土地卫片中涉及农村乱占耕地建房共349个，其中1—46批点位316个，土地卫片涉及农村乱占耕地建房点位33个。已完成整改316个，未整改33个（其中第46批25个正在摸排中）。加大宣传力度，遏制农村乱占耕地建房问题。2021年，新郑市悬挂农村乱占耕地建房“八不准”和保障农村村民住宅建设合理用地宣传横幅标语25915个，张贴宣传海报93482份，发放宣传手册561018册，制作或转发的短视频有3953次。

【不动产登记管理】 2021年度再次简环节、优流程、转作风、提效能，构建更加便捷高效、便民利民的不动产登记工作体系。全面实现免费邮寄。依据《优化营商环境条例》等文件要求，自然资源和规划局联合市财政局于2021年3月20日制定《关于落实全面实施不动产权属证书、证明免费邮寄的公告》，全面实行不动产权属证书、证明免费邮寄。企业非住宅类办理不动产登记免收登记费。为深化“放管服”改革，持续优化营商环境，自然资源和规划局联合市财政局于2021年1月26日制定《关于对企业非住宅类办理不动产登记实施免收不动产登记费的公告》，对新郑市非住宅类企业（含个体工商户）办理登记业务免收不动产登记费，运用“互联网+”技术，农村房屋不动产权证书图纸页实现“码”上查看。通过农村房屋不动产权证书图纸由二维码代替的先进做法，有效节省办理成本、缩短办理速度、便于权利人保存、杜绝证书造假，实现了农村房屋不动产权证按时、按质送至群众手中的目标。自2021年4月30日开始实施，已发放二维码图纸的不动产权证书2.57万本。此项创新措施得到上级认可，省发展和改革委员会推广，经“学习强国”、《郑州晚报》等多家媒体报道宣传。

【矿政管理】提前布置，合理安排，有效应对汛期期间强降雨地质灾害防治工作。结合前期强降雨造成的地质灾害的灾情、险情、持续性降雨的严峻形势，全面开展地灾隐患大排查。共排查出隐患点共16处，规模为小型，分布在具茨山管委会12处、辛店镇4处。自然资源和规划局组建应急救援队伍16支，党员干部共计486人，应急技术人员4人；全体领导班子带领全局干部职工按照防汛应急响应战时状态要求，全员在岗，24小时值班值守，切实保障人民生命财产安全。根据市委、市政府要求，科学安排下一步灾后重建工作，进一步落实和完善险情巡查和灾情速报制度，完善地质灾害监测、预警预报体系。结合新郑实际地质灾害情况，认真做好《新郑市地质灾害防治规划（2021—2025年）》编制工作，全市各单位已征求完意见，正在筹备组织省厅专家进行评审。把“生态优先、绿色发展”作为重点，统筹矿产资源勘查、开发利用和保护活动，推动矿业绿色发展，确保资源开发进行资源合理配置，认真把《新郑市矿产资源规划（2021—2025年）》编好、编科学，符合经济社会发展需求，资料已齐全，待下一步评审通过。围绕“4・22”地球日、“5・12”全国防灾减灾日和“10・13”国际减灾日活动主题，通过在炎黄文化广场举行集中宣传活动，有奖问答、视频宣传、咨询解答、展板宣传等，以及利用网络平台、电视台进行转发宣传视频、飞播宣传和通过各乡镇自然资源分所LED屏播放宣传标语等方式，向市民普及防灾减灾知识和地质灾害临灾避险自救意识，增强全社会防灾减灾观念。

（撰稿：陈梦冉　审阅：周　睿）

应急管理

【概况】2019年1月30日，新郑市应急管理局挂牌成立。全局核定编制共计134人，其中，行政编制18人，事业全供编制103人，事业差补编制3人，事业自筹编制10人。实有在职人员103人，其中，行政人员15人，事业全供人员78人，事业差补人员7人，事业自筹人员3人。内设13个科室，即办公室（应急指挥中心）、政治处、编制人事科、宣传训练和政策法规科、风险监测和综合减灾科、救援协调和预案管理科、水旱火灾防治指导科（地震和地质灾害救援科）、危险化学品安全监督管理科、安全生产基础科（安全生产综合协调科）、救灾和物资保障科、规划财务信息科、调查评估和统计科、行政审批科。下设4个二级机构，即安全生产执法监察大队、安全技术教育培训中心、防震减灾中心、应急救援保障中心。

2021年，市应急管理局以习近平总书记关于应急管理、安全生产、防灾减灾救灾工作的重要指示批示精神为根本遵循，全面落实上三级决策部署，牢固树立“人民至上、生命至上”的安全理念，不断改革完善应急管理体系，严格落实安全生产责任制，大力实施安全生产宣教培训工程，扎实推进企业安全生产标准化达标创建，有序推动安全风险分级管控和隐患排查治理双重预防体系建设，深入开展安全生产专项整治三年行动、全国自然灾害普查试点等工作，有效预防和控制各类事故的发生。2021年，全市安全生产形势持续稳定，新郑市应急管理局获得郑州市政府评定的2020年度安全生产工作先进单位称号，制作的MV《永远的征程》获得省应急管理厅三等奖。在节能减排方面获得国家级第一批节约型机关、郑州市级节水型单位、节能减排竞赛先进单位等荣誉。新郑市推进全国自然灾害综合风险普查试点工作先后两次受到河南省普查办通报表扬，市委副书记、市长马宏伟，市委常委、副市长赵恒康分别在郑州市灾害普查工作会议上作先进发言，同时多次接待其他市县交流学习，并于2021年7月，在河南省第一次全国自然灾害综合风险普查工作电视电话会议上作经验交流发言。同时新郑市地震灾害普查、气象灾害普查等单项灾害普查也在全省做经验交流，为全市、全省灾害普查工作贡献新郑经验。

【应急体系建设】2021年，市应急管理局始终坚持“生命至上、安全第一、科学救援”，不断改革完善应急管理体系，扎实开展应急管理、安全生产、防灾减灾救灾各项工作。全面落实安全生产责任制，依托市安委办职能，全面抓好全市安全生产工作，按照“党政同责、一岗双责、齐抓共管、失职追责”和“三管三必须”原则，狠抓《地方党政领导干部安全生产责任制规定》的贯彻落实，把“管行业必须管安全”列入政府领导班子分工，把安全生产职责履行情况列入年度述职报告，严格实施安全生产各项制度，压实安全生产党政领导责任、属地管理责任、部门监管责任和企业主体责任。市委书记马志峰、市长马宏伟、常务副市长张慧娴、副市长赵恒康等市委、市政府主要领导率先垂范，先后组织召开市委常委会、市政府常务会、安委会全体（扩大）会、专题会、调度会和风险线索交办会等，研究部署安全生产工作50余次，带队深入企业一线现场督查30余次；分管市领导、各部门乡镇主要负责人定期对分管行业、属地生产经营单位安全生产工作进行走访调研、实地查看。明确各级组织工作职责，通过实施安全生产网格化管理，建立市、街道、村（社区）和生产经营单位四级安全生产管理体系，进一步明确街道、村（社区）和网格管理责任人在安全生产网格监管中的职责，做到定区域、定人员、定责任，确保安全生产监管工作无遗漏、全覆盖，达到安全隐患排查工作“横向到边、纵向到底”，安全隐患整治责任明确、落实到位的要求，逐步形成安全生产监管工作制度化、规范化的长效管理机制。全市15个乡镇（街道、管委会），24个市安委会重点成员单位全部与新郑市委、市政府签订2021年度安全生产工作目标责任保证书。年初，16个乡（镇）、街道办事处、管委会，24个市安委会重点成员单位与市委、市政府签订2021年度安全生产工作目标责任保证书；督促全市300个行政村（社区），1881名村两委干部、1872名小组长与乡镇签订安全生产承诺书。同时，积极组织安排市委市政府主要领导调研路线，对重点行业（领域）进行明察暗访，有效解决了安全生产存在的突出问题，有力促进了各级各部门各单位对安全生产工作的重视。

【自然灾害普查试点工作】 新郑市作为河南省第一次全国自然灾害综合风险普查试点县市，新郑市委、市政府高度重视，立即部署，在省、郑州市普查办的指导帮助下，坚持“政府统一领导、部门分工协作、各方共同参与”的原则，先行先试、敢闯敢干，试点工作取得良好成效。全部完成所承担的地震、地质、气象、水旱、森林和草原火灾、承灾体、历史灾害等全国自然灾害综合风险普查试点工作任务。灾害信息员队伍建成并有效运转。在全市15个乡镇（街道、管委会）和300个村（社区）建立“AB角”灾害信息员队伍，共计473名。市、乡、村（社区）三级灾害信息员队伍基本建成。扎实推进双重预防体系建设。制定《新郑市2021年持续深化安全生产风险隐患双重预防体系建设工作方案》《关于进一步规范细化企业双重预防体系质量标准的通知》，对全市2021年推进双重预防体系建设工作作了安排部署。组织召开安全生产标准化双重预防体系建设示范企业表彰会，按照“一级3万元、二级2万元、三级1万元”的标准对2020年安全生产标准化达标企业进行了奖补。2017年至2021年底累计发放奖补资金200余万元，有效提高了企业安全生产标准化创建积极性。广泛开展防灾减灾宣教活动，联合新郑市神鹰救援队、蓝天救援队开展防灾减灾知识现场展示、网络竞答等活动，吸引群众广泛参与。活动累计印制宣传海报6000余份、宣传标语3000余条，利用户外大屏、LED显示屏播放宣传视频、宣传标语20000余次，发放应急知识手册、防灾减灾知识手册、宣传彩页、宣传扑克牌、宣传扇子等各类宣传资料30000余份。在《郑州晚报》、大河网、郑州融媒、省应急管理厅官网、郑州市应急管理局官网、新郑发布等平台发布新闻信息，大肆宣传，营造浓厚的防灾减灾宣传氛围。

【防汛抢险救灾】 7月中下旬，新郑市连续遭遇历史罕见的特大暴雨，造成了重大财产损失。此次暴雨新郑市45181人受灾，因灾死亡2人，农作物受灾面积5073.48公顷，倒塌房屋1360间，严重损坏3221间，一般损坏房屋5887间，直接经济损失约15亿元。在市委、市政府主要领导带领下，全市各级、社会各界积极参与到抢险救灾工作中。仅7月20—24日，地方部队组织官兵积极参与后湖水库、古城水库等各类抢险救援行动，军地衔接，密切配合，共计出动消防指战员222人，冲锋舟10艘、救援机械173台、沙袋25200个。同时，市应急局及时协调省内专业排水队伍，出动4台排水车辆，连续奋战4天5夜，成功消除本市积水顽疾。“7·20”暴雨灾害期间，全市紧急转移安置群众3649人，设置集中安置点35处；“8·22”强降雨期间，新郑市转移群众4576人，设置集中安置点22个。此次抢险救灾全市累计出动各类抢险车辆1112台，救援人员16692人，抽水泵773台，沙袋56000个，排查解决积水点763处，为全市有效遏制灾情提供了坚实的保障。按照“大灾之后防大疫”要求，出动1750支专业队伍，累计完成消杀点位16401处、2936.254万平方米，消除滋生地13521处，投入药品16949.84公斤，药械5453台；累计清理路面740余处，淤泥7000余立方米，清理积存垃圾1250余立方米，主次干道积水点、杂物、垃圾、淤泥全部清理到位。

【群众救助】 加强过渡期群众救助。暴雨灾害来临前，市应急管理局已完成备灾物资采购，棉衣、毛毯、折叠床、照明设备等，价值652890元。灾后严格按照“户报、村评、乡审、县定”程序，进行填报、审核，并要求乡镇按程序申报，落实过渡期救助政策，全市共上报并下拨过渡期救助的13户27人，发放资金72900元。加强倒损房屋修复重建。因灾倒损居民住房恢复重建工作中，省、郑州市及新郑市配套补助资金共计447.9万元，对本符合补助条件因灾倒损居民住房进行广泛补助。省级及本市配套补助资金已拨付到市住建局、市房管中心，郑州市补助资金已拨付到乡镇办，因灾倒损居民住房补助资金由有关部门负责牵头发放到位。加强冬春救助，市应急管理局积极与财政、民政、住建、农业等部门会商，组织全市各乡镇（街道、管委会）统计上报需冬春救助人数，共有248人，口粮救助拟使用本市春荒冬令救灾备用金，按每人300元标准发放，共计7.44万元；衣被救助按每人1套棉衣、1床被褥发放，共计66套。下拨棉被559床、毛毯240条、棉衣类120套，保障新郑市受灾群众温暖过冬。

【安全生产监管】 集中开展安全生产整治三年行动。重点对2020年度安全生产重点难点问题进行“回头看”，坚决杜绝重复性隐患发生。集中攻坚行动开展以来，全市累计派出检查组1170个，检查企业26437家次，发现隐患78338处、已整改78338处，督导整改问题11642个，行政处罚237580次，罚款2316.918万元，责令停产整顿79家，关闭取缔57家，暂扣吊销证照631家，警示约谈437家，联合惩戒18家。严厉打击非法违法行为，在安全生产隐患排查工作上，突出预防为主，做好超前防范，引导市安委会成员逐步建立安全生产隐患定期排查机制，对各类安全隐患做好分级分类、动态分析。全市300个行政村（社区）已全部排查完毕，检查各类企业（商户）43382家次，发现整改问题隐患38196处，责令停业整顿80家，查封无证培训机构208家，关闭取缔小化工、黑加油点、非法液化气经营点26家，立案7起，刑拘7人，处罚22.5万元，严厉打击整治了一批突出的非法违法行为，进一步规范了安全生产秩序。对省、郑州市7次督导检查反馈的223项问题隐患，逐项梳理建立台账、逐条交办、逐个督促整改落实，并按时向郑州市报送整改报告。维护重点时段社会稳定形势，先后组织开展春节、拜祖大典、清明、五一、建党百年、中秋、国庆、党的十九届六中全会等重点时段和岁末年初、复工复产、疫情防控以及“7·20”特大暴雨灾害以来防汛救灾、灾后恢复重建等关键时期安全生产排查整治活动，及时消除各类安全生产隐患。特别是建党百年大庆前夕，组织协调“15+23+6”（15个乡镇、街道、管委会，23个部门，6个督查组）个排查、检查、督导工作组，“一区一街、一村一户、一厂一企”开展地毯式摸排整治。每天晚上9点组织召开安全生产调度会议，听取各乡镇（街道、管委会）、行业部门主要负责人汇报，研究解决工作中存在的疑难杂症；党的十九届六中全会期间，组织市安委会各成员单位、各乡镇（街道、管委会）排查企业1485家，发现整改问题隐患907条。

【强化全民安全生产综合素质】 广泛开展培训活动。组织各乡镇（办事处）、管委会和市直有关部门、企业认真收听收看“安全生产大家谈”云课堂、《生命重于泰山》教育片等多项内容，开展线上线下宣讲活动。组织收听收看，倡导安全文化，传播安全理念，提高广大干部职工、群众的安全意识和素质。结合党史学习教育，举办“我为群众办实事”培训班，累计举办15场，2100余人参加了培训。提前印制《防灾减灾知识手册》《全民应急安全知识手册》等安全生产宣传手册3万本、宣传页5万余份，走进基层，深入百姓家庭，提供免费上门宣讲服务，使广大企业民众足不出户便受到安全生产知识教育。扎实开展安全生产月宣传活动。成立以市委常委、常务副市长张慧娴任主任，市安委会重点成员单位的负责人为成员的活动领导小组，对全市“安全生产月”活动的开展进行指导协调。“安全生产月”期间，各乡镇（办事处）、管委会、各有关部门和单位组织专题讲座70余场次，开展各行业领域的安全生产知识培训230余场次，参训企业880余家；市总工会组织开展以“落实安全责任，推动安全发展”为主题的知识有奖问答活动，吸引全市4363名职工参与答题。深入开展“五进”活动。各乡镇（办事处）、管委会、各成员单位结合各地区、各行业实际，组织有关安全工作人员和安全专家深入基层、深入社区、深入企业，利用各类宣传载体和宣传方式，开展有针对性的现场咨询活动。面向企业员工、居民群众宣传安全生产红线意识、法律法规知识和安全常识，提供政策法规、职业卫生、应急救援、逃生自救等方面的咨询与服务，帮助解决生产生活中遇到的实际安全问题。全市累计组织各类咨询活动400余场，受教育群众15000余人次，大大提高了全民安全意识，营造起浓厚的安全氛围。组织开展“安康杯”竞赛活动，为进一步巩固新郑市安全生产持续稳定好转，以强意识、查隐患、促发展、保安康为主题，市总工会联合市应急局、卫健委印发《关于开展2021年度“安康杯”竞赛活动的通知》（新工字〔2021〕10号）文件，通过竞赛活动，职工安全责任意识得到进一步增强，职工职业健康得到持续改善，生产安全事故起数、伤亡人数实现“双下降”，全市共计683家企业、80620名职工报名参加了“安康杯”竞赛。

【健全应急管理体系】 增强基层应急队伍力量，统筹企业力量、社会力量参与应急救援，依托市消防救援大队、基层民兵、社会公益救援队和危化、煤矿、长输管线等企业组建13支市级应急救援队；依托行业部门成立44个专业应急救援队，依托乡镇（街道、管委会）成立15个综合应急救援队，并多次对全市各类应急救援队伍人员进行调度，确保一旦发生灾情，救援队伍能拉得出、冲得上、打得赢。加强应急抢险救灾物资管理。“7·20”暴雨过后，市政府紧急下拨500万元资金，局党委高度重视、迅速行动，20天内完成购买并紧急入库棉衣棉被、帐篷、折叠床、折叠桌椅、帐篷应急照明灯、软体贮水罐、净水设备、场地照明设备、应急包等备灾物资，能够满足本市启动Ⅲ级应急响应，紧急转移安置或需紧急生活救助3000人以上、5000人以下的救助需求。同时，按照上级要求，经过严格筛选，中心城区新增6处避难场所，总有效面积达54万平方米，可以满足市区人均应急避难场所面积大于1.5平方米的标准。加强基层“一办一队一库一平台”以及村（社区）一站两员建设，全市15个乡镇（街道、管委会）中，成立15个应急管理委员会，设有15个应急管理站所，1个设立专职救援队，14个建成投用应急指挥平台，设立乡级物资储备点15个；全市300个行政村（社区）均设有村级安全劝导站，明确安全劝导员1362名、灾害信息员473名，设立村级物资储备点301个。举办郑州市应急综合演练，按照郑州市应急管理局要求，12月9日，在和庄镇成功举办郑州市2021年大型安全生产综合应急演练活动。活动紧扣当前安全生产形势，制定道路运输危险化学品事故应急处置、公司装卸平台危险化学品罐车泄漏起火应急处置和厂区生产车间爆燃事故应急处置3个演练课题，先后进行了桌面推演、5次彩排预演。活动当天，现场组织得力，各单位行动迅速、配合默契，得到了与会领导的一致好评。

（撰稿：张　永　审阅：崔军民）

审计

【概况】 新郑市审计局是市政府的重要经济监督部门，依法独立检查被审计单位的会计凭证、会计账簿、财务会计报告以及其他与财政收支、财务收支有关的资料和资产，监督财政收支、财务收支真实、合法和效益的行为。1984年成立以来，忠实履行着《中华人民共和国审计法》赋予的职责，充分发挥了维护新郑市经济秩序，保护国有资产完整和有效使用的积极作用。中共新郑市委审计委员会办公室设在新郑市审计局，接受中共新郑市委审计委员会的直接领导，承担委员会的具体工作，研究提出在审计领域坚持党的领导、加强党的建设的政策建议，组织研究审计工作规划、重大政策和改革方案，协调督促落实中共新郑市委审计委员会决策部署，研究提出年度审计项目计划等有关事项。审计局有干部职工95人，其中，局班子成员4人，经济责任审计中心主任1人，三级主任科员1人，退出领导岗位15人，高级职称1人，中级职称25人，初级职称16人，大专以上学历95人，中共党员72人，民盟盟员3人。局内设科室12个，即办公室、编制人事科、中共新郑市委审计委员会办公室秘书科、法规科、财政金融审计科、行政事业审计科、农业与资源环保审计科、社会保障审计科、基本建设审计监督科、政策跟踪审计科、企业审计科、大数据审计分析科；事业单位2个，即经济责任审计中心、政府投资项目审计中心。

2021年，新郑市审计局根据审计署、省审计厅、郑州市审计局的部署要求，主动把全市审计工作融入全国、全省审计“一盘棋”和全市高质量发展大局，坚持党建、业务“融合抓、双提升”工作布局，紧紧围绕服务疫情防控、灾后重建、三大攻坚战、重大政策措施跟踪、乡村振兴等重大决策部署，依法忠诚履行审计监督职责，积极开展常态化“经济体检”，较好发挥了审计在党和国家监督体系中的重要作用，为新郑打造现代化全国一流中小城市作出新的贡献。全年共完成审计和审计调查项目158个，共查出违规金额32602.98万元，管理不规范金额51909.68万元，发现非金额计量问题389个，提出审计意见和建议204条。通过审计，为国家增收节支44915.09万元。移送有关部门案件线索1件。先后被郑州市审计局表彰为“审计系统先进集体”“审计信息宣传工作先进单位”；被新郑市委、市政府表彰为“绩效考核优秀单位”；被新郑市委、市政府表彰为“平安建设、信访、依法治理等工作先进集体”。

【财政审计】 2021年，聚焦2018—2020年度人防工程建设及易地建设费管理使用情况、防汛救灾资金管理使用情况、农村教师周转宿舍建设奖补资金管理使用情况、地方政府债券发行使用管理情况、抗疫特别国债资金管理使用情况、县级医院提质升级情况和市卫生健康系统重大政策落实和重点专项资金收支情况等，重点关注预算支出结构和政府“过紧日子”情况、全面落实一级预算单位审计全覆盖的要求，持续关注防汛救灾资金管理等使用情况，积极推动落实“花钱必问效、无效即问责”，促进公共资金合理配置。高效实施了2020年度市级预算执行和其他财政收支审计，客观揭示预算执行进度、资金绩效、“三公”经费等方面存在的问题。全年共对市人力资源和社会保障局、市退役军人事务局、市委党校、市公共资源交易中心、市自然资源和规划局等23个单位预算执行情况、财务收支情况进行了审计，共查出违规金额32602.23万元，管理不规范资金6315.9万元，发现非金额计量问题55个，提出审计意见和建议54条。

【政府投资项目审计】认真落实审计署、省审计厅、郑州市审计局规范投资审计的意见，加大工程建设项目预算、竣工结（决）算审计力度，强化重点投资项目的跟踪审计，实行政府投资项目审计监督全覆盖。根据市委、市政府要求，在充分挖掘审计机关内部潜力的基础上，合理运用社会中介力量，参与政府投资审计监督工作。2021年共完成审计项目144项，报审金额28.06亿元，审定金额24.08亿元，审减金额3.98亿元，平均审减率14.18%，提出审计意见和建议143条。

【经济责任审计】2021年共对市卫健委、市民政局、市统计局、市科工信局、市应急局、市督查局、市信访局、孟庄镇8名党政正职的经济责任进行了审计。查出负领导责任的违规金额0.754万元，负领导责任的管理不规范金额446.78万元。发现非金额计量问题410个。提出审计意见和建议13条。审计中，坚持党政同责、同责同审，坚持“三个区分开来”的要求，深入分析问题产生的原因，客观审慎作出评价和结论，鼓励探索创新，注重保护改革发展中的新生事物，支持担当作为，营造有利于干部干事创业的良好环境，为构建惩治和预防腐败体系等方面发挥了重要作用。

【民生项目审计】深入贯彻以人民为中心的发展思想，围绕市委、市政府有关民生重大决策和年度民生实事，坚持以人民为中心的审计思想，认真组织开展保障性安居工程、学前教育行动计划落实情况、“放管服”政策措施落实情况等审计和审计调查项目，持续加大就业、教育、医疗、社会保障等重点领域民生资金和项目审计力度，促使惠民政策真正落地见效，惠民资金高效使用，不断提升人民群众安全感和幸福感。

【重大政策审计】以中央和省委经济工作会议、省政府工作报告以及郑州、新郑市委经济工作会议、市政府工作报告部署的主要任务为主线，进一步加大跟踪审计力度，推动重大政策和重点工作落实，重点关注了新增财政资金直达市县基层直接惠企利民情况、促进财政资金提质增效情况、促进就业优先政策落实情况、非税收入征管等情况，确定了审计重点，充分发挥了审计建设性作用。

【灾后恢复重建跟踪审计】一是成立新郑市特大暴雨灾害灾后恢复重建工作审计专班。为贯彻落实好中央精神，坚决用好中央财政下达河南灾后恢复重建资金支持，扎实开展灾后重建工作，保障好基本民生，确保财政资金使用合规、安全，按照市委、市政府要求，局党组高度重视，成立新郑市特大暴雨灾害灾后恢复重建工作审计专班。重点对中央已累计下达新郑救灾及灾后恢复重建资金、中央拟安排的救灾补助资金、灾后恢复重建补助资金、单独安排用于2022年灾后恢复重建项目的地方政府专项债券资金和郑州市以及新郑市下达的各专项资金进行审计。二是成立审计组全力参与“郑州7·20特大暴雨灾害”受损抢修跟踪审计工作。局班子成员带领审计人员深入灾情一线，及时掌握防汛工程的第一手资料，开展对防汛救灾工程跟踪审计监督工作。审计人员先后到玉前路、莲河桥等400余处水毁项目抢修现场实地查看，并对资金使用、工程资料整理、个别在建项目出现不可预见地质灾害问题等提出审计意见10余条，确保新郑市的防汛救灾及灾后抢修工程程序合规、资金使用规范。

【疫情防控跟踪审计】积极开展疫情防控全过程跟踪审计。把审计使命担在肩膀上，抽调审计人员全程参与疫情防控办重点工作，共克时艰、与疫情抗争，紧盯疫情防控重大决策部署和政策措施的落实，紧盯疫情防控资金和物资的接收、分配、使用、管理全过程，督促重点单位依法合规有效运作，守卫了防疫资金物资的及时、规范、高效使用，及时向市委、市政府提出审计建议，贡献审计智慧，为坚决阻断疫情，为疫情防控工作贡献审计力量。

（撰稿：马东旭　审阅：王灵超）

统计

【概况】新郑市统计局是主管新郑市统计和国民经济核算工作、反映国民经济和社会发展状况的政府职能部门。2021年有干部职工63人，全部为大专以上文化程度。内设办公室、编制人事科、政策法规科、综合核算科、工业能源科、投资科、三产科、人口科技科、调查队、普查中心、计算中心共11个科室。主要职责：组织领导和协调全市统计工作，制订统计建设规划和统计调查，组织实施重大的国情国力调查；组织、协调各乡镇（街道办、管委会）、各部门的统计和国民经济核算工作，监督检查统计法律、法规的实施；收集、整理、提供全市性的基本统计资料，对国民经济、社会发展和科技进步进行统计分析、预测和监督，建立日趋完善的宏观经济预警监测系统，为党政领导宏观决策提供优质服务。

2021年，新郑市统计局认真贯彻

3月10日，2021年全市统计工作暨全面从严治党会议召开（市统计局/供图）

落实国家、省、郑州市统计工作会议精神，围绕全市经济社会发展大局和市委、市政府中心工作，始终坚持以改革创新为动力，突出“两高”（数据高质量，服务高水平）、“四抓”（抓党建带队伍，抓双基促规范，抓执法营环境，抓研判提服务），为新郑经济高质量发展提供坚强的统计保障。不断推进统计事业健康有序发展，各项工作成效显著。获得了国务院第七次全国人口普查先进集体、郑州市服务业建筑业统计工作先进集体、郑州市统计系统依法行政考核优秀单位、2021年度住户类调查先进单位、月度劳动力调查先进集体、工业生产者价格调查先进集体、新设立小微企业和个体户跟踪调查先进集体等称号。

【监测全市宏观经济运行状况】2021年，综合统计工作坚持以“加强对全市国民经济和社会发展运行情况的统计监测、预警、分析”为重任，全面发挥统计在国民经济运行过程中的信息、咨询、监督职能，及时、准确、科学、客观地反映全市宏观经济运行的整体状况。以《统计内参》的形式，及时为市委、市政府提供相关统计服务。以月度《新郑经济动态》、年度《统计公报》《新郑统计概要》等形式，全面、客观地将月度、季度、年度统计数据及经济社会发展状况向社会发布，为各级领导进行科学决策提供丰富、翔实的统计资料，为全市经济社会发展提供高效、精准、优质的统计服务。

【编辑出版《新郑统计年鉴》】为使新时期统计工作更好地服务全市经济社会发展大局，全面、系统、翔实地反映2020年新郑市国民经济和社会发展状况，为各级党政领导和广大人民群众认识市情、了解新郑提供方便，新郑市统计局发行了《新郑统计年鉴（2020）》，供各级领导和社会各界参阅使用。整个年鉴由三部分组成：（1）专文。全文刊载《政府工作报告》和《新郑市2020年国民经济和社会发展统计公报》；（2）统计资料。内容包括综合、农业、工业、固定资产投资、国内外贸易、交通运输、邮电、劳动工资、物价、财政、金融、教育、卫生以及农村和城市住户收支与生活状况调查等各个专业及有关部门统计资料；（3）附录。内容包括《2020年统计工作要事》《新郑市2020年度绩效考核先进集体和先进个人名单》《统计分析》。

【编辑出版《新郑经济动态》】《新郑经济动态》每月一期，以权威、高效、精准的统计数据为依据，及时向社会发布全市主要经济指标和各乡镇、街道、管委会及郑州市其他县市主要经济指标的完成情况，全面、及时地反映全市经济社会发展状况。

【编纂《统计分析报告》】为及时、高效、适时地反映新郑经济运行状

3月18日，河南省统计局二级巡视员司曼珈对《河南省统计管理条例》修订工作进行调研（市统计局/供图）

况，2021年市统计局共编纂《统计分析报告》52期，其中包括综合分析、农村调查、城镇调查、工业调查、服务业调查、投资分析、投资动态、简讯等。

【基层基础建设】持续推进统计“双基”建设。4月，对全市县乡村三级统计系统工作人员和所有调查对象统计人员1100余人进行培训，实现基层统计培训全覆盖。5—6月，开展全市统计巡察工作，为“双基”工作的开展起到了良好的促进作用。7月份，在全市范围内开展“统计基层基础规范化建设暨企业优惠政策”大宣讲活动，助推全市“双基”建设再上新台阶。9月份，对乡镇统计基础规范化进行督导验收。通过一年来在统计“双基”建设上的持续深耕，使新郑市源头数据质量得到进一步巩固。

【统计法治建设】积极营造良好法治氛围，加大统计执法检查和统计普法宣传力度，充分发挥统计法治在改善统计工作环境、维护统计工作秩序、保障统计数据质量等方面的重要作用，使全市统计法治建设再上新台阶。2018年，新郑市统计局被确定为河南省服务型行政执法培育点。2021年执法“双随机”抽查共42家，其中情况说明4家；开展行政指导7家。从根本上保证了统计数据的真实、准确，深层净化了基层源头数据质量。

【农业农村统计调查】组织实施了村社会经济基本情况调查、乡（镇）社会经济调查和县（市）社会经济基本情况统计调查、住户调查、劳动力调查、农业经济作物调查、粮食产量调查、畜牧业全面生产和抽样调查、农林牧渔业产值核算、农村基本情况、农业生产条件统计调查、信息化与电子商务应用情况调查、非公有制企业（单位）人力资源状况调查、互联网经济统计调查等。

【工业企业统计调查】负责组织实施工业领域生产、财务、能源、景气状况、工业品价格等统计调查，综合整理和提供工业领域生产运行、经济效益等统计数据；持续强化工业领域统计业务培训、统计基础规范化、统计法治建设，不断提升工业统计数据质量。

【第三产业统计调查】组织实施全市贸易业、重点服务业、交通运输业、邮政电信业、金融保险业等第三产业报表的收集、整理工作，提供全市第三产业统计数据，并对有关统计数据质量进行检查和评估；组织指导全市第三产业统计基础工作；对全市第三产业重点企业开展跟踪监测和调查，并进行翔实分析。

【固定资产投资统计调查】2021年，市统计局紧紧围绕市委、市政府中心工作，始终以数据质量为中心，开展固定资产投资统计和建设领域统计调查工作，完成了固定资产投资、房地产销售面积、建筑业增加值等各项工作任务。

【人口与社会科技统计调查】组织实施全市人口与城镇化抽样调查、劳动工资统计、企业研发统计、企业创新调查、重点单位R&D投入调查、文化产业调查报表的收集、整理工作，并对有关统计数据质量进行检查和评估，开展统计调查分析。

【统计信息工程】2021年，统计信息工程综合运用WIN7、WIN10操作系统平台和WPS2019、郑政钉等软件，普遍应用在信息发布、数据传输、软件下发、会议通知、经验交流等统计工作中。已形成上联国家、省、市统计部门，下联各乡镇、街道办事处、管委会及各统计调查对象的统计网络格局。

【普查和基本单位名录库维护】2021年，根据国家、省、郑州市安排部署，主要做好基本单位名录库动态维护、“四上”单位入库、经济功能区名录库管理、第七次全国人口普查等工作，严格依据上级统计年报管理制度，对各单位提供申请入库的“四上”单位组织进行分专业审核、核查，及时做好入库企业的资料搜集、审核、整理和完善，确保各项申报材料规范齐全，符合要求，从源头上严把入库企业质量关。同时，继续坚持将名录库动态维护全部延伸覆盖至全市15个乡镇、街道办事处，管委会，指导各基层单位有序、有效开展名录库日常维护，着力建设干净、科学、高质量的统计专业名录库。协助做好开发区的统计工作。

（撰稿：马丁丁　审阅：时文魁）

新郑市消防救援大队

【概况】新郑市消防救援大队共有消防救援人员266人，共有各类执勤车辆31辆，列管消防安全重点单位164家。全市共有城镇及企业消防队伍16支，灭火救援车辆35辆，人员308人。2021年新郑市消防救援大队共接警出动1167次（其中火灾扑救591次，抢险救援576次），出动车辆2879台次，出动警力15777人次，抢救被困人员278人，无人员伤亡，抢救财产价值461.5万元，保护财产价值1628.8万元。

【队伍建设】大队党委始终把党的政治建设摆在首位，通过党委会、周例会研究贯彻落实上级决策部署，不断增强“四个意识”、坚定“四个自信”、践行“两个维护”。严格贯彻执行“七议”工作制度，班子把方向、统全局、抓大事的能力明显提升。大队党委与好想你党建基地达成党建共建协议，拓宽学习渠道；召开

7月1日，进行七一安保誓师大会（市消防队/供图）

民主生活会挖根源、找症结、促提升。2021年先后组织党委中心组集中学习42次，开展党课教育22次，交流研讨12次，印制党史学习教育读本、党建应知应会题库等“口袋书”1200余册。大队被河南省委评为“我为群众办实事”先进服务单位，被新郑市总工会授予“五一劳动奖状”；市政府为大队记集体三等功一次，为双主官记个人三等功一次；获市“学史力行践初心·防汛抗疫党旗红”党史学习教育主题演讲比赛二等奖；陈志民、梁旭光被新郑市团市委授予新长征突击手称号，地方政府类表彰奖励成果丰硕，消防员消防职业荣誉认同感全面提升。

【火灾防控综合治理】 将消防安全作为政府民生实事工程，纳入社会综合治理、政务督查和绩效考核内容，推动各行业部门依法履行消防监管职责。践行“用脚步丈量城市”工作法，聚焦高层建筑、仓储物流、“九小”场所、人员密集、易燃易爆和“三合一”等高风险场所，全面深入开展“四项治理”行动。综合运用风险评估、政府挂牌、部门参与、舆论监督、集中检查等方式，全面治理火灾隐患，实现火灾形势持续平稳。督促民政、教育、卫健、商务、市场监管等行业部门，开展养老、学校、医疗、商市场、仓储物流、公共娱乐等重点场所专项治理；发动乡镇（办）、派出所等职能部门开展每周集中检查行动，形成火灾隐患整治高压态势。推动政府出台《新郑市火灾事故调查规定》和“六个一律”工作机制，及时督办工作落实不力部门、单位及个人，源头防范化解火灾风险。积极协调城市管理局等部门投入专项资金，完成市政消火栓建设80个、消防水鹤2个、农村消防取水点5处；推动指导三个街道办将消防改造纳入老旧小区升级改造计划，推动协调好想你枣业有限公司等15家重点企业购置消防车辆装备，提升火灾基础防控能力。

【应急救援】 大队党委始终把岗位练兵作为党委工程，主官工程和“1号工程”，坚持每月分析通报练兵形势，及时解决练兵重大问题。完善练兵机制，逐级压实练兵责任。大队涌现出了消防员付鹏飞、廖浙华和专职队员高石凯、韩书运等一大批练兵尖子。大队在全市2021年度执勤岗位练兵武竞赛中获团体第三的好成绩。先后出色地完成了黄帝故里拜祖大典、建党100周年，“6·21”冯寺村危化品泄漏、“6·28”城后马仓库等一系列重大保卫和灭火救援任务等火灾扑救，尤其是在“7·20”抗洪抢险战斗中，共出警52次，出动车辆130台次，出动警力650人次，出动舟艇181架次，疏散423人，营救131人，累计排涝13880立方米。成功处置了“郭店镇五里口、南街、菜市场三处70人被困”“龙湖镇地铁一号培训基地4名学生被困”“薛店镇花庄村6人被困”“新村镇107国道大巴车31人被困”等警情，充分发挥了消防救援队伍“特别能吃苦、特别能战斗、特别能奉献”的精神。

【消防宣传】 大队立足实际、创新理念，多举措、强发力扎实开展消防宣传教育活动，扩大消防宣传影响力，吸引公众对消防安全工作的关注，教育引导群众自觉做好防火工作，不断增强自防自救能力和安全防范意识。2021年共完成央视媒体上稿5篇，省级媒体上稿41篇，市级媒体上稿62篇，12个消防微信工作群向目标人群发送提示信息5200余条次，联合移动公司在重大节假日发送消防提示短信66万余条次。利用9000多户有线数字电视开机画面，在酒店、企业宿舍、医院单位播放消防安全公益宣传提示50万余条。

（撰稿：张　通　审阅：黄亚哲）

科学技术

SCIENCE AND TECHNOLOGY

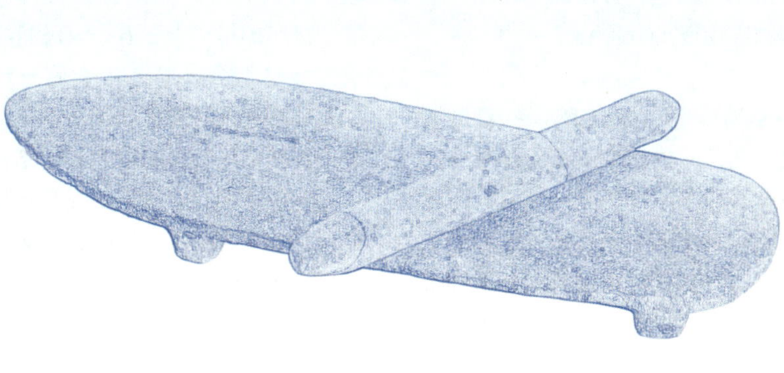

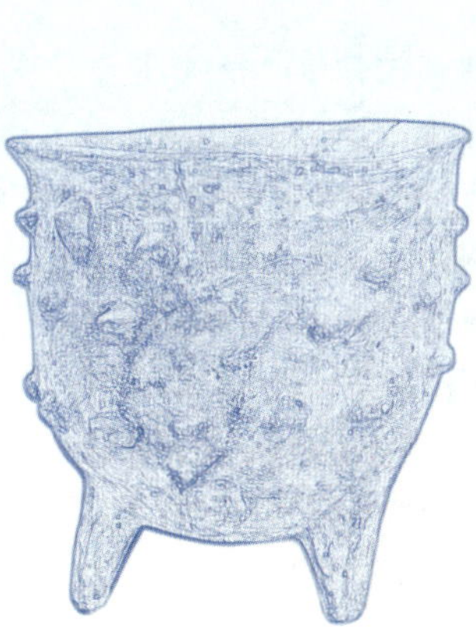

·科学技术>>>

SCIENCE AND TECHNOLOGY

科普工作

【概况】新郑市科学技术协会是市委领导下的人民团体，其主要职责是充分发挥党和政府联系科技人员的桥梁和纽带作用，团结带领广大科技工作者在市委、市政府的正确领导下积极投身经济建设，认真组织开展科学技术普及工作，引导建立农村专业技术协会，为促进经济社会发展提供科技支撑。科协机关设办公室、普及部、学会部、反邪教协会秘书处等部室。有干部职工24人，均具有高中以上文化程度。

【全民科学素质工作】2021年是全民科学素质行动“十四五”规划开局之年，新郑市科协作为全市科学素质工作牵头协调单位，走访调研各乡镇街道科普工作开展情况、听取基层民众心声，以明确今后科普工作服务方向。积极推广科普中国App平台，注册人数由年初1400余人增至7400余人，注册量位居郑州（县）市区前列。

【防汛减灾】信息媒体担当主力。及时启动融媒体应急科普工作，充分发挥微信公众号、科协工作群、电子大屏、科普游园、科普大篷车、手机科普短信等载体普及疫情防控及防汛救灾知识，转载《科普中国》权威发声防控动态2000余次，科普大篷车巡回宣传30余次，更换科普游园宣传版面30余块助力防疫、防汛。齐心协力，防汛救灾。“7·20”暴雨过后，新郑市科协科普志愿服务队先后到繁荣街、洧水公园等地，积极开展清理路面淤泥、排查路面坍塌、清扫排污口、设置警示标志等志愿服务。科协班子第一时间联系林业专家到新村镇带来福科普示范基地、辛店镇星源林果种植科普示范基地查看受灾情况，帮助基地出谋划策，并为受灾基地捐赠矿泉水、面包、方便面、化肥、农药等救灾物资7000余元。

【科学防疫】全员上阵，打赢疫情防控阻击战。疫情期间，新郑市科协组织全体党员干部职工分别下沉道西社区、双迎小区全力支援社区防疫工作。无论面对任何极端天气，新郑市科协志愿者夜以继日、风雨无阻，24小时不间断在小区卡口落实测体温、查绿码等工作，做好疫情防控安全“守门员”。发挥科协自身优势，积极进行防控科普知识的宣传，让居民了解病毒的传播方式和预防方法，以实际行动发挥和诠释党员干部的先锋模范作用。

【科学普及】“脚步丈量”凝聚科普合力。新郑市科协积极践行市委、市政府提出的“利用脚步丈量”开展工作。调研全市科普基地现状，并向市政协提交《关于我市科普教育基地建设情况的调研报告》。脚步丈量走访各成员单位及各乡镇街道，普及推广《“十四五”全民科学素质规划纲要》最新文件要求，了解国家近五年的工作动向，同时了解辖区内科普工作、农业企业、基地发展现状。夯实基层科普队伍，充分发挥科普员能量。自2020年“十三五”全民科学素质工作总结会以来，市素质办建立“新郑市全民科学素质工作群”，明确了各单位科普员职能职责，结合各自行业职能要开展的素质提升计划，科普员把科协各项任务分解安排并在群内发布工作动态，也促进各成员单位交流学习。“科普阵地”拓展宣传空间。新郑市辖区内共计有30余处科普基地，科普教育类基地有10

家，基地科普内容涉及食品安全、发电环保、自然科学、医疗卫生、农业科技、创客空间、崇尚科学反对邪教等方面。科普示范类基地13家，基地大致可分为蔬菜、苗木、林果、水产、畜牧等五个类型。农村科普文化游园是结合农村人居环境整治中地理优越、环境优美、人员集中的街心游园设计的休闲科普主题园，也是新郑市科协近两年着力打造科普阵地，已建成科普游园3家，老百姓游玩同时又有收获长知识。2021年9月，新郑“全国科普日”云启动仪式采取微视频的方式号召全市市民积极参加此次活动，市科协联合各成员单位，紧密围绕“百年再出发，迈向高水平自立自强”的主题，开展了一系列富有特色的科普宣传活动：开展地质灾害科普知识宣传活动。9月29日，新郑市科协走进具茨山，工作人员现场演示遇到各类自然灾害的避险自救技能，接受群众咨询10余次，现场发放地质灾害科普知识资料300余份。开展“碳达峰、碳中和”全民科普小课堂科普日活动。围绕国家新的碳达峰目标和碳中和愿景，结合视频详细讲解“全球气候治理与温室气体排放、绿色低碳发展趋势、碳达峰碳中和行业与地方行动、碳达峰碳中和重点工作任务、温室气体减排与污染物治理的协同效应”等。开展“智慧助老”科普日服务活动。科普日期间新郑科协分别在梨河刘楼村、七里堂社区、张玉庄社区、月季新城开展智慧助老“我教老人用手机”志愿服务活动。科协志愿者从智能手机的基本操作、常用软件的使用等方面进行讲解和演示，对老年人进行一对一、手把手辅导，帮助他们融入智慧社会，方便日常生活。开展走进科普教育基地科普日活动。新郑市属科普教育基地面向公众开放，分别在新郑市公立医院、佳源农业、好想你健康食品有限公司及光大能源公司等地开展“健康科普”讲座、“急救科普公益讲座”、核科普联合行动、抗疫应急科普宣传等10余项活动。开展科普助力乡村振兴活动。主要以农村实用技术培训讲座、科普展板展示、布置科普展台、发放科普宣传资料，惠农政策宣传为主要内容。全国科普日活动期间，新郑市科协深入基层广泛开展各类科普活动共计40余次，受益群众达5000余人。“科普大篷车”提升展教功能。科技筑梦校园行。新郑市科协积极联合市教育局开启“科普大篷车”校园巡展活动，上半年把偏远农村中小学校作为科普重点。已走进20余所学校，受益达1.2万人次，农村中小学纷纷称赞大篷车是及时雨，给他们带来科普的春天。乡村振兴服务行。市科协紧紧围绕“助力精准扶贫 服务乡村振兴”“志愿服务乡村行”等主题，利用科普大篷车科普展品、影像资料、宣传画板、技术服务等深入走进贫困村，送科技、送服务到田间地头儿、百姓家门口。该项活动联合各乡镇街道有序进行，已开展服务近20次。社区科普我在行。利用“食品安全宣传周”“科技活动周”“全国科技工作者日”和“全国科普日”等重大节日，“科普健康行”主题活动在各个社区广泛扎实开展。

【组织建设】开展2021年全国科技工作者日活动。通过线上平台转发致新郑市科技工作者的一封信。以此信向辛勤工作在全市各条战线的广大科技工作者致以亲切的节日问候。拍摄推广“2021全国科技工作者日主题宣传片”。上半年，拍摄了以“众心向党自立自强”为主题的2021全国科技工作者日宣传片，此片展示了新郑市各条战线的科技工作者立足岗位、兢兢业业的工作场景。给优秀科技工作者颁奖。“2021全国科技工作者日”活动中，给第八届郑州市“十大科技女杰”——来自郑州工业应用技术学院的李明教授颁奖。编写印发《黄帝时期的科技》，并进行科普知识讲座。为了弘扬黄帝科学精神，促进科学技术普及，增强作为一个黄帝故里人的文化自信。开展“科技工作者”志愿服务活动。2021年以来，共开展“科技工作者”志愿服务活动6次。其中走进薛店镇常刘社区、城关乡溪水湾社区进行“爱肝护肝”和老年常见病“慢性阻塞性肺疾病”健康知识讲座2次；走进观音寺镇十里铺村、新华办毛园居委会、新建办东关街居委会“防治结核病”“健康生活”“疫情防控健康行”为主题的健康科普宣传和义诊活动3次；走进辛店镇化雨庄村开展以“心理科普护苗志愿服务”为主题的关注留守儿童心理健康活动1次。受益群众400余人次。在第27届郑州市青少年科技创新大赛成绩：郑州市一等奖18件，二等奖28件，三等奖19件；优秀科技辅导员15名；新郑市科协和新郑市教体局基础教研室获得优秀组织奖；在第20届河南省青少年机器人竞赛成绩：省一等奖7件，二等奖3件，三等奖3件。

【反邪教协会】开展反邪教警示教育宣传活动。2021年新郑市反邪教协会开展一系列卓有成效的反邪教警示教育宣传活动。以“无邪腊八”“无邪清明”“4·15国安安全教育日”等为主题在东关街社区、道西路社区、郑州工业应用学院等地开展反邪教警示教育活动4场。以“我为群众办实事”主题，在炎黄广场、辛店镇史庄村、河南正大泡沫包装材料有限公司等地开展反邪教宣传活动6场。组织新华办、城关乡、龙湖、梨河等反邪教协会分会开展反邪教警示教育活动10场。活动共发放宣传彩页4000余份、书籍3000余本，及围裙、笔记本、伞、扑克牌、帆布袋等宣传品8000余份，展出展板80块次，播放优秀反邪教宣传视频700多分钟，提供现场咨询、讲解服务200余人次，受益群众达10000余人。

（撰稿：牛美玲　审阅：邢艳红）

农业科研

【概况】新郑市农业科学研究所位于新村镇温州城双猫广场西南，为市政府直属的正科级事业单位，是全省30个重点县（市）农业科研单位之一。下设办公室、编制人事科、农业科研管理科、农业技术推广科、食用菌研究开发服务中心。主要职能：承担国家及河南省农业科学院、郑州市农业科学研究所下达的新品种、新技术及成果试验示范推广等研究课题；针对新郑市“三农”经济发展中存在的关键技术问题、难题进行研究探索；及时引进最新审定的小麦、玉米、大豆、花生等农作物新品种及相关新技术、新成果进行试验、示范，筛选出适宜新郑市土壤、气候等条件的新品种、新技术及种植模式在全市推广应用。2021年，全所有干部职工21人，退休人员16人，科级干部3人，其中具有副高级职称5人，中级技术职称5人，初级技术职称2人，工人6人。

【农业科学研究】小麦、花生、玉米新品种选育取得新进展，科研创新能力持续增强。农科所集中人力、物力、财力，重点开展了小麦、花生、玉米等新品种选育工作，着力打造科研创新平台，获得了显著成绩。小麦育种：加强自身的科研课题研究，小麦育种项目在多年小麦育种课题实施的基础上，新引进差异性显著的种质资源12个，通过改良利用，新做杂交组合600个，筛选出优良单株2900个，优秀株行1900行，进入对比试验的新品系150个，稳定的可以参加河南省对比试验的新品系6个，已参加2021—2022年河南省小麦新品系对比试验3个。玉米育种：2021年玉米育种项目，选择生育期适中、株叶型上冲、抗逆力强的自交系300份进行南繁加代。进一步观察研究亲本特征特性，选配组合，进行杂交育种，组配杂交组合1000份。对往年组配杂交的组合进行初级鉴定试验。以现有材料为基础，再次广泛征集优异种质资源材料，进一步扩建种质资源库。花生育种：2021年共安排试验示范点5个，分别在农科所试验田、小马庄香椿园试验点、敬楼试验点、沟张示范点、敬楼万果园示范点。所内试验安排选育圃、鉴定圃、夏播品比试验、春播麦套组品等比试验；对表现好的品系进行示范和配套高产技术研究。安排轩辕花7号、轩辕花5号等5个示范品系，为参试及推广提供种源。轩辕花7号2021年参加了夏播组对比试验。花生试验结果正在称量分析中。各项试验均由专职技术人员负责，规范试验，准确记录，精心管理，圆满完成各项试验任务。

【农业技术推广】扎实开展了科技下乡服务活动，科技成果转化水平不断提升，农业科技推广成效显著。农科所邀请河南省农业科学院小麦栽培、土壤肥料、植保等方面专家对本所技术人员进行培训，加快提升科技人员技术更新。利用科研单位优势，对当前国内外前沿的农业信息成果、技术、产品、品种等进行引进、试验、筛选、示范、推广普及。先后引进示范推广小麦水肥一体化使用技术，小麦、花生绿色高效栽培技术等，通过示范辐射，推广使用面积6666.67公顷。通过项目实施，改变了农民传统陈旧观念，示范推广了绿色高效、环保、水肥一体化土壤修复等技术，使新郑市小麦种植产业实现了提质增效，取得了良好的社会效益。在立足本职，搞好农业科研的基础上，面向“三农”，服务大局，多种形式地开展了科技下乡服务活动。先后在梨河、观音寺、辛店、城关等乡镇对基地村组干部、土地流转户等进行培训10场，发放技术资料5000余份，先后培训和接受咨询1万多人次。特别是在农业生产关键时节，积极组织技术骨干深入田间指导农业生产，提升了科技服务水平，起到了较好的农业科技示范带动作用。

（撰稿：崔路雨　审阅：张申峰）

枣树科研

【概况】新郑市红枣科学研究院位于新郑市新村镇裴李岗西路，是市政府直属的集科研、推广、服务于一体的科研事业单位，是全国唯一县级在编的专业从事红枣科研的事业单位，是河南省唯一一家中国园艺学会干果分会会员单位。下设办公室、人事编制科、科研开发中心、推广中心、枣加工实验室。2021年，有干部职工25人，其中院长1人，副院长1人，副科级协理员2人，高级工程师1人、副高级工程师5人、中级技术职称5人。主要职能是：开展枣树科学技术研究、枣树栽培新技术研究与推广；枣树新品种引进选育与开发；枣树植保技术研究与推广、枣树专业技术培训、学术交流；新郑红枣品牌的保护与利用。

【科研攻关】2021年，新郑市红枣科研院始终坚持以科研项目建设为中心，以红枣试验基地为载体，大力开展红枣新品种选育、栽培、良种繁育、技术推广等，不断提高技术创新能力。开展《灰枣矮化密植栽培技术规程》（河南省地方标准）制定，年初，起草河南省地方标准《灰枣矮化密植栽培技术规程》，经河南省林业标准化技术委员会初审，并获得通过，8月27日，该项目列入2021年河南省地方标准制订计划，为灰枣矮化密植园的管理提供了技术支持。开展“枣疯病防控技术引进与推广”项目，该项目引进河北农大中国枣研究中心专家课题组的科技成果“枣疯病控制理论与技术”，应用于新郑市孟庄镇红枣示范园病树上，已完成2021年的项目实施计划。通过对枣疯病树进行药物治疗，总结出示范园灰枣枣疯病树干滴注预防技术。开展“红枣‘三品一标’提升工程关键技术研究、示范与推广”项目，针对新疆红枣品种更新换代品种匮乏、提质增效技术缺失等问题，实施“品种更新换代工程、品质提升工程、品牌培育工程、标准精准扶贫工程、枣农素质提升工程”等五大工程，已成功申报2021年度新疆维吾尔自治区科技进步奖。灰1号、羌灰2号经8年的选育与推广，通过高接在新疆枣区应用面积近600公顷，得到广大枣农的认可，成为新疆红枣品种更新换代的优异种质。

【协会管理】充分发挥红枣管理协会技术、人力资源优势，进一步提升服务枣业发展水平。外派4名红枣技术骨干力量，服务于新疆若羌、阿克苏等灰枣主产区，重点开展枣树栽培、病虫害防治等技术管理和新品种、新技术推广工作。全年，共培训枣农达2000余人次，发放宣传资料1000余份，举办各类技术培训班（讲座）3场次。4—6月枣树春季管理和嫁接重要时期，结合党史学习教育“我为群众办实事”活动，组织技术人员深入孟庄、薛店及和庄镇部分管理较好枣农群众中，现场传授嫁接技术、枣树修剪技术和病虫害防治技术，免费发放枣鲜食新品种“新郑红9号”接穗2000余株，义务嫁接枣树500余棵，为大力发展鲜食枣产业提供强有力的良种支持。

（撰稿：范永涛　审阅：白宏新）

气象服务

【概况】新郑市气象局下设国家气象观测站。区站号57086，观测场海拔高度为116.6米，占地面积2公顷，位于新郑市区茨山路西段。2021年，新郑市气象局共有职工16人（编内7人，聘任9人），其中本科学历10人，硕士研究生1人，大专5人；党员7人；高级工程师1名，工程师5人，助理工程师7人，技术员3名。内设管理机构2个：综合管理科（办公室）、防灾减灾科（业务科），级别为股级。下设直属事业单位3个：气象台（气象站）、气象服务中心、防雷中心。气象台（气象站）级别为副科级，气象服务中心、防雷中心级别为股级。2021年基本业务有：测报、预报、农气服务、人工影响天气、气象执法等；开展的服务项目有：天气预报电视栏目公众气象服务，微信、短信、纸质材料等决策气象服务，面向企业和局委的大气污染防治、地质灾害、农业和林业干旱病虫害、安全生产等专业气象服务，防雷气象服务等。气象测报、天气预报工作每天至少2人值班，按照国家规定的时效进行气象观测和天气预报制作，并及时将观测资料和预报意见通过微机上传省气象中心。

【气象基本业务】完成了本级气象观测质量管理体系内部审核评估工作。全年按照时间节点逐步完成了地面气象观测自动化试运行工作，为地面观测自动化整体调整做好了各项准备工作。加强国家自动站、区域自动站、土壤水分站、农田小气候站设备的运行监控和保障维护工作，提高监测数据质量和传输及时率。国家自动站传输及时率999.1‰，准确率1000.0‰，综合质量999.7‰；区域自动站传输及时率999.3‰；土壤水分站传输及时率999.4‰，小气候站传输及时率1000.0‰，监测业务质量全部达标。实时历史地面气象资料一体化业务国家级自动站、区域自动站按时反馈，反馈率达到100%；区域自动气象站、自动土壤水分站业务可用性达到100%；按指令要求进行加密观测，正确及时上传数据，综合气象观测业务稳定可靠运行。完成了新郑气象防灾减灾数据“一本账”的统计上报工作。

【拜祖大典气象服务】黄帝故里拜祖大典召开前，从4月1日起，提前半月开始服务，每天制作“辛丑年拜祖大典专题气象服务”，共计向市委、市政府及黄帝故里拜祖大典办报送书面专题服务材料14期，发布微博专题

5月7日，气象业务人员深入田间调查（市气象局/供图）

14期，发送拜祖专题气象短信3145人次。拜祖大典当日，专业人员进行了现场服务，周到、细致的服务得到了组委会领导的一致好评。

【人工增雨气象服务】 针对2021年新郑市干旱和大气污染防治工作的严峻形势，在郑州市人影办和新郑市委、市政府的正确领导下，新郑市人影办坚持不放过每次有利增雨作业时机积极实施人工增雨作业，全年共开展增雨（雪）作业6次，准备增雨作业12次，累计点燃焰弹67枚、发射火箭弹4枚。依据最新天气预报，2月23日有一次明显降水过程，局迅速组织作业人员做好此次降水准备工作；24日凌晨人影地面作业人员利用高山烟炉和火箭开展作业。在自然天气条件和人工影响天气的共同作用下，新郑市普降大到暴雪，此次增雪效果十分显著，非常有利于改善土壤墒情及空气质量、降低森林火险气象等级；经济效益很好，为来年冬小麦丰收奠定基础。

【专业气象服务】 主动融合新郑经济社会发展的气象需求，与市大气办、市应急管理局、市自然资源规划局、市林业局、市农委等部门进行了需求合作座谈，并签订合作协议；制定服务方案，业务人员主动与服务企业联系，调查企业需求，2021年与赵家寨煤矿、新郑中储粮两家公司签订协议，通过手机短信平台、电话、传真、邮箱等方式向两个企业开展了雷电、大风、暴雨、高温等专业气象服务。

【气象重点业务】 做好汛期气象服务，发挥防灾减灾职责。“7·20”暴雨过程前，新郑市气象局于7月16日制作发布一期题为《7月16—20日新郑市多阵雨、雷阵雨 18—19日有大到暴雨》的重要天气报告，19日11时又制作1期题为《7月19—21日新郑有大到暴雨》的重要天气报告。7月18—22日暴雨期间，新郑市气象局根据实况监测和暴雨发展态势，共制作发布气象灾害预警信号35期，其中暴雨红色预警信号5期、暴雨橙色预警信号10期、暴雨黄色预警信号5期、发布雷电黄色预警信号15期，19日夜间至21日白天强降雨时段每小时滚动发布雨情报告，其余时段2小时滚动发布雨情报告，共制作发布雨情报告44期，为市委、市政府和防汛指挥部提供好防汛决策依据。做好环境专题保障服务，服务生态文明建设。按照《新郑市重污染天气应急预案》的有关要求，结合新郑市环境监测需求，新郑市气象局在新郑市四个环境省控监测站附近，建成了四套环境监测气象站，为重污染天气会商研判提供了数据支撑；围绕新郑生态文明建设，开展大气污染防治气象保障服务，加强了与大气办沟通。作为大气污染防治专家组成员，每天为其制作并提供了空气污染气象条件等级预报，全年共制作发布大气污染等级专题预报181期，为政府开展大气污染防治提供科学的决策调度依据，多次获得主管领导好评。高质量开展微信、微博气象服务，扩大公共气象服务影响力。通过做好重要天气过程、节假日和“二十四节气”的微信、微博等专题服务，进一步丰富微信、微博服务产品内容，提高微信微博专题质量，多次被新郑网、新郑新闻等媒体转载，微信用户1156人，微博用户1064人，微博最大阅读量1.12万人次，进一步扩大了公众气象服务影响力。完成了新郑市政府交办的疫情防控办帮扶工作及期间的气象服务工作。其间共发布《新冠肺炎疫情防治气象服务专报》96期。

【秸秆禁烧服务】 麦收麦种期间，及时编写秸秆禁烧监测及污染预报服务材料，每天及时送到市政府及环保局有关领导手中。市气象局作为秸秆禁烧督查组一员，抽调专人完成了龙湖镇、新村镇、郭店镇、中心城区夏秋季的秸秆禁烧督查任务。

【“三农”气象服务】 为充分发挥气象为农业生产职务的职能和作用，推动新郑市农业生产持续稳定健康发展，做好关键农时气象服务，指导农业生产。全年共制作《农业气象周报》24期、《农业气象月报》6期、《农业气象遥感》27期、《新郑市春耕春播农业气象服务》专题35期、《新郑市夏收夏种农业气象服务》23期等。

【年度工作荣誉榜】 在郑州气象系统2021年度综合目标考评中，新郑市气象局获得“优秀单位”称号（郑气发〔2022〕4号《郑州市气象局关于2021年全市气象部门综合考评结果的通报》）；新郑市气象局被评为“郑州市无烟单位无烟党政机关”（郑爱卫〔2022〕1号《郑州市爱国卫生运动委员会关于命名“郑州市无烟单位无烟党政机关”的决定》）；获得新郑市委、市政府颁发的新郑市污染防治攻坚战三年行动计划担当奉献奖；陈金英被评为新郑市污染防治攻坚战三年行动计划“先进个人”。

（撰稿：靳潘婷　审阅：闫伟杰）

教育

EDUCATION

·教 育 >>>

EDUCATION

基础教育

【概况】新郑市教育局位于中兴路69号新郑市华夏国际商务中心，是主管全市教育工作的市政府组成部门。内设办公室、学校基层党组织建设办公室、编制人事科、基础教育科、成人教育职业教育科、党风行风建设工作办公室、行政审批科、计财科、教育督导室办公室、招生办公室、体育卫生艺术教育科、安全管理科、综治信访办公室、基建科、科学技术与信息化科、校外培训机构监管科等16个职能科室。局属单位61个：新郑一中、新郑二中、新郑三中、新郑高中、实验高中、新郑中专、苑陵中学、实验中学、市直中学、崇文中学、轩辕中学、新烟中学、正商外国语中学、和庄中学、鸿福学校、实验小学、新华路小学、黄水路小学、外国语小学、市直小学、郑韩路小学、轩辕小学、新烟小学、第二实验小学、仓城小学、正商外国语小学、华南城第一小学、锦艺实验小学、龙湖国瑞小学、子产小学、溱美小学、桃园小学、实验幼儿园、市直幼儿园、人民路幼儿园、弘远路幼儿园、轩辕幼儿园、政通路幼儿园、畅馨幼儿园、阳光港湾幼儿园、泥河新城幼儿园、新烟办事处中心幼儿园，各乡镇中心学校，学生资助服务中心、基础教育教学研究室、职业教育与成人教育教研室、教育科学研究室、幼儿教育发展中心、校外活动中心、教师进修学校、特殊教育学校、教学仪器厂。

2021年4月28日增设学校基层党组织建设办公室、党风行风建设工作办公室、科学技术与信息化科3个科室。2021年12月14日成立校外培训机构监管科。

2021—2022学年，全市共有各级各类中初等教育学校363所，其中：中等职业学校8所，普通高（完）中7所，普通初中（九年一贯制）30所，小学111所，特殊教育学校1所，幼儿园206所。在校学生255834人，其中：中等职业学校29823人，普通高（完）中19566人，普通初中（九年一贯制）45163人，小学110337人，特殊教育学校157人，幼儿园50788人。

2月20日，新郑市2021年教育工作会议召开（市教育局/供图）

教职工共有19886人，专任教师15554人。其中：中等职业学校教职工1294人，专任教师652人；普通高（完）中教职工1916人，专任教师1783人；普通初中（九年一贯制）教职工3879人，专任教师3593人；小学教职工6237人，专任教师6041人；幼儿园教职工6528人，专任教师3455人；特殊教育学校教职工32人，专任教师30人。

2021年，市教育局认真践行“脚步丈量工作法”，全面贯彻党的教育方针政策，认真落实立德树人根本任务，围绕美好教育发展目标，以高质量党建为引领，以创建全国义务教育优质均衡县市为统领，凝心聚力，克难攻坚，各项工作取得了新进展，多个方面取得了新突破，先后获国家义务教育质量监测优秀组织单位，省民办教育服务与管理先进单位，郑州市普通中小学德育创新先进集体、教学创新先进单位，新郑市综合工作优秀单位等称号。教育教学质量稳步提高，全市高考应届生一本上线1602人，上线率33.99%，高中教育质量连续30年保持郑州县（市）领先位次。

【学前教育】 2021年，新郑市共有注册幼儿园200所，其中公办幼儿园40所，普惠性民办幼儿园150所，非普惠性民办幼儿园10所。在园幼儿50894人，在公办幼儿园就读幼儿16772人，在注册普惠性民办幼儿园就读幼儿32201人，学前教育普惠率达96.23%。新郑市共有省级示范幼儿园4所，郑州市级示范幼儿园16所，新郑市示范园及一级园110所，上等级幼儿园占数量全市幼儿园的65%。

2021年，新郑市学前教育继续围绕“抓安全、促规范、提质量，保幸福”的工作思路，坚持常态化管理，全力做好疫情防控，强化“全家安全、幼儿安全”理念，强化幼儿园、属地政府、行业部门、个人各负其责、各司其职、联防联控的疫情防控机制；深入推进“一项大赛三大工程”，全市18个学前教育学科基地共开展专家入园引领活动50余场次，基地内不同形式的交流活动80余场次。在2021年河南省幼儿园教师“三项活动”比赛中，新郑市幼儿园教师获一等奖3人、二等奖2人、三等奖4人。在2021年郑州市幼儿园教师“三项活动”比赛中，新郑市幼儿园教师获一等奖11人、二等奖9人、三等奖5人。在郑州市教育局“喜迎建党一百年，郑州幼教展风采”系列活动中，新郑市幼儿园教师获一等奖1人、二等奖1人。在郑州市幼儿园保健人员技能比武决赛中，新郑市幼儿园教师获一等奖1人、二等奖2人、三等奖1人。在2021年郑州市学前教育教师“讲好幼儿小故事”比赛中，新郑市幼儿园教师获一等奖1人、二等奖3人、三等奖5人、优秀奖9人、人气奖1人，新郑市教育局和市直幼儿园获优秀组织奖；加强常态督查检查，通过强化学前教育“园长日巡查、中心学校周检查、教育局月督查”机制，对幼儿园的班额、师资、常规、安全、食堂食品安全和卫生防疫等工作每月进行检查，规范了幼儿园的保育行为和稳定发展；积极开展幼儿园违规收费和“小学化”现象专项治理，下发《关于组织开展2021年秋季学期幼儿园收费和“小学化”倾向专项检查的通知》，组织在龙湖镇召开了新郑市幼儿园违规收费及“小学化”现象治理推进会，通过发放《防止和纠正幼儿园“小学化”现象致家长的一封信》，签订《幼儿园收费和“小学化”倾向治理承诺书》等形式，告知家长幼儿园的保育教育内容和“小学化”倾向的危害，做到了宣传到位，教职工和家长认识到位。

【特殊教育】 积极推进特殊教育向两头延伸，特殊教育事业取得快速发展。2021年，新烟小学、辛店镇辛店小学资源教室建成并投入使用，新郑市特殊教育资源中心设施设备不断补充完善，新建孟庄镇洪常小学、郭店镇鄢陵府小学、观音寺镇南场小学、新村镇第一初级中学等4个资源教室。2021年9月23—24日，新郑市残疾人教育专家委员会对新郑市适龄未入学残疾儿童少年进行入户调查评估，并依据评估结果及专家建议对未入学适龄残疾儿童少年进行教育安置。截至2021年9月底，新郑市共有新郑籍适龄残疾儿童少年459人，安置率达100%。

【义务教育】 中小学段教育教学质量在全省领先，下发《新郑市教育局关于加强新优质初中建设促进初中段优质均衡高质量发展的实施意见》（新教〔2021〕24号），实施“新优质初中”分层创建，梯级发展，发挥“新优质初中”带动作用，促进集团化办学，引领全市初中优质均衡发展；新郑市外国语小学被评选为河南省第二批义务教育标准化管理特色校；参与郑州市第二批“新优质初中”创建工作，崇文中学被认定为第二批“新优质初中”创建学校，实验中学、龙湖三中、新村二中被认定为第二批“新优质初中”培育学校。持续加强控辍保学，下发《新郑市教育局关于进一步加强控辍保学工作的实施意见（修订版）》（新教〔2021〕6号）、《新郑市教育局关于在2021年秋季复学期间进一步做好控辍保学工作的通知》（新教明电〔2021〕330号）等文件，建立保学制度和监督机制，实行日监管、周排查、月报告制度，时刻掌握在校学生动向，确保了义务教育阶段零辍学。精心做好义务教育阶段学校招生，受新冠肺炎疫情的影响，新郑市2021年义务教育阶段新生实行线上报名。家长通过扫描报名平台二维码，按照“就近划片、严把条件”的原则报名并提交个人资料；各学校对本校报名学生信息进行审核并上传。2021年，新郑市公办初中七年级共招生15471人，公办小学一年级共招生19732人，公办义务教育阶段共有外来人员随迁子女58658人，占公办中小学学生总数的39.59%。稳妥组织2021年中招考试。采取“送考下乡”的方式，组织11494名学生参加理化生实验操作考试。参加中招考试的考生共计10124人，比2020年增加1213人，其中报考普通高中8303人，报考中专1821人。

【普通高中教育】 普通高招综合评价连续30年位于郑州县市领先位次。2021年，参加高考应届毕业生4713人，一本上线1602人，上线率33.99%。全省理科前1000名15人、文科前1000名11人；全省理科前1万名123 人、文科前2000名28人；新郑高中的郭锦涛考入北京大学。普通高中招生计划持续增加。普通高中招生计划150班、7500人，比2020年增加19班、950人。继续坚持“均分生源”的机制，生源数量和生源质量全面均衡配置。深入探索名校联盟发展项目。积极实施“三联三建三名一优”工程，创全省知名的新郑教育品牌。持续推动多样化高中建设。启动新郑市普通高中多样化发展创建校、示范校、品牌校创建工作，不断提高学校整体发展水平、学科发展水平、优秀学生培养水平。积极组织新高考培训。7月—8月，组织各普通高中、教研室、教科室、教师进修学校等参加了普通高中新课程新教材全员研修活动。围绕“说新课标解读”“说新教材分析”“说教学方式变革及教学设计”开展“三说比赛”，确保“双新”工作的学习和实践取得实效。12月19日组织高考复习备考策略九大学科专家报告会，与会专家从新高考的改革方向、课堂教学、复习备考策略等方面做了精彩的报告。

【职业教育】 2021年年底，新郑市有中等职业学校8所，其中公办1所、民办7所。2月，郑州市教育局将郑州城轨交通中等专业学校、郑州长城科技中等专业学校、郑州时代科技中等专业学校、郑州西亚斯中等专业学校、郑州仲景国医中等专业学校等5所学校的隶属关系调整至新郑市。4月设立郑州好想你经济管理中等专业学校，12月设立新郑航空科技中等专业学校。

郑州市委深改委批准“职业教育产教融合服务地方经济发展机制”作为新郑市重大改革项目，市委、市政府统筹协调做好顶层设计，市教育局牵头强化部门合作、行业联动，搭建联络平台，探索“党政统筹领导、校地共建共享、产教良性互动、校企优势互补”的职业教育发展工作机制。各职业学校强化校企合作，助力“三主三新”产业，坚持技能导向，加强内涵建设；参加对口升学6004人，进入高等院校继续深造5865人；参加河南省中职教育技能大赛获单项奖7个，参加郑州市第27届学生技能大赛获13项团体奖、121个单项奖。3月全国政协常委、省政协副主席高体健一行调研新郑市“建设高质量职业教育体系”，5月省政府参事张占仓一行调研新郑市“集聚高等院校促进地方经济社会高质量发展”。

7月22日，新郑市普通高中招生均分生源会议召开（市教育局/供图）

【成人教育和社区教育】 市社区学院和11所乡镇成人学校面对严重汛情、疫情影响，坚持“多部门联合、人文产调研、家校社共育、医养教融合”总体工作思路，围绕“人人持证、技能河南”建设工作任务，灵活运用“脚步丈量”工作法，通过能者为师找能人、部门联合强力量、产教融合建平台，克服种种困难，排除客观困扰，激发主观能动性，整体发展态势稳中向好，全年共组织社区教育培训活动1447期，受益居民98163人次。

各学校多渠道、多方式、多层次、高质量做好学习型、技能型社会建设宣传工作，营造“劳动光荣、技能宝贵、创造伟大”的良好社会风尚。持续强化品牌培育和创建工作，观音寺镇、薛店镇两所成人学校被省教育厅认定为示范性社区（老年）学校；龙湖镇泰山村获得全省老年友好型社区称号；11个乡镇社区教育指导服务中心被确定为郑州市家校社共育工程实验基地；赵会敏等5人获河南省成人优质课奖励；办事处的艾尔荟开明父母大学堂、辛店镇的幸福人生课堂被评为郑州市终身学习品牌项目。先后与浙江德清县、洛阳市、宜阳县和郑州市各区县（市）的社区教育工作者交流工作经验。

【民办教育】贯彻落实《中共中央办公厅、国务院办公厅关于规范民办义务教育发展的意见》，7月市教育局出台《新郑市规范民办义务教育专项工作方案》，围绕“严格控制增量，逐步消化存量”总目标，全面启动规范民办义务教育专项工作。11月，市教育局同意设立华东师范大学附属郑州（新郑）江山学校。全市有民办中小学12所（其中高中2所、九年一贯制学校6所、小学4所），民办义务教育在校生规模占比为4.72%。

贯彻落实《中共中央办公厅 国务院办公厅关于进一步减轻义务教育阶段学生作业负担和校外培训负担的意见》，推进校外培训机构治理专项行动。引导学科类校外培训机构由116家压减至11家，压减率达90.5%；11月，市“双减”工作领导小组按照重新审核登记和调整管理体制要求，向市教育局移交学科类校外培训机构11家，向市文广旅体局移交文化艺术类校外培训机构184家、体育类校外培训机构17家，向市科工信局移交科技类校外培训机构18家；学科类校外培训机构全部开设资金监管账户，共缴存风险储备金220万元，资金监管率达100%，切实保障学员和家长合法权益。

【“双减”和五项管理工作】印发《关于进一步减轻义务教育阶段学生作业负担和校外培训负担的措施》的通知（新办〔2021〕29号），成立“双减”工作领导小组，紧抓校内“减负”主阵地。全面开展课后服务，全市各中小学采取“5+2”模式，按照“1+X”形式，开展学生喜爱的文化、体育、艺术活动。制定《关于义务教育阶段学校课后服务劳务补助资金发放指导办法的通知》，规范课后服务劳务补助发放办法，市财政按照40元/班·天纳入财政预算。2021年，为参与课后延时服务的教师发放补助1678.528万元。规范作业管理，作业建设是减负能否真正实现的关键，新郑市构建“1234”工作机制。寒假期间，各中小学校在作业上全面落实“五育并举”，结合春节、元宵节传统节日和冬奥会，引导学生完成了德智体美劳方面的实践性作业，实现了作业布置维度、完成方式、展现形式更加灵活多样，促进了学生全面发展。实施“双线”督导检查制度，市教育督导委员会和校内“减负”工作专班分别对学校“双减”工作落实情况开展评价。严格“双减半月报”制度，各学校在作业管理、课后服务管理、均衡发展和规范办学行为等方面，每半个月自查上报一次。建立中小学生作息睡眠状况监测制度，修订完善《关于进一步规范中小学生作息时间加强睡眠管理的通知》（新教明电〔2021〕346号）等文件，按照班级抓日常监测、学校抓敏感节点监测、市级定期监控方式层层监测，市教育局把学生的睡眠管理监测结果纳入中小学校教育质量评价的重要考核内容。

【评价建设】分层集中学习贯彻《深化新时代教育评价改革总体方案》。局党组、中小学校、各二级机构学习《深化新时代教育评价改革总体方案》宣讲参考提纲，对照负面清单开展自查。积极参加教育评价改革线上学习培训。局机关领导班子和各科室负责人、二级机构班子成员共计927人，参加国家教育行政学院组织的专题网络培训，深入系统学习教育评价改革的主要精神、核心内容、实施要求。积极完善新郑市中小学校评价机制。在深入学习《深化新时代教育评价改革总体方案》《义务教育质量评价指南》《普通高中学校办学质量评价指南》的基础上，积极修订完善新郑市高中、初中、小学的评价办法，确保评价框架、评价内容、评价方式、结果运用等与国家的要求相接轨。

【城乡教育均衡发展】启动新郑市义务教育标准化管理合格校、特色校、示范校创建活动，下发《新郑市教育局关于印发开展义务教育标准化管理学校创建年度规划及深化“1+1+X”优质教育发展共同体建设推进优质均衡县创建工作的通知》《新郑市教育局关于2021年义务教育标准化管理合格校、特色校、示范校督导评估的通知》，各局直小学、乡镇中心学校确定了三年创建目标，开展创建工作。根据2020—2021学年质量监控考核情况，对中小学的重点工作开展情况进行考核和资金奖补，初中段共发放教育改革创新等工作奖补资金143.03万元，小学段共发放教育改革创新等工作奖补资金116.4万元。2021年新郑市超大班额相比较2020年，减少14个，为32个；大班额减少275个，310个。

【德育实践】全市各学校进一步完善、细化各类德育课程目标，创新德育课程实施途径和评价方式，构建方向明确、内容完善、校情贴近、学段目标科学、活动载体丰富的德育课程体系，积极开展以社会主义核心价值观、理想信念、中华优秀传统文化、生态文明等为内容的主题教育活动，努力培养德智体美劳全面发展的社会主义建设者和接班人。2021年3名老师被评为河南省优秀班主任；38名班主任被评选为郑州市优秀班主任；15所学校被评为郑州市普通中小学德育创新先进集体；30名教师被评为郑州市普通中小学德育创新先进个人；3名老师在第三届郑州市中小学班主任基本功展示活动中分别获得一、二、三等奖；39名班主任被认定为新郑市2021年度名班主任；2020—2021学年，全市共评选出郑州市级三好学生831名、优秀学生干部206名，新郑市级三好学生1270名、优秀学生干部277名；在2021年郑州市“两争两创”新郑市“三争三创”评选工作中，共评选出郑州市文明班级22个、文明宿舍12个、文明教师39名、文明学生50名、新郑市文明班级404个、文明教师492名、文明学生501名、文明宿舍70个、文明家庭595个、文明家长602名。

【法治教育及校外教育实践】2021年，全市各学校共落实法治教育专项课时约21500余课时，基本达到平均每班每月一节法治教育课的要求。利用校园板报、广播等校园媒介开展宣传，促进校园法治文化氛围形成，规范学生日常行为。开展“学宪法讲宪法”宣传活动，16万余人参与。根据省级人民检察院一号建议案，与市检察院合作，将预防欺凌和性侵未成年人宣传教育活动纳入开学第一课主要内容；积极参加教育部组织开展的“宪法小卫士”专项行动，截至2021年12月31日，获“宪法小卫士”称号学生共计140000余人，参加人数和普及率均居郑州（县）市区前列。在市教育局副局长带领下，针对改造辛店镇同源小学为劳动教育和综合实践基地进行实地勘验，到市直幼儿园劳动教育实践基地——云湾诗经幼儿园进行专项调研。和新郑市枣科所对接，将枣树基地作为全市师生枣文化学习基地，指导各学校利用本市特色教育资源，以团体和家庭个体等方式到郑韩故城、黄帝故里景区、欧阳修陵园、白居易故里、车马坑、博物馆、始祖山、后周皇陵等历史文化古迹开展自主性研学旅行，参与学生68000余名。2021年11月组织召开全市法治专干培训会议，参加120余人次。投资约90万元，改造提升教育培训中心教育基础设施建设、更新教育设备，更新内部公益广告，提升服务效能，备战全国文明城市创建。

【乡村学校少年宫工作】2021年1—3月份收集上报23所乡村学校少年宫2021年项目绩效评价基础数据填报；8—11月，脚步丈量日，对城关乡周庄小学、辛店镇实验小学、辛店镇辛店完全小学、观音寺镇南场小学、观音寺镇一初中、观音寺镇初级中学、新村镇新村完全小学、龙湖镇实验小学、龙湖镇国瑞小学、新华路小学等学校少年宫进行了督导检查；11月报送了2020年中央、省级彩票公益金扶持的乡村学校少年宫资金分配表。

【语言文字】贯彻落实《中华人民共和国国家通用语言文字法》等法律，规范使用国家通用语言文字，加强普通话和语言文字规范化的宣传，巩固新郑市三类城市语言文字达标成果。加强语言文字规范化示范校建设工作，努力提升师生使用规范语言文字的水平。开展第24届全国推广普通话宣传周活动，全市各中小学校、幼儿园以“普通话诵百年伟业，规范字写时代新篇”为主题，将推普宣传活动与经典诗文诵读、中华优秀传统文化教育等活动相结合。2021年10月，河南省人民政府教育督导委员会办公室在对地市教育履职情况进行督导时，将语言文字工作职责履行情况作为重要内容进行检查，新郑市代表郑州市迎接河南省的督导检查。

【学校体育】开展两轮学校体育工作的专项检查，督促学校开足开齐体育课程，落实课间操、课外体育活动。先后举办新郑市“全国青少年校园足球特色学校”足球联赛、中小学乒乓球比赛、中小学生春季田径运动会、新郑市“市长杯”青少年校园足球联赛，全市共有178支代表队、2340名运动员参加了市级比赛。积极开展阳光大课间评选活动，外国语小学、龙湖三中、和庄镇政和路小学在2021年郑州市阳光大课间评选活动中获得一等奖；实验小学、梨河中学获得二等奖。大力发展校园足球，为15所“全国青少年校园足球特色学校”拨付奖励资金42万元，积极承办郑州市2021年“市长杯”足球联赛县市区组比赛等活动，新郑一中男子组、市直中学男子组、第二实验小学女子组获年度冠军，外国语小学男子组获年度亚军。

【卫生防疫】按照《国家卫生健康委办公厅 教育部办公厅关于印发高等学校、中小学校和托幼机构新冠肺炎疫情防控技术方案（第四版）的通知》要求，严格落实晨检上报、定期消毒、因病追踪等管理制度，扎实开展健康宣传、环境卫生爱国卫生运动等各项工作，认真做好流行病及传染病防控、学校控烟、预防接种查验等工作。组织开展中小学校幼儿园卫生人员专题培训。严格落实每天上下午各做1次眼保健操等制度，严格落实体质监测、健康体检和体育作业制度，定期组织视力检测和近视预防宣传教育。坚持做好学生每年健康体检工作，2021年共体检学生数16.4万余人，建立学生健康管理档案。

【心理咨询及指导】全年开展青少年个体心理咨询18次，受益人数32人次，开展团体培训活动3次，受益人数达200余人次。积极响应党中央新冠疫情防控工作指示精神，充分发挥心理热线功能，开展电话心理咨询，共服务群众36人次。针对洪灾、疫情反扑后学生心理健康问题，指导各学校开展心理健康教育网络授课及家庭心理健康教育指导知识普及，增强学生及家长特殊时期心理自我调适能力，开展心理直播课1500余课时，受益学生及家长6万余人。巩固郑州市心理健康示范学校创建成果，督促指导新郑一中、新华路小学、黄水路小学、苑陵中学、实验小学、轩辕小学、实验中学、和庄中学、新郑二中、新郑实验高中完善郑州市级心理健康示范学校资料库，指导推荐崇文中学、新郑三中、正商外小、外小、仓小、锦小、国小申报郑州市第四批心理健康示范校，最终有5所学校获准通过，使全市郑州市级心理健康教育示范学校达15所。

【学校美育】组织开展新郑市第八届教育艺术节，并对各单位推荐的群舞、戏剧、合奏、朗诵类节目进行了集中展评。在郑州市教育局举办的“弘扬家国情 礼赞新时代”郑州市中小学生系列美育活动中，实验小学的合唱、新华路小学的创编舞分获表演类一等奖；正商外国语中学、正商外国语小学、市直小学等8个单位的朗诵、创编舞获得二等奖；郑韩路小学、子产小学等5个单位的朗诵、合唱、创编舞等分获三等奖；选送的34幅书画（摄影）作品，一等奖2幅，二等奖18幅，三等奖8幅；征文比赛一等奖2名，二等奖9名。

【科学技术与信息化工作】2021年，新郑市教育城域网保持平稳运行，没有发生任何网络安全事件；云机房搭建运维、杀毒、实名认证等服务；溱美小学、桃园小学、泥河新城幼儿园等3所学校（幼儿园）班班通网络开通运行；新烟办事处中心幼儿园完成网络改迁；核销辛店镇许岗小学、辛店镇金芒果小学班班通网络。先后出台《新郑市中小学线上教育教学工作实施方案》《新郑市2021年线上教学方案》《关于做好线上教学精准化准备工作预案的通知》，保障疫情防控期间全市线上教学工作的顺利实施；出台《加强中小学生手机管理工作的通知》；印发《新郑市教育局家长群管理手册》等。开展“三个课堂”的建设与应用、“创建课堂新形态 促进教学高质量”——人人讲优课、信息技术与课程融合优质课、“互联网+”智慧课堂同课异构活动等工作。开展中小学生开展学生信息素养提升实践、小学生口算天天练、初中生单词天天记、中小学校园电视节目等活动。开展网络安全、线上教学应用、“基础教育精品课”录制与制作专题培训。

2021年，新郑市第二中学、新郑市崇文中学、正商外国语小学被确定为河南省中小学数字校园标杆校；新郑市教育局、新郑市苑陵中学、龙湖镇第一初级中学获得批准，列入郑州市智慧教育示范区（校）创建名单；新郑市教育局、实验小学、黄水路小学、市直小学被评为第十五届郑州教育博客大赛优秀组织单位；新郑市教育局被评为郑州市“2021年校园电视优秀节目”展评活动优秀组织单位、第二十二届郑州市学生信息素养提升实践活动优秀组织单位。

【招生考试】普通高校招生考试。2021年，全市普通高招共报考6153人，对口类考生7588人，各类报名人数总计13741人。设置5个普通高考考点，2个对口升学考点，10个专升本考点。普通类考场共设199个，对口考场94个，专升本考场621个。其中普招考点分别为新郑一中49个、新郑二中34个、新郑三中32个、新郑高中51个、新郑实验高中33个；对口考点分别为：新郑中专58个、崇文中学36个；专升本考点分别为郑州西亚斯学院41个、郑州升达经贸管理学院49个、郑州工业应用技术学院68个、河南工程学院97个、河南机电职业学院55个、河南医专111个、河南检察职业学院57个、河南工贸职业学院80个、郑州理工职业学院40个、郑州工业安全职业学院（借用新郑中专）23个。成人高校招生考试。2021年，全市共报名6900人，其中专升本2942人，高起本141人，高起专3817人。专升本免试生145人，高起专免试生114人。高等教育自学考试。2021年，全市上半年共报考232人，其中新生207人，共办理毕业证49人。下半年共报考191人，其中新生179人，办理毕业证77人。普通中招考试。2021年，全市共有10123名（其中中专考生1820名）考生报名参加中招考试。教师资格证考试（笔试）。2021年上半年，新郑市全国教师资格证考试，共设置考点6个，考场200个；下半年，新郑市全国教师资格证考试，共设置考点6个，考场204个。普通高中学生学业水平考试。2020级学业水平考试全市共报名6870余人，报考58296科次，共设置考点6个，考场217个，比2019级减少了41个考场。

【师资队伍】持续加强师德师风建设。在教育系统深入开展“礼赞建党百年，矢志为党育人”、师德专题教育、郑州“最美教师”评选、郑州及新郑师德先进个人与师德标兵评选、师德征文及优秀案例评选、作风整治等系列师德活动，推动师德专题教育工作的系统性、持久性、针对性、实效性，着力打造一支师德高尚、作风优良、业务精湛、廉洁从教、为人师表、人民满意的教师队伍。全年累计征集、评选表彰师德征文95篇、师德案例88篇，评选表彰郑州市师德先进个人25人、新郑市90人，多项师德活动被郑州市教育局评为优秀组织单位。持续补充师资力量。按照教师招聘计划，由市委编办、人社局、教育局、纪委监察委等相关部门人员组成教师招聘工作领导小组，4—5月中旬分别赴华东师大、西南大学、华中师大、陕西师大、北京师大、东北师大、河南大学、河南师范大学、信阳师范学院进行了高中教师现场招聘，6月中旬分别赴河南大学、河南师范大学进行中小学教师现场招聘，7月上旬面向社会公开招聘中小学教师。招聘工作中，始终坚持公开、公平、公正的原则，精心组织，严格程序，阳光操作，依据试讲成绩，并经过体检、资格审查等程序，择优聘用255名教师，分别分配至高中教师93人、初中74人、小学68人、幼儿园20人。

9月6日，新郑市2021年教师节庆祝表彰大会召开（刘栓阳/摄）

同时，按照“编内为主、编外为辅、严格控制”的原则，通过政府购买服务形式招聘792名政府购买服务教育工作人员，有效缓解了教师紧缺问题。

【教师素养提升】 政府资金大力支持。2021年市政府拨付207万元，支持新郑市学前教育、义务教育和普通高中的教师教学素养提升工作持续开展。学科基地交流活动顺利进行。3月25日、3月26日举行了学前教育阶段和小学段、初中段学科基地工作开展情况交流展评活动，主要围绕“一项大赛三大工程”中的“名家育名师工程”，通过校长（园长）汇报交流和档案资料展评两个环节，对学科基地建设情况和取得成效、下步打算进行了全面汇报交流。各中小学校持续推进教师教学素养提升工程。针对新进教师、青年教师、骨干教师的不同情况，围绕课标、教材、备课、班级管理等方面，开展有针对性的培训，促进新进教师尽快胜任教学岗位，青年教师和骨干教师的教学能力和育人水平不断提高。

【教育科研】 2021年，教科研工作紧紧围绕“遵循教育规律，促内涵式发展”的工作思路，积极开展“科研兴教”“科研兴校”活动，对各级各类学校、幼儿园开展课题专项培训，做好各级各类一般课题、重点课题和专项课题研究的过程管理、引领和指导工作，推动课题研究与课堂教学的有机融合，认真开展教育科研成果的评审和推广。2021年，河南省规划课题批准立项6项，河南省农村应用课题批准立项4项。郑州市重点课题批准立项6项，郑州市一般课题批准立项79项。审核审批新郑市重点课题立项11项，一般课题立项145项。2021年，河南省教育科学规划课题结项获奖1项，河南省农村应用课题结项获奖6项。郑州市课题获奖结项63项，其中一等奖9项、二等奖25项、三等奖10项、结项19项。新郑市级课题结项获奖94项，新郑市级重点课题结项获奖6项，其中一等奖1项，二等奖3项，三等奖2项；新郑市级一般课题结项获奖88项，其中一等奖13项，二等奖39项，三等奖36项。2021年新郑市共有9篇成果在《郑州教育科研》杂志上发表，印发了《新郑市2020—2021学年优秀课题成果选编》。2021年新郑市教育局和新郑市城关乡中心学校、新郑市外国语小学、新郑市第二实验小学、新郑市市直中学4个学校被评为郑州市教育科研先进单位，有9人被评为郑州市教育科研先进个人。

【教研工作】 致力于教师教学素养全员提升，做实“一项大赛三大工程”。开展新郑市中小学教师基本功大赛暨一级达标、达标评优、郑州市达标评优选拔活动，104人获郑州市优质课奖励；开展中小学“名家育名师”学科基地活动69次，在郑州市学科教研基地示范校申报活动中，新郑一中被评为郑州市数学学科教研基地示范校，新郑二中被评为郑州市生物学科教研基地示范校，实验高中被评为郑州市政治学科教研基地示范校；组织开展“基础教育精品课”遴选活动，107节课获郑州市级奖励，4节课获河南省级奖励；组织开展高中新课程新教材全员研修“三说”比赛。开展课程建设奖评选活动，三所学校获郑州市课程建设奖。积极探索实践，不断完善课堂教学形态，更新课堂教学理念。在第四批“道德课堂有效形态”评审工作中，实验中学等15所学校的课堂形态被评为新郑市有效课堂形态。着力推动阅读，打造阅读教学特色。举办新郑市“双十、三百”评选活动；开展新郑市首届中小学生作文大赛并将优秀作品汇编成册；组织参加了郑州市第十三届中小学生网上作文大赛，有201项获奖；英语学科开展中小学分级阅读教学省级课题研究并顺利结项。推动作业改革，精心打造“好作业”，用作业改革撬动教学变革，扎实落实“双减”，助推全市教育优质均衡发展。创新教研形式，做实做细集体教研，将原来市—县—校—组四级线下教研变为省—市—县—校—组五级“线上+线下”教研，以研助教推进各项工作扎实开展。以课前研究活动为契机抓好备课，成立中心组，提交丰富的成果资源；开展高端备课教研活动及阶段性成果展示交流活动，为全市中小学教学提供了有力的支撑；通过多种方式，对全市中小学校的课堂教学、集体备课、集体教研等方面进行专题调研。全程指导组织中小学数学、体育、心理学科参与2021年国家义务教育质量监测工作。组织参加建党100周年书画作品展示评选活动，16幅作品获郑州市级奖励。举办新郑市中小学创意编程大赛作品征集及人工智能教学研讨活动。2021年高考一本上线1602人，1人被北京大学录取。

【安全工作】组织学校、幼儿园开展安全教育和应急疏散演练。各学校利用郑州市学校安全教育平台丰富的课程资源，组织开展安全教育工作，全市344所学校幼儿园全部导入系统信息，开通班级5550个，开通学生账号221444人次。各学校、幼儿园利用学校版进行安全知识讲解，家长和学生利用家庭版观看相关视频，共同学习安全知识，共有效开展安全教育7.17万课时，受训学生293万人次，开展各类应急疏散演练1694场次，进一步增强了师生的安全防范意识和逃生自救能力。

强化隐患排查、安全检查督查、专项治理，全面提升校园安全管理水平。协调新郑市“预防未成年人溺亡工作”领导小组成员单位，全市共新设立警示标示牌450余处，悬挂宣传标语300条，设置救生设备242余套、设置防护栏16798米，共560余人参与，共排查水域196处。联合公安、交运部门检查校车使用单位81所，排查校车143辆，排查整改隐患150处。

【疫情防控工作】坚持每日召开教育系统疫情防控工作会议，及时传达上级疫情防控相关文件会议精神，安排部署学校疫情防控工作。依照“关口前移、不等不靠、闭环销号”的工作原则，高标准完成了7月30日和11月2日两轮突发疫情的应急处置。持续监测师生员工健康状况和行动轨迹，全

1月13日，新郑市教育系统疫情防控暨教育工作会议召开（市教育局/供图）

面摸排师生员工健康信息，完善防疫物资配备，坚持开展校园环境消杀整治，强化校园封闭管理，督促指导各级各类学校压实防控责任，落实落细疫情防控举措。指导全市370余所学校构建“一校一院、一校一医”“点对点、人对人”协作机制，建立健全学校—卫健部门—疾控机构—定点医院联防联控机制，为每所学校配备卫生副校（园）长及卫生专员，提升了教育系统整体防控水平。平稳有序推进师生员工核酸检测和适龄人群疫苗接种，全力守护师生生命健康安全。

【食品卫生】平稳推进学校午餐供应工作。2021年，全市共有公办义务教育阶段学校129所，供餐学校100所（其中食堂供餐学校48所，集中供餐学校52所），供餐学生覆盖率达97.04%，龙湖辖区和市区中小学校、乡镇初中和规模以上小学已经实现午餐供应全覆盖。制定《新郑市教育局关于进一步规范学校食堂餐饮服务管理的通知》，进一步明确学校食堂经营总体要求，规范食堂日常经营管理，严格落实学校主体责任，督促学校守牢食品安全底线，不断改善食堂条件，不断提升食堂管理水平。

【行政审批】坚持执行协查函机制、依法运用容缺受理机制。2021年，围绕“优化营商环境，创新服务方式”，以建设“群众满意服务窗口”为目标，坚持做好优化营商环境工作；协调录入“双随机一公示”系统、“双公示”系统及电子证照系统。按省市要求共梳理政务服务事项最小颗粒化清单30项。首席代表坚持每月到大厅办公4次以上，局长每月到大厅窗口听取科室工作汇报1次。

2021年申请实施中等及中等以下学历教育、学前教育、自学考试助学及其他文化教育的学校设立审批83家；申请实施中等及中等以下学历教育、学前教育、自学考试助学及其他文化教育的学校变更审批27家；申请实施中等及中等以下学历教育、学前教育、自学考试助学及其他文化教育的学校终止审批26家；办结率均为100%。2021年共收到群众赠送满意锦旗5面；在政务服务中心考评中，3名工作人员先后被评为“政务服务标兵”“党员示范岗”。

【资助工作】新郑市学生资助服务中心继续坚持“帮困难家庭解忧，助贫困学子成才”的工作理念，建立健全各学段学生资助工作体系，坚持程序公开，增进教育公平，做到了应助尽助、好事办好，切实将国家利民惠民政策落到实处，确保每一位学生不因家庭贫困而失学。全市2021年各学段

资助资金共计发放50516人次，发放资金4114.345万元，其中学前教育资助发放1540人次，发放资金77万元；中央奖补资金幼儿资助发放1983人，发放资金99.15万元；义务教育家庭经济困难学生生活补助发放13337人次，发放资金558.95万元；营养改善计划发放5511人次，发放资金220.44万元；新郑市仁爱助学协会2021年资助家庭经济困难学生826人次，发放资金86.96万元；普通高中国家助学金发放7397人次，发放资金739.7万元；新郑市慈善总会2021年“爱心成就梦想”资助56名家庭经济困难学生，发放资金16.8万元；中职国家助学金发放3261人次，发放资金326.1万元；中职国家免学费发放16050人次，发放资金1466.075万元；生源地信用助学贷款发放555人，发放523.17万元。

【经费投入】2021年，全市教育经费总投入为268554.27万元，其中：国家财政性教育经费217365.83万元（一般公共教育经费185929.41万元、政府性基金预算安排的教育经费3009.09万元）、事业收入51071.55万元。2021年，全市一般公共预算教育经费比上年增长2.55%，经常性财政收入比上年增长-24.74%，一般公共预算教育经费增长高于财政经常性收入增长27.29个百分点。2021年，全市一般公共教育经费支出占全市一般公共预算支出的18.42%，比2020年的14.73%增长3.69个百分点。

【中小学与幼儿园建设】2021年，在市政府的领导和大力支持下，依托城镇总体规划、农村新型社区规划和中小学布局规划，围绕城区镇区“入学难”和“大班额”问题，完善机制，规范管理，落实责任，加强监督，确保项目工程建设有序推进：列入2021年民生实事的新烟街烟厂社区幼儿园、和庄镇第一幼儿园等8所幼儿园装修改造项目，于7月底如期完工并投入使用；新建项目新郑市溱美小学、桃园小学，改扩建项目新郑市第二实验小学教学楼，于2021年8月底完工并投入使用。

2021年7月17—23日，河南省遭遇历史罕见特大暴雨，发生严重洪涝灾害。经排查，新郑市受灾较严重的学校有50所，其中30所学校漏雨18938平方米，29所学校围墙倒塌1979米，受灾损失共计约837万元。“7·20”暴雨后，新郑市先后收到郑州市教育局捐赠12万元，新郑红会捐助200万元，新郑慈善总会捐助424.86万元和2021年第二批义务教育薄弱环节改善与能力提升补助资金（救灾资金）150万元，共计786.86万元。截至2021年10月31日，所有项目均已竣工投用。

2021年11月完成了制定《新郑市“十四五”期间城乡中小学布局规划》。

【教育督导】2021年督导室紧紧围绕新郑市教育重点难点工作，深入扎实开展督导工作，积极履行教育督导职责，努力做到督有权威、导有水平、促有成效，为促进新郑市教育事业科学发展和义务教育优质均衡发展发挥了应有作用。2021年1月，督导室组织开展二级机构目标考评工作，梨河镇中心学校等20个单位被评为先进单位。开展2021年春季、秋季教育系统疫情防控专项督导。2021年2月和8月分别对全市学校春、秋季开学准备情况进行评估验收，做到开学平安、平安开学。认真做好县级人民政府履行教育职责评价。2021年5月，迎接了郑州市对新郑市政府履行教育职责评价督导检查；2021年10月，代表郑州市迎接了河南省2021年对地市级人民政府履行教育职责评价。积极推进责任督学挂牌督导工作。按照每月督导要点，认真指导责任督学开展疫情防控、“双减”、安全等入校工作。做好幼儿园办学行为督导和上等级工作，指导幼儿园上等级。5月，人民路幼儿园、政通路幼儿园顺利通过郑州市示范园验收；12月，辛店一幼、滨河帝城幼儿园顺利通过河南省示范园复审验收。认真做好2021年国家义务教育质量监测工作。2021年5月，新郑市中小学校体育、数学、心理健康等学科参加了全国义务教育质量监测，新郑市教育局获评国家义务教育质量监测优秀组织单位。

（撰稿：时巧玲　审阅：秦培源）

高等教育

【综述】新郑市区域内有中原工学院、河南工程学院、郑州大学西亚斯国际学院、郑州升达经贸管理学院、郑州工业应用技术学院、河南检察职业学院、河南医学高等专科学校、河南工业贸易职业学院等12所高等院校，在校学生17万余人。

中原工学院

【概况】2021年，学院有21个教学院（部），65个本科专业，全日制在校生23000余人，教职工1997人，其中专任教师1400人，高级职称教师615人，博士学位教师611人；国家级优秀教师5人、全国模范教师1人、国家中青年有突出贡献专家、享受国务院政府特殊津贴专家20人；河南省学术技术带头人6人、河南省教学名师12人、省级优秀教师8人、河南省特聘讲座教授6人，省级及以上教学和科研团队17个。

学院拥有“智能与航空信息技术”和“纺织服装新材料及高端装备”2个河南省特色骨干学科群，涵盖7个一级学科；拥有信息与通信工程、控制科学与工程、计算机科学与技术、网络空间安全等13个一级学科硕士学位授权点，60个二级学科硕士学位授权点，17个硕士专业学位授权类别；拥有8个重点学科一级学科和2个重点学科二级学科；拥有河南省首批工业训练中心和大学科技园。学院是河南省博士学位授予立项建设单位。

聚焦建设一流本科教育，以提升人才培养质量为核心，积极推进人才培养模式改革与创新。截至2021年，学院有7个国家级一流本科专业，4个国家级特色专业建设点，1个国家级专业综合改革试点专业，1个国家级实践教学基地，2门国家级一流本科课程。4个专业通过工程教育专业认证。探索“以赛促学,以赛促能”的人才培养模式，将创新创业教育贯穿于人才培养全过程，“十三五”期间，共获得国际奖项48项，国家级奖项649项，省级以上奖项2970项。在2021年印发的《2016-2020年全国普通高校学科竞赛排行榜（本科，TOP300）》中，学院位列全国第135名。毕业生就业率保持在90%以上。

学院现有金刚石高效精密锯切工具技术国家地方联合工程实验室、河南省网络舆情监测与智能分析重点实验室、河南省功能性纺织材料重点实验室、河南省功能盐材料重点实验室、河南省计算智能研究与应用国际联合实验室、河南省多模式图像处理与智能分析国际联合实验室、河南省纺织服装产业协同创新中心等52个国家级和省级科研平台。学院是首批河南省高校知识产权运营管理中心，“河南省高校知识产权综合能力十强十快高校”。2012至2021年，学院承担各类科研项目2313项，其中国家自然基金项目193项，国家社科基金项目51项，国家重大科技专项、国家重点研发计划课题、国防重大专项子课题等11项，省部级项目930项。获省部级以上科研奖励191项，其中国家技术发明奖二等奖1项、国家科技进步奖二等奖4项、省科技进步奖一等奖4项、河南省社会科学优秀成果奖一等奖3项；被三大检索收录论文2675篇，出版著作1053部，获授权发明专利1168件。2019、2020、2021年连续三年入校科研经费超亿元。

截至2021年，学院与24个国家和地区的61所高校和教育机构开展国际合作与交流，是河南省最早开展中外合作办学项目的高校之一，与英国曼彻斯特大学等国外著名高校签署联合培养博士项目，与德国埃森经济应用技术大学等国外著名高校签署联合培养硕士项目，与曼彻斯特大学等国外著名高校合作举办本科层次中外合作办学项目。与俄罗斯联邦圣彼得堡国立宇航仪器制造大学合作设立中原工学院中原彼得堡航空学院。在泰国格乐大学设立海外分校——中原工学院轩辕学院。与爱尔兰阿斯隆理工学院联合成立了“中爱软件工程联合研究院”。国际合作走上了“引进来”与“走出去”双向发展的新道路。学院是中国高等教育学会中外合作办学研究分会常务理事单位，是首届河南省高校交通教育联盟理事长单位、河南省引进国外智力工作先进集体单位、河南省引进外国人才和智力工作先进单位。

截至2021年，学院为省河南省文明校园、河南省思想政治工作先进单位、河南省脱贫攻坚先进集体、全国高等教育学籍学历管理工作先进集体、全国第二批深化创新创业教育改革示范高校、河南省首批“三全育人”综合改革试点高校、就业工作先进单位、河南省课程思政示范高校建设单位。学院党委是河南省高等学校“五好”党组织、全省创先争优先进基层党组织、河南省高等学校基层党组织。中国共产主义青年团中原工学院委员会是“全国五四红旗团委”、全国暑期社会实践活动“优秀单位”。

【学院领导班子成员名单】 党委书记贾少鑫，院长、党委副书记刘国际（1月— ），党委副书记赵水根，党委副书记、工会主席黄乾，纪委书记、监察专员张艾青，副院长黄健、刘洲峰、唐多毅、方建印、张宝强（1月— ）。

【党建】 2021年，学院组织全校党员干部开展“四史”教育培训。落实《中国共产党支部工作条例(试行)》。召开党支部书记创先争优汇报会，评选出30个先进集体和134个先进个人，其中4个个人、5个集体获省高工委表彰；发展党员1620名，转正

4月13日，中原工学院党史学习教育报告会举行（中原工学院/供图）

490名，培训入党积极分子2522名，发展对象1721名，预备党员1664名；完善“政治生日”特色做法；列支专项党费，走访慰问64位离退休老党员、8名生活困难党员以及2名获党内功勋荣誉表彰党员；组织全院860余名师生党员代表重温入党誓词，为党龄50年以上的64名老党员颁发“光荣在党50年”纪念章。组织全院党支部书记赴驻马店确山县开展党史学习教育读书班实地研学；依托国家教育行政学院大学生网络党校学习平台，选派26名直属党组织书记、73名学生党支部书记参加专题网络培训；选派20名基层党组织书记参加全省贯彻党的十九届六中全会精神专题网络培训班。

学院完成处级领导班子换届和科级干部调整工作，中层干部的平均年龄由49岁下降至46岁，中层干部中拥有研究生学历的比例，由56%提高至63%；科级干部中拥有研究生学历的比例，由47%提高至58%。

【院士张彦来校交流访问】 12月1日，欧洲科学院院士张彦来学校交流访问。党委书记贾少鑫、院长刘国际会见了张彦院士，介绍了学院电子信息类学科建设发展情况。张彦深入了解了学院发展历史，并与学校领导和相关部门人员围绕如何建好建强中原工学院电子信息类相关学科进行座谈。

【“十四五”规划编制】 学院围绕高质量发展要求和实现“更名大学、博士授权”阶段性目标，开展“十四五”规划编制工作并形成“十四五”规划征求意见稿，进一步明确学院“十四五”期间的发展战略、发展目标和具体举措。

【思想政治教育工作】 组织处级领导干部继续开展“百名党政领导干部进课堂同讲理想信念”。学院领导和40余名中层干部相继走进2021级新生课堂，以“心有所信，方能行远”为题，给学生上思政课。组织开展河南省第十一次党代会的学习宣传，制定《中原工学院党的十九届六中全会精神学习宣传工作方案》，开展党的十九届六中全会精神的学习宣传活动。

【新闻宣传工作】 2021年，校园网和“两微一端”发布文章5100余篇次，阅读量7000多万人次；官方抖音发布原创视频295条，快手发布原创视频216条，哔哩哔哩发布原创视频25条、动态104条，总点击量近1000万人次；校园网“身边的榜样，为你喝彩”聚焦教学科研、战“疫”典型、抗洪救灾54篇次；企业微信发文300篇次；人民网、《河南日报》等权威媒体报道90篇次。

【精神文明建设】 学院实施新时代文明实践示范行动，精神文明创建深化行动。深化“把灾难当教材 与祖国共成长”主题教育活动；组织参加第六届全国高校“礼敬中华优秀传统文化”系列活动；开展“宪法卫士”线上法治教育，举办国家宪法日“礼赞宪法”活动；在全省2021年度全省教育系统“两创两争”活动中，获文明班级3个、文明宿舍6个、文明社团1个、文明教师3人、文明学生7人、文明网民2人；学生郭家宝获评2021“感动中原”年度教育人物，是全省教育系统当选人物中唯一一名在校大学生。

【共青团工作】 12月9日，团省委第三评估组对学院团学组织深化改革情况进行实地验收，学院获评小组第一。召开第八次学生代表大会暨第四次研究生代表大会。制定《学生社团活动经费管理细则》,全年开展学生社团活动252项；组织开展暑期“三下乡”社会实践活动，组建省级重点团队6支，校级团队25支。获准立项河南省“出彩中原”大学生社会实践一般项目2项；获国家级社会实践先进个人1项；省级优秀团队奖2项，优秀个人1项，优秀品牌项目1项。学院获2021年河南省暑期社会实践优秀单位奖。在第十五届“挑战杯”河南省大学生课外学术科技作品竞赛中，获特等奖3项、一等奖6项,二等奖10

12月16日，中共河南省委高校工委、河南省教育厅发布《关于授予崔光霞等10名同志2021“感动中原”年度教育人物荣誉称号的决定》，中原工学院学生郭家宝当选，是全省教育系统当选人物中唯一一名在校大学生

（中原工学院/供图）

项、三等奖17项，省赛获奖数量及质量再创新高。学院再次捧得省赛“优胜杯”。

【脱贫攻坚】 落实“四个不摘”工作要求，持续加强定点帮扶、结对帮扶工作，实现脱贫攻坚和乡村振兴的有效衔接。4月16日，学院在全省2020年度脱贫攻坚考核结果中，定点帮扶、校地结对帮扶综合评价皆为“好”。5月27日，学院校地结对帮扶确山县工作队被中共河南省委、河南省人民政府授予“河南省脱贫攻坚先进集体”称号。

【教育教学】 开展教学改革研究与实践，获批河南省2021年新文科研究与改革实践项目1项、河南省新工科新文科实践教育基地4个、“纺织之光”教学改革研究与实践项目116项；14项河南省高等教育教学改革研究与实践项目通过鉴定，31项成果获得“纺织之光”2021年度中国纺织工业联合会纺织高等教育教学成果奖，其中特等奖2项，一等奖5项。2021年，学院获批2020年度国家级一流本科专业建设点6个、省级一流本科专业建设点6个；2021年度省级一流本科专业建设点立项公示7个；获批省级一流本科课程39门、省教育厅推荐申报第二批国家级一流本科课程9门、2021年河南省本科高等学校精品在线开放课程立项建设9门；新增河南省课程思政样板课程5门，获批河南省课程思政教学团队建设项目1个，首批获得河南省课程思政教学研究特色化示范中心建设项目1项。推进工程教育专业认证，材料科学与技术、建筑环境与能源应用工程2个专业通过工程教育专业认证。获批河南省本科高校虚拟教研室建设试点1个；获批2021年河南省级优秀基层教学组织5个。获得首批河南省智慧教学研究实验室立项建设1个，获批河南省本科高校智慧教学专项研究项目2项。

【科学研究】 获批纵向科研项目137项，其中主持承担国家自然科学基金项目11项（含区域创新发展基金重点支持项目1项，系学院首次获批），国家社会科学基金项目8项，完成年度科研入校经费1.4亿元。获批省部级项目立项 90项，市厅级项目80项；获得河南省优秀青年科学基金项目1项、河南省科技进步奖3项、中国纺织工业联合会优秀专利奖1项、中国商业联合会科技进步奖6项、河南省自然科学学术奖15项、河南省教育厅优秀科技成果及论文奖40项；获批科研平台7个，其中省级平台4个；国内外共公开发表学术论文1200余篇，出版著作40余部，授权各类专利230余件，发布标准4项，进行项目评价6项，举办“弘德讲坛”学术讲座97场。12月，学院立项为首批河南省专利导航服务基地（全省共7家），是唯一入选的高校。

2021年，获批各级团队人才项目6个；瞿博阳带领的“智能计算机”团队获批河南省高校科技创新团队；宋晓炜、郑慧凡双双入选中原科技创新领军人才；黄超、魏鹏分别入选河南省高校科技创新人才支持计划。

【学科建设和研究生教育】 学院共有一级学科硕士点13个，硕士专业学位类别17个。其中2021年，学院获批哲学、网络空间安全2个一级学科硕士点和金融、应用统计、审计、社会工作、翻译、交通运输6个硕士专业学位类别。2021年，法学、电气工程2个学术型学位点和汉语国际、资源与环境2个专业学位类别获批重点立项建设，化学工程与技术、软件工程2个学术型学位点获批重点培育建设。同年，在河南省博士授予立项建设单位申报中，学院获批河南省博士学位授予重点立项培育单位，明确纺织科学与工程、信息与通信工程、土木工程、工商管理、材料科学与工程、机械工程6个博士点培育学科。

学院举办第十五届研究生学术论坛和“研究生创新教育系列讲座”“科学道德与学风建设讲座”；获批河南省研究生联合培养基地项目2项，河南省研究生优质课程项目1项，河南省课程思政示范课程项目2项，河南省研究生精品在线课程项

5月27日，河南省脱贫攻坚总结表彰大会对全省脱贫攻坚先进个人、先进集体进行了表彰。中原工学院校地结对帮扶确山县工作队被中共河南省委、河南省人民政府授予“河南省脱贫攻坚先进集体”称号（中原工学院/供图）

目1项，河南省精品教材项目2项，河南省研究生精品教学案例项目6项，河南省高等教育教学改革研究与实践项目（研究生教育）11项。在河南省开展的“疫情防控和防汛救灾工作优秀大学生及先进群体”典型选树工作中，建筑工程学院研究生志愿者团队获“全省高校疫情防控和防汛救灾工作先进群体”荣誉称号，这是学院研究生群体首次获得该级别的荣誉。

【师资队伍建设】 2021年，学院落实“青年强校”战略，推进“111”制度，获批2021年国家公派高级学者、访问学者、博士后项目3人（孙静静，理学院；刘鹏，经济管理学院；杨俊，经济管理学院）河南省地方合作项目创新子项目1人（宋梦，材化学院）。引进博士25人，由12名博士组成的服务团挂职鹤壁企业等单位期满结束。评选校级师德标兵10人（黄鑫、刘寅、郭士锐、王瑗珲、王锦燕、吴婷、石磊、胡丹丹、余天敏、张磊），学生喜爱的老师13人（丁颖、于贺春、刘海涛、李红叶、张恒、郭璇、靳继勇、潘苗、李长林、龚梦南、毛宝铭、郭丽、KONSTANTIN）。获批河南省专业技术二级岗位1人（随新民），河南省高等学校特聘教授国内学者1人（何建新），全国知识产权系统先进集体1个（知识产权学院）；获批河南省教育厅优秀教育管理人才1人（穆云超），河南省青年骨干教师6人（黄鑫、周伟涛、柴高洁、宋梦、闫李、靳文涛），校级骨干教师11人（王芳芳、欧康康、邵伟力、李扬、王天瑜、崔林林、崔英浩、温鹏伟、李鹏宇、邵志超、王朋举），河南省教育厅学术技术带头人2人（马春丽、尹莉），纺织之光教师奖2人（焦明立、叶静），国家高层次人才特殊支持计划教学名师1人（边亚东），河南省本科高等学校教学名师1人（刘凤华）。

【学生工作】 遴选2名博士教师、20名机关干部下沉基层担任专职辅导员，选聘25名优秀研究生担任兼职辅导员；组织辅导员开展“我为学生讲党史故事”主题宣讲活动；通过企业微信公众号、“指点天下”APP推文674篇。在省“百年党史青年说”活动中，获二等奖1项、三等奖2项，学院获优秀组织奖；在全省大学生国家安全知识竞赛中，学院获优秀组织奖，学生代表队获优秀奖。在“奉献铸人 励志筑梦”大学生志愿服务育人工程中，获省普通高等学校学生工作优秀成果。

举办心理健康教育宣传月活动，开展新生心理素质拓展训练156场，借助QQ在线心理咨询、“张老师悄悄话”平台解答学生问题2590个，开展面对面心理咨询 210人次。开展“创先争优”活动，评选各类先进个人1754人次；发放各类奖学金4478人次共785.885万元。资助困难学生12303人次，发放助学金、助学贷款3347.186万元；在全省高校2019、2020年度学生资助工作绩效评价结果中学院获评优秀。

【就业与创新创业工作】 采用线上与线下相结合的方式，举办专场招聘355场，网络双选会6场，分行业、分区域小型招聘会7场，为毕业生提供就业岗位10万余个。2021届本科毕业生年终就业率94.31%，研究生年终就业率94.70%。

2021年，学院获各类学科竞赛国际级奖5项，国家级奖221项，省级奖558项。获批立项“大学生创新创业训练计划项目”81项，其中国家级9项，省级72项。在第七届中国国际“互联网+”大学生创新创业大赛中，获国家级铜奖4项，省级一等奖6项、二等奖8项、三等奖5项，获奖数量及质量创学院历史新高。

【合作与交流】 1月19日，学院获国家留学基金管理委员会2021年促进与加拿大、澳大利亚、新西兰及拉美地区科研合作与高层次人才培养项目1项（基于绿色BIM技术的建筑节能设计高端人才培养）。

7月5日，外国语学院负责翻译的“中华源·河南故事”系列丛书“黄帝分卷”获中共河南省委外事工作委员会“翻译河南”工程特等奖。学院廖亮、王海泉两名教师获批科技部外国专家项目资助。8月18日，材料与化工学院教师宋梦获国家留学基金管理委员会2021地方创新子项目（航空类）公派资助，同时，宋梦获批2021年地方合作项目（地方创新子项目）出国留学访问学者公派资格（留金项【2021】15号）。10月11日，外国语学院教师龚丽萍获2021国家公派出国教师派出资格，全国获此殊荣的教师仅21名。12月7日，在2021年促进与俄乌白国际合作培养项目中，中原彼得堡航空学院26名项目学生获得国家留学基金委公派留学资格，共获资助540余万。

12月16日，学院与韩国岭南大学就两校开展中外合作办学项目合作达成共识，并签署合作备忘录。合作双方共同推进教师、学院及科研机构之间的合作与交流，并就开展科研、共享学术文献和出版物、教师之间的科研合作、学术讲座和研讨会和开展本科生、研究生的交流互换等合作达成共识。

【条件保障】 购置纸质图书400多万元、数字资源200万元，全年图书馆入库纸质图书45894册。运行全校177间多媒体教室、5间智慧教室，为全年的多媒体教学服务提供保障。开展网络学习空间建设，做好Canvas培训工作，Canvas平台年度访问量370万人次。完成资源访问控制系统WebVPN系统安装部署。完成11号学生宿舍楼联合验收及竣工备案工作。获批各类资金1.3亿元，完成行政办公资产采购约300台（套），调剂行政办公家具120余件，设备60台（套）。

【校友捐赠】2021年，各地校友向学院捐赠书籍5000余册。7月17日河南省遭受洪灾以来，全国各地校友向学院捐赠16余万元，全部发放给学院因洪水受灾家庭的学生。

（撰稿：韩红磊　秦　婧
审阅：黄　健　海　然）

河南工程学院

【概况】2021年，学校占地面积175.31公顷，建筑面积94万平方米，由龙湖校区、桐柏路校区和南阳路校区组成。馆藏纸质图书242万册，电子图书68万种。学校有全日制在校生32200余人，其中本科生22888人；教职工1609人，其中正高级职称者130人、副高级职称者493人，有博士学位者427人。学校设有教学院（部）24个，本科专业57个，涵盖工学、理学、经济学、管理学、文学、艺术学、法学等7大学科门类。拥有国家级、省级本科教学质量工程项目150余个，其中国家级特色专业和综合改革试点专业2个、国家级虚拟仿真实验教学项目1个、国家级大学生校外实践教育基地2个、国家级一流本科课程1门、省级重点学科4个、省级特色专业和综合改革试点专业17个、省级一流本科专业13个、省级一流本科课程22门、省级精品在线开放课程14门、省级优秀基层教学组织15个。教育部创新团队1个、河南省高校科技创新团队9个。省级科研平台18个，其中电子陶瓷材料与应用省级重点实验室1个，是河南省博士后研发基地。

【学校领导班子成员名单】党委书记刘湘玉，校长李利英，党委副书记袁静波，党委副书记、工会主席刘永涛，副校长董浩平、张锢、赵金安、王永恒、贺金凤、王生交，纪委书记胡云生。

【党建】深化党建“五项工程”和靖宇精神“六个一行动”，全面实施“一统十联”领导班子监督机制，顺利推进干部换届调整，常态化开展校内巡察、纪律作风突击检查和党员干部政治谈话，学校政治生态持续向好，干事创业环境不断优化。抓好党史学习教育，走好新时代群众路线，完成为群众办实事200余项，产出一批制度性成果，更好凝聚了发展的精神动力。出台《五育并举三全育人行动方案》，构建应用型人才培养新体系、大格局。实施课程思政、思政课程“双轮驱动”，全体校领导进课表讲思政课，深化了思想政治理论课改革。按照“对接产业、强化应用”的思路，改革育人模式，建设了知行书院与力行书院，提升立德树人实效。强化思政队伍建设，两批次引进辅导员41人，校内转聘21人，思政队伍数量和质量大幅提升。《中央党史学习教育简报》、省委教育工作领导小组《河南教育情况》等上级工作简报先后7次对我校党建思政、党史学习教育和改革发展情况宣传介绍。

【内部治理】深入贯彻落实国家《深化新时代教育评价改革总体方案》和省教育厅有关精神，围绕人才、学术、师资等评价，梳理问题，改进提升，出台了师德师风考核、职称评审、科研激励、教学改革、思政队伍发展等20余项制度，推动教育评价改革取得阶段性成效。着力深化“放管服”改革，制定了目标管理考核方案，科研任务、就业率、考研率、人才引进等全年目标任务基本完成。立足应用型大学建设实际，按照“对接产业、强化应用”的思路，分别在龙湖南校区和南阳路校区启动建设了知行书院与力行书院，经过一学期运行，书院学生思想稳定，积极向上，呈现出良好的发展态势。认真贯彻落实党委领导下的校长负责制，聚焦党的建设、内涵发展和内部治理等，制订或修订《行政督查督办实施办法》《信息公开实施办法》《公务用车管理办法》《公务接待管理办法》《会议费管理办法》《培训费管理办法》，进一步优化了学校决策体系，适应学校发展的应用型高校管理机制和文化理念不断完善。持续开展纪律作风专项督查，对全体坐班人员实行人脸识别考勤。

【转段发展】学校系统总结了“十三五”时期取得的成绩和存在的问题，科学规划了“十四五”期间的重点建设任务，制定了《河南工程学院“十四五”教育事业发展规划》，为学校未来五年高质量发展提供可靠的规划保障和科学的政策指引。制定《示范性应用技术类型本科高校建设方案（2021—2025）》，与十余家企业签署了校企合作协议。以内涵建设为核心，继续推进转型发展工作，进一步提高我校主动融入区域产业转型升级和创新驱动发展能力。获批河南省硕士学位授予单位重点立项培育单位，出台学校《学位点培育建设经费使用范围》，制定年度建设发展规划，遴选材料与化工、资源与环境、土木水利、会计、机械、电子信息、艺术、工程管理等八个专业类别学位点进行培育建设，为“十四五”期间全力进行硕士授权单位建设奠定了坚实基础。修订学校《联合培养研究生管理办法》，本年度以第一导师身份招收硕士研究生23人。

【合作与交流】获批环境工程技术专业和应用电子技术专业两个中外合作办学专科项目，9月开始招生。7个中外合作办学项目顺利通过教育部年审评估。完成中外合作办学项目外方授课专业课程共计31门，其中中澳项目课程26门，中荷项目课程5门。海外硕士研究生培养项目春季班和秋季班开设5个专业方向，录取学生近90人。赴境外合作院校攻读本科、硕士学生共计20人，与西班牙韦尔瓦大学的欧盟伊拉姆斯交换生项目选拔学生2名。选派优秀教师出国出境访问学习，遴选教师6人参加马来西亚海外博士项目，2人出国（境）攻读博士学位及访问学习，1名教师获得2021年国家留学基金委留学公派出国留学资格，加大高层次国外智力资源引进力度，2021年度共聘任长期语言类外国文教专家7人次，短期专业类外国文教专家26人。不断加强与各地校友、校友组织的联络，指导南阳校友会正式成立，积极推进湖北、北京等地校友组织筹建事宜，指导上海、浙江等地方校友组织开展丰富多彩的校友活动，进一步增强了地方校友组织的凝聚力和活力。接待300余校友的集中返校，不断扩大校友会和校友工作的影响力，服务学校和校友事业发展。

【师资队伍建设】牢固树立“引育并举”工作理念，牢牢把握“用好现有人才，稳定关键人才，引进紧缺人才”的工作原则，高起点、高标准、高质量推进人才队伍建设。出台《师德建设长效机制的实施办法》等政策，成立师德师风建设委员会，健全师德师风建设管理监督机制。修订人才引进类型和标准，增强政策吸引力，大力引进符合学校发展的高层次人才。全年共引进优秀博士56人，应用型高级人才3人，客座教授6名，兼职教授24名。培养博士7人，公开招聘硕士21人。评聘教授13人，副教授14人。获批河南省教育厅学术技术带头人2人、青年骨干教师2人、国家留学基金委留学公派出国留学资格1人。学校高层次人才数量不断增多，人才结构持续优化。

【专业课程建设】出台《2022版人才培养方案指导性意见》《本科教学质量保障工作手册》《教育教学改革研究项目管理办法》《专业集群建设与管理委员会工作条例》《全面推进工程教育专业认证行动方案》《2021年审核评估推进工作方案》等制度，全面强化课程与专业建设。有计划地推动工程教育专业认证工作，通过了四个省级重点学科中期检查和实地核查。不断优化专业布局结构，新增知识产权和人工智能2个本科专业，撤销专科专业1个，拟新增专科专业5个。启动了纺织服装、电子商务、装配式建筑和智能制造4个专业集群的建设工作。通过了河南省第六轮公共艺术教育评估。获省级教研项目立项1项。“职说心语”工作室获批教育部首批二十所全国高校职业生涯咨询特色工作室立项。新增河南省新文科研究与改革实践项目1项；新增河南省教育科学“十四五”规划一般课题立项6项；省级一流本科专业4个，省级一流本科课程15门、省级精品在线开放课程5门、大学生校外实践教育基地4个、省高校课堂创新大赛一等奖1项、青年骨干教师2名。

【科学研究】贯彻落实国家“破五唯”“深化科技领域‘放管服’改革”“赋予科研活动更多自主权”等科研工作指导思想，出台了《科研贡献激励办法》《横向项目及经费管理办法》等制度，进一步规范科研激励机制，激发了全校教师的科研活力和积极性。获批国家自然科学基金项目6项，国家社科基金高校思政课专项项目1项，国家自科经费资助金额与面上项目立项数量均创学校升本以来新高。河南省电子陶瓷材料与应用重点实验室建设正式挂牌，新增河南省装配式建筑智能建造国际联合实验室、装配式建筑智能建造杰出外籍科学家工作室等2个省级平台，获批省高校科技创新团队和创新人才支持计划项目各1项。在*Physical Review Letters*等权威期刊上发表多篇高水平论文。获省部级科技进步二等奖3项、社会科学成果二等奖3项，省教育厅人文社科研究成果一等奖1项、三等奖3项。

【人才培养】健全“学校、学院、班级、宿舍”四级预警防控体系，制定《河南工程学院心理危机干预工作指导手册》等系列文件，全力提升立德树人实效。编写《筑梦河工——这些学子那些成长点滴》新生读本，让思想政治教育更加鲜活生动、深入人心。打造“三全育人八项行动”育人品牌，建成杨靖宇纪念馆、深化“青马工程”等育人平台，深入实施思政课程与课程思政双轮驱动，全力提升学生思想政治素质。建成并开放青年杨靖宇纪念馆，全年为万余名师生讲解300多场次，纪念馆被评为郑州市社科普及基地。深入推进弘扬杨靖宇精神的“六个一行动”，被教育厅“豫教思语”报道，《推进“1+5”带动模式 传承红色基因》被评为2021年普通高等学校学生工作优秀成果一等奖。狠抓网络育人，入选首批“河南高校青媒成长营实训基地”。录取新生10506人，其中本科4889人，专升本2317人，专科3300人。共考取各类硕士研究生800人，普通本科考研率为17.17%。形成了“数学建模”等一批在省内有影响的学科竞赛品牌，学科竞赛获奖国家级奖项74项，省级奖项391项，其中国家一等奖17项，国家二等奖19项，省一等奖70项。国际（美国）大学生数学建模竞赛获得一等奖2项，三等奖6项。获河南省大学生课外学术科技作品竞赛，一等奖2项、二等奖6项、三等奖14项。学科竞赛成绩亮点频出，在中国高等教育学会高校竞赛评估与管理体系研究工作组正式发布的2020全国普通高校大学生竞赛排行榜中，我校在全国1199所本科高校中位列第270名，在“2016—2020年全国新建本科院校大学生竞赛排行榜前100”榜单中位列第25名。获“河南省五四红旗团委”1项，“河南省五四红旗团支部”1项。完善成人教育人才培养方案，调整招生专业，优化专业结构，共有18个专业。成人教育全年录取学生4005人、毕业学生3932人，成人教育质量不断提高。

（撰稿：赵　慧　审阅：王生交）

郑州升达经贸管理学院

【概况】郑州升达经贸管理学院共有2个校区，分别是龙湖校区和登封校区，总占地面积132.15公顷，建筑面积466538.47平方米。学校有11个学院68个专业，其中本科专业44个，专科专业24个，涵盖7个学科门类；学校有教职工2186人，其中专任教师1387人。专任教师中，有副高级职称者578人，正高级职称者151人，有博士学位者90人；学校在校生32511人，其中本科生26710人、专科生5801人；本年招生10662人，本科生8506人、专科生2156人；本年毕业6175人，其中本科生5384人、专科生791人。

学校固定资产总值10.92亿元，教学仪器设备总值1.4亿元；学校有省级重点学科5个，省一流专业5个、特色专业3个，专业综合改革试点5个，河南省品牌专业建设点14个，河南省一流课程25门；图书馆纸质藏书268万册，电子图书95万册。

2021年是不平凡的一年，全体升达人齐心协力、迎难而上，扛过疫情多轮反弹和“7·20”特大暴雨灾害的双重大考，取得疫情防控、抗洪抢险、灾后重建和教学运行的胜利。学校获得“河南省硕士学位授予重点立项培育单位”和“河南省第二批省级教师教学发展示范中心”“全省教育系统新媒体及融媒体工作突出贡献单位”“河南高校2020—2021年度先进宣传单位”“河南高等教育突出贡献单位”“河南综合实力10强院校（民办高校）”“郑州市2021年度高校维稳安保工作先进单位”等荣誉称号。

【党建】2021年，学校牢记为党育人、为国育才初心使命，以党建高质量推动学校事业发展高质量，推动党建工作稳步发展。一是党建工作机制不断完善。召开第二次党代会，选举产生新一届党委委员11人，分别为雷霆、郭爱先、张金安、张欣、张其武、秦旻、沈定军、职正路、杨存博、张红阳、朱永恒。会议总结第一次党代会以来的经验，提出奋斗目标和发展思路，部署党建高质量发展工作，推动党建与业务深度融合。着力提高组织工作质量，严格规范党员发展，调整优化二级党组织、基层党支部设置，组织开展党支部书记培训，贯彻落实“两化一创”强基引领三年行动计划，加强“双带头人”培养，创新党建活动载体，加大样板党支部建设力度，基本实现基层党支部有形有力有效覆盖。学校获批省级样板党支部1个，被评为“河南省民办高校党建示范基地建设单位”。二是党史学习教育扎实开展。结合学校实际，党委制定《开展党史学习教育实施方案》，统筹推进、有序开展，发放学习资料、组建宣讲团、开展知识竞赛、邀请专家学者做报告、组织外出参观学习，扎实开展“我为群众办实事”实践活动，深入师生开展调研，确定办实事项目清单，解决师生的“急难愁盼”问题，切实为师生办实事办好事。通过环境营造、特色亮点展示、榜样学习、文艺会演、艺术展览、新闻宣传等，营造庆祝中国共产党成立100周年氛围。制作党史学习教育工作简报17期，向上级报送党史学习教育专题材料、典型做法30篇次。学院师生获庆祝建党百年主题活动市厅级及以上奖励38项。学院舞台剧作品《刑场上的婚礼》在“百年党史青年说”——百校青年大学生讲党史大赛汇报展演中获一等奖，学校获优秀组织奖。以“庆祝建校二十八周年”为主题，举办“十三五”办学成果展、王广亚博士书画艺术展、防汛救灾与新冠肺炎疫情防控先进事迹展。三是统一战线力量充分凝聚。组织学校师生学习《中国共产党统一战线工作条例》，落实联系交友制度，推动建设“侨胞之家”，支持引导党外人士为学校发展建言献策。创新宗教“双防”工作，推动宗教由“治标”向“治本”深化。组织开展丰富多彩的民族团结进步创建活动。学校荣获“河南省统战工作成绩突出单位”和“河南省高校统战工作示范单位”。

郑州升达经贸管理学院图书馆（郑州升达经贸管理学院/供图）

【重要会议】2021年，学校召开多次新冠肺炎疫情防控专题会议，传达上级部门关于疫情防控工作的会议精神，安排部署学校疫情防控时期返校复学、专升本考试、英语四六级考试、研究生考试等工作；召开党委中心组学习（扩大）会议，集中学习中共中央总书记习近平在庆祝建党100周年大会上的重要讲话，召开第九批河南省重点学科中期检查实地核查工作汇报会议、河南省民办教育协会党建工作委员会换届工作筹备会、“高基报表”和“国测平台”数据采集工作部署会以及中国共产党郑州升达经贸管理学院第二次代表大会。

【学科与专业建设】学校积极推进专业建设，在制度建设上，制定《郑州升达经贸管理学院学科专业建设“十四五”规划》和《关于深化产教融合的实施意见》等文件。在专业结构调整上，2021年申报的新增本科专业金融科技、大数据管理与应用、音乐教育3个专业已通过教育部专家网评；新增软件工程、土木工程、法学、会计学4个民办普通高等学校专业建设资助项目；金融学专业入选2021年度河南省一流本科专业建设点立项名单；在教学团队建设上，财务管理、市场营销教研室获批河南省本科高等学校优秀基层教学组织，建筑工程学院的工程造价教研室通过优秀基层教学组织中期监测，验收合格；智能科学与技术名师工作室获批2021年度郑州地方高校技术技能名师工作室立项建设；学校管理学院朱影影负责的工商管理专业课程思政教学团队获批立项省级教学团队，实现学校高层次教学团队零的突破。

【教育教学工作】学校继续深化本科教育教学改革，以建设基于产出导向和专业认证的一流本科人才培养体系为目标，开展2022版本科人才培养方案修订工作，教学管理不断规范，人才培养能力日益提高。在教育教学研究与改革方面，学校通过制度创新激发教师参与教学改革研究积极性，100多项校级教学改革研究项目申报并获批立项；郭爱先、何伟、吴娟娟、沈定军主持的项目通过2021年河南省高等教育教学改革研究与实践项目结项鉴定,其中郭爱先、沈定军主持的项目获得一等奖；吴娟娟、王莉莉、沈定军主持的项目获2021年度郑州地方高校教育教学成果奖一等奖；吴娟娟主持的项目获批2021年河南省本科高校智慧教学专项研究项目；孙晓鸣等13人在河南省第二十五届教育教学信息化大赛中获奖；张彬等20人在学校第十一届中青年教师课堂教学比赛获奖；1人获第三届河南省本科高校教师课堂教学创新大赛青年组一等奖。在课程建设方面，本年共有13门课程被认定为省级一流课程，其中4门课程被认定为省级线上一流课程，2门课程被认定为省级线下一流课程，5门课程被认定为省级线上线下混合式一流课程，2门课程被认定为省级一流虚拟仿真实验课程；学校申报的4门课程获批河南省本科高等学校精品在线开放课程立项建设；1门课程获本科高校课程思政项目立项建设；在教材建设方面，修订《郑州升达经贸管理学院教材管理实施办法》，制定《教材建设指导意见》。在实践教学方面，学校选拔12个校外实践教育基地进行校级大学生校外实践教育基地立项建设；4个校外实习基地参与省级大学生校外实践教育基地建设项目申报；工程管理、计算机科学与技术、会计学3个校外实践教育基地获批本科高校大学生校外实践教育基地立项建设；学校14篇毕业论文（设计）获“省级优秀学士学位论文”。

【教学质量管理】学校结合教育部本科教学工作审核评估、国测平台相关标准，建立健全教育教学质量保障体系，助推内涵发展、特色发展、创新发展，促进人才培养水平提升。修订《郑州升达经贸管理学院关于校、院(部)两级教学督导的设置规定》，制定《院（部）兼职教学督导管理细则》和《院（部）兼职教学督导督课工作量认定办法》。课堂教学质量监测结果通过《督导月报》（上半年）和《质监周报》（下半年）及时发布。2021学年线上线下共听课3713节次，督查网络教学资料准备情况和重点督查任务达1138课次，抽查盲审2021届200位毕业生毕业论文（设计），审阅2022届7897名本科毕业生毕业设计（论文）选题，组织开展专业建设情况调查工作，完成数据填报和本科教学质量报告撰写工作等。

【校企合作】学校制定“十四五”产教融合发展专项规划，提出“以产业学院建设为抓手，深入推进产教融合，提高人才培养质量”发展理念，制定《产业学院建设与运行管理办法》，完善管理体制机制。学校分别与京东集团、腾讯云计算机有限公司、新道科技有限公司签署协议，合作共建升达京东云乡村振兴电商产业学院、升达腾讯云现代产业学院、升达新道智能会计产业学院。在产学研合作方面，2021年获批教育部产学研合作协同育人项目立项5项。

【科研工作】学校全年科研项目立项468项；课题结项414项；科研成果获厅级以上奖励56项；纵向科研到账经费110.85万元（含基础研究和应用基础研究专项补助73万元），横向课题到账经费35.96万元，享受政府专利资助奖金3.5万元；发表学术论文635篇，其中检索论文17篇，中文核心刊物论文21篇；出版专著25部；组织学术报告67场。

【社会服务】学校青年志愿者协会开展志愿服务活动30余项。在校园内多

4月8日，郑州升达经贸管理学院“特色发展”大讨论交流会召开
（郑州升达经贸管理学院/供图）

次开展“爱心帮扶”“衣物捐赠”等公益活动；前往敬老院、六合街心智障碍服务中心、航空港益智学校等地开展助老助残活动；在街道社区开展“情系环卫工”“垃圾分类进社区”等社会服务活动；组建“河小青”实践团前往黄河滩开展巡河护河活动；前往漯河市西莲花小学开展“青苗计划”暑期支教活动；邀请新郑市红十字会到校开展“急救知识进校园”活动等。

【教师工作】学校深入推进“教师素质提升工程”，狠抓师资队伍结构优化、师德师风建设、素质能力提升、教师教学发展工作。严把教师选聘关，引育博士等高水平人才，持续开展青年教师导师制、“双师型”教师培养与引进、师德先进个人和教学名师评选、“精彩一课”教学竞赛等。60名青年骨干教师攻读博士学位，16名教师通过高级职称评审，56人通过“双师型”教师认定，21人赴企业（行业）及事业单位挂职锻炼，45人通过青年教师导师制终期考核，95名辅导员通过岗位技术职务定级，3人荣获“淑芳师德奖”先进个人奖，1人入选为2021年度河南省本科高等学校教学名师，2人入选河南省教育厅学术技术带头人，4人入选郑州市第七届优秀中青年骨干教师培养对象，在河南省本科高校教师课堂教学创新大赛、河南省教学技能竞赛和第二十五届河南省信息化大赛中获奖24项(其中一等奖7项)。

2021年，学校创新校本培训师制度建设，持续推进校院两级教师发展联动机制，成功申报省级教师教学发展示范中心，充分利用校内外资源及网络平台开展分层分类的全员培训。共组织含教师教学创新能力提升、课程思政能力提升、一流课程建设与实施、新教师网课技能等各类专题培训50余场，教师参加校外学术交流、培训90余场；暑期举办全校科级以上干部培训班、教师素质提升培训班，邀请浦东干部学院、上海交通大学、河南大学等专家开展全体教师的网上培训；组织青年教师导师制培养45人，教师赴企业（行业）挂职锻炼15人；另有594名教师参加在线学习中心网络平台课程学习，选课3604门次。2021年组织教师分层分类培训累计4500余人次。全面助力我校建设一支“数量足、结构优、师德好、质量高、能力强、流失少”的高素质创新型教师队伍。

【学生工作】学校全面贯彻党的教育方针，坚持立德树人、以文化人，继续强化“严教、严管、严考”，不断深化“三大教育”，持续实施“三大竞赛”，着力强化“三方育人”，开展“文明礼貌月”“好学月”“赠棉衣送温暖”等活动，扎实开展新生心理测评、个体咨询、心理危机干预、心理情景剧比赛等心理健康教育活动，设置爱心宿舍，精准做好奖助贷工作，确保学生安心、全心学习。信工、文法学院全面实施专业教师班主任制，外国语学院实施“优秀校友、行业精英+专业教师”的双导师制；商学院开展“最美笔记”评选，文法学院坚持课前师生互相行礼问好制度，实施“青蓝班”帮扶计划，外国语、商学、信工、金贸、会计、体育等学院对考研学生进行系统性专业指导与辅导，学生考取硕士研究生人数大幅度增加，考取注册会计师11人、信息系统项目管理师（高级）3人、国际物流从业证（高级）证书178人，通过司法考试24人，学校学子在全国数学建模、英语、广告艺术、会计和省级学科竞赛中荣获29项一等奖，获批国家级创新训练项目立项5个、省级15项，获省级“互联网+”大赛、挑战杯课外学术科技作品竞赛二、三等奖25项；学校体育舞蹈队、女子足球代表队和男女篮球队均获得河南省冠军，其中男女篮球队代表河南高校参加全国总决赛，艺术学院学生合唱团参演2022年河南春晚、中国（郑州）黄河文化月开幕式等大型活动。

【宣传工作】学校以“永远跟党走 奋斗新征程”为主题，线上线下相结合，通过“读、讲、演、说、赛、唱、展、写”等多种形式，广泛开展“百年党史青年说”大学生讲党史大赛、红歌接力唱、主题文艺汇演、师生颂党情、百年党史知识竞赛、百年党史“河南100问”微党课比赛、红色电影进课堂、“奋斗百年路 启航新征程”图片展、“翰墨忆初心 矢志育新人”书画作品展、庆祝建党百年理论研讨会等活动，引导师生赓续精神血脉，筑牢理想信念。在省委宣传部、省委高校工委、省教育厅等组织的庆祝建党百年活动中，荣获市厅级以上荣誉38项次。向知名媒体推送稿件900多篇，8篇作品在2022年河南省好新闻奖评选中获奖。河南省教育厅网站和微信公众号报道学校40余次，我校官方微信、抖音、快手最好排名分居全省高校第2、第3、第5名，提升了学校美誉度。官方抖音和快手分别被河南省教育厅评为全省十佳。

【招生与就业】2021年新生报到人数达到10603人，报到率达98%，在校生规模突破3万人，创建校以来新高，普通本科录取分数线文理科分别超过省二本线30分和36分。学校不断创新就业指导活动形式，全面提升毕业生就业能力；组织线上线下招聘企业近2000家，提供就业岗位60000多个；以“冯老师就业工作坊”为依托持续推进特色就业指导，新增就业实习基地45家。2021届毕业生年终就业去向落实率为91%，位居全省高校前列。

【校友工作】学校深入挖掘校友资源，完善校友数据库，印制教育系统校友风采录，更新优秀校友宣传栏，不断完善校友智库团队。采用线上线下相结合的方式开展各地校友会活动及校友大讲堂、校友沙龙、校友访谈和校友企业走访等特色校友活动。不断完善校院两级校友工作体系，组织毕业班校友工作联络员聘任工作，全校共聘任2021届毕业班校友工作联络员301人；开展学院年度代言校友评选活动，共评选出“校友年度代言人”10人。

【后勤保障】面对百年不遇的大暴雨、疫情反复，学校后勤人员迎难而上、付出艰辛努力，经受暴雨、疫情双大考。2021年先后完成新图书馆、新学生宿舍的相关施工，完成暴雨后水毁工程修复工作；建立食品安全快速检测室，从源头上确保食品安全；统筹做好动力供应、饮食保障、环境改善等工作，保证学校的安全稳定，被郑州市公安局评为“2021年度高校维稳安保先进单位”。

（撰稿：朱永恒　审阅：郭爱先）

郑州西亚斯学院

【概况】郑州西亚斯学院前身为郑州大学西亚斯国际学院，始建于1998年。郑州大学西亚斯国际学院是由美国西亚斯集团公司投资，与郑州大学、美国堪萨斯州富特海斯州立大学（Fort Hays State University，英文缩写FHSU）合作的中外合作办学机构，是河南省首家被国务院学位委员会批准可以实施境外学士学位教育合作项目的全日制本科院校，也是首批被中国教育部中外合作办学评估合格的高校。2018年，经教育部批准，学校转设为独立设置的民办普通本科高校，学校代码为4141014654。

学校占地164.3公顷，建筑面积100余万平方米，现有在校生36000万余人，教职员工2100余人，其中专任教师近1700人。学校图书馆建筑面积6.9万平方米，总馆藏纸质图书297万册，电子期刊32万册。

学校现设17个学院，46个本科专业，1个中外合作办学机构（堪萨斯国际学院），7个中外合作办学项目；学校现有省级重点学科5个，省民办高校品牌专业9个，省民办高校学科专业建设资助项目6个，省级一流专业建设点4个，省级特色专业建设点3个，省级专业综合改革试点5个，省级实验教学示范中心2个，省级虚拟仿真实验教学项目1个。

学校秉承“兼容中西 知行合一”的校训，实施“博雅教育+全人教育+融合教育”的育人模式，先后获批立项河南省本科生学业导师制改革试点高校、河南省“十四五”时期重点建设示范性应用技术类型本科高校、河南省首批本科高校智慧教学示范校、郑州市产教融合创新试点院校。

【学校领导班子名单】理事长陈肖纯，党委书记马建生，代理校长赵予新（8月－），党委副书记、纪委书记李华峰，副校长许圣道（－12

4月25—26日，河南省高等学校书院制育人模式改革现场交流会在郑州西亚斯学院召开（郑州西亚斯学院/供图）

5月13日，河南省新增学士学位授权单位与授权学科（专业）审核专家到郑州西亚斯学院评审（郑州西亚斯学院/供图）

月），副校长、工会主席吴华，副校长郑敏。

【党建】2021年，学校深入学习贯彻中共十九大及十九届历次全会精神，紧紧围绕学校中心工作，扎实开展党史学习教育，持续推动全面从严治党向纵深发展，筑牢高质量发展坚强政治保障。1月，召开中国共产党郑州西亚斯学院第一次代表大会，选举产生了第一届委员会委员和第一届纪律检查委员会委员；3月，正式成立中国共产党郑州西亚斯学院纪律检查委员会办公室。3月，学校成立了党史学习教育领导小组，推进党史学习教育走深走实，2021年省教育厅党史学习教育领导小组办公室对学校党史学习教育特色经验和做法进行11次专题宣传报道。

学校不断强化基层党组织建设和党员队伍建设。2021年新建党支部6个，完成9个党总支、63个党支部的换届工作；举办业余党校入党积极分子培训班2期，全校3454名入党积极分子参训，2843人通过结业考核，合格率达82.31%；发展党员1510人，其中在高级知识分子群体中发展党员37名，预备党员转为正式党员530人；2021年，全校党员共计3022名，党总支24个，直属党支部1个，党支部92个。

【领导调研】3月26日，全国政协常委、河南省政协副主席高体健一行莅临学校调研。高体健一行先后参观了教育教学场所和学生生活社区，对学校取得的成绩予以肯定。高体健表示，郑州西亚斯学院高质量的教育体系主要体现在四个方面：一是“三高”，即教学设施质量高、教学水平高、教育标准高；二是“三全”，即全面适应社会需求、全面实施精英教育、全面培养高素质人才；三是“三化”，即国际化、现代化、融合化；四是“三新”，即理念新、方式新、内容新。

11月4日，河南省委咨询组经济组组长、原河南省发展研究中心主任赵硕，河南省委咨询组经济组副组长、原河南省社科院院长王彦武，河南省委咨询组研究员、原河南省公务员局局长刘京州，河南省委咨询组秘书张红燕一行到学校调研指导党的建设工作。

11月18日，河南省教育厅总督学李金川到我校调研疫情防控和体育、美育、劳动教育等开展情况，并同学校相关职能部门负责人进行交流。

【全省高等学校书院制育人模式改革现场交流会】4月25至26日，全省高等学校书院制育人模式改革现场交流会在郑州西亚斯学院召开，时任省委常委、宣传部部长、省委高校工委书记江凌出席并讲话，副省长霍金花主持会议。河南科技大学、郑州航空工业管理学院、新乡医学院三全学院、郑州大学等4所院校作了交流发言。

江凌指出，书院制改革是现代大

郑州西亚斯学院大学生活动中心（郑州西亚斯学院/供图）

学育人模式的创新，是深化“三全育人”改革的有力举措，有利于促进学生全面发展，有利于加强思想政治引领，有利于增强人才培养的时代性，要提高思想认识，以书院制改革为突破口，以更大力度、更实举措推动高校综合改革。

江凌强调，要真正转变观念，广泛凝聚共识，切实把思想和行动统一到全面落实立德树人根本任务的重大要求上，统一到变革高校育人模式的深入思考中，凝聚合力推动书院制改革走深走实。要健全体制机制，构建书院体系，统筹好书院与学院的关系，整合好书院与学院的资源，结合好理论学习与实践活动，因地制宜、因校施策，积极稳妥探索构建书院与学院分工协作、相辅相成、协同育人的培养模式。要运用系统思维，坚持统筹兼顾，确保书院制改革的系统性、整体性、协同性。

会前，江凌、霍金花深入郑州西亚斯学院明礼、启贤、寰宇3个住宿书院调研。

【顺利通过学士学位授予单位和学科（专业）评审】5月13日，由华北水利水电大学副校长刘汉东教授任组长，郑州轻工业大学张东初教授，河南大学张洁梅教授，华北水利水电大学吴慧欣教授，河南财经政法大学方拥军教授，新乡医学院李琼教授，河南省学位委员会办公室曹克舜、周朝霞、张华平为成员的河南省新增学士学位授权单位与授权学科（专业）审核专家一行9人莅临学校，对学校申请增列学士学位授权单位和4个授权学科（专业）资格进行评审。通过实地考察、查阅材料、随机听课、师生座谈，专家组一致认为，郑州西亚斯学院符合学士学位授予单位应具备条件，检查 4个专业（电子信息工程、国际经济与贸易、会计学、护理学）符合学士学位授予学科（专业）应具备条件，建议给予学士学位授权。6月7日，河南省学位委员会下发文件（豫学位〔2021〕6号），批准郑州西亚斯学院新增为学士学位授予单位，并批准郑州西亚斯学院申报的金融学、国际经济与贸易、法学等25个专业增列为学士学位授权专业。

【重大教育项目建设】 1月，根据《河南省教育厅关于公布河南省本科高校课程思政项目建设名单的通知》（教高〔2020〕531 号），学校课程思政教学研究中心被评为河南省课程思政教学研究示范中心。2月，根据《河南省教育厅关于开展河南省高校本科生学业导 师制改革试点建设的通知》（教高〔2020〕545 号），学校获批立项河南省本科生学业导师制改革试点高校。5月，河南省教育厅、发展和改革委员会、财政厅联合下发《关于公布河南省“十四五”时期重点建设的示范性应用技术类型本科高校名单的通知》（教发规〔2021〕158 号），学校获批河南省“十四五”时期重点建设的示范性应用技术类型本科高校。5月，根据《关于公布2021年度河南省新文科研究与改革实践项目的通知》(教高〔2021〕175号)，学校项目《地方高校双院协同育人学分制改革与实践》被立项为省级新文科研究与改革实践项目，经省教育厅推荐申报国家级新文科研究与改革实践项目。6月，郑州市教育局发布《关于公布郑州市产教融合创新试点院校评审结果的通知》（郑教明电〔2021〕421 号），学校获批郑州市产教融合创新试点院校。12月，根据河南省教育厅《关于公布2021年度河南省本科高等学校智慧教学建设示范校、研究实验室、专项研究课题立项建设名单的通知》（教高〔2021〕489号），学校获批河南省首批本科高校智慧教学示范校立项建设单位，是全省13所高校中唯一一所民办高校。

【机构调整】2021年，学校调整重组了马克思主义学院、护理学院、商学院教研室；成立了基金会办公室（校友会办公室）、国际语言中心、国际留学服务中心、未来教育技术中心、评估中心资料管理室、团委科技创新部，增设了摄影教研室、劳动教育实践中心、实验室管理办公室、法学实践教学中心、大学英语部第五教研室、大学英语部第六教研室；撤销了商学院市场营销系、房地产开发与管理教研室；将信息技术管理中心更名为信息化建设与管理处、电子信息工程学院物联网教研室更名为数据科学与大数据技术教研室、原护理学实验实训中心更名为医学实验实训中心、原教学实践管理中心更名为经济管理实验教学中心。

【国际合作与交流】2021年，学校新增国（境）外合作院校9所，共引进外籍教师96人；举办国际文化节1场，联合国云游项目1场，“外交官进校园”系列活动及各类外籍专家讲座、工作坊共15场。7月，学校创办人、理事长陈肖纯博士参加第十九届世界大学校长联合会（IAUP）三年峰会，并当选为2024—2027年联合会主席。9月，9名优秀教师参加了亚太大学交换联盟互联网与合作关系发展首创项目。学校积极促成西亚斯-英国大学联盟，首批入驻该联盟的合作院校有伦敦政治经济学院、拉夫堡大学、南安普顿大学、约克大学等20余所英国高校，学校可以直接对接的英国高校达到30余所。

【学科与专业课程建设】2021年，学校获批新增数据科学与大数据技术、健康服务与管理、表演、摄影、大数据管理与应用、工程管理、康复治疗学等7个专业，工商管理、会计学、护理学3个专业获批立项河南省一流本科专业，金融学、英语、会计学、法学等4个本科专业获准于2021年开展双学位教育工作；学校评选出校级一流课程37门，获批立项河南省一流本科课程10门，其中计算机网络、大学英语、会计信息系统、旅游英语、国际贸易理论与实务等课程为省级线上一流课程，篮球教学与训练为省级线下一流课程，操作系统、管理学、英语口译为省级线上线下混合式一流课程，新闻编辑为省级社会实践一流课程；评选出校级课程思政示范课程37门，其中舞蹈作品欣赏课程立项为河南省首批本科高校课程思政样板课程，护理学导论课程立项为河南省本科高校“战疫”类课程思政样板课程。

【教育教学】学校现有校级教学质量管理队伍20人，院系教学管理队伍38人。2021年，学校获批郑州地方高校教育教学改革研究与实践项目2项、河南省教师教育课程改革研究项目4项、河南省本科高等学校智慧教学专项研究项目1项、河南省高等教育教学改革研究与实践项目（研究生教育）1项，完成5项河南省高等教育教学改革研究与实践项目结项鉴定工作，立项校级教改项目113项。1月，学校课程思政教学研究中心被省教育厅评为河南省课程思政教学研究示范中心。学校泛雅平台累计建设课程4254门，覆盖学生3万余人；累计资源存储量23.22TB，上传资源数量超过93万个。推进教室、实验（训）室、实践基地等教学场所和环境的信息化、智能化改造，共建设智慧教室125间，其中100间多媒体教室的智慧化改造，21间专业学院智慧教室建设，4间高端智慧教室建设。

【产教融合】深入推进育人方式和办学模式改革，促进教育链、人才链与产业链、创新链的有效衔接，为地方高校主动融入区域产业转型升级和创新驱动发展提供了样板和参考。科大讯飞人工智能学院、软通动力大数据学院、鼎利通信产业学院、学前教育学院、健康管理学院、新道财务数智产业学院、顺丰供应链管理学院等产教融合项目运行状况良好。与凤凰传媒集团、慧与（中国）有限公司、北京中云国创科技有限公司等多家企业达成产教融合项目共建框架协议。

【科学研究】2021年，学校有校级科研机构26个，新获批2个郑州市人文社科普及基地；各级各类科研立项116项，其中省部级21项，市厅级95项；完成各级各类科研项目结项244项，其中省级11项，厅级142项，校级91项；知识产权69项，各级各类成果获奖86项；教师发表核心期刊论文94篇，出版著作教材（含参编）70部。本年度，学校组织举办各种学术讲座和学术报告225场次，与巴基斯坦商业管理学院、台湾南华大学、美国代顿大学举办线上学术研讨会。

【招生就业考研】2021年，学校共计录取新生11062人，其中普通本科录取6487人，与美国富特海斯州立大学合作办学专业录取750人，与美国亚利桑那大学合作办学专业录取63人，普通专科录取600人，专升本录取3162人。学校招生计划投放省份增加至11个，优化了生源结构、提升了生源质量，扩大了办学的辐射能力和社会影响力。学校普通本科招生第一志愿完成招生计划，河南省内考生录取最低分文科491分，超省控线25分，理科最低分435分，超省控线35分；普通专科招生第一志愿完成招生计划，文科录取最低分385分，超省控线260分，理科录取最低分337分，超省控线204分。就业方面，学校新增就业实训基地8个，共举办大型双选会5场，专场招聘会18场。本年度，图书馆12层、13层考研专区正式投入使用，落实“精准化分类、个性化服务、全程化指导”工作思路，加强考研培训和服务力度，学校整体考研过线率提升至8.83%，考研报名人数2563名，比2020年增加35.6%。

【师资队伍建设】2021年，学校有专任教师1678人，外聘教师398人。专任教师中，“双师型”教师530人，具有高级职称的专任教师525人，具有研究生学位（硕士和博士）的专任教师1284人。本年度，组织教师常规培训14次，共培训5383人次；组织教师前往境内外著名高等学校攻读学位、进修、交流学习1482人，其中35岁以下青年教师725人。

郑州西亚斯学院图书馆（郑州西亚斯学院/供图）

【教师荣誉】8月，艺术设计学院教师王建明被评为2021年度河南省高等学校青年骨干教师；10月，人力资源处处长孙铭浩获评“河南省教育厅优秀教育管理人才”，外语学院教师王银平被评为“2021年度河南省教育厅学术技术带头人”。

【学生管理】学校现有校级学生管理人员198人，构建了“学校—住宿书院——级社区—二级社区—学生宿舍”五级网格化学生安全管理体系，明确“校领导—住宿书院党政负责人—育人导师—社区长—宿舍长”五级网格化学生安全管理责任人。

【教材管理】成立郑州西亚斯学院教材工作领导小组和郑州西亚斯学院教材建设委员会。制定《郑州西亚斯学院教材建设与选用管理办法》《郑州西亚斯学院境外教材选用管理办法》，推进校企合作开发教材项目申报工作。根据上级部门通知，排查教材843种，“马工程”重点教材覆盖率为71.12%。

【校园文化建设】学校组织开展各类校园文化活动221场，其中校团委、校学生会举办各类线上“防疫”主题活动、大型校园文化活动45场次，总计4万余人次参与。围绕“融入西亚斯”“多元文化传播”和“教学实践”三大主题，为留学生开展多项特色活动。8月31日，在教育部办公厅和国家语委共同举办的“第三届中华经典诵写讲大赛”中，马来西亚籍留学生王志龙作品《沁园春·雪》，泰国籍留学生金林俊、喀麦隆籍留学生路易斯、乌兹别克斯坦籍留学生易正荣、吉尔吉斯斯坦籍留学生艾瑞卡和魏丽欣共同作品《中国话》荣获河南省“留学生组一等奖”。

【学生获奖】2021年，学生在各类学科竞赛中获得省级以上等级奖272项，其中国家级45项；在文艺、体育竞赛中获得省级以上等级奖66项，其中国家级5项。

（撰稿：刘俊锋　丁林林
审稿：梁　东）

郑州工业应用技术学院

【概况】2021年，郑州工业应用技术学院占地面积为139.33公顷，校舍建筑面积为100余万平方米。录取全日制本、专科新生10906人；毕业本、专科生分别为5618人、3247人；在校普通全日制本、专科生37060人，五年一贯制学生4875人。有专任教师1571人，其中具有中级及以上专业技术职务教师849人，占比54.04%；具有硕士及以上学位教师1255人（含具有博士学位教师37人），占比79.89%；“双师双能”型教师、具有工程背景和行业背景的教师474人，占比30.17%。设有17个教学院部、7个学科门类、88个专业（含本科专业48个、专科专业40个）。有实验实训中心（综合实验室）43个。教学仪器设备总值2.29亿元。图书馆有纸质图书276万册、电子图书约200万种、中外文数据库20余个。

【学院领导班子成员名单】学院院长姚锡远（—6月）、俞海洛（7月—），党委书记孙柏梁，常务副院长闫兵，副院长谷建光（兼）（10月—）、王新杰（7月—）、徐春华、杨新新、邱天河（—6月），党委副书记、纪委书记王洪海，财务总监白海建（—8月）、周华锋（8月—），监事会主席彭毅（3月—）。

【党建】2021年，中共郑州工业应用技术学院委员会深入学习习近平新时代中国特色社会主义思想和中共十九届历次全会精神，围绕庆祝中国共产党成立100周年开展党史学习教育，增强“四个意识”，坚定“四个自信”，做到“两个维护”，始终在思想上、政治上、行动上同以习近平同志为核心的党中央保持高度一致，坚决贯彻执行党中央决策部署。认真学习贯彻落实中共中央总书记习近平视察河南重要讲话精神及其关于教育的重要论述、指示批示精神和河南省第十一次党代会精神，充分发挥学院党组织政治引领、政治核心、政治保障作用，以努力建设“以工学为主、特色鲜明、优势突出、省内外有较大影响、多学科协调发展的高水平应用型民办大学”为愿景，引领学院“十四五”发展开好局、起好步。学院党委聚焦主责主业，把政治建设摆在首位，以党的政治建设为统领，全面推进党的政治建设、思想建设、组织建设、作风建设、纪律建设、制度建设。把党支部建设放在更加突出位置，牢固树立“党的一切工作到支部”的鲜明导向，以提升组织力为重点，突出政治功能，大力推进党支部标准化、规范化建设，着力提升党支部建设质量。有1个党支部被评为首批全省高校省级样板党支部。学院被河南省民办教育协会授予河南省民办高校党建示范基地建设单位称号。

【承办两次会议】10月23日，以“产教融合与商科产业学院建设”为主题的第七届郑州高校经管学院（系）院长（主任）论坛在郑州工业应用技术学院召开，全省十余所高校的经管学院（系）的院长（系主任）及专家参加了研讨交流。河南工程学院商学院院长、教授张贯一，河南牧业经济学院经济贸易学院院长、教授李光，南阳理工学院范蠡商学院院长、教授吴占勇，河南师范大学商学院副教授潘宏亮等专家分别围绕产教融合与商科产业学院建设、如何深化产教融合与校企合作、国家基金项目申报等话题进行了深入交流和研讨。

12月19日，由河南省教育厅指

导、河南省高等教育学会主办、郑州工业应用技术学院承办的河南省高等教育学会第三届理事会第二次会议暨2021年学术年会在学院国际学术交流中心召开。省教育厅党组书记、厅长宋争辉出席并作主旨报告，省教育厅副厅长、一级巡视员、省高等教育学会会长刁玉华主持会议并作2022年学会工作部署。河南省高等教育学会常务副会长、学院院长俞海洛作2021年学会工作总结。

【学院本科教学工作合格评估督导复查整改】 2021年，学院根据国务院教育督导委员会办公室《关于2020年普通高校本科教学工作合格评估整改工作督导复查情况的通报》（国教督办函〔2021〕13号）要求，制定了《郑州工业应用技术学院评估督导整改方案》；调整了主要领导干部，提高了管理水平；投入1.68亿元，用于教学科研仪器设备购置、双创园建设、实验室环境改造和教室维修维护等，持续改善办学条件；聚焦核心问题，在教学管理、学科专业建设、师资队伍引进等方面作了大量整改工作。

【教学】 2021年，学院有9门课程被认定为河南省第二批一流本科课程，5门课程入选2021年度河南省本科高等学校精品在线开放课程立项建设名单。机械设计制造及其自动化、通信工程2个专业入选河南省2021年民办普通高等学校学科专业建设项目资助专业项目名单；机械设计制造及自动化获批立项为2021年度河南省一流本科专业建设点；管理学、天然药物认知与创新实践2门课程被认定为河南省2021年本科高校课程思政样板课程；学院道路桥梁教研室被认定为2021年河南省本科高校优秀基层教学组织。

【科研】 2021年，学院作为一般立项建设单位入选河南省硕士学位授予单位立项建设名单。获批立项厅级及以上科研项目299项，其中国家社会科学基金项目1项，实现了国家级项目零的突破；省部级项目70项（含教育部产学合作协同育人项目50项）。发表学术论文558篇，出版学术著作19部，获得授权专利436项，获得成果奖46项。举办学术报告、讲座等科研活动38场，编辑出版《郑州工业应用技术学院学报》4期。郑州智慧物流文化传播基地获批为郑州市第四批社会科学普及基地。学院新工科（土木工程）实习实践基地、新工科（机械设计制造及其自动化）实习实践基地分别以直接认定和立项建设的方式入选河南省2021年本科高校大学生校外实践教育基地名单。

【师资队伍建设】 2021年，制定《郑州工业应用技术学院2021年人才招聘方案》，成立人才招聘工作领导小组，明确人才招聘责任分工，加大引进高层次人才的力度，有效改善了师资队伍结构，基本上满足了教学工作的需要。优化学院教职工薪酬待遇体系，营造了公平公正、凝心聚力的良好干事创业氛围。引进教职工737人，其中有高层次人才119人、具有博士学位者16人；有9名教职工与学院签订攻读博士协议书；组织12名青年教师赴企业（行业）挂职锻炼。有2人、1人分别被评为2021年河南省教育厅学术技术带头人、2021年河南省教育厅优秀教育管理人才，2人入选2021年度河南省高等学校青年骨干教师培养计划人选名单。

【学生管理】 2021年，学院学生积极参加各级各类学科、文体、就创业竞赛。在学科竞赛中获奖329项，其中有国家级一等奖29项、省级一等奖65项；在文体竞赛中获奖238项，其中有国家级二等奖3项、省级一等奖40项；在就业、创业竞赛中获奖26项，其中国家级奖项17项、省级奖项9项。获批立项大学生创新创业训练计划项目20项，其中国家级2项、省级18项，实现了学院在国家级大学生创新创业训练计划项目立项上零的突破。

【合作与交流】 2021年，学院与55家企业签订校企合作协议，校企合作单位已达160个。奇瑞·捷豹路虎汽车有限公司为学院提供2辆教学用车，价值约90万元。与企业合作共建机器人应用产业学院、汽车零部件智能制造产业学院、智能建造产业学院、深信服产业学院、翻译产业学院等5个产业（行业）学院。与美国艾德菲大

10月23日，郑州工业应用技术学院承办的第七届郑州地区高校经管学院（系）院长（主任）论坛召开（郑州工业应用技术学院/供图）

12月19日，郑州工业应用技术学院承办的河南省高等教育学会第三届理事会第二次会议暨2021年学术年会举行（郑州工业应用技术学院/供图）

学，英国威尔士三一圣大卫大学、西伦敦大学，西班牙武康大学，德国欧洲应用科技大学，俄罗斯南联邦大学，韩国南首尔大学、京畿大学、南首尔大学、又石大学，吉尔吉斯斯坦吉尔吉斯国立大学等国际高校开展交流与合作；与奥地利维也纳模都尔大学签署合作备忘录，并与其商议合作举办数据科学与大数据专业本科层次项目。

（撰稿：朱晶花　审阅：俞海洛）

河南检察职业学院
（国家检察官学院河南分院）

【概况】2021年，在省院党组正确领导下，学院党委以立德树人为根本任务，坚持职业教育的办学方向，坚持服务检察事业的培训定位，以党史学习教育和检察队伍教育整顿为抓手，统筹推进疫情防控和学院改革发展稳定，不断提升内涵建设质量，各项工作迈上新台阶。

【党史学习教育和教育整顿工作】紧扣党史学习教育目标任务，弘扬伟大建党精神，广泛开展以党史学习教育为重点的“四史”宣传教育。通过“三会一课”、主题党日、专题讲座、思政课教学、干部教师培训、实地红色教育等开展全覆盖式学习贯彻大讨论，让学党史、讲党史蔚然成风。在全省“智慧团建”活动中，94个团支部在“党的十九届六中全会精神专题学习”和“学党史、强信念、跟党走”专题组织生活会完成率100%，全省高校排名第一。围绕师生关心的“急难愁盼”问题，共分类收集39项60多条意见，取得阶段性成效。获得“河南高等教育品牌实力30强高校”和“河南高校宣传工作示范单位”称号。认真开展检察队伍教育整顿，着重解决教职工三重身份的认识问题。通过政治轮训、专题讲座、专题研讨、考试检验等形式从结果上求实效。扎实做好思想发动、谈心谈话，开展“十百千”征求意见活动，开门纳谏，接受监督。从7个方面梳理出53个突出问题，认真填写个人自查表，对失德违规行为做到有诉必查、查实必究。研究形成了一套涵盖政治工作、业务管理、政务保障等制度规范体系的文件48个，固化了教育整顿成果，形成了长效机制。紧盯教育整顿阶段性成果转化，以检察培训、学历教育和“我为群众办实事”等工作实际成效检验教育整顿成效，防止学用脱节、学而不实。

【党建工作】坚持党建引领，定期召开党委会研究党建工作、分析意识形态问题、部署党风廉政建设工作。举办各类线上线下党员干部集中培训9次，制定《意识形态工作要点》；坚持党委“听评议”思政课活动长效机制，党委书记和其他党委委员带头为学生上“思政开学第一课”，制订《学院课程思政建设实施方案》，举办课程思政教学观摩课活动和“同讲党史”教学比赛，提升思想政治理论课质量和水平；发展党员380名，不断夯实基层基础，认真落实“三会一课”制度，全面提升党支部规范化建设水平，促进“两个作用”有效发挥；坚持开展党性党纪党规教育，四次召开廉政教育会，深入开展“廉政家访”活动，开展廉政风险点排查，聚焦关键环节和重点领域加强监督，严格考勤管理，党员干部政治意识、法纪意识和廉政意识不断提高。

【疫情防控和抗洪救灾工作】修订防控方案，开展实战演练，强化人员排查，坚持钉钉打卡，全年防疫工作执行政策坚决，应对措施到位，没有一例确诊或疑似病例。上半年共组织4次疫苗接种，累计集中接种8000余剂；下半年组织1次新冠疫苗加强针接种，集中接种2400余剂。7·20郑州特大暴雨期间，第一时间克服路面严重积水、塌方等困难和危险，到灾情第一线及时处理险情，使学院的灾情损失减到了最小。对受灾的八名学生进行专项资助，对困难教职工进行有效帮扶，让师生感受到学院的温暖。8月份郑州疫情期间，协助新郑市做好“四送一助力”工作，为防疫公安干警300余人提供食宿，助力打赢疫情防控阻击战。一人获得省院抗洪防疫先进个人表彰。

【检察培训工作】全年共举办培训班27期，培训学员3943人次，同比提升86%；成功承办全省员额检察官遴选考试等10期重要会议和活动，面向系统外提供党性教育、纪检监察等培训，组织培训班次18期，培训学员2103人次；成功加入河南省职业技能培训基地库，首次牵头组织在校生参加“1+X”证书学习考试，组织1100多人参加职业技能资格学习和线下实体考核鉴定。完成成人继续教育复招的申报工作，为拓展办学领域和渠道奠定了基础，进一步增强了学院培训品牌的知名度和影响力。

【学历教育及科研工作】检察事务专业教学资源库被纳入河南省职业教育专业教学资源库，受教育部指定承担高职检察事务专业简介与教学标准的制定工作。积极申报拟新增社区矫正、信息安全技术应用2个新专业；集中骨干教师、实务专家开发“法院、检察院书记员职业能力训练系列教材”，四本书记员教材获批立项河南省级规划教材，实现学院省级规划教材的零突破。完成2门省级课程的评定，2门课程立项为省级精品在线开放课程。制订《学院教师教学创新团队建设实施办法（试行）》，打造6个优质校级教学创新团队。在全省第二届思政课教学比赛中，分获特等奖和一等奖，在全国第二届思政课教学比赛中荣获二等奖，实现了教师在国家级比赛中获奖的历史性突破。技能大赛1门课程获得省级教学技能大赛二等奖，1名教师进入全国司法职业院校教学能力比赛决赛。落实2021年最新科研成果奖励办法，表彰奖励70位教职工；申报各类调研课题90余项，立项33项，在国内外学术刊物发表论文87篇；编写著作、教材30部，举办龙湖法治大讲坛16期。此外，学院网络安全建设、数据资源共享、信息平台互联互通工作进展顺利，信息化整体建设上了一个新台阶。在校生参与的河南省2021年高职高专院校满意度排行榜中获得第二名的优异成绩。

（撰稿：王　雅　审阅：田　凯）

河南医学高等专科学校

【概况】2021年，学校有南北两个校区，南校区位于郑州新郑教育园区，北校区位于郑州市金水区，占地面积共80.86万平方米，校舍总建筑面积42.38万平方米，固定资产总值5.99亿元，教学科研仪器设备总值1.58亿元，馆藏图书76.11万册，电子图书51万册。学校现有教师770人，其中教授和副教授264人，博士20人、硕士409人；拥有二级教授、省学术技术带头人、省职业教育教学专家、省级青年骨干教师等40人，引进特聘教授9人。学校是河南省职业教育特色院校、省级优质高等职业院校、中国人民解放军空军士官人才培养定点院校，河南省高等职业学校高水平专业建设单位，开设有临床医学、护理、药学、医学检验技术、医学影像技术等30个专业（方向）。

【学校领导班子成员名单】党委书记花明，校长、党委副书记孙韬，党委副书记王传中，党委副书记、工会主席吴平才，党委委员、纪委书记谢尚乐，党委委员、副校长周斌、王黎、张进忠、郑胜，党委委员、附属医院党委书记、院长何平。

【政治建设】学校将政治建设摆在首位，在政治上思想上行动上同以习近平同志为核心的党中央保持高度一致，确保中央和省委决策部署贯彻落实到位。党委成员带头开好专题民主生活会、上好党课，严格落实双重组织生活，贯彻落实中央八项规定精神。

【党史学习教育】召开党史学习教育动员部署大会，成立党史学习教育领导小组，出台学校《党史学习教育实施方案》和工作台账，加强宣传发动、建立专题网站、宣传经验做法，聚焦庆祝建党100周年主题开展宣教活动。组织专题研讨，党委班子成员带头讲党课，党务干部、思政教师等在师生中开展党史宣讲21场次，邀请党史专家作专题辅导报告，组织思政课教师“讲好百年党史”。举办线上线下干部培训班，利用红色教育基地开展“我们不会忘记”革命传统教育。开展“我为师生办实事”实践活动，研究落实校级重点事项13项。全校基层党组织召开专题组织生活会，党委班子成员认真执行双重组织生活制度。

【思想建设】落实党委会第一议题制度，抓好党委中心组学习。突出学习重点，组织开展政治理论、意识形态、业务知识等多方面学习培训。创新学习载体，适应新时代党建工作特点，打造“微党课”“微讲堂”。以河南干部网络学院、学校党校等为依托，举办各级各类干部专题培训9个班次，提高党员干部党性修养和履职能力。

【组织建设】推进党支部标准化规范化建设和“双带头人”培育工程，认定10名同志为“双带头人”教师党支部书记。开展“双带头人”教师党支部书记工作室创建活动，5个党支部入选校级示范工作室建设名单。出台文件落实教师党支部书记专项津贴待遇。认真落实“三会一课”、组织生活会、谈心谈话、民主评议党员等制度，开展“主题党日”“党员活动日”等活动。严把入党质量关，发展党员310人（其中教师党员10人），转正162人。贯彻执行《党政领导干部选拔任用工作条例》，2021年校管干部岗位调整16人，新选任科级干部32人。

【纪律建设】 制定落实学校《2021年党风廉政建设责任目标及任务分解》《2021年度履行全面从严治党主体责任清单》等，召开深化以案促改警示教育暨干部任前集体廉政谈话大会、全面从严治党工作会，开展“党风廉政学习宣传教育月”活动。严格执行关于领导干部个人有关事项报告、干部人事档案核查等制度。

【作风建设】 出台年度重点任务工作台账，明确工作责任，定期进行督导检查。落实领导干部调查研究、接访、联系基层等制度，党政主要领导带头深入一线和联系点，了解教育教学、服务管理、项目推进等情况，听取师生意见和建议，收集问题及时进行整改。

【治理能力提升】 修订学校《章程》，修订规章制度52项，推进现代大学治理体系建设，通过省人大常委会高等教育法执法检查。坚持党委领导下的校长负责制，深化党务政务公开，接受广大师生和社会监督。发挥教代会、学代会的作用，保障师生参与学校民主管理。

【师资队伍建设】 加强师资教育培训，做好“双师型”教师队伍建设和高层次人才项目申报，建强校级教学创新团队，推进省级教学名师工作室和技艺技能传承创新平台建设，2支团队入选河南省职业教育教师教学创新团队、河南省高校黄大年式教师团队。专任教师在各类教学能力比赛中累计获奖29项。

【学生培养】 推进“三全育人”综合改革，发挥课程思政育人功能，加强校园文化建设，推进文明校园创建，推动思想政治工作融入人才培养全过程。注重资助育人，办理助学贷款1352.5万元，发放奖助学金1499.77万元。加强国防教育，建成300平方国防教育展厅，62名大学生入伍，完成率达159%。加强素质教育研究和落实，成立课程思政教学研究中心、劳动教育研究中心、公共艺术教学中心、体育工作委员会，出台办法把素质教育纳入学分管理。做好就业创业工作，毕业生年终去向落实率达到96%。

【教育教学】 推进校级高水平专业群建设，药学专业获批现代学徒制试点项目，临床医学专业建立全科医生培养新模式。成功申报智慧健康养老服务与管理、现代家政服务与管理、中药制药、卫生检验与检疫技术、心理咨询5个新专业，实现首年招生。深入开展课程改革，立项建设校级精品课20 门，立项建设省级精品在线开放课程5 门。推进教材改革，立项校级新形态教材建设项目13项、校级培育项目1项。加强教法研究，探索线上线下混合教学、虚拟仿真教学等。深化产教融合，组建学校产教融合发展研究中心，出台产业学院建设与管理办法，与行业企业共建产业学院和产教深度融合实训基地。

【科研创新】 全年获批厅局级以上科研项目23项，其中省部级科研项目9项；获河南省医学科技进步二等奖1项；参编教材和著作34部；发表学术论文267篇，其中SCI、EI收录20篇，中文核心期刊34篇；获授权专利79项，其中发明专利10项。聋病机制医学实验室获批河南省医学重点实验室。完成年度纵向科研项目校内经费配套153.695万元。

【行业服务】 举办河南省全科医生转岗理论培训、全省卫生应急管理干部培训等项目，承办河南省核应急救援演习活动、河南省全科医生技能竞赛，共培训1700余人次。牵头成立河南省家政服务与管理产教融合专业联盟，校企合作共建“母婴护理产业学院”等，开发具有中医特色的产后康复技术和母婴护理服务体系，围绕“一老一小”，开展老年护理、失智老人照护、幼儿照护等职业技能培训，服务养老托幼产业。

【乡村振兴】 做好夏邑县“校地结对帮扶”工作，采购扶贫商品15万元，资助夏邑籍学生50余人。做好上蔡县尚堂社区精准帮扶，赴泌阳县、嵩县车村镇开展精神文明结对帮扶和志愿服务活动。

【校园民生】 多渠道筹措办学资金，全年实现预算收入2.8亿元。体育馆、临床医学实训楼和教学实训综合楼建成并投入使用，校园实现电力增容，建成智慧教室、智慧实训室、智慧图书馆，Wi-Fi覆盖全校多媒体教室，完善校园安防智慧建设和双重预防体系建设，推进学生宿舍空调安装项目，对教学楼、实验楼、服务楼进行升级改造，教工餐厅完成改造投入使用。

【抗汛防疫】 在“7·20”特大暴雨中，学校第一时间启动应急方案，作出安排部署，班子成员靠前指挥，现场调度督导，广大党员干部充分发挥战斗堡垒作用和先锋模范作用，顺利推动学校抗汛抢险、灾后重建、秋季开学等工作。在疫情防控中，严格执行校园封闭管理和网格化管理，落实落细常态化防控措施，组织多轮核酸检测共19800余人次，完成师生员工3剂次疫苗接种，实现校园零感染。

（撰稿：张　磊　审阅：张进忠）

河南工业贸易职业学院

【概况】 2021年，学校总面积32.58公顷。教学、科研仪器设备总价值达2.05亿元。馆藏图书112.09万余册。学院固定资产原值5.9亿元。学校在校学生19678人，在职教职员工604人，其中高级专业技术职称135人，“双师”型教师206人。

学校设有粮食工程、机电工程、汽车工程、信息工程、财务会计、工商管理、经济贸易、艺术设计、应用外语、继续教育学院等10个学院和基础理论教学部、思想政治理论教学部，开设了粮食工程技术与管理、机电一体化技术、数字媒体技术、大数据与会计、工商企业管理、电子商务、建筑室内设计、商务英语等41个招生专业（方向），其中省级特色专业2个，国家级骨干专业2个，省级骨干专业4个，中央财政支持专业1个，省级综合改革试点专业2个。国家级生产性实训基地1个，中央财政部和教育部支持的职业教育实训基地1个，省级示范性实训基地3个，河南省高等职业教育实训基地1个，河南省电子商务实训基地1个，河南省中等职业学校“双师型”教师培养培训基地1个，河南省高等职业学校“双师型”教师培养培训基地1个。

【学校领导班子成员名单】 党委书记刘合行，校长王国福，副校长于学军、李杰虎、李振伟、刘卫红、王铬，纪委书记王修法。

【党建与党风廉政】 2021年，学校举办特色各异的党史学习教育，举行专家报告、辅导讲座、研讨交流、参观学习100余场，编发党史学习教育简报160余期，党员下沉社区106人次，为群众办实事356件；将党史学习教育与思政育人相融合，在校的19000多名学生同步参加党史学习教育，策划推出“工贸讲党史”“工贸讲节气”“工贸青马课”等系列专题；在“百年党史青年说”等活动中荣获全省一等奖；举办了庆祝中国共产党成立100周年文艺会演以及“一堂好课”“两红”教育社会实践等丰富多彩的活动，“两红”和“一堂好课”活动被《河南日报》、“学习强国”等多家主流媒体报道。

完成基层党组织调整工作，成立14个党总支，2个直属党支部，总支下属28个党支部，基层党组织架构齐全、设置合理。投入103万元建成了11个高标准智慧党建活动室，初步形成了智慧党建工作体系。评选出6个校级样板党支部，申报省级样板党支部1个，国家级样板党支部2个。学校3个先进基层党组织、2名优秀党务工作者、14名优秀共产党员受到省粮食和物资储备局表彰。

党风廉政建设方面，一是持续加强政治监督，自觉做到“两个维护”。做好新任副科级干部岗前廉政教育培训，开展警示教育3次，增强廉政政治自觉。二是积极开展廉政风险排查防控工作，建立风险排查台账。全年纪委共参与重大项目公开招标监督40余次，人事公开招聘监督2次，各类评选监督10余次，圆满完成2021年单招及专升本考试全程监督。三是共完成纪检知识问答测试2次，组织纪检知识学习4次。建立纪检谈话室，严格执行问责。

【意识形态及统战】 落实意识形态工作“四种责任”，签订责任书。召开意识形态分析研判会议4次，制定防范整改措施。举办意识形态工作培训1次，全校副科级及以上干部及全体辅导员参训。巩固大统战格局，组织无党派人士参加省级培训1次，加强宗教“双防”工作，积极创建河南省统战工作先进单位。

【人才选拔】 2021年完成了副科级116名干部的选拔、调整工作；引进人才95人。评选出2021年度校级师德师风标兵和先进个人各30人，4位教师在全省师德教育主题征文中获奖；完成年度职称自主评审工作，通过教授职称2人，非教学系列正高级职称1人，副高级职称6人，中级职称7人。

【招生就业】 2021年，录取各类新生共计8293人，报到7959人，在校生人数近2万人；文理科最低投档线均高于省定专科线近100分，生源质量再上新台阶；“高起专”招生实现零的突破，招生102人，超额17%完成“专升本”合作办学招生任务。2021届毕业生共5851人，截至12月20日就业人数为5682人，就业率达97.11%；其中协议就业4298人，协议就业率73.46%，就业质量进一步提高；专升本升学908人，录取比例39.24%。

【疫情防控和灾后重建】 一是针对新冠疫情出现的新情况，学校毫不懈怠，认真落实各项措施。一是加强人员摸排管控，实行校园封闭管理。二是对110名隔离人员严格管理，有效阻断疫情传播渠道。三是组织5次核酸检测。四是组织疫苗集中接种6次。五是“7·20”特大暴雨后，迅速组织灾后恢复重建，龙湖校区受损围墙已修复完成，相关场地使用功能已基本恢复。

【服务社会】 一是“校地结对帮扶”工作持续推进，助力乡村振兴。选派1名副处级干部、1名副科级干部到周口贺店村挂职锻炼，购置宁陵县农产品83435.64元，向宁陵县职业中专捐赠近1000本图书，6位产业扶贫专家到宁陵县科技局开展专业咨询活动。二是被批准为茶艺师等8个工种职业技能等级认定考点；完成茶艺师、西式面点师职业技能等级培训考核工作，共计240人；被粮农食品安全评价职业教育培训评价组织授予“优秀组织奖”和“领军院校奖”。三是全面开展职业培训工作，年度开展培训共计13961人次。

【教育教学】 一是全面推进课程思政。二是质量工程项目实现新突破。2项省级教改项目、2门省级精品在线开放课程通过认定，立项省级教师教学创新团队省级1项，省级教学资源库1项，省级教学改革研究与实践项目1项，获批“河南省高等职业学校黄大年式教师团队”1个，首届河南省教材建设奖1项。三是师生技能比赛成绩再上台阶。教工参加教学能力大赛获得省级以上奖励30项，学生参加技能大赛中获得省级以上奖励62项。四是提交《河南工业贸易职业学院关于将设置为本科层次职业学校纳入省教育“十四五”规划的请示》，为举办本科教育做准备。五是新增1+X证书试点7个，并被河南省教育厅批准为1+X 粮农食品安全评价省级师资培训基地。六是牵头成立河南食品药品和粮食职教集团，成为河南职教改革的19所重点院校之一。

【学生管理】一是加强辅导员队伍建设，遴选校级名班主任工作室3个，评选表彰首届“大美学工”十佳优秀学生工作者。二是召开第三次学代会、第二次团代会，通过团省委共青团改革和学生会改革评估，荣获优秀等级。三是“讲好红色故事，传承红色基因”教育实践团，被评为“三下乡”社会实践全国重点团队，学校被评为河南省大中专院校暑期社会实践先进单位。四是创建“讲好红色故事，传承红色基因”、“一堂好课”、“爱在工贸，月满中秋”云端活动等学生工作品牌，受到社会广泛关注和认可。“两红”教育品牌，首次获评全省高校学生工作优秀成果。五是积极探索封闭管理下校园文化活动方式方法，活动丰富多彩，承办团省委“青年青语”朗读者网络直播节目，在各级各类大型活动中屡获殊荣，20城轨102团支部成功入选全国1000个高校活力团支部。六是落实国家资助政策，确保每一个贫困学生顺利完成学业；做好入伍工作，学生入伍参军291人，超额完成91人。七是引导学生在防汛抗疫中展现青春风采，100多名青年学生在家乡投身防汛抗疫一线，被河南高教、新浪新闻等媒体广泛报告。

【科研工作】一是发放科研绩效110.2万元，到校财政资助科研经费59.5万元。二是公开发表学术论文332篇，其中核心33篇；出版专著3部，主参编教材6部；授权发明专利5项，实用新型专利12项；立项校外课题43项，其中省级课题7项；结项校外课题24项，其中省级课题4项。三是科研成果获得厅级以上奖励8项。

【校企合作】一是与北京中科创大创业教育投资管理有限公司共同组建“中科创新创业学院”，与中原粮食集团确定校企战略合作关系，建设了网络营销、正保大数据与会计2个产业学院。二是与意大利万神殿设计与科技学院等4所境外院校建立了合作关系，为尼泊尔加德满都科技学院开展电子商务课程培训。三是完成了河南粮食职教集团和校友会的各项筹备工作。

【校园建设】一是全面提升优胜校区教育教学生活条件。高标准完成体育馆、学生餐厅、运动场等建设，灯光球场、智慧餐厅成为校园亮点，教室、学生宿舍安装空调732套；新建500平方米的离退休职工活动室1个、教工餐厅1个，改造青年教师公寓15间，拟建150平方米的老年大学1个。二是龙湖校区东侧土地变性已基本解决，成功收回优胜校区全部外租门面房，极大缓解校区容纳能力不足问题。三是龙湖校区完成理工实训楼、学生新餐厅及综合服务中心项目的文物勘探、人防设计、预算编制等前期准备工作；完成图书信息中心供暖主管道改造工作，新增供暖管道约1200米。四是龙湖校区新增校园绿化面积约2300平方米；学术报告中心改造完成、投入使用，可举办千人大型会议及大型文艺活动；校史馆、粮食博物馆正在建设中；图书馆投入299万元采购图书6万册。五是投入267万余元，新增各类红外高清摄像设备200余个、专用服务器9台、视频平台软件2套、网络接入设备24台，基本实现了校园内监控全覆盖、无死角。六是大力推进信息化建设，实现了数据中心与OA办公系统、教务系统、学工系统的数据对接，继续开发企业微信与学校数据中心之间的数据互通和功能建设，推动线上办事大厅运行，基本实现近30项审批业务线上办理。七是做好资产管理，通过全省行政事业单位资产管理工作考核，并被全省通报表扬。八是修订《奖励性绩效工资考核分配办法》，进一步完善人事分配制度，再次提高绩效工资水平，教职工获得感与学校发展同步提升。

【精神文明建设】一是进一步完善校徽、校歌、校风等校园文化符号，征集确定新校训：厚德强能、明理笃行，打造校园文化品牌。二是强化阵地建设管理，营造健康向上的舆论环境，完成各类专题活动展板及宣传栏94块，文明专项简报400期，制作《文明校园材料汇编》8册。三是重点打造图书馆文化。成立读书协会，每月举行一次文化类活动，年度入馆读者达8万余人次，在省大学生朗读大赛中获省级三等奖和网络人气奖，在全国高职院校图书馆空间建设案例评选活动中获全国二等奖。四是做好工青妇等群团工作，充分发挥桥梁和纽带作用。

（撰稿：焦艳娜　审稿：王修法）

文化

CULTURE

·文 化 ›››

CULTURE

文化广电

【概况】 新郑市文化广电旅游体育局，由原新郑市文化广电和旅游局、新郑市体育运动学校、新郑市体育中心职责整合并于2020年5月7日完成合并，是市政府工作部门，为正科级，挂新郑市文物局牌子。2021年，有在职干部职工376人，全局设办公室、编制人事科、广播电视管理科、行政审批科等14个科室，有文化馆、图书馆、博物馆、郑国车马坑遗址博物馆、欧阳修陵园纪念馆、郑韩故城遗址保护中心、豫剧文化演艺中心（副科级）、文化市场综合行政执法大队（副科级）等14个二级事业单位。

2021年，新郑市文化广电旅游体育局坚持以习近平新时代中国特色社会主义思想为指导，紧紧围绕习近平总书记关于文旅体工作重要论述和重要指示批示精神，全面落实各级党委、政府决策部署，以庆祝中国共产党成立100周年为主线，贯彻新发展理念，落实“用脚步丈量城市”工作法，突出重点亮点，加快推进文旅体深度融合发展，着力构建新郑文旅体产业新发展格局、努力开创新郑“十四五”文体旅产业改革发展新局面，文化广电旅游体育文物等各项工作高质量推进，取得了明显的成效。

2021年，裴李岗遗址入选第三届中国考古学“百年百大考古发现”名单，新郑市文化广电旅游体育局荣获河南省国土绿化模范单位、“群星耀中原 唱响新时代”庆祝中国共产党成立100周年河南省群众合唱展演优秀展演团队、郑州市第十八届绿城读书节先进集体、郑州市文物系统先进集体、郑州市体育工作先进单位、郑州市级卫生先进单位、第四批郑州市民族团结进步示范单位、郑州市无烟党政机关等称号；创作小品《心愿》获河南省第十四届“群星奖”小戏小品曲艺大赛三等奖，“我们的中国梦 文化进万家”新郑市2020年百场文艺巡演走基层项目获评郑州市优秀文化旅游志愿服务项目，原创舞蹈作品《共圆小康梦》获郑州市“群星耀中原 舞

7月19日，新郑市举行庆祝中国共产党成立100周年广场舞比赛

（市文化广电旅游体育局/供图）

动新时代”庆祝中国共产党成立100周年广场舞大赛一等奖，局合唱团代表新郑市获河南省“群星耀中原 唱响新时代”庆祝中国共产党成立100周年群众合唱展演郑州市选拔赛一等奖；重编神话剧《宝莲灯》获河南省第十五届县区级戏剧大赛优秀剧目奖，黄帝千古情被认定为国家AAAA级旅游景区。全市各景区共接待游客约501.11万人次，恢复到2019年的90.9%；实现旅游总收入20.04亿元，恢复到2019年的87%。

【文化惠民活动】 开展“迎新春、送春联”、2021年“村银杯”广场舞比赛、“故里情 益同行”新郑市第二届器乐展演、“舞林大会”新郑市第二届青年舞蹈展演、文化和自然遗产日宣传等群众文化活动10余场；指导各乡镇开展2021年百场文艺巡演进基层活动150场，开展“百场演出送农民”“共走创业路·同唱和谐曲”演出活动300场，郑州市“舞台艺术进乡村、进社区”文化巡演120场，河南省“舞台艺术送农民”演出12场，“千场红色电影（宣教片）进基层”放映电影1000场次，丰富了基层群众文化生活。

【强化文艺培训】 定期举办剪纸、舞蹈、瑜伽、化妆、花艺等免费开放培训班，培训学员1000多人次，受到群众的欢迎；6月，组织来自全市15个乡镇及办事处的文化志愿者3200余人，开展了“感党恩 听党话 跟党走”群众文化系列活动——快闪活动，用欢快的舞蹈、激情的歌声，表达新郑人民对党和祖国的热爱之情；开展“戏曲进校园”戏曲讲座35期、70课时；组织新郑市戏迷骨干培训班1期，举行“戏曲进乡村、欢乐进万家”戏迷培训10期，累计培训人员500多人。

【创新乡村文化发展】 全市已成立32个乡村文化合作社，百余个村级小型文化合作社，申请专项资金100万元配备了舞台音响、舞龙、舞狮、大鼓、戏曲乐器等7大类共计280余件文化器材。以文化合作社建设为抓手，不断拓展文化活动的深度和广度，先后开展“梨园戏曲文化节”等各类文艺活动百余场次，惠及群众数万人。从“送文化”到“种文化”，逐步形成了“政府扶持、合作社搭台、群众演出、文化惠民”的互促发展新局面。

【全民阅读】 自3月份启动全民阅读活动以来，先后开展了“指尖上的运动”速叠杯、青少年沙画艺术体验、青少儿脑力开发公益讲座、《未来财富》读书分享会等活动40余场，受众读者2000余人。借阅图书20余万册，让“书香沁润心灵，阅读伴君成长”的思想进一步深入每一名市民的心中。9月16日晚，在新郑考院举办了中华月“郑”圆——新郑全民阅读中秋诗会，新郑市文学爱好者与线上的数万名网民以诵读、歌舞、演奏、DIY互动等形式共同庆祝中秋佳节，并同步进行线上直播，线上受众达10万余人，有效地助力了全民阅读推广和城市文化品质的提升。

【做好“郑韩文旅云”的推广】 2021年，“郑韩文旅云”累计开展地面推广44次、志愿者地面服务42次、地面服务覆盖人次超5万余人，开展文化活动480场、产生活动预约订单3700多个；开展戏曲演出、广场舞教学等各类文化直播、录播活动，累计点击量60万余次，其中辛丑年黄帝故里拜祖大典直播，观看人数约14万人次。

【开展文艺精品创作】 编排演绎精品原创豫剧《具茨山下》于7月12—14日连续公演3天，获得圆满成功；原创歌曲《莲鹤方壶》在“河南博物院元宵奇妙夜”2021河南省元宵节特别节目晚会上惊艳问世；传承版《宝莲灯》在河南省戏曲大赛中荣获优秀剧目奖；《新郑有你不孤单》《抗疫英雄赞》《爱的力量》等多个原创文艺作品在全市广泛推广；先后6次参加郑州市红歌大赛、建党100周年红歌大赛，并获得郑州市委宣传部颁发的3个一等奖。

【加强普法宣传教育】 开展《中华人民共和国文物保护法》《中华人民共和国安全法》宣传专项活动，向群众发送法律法规知识2500余条，编制《文物保护成果展》《中华人民共和

9月17日，2021年新郑市全民阅读中秋诗会举行（市文化广电旅游体育局/供图）

国安全法》展板20余块；印制文物保护宣传彩页3万多页。组织各景区、相关企业通过条幅、展板、大屏幕、电视飞播等方式进行《中华人民共和国民法典》《中华人民共和国宪法》《中华人民共和国文物保护法》《中华人民共和国著作权法》《中华人民共和国安全法》等相关法律知识和疫情防控知识宣传，共制作条幅80余条、展板20余块，电视飞播、大屏幕宣传3000余次；开展走进社区、走进乡镇、走进学校等宣传活动，发放宣传彩页1万余份、文物保护扑克牌1000余副，提高了市民、游客知法、懂法、守法、用法意识，营造了浓厚的学法、用法氛围。

【强化执法监管】 多渠道公布24小时举报电话，坚持24小时值班制度，共受理群众举报13件，办结率100%。严厉打击网吧接纳未成年人进入、无证经营等违法违规经营行为，取缔无证歌舞厅3家、无证网吧4家，办理案件67件。组织开展元旦、春节、清明节、五一、国庆节等假日期间文化市场安全生产大检查以及“闪电”系列行动、校园周边市场、网吧、娱乐、电影、演出、出版物印刷、发行市场等专项整治行动30余次，出动执法人员5600余人次，车辆300余台次，检查网吧、娱乐场所、电影院、印刷发行、演出场所等经营场所2700余家次，核对上网消费者身份证件3000余人次，责令整改场所42家次，规范了全市文化市场经营秩序。

【推进“扫黄打非”工作】 共开展“扫黄打非”等专项行动6次、出动执法人员400余人，检查印刷出版物企业、物流公司、仓储仓库等部位500余家次、取缔游商地摊14个、收缴涉嫌盗版图书6000余册。查处郑州联合印务有限公司违法案件，查获非法出版物10000余册、侵权出版物10000余册，案件调查终结后已移交公安机关进行侦办，已抓获犯罪嫌疑人6人。查处和庄镇河赵村“6·10”案件等印刷销售盗版图书案件3起，案件已移交公安机关办理。

【深化行业安全生产大排查大整治】 坚持开展文旅体行业大巡查大检查，加大问题整治力度，重点检查消防行政许可、消防安全责任制落实等情况。累计出动执法人员800余人次、车辆40台次，检查网吧、娱乐场所等经营场所2000余家次，制作宣传展板300余块、吸烟劝阻牌100多个，下达责令改正通知书20余份，消除安全隐患30多处。

（撰稿：王　宁　审阅：樊战东）

文学艺术

【概况】 新郑市文学艺术界联合会（简称市文联）是市委、市政府领导下的全市文艺界群众团体，是党和政府联系广大文艺工作者的桥梁和纽带，成立于1984年9月，属参照公务员法管理的全供事业单位，办公地点设在市人民路186号市委市政府大楼四楼，共有10人，主席1人，副主席1人，兼职副主席3人，工作人员8人。下设有办公室、编辑室、编制人事科、创研室、秘书处，管理所属作家、书法家、美术家、摄影家、音乐家、戏剧家、曲艺家、舞蹈家、电影电视家、民间文艺家等10个协会，各协会设主席1人，有会员957人，国家级会员23人。2021年，新郑市文学艺术界联合会在新郑市委、市政府的领导及郑州市文学艺术界联合会的指导下，紧紧围绕新郑市的工作大局及郑州市文联安排的工作任务，团结全市文学艺术界，坚持“二为”方向“双百”方针，认真贯彻党的十九大精神和习近平新时代中国特色社会主义思想，忠于职守，勇于创新，获评2020年度新郑市宣传思想文化工作先进集体、创建全国文明城市提名城市工作先进单位，并被郑州市评为文艺志愿者先进单位。

【党史学习教育】 党史学习教育开展以来，新郑市文联积极探索党史学习教育新路径，以庆祝中国共产党成立100周年为主线，以开展党史学习教育为统揽，创新学习形式，用文艺的形式开展一系列活动，充分挖掘音乐颂党史、书法写党史、文艺演出学党史等特色学习资源，用群众喜闻乐

3月，“党旗红、社区美”社区书画摄影大赛举行（市文联/供图）

见的方式，扎实宣传党的路线方针政策，播种红色文化，把党史学习教育引向深入：联合市委宣传部在龙湖镇泰山村拍摄制作快闪《唱支山歌给党听》；与新郑市社治委联合举行“党旗红、社区美”社区书画摄影大赛；5月开始，联合市委宣传部、党史学习教育领导小组开展党史音乐课，以音乐课的形式走进乡镇、机关单位、村（社区），为乡村党员干部和群众讲述党史。组织新郑音乐家协会会员，到各乡镇、街道为党员上课，让更多人了解红色音乐的发展历程，在音乐中感受波澜壮阔的辉煌党史。党史音乐课，是新郑市开展党史学习教育的一次新尝试，也是运用文艺手段提升学习效果的创新之举。党史音乐课活动相继在《河南日报》、郑州电视台、“学习强国”平台报道；参与组织“诵歌献给党”庆祝建党100周年红色经典朗诵会；组织新郑市民间文艺家协会会员围绕中国共产党成立100周年进行艺术创作，创作剪纸作品《红船精神》、葫芦烙画《红船》、河南省非遗双李记建党百年纪念菜刀、剪纸《民艺繁荣颂党恩》《祖国万岁》《携手共进 帮扶脱贫》《精准帮扶 脱贫致富》等系列作品；联合市委宣传部组织开展2021新郑市“抖IN新郑”短视频大赛；新郑市舞蹈家协会组织舞协理事到各乡镇、村进行《没有共产党就没有新中国》《跟着共产党走》广场舞培训。

为深入推进“我为群众办实事”实践活动向纵深发展，市文联主动担当作为，第一时间肩负起时代赋予文艺工作者的责任，以丰富社区居民文化生活为目的，创新方式，不断提升学习效果，引导广大社区居民和文艺爱好用优秀作品鼓舞人心、激励斗志、凝聚力量，唱响时代主旋律，传递社会正能量，新郑文联邀请郑州市书法家协会主席罗鸣、副主席李德专在新郑市书法家协会创作实践基地仓城社区对新郑书法家协会会员进行书法看稿点评培训；邀请郑州市摄影家协会副主席马静坡在新郑市新时代文明实践中心对新郑市摄影家协会会员进行“什么是好照片”专题摄影培训。“学党史、传精神、办实事”系列活动增强了学习教育的参与性、互动性和实效性，促进协会会员学有所思、学有所悟、学有所得。

7月，新郑市文学艺术界“抗洪救灾”奉献爱心捐款仪式举行（市文联/供图）

【疫情防控】在疫情防控阻击战中，文联主动担当作为，第一时间肩负起时代赋予文艺工作者的责任，在做好自身防护的同时下沉新华路府西社区战疫，切实做好卡点值守和防疫知识宣传，下沉社区防疫工作得到社区居民的赞扬和肯定。

疫情期间，市文联以“艺”战疫，发出《抗疫情，文艺工作者在行动》倡议书，号召全市文艺工作者积极行动，用诗歌、音乐、舞蹈、曲艺、美术、戏剧、书法、摄影、民间文艺和微视频等多种文艺形式，宣传疫情防控知识，记录英雄人民的战疫壮举，讴歌“白衣天使”的感人事迹，为坚决打赢疫情防控阻击战凝聚强大的精神力量。

【抗洪救灾】7月26日，在炎黄广场举行抗洪救灾奉献爱心捐款活动，文联机关和所属九个文艺家协会会员积极奉献、踊跃捐款，新郑市红十字会现场接受捐赠，派驻纪检组全程监督，现场共收到现金捐款40450元；另通过新郑市红十字会、慈善总会、腾讯公益等其他受捐平台网上捐款52505 元，新郑市文艺界共有358人次参与抗洪救灾捐款，总计捐款总额92955元。

【文艺工作创新】新郑市美术家协会创作实践基地在新郑市新村镇暖泉湖社区揭牌成立。创作实践基地成立后，发挥组织作用发展更多的国家级、省级美协会员，要结合美术教育、乡村振兴等内容，沉下心来搞创作、静下心来出精品，让“深入生活、扎根人民”成为文艺工作者的新常态，通过多方努力，将实践基地打造成新郑市的一个标杆、样板。先后组织新郑市书法家协会的书法家深入乡村，免费为村民、市民书写春联、福字，将浓浓的新春祝福送给群众。新郑市民间文艺家协会创作实践基地在有着8000年历史的裴李岗文化的新郑市新村镇裴李岗村揭牌成立。郑州市文联副主席楚彦凯、郑州市民间文艺家协会主席梁俊锋参加揭牌仪式。新郑市民间艺术家们以各种文艺形

11月6日，新郑市作家协会第一次会员代表大会在新郑市政协会议室召开

（市文联/供图）

式，抒写着新郑的美、讴歌着新郑的新。剪纸艺术家赵霞的剪纸作品《百家姓》，以新颖的形式承载根亲文化、姓氏文化；李记菜刀、时家牛皮鼓以及香包、耿氏制香等手工艺品声名远扬，黄帝文化研究、民间文学创作硕果累累，像《黄帝传说故事》《新郑枣树传说》《具茨山文化故事》等民间文学作品集，更是记载着新郑民间文艺的记忆与辉煌。参与诗人白居易1249周年诞辰纪念活动。在郑州市社治委、郑州市文联联合举办的“社区美、党旗红”社区书画摄影活动中，新郑市有30幅书法、美术、摄影作品获奖。由省民政厅、省文旅厅、省文联、省慈善总会主办，省直文联等单位承办的慈善书画展，新郑参赛美术、书法作品分别获一、二、三等奖。举办李玉民秸秆画作品展。举办“月圆中秋 情满故里”中秋朗诵会。

【新郑市作家协会第一次会员代表大会】 2021年11月6日，新郑市作家协会第一次会员代表大会在新郑市政协会议室召开。中共新郑市委宣传部部长璩鹏辉，新郑市文联党组书记、主席岳建华、副主席李朝霞，秘书长郭伟民，市委宣传部文艺科科长常斐等领导及34名会员参加会议。会议首先宣读郑州市作家协会贺信，听取和审议并通过新郑市作家协会工作报告《传承郑风 扎根生活 为建设黄帝文化历史名城增光添彩》《新郑市作家协会理事会主席团选举办法》和《新郑市作家协会章程》等文件，选举产生新郑市作家协会第一届理事会。第一届理事会第一次会议选举产生新的作协领导班子：主席郭伟民，副主席刘伟鹏、乔通、张建梅、刘淑玲、李奕兵，秘书长陈加新，副秘书长陈杨、宋秀霞、邢冠军。

（撰稿：郭伟民　审阅：岳建华）

文　物

【文物保护单位及景区景点】 全市拥有不可移动文物点700余处，其中全国重点文物保护单位11处，省级文物保护单位14处，郑州市级文物保护单位25处，县（市）级文物保护单位58处；馆藏各类珍贵文物达6万余件。新郑市充分发挥历史文化优势，积极开发旅游资源，建成了全国重点文物保护单位和国家AAAA级旅游景区轩辕黄帝故里、中国侨联首批命名的爱国主义教育基地具茨山游览区、中国唯一将《诗经》摆到地面上的主题公园郑风苑景区、获评2017年中国十大考古新发现的郑国车马坑景区。

【开展文物保护规划编制】 完成了郑韩故城1号车马坑保护项目前期勘察报告、郑韩故城安防系统设计方案、后周皇陵环境整治方案、新郑市轩辕庙防雷工程设计方案、子产墓环境整治方案。启动《新郑市文物保护利用总体规划》的编制工作。已完成文物保护单位勘查测绘，正在录入新郑市文化遗产保护利用数字平台。

【稳步推进各项文物保护项目】 已完成了考院布展和基础设施完善工程、刘金山民居和史氏民居维修项目、水月寺保护维修工程、田野文物安防平台一期工程，正在积极推进炮楼保护修缮工程、郑韩故城后端湾遗址公园及北城墙遗址公园建设工程。完成后周皇陵懿陵、吕夷简墓、李诫墓等文物保护单位周边环境治理工作，既确保文物安全又为村民提供一处游玩休憩的好去处。

【文物保护基础性工作】 完成第八批河南省级文物保护单位的申报，正在开展文物保护界桩补栽及文物保护档案编制完善工作。强化文物修复，2021年以来，修复文物30余件，种类众多，年代明确，具有较高的历史、艺术和科学价值，为研究郑韩青铜文化提供了难得的实物资料。

【文物勘探工作】 精简文物审批、文物勘探程序，确保了在地下文物得到妥善保护的前提下项目顺利落地。全年共为全市企事业单位及乡镇受理文物审批67件，勘探面积146.67公顷，发现墓葬、古文化遗址、窑址、灰土坑等文化遗迹260座（处），编写文物勘探资料300余本。

建于明清时期的新郑轩辕桥（刘栓阳/摄）

【文物安全巡查和文物执法工作】对全市各级文物保护单位、田野文物采取网格化管理，建立了专项巡查制度，责任到人，全年对全市各级文物保护单位开展文物巡查700余次，建立巡查台账，确保了田野文物安全。联合公安等部门对文物保护单位周边建筑进行检查，全面排除对文物点造成危害的风险，确保了文物保护单位的安全。

【文物活化利用工作】举办“‘郑’做领读人”新郑历史故事线上讲读征集、永远跟党走奋斗新征程庆祝建党百年主题展、“展望‘十四五’，奋进新征程”书画作品展、第三届考古发掘分享会等活动10余项，进一步宣传了新郑悠久的历史文化资源。组织送展进学校、进社区、进乡村活动，多角度向市民展示文化遗产保护成果，提升全社会保护文化遗产意识，浓厚全社会参与文物保护的良好氛围，更好地传承和弘扬优秀传统文化。协助长沙博物馆举办“平天下——秦的统一”展览，在西安秦始皇兵马俑博物院举办“六合同风——秦文化大展”展览，增强了新郑市文物工作的社会知名度和影响力。

（撰稿：任文举 审阅：樊战东）

11月2日，专家学者在新村镇裴李岗遗址开展学术交流（刘栓阳/摄）

地方史志

【概况】新郑市地方史志办公室成立于1982年，成立时名称为新郑县地方史志编纂委员会总编室，全供事业单位。2012年更名为新郑市地方史志办公室，2021年有工作人员16人，内设综合科、编辑室、年鉴科、历史文化研究科、资料室、编制人事科6个科室。获辛丑年黄帝故里拜祖大典工作先进集体、新郑市2018—2020年度创建全国文明城市提名城市工作先进单位等称号，《新郑年鉴（2020）》获第八届全国地方志优秀成果（年鉴类）特等奖。

【乡镇（街道）志、部门志、村志编纂】扎实推进乡镇街道志书编纂。全面启动全市15个乡镇（街道）的志书编纂工作，先后有《八千乡志》《城关乡志》《新建路街道志》《观音寺镇志》等出版发行，《梨河镇志》通过评审，《新华路街道志》《新烟街道志》《孟庄镇志》《薛店镇志》等完成编纂。积极组织参与郑州市名镇名乡志文化工程，《孟庄镇志》《新建路街道志》《城关乡志》被列入郑州市名镇名乡志文化工程。《薛店镇志》被纳入郑州市名镇志文化工程项目库。科学指导部门志和专业志编纂工作，对《新郑市卫生志》《新郑市农村商业银行志》《新郑市总工会志》《新郑市妇女志》《新郑市教育志》等部门志的编纂工作进行业务培训和专业指导，严格体例标准，适时组织专家进行评审，确保了部门专业志书编纂的质量和水平。按照以乡带村的思路，悉心指导村志编纂工作，鼓励和支持有条件的村庄开展村志编

1月6日，市志办工作人员讨论年鉴工作（刘栓阳/摄）

纂，先后有22个村庄启动了村志编修工作，观音寺镇《唐户村志》、郭店镇《山根村志》、辛店镇《辛店村志》、薛店镇《大吴庄村志》、城关乡《敬楼村志》、新华路街道《张龙庄村志》《阎老坟村志》等编纂成书。

【古志整理及校注】 在翻印清乾隆四十一年（1776年）《新郑县志》的基础上，聘请郑州大学文学院教授对清顺治十六年（1659年）、清康熙二十三年（1684年）、乾隆四十一年三部《新郑县志》进行整理。

【《新郑年鉴（2021）》编纂】 为做好《新郑年鉴（2021）》编纂工作，年初下发关于编纂工作通知。内容涉及政治、经济、军事、文化、生态、社会生活等诸多方面，着重反映新型城镇化建设、生态环境、黄帝故里拜祖大典、工业经济、现代农业、民营经济、文化建设和旅游、大气污染防治、扶贫开发以及社会民生等方面的情况，彰显新郑在建设郑州南部重要对外开放高地中取得的新成就。

【《黄帝故里·新郑大事月报》编辑】 《黄帝故里·新郑大事月报》已出版109期。栏目设置有“卷首寄语、特别关注、调研指导、谋划创新、工作动态、媒体撷英、友好往来、荣誉新郑、社会大观”等。另外，每月按时向省、郑州市史志办报送新郑发生的较大事件的文稿和图片，如《省政协主席刘伟到新郑黄帝故里园区调研 》《全国总工会副主席江广平一行到新郑市调研》《新华社河南分社社长王丁调研新郑“用脚步丈量工作法”长效机制推进情况》等信息。

【历史文化研究与宣传】 围绕庆祝中国共产党成立100周年，通过多维度地展示新郑100年的历史进程，回顾和展现新郑在中国共产党领导下逐步发展、实现繁荣的创造性实践，编辑《历史的足音——新郑百年回眸》一书。该书按照编年体原则，每一年度的内容，由关键词、新郑纪事、新郑印象等三个部分构成。关键词简明扼要地记载本年度中国发生的重大事项，把握时代主题；新郑纪事主要记述当年度新郑所发生的重大事项；新郑印象着重收录反映新郑城乡及人民生活的真实图片。发表历史文化文稿16篇7.5万字，《明朝内阁首辅高拱故里高老庄村》《白居易故里东郭寺村》《中国史前是否有母系社会新辩证——兼述所谓上古八大姓出自母系社会》《徒步看唐户遗址 共商遗产传承与发展》《闻汛而动到一线 服务群众送温暖》《逆行者的力量》等发表在《郑州晚报》、杂志《华夏源》、“学习强国”平台及《新郑发布》等媒体上。

【用脚步丈量城乡】 践行用脚步丈量工作法，走进观音寺镇唐户村指导村志编纂工作及指导《新郑市教育志（1992—2021）》编纂工作。先后组织开展红色文艺轻骑兵走进观音寺镇溱水寨村暨“奋进‘十四五’开启新征程”刘稚美术馆辛丑迎春书画展、“学党史国史”主题日、白居易1249周年诞辰纪念活动、“永远跟党走——梨园戏曲文化节”“诵歌献给党——庆祝中国共产党百年华诞朗诵会”，参与筹建“好想你红色枣园”非公企业党建馆，组织承办“永远跟党走，奋进新征程——新郑市庆祝建党百年主题展”，主办“新郑市中学生党史知识竞赛”等活动。

【党史学习教育】 及时启动党史学习教育。制定《党史学习教育实施方案》，召开党史学习教育动员大会，成立以党组书记担任组长的党史学习教育领导小组，提前谋划、提前部署，确保党史学习教育落到实处。持续深入推进理论学习。制定全年党史学习教育全年计划安排，并向每名党员下发了《论中国共产党历史》等必读书籍。同时，利用“三会一课”、主题党日等对党史开展集中学习，观看影片《千顷澄碧的时代》《榜样5》等；每名党员干部利用业余时间对党史学习教育必读书目进行自学，并通过城市干部网络学院、“学习强国”党史专栏平台进行线上学习。重点解决民生实事。7月7日，到观音寺镇唐户村、熊虎寨和祝岗老寨等地，实地考察唐户遗址，并召开座谈会，对《唐户村志》编写提出了有针对性的见解，用“专家眼光看唐户”，丰富了该书的内容，提升了可读性。7月21日，为因汛情转移安置的代湾村杨湾村民组300多名群众送去生活用品，并到杨湾村实地查看村民的转移情况。7月26日下午，组织党员干部到洧水公园开展清淤护河重建美好家园志愿活动。通过活动，党员干部充分发挥了先锋模范作用，切实把党史学习教育转化为了“用脚步丈量工作法”的实际行动，为汛后重建家园和环境保护作出了积极贡献。有力推进建党百年活动。把开展党史学习教育与庆祝建党100周年系列活动结合起来，组织全体党员干部收看“七一勋章”颁授仪式、庆祝中国共产党成立100周年大会，认真学习习近平总书记在庆祝中国共产党成立100周年大会上的重要讲话精神；组织全体党员干部集体到郑州二七纪念馆、登封市豫西抗日根据地纪念馆进行参观学习，参观《永远跟党走 奋进新征程——新郑市庆祝建党百年主题展》，接受红色教育，传承英烈精神，感悟初心使命。

【疫情防控】 8月7日至9月4日，在新郑新区第二社区（原东街社区），组织党员干部参与到新冠疫情防控第一线，为社区居民测体温、动员并督促其扫二维码，信息登记。同时，“学习强国”河南学习平台百灵视频“百灵炫”栏目登载了新郑市志办主任李磊创作的诗朗诵《逆行者的力量》，以“艺”抗疫传播正能量。

（撰稿：马艳辉　审阅：李　磊）

河南新郑黄帝故里文化研究会

【概况】 河南新郑黄帝故里文化研究会秘书处成立于2008年，事业全供单位，位于新郑市人民路186号市委大院内，共有16人，内设综合科、学术研究科、宣传科、基金外联科和编制人事科5个科室，领导班子3人。2021年，研究会秘书处以建设黄帝文化历史名城为目标，以筹办第十五届黄帝文化国际论坛为抓手，以黄帝故里文化研究、宣传、弘扬为核心，以黄帝故里园区二期规划建设之中华黄帝馆、中华姓氏馆展陈策划为重点，扎实有序推进各项工作。

【做好中华黄帝馆 中华姓氏馆展陈策划工作】 黄帝故里园区二期规划建设是新郑市“一号工程”，研究会秘书处负责与“两馆”展陈策划团队对接，服务做好“两馆”展陈策划方案的专家论证及相关资料提供等工作。围绕两馆展陈设计，先后参与组织召开了三次大的论证会。3月26日，召开了《黄帝故里园区提升建设工程部分项目方案》论证会，邀请国内文博界知名专家高蒙河、刘庆柱、王巍等对项目方案进行了论证，专家组肯定了中华姓氏馆的展陈设计，对中华黄帝馆的定位、内容、表现形式提出了意见和建议。会后，朱海团队根据专家意见及时完善展陈方案，拿出新的展陈大纲。5月14日，河南省委常委、郑州市委书记徐立毅以及相关文史专家听取了朱海团队新的《中华黄帝馆中华姓氏馆展陈方案》汇报，徐立毅肯定了中华姓氏馆陈展方案的思路，针对中华黄帝馆的内容、逻辑关系、考古史料支撑提出了指示和要求，朱海团队根据徐立毅指示要求和专家意见再次对两馆展陈方案做了进一步的修改完善。7月20日，朱海团队携修改完善后的《中华黄帝馆和中华姓氏馆展陈方案》向郑州市政协主席张延明进行了专题汇报，并进一步修改完善两馆展陈方案和展陈大纲。另外，作为黄帝故里文旅论证组的成员单位，研究会秘书处积极组织黄帝文化专家，围绕黄帝故里建设有关场馆、道路、设施的命名，黄帝雕像、连廊浮雕内容、考古发掘等多次召开论证会、研讨会，为把黄帝故里建设成为“海内外炎黄子孙寻根拜祖圣地 中华民族共有精神家园”贡献应有的智慧和力量。

【举办第四届中华父母节暨辛丑年恭拜黄帝嫘祖仪式】 7月15日，农历六月初六，研究会秘书处在具茨山风后岭举办了第四届中华父母节暨辛丑年恭拜黄帝嫘祖仪式。仪式共分为盛世礼炮、敬献花篮、净手上香、恭读《拜黄帝嫘祖文》、吟唱《中华父母

7月15日，第四届中华父母节暨辛丑年恭拜黄帝嫘祖仪式举行

（河南新郑黄帝故里文化研究会秘书处/供图）

颂》、行施拜礼等六项仪程。市政府二级调研员王国豪主持拜祖仪式，副市长陶向华恭读《拜黄帝嫘祖文》，主承办单位负责人及市科级女领导干部代表、新闻媒体记者等参加拜祖仪式。当天下午，联合河南省孝文化促进会，在新郑市新时代文明实践中心举办了中华父母节文化大讲堂活动。中华传统文化人才库宣教专家、新时代文明家风宣教团团长张广、河南省孝文化促进会副会长兼孝行中原讲师团团长许建国，围绕“传承好家风 奋进新征程”主题，分别做了题为《传承好家风 开启新征程》《顺应新时代传承好家风》的演讲，以此倡导传承中华文化，善用中国智慧，营造良好家风。

【《华夏源》期刊（双月刊）发行工作】《华夏源》（双月刊）是经河南省新闻广电出版局审核批准出版的学术性内部资料，开辟了专家讲坛、文物天地、百家论坛、郑韩文化、姓氏文化等特色栏目。已如期出版发行了76—81期刊物，发表了50余篇专家学者论文和具有影响力的文章。其中，第78、79期为辛丑年黄帝故里拜祖大典和第十五届黄帝文化国际论坛回顾，全面展示了三月三拜祖大典和论坛盛况。《华夏源》期刊已连续坚持编辑出版15年，为新郑文化软实力建设和黄帝文化历史名城打造提供了强有力的理论支撑。

【编辑出版《黄帝文化与黄河文化研究》等专著】 编著了《黄帝文化与黄河文化研究》一书。《黄帝文化与黄河文化》是黄帝文化与黄河文化学术研讨的专家论文结集，共收论文86篇，对于进一步把黄帝文化与黄河文化有机融合，谱写黄河文化新篇章，开启“两黄”文化研究新征程，对新时代中华优秀传统文化的创造性转化、创新性发展都具有重要意义。编著了《中华源·河南故事—黄帝》，此书已入选第二批“中华源·河南故事”中外文系列丛书。6月29日省委外办已召开对外新闻发布会，《黄帝》以中英文译本向全世界发布，讲好中国故事、黄帝故事，为迎接中国共产党成立100周年，贡献黄帝故里力量。编辑《黄帝文化国际论坛精粹——走近黄帝》。此书以图文并茂的形式呈现15年来论坛取得的丰硕成果。书的体例、编目、专家演讲精要、图片精选等已基本列出，组织召开了专家讨论会，下一步将尽快拿出草稿成品，力争2022年三月三拜祖大典举办前印刷出版。

【积极宣传】 编辑好“黄帝文化国际论坛”词条，与新郑市政府网站合作，设置黄帝文化国际论坛专栏介绍，推动在百度、今日头条等设置词条，便于查询传播；继续开展黄帝文化等中华优秀传统文化进基层活动；积极做好对外交流，先后赴山西高平、湖北随州参加炎帝拜祖等活动，加强与全国炎黄圣地的交流与合作。

（撰稿：陈君梅　审阅：胡瑞芳）

旅游

TOURISM

·旅　游 >>>

TOURISM

旅游景区与风景名胜

【黄帝故里景区】 黄帝故里是中华人文始祖轩辕黄帝的出生、创业、建都之地，战国《竹书纪年》和汉代《史记》等史书均有记载。汉代建轩辕故里祠，历代迭修。明隆庆四年（1570年）于祠前建轩辕桥，清康熙五十四年（1715年），新郑县令许朝柱于祠前立"轩辕故里"碑。20世纪90年代以来黄帝故里多次进行扩建，景区面积已达7万平方米，整体布局突出"中华之根"主题，从北到南依次为轩辕丘拜祖区、故里祠区、中华姓氏广场区，构成了"天、地、人"三大板块，气势恢宏，灿然有肃。2021年1月经新郑市发展和改革委员会批准，新郑市黄帝故里核心景区改扩建项目开工建设，计划竣工时间是2023年5月，计划总投资为251107万元（不包含建筑内部装修）。已建设完成的工程有轩辕殿、寻根门、拜祖广场、同心广场、市民休闲广场、连廊、贵宾休息楼和景区绿化等。在建工程有轩辕纪念馆、姓氏文化馆、游客中心、贵宾休息室及卫生间等。

农历三月三朝拜轩辕黄帝古来有之。据战国《竹书纪年》记载"黄帝既仙去、其臣左彻者，削木为黄帝之像，帅诸侯朝奉之"，唐代以后渐成"盛世官拜，乱世民拜"的规制。自1992年起，新郑市人民政府开始主办炎黄文化节；2005年，省委、省政府决定黄帝故里拜祖大典由县级举办升格为郑州市主办。从2006年起，黄帝故里拜祖大典上升为省级层面主办，并逐步形成了由省政府、省政协、国务院台办、中国侨联、全国台联、中华炎黄文化研究会共同主办，郑州市政府、郑州市政协、新郑市政府共同承办的格局。2007年，中央电视台三个频道同时对黄帝故里拜祖大典实施直播，大典海内外影响力迅速扩大；2008年，新郑黄帝拜祖大典被国务院列入第二批国家级非物质文化遗产名录，其庄严性、权威性进一步提升；2014年，经党中央、国务院审批，全国清理和规范庆典研讨会论坛活动工作领导小组致函省委、省政府，黄帝故里拜祖大典作为国家"保留举办"的节庆活动项目，可以每年举办，不需逐年报批，体现了党中央、国务院

黄帝故里航拍（刘栓阳/摄）

对举办黄帝故里拜祖大典的充分肯定；继台湾2014年开始连续两年在三月三与新郑黄帝故里联动举办“同拜黄帝活动”后，2016年，中国香港、澳门地区和美国分别于三月三拜祖大典期间自发在当地举行了“同时同像同主题同拜黄帝”活动，为振奋民族精神，凝聚民族力量，推动中华文化走向世界发挥了积极作用。2017年，中共中央办公厅、国务院办公厅印发的《关于实施中华优秀传统文化传承发展工程的意见》指出，要大力弘扬讲仁爱、重民本、守诚信、崇正义、尚和合、求大同等核心思想理念。黄帝故里拜祖大典正是推动中华优秀传统文化传承与发展，实现优秀传统文化创造性转化和创新性发展，并积极参与世界文化对话交流互鉴的最佳实践。连续17年的成功举办，黄帝故里拜祖大典已经成为海内外众多人士公认的华人世界第一圣典，黄帝故里被越来越多的华人奉为“世界华人拜祖圣地，中华民族精神家园”。黄帝故里拜祖大典的“广泛性、民本性、互动性、层次性、惠利性、敬畏性”的特点，促进了对台对侨对外工作，促进了经济发展、文化繁荣，增进了全球华人的交流合作，促进了不同文明在互鉴中的发展，在经济、政治、文化和社会等各个方面取得了丰硕成果，为推动祖国和平统一、中华民族伟大复兴发挥了积极而深远的作用。

黄帝故里景区为国家AAAA级旅游景区，2006年新郑轩辕庙被确定为全国重点文物保护单位，2008年游客接待中心被命名为全国巾帼文明示范岗。2010年被命名为中国侨联爱国主义教育基地、河南省爱国主义教育基地，2012年12月黄帝故里景区被国家标准委推选为国家级服务业标准化试点；黄帝故里拜祖大典获评2012郑州市十大城市品牌，2012年12月壬辰年黄帝故里拜祖大典被第三届中国节庆创新论坛评为最佳传承传统文化节庆活动，2012年12月黄帝故里拜祖大典被河南日报报业集团评选为首届中原经济区（河南）100张名片之“文化河南”，2012年12月景区网站被国家智慧旅游服务中心评为河南省唯一一家全国2012优秀旅游景区网站，2014年12月，被批准为国家级服务业标准化试点。2015年6月被国台办授予海峡两岸交流基地称号。2017年4月，被评为河南省文明单位。2018年9月，被河南省旅游局命名为河南研学旅游示范基地。2020年，被评为河南省文明单位。

【具茨山景区】 国家AAA级旅游景区，位于新郑市西南具茨山管委会境内，距新郑市区15千米，总面积12平方千米，是轩辕黄帝访贤问道、结公拜将、屯兵驯兽之地。主要有中国最古老的浑石结构石庙——轩辕庙、天下一绝——琴声回音、连心锁、天心坑、炎黄二帝山体自然巨像、嫘祖洞、中天轩辕阁、黄帝乾坤鼓、黄帝屯兵洞、有熊氏部落村等景观。

【郑风苑景区】 位于新郑市区东部风光旖旎的郑韩故城和黄水河畔，始建于2001年，长2千米，占地面积66.67公顷（水域面积13.33公顷），总投资约7000万元，2002年7月建成开放，是一座以《诗经·郑风》为主题的旅游景区。它将郑韩文化遗址与自然风景完美融合，巧妙展现了2700多年前春秋时期的郑国风情。苑内有镌刻《诗经·郑风》诗歌的21块奇石，形态各异，意趣盎然；苑内杨柳依依，碧波荡漾，汇聚了中国南北方名品荷花百余种，千姿百态，荷香四溢。郑风苑是一座集休闲、文娱、旅游、观光于一体的多功能文化休憩公园。

2010年园林管理服务中心对郑风苑进行了景观整治提升。在西岸中段修建了郑国东门，对苑内灯光设施进行了改造提升，安装了灯光监控设施，同时依照国家AAA级旅游景区标准对苑内的公厕、浮桥等基础设施进行了改造，对郑风阁和文化长廊进行了彩绘刷新。

【郑国车马坑景区】 位于新郑市区文化路南端，为春秋时期郑国国君及其家族墓地，是郑韩故城遗址的重要组成部分。属全国重点文物保护单位该区域发现有春秋墓葬3000余座，其中6米以上的大型墓葬180余座，大中型车马坑18座，其墓葬与车马坑数量之多、规模之大，国内罕见。

郑国车马坑景区2002年建成并对外开放，总规划面积18公顷，建筑面积5000多平方米，埋葬了郑国22代国君。景区内新建有三公广场、子产园、观景眺望台、墓葬车马坑平面展示区、东周文化特色景观墙、休闲游廊等景观。其中，郑公“中”字形大墓总长45米，南北墓道摆放45辆实用葬车，是全国发现的第一座春秋时期带墓道的大墓。一号车马坑葬有多种豪华实用车辆20辆和40余匹马，是我国发现同时期葬车最多的车马坑，为研究我国礼制、古车发展史，用车制度、古代葬制等提供了珍贵的史证资料。

【新郑博物馆】 位于新郑市区黄帝故里西侧300米处，占地面积10000多平方米，建筑面积为3000多平方米。1995年对外开放。是一座具有地方特色的县（市）级综合性博物馆，国家二级博物馆。现存馆藏文物6万余件，其中三级以上文物4400余件。主要陈列有“郑韩文物展”“华夏之根——走进有熊氏故墟展”“明清瓷器精品展”“石刻碑廊展”等，展品有裴李岗文化时期的陶器、石器、动物化石，春秋战国时期的青铜礼乐器、兵器和生活生产用具，以及明清瓷器等。新郑博物馆馆藏丰富，先后接待过大批海内外观众。

【欧阳修公园】 位于新郑市区西13千米辛店镇欧阳寺村，是全国重点文物保护单位，是欧阳修家族墓群和祠堂所在地。欧阳修是北宋杰出的政治家、文学家和史学家。

欧阳修公园肃穆庄重，占地万余平方米，主要由大殿、中殿、东西配殿及墓冢组成。大门两侧立有两尊石狮，气势逼人。门楣上方题“欧阳文忠公祠”横匾。中殿内矗立明代的“宋太师欧阳文忠公之墓”石碑和苏轼、苏辙、曾巩、王安石的祭文石刻。大殿有欧阳修坐像，以供祭祀。西配殿内是他的生平简介壁画。东配殿内是苏轼手书《醉翁亭记》的石刻，弥足珍贵。该园碑石林立，古柏参天，雨后初晴，一派郁郁葱葱，雾气升腾，如烟似雨，故有“欧坟烟雨”的美称，为新郑古代八景之一。

（撰稿：闵　博　审阅：樊战东）

黄帝故里景区管理

【管委会概况】新郑市黄帝故里景区管委会2007年4月，经郑州市机构编制委员会办公室审核、郑州市机构编制委员会批准规格为副处级；2012年11月，黄帝故里景区管委会经河南省机构编制委员会办公室研究同意，机构规格由副处级调整为正处级；2016年3月，郑州市机构编制委员会办公室依据省编委会批复，同意将新郑市黄帝故里景区管理委员会内设机构和人员编制进行调整，调整后新郑市黄帝故里景区管理委员会，设5个内设机构均为正科级。主要职责是：贯彻执行国家、省、市有关方针、政策和法律、法规；根据城市总体规划和经济社会发展规划，编制并组织实施景区发展规划，落实景区的建设、管理和总体规划的实施。贯彻执行国家、省、市风景名胜、旅游行业等管理方面的法律法规、规章和政策，合理开发景区资源。负责黄帝故里景区内的规划建设、文物保护、安全保卫、环境保护、经营管理、接待服务、市场营销等工作。负责黄帝故里景区的宣传教育、对外交流等工作，发挥黄帝故里爱国主义教育示范基地作用。负责黄帝故里景区招商引资和对外经济技术合作事项，按照规定权限审批和审核报批投资项目。负责督促落实黄帝故里拜祖大典中的各项筹备服务工作，承办各类拜祖活动。负责黄帝文化研究、宣传、展示及黄帝故里文化的传承、发展和知识产权保护工作。行使市政府授予的其他职权，承办市委、市政府和上级交办的其他事项。根据上述职责，黄帝故里景区管理委员会内设5个内设机构，均相当于正科级规格，分别是办公室、宣传接待局、规划建设局、经营管理局、拜祖大典办公室。下属单位有新郑市黄帝故里景区游客接待中心、新郑市黄帝文化传承发展中心。2021年，景区有干部职工122人，其中事业全供19人，事业差补17人，事业自筹30人，企业自筹44人，劳务派遣12人。

2021年，黄帝故里景区管委会，以党的十九大和习近平总书记系列重要讲话精神为指导，高举习近平新时代中国特色社会主义思想伟大旗帜，全面贯彻落实党的十九大、十九届六中全会会议精神，紧紧围绕市委、市政府确立的发展战略，成功举办了辛丑年黄帝故里拜祖大典等重大活动，黄帝文化的知名度和影响力进一步增强，较好地完成了市委、市政府下达的各项目标任务。2021年6月4日《新在故里·郑等你来》被郑州市网信办评为辛丑年第七届“根亲中国华语电影短片大赛”优秀作品。

【黄帝故里品牌影响】圆满举办辛丑年拜祖大典。辛丑年黄帝故里拜祖大典于2021年4月14日举办，大典坚持现场拜祖和网上拜祖同期举办、黄帝故里拜祖与境外分会场拜祖统筹联动。中央广播电视总台中文国际频道、凤凰卫视、河南卫视及其他17个省辖市广播电视台同步转播，并在人民网、新华网、腾讯、新浪等进行视频直播，创作拜祖大典音视频在短视频平台分发传播，线上线下齐动，大屏小屏互映，实现电视直播与网上拜祖的无缝衔接互动。2021年黄帝故里拜祖大典恰逢建党100周年，时代背景为寻根之旅赋予更多历史内涵。

大力举行日常拜祖活动，自景区进行全面园区建设以来，周边封闭，内部设施拆除，日常参观游览及接待工作无法开展，面临不利局面，景区及时调整思路，主动创新，充分发挥

5月2日，孩子们在黄帝故里放飞心情（刘栓阳/摄）

网络平台优势，通过拍摄、发布富含黄帝文化元素类短视频，吸引大量粉丝关注黄帝故里，填补游客和景区互动的空白，带动游客的主动分享实现文化和景色的传播，扩大宣传面、增强可信度、加快传播效率，进一步提高景区的知名度。

积极参加新媒体内容创作，参与由中国电影家协会、郑州市政协、中共郑州市委宣传部、郑州文联举办的辛丑年第七届“根亲中国”华语电影短片大赛，报送作品《新在故里·郑等你来》，并获优秀作品奖。同时，参与投稿由中共新郑市委宣传部、中共新郑市委网信办等单位主办的“抖IN新郑”短视频大赛，并获得最佳流量奖。创新举办各类宣传活动。积极对接上级媒体，成立网络宣传工作小组，安排专人负责黄帝故里景区网站、微信公众号、抖音官方账号的管理，拓宽景区建设路子，抢占文化传播高地，增强景区吸引力、感染力。积极与网友互动发送黄帝文化传说故事和景区活动动态等微信息，极大增强黄帝故里文化的立体感，增强群众的参与度、互动性和体验感。2021年，共计发布黄帝传说故事、这就是新郑——姓氏新郑、这就是新郑——拜祖新郑等系列作品23集，总播放量40.7万余次，得到网友众多好评。

黄帝故里前的牌坊（刘栓阳/摄）

【疫情防控】 加强领导，严密防控体系，迅速制定黄帝故里景区疫情防控安全工作方案、应急处置预案，夯实工作责任，科学指挥调度。密切关注疫情变化，超前制定应急预案，严防疫情输入。省、市、新郑市动员会后，迅速组织召开动员会议，传达上级精神，对疫情防控工作进行全面安排。为做好应对工作，管委会主要领导带头在岗在位，所有人员全部取消休假，严防死守，随时应对各种突发情况。全面消毒，组织采购测温消毒通道1台、测温枪3把、消杀工具等疫情防控物资；协调申请84消毒液25公斤装100桶、酒精5升装10桶、一次性口罩13000个、测温计5把，对黄帝故里景区内部所有地区、房间进行全面消杀，将景区分为若干区域定岗定人，在固定场所定期不定期消杀保洁。精准排查，建立汇总景区职工健康档案，定期汇总职工健康状况，对特殊人员跟踪管理。率先安排景区对外地返新郑、返故里的人员进行全面排查及时封控，景区只保留西门作为工作人员、施工车辆临时出入口，安排专人值守，对所有进场工作人员测温，查验健康码、行程码，无异常方可进入。坚持从快从准核查上级推送信息，从细从实自查常住人口和流动人口，实行台账式管理。严格防控，安排20名景区干部职工组成志愿者服务队，协助做好新建路办事处全民核酸检测文明劝导服务工作；按照全市疫情防控会议精神，景区抽调20名工作人员下沉社区参与疫情防控工作，打好疫情防控攻坚战。

【组织建设】 深化理论武装，以党的十九大、十九届历次全会会议精神、习近平新时代中国特色社会主义思想以及习近平考察调研河南、郑州的重要讲话精神为主要内容，领学突出重点，利用好“学习强国”App，深入开展党史学习教育，邀请专家学者进行政策解读、聘请党校教授专题辅导、开展主题党课等，持续推动理论学习贯彻工作走深走实，补足党员干部精神之“钙”。夯实组织基础，健全“选育管用”工作机制，严把党员入口，加强党员培养，新发展积极分子6名，不断充实组织队伍，推进党的组织覆盖和工作覆盖有效融合。大抓规范提升，从抓规范入手，建立健全四项制度，贯彻执行民主集中制；认真落实党建主体责任制、一岗双责制度；制定抓基层党建问题、任务、整改清单，出台党建工作要点、党风廉政建设工作要点、意识形态工作要点等文件；指导制订2022年中心组学习计划、2022年党员学习计划；制定全员考核办法，根据工作成效进行量化打分，每月召开点评会议，建立“动态管理、过程管控、即时激励”工作机制。筑牢意识形态阵地，党工委领导班子及成员积极履行意识形态主体责任制，建立定期分析研判机制，及时掌握、汇总党员干部的思想动态，对存在的倾向性、苗头性问题，有针对性地提出整改意见，利用理论学习和专题研讨会等引导党员干部在读原著、学原文、悟原理中进一步提高政治站位，提升政治鉴别力。

积淀应急处突能力。在疫情防控、防汛抢险救灾中，党工委领导班子自觉站在维护党和国家安全的大局，提升政治觉察力，评估风险存在的时间范围，研究风险波及的影响范围，在攻坚克难中积淀应急处突能力，巧妙应对和化解纷繁复杂的困局与危难，以“抢先谋划、及时封控、精准排查、积极作为”的强大合力严防疫情输入，实行“雨前提醒、雨后跟踪”的闭环工作机制在防汛抗洪中赢得主动。

【园区建设】 加快推进园区建设，在内场建设工程中，黄帝塑像已全部竣工，其余项目均已进入收尾阶段。其中，轩辕殿主体、钢结构以及二次结构已完成，整体完成总进度的96%；连廊主体、石材堆砌已完成，整体完成总进度的97%；在拜祖广场及中轴线铺装部分，石材铺装垫层完成97%，石材铺装完成61.8%；新建轩辕桥主体、挡土墙和桥下水系施工完成；寻根门主体、墙面及柱基石堆砌完成，入口广场石材铺装正在收尾；外墙干挂石材、内部精装修即将完工。园区开展“大清洁、大治理、大整修、大保障、大养护”等环境整治行动，全力护航拜祖线路和重要点位，在做好疫情防控的前提下抓紧抓好黄帝故里园区建设工作。全面加强景区安全工作，严格落实各项疫情防控政策，建立各项防控措施及预案，实行封闭管理，严格把控园区施工入口；遵照防疫要求，所有人员进入园区必须佩戴口罩、扫码、人脸识别、查看工作证、测量体温；定期对园区所有区域进行全方位无死角消杀；对景区的安全隐患进行全面排查、对发现的问题认真整改；各重点部位设警示牌并派专人负责，保持景区内24小时安保人员就位，不定时对本景区的安保人员在岗情况及安全保卫工作进行检查；制定切实有效的应急预案，落实各项安全制度和措施，确保2021年度无发生重大事故，无游客投诉事件，无治安事件发生。加强优化景区服务，紧紧围绕文明城市创建氛围营造宣传要求，对景区内公共服务设施进行分类、梳理、调整、新增；加强卫生保洁，全天候做好园区卫生和公厕保洁；按照人性化优质化服务要求，进一步完善景区志愿者服务管理机制，进一步完善志愿者服务站点功能，将智慧旅游、文明旅游宣讲、导游服务、黄帝文化知识学习、基础医疗救护、母婴服务等纳入志愿服务序列，使景区志愿服务站成为新郑文明办对外推荐的窗口。助力创建全国文明城市，为切实做好新郑市全国文明城市创建迎检工作，在管委会统一安排部署下，组织志愿者开展文明交通志愿活动，领导班子在创建一线督查带队，全体志愿者克服困难，倾力付出，助力全国文明城市检查验收任务圆满完成；景区自身不断提升旅游服务水平，狠抓景区环境整治，完善基础设施建设，强化宣传，营造氛围，提升品牌形象，展示新郑市创建全国文明城市工作的最佳风采。

（撰稿：白艳阁　审阅：王　超）

具茨山国家级森林公园管理委员会

【概况】 具茨山国家级森林公园管理委员会位于新郑市区西南20千米处，属于山地丘陵地貌，占地面积3595公顷，系国家AAA级旅游景区，管委会代管12个行政村，人口1.2万人，是一处多功能综合性国家级森林公园。2021年，具茨山管委会立足新发展阶段，贯彻新发展理念，融入新发展格局，以县域治理“三起来”为根本遵循，以高质量发展为主题，以改革创新为动力，紧密围绕建设郑州南部重要对外开放高地和“南部动起来”要求，全力保障管委会政治建设、经济建设、文化建设、社会建设以及生态文明建设再上新台阶，全管委会呈现经济发展、社会进步、人民安居乐业、社会和谐稳定的良好态势。

【经济发展】 2021年，管委会地区生产总值完成33664万元，目标增长9.0%，同比增长3.8%；全社会固定资产投资目标3235万元，完成3357万元，完成目标的103.8%；社会消费品零售总额目标10580万元，完成10259万元，完成目标的96.97%，同比增长6.16%。初步形成了生态农业迅速发展、旅游产业势头较好、农产品加工初具规模的产业结构。

【建党百年】 为迎接中国共产党成立100周年，管委会持续抓好基层组织建设和党员干部队伍建设，形成书记管总、分管领导一岗双责抓党建的格局。扎实推进党建工作，主持召开8次党建专题工作会、研究党建议题10项、研究解决难点问题8件、形成调研报告8份，村两委换届圆满完成；深化党史学习教育，通过党员自学、集中学习、实地观摩等多种方式，增强干部党性观念，开展3期万名党员进党校活动，形成强大精神动能；献礼建党百年，组织“我与党旗合个影”“健步新征程”等活动，开展情景微党课2次，拍摄“愿以吾辈之青春 捍卫盛世之中华”宣传视频。

【“7·20”暴雨抢险救灾】 面对“7·20”特大暴雨，管委会上下团结一心、尽锐出战，全面保障辖区群众生命财产安全。形成管委会、管区、村支部三级联动格局，以基层党支部为阵地，完善村组干部包队、党员包户的防汛帮扶机制，监测预警、堤库排查、应急处置，充分发挥200余名党员干部力量。各部门分工明确、协调联动，全力做好上门入户、群众转移、沙袋装运、河道清理等多项工作。同时，辖区应急队伍随时在岗待命、严防死守，筑牢防汛安全第

中天门（具茨山国家级森林公园/供图）

一道防线，真正做到关键时刻冲得上、顶得住、打得赢。汛期期间，共转移安置289户961人，其中在李庄村村委会、蕙光武校集中安置48户85人，分散安置241户876人。

【灾后重建】 灾情中，具茨山管委会12个行政村共计冲毁道路205处，总长12880米，道路塌方576处，总长25175米，山体滑坡总长1700米。暴雨造成具茨山景区内道路损毁35处，塌方18处，淤泥堆积34处、50处山体滑坡、3处桥梁受损，多处标牌、垃圾箱、长椅、护栏、凉亭等基础设施毁损，104处房屋受损。具茨山管委会重点推进灾后重建，李庄水库完成泄水、滑坡塌方全部清理、损毁道路完成修复、辖区死角全面消杀。常态化排查地质灾害隐患点，对低洼地区群众及弱势群体，及时上门走访，排查险情。加速剩余群众搬迁安置，积极对接上级，加快李庄村、油坊沟村等村搬迁进度，确保汛期平稳度过。

【疫情防控】 面对多轮新冠肺炎疫情，具茨山管委会多措并举，保障群众生命安全。加大宣传，积极利用横幅、广播、宣传册、微信等媒介广泛宣传疫情防控知识，增强群众自我防护意识。组织各类志愿活动、宣讲活动，撰写新闻稿20余篇，深挖防疫一线优秀事迹。化整为零，以村为单位，组建12支志愿队，结合实际情况，合理安排志愿者工作，组织各村群众有序完成多次全民核酸检测。持续做好常态化疫情防控，印发新冠疫苗接种公开信8000余份，制作并张贴各类宣传品500余份，制定切实可行的疫情应急处置预案，开展应急实战演练，时刻关注高中风险地区变化情况，对重点人员应管尽管，全面营造常态化疫情防控氛围，全方位提高疫情常态化防控能力。

【社区治理】 2021年，具茨山管委会搬迁村完成整村拆除，群众入住具茨山社区一期、二期，实现“搬得出、稳得住”目标。工作阵地逐步由老村转至社区，管委会鼓励各村修订村规民约，开展“楼栋长”精细服务，党员优先，“小事不出楼，大事不出村”，打通服务群众“最后一公里”。深入践行“用脚步丈量工作法”，建立台账，排查并解决问题共二百余项。开展我为群众办实事系列活动，组织党员干部夜巡、倡导孝老敬亲、培育文明乡风，涉及便民服务、城乡基础建设、健康卫生等多方面共计86项，切实提升辖区群众的获得感、幸福感、安全感。

【具茨山景区开发】 管委会坚决贯彻落实“绿水青山就是金山银山”的发展理念，高标准建设黄帝文化景区，以黄帝文化为龙头，进一步完善具茨山森林公园规划修编。以国土空间规划为契机，加快景区与森林公园协调持续发展，拟通过景区小交通、网红景点打造、安全标识设置等方式，提升景区基础配套设施保障能力，改善景区基础设施和环境面貌，吸引游

中天阁（具茨山国家级森林公园/供图）

中华根脉（具茨山国家级森林公园/供图）

客，以景区发展带动辖区经济发展。

（撰稿：李程光　审阅：丁　毅）

旅游管理

【完善旅游发展规划】编制《新郑市“十四五”文化体育旅游业发展规划》，为新郑市突出彰显文化特色，完善文旅体公共服务功能，推进文化和旅游融合发展，助推新郑市文旅融合向高质量发展描绘了发展蓝图。

【壮大旅游产业规模】引导做强乡村旅游。申报河南省乡村旅游特色村3家，其中裴李岗村已入选2021年河南省乡村旅游特色村。助力景区提质升级，指导黄帝千古情创成国家AAAA级旅游景区，指导黄帝故里创建国家AAAAA级旅游景区、泰山村创建国家AAA级旅游景区，指导黄帝故里景区做好游客中心、旅游厕所、停车场等工作，提升新郑旅游形象品位。加大招商引资力度，招引旅游项目“轩辕夜游谷”，项目由漫说文旅集团联合寒舍文旅等集团共同打造，总投资约30亿元，占地40公顷，计划于2023年建成并对外开放。

【提升旅游服务质量】推进全域旅游发展。已与北京华汉旅签订创建全程的咨询、辅导合同，制定了新郑创全现场整改第一轮台账、自评表、台账等资料草稿，召开全市动员会，正式启动了创全工作。在全市各景区开展“学党史提品质全市A级旅游景区‘2021质量提升年’”活动，下发实施方案，进一步提升全市A级旅游景区管理水平和服务质量，推动旅游业高质量发展。加强管理监督，全年下乡检查50余次，出动检查人员180余人次，到旅行社、各景区景点、农家乐及旅游特色村进行检查，特别是疫情防控方面，及时发现问题，限期整改。加强导游队伍建设，举办“讲好红色故事 弘扬革命精神”红色故事讲解员选拔赛，组织讲解员参与省、市等各级领导讲解工作，不断提高人员业务素质和服务水平。

【强化旅游宣传营销】成功举办“光影流金 魅力新郑”2021新郑文旅摄影大赛暨郑国车马坑遗址博物馆赏樱季、“绿色发展、美好生活”——2021年“中国旅游日”暨文明旅游宣传、第三届全球文旅创作者大会（新郑站）暨黄帝千古情景区电音泼水节、2021中华枣乡风情游暨第18届好想你红枣文化节等特色文旅节庆活动。其中，枣乡风情游期间，共接待游客20余万人，实现了全市经济效益和社会效益双丰收，带动了新郑休闲农业和乡村旅游发展。“5·19”中国旅游日期间，组织全市涉旅企业、文旅场馆推出惠民乐民措施50余条，给广大市民和游客送去了实实在在的文旅实惠大礼包。制作“让文物讲故事”“魅力游新郑”系列短视频，在学习强国、抖音、微信视频号平台上发布，点击量达5万余次。编写、整理了《悦享新郑》《让新郑告诉你》系列丛书。指导各景区开展研学游活动，郑国车马坑推出的“享郑韩文化，品郑国故事”研学游活动、新郑市博物馆推出的“小小讲解员”培训等共吸引郑州地区20余家中小学院校上万名学生参与。

（撰稿：王　宁　审阅：樊战东）

卫生 体育

SANITATION AND SPORTS

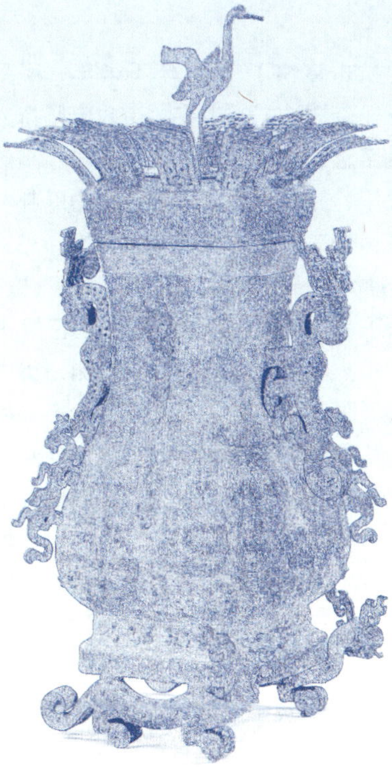

·卫生 体育 >>>

SANITATION AND SPORTS

卫生 健康

【概况】 新郑市卫生健康委员会承担市域内卫生健康医疗资源配置、疾病预防控制、职业卫生监管、卫生健康应急处置、医疗机构和医疗服务准入管理、卫生计生监督执法、深化医药卫生体制改革、基本公共卫生服务项目落实、中医药行业指导管理、国家基本药物制度、组织推进老龄事业发展、卫生健康信息化建设、依法管理计划生育技术服务、开展卫生健康教育和健康促进、开展爱国卫生运动、食品安全风险评估等职责；设置有办公室、编制人事科、财审科、疾病预防控制科、医政医管科、中医管理科、基层卫生健康科、法规与综合监督科、妇幼健康科、老龄健康科、人口监测与家庭发展科、规划信息宣传科、行政审批科、健康城市指导科、爱国卫生科15个科室和党办、工会、妇联、团委、党风廉政建设办公室等党团群团组织机构。截至2021年年底，全市辖区共有卫生机构（含村卫生室）587个，开放床位6103张，卫生技术人员6965人，其中执业（助理）医师2592人，注册护士3133人。

2021年是建党百年，也是全市卫生健康系统经受前所未有严峻考验的一年。面对特大洪涝灾害与新冠疫情反弹叠加冲击，全市卫健系统扛稳担当、顶压前行，全力以赴抗击疫情，齐心协力防汛救灾，有力保障全市人民群众生命健康安全，实现了全市卫生健康工作新发展。市卫健委荣获了郑州市卫生健康系统先进集体、郑州市爱国卫生杯金杯等多项荣誉。

【抗击疫情】 2021年下半年，经受三轮疫情冲击，市委、市政府坚持人民至上、生命至上，统一领导、高效决策、靠前指挥；全系统全力以赴、英勇奋战，第一时间平急转换，充实完善组织架构和人员队伍，启动“三公一大”联合流调溯源，压茬推进“重点人群+全员”核酸检测，集中优质医疗资源救治患者，三轮突发疫情均在第一个潜伏期内实现圈住封死目标。坚持全市一盘棋，资源统一使用，全面开展院感防控专项整治，扩充院感防控专业人员力量，组织开展全院全员培训，守牢院感防控底线。规范提升发热门诊建设和管理，保持“哨点”灵敏高效。开展核酸检测“敲门行动+上门服务”，开通孕产妇、新生儿医疗救助绿色通道，极大方便群众就医问诊。先后派出1400余名医务人员支援港区、二七区、郑东新区、新密等地，彰显了新郑担当。始终抓紧新冠疫苗接种工作不放松，开展新冠疫苗接种相关培训14次，累计培训1236人次，全市共启用新冠病毒疫苗接种点，初步建立了全人群免疫屏障。

【防汛救灾】 在防汛前期，卫健委党组积极践行“用脚步丈量工作法”，深入一线基层医疗机构督导查看各单位防汛工作落实情况，及时发现问题，迅速解决问题，全面做好防汛各项准备工作。灾情发生后，成立防汛救灾应急专班，统筹组织开展医疗救援、卫生防病、病媒消杀和系统内防汛救灾等工作。各班子成员带队组成8个督导组分赴各乡镇（街道办、管委会），积极主动对接辖区政府督促、指导灾后消杀、病媒生物防制、健康科普宣传等工作。全力做好医疗服务保障，广大医务人员奔赴最前线，守护群众生命安全。加强传染病监测报告，深入开展城乡环境综合整治，组织健康科普知识宣传。全市共出动消杀队伍309支，出动人员4484人次，投入药品 4979.61公斤，投入器械 1712台，消杀点位4962个、消杀面积727万平方米，确保大灾过后无大疫。同步开展灾后重建，成立工作专班，第一时间排查基层医疗机构受灾情况，卫健系统共报损医疗单位15家，发放防汛救灾资金930万元，灾后恢复重建工作全面完成，已全部完成修复任务，总投资306.19万元，全面提升了基层医疗机构基础设施条件和抗灾能力。

【健康扶贫】巩固健康扶贫成果，做好乡村振兴和脱贫攻坚的衔接工作，成功迎接省级脱贫攻坚后评估工作。持续实施“七免一减”惠民举措，共为省级脱贫户减免起付线1921人次69.81万元，减免10%自付费用1845人次15.44万元；门诊慢性病医疗兜底共保障13140人次56.16万元；为三类户减免起付线37人次1.7万元，减免10%自付费用38人次0.62万元，门诊慢性病医疗兜底共保障13人次0.27万元；免费健康体检1555人；开展适龄妇女两癌筛查29人；开展义诊84次，惠及群众9000余人，发放礼包1831个。2月1日，具茨山管委会郭老庄村村委和部分群众代表送来“驻村扶贫 敬业为民”“助力扶贫 贴心为民”锦旗，对卫健委近年来结对帮扶工作表示感谢。

【健康新郑】制定《健康新郑行动实施方案》，全面推进健康新郑18个专项行动；自2016年被列为省健康城市试点单位以来，健康城市考核42项主要指标更优化，健康环境和健康保障水平不断提高，综合指标数据处于河南省前列；创成省级健康乡镇6个、健康单位2个、健康村社区7个；创成郑州市健康单位4个、健康村社区3个。持续深化健康教育，开展健康政策宣传95次，健康巡讲活动115次，健康大讲堂活动180场，开展全民营养周和中国学生营养日活动，举办新郑市第四届健康科普能力大赛，在郑州市第三届科普能力大赛中，新郑市公立人民医院王婉颖荣获健康科普能力大赛金奖，新郑天佑医院赵静荣获健康科普能力大赛银奖，新郑市卫健委获得优秀组织奖荣誉称号；结合疫情和灾情防控，广泛宣传普及健康知识，印制《新冠疫情常态化防控知识》手册5000册、折页10000份、《公民防疫基本行为准则》20000份。《新冠疫情防控告知书》《社区防疫公告》等海报10000份；印制《大灾后防大疫》暴雨洪涝灾害后防疫宣传折页30000份，第一时间发放到基层群众手里。妇女“两癌”、新生儿疾病、产前筛查及脑卒中、肺癌早期筛查等民生实事项目，均超额完成目标任务、6.9万余人次受益。广泛开展爱国卫生运动，号召全市72个单位、16个乡镇办、主城区35个社区居委会每周开展城市清洁行动。扎实做好国家卫生城市复审工作，抽调全市14个单位63名人员组建复审办，成立综合组、宣传组、评优评差组和4个督导组，召开调度会60余次，印发战报82期，督查问题2698个，统筹协调，日夜奋战，顺利通过国家卫生城市复审工作，新郑市第六次获得“国家卫生城市”称号，新郑市薛店镇重新确认为“国家卫生镇”。

【深化医改】加快推进公立医院去行政化改革，印发《2021年新郑市医改工作要点》和《2021年新郑市医改工作要点委内职责分工》，明确2021年辖区医改各成员单位和卫健系统改革要点及分工，协同各单位、科室推进深化医改工作。印发《新郑市卫生健康委关于进一步推进我市分级诊疗制度建设委内分工的通知》，压实责任，加快卫健委各科室协同推进新郑市分级诊疗制度建设。深化公立医院综合改革，落实政府办医职能，将深化医药卫生体制改革重点任务纳入《新郑市委深改委2021年重点改革事项》由市委进行部署安排，加大本级财政投入。稳步推进医疗服务价格改革，新增公立医院医疗服务价格31项、修订140项、转正19项、取消4项。高质量推进紧密型医共体建设，印发《新郑市紧密型医疗卫生共同体绩效考核实施办法（试行）》和《新郑市紧密型县域医共体建设暨医疗集团建设“三方权责清单”委内责任分工》，制定医共体建设操作规范，健全医共体运行管理绩效评价机制，试点开展医保基金和公卫资金打

3月11日，新郑市2021年卫生健康工作会议召开（市卫生健康委员会/供图）

包支付，开展辖区医共体运行效果评价，开展培训45次、讲座7次，开展远程心电26000余例，远程影像5800余例。坚持基本药物主体地位，基层医疗卫生机构和二级综合公立医院基本药物使用金额占比平均值分别达到87.5%、52.2%，配备品种数量占比平均值为88.7%、60.9%，均高于省定目标。持续推进智慧健康工程建设，积极配合新郑市大数据管理局进行全民健康信息平台建设工作，已完成智慧医疗一期项目。打造智慧卫生监管系统，实现卫生监管精细一体化。

【医疗服务】健全医疗机构管理体制，提升业务院长医政管理职责意识，强化医疗机构各项核心制度落实，完善考核和检查机制；组织开展了新郑市腔镜、护理、远程医疗、放射医师诊断、感染防控技能业务竞赛，以赛带训，提升医务人员业务能力，推动诊疗质量进一步提高。市公立人民医院顺利通过三级医院验收，并持续做好重点专科建设，急诊科、内分泌科、医学检验科、神经内科4个专业纳入郑州市临床重点专科建设，普通外科已通过河南省县级临床重点专科申报，并获批在建。提升急危重症患者救治能力，市公立人民医院五大中心、新郑华信民生医院（胸痛中心、卒中中心、危重新生儿中心）、新郑天佑中医院（胸痛中心、卒中中心）已通过相关认证。加强医废管理，健全医疗废物管理体系，组织医疗机构学习贯彻《医疗废物分类目录（2021年版）》，提升医疗机构对医疗废物分类处置能力。落实医师报考资格审核，初审报名考生739人，发放医师资格证233人。审核了2020—2021年度支农下乡人员的档案资料183份，安排181名医务人员开始新一轮对口帮扶，提升基层医疗服务能力。认真做好医疗机构行政审批事前服务，年度校验医疗机构216次、复验50次；医疗机构新增执业地点39次，变更执业地点3次，增设执业科目4次；限制类医疗技术备案1次。协调化解医疗投诉及纠纷80余起；委托医疗事故技术鉴定9起、尸检1起。完成了“7·30”新冠肺炎疫情防控、普通高招升学考试、中招考试、征兵体检、双拥等大型活动医疗防疫保障，共出动救护车226台次、出动救护人员778人次，累计救治125人次。认真办好2021年医师节、护士节活动，分别对44名优秀医师、86名优秀护士进行了表彰。

【基层服务】持续开展“优质服务基层行”活动，郭店中心卫生院达标国家推荐标准，新区社区卫生服务中心达标基本标准。加强校园医疗服务保障，为中小学配备校医队伍，为75所中小学配备校医96人，市财政每年补助资金300万元。完成18家村卫生室公有化改革任务；积极推动乡村医生“乡聘村用”，稳定优化乡村医生队伍，筑牢农村医疗卫生服务网底；加强基层人才队伍建设，积极组织开展基层卫生人才培训及“等额对调”式帮扶项目，组织基层医疗机构卫生人才参加各级培训526人次。扎实做好基本公共卫生、老年人健康体检、家庭医生签约服务工作，建立电子健康档案人数621913人份，建档率95.18%；管理65岁及以上老年人79918人，规范管理率67.38%；管理高血压患者52209人，规范管理率93.56%；管理2型糖尿病患者21711人，规范管理率93.04%；为全市60岁以上老年免费健康体检78507人；全市累计有558533人签约家庭医生，签约率85.48%；其中重点人群签约182035人。根据家庭医生签约服务协议，2021年度为签约居民减免4882人次，累计减免费用38.37万元。加快推进智慧医疗体系建设，助推基本公卫服务，配备智慧社区一体机，实现群众在线签约、履约、健康咨询、居民健康档案查询等服务；简化居民就医流程，提高居民自我健康管理意识；构建智慧监管平台，对辖区内基本公共卫生、基本医疗、签约履约等服务数据智能化、信息化监管；架设公卫考核系统，首次采用“公卫绩效线上考核系统”，提高考核数据质量，提升档案质控水平。

【中医药事业】开展中医医疗机构执业登记及年度校验工作，校验2家一级中医医疗机构、71家中医个体诊所中医诊所进行年度校验，新设置一级中医医院一家、中医诊所11家。开展中医医疗机构医疗安全管理督查活动，共督查中医医疗机构83家，下达整改通知书83份，整改问题105条。组织中医师承确有专长报名考试工作，开展中药饮片专项检查工作，加强基层医疗机构中医人才培养工作，选派21名乡镇卫生院及社区卫生服务中心中医骨干到郑州市参加培训，全部考核通过并获得考核证书。开展中医中药中国行大型义诊周活动，发放中医健康养生知识手册800余份，义诊300余人。开展示范中医馆创建工作，2021年创建郑州市示范中医馆1家，河南省示范中医馆2家。共举办郑州市级继续教育项目41项，累计授予市级二类学分121学分，共培训全市卫生技术人员12800余人次；组织27人参加住院医师规范化培训报名考试（老办法）及实践技能考核工作；选派3名乡镇卫生院执业医师参加全科医师转岗培训；新郑市人民医院助理全科医师规范化培训基地招收20名专科毕业生；11家医疗卫生单位实验室通过备案复审；审核全市医疗卫生单位29家单位卫生技术人员继续教育学分7123人，审核合格率达99.12%；指导公立人民医院、疾控中心核酸检测能力提升建设工作，开展常态化疫情防控核酸检测指导工作及常态化疫情防控核酸检测平台管理维护工作，共检测居家隔离人员98539人，医疗机构检测11058人，为医疗机构工作人员及居家隔离、集中隔离人员发放中药预防用药101731剂。

【疾病防控】有序推进疾控机构标准化建设，强化重大疾病防控，有序推进传染病监测项目，完成传染病监测预警信息化建设筹备工作。加强免疫规划管理工作，共进行免疫规划工作督导4次；积极开展预防接种宣传活动，每月月初进行疫苗接种率预警分析，通过多种途径提高疫苗接种率。为提高辖区各预防接种门诊的智能化水平，作为2021年新郑市十项民生实事之一，市财政专门下拨专款，助力全市预防接种门诊升级，推动新郑市预防接种门诊的智能化进程。扎实做好精神卫生防治工作，推进严重精神障碍患者规范化管理，累计建档患者数3607人，2021年新增患者258人，死亡462人，在册患者3145人，在管患者2942人，非在管患者201人，失访患者2人，严重精神障碍患者报告患病率为4.82‰，管理率93.28%、规范管理率93.03%，在册患者服药率93.09%，规律服药率87.77%，面访率为92.49%，体检率47.51%。加强慢病综合防治工作，持续推进慢病综合防控示范区建设，市政府拨付专项资金98.4万元，召开2021年慢病示范区领导小组会议，召开了联络员会议，与各成员单位签订了目标责任书。高质量完成市民生实事脑卒中、肺癌筛查项目，脑卒中危险因素筛查（任务5000人）完成初筛任务5047人，完成率100.94%，确定高危人数2241人，复筛1502人，复筛完成率100.13%肺癌早期筛查（任务4000人），完成初筛任务4005人，完成率100.03%，发现高危1015人，复筛320人，复筛完成率100%。地方病防治、艾滋病防治等工作扎实推进。深入开展职业病防治，开展重点行业领域专项治理。开展食品安全监测，做好食源性疾病暴发病例的流行病学调查、信息的报送工作。圆满完成“两会”、拜祖大典、黄帝文化论坛、高考、中考以及重要会议、重大活动防疫医疗保障12场次。

【妇幼健康】按照“先试点后推开”的原则，整合卫生和养老服务资源，指导有条件的医疗机构开设老年医学科，设立安宁疗护病区（中心），市公立人民医院、市人民医院解放路院区已设立了老年医学科，设置床位60张；全市5家二级医疗机构均设立了安宁疗护病区（中心），设置安宁疗护床位80张；一级以上医疗机构开设老年人就医绿色通道；确立了华信民生养护中心、中医院老年养护中心、新建路社区卫生服务中心、观音寺中心卫生院4家医疗机构开展医养结合服务，依托医疗资源平台，为入住的老人提供养老托老、医疗护理、康复保健为一体的服务，设置医养结合床位861张；以家庭医生签约服务为载体，依托村（社区）卫生服务机构的基层优势，建立了“点对点”“面对面”居家健康养老服务体系，全市132个家庭医生签约服务团队，开展了老年人健康教育预防保健，疾病诊治、康复护理、长期照护、安宁疗护。推进托育服务工作健康顺利开展，开展“规范托育服务中原行”“八个一”系列活动，加强监管，指导托育机构加强内部安全隐患的排查摸底和自查整改，督促辖区内各医疗单位积极主动开展单位托育机构建设工作，全市幼儿园有16家设置有629个婴幼儿托位，托育机构有19家共设置托位989个。全面落实三孩生育政策，为449人提供了三孩生育登记服务。加强计生家庭保障，落实各级奖扶资金1121.3万元，特殊家庭住院护理保险补贴44782.59元、134人受益，被授予“全国计划生育优质服务先进单位”称号。

【重点项目】完成《新郑市“十四五”卫生健康事业发展规划》撰写，组织开展好中央投资公共卫生补短板项目和政府专项债项目谋划、上报及推进工作，积极推进公共卫生补短板项目。推进社区卫生服务中心建设，在龙湖片区新建投入使用祥和路社区卫生服务中心、西泰山社区卫生服务中心、文昌路社区卫生服务中心，12月底完成了对三家社区卫生服务中心的验收，三家社区卫生服务中心的投用有效提升了龙湖片区的基层医疗卫生服务能力。全市新增设6个疫苗接种点，为15家预防接种门诊配备数字化智能接种系统，14家预防接种门诊进行了环境升级改造；升级9家基层医疗卫生机构信息系统，建立基层卫生绩效考核管理系统，实现市域基本公共卫生机构数据共享。市公立中医院主体建设基本完成，市公立人民医院传染病区综合楼建设已启动。配合辖区政府推动市第八人民医院等项目建设。

【卫生治理】强化行业综合监管，开展蓝盾护航行动、打击非法医疗美容服务专项行动，卫生计生监督所出动检查监督人员248人次，完成辖区515家医疗机构的专项监督检查，检查率100%，其中医疗美容机构5家。对农村集中式供水安全及餐饮具集中消毒工作进行安全巡查。落实行政执法责任制，进一步提高行政执法水平，共办理案件并结案案件共计221件，共计罚没人民币1219958.5元。全面推进“双随机、一公开”工作，国抽、省抽、市抽双随机任务分别为415户、152户、141户，抽查任务均已完结，双随机案件数共44件，已结案44件。打造“智慧卫监”，全市一级以上医疗机构安装监控，医疗废物智能在线监测，无人机实时调度。深化行政审批“放管服”改革，按照“三集中三到位”的工作要求，实行前台“一口受理”“一次性告知”，后台“办结”制，全面推行“容缺式受理”，共梳理颗粒化事项118项（行政许可

74项、行政给付5项、行政确认6项、行政奖励16、行政裁决1项、公共服务8项、其他权利8项），并全部公示于政务服务网；共办理公共场所卫生许可证797件，放射诊疗许可证82件，母婴保健许可证9家，医疗机构名称裁定67家，医疗机构执业登记64家，医疗机构注销27家，医疗机构变更71家，医疗机构校验273家，医师执业注册（变更、多机构备案）882人次，护士注册（变更、延续、重新注册）790人次，老年人优待证2110人次。认真抓好食源性疾病监测上报工作，全市21家哨点医院共上报有效食源性疾病1927例，共5起食源性疾病暴发病例，新郑市疾病预防控制中心接报后及时开展流行病学调查工作，及时上报、调查处置，上报病例中无重症病例，无死亡病例。加强执法监督，广泛开展普法宣传，认真贯彻落实基本法，法治建设深入推进。积极维护安全稳定，加强信访矛盾排查化解，大力开展灾后安全隐患排查整改，被郑州市卫健委评为信访稳定工作先进集体。

【党的建设】 认真落实党组理论学习中心组集中学习，常态化开展意识形态工作，持续开展“党的创新理论万场宣讲进基层”宣讲；深入学习贯彻党的十九届六中全会、省市党代会和全会精神，坚持“第一议题”制度，严格落实党组会议事规程。高位推进党史学习教育，隆重举行庆祝中国共产党成立100周年主题活动，通过专题讲座深学、党课教育专学、悦读经典悟学、创新载体促学、红色基地教学等方式，促进党史学习教育走深走实；累计学习习近平总书记重要讲话、文章、指示批示精神67篇，传达学习中央、省委、郑州市委和新郑市委重要会议精神16次；确定“我为群众办实事”8项，均圆满完成既定目标。推进党支部标准化规范化建设，巩固夯实基层组织基础，新郑市公立人民医院党委、新郑市人民医院党委、4家社区卫生服务中心党支部、9家乡镇卫生院党支部等15个党组织隶属关系调整为新郑市卫健委直属机关党委管理，成立新郑市紧密型医疗卫生共同体总医院党委、新郑市妇幼保健计划生育服务中心党总支部，新郑市卫生计生监督所党支部完成更名、换届工作，新郑市人民医院党委、新郑市中医院党总支部完成换届工作。加强党风廉政教育，推进以案促改制度化常态化，按照“5步法”和“1+4”工作模式，注重以案促改从案发单位向共性岗位辐射、向关联单位拓展、向系统领域覆盖，开展医药购销领域商业贿赂专项治理活动，印发《新郑市医疗机构及其工作人员廉洁从业行动实施方案（2021—2024年）》，大力改善行业作风。切实做好文明城市、文明单位创建活动，组织开展“我们的节日”、庆祝建党100周年合唱比赛、中秋诗会等活动；扎实做好防汛救灾、疫情防控工作宣传，组织110名志愿者到洧水公园开展灾后恢复集中清淤志愿服务活动；广泛开展健康文化宣传，结合疫情防控、医师节等深挖系统内先进典型、先进事迹，整理推送“云上新郑”稿件28篇，被医药卫生报、新郑融媒等平台采用，树立了干事创业的鲜明导向。依法公开政府信息259件；承办市人大建议、政协提案16件，办结率和满意率100%；卫健委机关创成国家第一批节约型机关，顺利通过郑州市文明单位创建；新增新区社区卫生服务中心、新华路社区卫生服务中心、郭店中心卫生院、孟庄镇卫生院四家单位获评“新郑市文明单位”。“12320”服务热线等工作有序推进，全市卫生健康事业全面协调发展。

（撰稿：田胜利　审阅：岳刘慧）

体　育

【基础设施建设】 先后在全市乡村范围内安装体育设施32套；社区、行政村健身路径更新工程44套；街心花园、城市游园健身路径建设25套。在郑韩故城遗址公园和北街社区街心花园分别建设智能健身驿站2个；二代智能健身路径4套、多功能笼式运动场2个、乡镇体育工程6个、社区健身房3个。全市城区各大公园均建有健身区域，近百套功能各异的健身器材错落有致地散布其中，每天都有大量群众前来锻炼，让广大群众在健身中享受到运动带来的健康和快乐。

【举办丰富多样的赛事活动】 联合市总工会等单位组织千余人参与的“登高战疫览山川，健步迈向新征程”迎新登高健身跑活动；开展2021年新郑市“千村百镇”系列体育活动暨第六届“万步有约”健走激励大赛，全市19支队伍近千人参与；5月，以“全民健身月”为抓手，组织篮球、乒乓球、羽毛球、门球、轮滑、健步走、广场舞等体育活动，参与人数达5000人次，推动了全民健身事业持续、健康、快速发展。

【强化社会体育培训】 积极搭建交流和教育培训平台，提升全市3120名社会体育指导员的理论水平、技术水平和指导能力。组织体育指导员参加“走基层 送健康”活动，深入乡村、社区、工厂、敬老院、企业，引导社会指导员在实践中提升技能，宣传健康知识。

（撰稿：王　宁　审阅：樊战东）

社会生活

SOCIAL LIFE

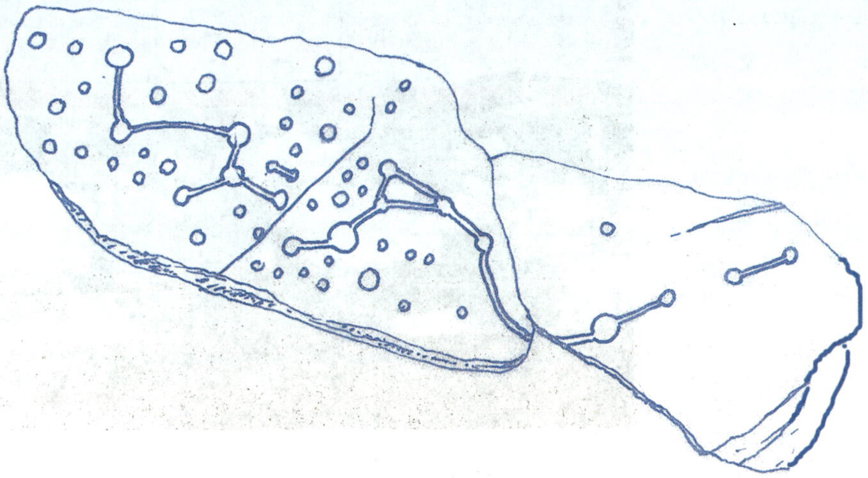

社会生活 >>>

SOCIAL LIFE

民政工作

【概况】 新郑市民政局位于中华路，内设11个行政科室，下属6个事业二级机构：新郑市社会组织服务中心、新郑市殡仪馆、新郑市民政事务服务中心、新郑市殡葬事务中心、新郑市殡葬改革执法队、新郑市社会福利服务中心。2021年，新郑市民政局以习近平新时代中国特色社会主义思想为指导，坚持党建引领，履行民生基本保障、基层社会治理、基本社会服务职责，不断加强自身建设，推动民政事业高质量发展，继续保持了全国民政系统先进集体、河南省文明单位、郑州市卫生先进单位等称号。

【社会救助】 社会救助保障水平不断提高。从2021年7月1日开始，新郑市城乡低保标准为每人每月740元和特困供养人员救助标准为每人每月1110元，发放城乡低保资金4216.77万元，保障低保对象4320户8049人，为1333名特困人员发放资金1723.41万元。加大临时救助力度，下拨乡镇、街道、管委会临时救助金298.16万元，救助1533人次，发放194.52万元救助金。对全市6823名农村低保和分散供养的907名农村特困供养对象按照每人700元的标准发放临时生活补助金（每人每天100元，共发放7天），共发放临时补助金541.1万元。

【社会福利】 持续提高孤儿保障标准，城镇、农村社会散居孤儿由每人每月1380元、1080元分别提高至1390元、1090元，全年共为43名孤弃儿童、47名事实无人抚养儿童发放保障资金113.1万元。为严格落实残疾人“两项补贴”制度，发放资金832.61万元，惠及困难残疾人1899人、重度残疾人4782人。完善流浪乞讨人员救助管理机制，全年救助流浪乞讨人员91人次，其中护送返乡26人，亲属接回34人，自行返乡26人。

【老龄工作】 继续落实高龄津贴制度。为全市机关、企事业离退休职

6月9日，新郑市民政局召开残疾人两项补贴“跨省通办”工作推进会，局主要领导、分管领导及各乡镇（街道、管委会）社会事务办公室主任参加会议

（市民政局/供图）

10月6日，新郑市开展慈善捐款活动（刘栓阳/摄）

工80岁以上2077名老人发放高龄津贴294.13万元；建成19所社区托老站，已运营43所社区托老站。

【社会事务】殡葬管理不断加强。继续落实惠民殡葬政策，新郑籍亡故居民全部免除基本殡葬服务费，按照领取自愿原则，对新郑籍亡故居民免费发放公益性骨灰盒；连续14年在清明节举办以骨灰植树、鲜花祭扫为主要内容的绿色殡葬活动；婚姻登记规范管理。全年共办理结婚登记4030对，离婚登记1729对，收养登记5人；区划地名工作稳步开展。清理整改了4家不规范地名，对19家单位申报的新增地名进行了审核备案；在主城区和龙湖镇全面启动三维门牌安装工作，如期完成了郑开线（新郑尉氏线）的边界联检工作，保持了边界线的稳定。

【基层政权和社区建设】全市249个村和51个社区共选出村（居）委会班子成员1337名，历史性地实现了全市300个村（社区）党组织书记、村（居）委会主任100%“一肩挑”，实现了年龄学历“一降一升”的工作目标，为推进“十四五”期间乡村振兴战略的顺利实施奠定了坚实的人才基础。组织开展村委规范化建设和村务公开示范村创建活动，20个村受到郑州市的命名表彰。

【社会组织管理】全市社会组织健康快速发展，依法登记社会组织378家。建立党组织19个，党组织和党的工作覆盖率100%。加大打击整治非法社会组织和“僵尸型”社会组织专项整治行动力度，依法注销3家。配合清理不合法合规校外培训机构132家，净化社会组织发展环境。

【慈善事业】慈善事业稳步推进。开展助医、助学、助困、助残、安老、抚孤、精准扶贫、困境儿童帮扶、心理援助、慈善文化建设、慈善志愿者发展、公益慈善宣传推广等25个慈善项目，发放慈善款物1.06亿多元，被郑州慈善总会评为2021年“99公益日”活动先进单位。

（撰稿：吴晓彬　审阅：杨明辉）

双拥优抚安置

【概况】新郑市退役军人事务局认真贯彻落实习近平总书记关于退役军人工作重要论述和重要指示批示精神，深入推进《中华人民共和国退役军人保障法》贯彻落实，牢牢把握“让军人成为全社会尊崇的职业”这一目标，勇于担当，攻坚克难，有序推动军民融合和退役军人各项工作任务深入发展。2021年，新郑市蝉联“河南省双拥模范城”八连冠、“郑州市双拥模范城”十连冠。新郑市退役军人事务局获得了郑州市拥军优属模范单位、郑州市退役军人事务工作先进单位等称号。

10月28日，新郑市举行崇尚荣誉关爱退役军人捐赠活动

（市退役军人事务局/供图）

"7·20"防汛退役军人突击队（市退役军人事务局/供图）

【防汛抗疫】以"党建引领"为抓手，充分发挥退役军人模范先锋作用，在防汛救灾、疫情防控等工作中冲锋在前，践行了"退伍不褪色退役不褪志"的军人本色。7月19日，市退役军人事务局发出"致全市广大退役军人和退役军人事务系统干部职工的倡议书"，号召大家积极参与防汛工作。面对严峻的防汛形势，7月21日，市退役军人事务局迅速组织局干部职工中的退役军人和全市退役军人志愿者，组成防汛突击队，积极投身防汛救灾一线，全力以赴做好防汛工作。全市近千名退役军人参与到防汛抢险工作当中。7月31日新冠肺炎疫情暴发以来，新郑市退役军人事务局坚决贯彻上级重要指示要求，成立了疫情防控工作综合协调组，协调市乡村三级退役军人服务机构；牵头成立了退役军人参与防控工作巡回动员组，督促各乡镇（街道）管委会及所辖各村社区动员退役军人参与疫情防控。

【待遇落实】为市属困难企业军转干部发放困难生活补助金280万余元；分两批为企业军转干部发放临时性生活困难救助金；为企业军转干部代缴大病救助金；为家庭生活困难、长年有病住院经济负担重的军转干部申请发放医疗救助金。为两属企业、市属营职以下企业军转干部发放慰问金；春节、八一期间共发放慰问金171000元。

【优抚和褒扬】为4383名优抚对象发放抚恤补助款2698.6043万元。为46名1—6级残疾军人缴纳医疗补助资金50.91万元，为7名下岗优抚对象缴纳参保资金1.91万元，为1048名重点优抚对象缴纳参保资33.536万元。发放住院优抚对象补助医疗补助款19.56万元、269人次；为2019年、2020年入伍的义务兵家庭发放优待金；为2020年在部队立功受奖和评为优秀士兵的战士发放立功受奖奖励金。为286名70岁以上患慢性病重点优抚对象发放门诊补贴14.3万元；组织144名参试人员开展年度体检。完成763名优抚对象信息核查，为3名老复员军人配发轮椅，为5名重点优抚对象配发助听器。组织10名优抚对象到省荣军服务中心进行短期疗养。完成残疾军人证换发354人。为14名困难优抚对象解决临时性生活救助2.3万元，下拨困难优抚对象救助金25万元。下拨"两参"人员专项救助资金15.3万元。9月下旬，组织全市退役军人事务系统干部职工开展退役军人走访慰问活动。通过面对面谈心的方式，了解他们的思想动态、生活困难等情况，累计走访人数达1.7万余人。10月28日，为在全市营造尊重、尊崇、关心、关爱退役军人的浓厚氛围，增强退役军人的幸福感、获得感，组织开展"崇尚荣誉·关爱退役军人"捐赠活动。累计向全市生活困难退役军人捐赠价值95万余元的生活物品。

【烈士纪念设施保护】开展烈士纪念设施校核工作，对全市烈士陵园、零散烈士墓等进行普查，完成上级安排的烈士纪念设施数据采集校核工作；烈士陵园设施保护，新修缮围墙一面，以保护陵园烈士纪念设施。开展"致敬·2021清明祭英烈"活动，清明节期间，接待社会各界人士4000余人到烈士陵园开展祭扫。

【双拥共建】春节、八一期间，组织市四大班子领导对新郑市10家驻地部队、优抚对象代表进行了走访慰问，送去了价值90.65万元的慰问物资和慰问金。八一期间走访参战老兵、伤残军人、三属等群体1977人次，赠送慰问金（品）65.6万元。对集中轮训与常态化备勤及挂钩训练民兵进行慰问。开展"情系边海防官兵"活动，累计投入3.99万元，帮助边海防官兵。帮助军人子女享受教育优待。7月取得"郑州市双拥模范城"称号，完成郑州市双拥模范城十连冠目标。9月份顺利完成创"河南省双拥模范城"迎检工作。

【退役军人就业创业】联合市人社局组织两场线上综合招聘会，达成就业意向人数62人；组织退役军人参加"退役出彩大舞台——河南省2021年度退役军人春季招聘会"活动，新郑市多名退役军人达成就业意向；联合中原银行组织"中原银行新郑支行金融服务站招募退役军人站长"活动，已有退役军人成为首批金融服务站站长。还有的自主就业退役士兵完成驾驶证培训。10月14日，在新郑市军创街成功举办新郑市就业创业退役军人专场招聘会。到会企业43家，提供岗位1135多个，现场与用人单位初步达成就业意向。7月14日，河南省退役军人事务厅厅长刘国栋、海南省退役军人事务厅副厅长王开俭带队到新郑市调研退役军人思想政治和就业创业工作，并给予了充分肯定。

（撰稿：贯志超　审阅：乔万义）

医疗保障

【概况】新郑市医疗保障局于2019年1月31日挂牌成立，按照市委办公室市政府办公室印发《新郑市医疗保障局职能配置、内设机构和人员编制规定》的通知（新办〔2019〕40号），新郑市医疗保障局属行政编制，领导职数为一正三副，内设5个科室分别为办公室、规划财务和法规科、待遇保障科（异地就医管理科）、医药价格和招标采购科（医药服务管理科）、基金管理科。市医疗保障局围绕"抓基础保安全、抓重点做示范、抓特色创先锋"的工作目标，按照"持续发力基金安全、精准助力健康扶贫、突出致力改革重点、全面给力民生实事"的基本思路，不断强化民生保障服务功能，扎实做好医疗保障各项重点工作，有效筑牢医疗保障基础管理，有力地推动了全市医疗保障事业健康发展，被郑州市表彰为"卫生先进单位""无烟单位"，国家医保局专门调研新郑市医共体建设情况，医疗救助工作在郑州市进行经验交流，"学习强国"排名始终在全市前列。

【全民参保】截至3月底，全市城乡居民参保人数为548050人，其中驻新郑高校学生参保68230人、财政资助困难群众参保21074人。职工医保参保4458家，参保职工98349人，其中在职职工79791人（事业单位17647人，企业单位58327人，灵活就业3817人），退休人员18558人。新增参保企业784家，新增参保职工3731人。参加生育保险4234家，参保人数75197人。

【基本医疗服务】严密组织了职工、居民、生育保险待遇核准、支付，共支付医保基金2.8亿元，其中职工医保基金支付1.48亿元、居民医保基金支付1.3197亿元；1683人次享受生育保险待遇，支付生育医疗费、生育津贴、生育补助金、产前检查等共计1674.03万元。严密组织基本医疗保险门诊慢特病网上办理，全市共1074人网上申报（职工218人、居民856人），通过802人（职工160人、居民642人），通过率为75%；线下办理日常门诊慢特病业务991人次（职工489件、居民502件）。

【困难群众救助】全面落实医疗救助政策，不断增强医疗救助托底保障功能。针对新上线的国家医保信息平台医疗救助功能不完善的实际，按照坚持为困难群众着想的原则，不等不靠，全力开展线下手工结算，及时帮助解决困难群众个人垫付资金的压力，共手工结算困难群众557人、715213.33元。同时，积极对接民政、乡村振兴部门，每月定时对困难群众信息进行维护，有效地确保了困难群众救助权益的保障落实。

【医药价格】全力推进国家集中采购药品落地，按照第二批国家组织药品集中采购和使用工作的安排部署，全市15家公立医疗机构全部参加药品集中采购，部分定点社会办医药机构参加药品集中采购，32个中选药品按照时间节点在新郑市全面落地。调整修订医疗服务价格项目，2019年12月31日零时起全面取消公立人民医院和妇幼保健院医用耗材加成并同步执行调整后新的医疗服务价格，共调整项目1171项。按照《郑州市关于确定新增和修订医疗服务价格项目（2020年第一批）的通知》，新增"互联网复诊"等项目6个，修订项目3个。同时为进一步做好新冠肺炎疫情防控工作，临时新增"新型冠状病毒核酸检测"等3个项目。完成医保信息编码维护，按照"统一分类、统一编码、统一维护、统一发布、统一管理"的总体要求，全覆盖对36家定点医疗机构、252家村所、72家定点零售药店和2158名医生、2653名护士、72名药师信息进行维护。

【基金监管】严密开展专项整治行动，围绕打击"假病人、假病情、假票据"，等欺诈骗保违法行为，及时印发了《新郑市2022年打击欺诈骗保专项整治行动方案》，已经完成对定点零售药店、乡镇卫生院的全覆盖检查。根据《新郑市医疗保障基金管理领域腐败和作风问题专项整治工作方案》安排要求，组织各定点医药机构深入开展自查自纠。构建廉政长效机制，不断加强内部防控机制建设，深入梳理排查议事决策、资金拨付、基金监管、零星结报等环节廉政风险点，着力构建"决策、执行、监督"三分开的医保管理机制；持续开展廉政警示教育，全面落实"两个责任"机制，深入推进机关作风建设。开展条例宣传活动，4月，印发了《新郑市2022年基金监管集中宣传月活动工作方案》，在全市范围内深入开展了以"织密基金监管网 共筑医保防护线"为主题的《医疗保障基金使用监督管理条例》集中宣传月活动，共发放宣传手册4000多份、宣传折页3000多份、宣传海报5000多张，进一步营造了"人人知法、人人守法"的良好监管环境。

【医保脱贫攻坚】先后组织开展了巩

固拓展脱贫攻坚成果“回头看”、巩固拓展脱贫成果大排查大起底行动，对中办巩固拓展脱贫攻坚成果同乡村振兴有效衔接督查调研发现问题、2021年国家和省巩固脱贫成果后评估反馈问题进行了举一反三自查排查整改。根据《新郑市巩固拓展医保脱贫攻坚成果做好因病返贫致贫风险监测预警工作实施方案》要求，3月16日对全市省级不享受政策脱贫人口的参保状态进行监测，发现辛店镇黄岗村白秋雨等35名省级不享受政策脱贫人口未参加2022年度城乡居民基本医疗保险，及时将监测通报至乡村振兴部门跟进工作落实。

5月，新郑市自强模范和助残先进个人表彰大会暨爱心企业捐赠仪式举行

（市残联/供图）

【重点民生实事项目建设】专门成立了以主要领导任组长、班子成员为副组长、各科室负责人为成员的重点民生实事项目推进工作领导小组，负责全市医疗保障经办领域重点民生实事推进的工作统筹、沟通协调、情况收集、督查督办等具体事务。新郑市普通门诊异地直接结算定点医药机构已经开通13家，超额完成郑州下达的5家目标任务。5种试点门诊慢特病异地就医直接结算定点医疗机构申报6家，超额完成郑州市下达的1家目标任务。全力推进医保经办服务向基层延伸，在新郑公立人民医院、新郑华信民生医院（解放路）、新郑华信民生医院（人民路）、新郑益仁医院（原龙湖卫生院）4家定点医疗机构建设开通了医疗保障服务站，超额完成郑州市下达的2家建设任务，实现医保业务就近办理，打通医保服务“最后一公里”。

（撰稿：唐　春　审阅：赵建军）

残疾人事业

【概况】新郑市残疾人联合会成立于1989年8月，副科级规格，民政局代管，1997年12月升为正科级规格。2000年9月成为独立正科级单位。内设办公室、编制人事科、康复部、组联部、教育就业部、理事办、维权部。下设残疾人就业服务中心，股级规格。办公地点位于中华路北段。2021年3月25日被郑州市残联评为2020年度完成残疾人工作目标先进单位。

【康复救助】大力实施0—14岁残疾儿童康复救助，助力残疾儿童融入社会。2021年，新郑市共为338名0—14岁残疾儿童进行了康复救助，有力地促进了残疾儿童健康成长，为残疾儿童融入社会提供了基本保障。为284名低保精神病患者发放救助资金24.73万元，发放残疾人辅助器具375份，为18名残疾人安装假肢，帮助残疾人恢复功能。为11522名残疾人实施签约医生服务，进一步提升残疾人康复服务水平。

【就业培训】培训残疾人172名，提高残疾人就业能力。

【残疾人证核发】全年共换发和办理残疾证1423份。

【社会保障】2021年有持证人员12431人。其中为4700名重度残疾人和精神、智力三级残疾人及建档立卡残疾人发放特殊生活补贴资金3003.12万元；救助三无残疾人186人，发放救助资金49.74万元；为2625名听力、言语、多重类别残疾人发放通信补贴94.5万元；4722人享受重度残疾人护理补贴，1898名困难残疾人享受生活补贴。为全市符合条件的 11796名持证残疾人购买了综合保险，进一步完善残疾人的保障体系，提高残疾人家庭抵抗意外事故和疾病的能力。启动2021年残疾人“阳光家园计划”居家托养项目，以“政府购买”服务形式为160名重度残疾人提供居家托养服务。鼓励残疾学生进一步深造，资助残疾考生2名，并在考前指导、残疾评定、报考志愿等方面给予帮助。联合教育部门开展未入学适龄残疾儿童筛查、评定，根据结果安排30名残疾儿童入学。为48户贫困残疾人家庭实施无障碍改造，方便残疾人生活。

（撰稿：郑晓芳　审阅：马慧智）

红十字会

【概况】新郑市红十字会办公地点

设在中华北路中原华信大厦十五楼，隶属新郑市人民政府，正科级规格，领导职数一正一副，2021年共有人员23名，内设办公室、编制人事科、组织宣传部、赈济救护部四个科室。红十字会的主要职责是：开展备灾救灾工作，普及卫生救护知识，组织开展群众性初级卫生救护培训，对易受损害群体进行救助，组织开展造血干细胞、遗体及器官组织的捐献，推动无偿献血，依法开展社会募捐，开展人道主义领域内的志愿服务和社会公益活动，分别获2020年度郑州献血委员会颁发的无偿献血先进集体、郑州市红十字系统2020—2021年度造血干细胞捐献工作先进集体、郑州市红十字应急救护大赛先进集体二等奖、河南省红十字应急救护大赛预选赛先进集体二等奖、郑州市级文明单位称号。

【换届工作】 2021年11月19日，新郑市红十字会第一次全市会员代表大会在炎黄文化中心召开，共有130余位红十字会员代表参会。大会审议通过了新郑市红十字会工作报告，选举产生了新郑市红十字会第一届理事会和第一届监事会；决定聘请市委书记马志峰、市长马宏伟为市红十字会名誉会长；选举王金灿为市红十字会监事会监事长；选举王淑慧为市红十字会理事会会长、李向华为理事会常务副会长、赵书欣为理事会副会长。

【救灾工作】 2021年“7·20”特大暴雨灾情之际，红十字会于7月21日建立防汛救灾捐赠物资中转仓库并发布接收捐赠方式。全国各地社会各界爱心人士纷纷伸出援手向新郑市捐款捐物，为确保爱心款物及时高效用于一线，一是明确专人，规范管理捐赠物资。认真做好款物接收、登记、上报、入库、建账、发放工作，出具捐赠票据，对捐赠款物接收、分配、去向等信息进行翔实统计上报，确保无遗漏、无错误。二是招募志愿者，提升捐赠物资搬运转送速度。与文明办联合发布志愿者服务招募公告，不到两个小时招募志愿者近千名，大学生、高中生及社会各界广大市民志愿者们不计报酬，随叫随到，参与搬运物资约1500人次。三是及时上报、完善捐赠资金拨付流程。按市防汛抗旱指挥部统筹调配，第一时间进行公示拨付到位，确保物资尽快分发至受灾群众和一线人员。已定期在云上新郑App对接收的款物进行同步公示16次。共接收捐赠款物8296.06万元。其中接收捐赠资金7731.85万元（郑州市红十字会下拨资金6804万元，新郑市红十字会本级筹集927.85万元）；共接收捐赠物资32.1万件（其中定向15.49万件、非定向16.61万件），折合人民币564.21万元。按照市防汛抗旱指挥部统一调配，所有爱心款物已全部第一时间拨付派送到位。

5月12日是中国第13个“防灾减灾日”，市红十字会制作展板，设置咨询台，当天在炎黄广场进行宣传，共发放宣传彩页近千份，提高群众的防范意识；11月9日，走进社区，重点宣传防火用电常识，用警示案例向群众宣传火灾给居民生活带来的危险，提高群众安全意识。

【募捐及救助工作】 “99公益日新郑红十字人道救助”项目筹资工作位居郑州（县）市区第一名，共有8000人次参与了一起捐，筹资29万元。9月26日，新郑市红十字会在新郑市新时代文明实践中心召开“红十字 爱在身边”大病救助金发放仪式暨新冠肺炎疫情防控及“99公益日”社会募捐工作表彰会，此次市红十字会共向58户受助家庭发放10.6万元募集资金；12月16日向薛店镇常刘、曹店村等5个村（社区）的251名困难群众、老党员、残疾人等发放面粉200袋、大米251袋。开展“红十字博爱送万家活动”，12月28—29日，为符合条件的210名困难家庭人员发放“红十字 爱在身边”大病救助金及关爱弱势群体救助金30万元，送去党和政府对他们的关爱，帮助他们度过一时的困境。

【救护工作】 高度重视，积极组织参加省、郑州市红十字应急救护大赛。为切实开展好总会关于应急救护

11月19日，新郑市红十字会第一次全市会员代表大会召开（市红十字会/供图）

工作促进年活动，组织市纪委及神鹰救援队红十字志愿者封闭培训，集中训练，分别获郑州市先进集体二等奖，并再次组队集训，代表郑州市参加省红十字应急救护大赛，荣获预选赛二等奖。守护生命与健康，红十字就在身边。在社区、学校、企事业单位等地开展应急救护普及及培训9场，培训人次1732人；开展“关爱老人”活动，向常刘社区和北靳楼村的老人赠送1280盒固龈液；积极开展“河南红会送医计划”，市红十字会分别组织郑州市一院、郑州市三院送医志愿服务队深入薛店镇卫生院、梨河镇卫生院，开展“送技术、送知识、送义诊”志愿服务活动。按照“送得出、接得住、可持续”的工作思路，做好医务人员的传、帮、带。2021年志愿服务队医务人员50人次送医5次，入村义诊受益群众995人次。市红十字会组织的送医送到家门口，免费咨询做检查，让群众真正享受到家门口的健康福利。

【三献工作】 持续发挥“红十字 爱在身边”“高校行三献科普知识讲座”品牌效应，分别在龙湖镇山西乔村及龙湖献血屋、炎黄广场、消防应急救援大队开展“红十字 爱在身边”无偿献血暨造血干细胞志愿者招募大型活动，并于“6·14世界无偿献血者日”前夕参加全省宣传活动，同时号召全市文明单位参与第18个“世界献血者日”宣传。全年累计共22323人无偿献血814.8万毫升。招募118名志愿者加入中国造血干细胞捐献者资料库，成功捐献造血干细胞2例，至此新郑市成功捐献造血干细胞已达26例，位居郑州市第一，获评郑州市该项工作先进集体，并在郑州市会议上做先进典型发言。实现器官捐献6例，共救治20名重症器官衰竭患者，日常宣传20余次，发放宣传品和宣传资料万余份。

【学校红十字工作】 普及红十字志愿服务理念，成立学校红十字志愿服务队，加大对学校红十字会工作人员培训，培育先进典型，以身边人先进事迹感染带动更多青少年就近参与志愿服务，在2021年郑州市学校红十字工作会议上，新郑市红十字会作先进典型发言。

（撰稿：陈晓敏　审阅：李向华）

乡（镇）街道

TOWNSHIP, TOWN AND SUBDISTRICT

·乡（镇）街道 >>>

TOWNSHIP, TOWN AND SUBDISTRICT

城关乡

【概况】城关乡位于新郑市区西部，区域面积40平方千米，辖14个行政村、65个自然村、112个村民组、8595户，总人口37286人，耕地面积2670.87公顷。城关乡地理位置优越，交通便利，基础设施完善。辖区内343国道、郑韩路西延、登杞铁路横穿东西，107国道、大学路南延纵贯南北，南水北调生态保护带、双洎河构成“一带一河”的城市生态带穿境而过，得天时、占地利、享人和。白居易故里、郑武公陵、韩国王陵、清朝三代武臣岳钟琪故里坐落境内，历史文化底蕴深厚。2021年，城关乡围绕市委、市政府提出的经济社会发展任务，按照“主动融入城区、承接产业转移、构筑发展体系、打造美丽西城”的工作定位，以“九项工程”为统揽，坚持用好“脚步丈量工作法”，抓项目、谋发展，办实事、惠民生，防风险、保稳定，控疫情、战汛情，凝心聚力、锐意进取，勇挑重担、攻坚克难，较好地完成了各项目标任务，全乡经济持续健康发展。先后获省级绿化示范乡镇、郑州市先进基层党组织、郑州市信访“四无”乡镇、新郑市综合工作优秀单位、新郑市创建全国文明城市提名城市工作先进单位、新郑市精神文明乡镇先进单位、新郑市“三农”工作先进乡镇等称号。

【经济指标】2021年地区生产总值完成16.5亿元；固定资产投资完成4.46亿元；财政收入完成2436万元；社会消费品零售总额完成3.56亿元；居民人均可支配收入达到2.6万元。

【项目建设】重点项目建设。西关桥零阻力完成征地拆迁工作；西城小学项目主体已完工，正在进行室内外装修；西城中学已完成拆迁和土地征收；凤台路小学涉及13户住宅和两个养殖场已拆迁到位，土地已征收；西城体育公园主楼已竣工，室外景观完成60%，室外铺装完成50%。已报新发投谋划北苑南路、轩辕西路、河西路、蓝晶路、凤台路、行政路、杨河路和城东路等8条道路以及合福路10千伏线路改造项目等3个电力供配电工程。所有项目均已完成招投标，8条道路正在清理附属物；3个电力供配电工程正在设计施工图纸。

稳步做好群众安置。大周庄棚户区改造项目（香江龙湾）616户拆迁群众已完成首套房安置，二期正在进行土地收储组卷工作；乔庄棚户区改造项目（楠岸雅筑）398户拆迁群众已完成首套房安置，二期正在积极协调土地征收及报批工作；西城商贸中心涉及的集体土地正在组卷报批；居易新城社区三期14栋楼836套主体工程均已全部完工。其中大周庄棚户区改造项目，做到“一手钥匙，一手房本”，实现了郑州市首例棚户区改造安置房交房即发证，已办理并发放不动产权证528本。

【创文工作】自新郑市创建全国文明城市提名城市工作开展以来，城关乡按照“2021集中攻坚、2022巩固提升、2023全力冲刺”的要求和总基调，迎难而上，主动作为，强基础、补短板、抓重点、提质量，确保创文工作落实落细。建立日调度、周例会、清单交办、台账销号等制度，确保创建工作上传下达、立行立改、提质增效。创文与“用脚步丈量乡村”相结合，创文与“人居环境整治”相结合，创文与“亮赛比”相结合，充分发挥党员引领的示范带动作用，充分调动群众自觉参与创文的积极性，乡村两级干部放下架子、扑下身子、迈开步子，深入一线，近距离发现问题，高效率解决问题，实现“工作有人抓、问题有人管、督办有人盯”，确保件件有着落、事事有回音。在创文工作中，全乡共高标准打造点位16个，成立志愿服务队14个，交办整改问题300余个，发动600余人次开展环境卫生整治等各类志愿服务活动。

【人居环境】 科学分类，因村施策，扎实推进示范村建设。全乡已实施美丽乡村示范村建设村5个，其中2018年敬楼村、2019年西贾庄村、2020年张庄村、2018年及2019年美丽乡村试点村东郭寺村已完成项目建设，2021年端庄村的项目建设正在进行。通过示范村建设，乡村环境面貌大为改善，村庄绿化了、道路硬化了、路灯明亮了、环境变好了、生活舒服了、群众也笑了。

因地制宜、突出特色，高标准打造环境整治亮点。城关乡坚持以“三个先行”为统揽，本着“多动脑、少花钱，集民智、办好事”的原则，以“五小”构建“五大”，通过建立小广场、设计小游园、开展小活动、打造小书屋、成立小团队，营造大氛围、形成大教育、收获大团结、激活大党建、打造大亮点，以达到“村村有阵地、处处有舞台，人人是演员，场场得民心”的效果。利用空闲宅基地或村内空地新建小广场18个、打造乡风文明示范街5条、提升村级文化阵地3个、提升和新建小书屋3个，成立小团队14个，开展各种文艺文化活动近80场次，网络评选出美丽庭院示范户60户，美丽庭院户126户。由以往群众“下雨没法走、活动没场地、运动无处去，饭后打麻将、无事闲晃荡”，转变为如今“吃饱三顿饭，就到村里转，蹦跳有舞台，联欢在游园”的时尚农村新风气。

建章立制、常态管理，持续巩固人居环境整治结果。城关乡在人居环境管理中积极探索，主动实践，建立了常态化管理机制，不断推动乡村治理纵深发展。乡党委政府研究并通过了《关于新郑市城关乡农村人居环境整治以奖代补工作考核奖评办法》，采取“政府引导、村级自筹、乡贤共建”模式，通过以奖代补方式激励各村开展农村人居环境整治，形成比学赶超的干事氛围；通过了《新郑市城关乡人民政府关于在各行政村成立村级物业公司的通知》，成立14个村级物业管理公司，聘请各村能人建立专业管理队伍，聘请各村群众担任保洁、监督、调解员，切实解决农村环境谁来管、如何管、常态管的问题。

【民生事业】 济困脱贫保民生，举办电焊工、保育员、家政、电商直播等各类培训4次，完成培训人数144人；新增城镇就业470人，转移农村劳动力654人，农民工返乡创业55人，办理小额贷款共计50万元，发放就业失业登记证9本；累计发放救济款42户158人7.3万元，给困难老人发放补助款49760元，因灾发放自然灾害救助款54户125人11万元，慰问退休职工17人；新增农村奖扶对象22人，城镇奖扶对象4人，养老保险交费补贴对象148人，养老保险补贴对象8人，独女低保对象2人、参合费对象1633人，50—59周岁生活补贴对象194人，免费孕前优生健康检查93对。

多措并举助脱贫，切实防止贫困户返贫，牢牢守住防止规模性返贫的底线。针对全乡脱贫户9户25人、边缘易致贫户2户9人、突发严重困难户8户15人，制定专项帮扶措施，成立对户帮扶工作小队，开展常态化帮扶和动态监测。汛情发生以来，安排专人到各贫户等困难群众家中查看房屋是否漏雨，组织人员转移、房屋修缮、生活补助，确保平安度汛。疫情期间及时送去防疫物资和消毒用品，并挨家挨户通知核酸检测，普及疫情防控知识与举措。全乡脱贫户、边缘易致贫户、突发严重困难户均生活稳定正常。

污染防治显成效，城关乡坚决扛起生态环保政治责任，确保大气污染防治各项目标要求落实落地，坚决打赢大气污染防治攻坚战。广泛开展“敲门行动”精准查，每晚由班子成员带队，组织带领机关干部、村组干部分成工作组，挨家挨户敲门，排查污染源。加强企业的巡查监管，建立企业大气污染防治台账，实行台账动态管理，对台账上企业、工地等坚持日巡夜查，全年共计开展夜查200多次，共取缔2家小作坊。精准治污，靶向治污。划拨专门经费为基站周围7个村庄购置小型雾炮车，全乡大小型洒水作业车共11辆，对雾炮车司机进行集中培训，把背街小巷、田间地头作为重点作业区域，24小时不间断洒水、雾喷，对农田作业等造成的扬尘，实行贴近跟踪式雾喷降尘。加强散煤治理力度，成立散煤治理工作领导小组，开展多形式、立体化、多方位的宣传活动，同时对饭店、企业、摊点和煤场等重点隐患点展开拉网式排查，严厉打击销售和使用劣质煤炭的行为，做到铁腕治理、不留死角。加强宣传，营造氛围。通过各种会议、墙报、标语、发放资料等多种手段广泛宣传大气污染防治知识，全年开展宣传活动30多次，印发宣传资料2200多份、条幅220多条、宣传页6000份，在全乡形成了重视大气环境保护的良好氛围。

退役优抚显关爱，开展一系列走访慰问活动，为辖区优抚对象及部分困难退役军人、边海防现役官兵送去慰问物资及慰问金，受理生活困难退役军人临时救助；采集现役官兵家属及退役军人信息并悬挂光荣牌18人

3月3日，在城关乡东郭寺村举办纪念白居易诞辰1249周年系列活动

（城关乡/供图）

次，完成辖区内符合条件的60岁老兵材料采集审核工作，核查优抚对象324人，为辖区内残疾军人办理新的残疾证，将兵支书详细信息录入系统；组织开展新郑市烈士陵园祭扫、双拥座谈会、关爱功臣等主题活动，共忆军营光辉岁月，共叙鱼水情；组织退役军人参与创业就业活动，组织退役军人参加省市县三级招聘会。

文化教育惠群众，强化阵地便群众。投资127万元将原拆迁企业的旧办公楼改造为乡文化站，占地面积1935平方米，建筑面积1828平方米，内设新时代实践文明活动室、图书室、多功能活动室、棋牌室、文体活动室、剪纸室、绘画室、未成年人活动室等，对外免费开放的，基本满足广大群众的精神文化需求。丰富活动乐群众，深入开展“春节文化进万家”“居易诗歌创作朗诵大赛”“城关乡歌手大赛”“端庄音乐啤酒文化节”“迎国庆、庆丰收、感党恩文艺展演”“百场巡演文化惠民”等各类文化惠民活动，丰富群众精神文化生活。打造品牌亮特色，以白居易故里为依托，高规格举办纪念白居易1249周年诞辰系列活动，围绕白居易故里文化园，成立“熊孩子”教育白居易诗词研学基地，高规格打造白居易故里文旅产业项目。

【“三农”工作】三夏生产抓实，立足于早，着眼于快。提早安排，扎实部署，成立乡三夏工作小组，将目标任务层层分解；与各村签订三夏、防汛、农机安全生产工作目标责任书，落实主体责任。宣传于广，覆盖于全。通过村广播、悬挂横幅、微信群等，加大政策宣传力度和夏收要点，提高群众安全意识，增强农民群众生产能力。服务于实，保障于全。科学制定工作方案和应急预案，各村设立联络员，及时提供夏收、夏管及天气预报等信息和技术服务；及时做好农机调配，提高机收作业效率；扎实开展农田环境治理，通过农田垃圾清理、秸秆禁烧、夏收田间管理等，实现农业发展和环境治理同步进行。全乡夏粮亩均产量达到600公斤左右，实现夏粮大丰收。

国土绿化抓牢，加快实施“平原林网化”，大力推进全乡造林绿化进程。2021年全乡造林任务共计17.33公顷，其中，农田防护林网完成2.67公顷，乡村绿化完成3.33公顷，种苗完成14.67公顷，全年造林任务超额完成。2021年森林乡村创建任务包含东郭寺、端庄、西贾庄三个行政村，绿化任务均已完成，郑州市林业局已于11月份对西贾庄、东郭寺森林乡村创建工作进行验收。加强林业生态管护及现有林地的保护工作，集中清理整治上级交办森林违法图斑25处，已经全部整改销号。

动物防疫抓稳。抓住“免疫接种、消毒灭源、监督监管”三个重点，认真落实“疫苗发放制度”“疫情上报制度”等六项制度。累计完成71户禽类养殖场55万多羽禽类春季免疫，对全乡18户牛羊养殖场进行集中消毒免疫，对全乡405头存栏母猪、1800头存栏育肥猪进行了投保。全面规范了全乡养殖业安全健康发展，全乡连续多年无重大动物疫情出现。

惠民补贴抓细。以让老百姓真正得到实惠为出发点，对全乡7552户农户发放耕地地力补贴共计3688277.19元；发放实际种粮农民一次性补贴共计4236.84公顷；协调争取上级资金对全乡2000多公顷小麦进行药物防治；争取农机局土地深松项目扶持对全乡7个行政村开展深松旋耕作业共计800余公顷。

秸秆禁烧抓紧。按照“标本兼治、堵疏结合、属地管理、源头控制”的原则，以全面禁止露天焚烧为核心，以大力推广秸秆综合利用为支撑，认真组织协调各行政村开展秸秆禁烧工作。共印发新郑市农作物秸秆禁烧告知书10000余份，在镇区和各村主干道悬挂宣传横幅200多条，禁烧旗800多面，宣传标语1500多条，同时做好“蓝天卫士”秸秆禁烧视频监控中心24小时值班制和一天两次督查巡查制，确保全乡“三夏”“三秋”期间做到“不着一把火，不冒一股烟”。

水利工作抓深。认真落实河长制工作，积极推行“2+1”工作模式，协助开展好“清四乱”“三污一净”，累计召开河长制专题会议10余次，开展乡级河长巡河巡查30余次，开展村级河长巡河180余次，投入劳动力100余人，出动机械8台次，清除各类垃圾80多立方米，保证了城关乡段河道通畅。严格落实防汛抗旱工作行政首长负责制、分级负责制和属地管理原则，争取上级抗旱灌溉物资水泵3台，投资6万余元，对双洎河西环路大桥桥下区域内雨水聚集问题进行清理整治，对全乡639眼机井进行逐一排查登记，确保平稳度汛抗旱。积极做好南水北调两侧水源保护区、双洎河沿线等区域内水源保护及水污染隐患排查，共排查建成区黑臭水体1处，已整改销号；排查南水北调沿线水源保护区内问题7个，已整改销号；集中组织人员300余人次、机械15台（次）对双洎河沿河区域内水污染隐患问题进行清理整治，确保河道清洁。

【社会治理】 做好信访工作，坚持“有访必接、有问必答、有疑必释、有难必解”的原则，做到“件件有着落、事事有结果”，全年，共接待来信来人92批161人次，全乡共排查各类矛盾纠纷40件、成功调处40件，成功调处率达100%；坚持领导接访日制度，做到有访接访、无访下访、预约接访和带案下访，全年乡党政领导共接访135次，接待群众168批259人次。完善矛盾纠纷预防化解，健全14个村矛盾调处室、治安防控室、综合协调室、群众接待厅形成“三室一厅”的办公模式；加强综治维稳队伍建设，有效整合乡、村、组工作人员，共有综治调解员45人，村级信息员14名；实行社会稳定调度制，对排查出矛盾纠纷及时调处，促成小事不出村、大事不出乡。强化立体防控体系建设，不断完善雪亮工程监控系统，14个行政村视频监控已与公安联网，实现互联互通，达到资源统管、实时在线、信息共享；在重点部位、重点路段及重要单位装监控探头458个，为有效打击违法犯罪行为提供强有力的技术支撑。强化治安巡逻队伍建设，建立乡综治工作中心、派出所和各村巡逻队三级防控体系，每村组织不少于10人的巡逻人员，对重点路段、重点区域严查细看。开展平安建设活动，由综治中心协调组织信访办、司法所、扫黑办、派出所、农村信用社等相关部门（单位）在14个行政村、辖区学校开展平安建设集中宣传活动，发放宣传资料8000余份。开展扫黑除恶专项斗争，成立扫黑除恶专项斗争领导组，每月摸排线索并进行适时分析研判，充分利用广播、显示屏等形式进行不间断滚动播报形成扫黑除恶强大的宣传攻势和氛围。开展禁毒宣传活动，将禁毒知识“送”到居民身边共计发放宣传资料300份，宣传物品200余件，接受群众咨询50余人次，切实增强了广大群众的禁毒、防毒意识。开展防诈骗活动，与各村签订防诈骗目标责任书14份，发放防诈骗宣传彩页3200余份，持续推进防诈骗App安装，同时借助各类显示屏滚动播放宣传标语，切实提高群众知晓率及参与度。开展预防未成年人溺亡专项工作，对河道、沟渠等涉水地段精心细致进行安全隐患排查，对于河道旁边水域警示标志定期维护检查；加大未成年人溺亡专项宣传，印制宣传板3块，发放宣传彩页1500余份，悬挂条幅80余条。

【抗击疫情】 自疫情发生以来，城关乡党员干部纷纷加入“逆行”队伍，深入“疫”线，进村入户、走街串巷参与人员排查、卡口值班、疫情防控等各项工作。严格落实闭环管理，在各村（社区）实施闭环管理，全乡共设置34个防控卡点，346名党员干部、志愿者24小时轮流值守，进行进出扫码登记、测量体温、环境消杀、志愿服务等工作，从严从实从细落实各层级防控举措。精准排查守好防线，坚持日上报制度，“照单找人”，全面摸清中高风险区级涉外人员情况，并每日上报排查结果；一人一台账，建立中高风险区人员和入境人员信息台账，并根据排查情况进行及时更新；一群一联系，建立乡村两级干部、派出所民警和境外人员家属微信联络群，和其家属做好联系沟通。筑牢关爱疫情防线，城关乡居易健康关爱中心自7月31日晚8点接到重新启用的命令，到次日12点全部整装完毕投入使用。党员干部纷纷挺身而出，写下“请战书”，成立隔离专班，专班人员以最快的速度熟悉并掌握岗位流程，对隔离人员除正常的测量体温、询问健康状况、三餐配送外，还实行“一对一”跟踪服务，时刻关注隔离人员的身心健康，从生活到心理真正地让他们感受到党和政府的无限关怀与温暖。有序完成五轮核酸检测，在五轮全员核酸检测开展过程中，城关乡依托“乡包村干部联系村、村干部联系组、党员联系户、联户代表联系群众”制度，准确掌握辖区内常住人口信息以及流动人口等情况，切实做到应检人员底数清，实检人数底数明。同时在全乡17个核酸检采样点设置疫苗接种“信息核查员”，在采样的同时准确落实每个人的疫苗接种情况，确保防疫无死角。

【抗洪抢险】 在防汛工作中，城关乡领导班子冲锋在前，全面部署，应“汛”而战，带领乡村两级党员干部把防汛一线作为主战场，发挥“急先锋”作用，既当指挥员，也做战斗员，用脚步巡查险情，坚决守护人民生命财产安全。提前谋划赢得主动权，细化分解巡查防守任务，逐村、逐段、逐隐患点、逐薄弱环节落实责任，对南水北调桥、易滑坡地段、易堵点等重点部位加强排查，做到雨情有数、应对有招，确保险情第一时间发现、第一时间处置。村民家中全部走到，并采用多种宣传形式，及时劝离安置危房居民，累计转移群众306

1月4日，新郑市城关乡新一届村级党组织班子集体谈话会举行（城关乡/供图）

人。伺机而动全力保平安，乡村两级干部按照乡党委安排部署，抓住雨量小的时段，逐村排查农房倒塌情况、村内排水管道排流情况，对紧急险情第一时间进行上报和应对，严禁辖区内出现分散避险撤离人员私自返回房屋情况，切实保障群众生命财产安全。共参与抢险救灾党员干部群众540人，出动机械37辆、汽车56辆、抽水泵41台、沙袋12000条。加快重建着力保民生，组织实施核灾、减灾和灾后恢复重建工作，确保群众尽快恢复生产生活。已完成抢排田间积水228.8公顷，开展田间管理241.68公顷、病虫害防治392.73公顷，发放中央救灾资金物化补助有机肥共计48吨，下拨灾后恢复重建转移支付资金共计237744元，主要用于农田绝收及受灾农户的灾后重建以及受灾农作物的病虫害防治。乡村两级干部逐门逐户排查房屋受灾情况，经审核上报共10户，7户C级受灾房屋已完成修缮加固，3户D级受灾房屋，1户已经竣工，2户正在建设。排查出水毁道路47条，亚投行贷款资金进行修复，47条道路信息已上报至市交通局农管所，下一步等待郑州市交通局设计院出具修复设计图纸。

【基层党建】 切实做好党员管理工作，增强党员先进性。做好春节慰问工作，开展“迎新春、送温暖、保平安”文化系列活动，走访乡亲，慰问贫困党员、退伍军人、困难群众，足额按时发放了生活困难党员、新中国成立前老党员慰问金。切实做好党员发展工作，严格执行发展党员工作程序。认真做好入党积极分子的教育、培训、培养工作，及党员转预备、转正等相关工作。做好党员党费审查、收缴工作，认真做好上半年党员党费的审查工作，严格按照党费收缴标准，按时收缴党费，建立台账，确保党费收缴工作顺利进行。每月督促各支部组织党员参加“党员活动日”，共开展9次。

不断夯实基层党建基础，发挥基层党支部战斗堡垒作用。扎实做好村党组织换届选举工作，14个村级党组织全部一次性完成支部换届选举，村党支部书记和支部委员全部为意向人选，全面实现党委意图，全面实现干部年轻化、高学历化，并成功选出30年来城关乡第一位女性支部书记，切实通过支部换届选举工作换出了新班子、换出了新气象。认真开展党组织书记述职评议考核，述职采取“一述一评一问”的方式进行，述职一个，点评一个，提问一个。会上，党组织书记围绕履行基层党建工作责任情况、推进全面从严治党情况、抓基层党建工作情况等六个方面认真总结，用具体事例和数据说话，回应上年度查摆的突出问题，深入查找基层党建工作存在的突出问题，并一一对应明确工作思路举措。七一表彰选树榜样，通过组织召开“两优一先”表彰大会，表彰全乡优秀共产党员、优秀党务工作者和先进基层党组织，同时对一大批扎根一线、敬业奉献、拼搏创新、服务群众的先进个人和家庭进行了表彰，并通过多种形式进行宣传，激励了每位“平凡英雄”为城关发展作出新的更大贡献。

高标准完成党委换届，换出城关发展加速度。在此次党委换届过程中，城关乡新一届党委班子及党委书记均全票当选，党委换届圆满完成。通过换届，城关乡党政班子实现“三个最”：年龄最年轻，新一届党政班子共10人，平均年龄40.3岁，其中“75后”4人，“80后”3人，“90后”2人，领导班子呈现出活力增强、干事向前的良好局面；结构最合理，领导班子中绝大多数人在乡镇一线工作，基层经验丰富、擅长做群众工作，形成了以老带新、新老融合的坚强领导班子；交流最广泛，新调入的领导班子，有来自北部四镇、有来自市委机关、有来自乡镇一线，干部角色转变快，岗位历练多，眼界思路广，适应能力强，提升了整体战斗力。

（撰稿：赵　聪　审阅：张玉洁）

辛店镇

【概况】 辛店镇位于郑州城区南部，新郑市西南，北距郑州市30千米，东距新郑市13千米，西与新密市接壤，南与禹州市相连。全镇地域面积86平方千米，辖36个行政村。境内有双洎河、沂水河2条河流，沿河建有青岗庙、五虎赵、范河、孙河、老虎洞等水库及塘坝。境内有黄帝饮马泉、战国古墓群、白居易祠堂、欧阳文忠公园、许衡故里等历史文化古迹，传统文化氛围较为浓厚。交通便利，是郑栾高速新郑西站所在地，国道343镇区穿境而过。2021年全镇地区生产总值完成36.5亿元，同比增长4.6%；财政收入完成2.3亿元，占年度预算的102.56%；主要工业增加值同比增长0.4%；固定资产投资完成17.9亿元，同比增长18.2%；社会消费品零售总额完成7.7亿元，同比增长8.54%；居民人均可支配收入达到26132元，同比增长6.6%。

【乡村振兴】 投资1亿余元修建乡村道路28条42千米，镇村路网更加贯通；投资4600万元对岳庄、北靳楼等5个村进行电力农网改造；铺设燃气市政管道50千米，有效解决用气问题。修建标准化公厕4座、游园4个，道路绿化63千米。持续开展人居环境整治，累计投资3800万元打造3个人居环境示范村和5条示范街，完成验收27个村的“三改”工作。北靳楼的“美丽桃源”、王庄的“学农基地、耕读王庄”、孙河的“具茨山下、孙河人家”、赵老庄的“崇义古寨、孝德老庄”、刘湾的“花海汉窑”、史庄的“现代田园风光”等主题鲜明、各具特色，全镇人居环境呈现局部有特色、整体有提升、发展有前景的良好局面。

【民生保障】 坚持把人民对美好生活的向往作为奋斗目标。大力发展教育事业。投资近2.4亿元新建居易小学，改建实验小学，扩建辛店小学，中招成绩连续五年位居全市乡镇前列。积极落实就业政策。开展职业技能培训1351人次，上岗562人，新增城镇就业1650人，开发公益性岗位143个，300名失业人员和150名困难人员实现稳定就业。特困供养保障有效。投资1400万元建设特困供养中心，能够容纳300名特困人员需求，将实现全镇特困人员集中统一供养。脱贫增收成效显著。落实“六个精准”，确保人人有门路、户户有渠道、村村有产业。先后筹集5950万元用于完善贫困村基础设施，2407万元用于发展村集体经济，脱贫群众人均收入达1.2万元，圆满完成脱贫攻坚目标任务。社会救助措施给力。统筹社会力量募集善款180万元，广泛开展助学、助医、助残、慰问等活动，切实做到解民忧、纾民困、暖民心，获“郑州市社会救助工作先进集体”称号。拆迁安置有序推进。全面加快群众回迁安置，完成和谐佳苑社区、翰林居社区等社区安置，累计回迁群众1338户。平安建设、扫黑除恶、安全生产等工作扎实开展。人民群众安全感、幸福感、获得感持续提升。

【疫情防控】 辛店镇第一时间召开由卫生、公安、教育、工商等相关部门参加的专题会议，贯彻上级精神，落实各项措施，加大疫情防范宣传，入户发动2万人次，悬挂条幅1000条，开动宣传车15辆，张贴防疫公告海报2.3万份，标准设置交通卡点15处，积极发动村干部、党员、村民组长、志愿者等180余人对来往车辆、人员进行健康检查。全面增强群众防范安全意识；深入践行“用脚步丈量工作法”，充分发动全体机关干部、镇直部门职工、村党员群众、各类志愿者2100余人，逐村、逐行业、逐领域动员辖区内的常住人口、企业厂矿职工、沿街门店商户进行核酸检测和疫苗接种，确保“应接尽接、不漏一人”。镇党委书记李军辉带队对全镇范围内所有商户进行分组划片排查，共计排查商户1348户，督促商户严格落实郑州市疫情防控办18号公告要求，累计下达236份停业整改通知书，全部整改到位。

【防汛减灾】 7月18日以来，新郑市持续遭受特大暴雨袭击，给辖区内的群众带来了重大损失；全镇主要农作物积水面积最高达到445.8公顷，受灾房屋66户88间，共造成经济损失1.1亿元。镇政府立足防大汛、抗大灾，坚持以人为本、生命至上，全力以赴做好防汛救灾各项准备工作，成立了由镇党委书记为组长的防汛领导小组，明确责任分工，采取有效措施，制定防汛抢险应急预案，备足各类防汛物

4月26日，在辛店镇北靳楼村开展快闪活动（辛店镇/供图）

资，为辛店镇防汛救灾工作取得全面胜利创造了先决条件。镇党委全体班子成员"用脚步丈量工作法"深入分管辖区的每一户危房、每一处水库塘坝，深入地质灾害点、积水点，深入群众最需要、汛情最严重、抢险最困难的一线，组织指导救灾抢险工作，全力以赴救灾抢险。以"人民至上、生命至上"为总基调，现场指挥和积极协调，充分发挥主心骨、顶梁柱作用，给防汛一线人员指明了方向，鼓舞了党员干部坚决打赢防汛抢险持久战的决心和信心。

纾困解难，加快灾后重建。广大基层党员干部坚持安全至上、避险为要，对地质灾害易发区及病险水库、淤地坝等危险区域的群众，果断采取避险措施，及时转移、妥善安置，留足提前量，守好安全关。他们挨家挨户分析研判，组织转移，对不愿转移的群众，促膝长谈摆事实、耐下性子讲道理，确保"应撤尽撤、不漏一人"。截至8月底，全镇共设置安置点6个，转移安置受灾群众588人。镇党委书记李军辉围绕群众面临最现实房屋维修、道路铺设、管网抢修、水电供应等操心事、烦心事、揪心事，用脚步丈量工作走遍全镇36个行政村，全力做好灾后重建、疫情防控等工作。在灾后重建一线指挥时，每路过一个过渡安置点，都会去察看药品、食品、饮用水、棉被等物资是否充足，了解受灾群众对饮食居住是否满意。要求全镇各包村部门要深入受灾一线及时统计灾情、及时修复除险、及时清理保畅、及时卫生防疫、及时帮扶救助、及时维护稳定，确保辖区公共服务设施尽快恢复。

【党建工作】2021年，镇党委将党史学习教育作为一项重大政治任务，坚持紧扣重点要求，把握关键要义，将学习教育抓严抓实，强化党员干部内心深处的初心和使命。深化理论武装，筑牢信仰根基。围绕总书记系列讲话精神，中央、省委、郑州市委、新郑市委系列指示，以及党史学习教育确定的党史、论述摘编、学习问答等学习读本，制订学习计划，明确学习重点、学习内容、学习方式，组织班子成员和党支部书记召开15次集体研讨学习和6次学习心得体会分享会，提高镇村两级领导骨干运用党的创新理论指导实践、推动工作的实战能力，教育引导全体党员干部统一思想，凝聚合力。突出关键少数，抓实基层支部。将主题教育与党委理论学习中心组学习、"两学一做"学习教育制度化常态化有机结合，班子成员带头学习、深入研讨；扎实开展村镇"两委"换届工作，坚持"两推一议一选"，36个村的新一届支部委员会顺利产生，其中35岁以下支部书记5名，女性支部书记3名，支部成员平均年龄44.8岁。15名支部书记新人中，经商办企业9人，农业经济组织负责人1人，公司项目经理2人，退伍军人3人。支部年龄结构得到优化，党建工作展现新面貌焕发新气象；面对严峻的疫情防控和防汛抢险形势，镇党委迅速成立36个临时党支部，1800余名党员志愿者加入支部中，每个点位树起一面党旗，党员干部响应号召，众志成城，冲锋在前。创新宣传方式，实现全员覆盖。牢牢把握党委宣传主阵地，占领舆论宣传制高点。坚持开展"党史故事天天学"活动，弘扬党的红色优秀传统；邀请市委党校教授、老师为全镇党员干部进行形势政策教育；创办红色影院，组织党员干部集中观看爱国主义影片，弘扬爱国主义情怀和爱党奉献精神；鼓励党员利用"学习强国"在线学习、"远程教育"视频学习；分批次进行理论知识测试，巩固学习成果，检验学习成效。为庆祝中国共产党成立100周年，以党的奋斗历程和伟大成就鼓舞斗志，举办了诵读经典、党史知识竞赛、各支部重温入党誓词、红歌比赛等一系列庆祝活动、发放纪念章320枚、镇党委书记、分管领导、各支部书记讲党课、进一步提高党员干部党性修养、宣传党的主张、实践党的宗旨、维护党的利益、坚持党的原则、遵守党的纪律。镇获得郑州市"两优一先"先进单位称号。在防洪抢险和防疫工作期间积极宣传引导，在"学习强国"平台发布新闻稿5篇，省级媒体发布15篇，《郑州日报》发布11篇，云上新郑发布190篇。

（撰稿：李建录　审阅：王润青）

7月3日，中国共产党新郑市辛店镇第十届代表会议召开（辛店镇/供图）

观音寺镇

【概况】 观音寺镇位于新郑市区南5千米，地处新郑、禹州、长葛三市交界，辖21个行政村，75个自然村、174个村民组，5.5万人，耕地4466.67公顷，总面积63平方千米。境内南水北调主干渠、西气东输主管线、103省道和溱关路贯穿全境。2021年，观音寺镇大力实施乡村振兴战略，牢牢抓住党的建设这一主线，在做好疫情防控的基础上，切实保障经济社会平稳运行。全年完成地区生产总值(GDP)15.1158亿元，完成财政收入2330万元，完成社会消费品零售总额5.7577亿元，主要工业增加值同比增长13.1%，完成固定资产投资2.8026亿元，农民人均可支配收入达到26360元，粮食产量稳居新郑市前列。先后获郑州市级健康单位、郑州市2021年度“美丽庭院”创建工作示范乡（镇）、郑州市第七次全国人口普查先进集体等称号。

【基层组织建设】 镇党委及时传达学习贯彻落实党的十九届六中全会、省第十一次党代会、郑州市第十二次党代会和新郑市第六次党代会精神，持续深入推动党史学习教育在基层走深走实，扎实开展好“我为群众办实事”活动，积极开展庆祝建党100周年各项活动；创新党建工作载体，持续开展争创“五星支部”“党建双强”活动，认真贯彻落实“三会一课”、民主评议党员等组织生活制度，创新开展主题党日活动，切实把主题党日作为党员的“学习日、议事日、奉献日”，集中举办各类专题培训23期，轮训党员1324人；圆满完成镇党委和“村两委”换届各项工作，镇村领导班子的政治素质、服务意识和工作能力得到进一步提升；不断推动全面从严治党向纵深发展，狠抓效能作风建设，强化反腐倡廉警示教育，为各村廉情监督员发放聘书，运用“监察专员办公室+廉情监督员”监督新模式，筑牢拒腐防变思想防线，先后处置上报问题线索4件，已立案2件，结案4件，给予党内警告处分1人，给予批评教育3人。牢牢掌握意识形态工作领导权，强化发展意识，依托美丽乡村创建党建精品示范带，推动党建领航发展，培育基层党建先进典型，引导全镇基层党组织向中心聚焦、为大局发力，实现党建高质量发展。

7月1日，观音寺镇收听收看中国共产党成立100周年大会（观音寺镇/供图）

【疫情防控】 镇党委、镇政府第一时间启动联防联控机制，细化疫情防控应急预案和处置措施。在全镇设置疫情防控检查点62个，成立疫情防控临时党支部21个，安排党员干部、志愿者等值守人员527人，落实24小时值班制，做好往来人员登记检查工作，用脚步丈量疫情防控“点”“线”“面”，筑牢疫情防控屏障。科学设置核酸检测采样点位23个，采取“喊、选、看、联、管”五字工作法，全面落实“六专班十到位”制度，切实做好五轮全员核酸检测各项工作，做到应检尽检、不漏一人。积极稳妥做好居家隔离人员服务保障工作，严格落实人员管控，保障辖区居家隔离人员能够平稳安心地度过隔离期。同时，在全镇设立3个新冠疫苗接种点，强化舆论引导，加大疫苗接种知识的宣传力度，扎实有序开展疫苗接种工作，全镇新冠疫苗前两针剂接种任务已经全部完成，加强针免疫接种任务已完成128%。

【防汛减灾】 镇党委、镇政府认真对标防汛应急预案要求，切实做到防汛救灾工作“六到位”（安排部署到位、工作力量到位、宣传发动到位、隐患排查到位、人员安置到位、物资保障到位）。从严落实汛期值班值守，组建防汛抢险应急队22支500余人；筹备黄沙500立方米、石子500立方米、木桩200根、编织袋1000条、救生衣100套、抽水泵20台，各村均备有挖掘机、铲车等防汛机械；提前对危房、湖泊水库、排水系统、林田以及地质灾害易发区域等重点区域开展巡察，发现的隐患区域能整改及时整改，不能整改及时设置警示标识，禁止人员靠近，并落实专人巡察看护。自“7·20”特大暴雨灾害以来，累计妥善转移安置危险区域群众2000余人次。先后安排实施灾后重建各类基础设施项目73个，发放使用救

7月22日，观音寺镇王行庄村两委党员干部汛期投身防汛工作（观音寺镇/供图）

灾资金97.3万元，分发各类物资8434箱，确保全镇人心稳定、社会安定。

【生态环境保护】 持续开展农村人居环境整治工作。大力开展村庄清洁行动，积极组织各村做好日常垃圾清理、街道整治等工作；基本完成垃圾乱堆、黑臭水体及旱厕“三个清零”工作；持续推动各村“美丽庭院”创建，并选树典型示范。有序推进全镇环境保护各项工作。常态化开展大气污染防治巡查工作，累计巡查80次，检查企业165家次，取缔“小散乱污”企业8处，现场核查南水北调运河周边卫星图斑170多处，圆满完成秸秆禁烧各项工作；持续开展河湖排查清理及宣传工作，先后开展镇、村两级河长巡河657人次。

【基础设施建设】 先后完成总投资5445万元的开源大道、兴业路、莲花大道等三条道路雨水管网项目建设各项工作，争取720余万元投资新建农村公路4千米，永康新城幼儿园建成招生，计划总投资10亿元郑州市理工学院新校区项目已完成13.87公顷工业用地收储工作，新校区围墙完成建设；投资3735万元，协调推进市重点工程广电总局二九三台迁建（一期）项目；投资5300万元完成贾庄村、岳口村、林庄村、石固堆村周边矿山生态修复项目前期土方工程。

【乡村振兴】 切实做好耕地保护工作，加大对土地违法案件的查处力度。扎实开展“一网两长”暨山田长工作，对辖区内“大棚房”问题进行全面摸底调查整改，集中对2019年、2020年度遗留卫片进行治理，先后下达停工整改通知书40余份，拆除各类违法占用耕地建房行为33宗，恢复耕地2.42公顷，完善各类手续17宗。稳步开展农业农村工作。协助举办各类农技培训班培训农民200余人次，及时开展农作物、畜牧业病虫害防疫工作，认真做好各项农业补贴申报发放工作，及时对因汛灾造成的23.67公顷绝收大田作物及20.73公顷经济作物申报受灾补贴。唐户、大董乡村振兴专项债项目一期完成投资3000余万元，唐户文化商业街、乡村振兴学院主体已完工，大董产业基地已开展中药材试种植。结合“我为群众办实事”活动，谋划实施各类项目35个，助力乡村振兴。鼓励各村通过特色采摘、网络直播等形式发展壮大农业园区经济、乡村文化生态旅游等产业项目，主动牵线校企合作，争取到郑州航空工业管理学院“社会实践基地、志愿服务基地”落户闫庄村祥致和农业园区。

【社会综合治理】 先后发放临时救助金、困难老人生活补助金8.368万元，为退役军人及其家属发放各类救助金2.64万元，发放耕地地力补贴645.63万元，城镇新增就业449人，完成小额担保贷款275万元；完成7745户农村住宅不动产两权审核及批复工作，7082户已申请发证，完成量占全市完成总量的61%；先后为群众办结各项便民服务事项8960件，提供各类服务624次；及时开展群众喜闻乐见的文化娱乐活动，开展各类道德模范先进典型评比活动，弘扬社会主义核心价值观，丰富群众日常精神文化生活。持续巩固脱贫攻坚成果。召开防止返贫动态监测排查部署会议，针对防止返贫问题在全镇范围内进行摸底排查，完成建档立卡贫困群众的人口自然增减工作；同步推进产业扶贫工作，并对涉及观音寺镇9个扶贫项目进行实地督察；组织安排消费扶贫工作在闫庄村祥致和农业生态园区、岳口村名扬合作社开展现场采摘及农产品销售。强化防范网络电信诈骗宣传工作，大力开展矛盾纠纷排查化解工作，及时化解各类矛盾纠纷，做到“小事不出村、大事不出镇、矛盾不上交”；加强信访工作，着力解决信访热点、难点和遗留问题，继续实行信访包保责任人制度，确保不出现进京赴省“非访”事件。严格落实安全生产责任制，加强对重点领域、行业、企业的隐患排查治理，集中排查整改到位安全隐患1100余处；累计完成9764户房屋的农村住房安全隐患排查工作，配合住建局完成了28851处房屋的自然灾害风险普查工作，确保广大人民群众生命财产安全。

（撰稿：王　冲　审阅：赵金聚）

梨河镇

【概况】梨河镇位于郑州市最南部，南与长葛市相邻，北与新郑市中心城区隔河相望。镇域面积42平方千米，镇区面积8平方千米。全镇辖24个行政村，有3.8万人，有0.25万公顷农田，全镇党员1500余名。2021年，梨河镇坚持以习近平新时代中国特色社会主义思想为指导，深入学习贯彻党的十九大及十九届二中、三中、四中、五中、六中全会精神，认真落实省十一次党代会、郑州市十二次党代会、新郑市六次党代会会议精神，全方位做好市委、市政府各项工作安排，以党史学习教育为抓手，以庆祝建党100周年为契机，持续加强党的思想、组织、作风和制度建设，克服困难，努力完成上级交办的各项任务，推动梨河镇各项工作的顺利开展。

【经济指标】梨河镇完成财政收入6264万元，占全年目标任务的108%，增长13%；规模以上工业产值达到16.9亿元，增长20.1%；固定资产投资达到9.08亿元；社会消费品零售总额达到6.72亿元，增长10.5%；城乡居民人均可支配收入达到27169元，增长10.5%。

【重点项目】梨河镇牢牢抓住做强做大产业这个关键，深入推进“万人助万企”活动，始终以“壮链条、培税源、抓转型、优服务”的工作方针为指引，树立“马上就办”服务理念和“店小二”服务态度，每一个产业项目安排一名班子成员协调联系，对项目从洽谈、签约、建设到投产实行全过程领办跟踪服务，将企业提出的事情“第一时间办结、第一时间办好”，确保项目在最短时间内落地见效。总投资8亿元的人人利食品三期项目建设已经完成前期准备。总投资1.8亿元的刘华食品二期厂土建工程已经完成。总投资1.1亿元的郑州好友食品年产4000吨膨化食品建设项目和总投资6000万元的天利食品公司年产4000吨糕点项目投入试生产。截至2021年10月，梨河镇23家规上企业实现总产值13.72亿元，同比增长21.6%，贡献地方税收3154.56万元，解决劳动力就业3000余人。

【党的建设】突出抓学习，深入开展党史学习教育。认真学习中国共产党历史、习近平新时代中国特色社会主义思想，通过领导领学、集体促学、个人自学、专题辅导、心得交流等形式，组织党员干部反复学习。做好党史宣讲，深入村组，宣传学习党史，切实增强了梨河镇党员干部的“四个意识”和政治担当。结合庆祝建党100周年活动，开展知识竞赛、合唱比赛、舞蹈比赛等活动，全面营造学习教育氛围。深入学习党史学习教育规定篇目，先后开展集中学习100余次，研讨交流12次，班子成员到村讲党课40余次，开展红色教育实践活动13次。坚持用脚步丈量工作法，通过“一用三为”活动，扎实开展“我为群众办实事”实践活动，镇村党组织主要负责人带头深入村组一线，征求群众意见、开展调查研究，梳理“我为群众办实事”清单事项59件，解决具体问题220余个，一批群众“急难愁盼”问题得到有效解决，群众满意度、幸福感不断提高。

突出抓党建，全面从严治党不断向纵深发展。胜利召开镇九次党代会，明确未来五年深入实施“党建强镇、产业富镇、文化兴镇、环境立镇”四大工程，全面推进乡村振兴，建设“美丽宜居、文明富裕、平安幸福”新梨河，打造三生融合示范乡镇。镇党委牢固树立“抓好党建是本职、不抓党建是失职、抓不好党建是渎职”的责任意识，把党的政治建设摆在首位，旗帜鲜明讲政治，带头锤炼对党绝对忠诚的政治品格，严格遵守政治纪律和政治规矩，增强“四个意识”，坚定“四个自信”，坚决做到“两个维护”。及时跟进学习党的十九届六中全会精神和习近平总书记重要讲话精神，第一时间传达学习中央、省、郑州市和市委重要会议、重要文件精神，召开党委会议31次，开展中心组学习11次，确保党中央决策部署和市委工作要求落到实处、见到实效。

突出抓基层，基层战斗堡垒战斗力不断增强。始终坚持全面从严从

6月21日，梨河镇代表新郑市参加郑州市庆祝中国共产党成立100周年社区（村）群众合唱比赛（刘栓阳/摄）

实抓基层，把基层党组织建设与中心工作紧密结合。圆满完成梨河镇24个行政村“两委”换届工作，梨河镇24个行政村共有“两委”129名，“一肩挑”率达到100%，“两委”平均年龄41岁，下降13岁，大专以上学历37人，占比29%。梨河镇从严抓好党建基础工作，结合“亮赛比”和“我为群众办实事”活动要求，全面推进“五星支部”创建，按季度制定工作目标，运用好“五个一”（即年初一计划、每月一督查、每季一通报、半年一总结、年终一考评）举措，全面加强基层党组织规范化、制度化建设，严格落实“三会一课”、“主题党日活动”、组织生活会制度，全面实行并完善“四议两公开”工作制度，建立健全村务监督委员会制度，强化村党组织的议事决策执行职能，巩固村党组织领导核心地位。新发展党员48名，为党组织注入了新鲜血液。以集体经济发展为中心，通过盘活资产、引进投资等方式，快速推动农村产业转型升级，各党支部在工作推进上有新进展、工作活力上有新提升、服务发展上有新成效，村级组织战斗力、凝聚力有了显著增强。

突出抓纪律，党风廉政建设扎实推进。坚持抓早抓小、防范在先，采取多种措施，前移监督关口，压实领导班子党风廉政建设“一岗双责”，定期召开党风廉政建设专题会议，逐级签订责任书。完善谈心谈话、工作纪律检查等制度，紧盯重点，及时解决苗头性倾向性问题。强化警示教育，筑牢思想防线。以市委、市纪委印发的典型案例通报为反面教材，通过以案促改活动，召开警示大会，开展对照自查，做到警钟长鸣。严肃开展村级巡察整改活动，反馈的233个问题整改完成232个，完成率99.57%，准确运用监督执纪“四种形态”，做到早发现、早提醒、早纠正。以监督执纪“四种形态”为导向，坚持执纪在前，抓早抓小，共运用第一种形态进行提醒谈话12人次、批评教育5人次；在履行责任，保护干部方面夯实了坚实基础。

抓牢主动权，有效维护意识形态领域安全。召开宣传思想和意识形态领导小组会议2次，研究部署宣传思想和意识形态工作，将宣传思想和意识形态工作纳入各村目标考核。制订《党委中心组学习计划》，召开党委中心组集中学习12次，深入学习习近平总书记重要讲话指示精神，坚决维护以习近平同志为核心的党中央权威和集中统一领导。党史学习教育开展以来，围绕习近平总书记在党史学习教育动员会上的讲话精神，共开展2轮14次宣讲。梨河镇党政班子成员到支部参加组织生活2次，指导党建工作100余次，讲党课2次，举办“党员轮训”主题培训班6期。

巩固统一战线，统战民宗工作措施有力。调整充实镇党委统战工作领导小组和民族宗教工作力量，压实工作责任，推进工作落实。通过工商联、新联会等组织加强与企业联系，积极组织推介活动，引入新的企业。根据“双创”工作要求，积极与梨河镇非公企业联系，宣传政策，开展环境卫生大整治活动，提升厂区形象，提升梨河镇文明形象，郑许路、炎黄大道两侧更加靓丽，为文明城市创建不断注入新的活力。强化宗教管理，维护社会稳定。严格宗教场所管理，严格执行《宗教事务条例》，规范宗教事务。认真开展“听讲看送”活动，向信教群众讲国情国史，讲发展现状，讲未来蓝图，让信教群众看到发展变化，坚定爱国信念。同时积极做好乡、村“两员”App上报工作及加强“两员”管理，根据工作开展情况进行综合考评，调动工作积极性。强化合力，做好新阶层工作，积极支持梨河镇新联会在社会活动、防汛、防疫等工作中充分发挥作用。

【“十四五”规划编制】 深入学习上级政策精神，根据梨河镇工业经济的实际情况，完成了《梨河镇国民经济和社会发展第十四个五年规划纲要》编制，按照“一年补短板、二年打基础、三年上台阶、五年大变化”思路，制定五年行动计划，力争在未来五年，梨河镇地区生产总值达到35.8亿元，增长46.9%；财税收入达到8000万元，增长45%；规模以上工业产值达到20亿元，增长39%；全社会固定资产投资达到18亿元，增长20%；社会消费品零售总额达到9亿元，增长47%；城乡居民人均可支配收入达到31000元，增长26%。

【基础设施建设】 梨河镇坚持项目建设引领，加快梨河镇基础设施建设步伐，提升承载能力。争取上级资金支持，推进重点项目建设。争取中心镇建设资金等共计473万元，实施项目5个，分别是茨山路南移建设工程、梨河镇综合服务中心建设工程、韩城西路南半幅道路建设工程、锦堂路西段道路改造工程、泄洪渠水毁桥涵重建工程。以道路建设为重点，完善乡村路网。投资4000万元，按照“主干道路连通片区，乡村道路方便通勤”的思路，建成了连通城乡、覆盖梨河镇、主次有序的交通路网。对主干道路实施提质工程，茨山路南移工程二三四五标段已经通车，一标段建设正在稳步推进，S103扩建前期工作全面启动。统筹社会事业项目，第四高中、寄宿制初中建设正按计划进行锦堂西路改造工程正在施工。

【“三农”工作】 稳步推进示范村示范街建设，坚持“尊重自然、彰显特色、因地制宜、有序推进”原则，开展农村积存垃圾清理攻坚，积极推进人居环境改善活动，持续推进农村“三大革命”，建成示范村6个，打造示范街8条。2021年吴庄示范村、新蛮子营特色村以及绰刘村补短板项目正在加速建设；同时同步谋划2022

年老观李、梨河、官庄等3个示范村建设。完成农村生活污水收集、处理全覆盖，农村改水改厕工作有序推进，有效改善群众生活条件，让群众的居住环境更洁净、更优美、更具吸引力，形成村在景中、人在画中，自然风光与田园风光相互融合、相得益彰的“美丽乡村”新景象。

推进农村发展模式转变，深化农业供给侧结构性改革，坚持做好耕地“非粮化”“非农化”工作，开展大棚房和卫片整治，夯实农业生产基础。引导群众自愿流转土地，进一步优化土地资源，大力发展高效、规模农业，壮大特色农业和设施农业，有效地将人与土地资源解放出来。梨河镇2533.33公顷耕地已流转1773.33公顷，流转面积达70%以上。着力构建现代农业发展体系，逐步形成了三个特色鲜明的种植农业生产区域：东南供港蔬菜高效农业种植片区、西南特色农业产业片区、东部邻水特色区。建成连片供港蔬菜333.33公顷，用工800余人，年供应各类蔬菜1.7万吨，产值9000余万元。积极发展生态旅游观光农业，种植各类特色果蔬300余公顷，积极更新品种，除了河李西瓜、新蛮子营葡萄、岗李草莓等瓜果品种外，宋庄黄桃、祝岗血桃等高品质水果陆续成熟上市，提升了农业产业综合实力。探索沿河景观带的打造，对高新庄村炮楼进行整修，以大河、小景、特色农业生产相串联，打造新的经济增长点。

大力发展农村集体经济，全面夯实乡村振兴产业基础，集中力量发展新型农村集体经济。通过盘活资产、土地入股、农村养老、资产出租等方式，一批集体经济项目进入实施阶段。如，刘吉安楼村100万元冷库建设项目，正在进行招投标；三里岗村保洁公司项目设备已经到位；岗李村、黄桥村、梨河村标准化厂房项目、前吕村颐养园养老项目已经建成；大高庄村激光切割项目、新蛮子营村瓜果园项目、七里堂村门面房出租项目等已经实现收益。

坚持扶贫扶志，持续巩固脱贫成果。持续动态监测健康、教育、住房、饮水、就业、医疗保障、金融扶贫、兜底救助等民生保障类政策落实、两类户动态监测帮扶、涉贫信访、消费帮扶等重点工作，保证脱贫成效。低收入户4户12人、边缘户2户8人全部实现了政策应享尽享、保障政策全部落实。

【环境保护】深入践行“绿水青山就是金山银山”理念，通过源头治理、动态巡查、严格执法，梨河镇生态环境持续向好。强化农村大气污染源治理，加快推进天然气入村工作，老观李村、双楼赵村、周庄村天然气安装项目进入实施阶段。加强散煤治理，对梨河镇销售、使用散煤情况进行不间断巡查。巩固小散乱污企业治理成果，对散乱污企业露头就打，排查发现的3处散乱污企业已经整改到位。积极做好秸秆禁烧综合利用工作，三夏、三秋期间，梨河镇秸秆禁烧工作平稳。

提升绿化质量，填补农村道路绿化空白，完成学田村东南北生产路楸树700余棵种植养护。做好杨树飞沫防治，对豫01、京广铁路、中华南路、解放南路开展飞防，有效减少杨树飞沫。积极开展森林小镇、乡村创建工作，学田村、刘吉安楼、双楼赵村、周庄村完成郑州市森林乡村验收，梨和镇已完成省级特色产业型森林小镇申报和验收工作。

河道保护有力有序，深入贯彻落实河长制工作要求，坚持巡河、督察常态化机制，沿河每村设立1名巡查员，按照“全覆盖保洁、全方位管护”的要求，做到河面无漂浮物、河中无障碍、河岸无垃圾。坚持开展“清四乱”和河道卫片专项整治，对双洎河三里岗村、河李村、新蛮子营村、高班庄村、高新庄村等沿岸存在问题进行彻底整治，清理垃圾1450立方米，取缔双洎河三里岗段河道彩钢房1处。

【综治平安工作】抓好安全生产工作，加强双重预防、标准化建设，落实安全生产三年行动工作要求，召开安全生产例会6次，开展事故警示教育6次，组织安全生产观摩2次，相互交流学习安全生产工作经验。开展安全督导检查85次，累计检查企业199家次，发现一般安全隐患310处，整改率98%。做好防灾减灾工作，组织开展安全生产月、防汛应急演练、防灾减灾、应急普法竞赛、消防安全、家庭减灾能力调查等专题宣传活动7次，讲解减灾知识，提升减灾意识；物资储备进一步完善，整合梨河镇应急物资储备，充实完善物资种类，有效应对7—9月的强降雨过程，应急能力得到有效提升。消除监管盲点，组织对各村、社区、楼院、闲置场院、城乡结合部位、农户、小作坊等开展安全隐患、消防隐患大排查，有效降低事故的发生。化解信访案件，坚持信访事项“一体化”调处、解决问题“一竿子”插到底，以稳控化解为主线，对日常问题提出“三个一”：一日有回音、一周有答复、一月有结论，提高群众反映问题的处置率和满意度。坚持领导接访制度。每周二、周五坚持镇长、书记接访，通过领导包案、细节入手、入情入理，杜绝矛盾上行，确保重点人员稳控，做好风险化解，特殊人员管理服务到位。全面开展“矛盾纠纷大排查大化解百日攻坚行动”。每周召开矛盾排查例会，确保矛盾不上行，小事不出村、大事不出镇。共办理信访平台来访来信来电短信案件102起，办结率100%，排查各类信访矛盾290起，化解率100%。做好重点人员管理服务，进一步完善群体性事件预警机制，对梨河镇重点人员群体进行分类，逐一研究，对症下药。按照“精神障碍人员管起来、利益群体人员关爱起来、弱势群体重视起来”思路，与185名精神障碍患者监护人签订“七位一体”责任书，签订“以奖代补”协议完善监管措施；协调组织民政、教育、信访、公安、人社等部门研究政策，完善稳定风险评估机制，积极帮助相关人员享受政策，加快化解步伐；对老年人、妇女等易受诈骗群体，重点开展反诈骗宣传，下载国家反诈中心App，提高防范意识。

【社会事业】关心关爱弱势群体，梨河镇2021年有低保人员396户700人，有特困人员90人，其中敬老院集中供养28人，分散供养62人。全年共办理低保9户21人，特困9人，核减89户148人。全年发放困难救助金189400元，救助困难群众97户。成立残疾人协会，动态做好残疾人的帮扶工作，完成动态系统入库939人，及时发放各类生活补贴，通过“慈善助医健康新郑”系列医疗救助项目进行救助。解决困难老人、特殊群体儿童实际困难，对114名困难老人和40名无人抚养儿童、困境儿童、留守儿童、孤儿按时发放补贴，及时探望了解生活情况。

扎实开展妇幼健康服务工作，广泛宣传国家免费孕前优生健康检查，进站检测242对。加大两癌筛查宣传力度，为辖区500余名适龄妇女免费进行“两癌”筛查，大大提高了妇女健康意识，为广大妇女送去关爱。落实独生子女奖励政策，对持有独生子女父母光荣证1273户2362人，及时足额发放补贴奖励。

文明村镇创建深入人心，以文明村镇创建为抓手，以新时代文明实践所站为依托，深入开展社会主义核心价值观宣传，开展各项先进人物评选工作，用身边事感动身边事，在梨河镇形成学习典型、争做典型的浓厚氛围。在梨河镇24个行政村开展乡村光荣榜和星级文明户评选活动，开展美丽庭院评比，2021年梨河镇共评选、表彰优秀共产党员、好乡贤、美丽庭院等各类典型1000余人次，在各村设置专栏集中展示，形成宣传声势，利用身边看得见、摸得着、有体会的先进典型影响带动群众，营造了“团结向上、互尊互敬、团结友善”的良好氛围。

多种形式丰富文化生活，以节庆活动为主线，开展“我们的节日”系列文化活动，相继开展“新春送福到万家——义写春联活动”“粽叶飘香浓情端午”等系列主题活动。完善文化阵地，镇综合文化服务中心多功能厅于上半年建成投入使用，升级改造双楼赵村、黄甫蔡村综合文化服务中心。通过歌声庆祝建党100周年，开展《没有共产党就没有新中国》《唱支山歌给党听》《莲鹤方壶》《灯火里的中国》等红歌广场舞培训，参加“庆祝建党100周年”合唱比赛和快闪活动。成功举办镇第九届广场舞比赛，梨河镇广场舞队荣获新郑市广场舞比赛一等奖。开展“庆祝中华人民共和国72周年百场文艺巡演进基层”主题活动、“庆祝建党100周年”红色电影下基层演出活动，送戏下乡6场，极大地丰富了群众业余生活。

做好社会保障服务工作，通过上门集中征收、自行缴费、网络代办点缴纳等方式，截至11月已完成养老保险缴纳22900人，完成率84.81%，居民养老保险6800人，完成率61.82%。加强劳动力技能培训，举办农民职业技能培训五期，培训180人，完成农村劳动力转移670人，完成全年任务的101 %，新增城镇就业350人，完成全任务的103 %；失业再就业完成35人，完成全年任务的101%，就业困难人员再就业30人，完成全年任务的103 %。返乡农民工创业辅导56人，完成全年任务的102%，小额担保贷款450万元，有力支持了居民创业。

提升便民服务能力，投资400余万元的镇党群服务中心建设进入装修阶段。采取综合窗口服务模式，进一步充实综合便民服务中心大厅工作力量，印制发放《梨河镇人民政府政务服务办事一本通》，明确59项政务事项办理流程。强化代办员队伍建设，实行办事要件标准化、办事流程标准化、办事结果标准化。稳步推进“互联网+政务服务”，向各行政村分批配发政务服务终端机，涵盖住房公积金、社保、医保、生活缴费等212项事项查询及办理，通过引导群众自助查询办理。积极推广“豫事办”“郑好办”掌上服务操作App，引导群众

“7·20”当晚，转移柴楼自然村受困群众（梨河镇/供图）

线上申办、掌上申办和“互联网+”服务有机融合，切实打通服务群众的“最后一公里”，积极推动基层便民人性化、高效率。

高标做好现役退役工作，征兵工作顺利完成，全年适龄青年兵役登记，完成率100%，为部队输送合格兵员。民兵预备役工作扎实开展，顺利通过省、郑州市、新郑市人武部2021年民兵整组集合点验、装备物资核验、拉动，获新郑市（航空港区）基干民兵集中轮训与常态备勤暨挂钩训练先进单位称号。保障退役军人权益，梨河镇退役军人信息全部整理归档，营造崇尚英雄的氛围，光荣牌全部悬挂到位。完善服务制度，镇村两级退役军人服务站专人专责，有效运作，维护退役军人权益。

【防汛防疫】 长期坚持，打赢防汛持久战。在7月19日至9月末的三次强降水过程中，辖区受灾人口6358人。农作物受灾面积1195.95公顷，成灾面积946.8公顷，农业直接经济损失2704.953万元。此次自然灾害共造成直接经济损失11005.2916万元。

在防汛救灾中，梨河镇共出动车辆（含特种车辆）210辆，参与救援人数1300人，投入沙袋5000袋，动用特种设备数量26辆，一般车辆200余辆，应急照明灯10台，连夜紧急转移疏散、安置群众434人，特别是针对刘楼行政村柴楼自然村地势低、积水深、地质条件复杂等情况，果断转移42户124人，确保人民群众生命安全。降雨结束后，梨河镇迅速开展灾后恢复工作，积极帮助群众度过困难，发放受灾人口临时救助131.397万元，集中安置费用2.14万元，避险人员生活补助4万元。快速启动水毁基础设施修复工作，对道路塌陷、破损等29处水毁进行整修。全面开展“两清一消杀”活动，出动机械150台次，人力1700余人次，进行全面的消杀作业。积极协助企业恢复生产，通过排水、维修等措施，梨河镇企业生产迅速恢复正常。开展积水点整治活动，对地势较低的刘楼行政村柴楼自然村改造提升泵站；对梨河故道两侧村庄，重新规划排水通路，增设排水管道8处；对黄甫蔡村、学田村、刘吉安楼村新建排水管网；对G107、韩城西路等主要道路积水点，规划增加雨污管道、排水口。充实应急物资，先后投入100余万元，增购一批水泵、沙袋、警示牌、警戒线、雨衣雨鞋、应急灯等物资，机关和各村共25支应急队伍可随时投入防汛工作。

全面部署，打赢抗疫阻击战。自7月30日进入抗疫状态至8月26日，坚持“外防输入、内防反弹”，采取班子下沉、一线指挥、支部牵头、行业服务、党员先锋、志愿服务的工作模式，形成“党旗在最醒目处、党组织在最关键处、党员在最前处、志愿者在最广泛处、把群众放在最重要处”的工作态势，成立临时党支部33个，闭环管理村庄、小区、无主楼院55个，累计动员党员志愿者、文明志愿者、巾帼志愿者、平安志愿者、民兵、在家大学生900多人参与到疫情防控工作中来。重点人员按照第八版指南严格管控，无失控漏管情况。加强对重点行业的监管，辖区内冷链食品2家企业管理规范，原料运输、生产过程全程监管到位，快递、物流、废品收购从业人员检测结果正常。持续推进各阶段疫苗接种工作，加大疫苗接种宣传力度，建立全民免疫屏障。

（撰稿：毛　櫺　审阅：杜　鹃）

和庄镇

【概况】 和庄镇位于新郑市东部，区域面积34.4平方千米，其中耕地面积1800公顷，辖16个行政村、32个自然村，总人口3.6万人。和庄镇区位优越，交通便利，西与新郑市区毗邻，南与长葛交界，京珠高速公路、京广铁路纵贯南北，距港区、机场半小时车程，是河南省首批重点产业集聚区——新郑市新港产业集聚区核心区乡镇。境内文化底蕴深厚，是明朝隆庆年间内阁大学士、内阁首辅高拱故里。2021年，和庄镇以建设全国一流中等城市为统揽，认真学习贯彻十九届六中全会和省、郑州市、新郑市党代会精神，深入践行“用脚步丈量工作法”，广泛开展“万人助万企”“我为群众办实事”活动，强力实施“九项工程”，围绕“一线一片区两大主导产业”厚植发展优势，奋力谱写现代田园临空经济强镇新篇章。先后获“全国污染源普查表现突出的集体”“河南省健康乡镇”“河南省示范农家书屋”“郑州市计划生育协会工作先进单位”“郑州市庆祝中国共产党成立100周年合唱比赛一等奖”“新郑市综合工作先进单位、高质量发展贡献奖、文明城市创建奖”“新郑市统计工作先进集体”“新郑市优秀妇联组织”“新郑市宣传思想文化工作先进集体”“2020年农作物秸秆燃烧和综合利用先进单位”“新郑市民政工作优秀单位”“新郑市共青团先进集体”“三农工作先进乡镇”“新郑市污染防治攻坚战三年行动计划担当奉献奖”“新郑市第七次全国人口普查先进集体”“新郑市2018—2020年度创建全国文明城市提名城市工作红旗单位”等称号。

【党建引领】 围绕党史学习教育专题活动，践行脚步丈量工作法，梳理“我为群众办实事”台账8大类156项内容，已完成148项。围绕构建“大党建”格局，创新思维，大胆实践，全面提升改造镇级基层党校，深入推动“党员驿站”建设，着力搭建资源整合平台，充分把党员组织起来，把人才凝聚起来，把群众动员起来，推

7月3日，和庄镇召开党代表会议，选举出席新郑市第六次党代会代表

（和庄镇/供图）

动党建工作引向深入。镇级基层党校作为新郑市示范性镇级党校，顺利通过省委组织部检查验收。河赵村党员驿站已建成。依托镇基层党校、新时代文明实践站等持续深入开展“不忘初心、牢记使命”主题教育、党史学习教育等理论提升活动常态化，结合主题党日“送学下田间地头”等志愿服务确保全镇1300多名党员理论学习全覆盖。围绕庆祝中国共产党成立100周年组织开展红歌比赛等“七个一”活动，在新郑市、郑州市庆祝中国共产党成立100周年合唱比赛中分别获一等奖。围绕“党史学习教育”开展党史知识“快问快答”、媒体团宣讲等“学党史、忆初心、献礼百年华诞”主题系列活动。围绕七一建党节，开展“两优一先”表彰、慰问困难党员、颁发50年在党纪念章等主题活动，表彰“两优一先”107人、7个党组织，激励先进，凝聚民心，激发为民服务内生力。深入开展党史学习教育，以“党建+文化、党建+综治”等“党建+”模式，塑造一村一品、一村一策“党建+”品牌，打响和庄名片。按照“统一外观标识、统一规章制度、统一功能布局”的建设标准，全面提升东高、小岗王等2个村级党群服务中心，打造3个非公党建示范点。依托镇级和村级党校，配备移动党校，打造智慧型党校，实现群众、企业和党校的有机融合。探索建立集志愿服务、便民服务、积分管理、党员教育管理于一体的开放型党员驿站，发挥好工会、共青团、妇联等人民团体作用，做好党建带群建。

【经济指标】全年完成财政收入3.64亿元；预计完成地区生产总值56.8629亿元，同比增长8.5%；规模以上工业增加值累计增速22.8%，超出预期8.8个百分点；社会消费品零售总额完成13.05亿元，同比增长39%，占全年任务的126%；固定资产投资完成21.178亿元，同期增长28.2 %；全镇农民人均纯收入达到28875元，占全年任务的105%，各项经济指标稳步增长。

【工业经济】和庄镇围绕食品加工、生物医药两大主导产业，坚持“扩链强链”“延链补链”，按照“意向项目抓签约、签约项目抓落地、落地项目抓开工，开工项目抓投产、投产项目抓达效”要求，狠抓项目建设，2021年谋划重点项目六大类50个，总投资36.3亿元，年度投资16.1亿元。已经完成26个，正在推进24个。15个上三级重点项目全部按计划有序推进。实施高新技术企业培育倍增计划，对首次认定的高新技术企业，根据郑州市奖励资金落实1:1配套奖励，培育高新技术企业21家、龙头企业5家，实现传统食品向健康食品、传统医药向生物医药的“蝶变”；做大做优做强中小微企业。落实“个转企、企转规、规转股、股转市”“四转”政策，扶持企业做大做优做强，全镇入库规上企业51家，上市企业4家、世界五百强企业1家，培育后备入库规模企业11家、“三高”企业9家、“四转”企业16家。围绕一批关键核心技术和“卡脖子”问题，以科技促发展，以创新促转型，推动产业产品结构转型升级、生产过程智能化、生产产品高端化。1—10月，规模以上工业企业研发费用投入11600万元，培育高新技术企业4家、科技型企业8家、战略性新兴企业6家，专、精、特、新企业5家，新增“三改”项目21个。

【乡村振兴】围绕“北部产业化、南部田园化”，完成南环乡村旅游文化示范区规划设计。投资1600万元的歹庄人居环境示范村已完成，投资210万元的老庄刘特色村建设项目正在积极推进，预计年底前完工。投资160万元的西高村道路提升工程已完成。完成郑庄、香坊吴示范村、杜楼和穆庄示范街扫尾工作。香坊吴香满坊实业公司已运营并见成效，河赵非遗手工项目初见成效，全镇16个村集体经济全部超10万元。坚持“用脚步丈量乡村”，以“序化”保畅通、“洁化”促提质、“亮化”增颜值、“绿化”美环境，“绣”出城乡环境高品质。围绕2021年国家卫生城市复审，落实精细化管理，累计整治取缔废品收购站点35家；清理垃圾53000余立方米，覆盖建筑垃圾60000余立方米，修补破损道路186处，更换窨井盖285处；累计整治道路、公交站、果皮箱等重点部位3850余处，城乡面貌焕然一新。同时紧盯土地卫片、农村乱占耕地等重点领域，实现农村乱占耕地建房图斑整改率100%。顺利完成投资1162万元的三联路、投资600万元的政和路提档升级、投资180万元的杜楼村道路提升改造和投资120万元的穆庄村道路提升工程等项目。

【社会保障】 持续做好城乡低保，做到动态管理下的67户112人城镇低保和191户354人农村低保应保尽保。发放各类计划生育奖励资金112.34万元。健全养老保险、医疗保险、大病保险和医疗救助等制度，建成覆盖城乡的多层次社会保障体系。健全退役军人工作提薪和保障制度，发放优抚对象和部分生活困难退役军慰问品11.3万元，发放老复员军人、烈士遗属慰问金0.7万元。统筹推进投资4.5亿元的公立中医院建设，补齐基本公共卫生服务短板。完成3406户农房不动产确权登记工作，对20户因暴雨受灾房屋进行维修、重建，切实保障受灾群众住房安全。依托镇基层党校，大力实施创新创业工程，完成职业技能培训7个班次353人，正在培训8个班次650人，依法化解农民工工资拖欠问题57起、共计343万元。全镇10户脱贫户29人，2户边缘户10人继续享受到各项脱贫攻坚优惠政策，年收入得到了逐步提升，脱贫攻坚成果得到了有效巩固。

【社会综合治理】 精心打造镇村综治中心，整合基层平安建设力量，配优配强镇、村两级综治工作队伍，壮大“平安志愿者”队伍，深入开展以“三零”（零上访、零事故、零案件）为主要内容的平安村（社区）、平安企事业单位创建工作。深入开展信访矛盾大排查和“领导干部接访、下访”等活动，进门入户，想办法解决问题、化解矛盾，攻坚化解案件9起，化解率100%。严格落实安全生产责任制，认真落实“党政同责、一岗双责、齐抓共管”的安全生产责任体系，坚决防范遏制各类生产安全事故，确保社会大局和谐稳定。2021年，累计排查安全隐患1451条，均已整改到位，辖区未发生重特大事故。

（撰稿：赵晓静　审稿：李俊霞）

薛店镇

【概况】 薛店镇位于新郑市东北部，地域面积56平方千米，镇区规划面积39.6平方千米，建成区面积18.2平方千米，辖20个行政村，48个自然村，常住人口约10万人，是全国发展改革试点镇、全国重点镇、国家卫生镇、国家生态镇、郑州市文明村镇、河南省园林城镇。2021年，全镇完成地区生产总值63.17亿元；财政收入5.11亿元；税收入库8.62亿元，同比增长73%；固定资产投资完成50.16亿元；社会消费品零售总额达到24.6亿元；农民人均纯收入达到26878元。经济综合实力位列河南省乡镇第九位、郑州市乡镇第五位。薛店镇紧邻郑州新郑国际机场，北距省会郑州25千米，南距新郑城区10千米，境内京广铁路、石武高铁、京港澳高速纵贯南北，商登高速、102省道、西气东输、横穿东西，南水北调、规划的地铁16号线等国家省市重点工程穿境而过，具有空港、铁路港、公路港、信息港“四港联动”的立体交通优势。

【产业情况】 薛店镇主导产业是食品加工业和商贸物流业，汇聚有中国红枣领导品牌的好想你股份有限公司、年产100万千升的雪花啤酒公司、中国方便食品前四强之一的白象食品集团等知名龙头企业。近年来，薛店镇着力推动产业升级，大力发展电子信息、智能装备制造等新兴产业，推动智能终端产业港、锐杰微芯片封装、威斯获克等电子信息产业项目已建成投产，华思光电、尊绅光电即将投产，招引森乐智能装备等项目即将投产，逐步形成电子信息全产业链，产业集群优势日益突出。

【基层党建】 严格落实党建责任制，持续扩大党建工作覆盖面，进一步增强基层党组织凝聚力、战斗力和创造

5月21—22日，中国共产党薛店镇第十届代表大会第二次全体会议召开

（薛店镇/供图）

力。坚决把政治建设摆在首位，薛店镇深入开展党史学习教育，建立党委会学习“第一议题”、党委议事决策等制度。全年组织召开中心组学习12次，带头参加专题研讨4次，上党课2场，开展谈心谈话46人次，组织镇级宣讲团进基层宣讲30场次，进一步提升党员干部的政治理论水平和服务发展能力。坚决把职责使命扛在肩上，全年召开党委会、专题会研究党建工作10余次，部署巡视整改会2次，协调解决党建问题26个。坚决把问题整改落在实处，上级巡视巡察反馈7项问题及2020年度述职点评3条意见全部整改到位，镇党委书记亲自督办岗周村软弱涣散村党组织整顿，化解民生问题、家庭纠纷、土地纠纷等突出信访案件。锻造硬核队伍，高质量完成党委换届、村“两委”换届。以“五星支部”为载体，分期对60岁以下党员集中轮训，累计培训2000多人次。发展党员38人，培养积极分子46人。落细党建任务，深化基层党建重点任务集中攻坚，“党建+教学研游”综合体“红色直通车”初具雏形。观沟和王张村评为郑州市党建示范村。党建引领防疫防汛，践行“用脚步丈量工作法”，优化防疫和防汛专班，引领灾后重建，全域推进“无疫村”创建，成立临时党组织21个、志愿队50余支，转移安置受灾群众289户1056人。

【新型城镇化】坚持以产业发展带动城镇建设，深入推进城市精细化管理。加快社区安置回迁进度，已建设安置房88万平方米，完成了大吴庄、岗周、岳庄等5村1992户3095套安置房分房入住，莲花社区29栋2115套封顶完工，16栋安置房即将达到分房入住条件。新建敬老院1.29万平方米，可使用床位176个。优化城乡基础设施布局，交通路网不断完善，围绕与航空港互联互通，完成S102、友谊路、天途路、薛店大道、世纪大道、经贸大道、岳庄大街、雪花啤酒厂周边道路等8条23千米主要道路改造提升，建成酒王路等村村通公路11.2千米，在建龙岗路、蜡梅路、园林路、莲花路下穿京广铁路桥涵等道路工程13千米，“六纵四横”城镇路网和公共服务设施不断完善，202路、315路、321路公交线路相继通车运营。不断优化教育资源，改善办学条件，提升办学品位，配套教学设施设备，至2021年年底，薛店镇已建成龙华小学、实验小学、解放路小学、实验幼儿园、第二幼儿园、友谊路幼儿园，累计解决学位6480个，解放路幼儿园、莲花路社区幼儿园加快建设，薛店镇第二初中完成设计和施工招标。

【生态治理】严格落实环境保护管控措施，生态环境明显改善。坚持绿色发展，大力开展大气污染防治攻坚战，先后取缔小散乱污企业5家，完成中央环保督察、省市督察等上级交办案件79件，完成双替代233户。由于出色的工作，薛店镇荣获新郑市污染防治攻坚战三年行动计划担当奉献奖。高标准完成京港澳高速、石武高铁、庆安路、暖泉路等生态廊道建设，全镇绿化面积达316万平方米。压实“路长制”工作责任，镇区机械化清扫冲洗率达到95%以上，顺利通过国家卫生镇复审，成功入选河南省园林乡镇、郑州市健康镇。

【产业发展】坚持发展为第一要务，树牢“项目为王”导向，持续优化营商环境，“万人助活动”为企业排忧解难，全面奏响加快发展、高质量发展主旋律。工业主导地位日益突出，全镇共有大中小企业1358家，其中“四上”企业98家，上市企业3家，世界500强企业2家。金星啤酒、锐杰微、威斯荻克、好想你普洛斯物流园、高森易拉罐、好想你FD车间等先后投产，百利祥罐业、华思光电、尊绅光电即将投产，招引森乐智能装备、联东U谷、大掌柜、耀发实业等超亿元项目9个。产业集群持续壮大，围绕S102、暖泉路沿线产业布局，培育中德产业园、众合（郑州）国际石材产业园、航美智慧新城、电子信息产业园等产业集群，签约进驻民营企业700多家。新兴产业强势崛起，威斯荻克柔性电路板、锐杰微芯片、华思光电、尊绅光电等高新技术项目相继落户，其中锐杰微芯片封测项目实现当年签约、当年量产，填补了全省集成电路产业空白。运达造纸设备被认定为国家级绿色产业供应

8月1日晚至8月2日，薛店镇进行首轮全员核酸检测（薛店镇/供图）

链、绿色制造供应商企业。

【文化建设】完成镇党群服务中心图书室提升改造和镇级综合文化服务中心迁建，常刘和大吴庄社区村史馆交付使用，完成世纪广场体育设施建设，新建村级综合文化服务中心7个、五人制足球场地3处。文明创建和文化工作通过了全省公共文化服务体系示范乡镇验收，被郑州市人民政府评为公共文化服务示范乡镇，观沟村被评为第六届全国文明村。积极开展“红色文艺轻骑兵”等群众性文化活动，开展惠民文艺巡演300余场，连续4届举办民间文艺展演、戏迷擂台赛、广场舞大赛，“戏曲进乡村”是全省唯一入选首批全国农村公共文化的服务项目。

【乡村振兴】围绕产业、人才、文化、生态、组织“五个振兴”，因地制宜，统筹谋划，科学有序推进乡村振兴。全面开展人居环境整治工作，建成格大张示范村、王张示范街，大力推进庙东陈等村人居环境整治。巩固拓展脱贫攻坚成果同乡村振兴有效衔接，组织开展全镇各村防返贫监测大排查，3户边缘户全部安排公益性岗位，对全镇630户低保、五保、残疾人、独居老人户、大重病户、受灾户逐一入户排查，做到应纳尽纳。

【社会民生】始终坚持共建共享，社会民生得到显著改善。全镇始终以人民为中心，群众获得感、幸福感、安全感持续提升。深入开展求助帮扶，办理低保172户276人，未发生因帮扶不到位导致的贫困问题。积极拓宽群众创业就业渠道，新增城镇就业528人，转移农村劳动力700人，促进失业人员再就业57人，促进农民工返乡创业48人，小额担保贷款550万元。新建便民服务中心300平方米，新增2台政务服务自助终端机和1台自助照相机，实现村级政务服务专线和便民服务站全覆盖，提高了群众办事便利度、快捷度和满意度。薛店镇面对“7·20”特大暴雨灾害和新冠肺炎疫情双重压力，克服了复杂外部形势带来的不利影响，顶住了经济下行的巨大压力，夺取了防汛救灾保卫战和新冠肺炎疫情阻击战的胜利。

【疫情防控】时刻紧绷疫情防控这根弦，避免出现麻痹思想、厌战情绪、侥幸心理和松劲心态，将疫情防控作为做好各项工作的前提，坚持问题导向，进一步强化忧患意识、底线思维，牢牢守住长周期不发生规模性疫情的底线，为经济平稳健康发展、社会大局和谐稳定创造良好条件，2021年8月，薛店镇首次进行全员核酸检测，共5轮，累计完成25万人次核酸检测工作。强化重点人群健康管理服务，严格落实公共场所防控措施，确保不出现聚集性疫情，不发生疫情风险点失管漏管。聚焦“一老一小”等重点群体，高效有序推进疫苗接种工作，加快构筑群体免疫屏障。薛店镇全年未出现一例新冠肺炎确诊病例或新冠肺炎无症状感染者。

【社会治理】突出协同共治，认真开展矛盾纠纷线索排查和化解工作，矛盾化解率达100%。深化平安建设创建各项活动，完善技防网络建设，投入90余万元，已建成17个村级监控平台，已安装378个高清网络视频监控探头，实现村级视频监控网络全覆盖。“七五”普法稳步推进，群众学法、懂法、用法水平不断提升。深入开展安全生产、食品安全、各领域消防安全大检查，扎实推进自然灾害综合风险普查工作，提高自然灾害防治能力，先后对全镇1358家企业、7479处农村住房、210栋高层建筑、1270家门店、13421户燃气居民用户、132家各类用气单位开展安全检查，完成各类隐患整改1912项、5459处。获郑州市消防工作先进集体、郑州市平安建设工作优秀等次乡镇、新郑市争创全国综治“长安杯”工作集体三等功等荣誉。

（撰稿：刘　博　审阅：刘少玺）

孟庄镇

【概况】孟庄镇位于新郑市东北部，东临郑州航空港经济综合实验区，

12月31日，奔驰汽车文化产业园正式通过验收，开始试运营（孟庄镇/供图）

1月21日，在群众文体活动中心举办“河南省美术馆文化下基层送万福进万家”活动（孟庄镇/供图）

西接新郑教育园区，北靠郑州，距新郑国际机场10千米左右。行政面积66平方千米，辖23个行政村、35个自然村，户籍人口4.7万人，外来人口1.6万人，流动人口11万人，共计17.3万人。辖区内机场高速、京港澳高速、京广铁路、京广高铁南北贯通，双湖大道、地铁2号线、新老107连接线穿境而过，“铁、公、机”齐备，区位优势突出。新郑是红枣的故乡，新郑红枣的根在孟庄。孟庄镇共有枣树10万余棵，孟庄镇紧紧围绕商贸物流、红枣旅游、空港服务“三张名片”，坚定建设空港旅游休闲小镇的信心，全力打造“红色孟庄、实力孟庄、宜居孟庄、枣乡孟庄、幸福孟庄”，全镇红枣加工企业上千家，从业人员近万人。2021年，孟庄镇以“九项工程”为统揽，全面对标市六次党代会确定目标任务，充分运用“脚步丈量工作法”，抓环保、拆卫片、助万企、抗洪水、战疫情、搞重建，为经济社会高质量发展提供强劲引擎。2021年孟庄镇完成财政收入3.3亿元；规模以上工业增加值增速达5.7%；社会消费品零售总额20.45亿元，同比增长8.02%；固定资产投资总额71.24亿元；粮食产量全年10122.7吨；全镇农民人均可支配收入预计达到20543元，同比增长6%。

【项目建设】 产业发展持续向好，骏创物流项目正在加快建设。鹏翼建材市场已完成5.4万平方米建设，一期已入驻商户40家，二期预计入驻商户150家。指导冯辛庄村、三旺马村和酒孙村签约了东海之晶新媒体公司，采用“村集体占股+公司经营”的模式，注册成立了河南海博瑞实业公司，主要从事农产品直播带货、网红孵化、电商培训等业务，该公司通过收购农户红枣干果、枣馍等农产品，开发了豫乡鉴、豫鉴年货品牌，已销售300万元。重点项目长期向好，总投资5.2亿元的奔驰汽车文化产业园，亩均税收不低于135万元，4S店已投入试运营。总建筑面积27万平方米的郑州智能科技职业学院主体已完工，正在外粉和内部装修。

【基础设施建设】 完善交通路网建设，完成府前路、孟港南路、孟港路北段新建工程、龙港路（郑孟路至孟祥路段）、华南城二路、祥和路东延道路建设；完成农村公路Y042碾石线、C072洪洪线。绿茵路完成60%；完成了郑港四路、华二路潮河桥的土地预审和选址工作，滨河东路、孟港南路拓宽工程、枣源路、土地预审和选址正在进行中，学府路、环南路正在进行土地组卷工作。完善公共服务配套设施，第五公立幼儿园土地已征收完毕；小学、中学建设项目，五栋楼的二次结构已完成；敬老院主体已完工；卫生院迁建项目，正在办理用地预审和选址。

【生态文明建设】 强化大气污染防治，大力开展散尘、散乱污、散煤“三散”治理和重型车辆、秸秆禁烧等整治，加大重污染天气应急管理力度，全面落实建筑工地“8个100%”和“三员”管理责任制，全年共印发环保宣传手册6000余份，张贴宣传海报1000余张，设置户外宣传展板30余块，悬挂宣传条幅660余条；全年进行散煤排查200余次，排查饭店、早餐店、枣厂260余家，农户3000余户，清理煤炭、散煤1000公斤。强化水污染防治，认真落实河长制，健全镇村两级河长巡河制度，共开展巡河50余次。持续开展潮河河道清淤和水质提升，潮河水质稳定在Ⅳ类以上。强化人居环境整治，完成了栗元史等8个村的美丽乡村建设，完成道路硬化5万平方米、村庄绿化3万平方米、墙体美化17万平方米，安装路灯300余盏。创建了郑州市级森林乡村石槽王。建立了人居环境整治“十个一”工作机制，发动全镇1万余人次，实现了2022年春节前“净起来”的目标。

【社会民生事业】 三大工程助推民生。深入推进文化惠民工程，组织开展“我们的中国梦”——河南省文化志愿者送万福进万家活动；参加新郑市举办的广场舞大赛，取得一等奖；举办12场文艺巡演；孟庄镇广场舞代表郑州市获河南省广场舞大赛优秀展演奖；成功举办孟庄镇第五届全

12月9日，孟庄镇2021年“万名党员进党校暨党史学习教育”培训班开班仪式举行

（孟庄镇/供图）

民运动会。先后举办3期农村劳动力转移就业培训班，培训114人；组织32家企业发布招聘信息，提供60多个工种、700多个工作岗位，共150余人达成就业意向；完成民政临时救助29户、受灾救助36户、慈善救助25户、临时救助90户；持续推进城乡居民社会保障工程，超额完成了养老保险续费工作，完成率达105.4%；圆满完成了新农村合作医疗续费工作，参合率达100%。脱贫攻坚保障民生。多次召开巩固拓展脱贫攻坚成果有效衔接推进会、防返贫动态监测工作会等会议，及时传达上级会议精神，并安排做好动态监测、信息采集录入等工作。严格按照上级部署，在全镇深入开展“三类户”排查，按照“五必到、全覆盖”要求，对全镇9000余户4.7万人进行全面走访排查。2021年新识别“三类户”7户28人。防疫防汛筑牢民生。面对来势汹汹的疫情，全镇2000余名干部群众昼夜坚守一线，有效保障了辖区群众生命安全；面对历史罕见的“7·20”暴雨，迅速启动防汛一级响应，紧急转移安置76人次；积极开展灾后村庄消杀和恢复，修复水毁道路27条53处，修建因灾受损房屋39户，确保了大灾之后无大疫。

【社会综合治理】 落实长效机制管理，开展违法建设、安全生产、消防安全等重点领域排查集中整治活动35次，组织安全生产专题培训会12次，消除各种隐患390处。集中力量开展土地卫片执法和私搭乱建违法建设拆除工作，拆除违法建筑5万平方米。平安建设保护民生，扎实推进“三零”村（社区）创建，排查各类矛盾纠纷350起，成功调处300起，处理群众信访事项723起，共受理日常信访接待欠薪投诉案件382起，为2531名工人追要薪资4023万元；深入开展“降发案、保平安”活动，健全镇村两级综治中心，坚持“人防+技防”，组织夜间巡逻300余次，参与人数4000余人次，群众安全感显著提升；开展“九小场所”和沿街门店消防安全专项治理，举行各类安全培训4次，应急演练1次。联合公安机关，中心校、司法所深入开展防诈骗，防溺亡，禁毒等各项宣传活动30余次，覆盖全镇4万名常住人口。

【基层党建】 打出基层党建“提升拳”，深学细悟，扎实开展“不忘初心、牢记使命”主题教育，开展集中学12期、自学40余次，实现学习教育常态化；组织开展班子成员讲党课等系列培训活动，累计培训2000余人次，实现年度党员100%轮训。强基固本，以“亮赛比”“挂图作战、集中攻坚”等活动为契机，开展观摩活动5次，形成对标先进、比学赶超的氛围，不断强化支部战斗堡垒作用；成立3个“两新”党组织，覆盖11家非公企业，选派28名机关优秀党员作为党建指导员入驻企业；成功实现空壳村清零并培育6个经营性收入超百万的富村强村；选优配强73名支部班子，实现学历、年龄一升一降，并首次选出全日制研究生学历支部委员。建立健全“党建+”工作模式，全镇1500余名党员干部参与疫情防控、大气污染防治、安全隐患排查等中心工作，开展志愿者服务活动3400余人次；投资370余万元高标准打造酒孙村、三旺马村党群服务中心；严格按照“双推双评三全程”发展程序，发展党员19名、积极分子23名。打好党风廉政建设“组合拳”，认真落实党风廉政建设责任制，严格实行《党委会议议事规则》、民主集中制、“三重一大”等决策程序，开展节前廉政谈话谈心会4次、机关纪律作风检查2次、疫情防控专项督查27次、防汛督查5次、救灾物资发放情况督查3次、贫困户灾后重建督查工作1次，脱贫后评估督查7次，印发督查通报45期，党风廉政建设卓有成效。配合上级纪委、监委查办案件12起，自办案件20起。全年党、政务处分共15人次，其中诫勉1人，党内警告3人，党内严重警告3人，留党察看一年4人，开除党籍2人，记大过1人，行政撤职1人。打出意识形态“主动拳”，推进意识形态工作进机关、进社区、进村庄、进校园，党建办积极履行意识形态工作具体责任人责任，抓好意识形态进机关、进社区进村庄工作，通过管好“三个阵地”（宣传阵地、课堂阵地、科研阵地）抓好校园意识形态工作，强化“三个机制”（健全工作机制、完善考核机制、加强职责追究机制）巩固意识形态工作成果；坚持正确舆论导向，“心通桥”诉求回复21条。利用新时代文明实践站所开展“我们的节日”、党史学习教育宣传、档案日宣传等活动16次，开展“星级文明户”“好媳妇”“好婆婆”“五美庭院”等评选共计500余名，学雷锋志愿服务活动30余场；严格按照标准，在镇便民服务中心、镇群众文化活动中心和冯辛庄村、双唐社区、潮河新城社区开展“文明使者学雷锋志愿服务站”创建活动，设立标识和站点。

【年度工作荣誉榜】2021年，孟庄镇先后获评“河南省健康单位”“河南省园林城镇”“郑州市先进基层党组织”“郑州市人民满意窗口”“郑州市法治示范乡镇”“郑州市全市巡消一体化工作先进集体”“第四批郑州市民族团结进步示范单位”“郑州市第七次全国人口普查先进集体”，获新郑市“人大建议、政协提案”办理工作先进单位、“新郑市综合工作优秀单位”、“新郑市2018—2020年度创建全国文明城市提名城市工作先进单位”、“新郑市污染防治攻坚战三年行动计划突出贡献奖”等荣誉称号。

（撰稿：张瑞灵 审阅：史淑娟）

郭店镇

【概况】郭店镇位于新郑北12千米、郑州南20千米处，东临郑州航空港经济综合试验区，南接新郑中心城区，北临龙湖教育园区，西与新密省级产业新城接壤。郑新快速通道、107国道、中华北路、大学南路、希望路与102省道、107国道连接线、黄金大道和莲花路构筑成“五纵四横”的交通网，四通八达，方便快捷。境内历史积淀深厚，文化遗产丰富，后周皇陵、华阳故城被命名为国保单位，北宋名相吕夷简父子墓、北宋时期一门三宰相墓——崇孝寺被命名为省保单位。全镇辖32个行政村、89个自然村、219个村民组，总人口8万人，镇域面积77平方千米，其中镇区面积16.43平方千米。有耕地2937.382公顷，人均0.0453公顷。辖区内以汉族为主，回族2200余人，主要集中居住在华阳寨村。2021年，郭店镇围绕市委、市政府提出的经济社会发展目标任务，牢牢把握稳中求进工作总基调，紧紧抓住高质量发展目标不动摇，积极应对各种风险挑战，主动作为、强力攻坚，深入落实“用脚步丈量乡村工作法”，统筹推进疫情防控、暴雨灾后重建、经济社会发展、美丽乡村建设等工作，较好地完成了各项目标任务，保持了经济社会各项事业稳定健康发展。

【经济指标完成情况】2021年全年郭店镇财政收入完成30203万元，占目标任务42000万元的71.91%；规模以上工业增加值累计增速年初目标14%，实际完成0.2%；固定资产投资年初目标763615万元，实际完成655326万元，占全年目标任务的85.8%；社会消费品零售额目标任务154300万元，全年完成163491万元，占目标任务的105.96%，同比增长17.09%；农村人均可支配收入27427元，同比增长5.8%。其他各项经济指标均实现较快增长。全市发展竞争力持续提升，经济发展重要性日益凸显。

【大攻坚战】全力打好防范化解重大风险攻坚战，严格落实新郑市政府关于政府债务管理工作要求，深入开展防范和处置非法集资、互联网金融风险专项行动，防范区域性、系统性风险。坚决打赢脱贫攻坚战，巩固脱贫成果同乡村振兴的有效衔接，抓好防返贫监测帮扶工作，动态开展六次防止返贫动态监测大排查，排查出“五个必到”2342户，受灾群众2592人、一户多残61户，一户多个低保237户。严格落实四个不摘政策，逐级压实责任，领导班子会议定期召开专题会议，研究巩固脱贫成果工作。两个低收入村工作队继续吃住在村，所有脱贫户继续享受帮扶政策，帮扶责任人对159户脱贫户、1户监测户全覆盖，定期入户开展工作。坚决打好蓝天保卫战，整改问题施工工地30余家80多处、覆盖黄土裸露及建筑垃圾约15万平方米，排查雨污水管网19千米，取缔保护区内养殖场11处。深入开展“散乱污”企业专项集中整治，将排查出的“散乱污”登记造册，持续开展“散乱污”企业清零行动，由各管区各行政村负责进行逐一现场核查、整改、取缔，确保督办“散乱污”企业整治到位，彻底将“散乱污”企业全部取缔。

【项目建设】泰德能源年产50套高温高压环保型石油不压井作业机及50套钻井废泥浆处理设备建设项目，2021年度完成投资额2.2亿元，已竣工。坤达国际学校建设项目，2021年度完成投资0.72亿元，主体已封顶，二次结构正在施工中。传化华商汇物流小镇核心区项目，2021年度完成投资额13.8亿元，小镇项目一期已投入运营，二期已与新郑市政府签署土地出让合同，用地规划证及不动产证已办理。新郑市华东师范大学附属江山中学项目，土地报批已完成。乾龙现代物流园项目，2021年度完成投资额2.92亿元，一期4—7号仓库手续已办结，8号仓库在建，1—3号仓库、2号信息大厅、3号综合办公楼已竣工；二期19—20号仓库已建设完成、3—5号仓库正在建设中。

【社区建设】坚持城镇社区发展新理念，贯彻落实市委、市政府提出的“九项工程”，推动“城镇品质”“城镇服务”“城镇融合发展”“城镇经济”四大提升。南北街社区开工建设8栋896套10.6万平方米，其中4栋452套4.8万平方米已交房，回迁群众285户1260人；4栋444套5.8万平方米已封顶，正在进行二次结构。华阳寨社区开工建设11栋863套9.7万平方米，回迁群众232户1217人，分房336套，分房面积4.17万平方米，二期分房正在积极筹备。洪沟社区开工建设16栋，其中2栋255套3万平方米已交房，安置214套2万平方米；10栋1074套12.43万平方米已竣工，4栋4.57万平方米正在建设中。常家庄社区共建设17栋2072套18.47万平方米，已基本具备交房条件。张辛庄社区一期项目完成投资额3.96亿元，1—10号楼主体已完工，后期工程正在紧密协调中。同时配套建设的小学、幼儿园、党群服务中心、社区综合文化服务中心、公共图书室、商业步行街等基础设施逐步投入使用。在做好建设的同时，积极解决拆迁群众临时过渡问题，共发放过渡费117.72万元。

【城建工作】 切实开展土地征收，保障城乡建设顺利进行，积极做好农用地、建设用地报批工作。2021年征收铜佛赵幼儿园、郑州四十四中、永泽环保产业园等11宗土地，涉及2018年第八批、2020年第六批、第七批、第九批城乡挂钩及2020年第二批、第三批乡镇建设共计53.3025公顷土地。完成2021年第五批、第七批、第八批、第九批、第十批乡镇建设等组卷报批材料，总报批面积65.1313公顷。与郑州雅瑞房地产开发有限公司等6家企业签订交地确认书7份，成交面积299671.44平方米。批复永通路、汇远路、华恒路、如意路、黄金大道东延、合欢路等六条道路的项目选址意见和用地预审证书，完成永通路、合欢路、如意路等三条道路的可行性研究报告的批复。

【双改工作】 以文明城市创建为契机，紧密围绕城镇双改工作，坚持“三项工程一项了解”，全力推进“双改”工作强力推进，敢于向镇区老旧问题亮剑，建立问题台账，动真碰硬开展集中整治。围绕镇区交通拥堵、秩序混乱、环境脏乱等问题，组织开展24次大整治行动，出动2000人次，清理占道经营330余处，小广告980余处，违规广告条幅840余处，清理垃圾620余处11000万余吨。定期消毒消杀，累计出动专业队伍59支，出动人员230余人，累计投入器械87台次，消杀点位129个，消除滋生地210余处，累计消杀面积130余万平方米，镇区乱象得到有效遏制。

【主题教育】 把学习贯彻习近平新时代中国特色社会主义思想作为首要政治任务，通过政治上谋划推进、组织上压实责任、方法上守正创新、内容上优化建设，为党员学习教育管理工作赋能增效。传承红色基因，党史学习教育常态化。依托“共产党员网”、“学习强国”、“干部网络学院”、远程教育等平台，通过党员自学、集中交流、集中观影、实地观摩、重温誓词、主题征文等方式，感党恩、悟初心，锤炼党性，将学习教育覆盖到每一位党员，把党的成功经验传承好、发扬好。开展主题活动，形式多样抓教育。组织开展讲好“红色故事”。深入学习党史知识，制作党课“微视频”，传播红色党史故事，坚定理想信念，搭好“红色舞台”。先后在郭店镇一幼、二幼等地开展“花开新时代 童心永向党”“党旗引领 情暖六一”等活动，传递党的关怀与期望，激发孩子们爱国之志。举行“党史知识竞赛”“学习笔记大评比”“红色故事经典诵读”等活动，学习交流提升党史素养，传承“红色基因”。万名党员进党校，齐学党史铸忠诚。以党史学习教育为重点，利用镇党校，线上线下资源，开展万名党员进党校活动，有效强化了党员的“身份感”，提振了党员干部精神状态，为全面推进乡村振兴工作提供了有力的组织保障和强大的精神动能。

【基层党建】 充分发挥党支部在集体经济发展中的核心引领作用，全面排查村集体经济经营性收入5万元以下薄弱村、经营性收入5万—10万元的村。已有16个村集体经济收入超过10

华东师范大学附属江山学校效果图（郭店镇/供图）

万元，任务完成率为94.12%。持续推进支部建设，强化党员队伍建设，加强党员教育的针对性，对全镇非公有制经济组织和社会组织党建情况的全面摸底调查，从严从实从细抓好“两新”党组织生活日常化、常态化、长效化。做好云上新郑等融媒体信息发布工作，发布镇级宣传稿件共计209篇，部分稿件被上级媒体采纳，有效地扩大了宣传覆盖面。

【阶段任务】 结合党史学习教育中“我为群众办实事”及“脚步丈量乡村”有关要求，坚持从身边人、身边事入手，向群众学习、向群众求教、向群众问策，解决群众急需解决的问题。针对不同任务，聚焦促进就业、公共服务、社会保障、文化发展、社会治理等工作，开展党员夜巡、文明倡议、孝老敬亲、关心关爱老党员等各项党员志愿服务活动，切实增强人民群众的获得感、幸福感、安全感。市级我为群众办实事2项、镇级我为群众办实事133项，已全部完成。通过对软弱涣散村的排查整治，将党史学习教育与基层社会治理相结合，发挥好党员干部先锋模范作用，为群众解难题办实事。

【监督执纪】 镇纪委坚持稳中求进，持之以恒正风肃纪，强化监督执纪问责，把党风廉政建设和反腐败斗争不断引向深入，为镇经济实现跨越发展提供了强有力的政治和纪律保障。纪委、监察办公室紧盯基层、惩防并举、严肃查办，自办案件数量和质量“双提升”，不断推动全面从严治党向基层延伸。在明察暗访、公开举报电话、安装举报箱的同时，加强与司法、公安、信访、综治部门协作配合，全年共处理线索18件，立案3件，处分4人（其中留党察看1人，党内严重警告处分1人，党内警告处分2人），准确运用监督执纪“四种形态”，其中运用“第一种形态”通报批评2人，停职处理2人，诫勉谈话3人，不断推动全面从严治党向纵深发展。

【人居环境】 郭店镇始终坚持以党建为引领，以村级为主体，采用“全民参与、党群共建”模式，积极发挥村级党支部战斗堡垒作用，以全国文明城市创建为契机，依托行政村新时代文明实践站与综合文化服务中心，积极开展群体性文明志愿活动，号召群众发挥共创精神，因地制宜、突出特色，高标准打造各村人居环境整治亮点。2021年重点组织建设2个示范村（小杨庄和大杨庄）和3个特色村（新李营、双岭和山根），先后组织示范村与特色村开展参观学习，召开3次设计研讨会，助力示范村特色村建设。5个村庄人居环境改造已全部完工，持续做好人居环境改善工作的同时，以“三个清零”工作为重点，稳步推进“三个评比”和三项行动，持续推进村庄清洁行动，全镇各村共清除旱厕 33 处，清除黑臭水体23处，清除垃圾堆1335处，做到“三个清零”的动态清零，有效改善了人居环境水平，提升了群众的获得感和幸福感。

【水环境治理】 坚持“绿水青山就是金山银山”理念，落实“河长制”要求，深入开展“三污一净”专项行动20余次，排查雨污水管网20千米，严格治理环境违法行为。聚焦乱占、乱堆、乱采、乱建“四乱”清理，全力推进潮河水域环境综合整治专项行动，建立检查、督察、整改机制，全年组织执法检查人员督察70余次，对违法人员下达限期整改通知书，对长期拒绝整改者，采取“铁拳出击、强力震慑”依法拆除行动，还潮河流域清明，维护水域生态平衡。

【土地管理】 深入践行以耕地生态保护为首要任务的土地管理格局，坚守土地红线，实行管控性、补救性、约束性、建设性、倒逼性、惩治性“六重保护”措施，做到“管区管理、分级负责、全面覆盖、责任到人”的原则，构建网格化监管责任体系，坚决看住管好每一寸耕地。全年共拆除违建并复耕67宗，“三山”治理已拆除9个图斑，复耕5个图斑。定期组织综合执法人员、管区干部、村干部开展联合检查行动，坚决制止耕地“非农化”，对于违法占地、乱挖乱建等问题及时督促整改，并严厉打击顶风作案人员。对于土地废弃闲置与土地流转率低等问题，强化政策导向与资金

河南永泽环保产业园效果图（郭店镇/供图）

扶持，开展土地撂荒专项整改行动，同时规范土地流转政策，鼓励发展规模经营，引导农民种植专业化、科学化，避免耕地闲置。

【生态治理】 秉持可持续发展理念，努力营造创新型工业体系，大力推动产业结构升级调整，杜绝重工污染排放，引导企业减少污染排放。建立环境保护宣传机制，抓好线上线下两条宣传阵线，线下成立镇村两级环保工作小组，依托党员教育室、村民图书室开展形式各样的环保宣传教育工作，提升广大群众对环保重要性的认识。线上拓宽宣传方式，利用群众喜闻乐见的微信、微博、抖音等新媒体内容，借助网络热点、鲜活的环保示例，阐述生态环境保护的价值。开展雷锋志愿服务活动，依托党团组织和学校，号召镇区广大青年干部与学生、志愿者，利用周末时间开展植树造林、捡拾垃圾等公益志愿服务活动，在社会上形成良好风气，推动生态环境综合治理。

【社会维稳】 坚持畅通和规范群众诉求表达、利益协调、权益保障通道，完善矛盾纠纷多元化解机制，切实做到“小事不出村、大事不出镇、矛盾不上交”。2021年接到上级交办案件85起，自立案件10起，已办结85起，正在办理10起；共排查人员41人（上级交办18人，自查23人），不稳定因素5起（上级交办1起，自查4起）。严格落实安全生产责任，深入开展安全生产集中整治，突出食品药品等重点行业领域隐患排查治理，坚决防范遏制各类事故发生。健全扫黑除恶专项斗争长效机制，利用宣传标语、宣传栏、横幅、村喇叭、微信等方式，先后发放扫黑除恶宣传资料2000余份，条幅120余条，持续扩大扫黑除恶宣传成效，完善社会治安防控体系，严厉打击违法犯罪活动，维护了社会大局和谐稳定。

【文化事业】 坚持以人民群众文化需求为导向，积极协调科教文卫体等上级部门资金与政策支持，配备健身器材、农家书屋等基础设施，打造内容丰富、设施完善的综合文化服务中心，营造良好的乡村文化氛围。全镇32个行政村均建成农家书屋，成立盘鼓队、舞龙舞狮队、秧歌队、广场舞等民间文艺队伍54支，培养发展一大批文艺骨干，开展活动19场次。持续提升文化活动品质，以创建全国文明城市提名城市和郑州市文明乡镇为契机，开展群众喜闻乐见、形式丰富的群体活动。先后组织开展“最美郭店人”“红色文艺轻骑兵”“我们的节日”“郭店镇第四届戏曲比赛”和“郭店镇第五届广场舞比赛”等文艺活动，丰富人民群众的业余文化生活。

【社会救助】 大力实施就业优先战略和更加积极的就业政策，扎实做好农民工、城镇困难人员等重点群体就业工作，提高劳动者就业能力。巩固实施好居民养老和居民医疗保险制度，不断扩大参保覆盖面。积极发展老龄事业、社会福利、慈善事业，加强妇女、未成年人、老年人和残疾人等特殊群体关爱服务。截至年底，共为20户42人申报了低保手续。七一建党节慰问低保户党员8人。入户办理临时救助59人，发放临时救助资金83100元。积极开展救灾救济工作，为因洪涝灾害导致生活困难58户96人发放临时救助资金12万元，接收并及时发放捐赠物资。办理新增特困人员1人，办理新增退休人员高龄津贴10人，办理老人优待证212人，办理“三无”残疾人补贴15人、残疾人通信补贴180人、重度残疾补贴50人，开展残疾人动态更新工作，对1100多名残疾人基本生活状况进行了调查。办理事实无人抚养儿童享受补贴7人。春节期间，共为32个村困难人员发放救助金37600元，发放大米、面粉、食用油、棉衣、棉被等救助物资。

【劳动保障】 帮助下岗失业人员、失地农民、城镇新增劳动力和建档立卡劳动力实现就业，其中返乡创业60人，农村劳动力转移就业483人，城镇543人，失业人员再就业176人，就业困难人员就业29人。共处理农民工工资396起，3000人次，共计13000多万元，受理农民工工资案件382起，调处248起，调处率65%。共排查241起矛盾纠纷，排查率达到100%，调处率达到98%。积极开展各类就业培训，收集发布用工信息100余条。

【疫情防控】 自疫情防控阻击战打响以来，郭店镇深入贯彻落实习近平总书记关于新冠肺炎疫情防控重要讲话精神，始终绷紧疫情防控这根弦，全面做好“外防输入、内防反弹”各项工作，坚决克服麻痹思想、厌战情绪、侥幸心理、松懈心态，毫不放松抓好疫情防控，圆满完成全民5轮核酸检测。严格落实新的防疫工作要求，适时调整防控措施，紧紧盯住卡点、村口、社区、学校、企业、食品冷链等重点区域关键点，建立健全常态化防控机制，坚决防止疫情输入、扩散和反弹，采取居家隔离、健康检测等措施。在各村（社区）实施闭环管理，全镇共设置32个防控卡点，800多名党员干部、志愿者24小时轮流值守，进行进出扫码登记、测量体温、环境消杀、志愿服务等工作，从严从实从细落实疫情防控举措。

【防汛救灾】 众志成城，应汛而战。面对“7·20”特大暴雨，坚持“汛情就是命令，责任重于泰山”的理念，第一时间成立防汛工作领导小组，全体领导班子身先士卒、靠前指挥，迅速组织辖区党员干部全天候下沉防汛一线，冲锋在前，吃住在村，既当“指挥员”，又当“战斗员”，共紧急避险转移698人，紧急安置转移573人（其中集中安置125人，分散安置448人），参与抢险救灾党员干部群众4150人次，出动机械555辆次、抽水泵288台次、沙袋19000条，最大限度妥善安置受灾群众，严防次生灾害，全力守护辖区群众生命财产安全。

【灾后重建】 积极开展灾后重建工作，依托上级救灾政策，统计受灾群众损失，评估灾后危房与毁坏道路，第一时间开展修缮工作，共排查出倒塌房屋135户，严重受损房屋102户，一般受损162户，其中无人居住86户，9户C级危房全部完成修缮加固工作，5户D级危房已经完成重建并入住。为群众提供资金、技术等各类帮扶，并号召广大干部职工捐款，防止群众因灾返贫，帮助受灾群众迅速恢复正常生活。同时积极组织各企业、项目清理道路淤泥47处，修复生产设施，落实积水处理措施，并安排企业、项目工地抓紧时间恢复灾后重建及消杀防疫工作，确保大灾过后无疫情。

（撰稿：张亿帆　审阅：王瑞杰）

新村镇

【概况】 新村镇位于新郑市区北大门，与新郑新区套合，107国道、郑新快速通道、大学路南延线、中华北路纵贯南北，万邓公路、裴李岗路横穿东西，新密铁路穿境而过，南水北调中线工程环拱镇区，双洎河、黄水河东西环绕，自然条件优越，区位优势明显，文化底蕴深厚。镇域面积74平方千米，耕地2866.67公顷，辖23个行政村92个自然村，人口8.6万人，1559名党员。2021年先后获“国家卫生镇”、“河南省文明镇”、“河南省健康乡镇”、“河南省孝德示范镇”、郑州市“爱国卫生杯”先进单位、郑州市“法治示范乡镇”、郑州市“美丽庭院”创建示范镇、“创建文明城市工作先进单位”、“绩效考核优秀单位”、“精神文明建设先进单位”等称号。

【经济发展情况】 2021年，新村镇按照市委、市政府工作部署，在抓实抓细疫情防控的同时，坚持稳中求进工作总基调，以实施乡村振兴战略为主线，以“整体工作争先进成高原，重点工作创一流起高峰”为总要求，全面开展“工作有标杆、落实有标准、突破有标志”“三标”活动，深入实施“九项工程”，全力开新局破新题，奋力起高台著新篇。2021年财政收入完成2.25亿元，同比减少12.14%；地区生产总值完成53.5亿元，同比增长4.7%；规模以上工业增加值同比增长14.1%；固定资产投资完成22.7亿元；社会消费品零售总额完成30.8亿元，同比增长12.75%。

【产业转型升级】 瞄准循环节能和生产性服务业，签订福盛金属回收公司和昊基商务秘书公司2家总部经济企业，充分发挥“互联网+”的共享互利作用，银发牧业创新畜牧业新模式，实施“云上牧场”项目；加强特色农业集约发展程度，积极探索现代农业发展新模式，因地制宜建成多个特色农业示范园，卓卓葡萄、白居易芦笋、孙庄油桃、暖泉湖莲藕等特色农产品广受好评；正商环湖溪岸、英地运河上苑、恩淇懿品悦府等房地产项目进展顺利，正商环湖溪岸、英地运河上苑已实现入住；郑州理工职业学院和郑州城轨交通学校办学规模持续扩大，在校生人数连年增长，已达2.5万人，极大带动了第三产业的发展。

【基础设施建设】 总投资1.2亿元修建18.5千米乡道，完成中兴路、裴李岗路、华瑞路提升改造、极大便利群众出行；完成郑新路沿线及桃园路5个游园建设，增加绿地面积3.2万平方米。针对“7·20”“8·22”暴雨灾情，对辖区因灾造成的冲毁道路、积水坑、窨井盖损坏等及时排查并修缮，累计修复乡道、村道18处，重点在新村大道、中兴路等路段增加142处窨井盖防坠网。望京新城项目区“七通一平”道路工程项目已完工75%，育才路西延工程、吴庄社区道路、照明、绿化、供排水等配套设施工程正加速推进。

11月16日，新村镇纪委组织全体机关干部观看警示教育片（新村镇/供图）

【生态建设】坚定走生态优先、绿色发展之路，始终把环保攻坚作为重大政治任务，联合各职能部门、各行政村做好施工工地监管、大气污染防治、“散乱污”企业整治取缔等工作。主动作为，高标准、严要求做好中央环保督办件整改销号26件，整改完成郑州市环境污染防治督导组、郑州市控尘办交办的督察通知书22件，加大对南水北调干渠两侧环境问题整治力度，清除建筑垃圾15处，拆除违章板房2处，腾空企业厂房6处。高标准治理双洎河、黄水河、暖泉河，加快望京楼水库和老观寨水库区域生态修复，助力新郑市水系连通工程；全面落实林长制主体责任，增强“林长+警长”工作机制，持续开展森林特色小镇和森林乡村建设，推进国土绿化提质增效。

【民生事业】基层治理稳扎稳打，高度重视群众信访工作，高效办结系统交办信访案件82件，办理国务院河南郑州“7·20”特大暴雨灾害移交案件6件，全镇20个村实现全年零上访。公共服务用心用情，深化“最多跑一次”改革，开展便民服务中心标准化建设自查、自助服务终端机使用推广等活动，各项业务办结率100%，办理养老保险、医疗保险4万余人，共受理办结各类事项4553件，满意率百分之百；办理工商营业执照登记、注销及经营内容变更150余户，办理企业退税27万余元。应急保障真抓实干，积极做好“排查整治突出问题，维护社会公共安全”专项行动、防范打击邪教组织专项行动、道路交通安全“百日攻坚”等活动，大力推动生产安全、食品安全、反电信诈骗、未成年人防溺亡等工作。迅速有效应对“7·20”暴雨灾害，出动车辆210台次、抽水泵56台，解决积水点300余处，全力以赴推动群众生产生活秩序恢复；排查登记辖区内道路、房屋损毁情况，修复受损道路18条，累计排查受损房屋877户；走访安抚受灾群众，分发使用救灾资金495.92万元，发放救灾物资折合人民币58.79万元，让受灾群众卸下思想包袱，重振信心。弘扬特色文化，倡导乡风文明。先后举办“八千年农民丰收节”、汉服集体婚礼、“梨园戏曲文化节”等特色文艺演出20余场，结合“红色文艺轻骑兵”进基层，举行“孝善敬老”活动，依托新时代文明实践站，开展“好媳妇”“好婆婆”“十星级文明户”评选，推进移风易俗，倡导良好家风。坚持生命至上，常态应对疫情。做好精准防疫，指导监督核酸检测工作，对中高风险地区相关人员，及时落实居家隔离和健康监测；成立理工酒店隔离专班，为全市抗疫工作贡献新村力量；积极协调卫生防疫部门，发动群众接种新冠疫苗，确保全镇应种尽种。疫情防护屏障扎实筑牢，荣获河南省健康乡镇称号。

【党的建设】以镇村组织换届和建党百年党史学习教育为契机，打造党建“四支队伍”，创新“党史教育+”七大举措，抓牢意识形态四个方面，促进支部建设整合、阵地优化提升、党员发展管理、重点工作克难、红色基调永固。以党委换届打造领导班子核心队伍和村支部中坚队伍，以加强党建部门力量打造管理党员工作的重点队伍和中枢队伍，成功实现年龄、学历“一降一升”，圆满完成村级党组织换届、党委团委换届、村级巡察、上三级两优一先推荐、支部建设整合、党员发展、慰问等急重险难工作。依托党史学习教育，抢抓机遇，积极开展脚步丈量整环境、精品村建设争朝夕、生态治理保施工、首季开门红挖潜力、防汛救灾助度汛、织密疫情防控网、创新出彩求实效七大举措，其中累计发放党史学习教育书籍300余本，举办宣讲活动9场，举行红色文艺演出6场，制作党史学习教育视频9个，发布宣传报道信息28篇，有力有效地推动党史学习教育、人居环境整治、生态环境治理、精品村建设、防汛救灾、疫情防控等工作高质量开展。紧紧抓牢意识形态阵地建设、意识形态宣传管理队伍建设、全面宣传教育、组织管理和协调四项工作，构建上下联动、齐抓共管的意识形态工作格局，开展意识形态干部队伍培训3次，以“红色文艺轻骑兵”等4支文艺队伍为依托，自编自导自演社会主义核心价值观、歌颂党的十九大等特色节目20余个，巡回演出8场，举办宣讲培训9次，发放资料宣

10月30日，新村镇纪委到代湾村组织全体党员讲廉政党课（新村镇/供图）

传页5000余册，促进社会发展红色主基调。

【党风廉政建设】强化监督执纪问责，牢固树立“四个意识”，认真实践监督执纪“四种形态”，聚焦主业，落实主责，切实加强党的作风建设和反腐倡廉建设。定期组织镇机关干部认真学习相关文件精神，利用“党史学习教育”“三会一课”“主题党日”“万名党员进党校”进行理论知识宣讲，将中央八项规定和意见、措施、办法贯彻到实际工作中，密切联系群众，解决实际问题。认真开展重大节假日期间的廉政教育，引导全体党员干部牢固树立正确的权力观，做到知敬畏、存戒惧、守底线。开展违反中央八项规定以案促改、营商环境以案促改活动6次，播放廉政教育片3次，开展重大节日廉政谈话5次，开展新任党支部委员集中谈话1次，书记讲廉政党课23次，班子成员讲廉政党课23次。定期开展作风纪律检查，对机关干部在岗情况、工作情况和工作日午间饮酒情况进行突击检查10次，开展村“两委”换届、党委换届、工会换届、妇联换届专项监督检查及防汛工作落实情况、防汛物资使用情况专项监督检查共计46次，形成了对党员、干部作风检查的制度化和常态化，不断增强了各级领导干部的责任意识，促进了中央八项规定精神的有效落实。

【新郑医药产业园】新郑市城北医药园位于新郑市区北新村镇，是新郑市的工业组团和加快向房地产、生态观光休闲农业等第三产业转型的新市区。园区规划面积10平方千米，建成区面积7.8平方千米。北距省会郑州32千米，东距郑州国际机场8千米，距京广铁路、京珠高速公路4千米。107国道、商郑高速、万郑公路、郑新快速通道、新密铁路和南水北调中线干渠穿区而过，具有较好的交通区位优势。

园内地势平坦，基础设施完备。现有35千伏、220千伏变电站各一座，各种通信网络齐全，日供水能力1万立方米自建水厂和新郑市第二水厂两个。园区各类企业约112家，其中河南福华钢铁集团有限公司、郑州欧普陶瓷有限公司、河南银发生物科技有限公司、新郑市永盛纸制品包装有限公司等22家规上工业企业规模持续壮大，引导企业转型升级有序进行。有中心幼儿园、中心小学、新郑一中、新郑三中、郑州华信剑桥附中、新郑电大、郑州城轨交通中等专业学校、郑州平原邮电学校、郑州工业应用技术学院、郑州理工职业学院等各类学校10余所，涵盖了幼儿教育到大学教育，盘活土地新建1家郑州时代科技产教融合创新创业园项目；8000年历史的裴李岗古文化遗址，历史悠久的玉皇庙、望京楼遗址，黄水河湿地公园和万亩生态休闲农业片区形成一个集历史文化与自然风光于一体的生态园区。

（撰稿：范振伟　审阅：李伟锋）

新建路街道

【概况】新建路街道办事处原为新郑市城关镇，地处老城区，是黄帝故里景区所在地。总面积4平方千米。下辖6个社区居委会，常住人口4万人。2021年，新建路街道坚持围绕“旧城改造暨黄帝故里景区改扩建”主线，坚持以党建引领为统揽，以高质量发展为主题，以“九项工程”建设为抓手，践行“用脚步丈量工作法”，大力促进新建路街道经济社会持续快速健康发展。2021年，新建路街道先后获郑州市平安建设先进街道、郑州市模范职工之家、创建全国文明城市提名城市工作先进单位、污染防治攻坚战三年行动计划突出贡献奖单位等称号。

【经济指标】2021年1—12月，在疫情和汛情双重冲击下，财政收入累计完成6477万元；地区生产总值累计增长4.3%；工业增加值累计同比增速8.0%；固定资产投资累计完成149877万元；社会消费品零售额累计完成164769万元；城镇居民可支配收入完成39363元。

【项目建设】坚持“项目为王”理念，全力推进重点工程建设。深入谋划接旨胡同商业街和嫘祖城商业综合体招商运营、南街古巷、洧水公园夜经济打造项目，持续推进故里新家园二期、南街古巷历史文化风貌保护区建设。接旨胡同商业街和嫘祖城商业综合体正在招商；南街古巷一期工程已全部完成；故里新家园二期安置房建设已基本完成，正在进行收尾工作；新郑市第八期旧城改造征迁工作已全部完成。坚持以人民为中心，高质量建好民生工程。为全面提升街道老旧小区居民生活质量，新建路街道紧紧围绕“三区两变”发展思路，按照2021年老旧小区改造项目计划，通过项目化、清单化、责任化，全力推进老旧小区改造，完成华联小区改造，建安小区、棉织小区、宝利来小区3个老旧小区升级改造工作正在有序推进。

【无主管楼院管理】通过运用“1345”工作法，深化无主管楼院“一核多元，融合共治”机制，建立无主管楼院党组织29个、业委会1个、自管会27个，实现小区“居民公约”和物业服务全覆盖。打造“红色物业”，破解基层社区治理难题，打通物业服务群众“最后一公里”，逐步改善小区居住环境。按照“八个到位”创建标准，坚持全民动员、联防联控、群防群治，严格落实“五包一”防控责任制，完成6个“无疫社区”创建。

【文明创建】 通过责任分包，网格下沉，组织社区，发动群众，把卫生城市复审和文明城市创建有机结合起来，做到相互支撑、一体推进，在文明城市创建工作中，坚持问题导向，找准短板，全面查漏补缺，加快对标整改。围绕创建为民、惠民、育民的总体目标，精心打造故里新家园北区、盛世嘉园2个垃圾分类示范点，北关街社区和南街古巷被评为郑州市文明办观摩调研点位，为新郑市全国文明城市提名城市创建工作贡献力量。

【城市管理】 自4月份以来，街道严格对照复审标准，制定方案，建立台账，细化分工，落实责任，大力开展环境卫生大整治，清理辖区内垃圾、杂物250余吨，清除乱贴乱画的小广告8520处，整治处理流动摊贩4320处、违规宣传62处、店外经营432户、非机动车辆乱停乱放1900余起，处理商业噪声事件24起；违规接坡26处，排查修复路灯29处，拆除乱扯乱挂广告条幅、非法户外广告牌520余处，严格落实“全城清洁”、路长制、河长制、健康教育宣传、国土绿化等工作，切实改善辖区人居环境。

【大气污染防治】 抓牢抓实大气污染防控。加强房屋建筑工地的扬尘监管，严格落实建筑工地“8个100%”施工标准和“三员管理制度”，针对辖区4家企业、180余家餐饮、2650余户居民进行入户排查，未发现有使用散煤和“散乱污”现象的发生。

【安全生产】 心系群众，用行动筑牢安全“堤坝”。坚持“人民至上、生命至上”，发扬“连续作战、能打硬仗、会打硬仗、敢打硬仗”优良作风，扎实做好防汛抗疫、消防反诈等各项安全工作。闻“汛”而动，向险而行，彰显责任担当。“7·20”特大暴雨灾害以来，为最大限度减少灾害带来的损失，新建路街道以“汛”为令，“汛”速出击，第一时间启动防汛工作应急预案，成立街道防汛工作领导小组，重点排查，牢守“五不”目标底线，精准组织转移群众7户28人，辖区内无一人因暴雨伤亡。在防汛抢险同时，针对受灾情况建立台账，加大资金投入，实行专班专人负责制，清理积水点13处、病媒生物滋生地1220余处，修复塌陷道路26处，重建倾斜围墙1处，全力以赴开展灾后重建和受灾群众帮扶工作，确保辖区群众生产生活有序恢复。坚守“疫”线，同心协力保障群众生命。严格按照中央、省、郑州市、新郑市部署要求，常态化开展疫情防控工作，以最大力度筑牢辖区“防疫墙”，坚决守住“生命线”。根据实际，科学制定疫苗接种、全民核酸检测工作实施方案，精心组织，统筹安排，细化人群底册、摸清人员情况、精准组织动员，采取“线上+线下”形式全面发动、全民参与良好局面，高效完成五次全民核酸检测和疫苗接种任务。严格监管，齐抓共管筑牢安全屏障。坚持“安全第一，预防为主，综合治理”的工作方针，坚持问题导向，建立健全安全生产责任制，层层签订了消防、安全生产责任书50份，聚焦重点行业领域，适时开展安全生产隐患排查专项治理，安全生产检查率达到100%。自年初以来，共对辖区人员密集场所、生产经营单位等开展五次消防安全“大排查大整治”专项活动，结合平时常态化检查，共排查消防安全隐患265处，当场整改122处，下发整改指令58份，限期整改隐患143处，已整改到位140处，整改率达到98%以上；对辖区1796家沿街门店及九小场所进行不间断消防安全排查，发现隐患立即整改，确保消防安全全民化，常态化。全年实现了安全“零”事故目标任务；陆续开展安全警示教育周、“安全生产月”宣传咨询日、应急救援演练周、集中教育培训等宣讲活动，举办各类大型培训班5次，开展大型宣传活动6次，组织各类消防应急演练累计6次，悬挂条幅挂图300余条，发放宣传资料、彩页、安全杂志8000余份，不断提高辖区居民群众的消防、安全生产意识。

7月，新建路街道“两优一先”表彰大会举行（新建路街道/供图）

【社会救济和劳动保障】 严格落实各项惠民政策，认真解决就业、就学、就医、养老、社会保障等群众急

2月，新建路街道举行“迎春纳福·写春联送春联贴春联”活动

（新建路街道/供图）

难愁盼问题，努力提升人民群众幸福指数。扎实推进就业和再就业工程，2021年新增城镇就业656人，就业困难再就业55人，圆满完成全年目标总任务。规范劳动争议调解，全年处理欠薪投诉11次，受理案件7起，全部结案，结案率100%。坚持“四个到位”，即部署到位、培训到位、宣传到位、服务到位，全面推进城乡居民养老保险和医疗保险征收工作，通过设立宣传栏，张贴宣传海报、发放宣传彩页、LED显示屏、小喇叭、微信朋友圈等方式宣传引导居民了解政策及时缴费，确保医保政策家喻户晓，实现“应保尽保，应缴尽缴”。全年走访慰问困难家庭80户、无人抚养儿童6人、低保户171户；救助特殊人群4人次、致困家庭15户；办理高龄老人津贴手续 299个，更新残疾人动态438名，协助换（办）证32名，办理两项补贴18名，办理通信补贴发放手续70名；积极稳妥做好计生健康和老龄服务工作，圆满完成人口变动情况抽样调查工作。

【群众文化生活】大力开展综合文化服务活动，组织“中国梦·劳动美·工会情”主题演出进基层3场次。开展各类培训30余次，惠及居民2000人次，送文艺进社区13场次，在全市“千人同跳一支舞”庆祝中国共产党成立100周年活动红歌比赛中获优秀奖。

【社会治安综合治理】以“平安新建”建设为中心，坚持落实领导班子接访制度、矛盾化解排查化解制度，认真做好矛盾纠纷排查调处工作，2021年接收信访案件18起，已办结18起，办理市长热线、市长信箱案件385件，已办结385件，办结率达100%；深入开展扫黑除恶专项斗争和平安建设工作，建立健全扫黑除恶、综治、维稳、禁毒、防邪、平安建设系列宣传工作机制，累计开展各类宣传活动24场次，印制宣传标语50余条，制作宣传版面120余块，发放宣传资料23000余份，全面提升了辖区群众的安全感。

【退役军人】对辖区优抚对象进行走访、慰问，采集退役军人党员信息，对辖区内优抚对象进行网上信息确认核查工作，摸排优抚对象75户，救助两参人员累计30人次，投入资金1.5万元，换发残疾军人证82人次，发放“光荣之家”牌23个。

【保企稳业】依托“三送一强”“一联三帮”“万人助万企”等活动，推动党政干部下沉企业、靠前服务。协调开通“返岗直通车”7次，接送返岗人员232人。为辖区小微企业返还工会经费67家，完成市总工会下达的任务指标。组建“党员”先锋服务队，深入辖区280家企业、沿街门店开展“一对一”全程服务。依托街道便民服务中心和“豫事办”“郑好办”等线上“一网通办”政务服务App，442项政务服务事项全部实现掌上办理，累计上线527项政务服务事项，涉及40个政府部门和公共服务单位，服务内容涵盖了户政、卫生健康、社保、教育、住房保障等与企业群众生活密切相关的方方面面，为广大市民和企业提供全方位、多维度、有温度、高效便捷的政务服务。

【基层党建】全面开展党史学习教育，坚持读原著、学原文、悟原理，通过线上集中学习“精神力量”系列微党课，观看爱国主义教育影片，自主学习河南干部网络学院、“学习强国”App等平台；线下适时开展专题研讨交流、理论宣讲、“党史天天读”、“升国旗 学党史”、“学党史感党恩缅怀先烈弘扬爱国精神”清明祭扫等活动，持续推动学习教育新热潮。把党史学习教育的落脚点放在坚持以人民为中心、全心全意为人民服务上，在深入调查研究的基础上，扎实开展“我为群众办实事”实践活动，摸清辖区群众的实际需求，积极办实事、纾民困、解民忧。党史学习教育开展以来，建立整理“我为群众办实事”台账153项，已办理完成127项，切实做到“事事有回应，件件有落实”。创新开展献礼建党100周年系列活动，党工委班子成员深入社区上党课22次；召开“两优一先”表彰大会，表彰优秀共产党员75名，优秀党务工作者21名，先进基层党组织11个；走访慰问困难党员、老党员

24户，为其送去米油、慰问金等；为党龄达到50年的老党员发放纪念章49枚；党工委班子深入包保联系点社区指导工作84次。

【党风廉政建设】紧盯重要时间节点，适时开展党委书记讲廉政党课2次，定期或不定期地进行作风建设监督检查，明察暗访6次，召开纪律作风专项整治会3次，积极推动以案促改工作向常态化、制度化延伸，结合典型案例认真组织召开专题民主生活会，通过开展剖析和自查，让党员干部在思想上拒绝腐败，敢于正视问题、直面不足，不护短、不遮丑，认真开展批评和自我批评，并在节前开展廉政教育谈话，坚持实事求是，确保以案促改工作顺利推进。

（撰稿：时萌萌　审阅：任晓莉）

新华路街道

【概况】新郑市新华路街道办事处于2001年11月成立，地处新郑市城市中心，办公地点设在新华路291号，街道所辖范围为文化路及新建路北段以东，郑韩路以北，阁老坟以南、黄水河以西，城南双洎河以北，辖区总面积12.6平方千米。街道辖22个社区（小高庄、大吴楼、张玉庄、洧水路、毛园、府西路、后屯、竹园、阁老、金岭、褚庄、仓城、后端湾、沈庄、白庙范、双龙寨、五宅庄、裴大户寨、秀水、张龙庄、双拥路、领秀城社区），36个居民小组，居民62403户18.5万人，辖区耕地173.33公顷。

2021年，新华路街道坚持以习近平新时代中国特色社会主义思想为指导，认真落实郑州市“南动”要求，全面贯彻新郑市“一三九”战略部署，着力推进“九项工程”，围绕“四个新华”建设目标，不断丰富“1244”工作推进机制，以“党史学习教育+”为载体，用“脚步丈量”工作法推进街道各项工作高质量开展，较好地完成了各项工作任务。2021年，新华路街道累计完成财政收入19503万元，固定资产投资累计完成105196万元，GDP同比增长6.6%，规模以上工业同比增速8.2%。社会消费品零售额累计完成575104万元，同比增长17.03%；居民可支配收入40094元，同比增长8.5%；招商引资到位资金完成2亿元，四上企业共入库3家。

先后获“河南省‘全国人口与家庭动态监测追踪调查’工作先进单位”“河南省纪检监察系统先进集体”“郑州市第七次全国人口普查先进集体”“郑州市人大代表、先进人大代表活动组和星级人大代表联络站”“郑州市抗击新冠肺炎疫情青年志愿服务先进集体”“郑州市计划生育协会工作先进单位”“郑州市‘健康郑州’行动先进单位”“新郑市创建全国文明城市提名城市工作红旗单位”“新郑市办公用房管理工作先进单位”“新郑市统计工作先进集体”“新郑市污染防治攻坚战三年行动计划集体三等功”等称号。

【党的建设】新华路街道全面贯彻党的十九大和十九届二中、三中、四中、五中、六中全会精神，抓党建、筑基础，全面推进党的建设高质量发展。组织工作扎实推进：开展集中学习20余次，集中观看“党课开讲啦”3期，组织新任社区“两委”干部培训2期、党组织书记轮训4期、“万名党员进党校”培训4期、积极分子和发展对象培训3期；指导22个社区圆满完成党组织换届，在疫情防控、防汛救灾等重大工作中历练“两委”干部，使得社区党组织更完善、更团结、更有力；打造完善社区党群服务中心16个，对辖区17个非公企业和9个社会组织实现党的组织全覆盖，基层组织建设进一步增强；规范全面落实各项制度，确定发展对象16名、接收预备党员13名、预备党员转正16名；组织开展社区党组织书记“亮赛比”、“五星支部”创建、2021年基层党建重点任务集中攻坚等重点工作，组织参加市“亮赛比”专场比学交流会2次，1名书记被评为“郑州市百优书记”；把组织建在一线、把党旗插在一线，组织街道1300余名、25个市直单位下沉的1061名党员干部和1000余名志愿者冲锋一线，确保辖区居民安全度过汛情、疫情。宣传工作全面加强：组织分析研判

1月，新郑市新华路街道“学习强国”学习标兵表彰会举行（新华路街道/供图）

会议4次、专题培训1次，解决市民问政件4起，处理网友诉求5起；集中学习12次，组织班子成员深入社区讲党课、做宣讲20余次；组织专家宣讲2次、社区支部集中学习60余次、党组织书记讲专题党课50余次、为民办实事50余件；开展志愿服务170余次，组织指导各社区开展创建工作，圆满完成全国文明城市提名城市复审工作；围绕街道重点工作，在“学习强国”平台刊发报道12篇，在《郑州日报》等媒体正面宣传报道90余篇（条）。办理群众来电1825次，接待群众298人次，办结上级来电785次，处理市长热线、110指挥中心、城市管理指挥中心、市疫情防控办等来电交办案件2700余件次。一年来，街道纪工委运用“4+6日常监督工作法”对监督执纪工作常抓不懈，共接待来访群众6人次，受理线索5件，立案5件，结案4件，党政纪处理8人。结合党史学习教育，举办22个社区新当选的198名三委干部培训班，参观市和街道廉政教育基地，开设“廉政第一课”。共收缴审查备案140份三资租赁合同，共挽回经济损失65万余元，立案2件。围绕灾后重建决策部署落实情况和各项物资款项使用情况开展精准监督，使366.348万元下拨资金和19102件价值13.88万元的捐赠物资应发尽发。

工会先后完成街道办事处和10家社区工会联合会换届，组建12家社区工会联合会、18家企业工会，办理工会会员卡700余张。完成103家企业224617.5元的经费返还工作，组织参加“元旦登山”、“全民健身月”、新郑轩辕湖定向赛活动。妇联按照上级要求，指导22个社区妇联顺利完成换届工作。组织“两癌”“两筛”宣传，关爱妇女儿童健康。组织巾帼志愿者投入抗疫工作，开展“童心向党颂百年辉煌”系列活动，组织参加纪念“三八”国际妇女节111周年健步走活动。

【综合治理】 全年召开信访工作调度会101次，接待群众来信来访176起293人，排查不稳定因素375起，民调员排查受理群众纠纷问题352起，调解348起，调解率达到98%；建立健全共管机制，辖区门店张贴“十户联防、守望相助”公示牌3400余家；街道发案数量1357起，同比下降4.8%；建立巡逻队伍22个，成立1200人的“平安志愿者”队伍；政府投资建设摄像头共188个，社会投资建设共3259个，政府投资新增摄像头42个，维修摄像头15个；开展校园周边隐患排查、安全生产百日攻坚、大检查大执法大督查、预防未成年溺亡专项治理等专项整治活动，排查单位场所231家，排查问题隐患328项，督促整改率100%，清理楼栋电动车130余台次，清除飞线和私拉电线380余根，对排查的98家机构存在问题隐患逐一整改销案，制止河边玩耍儿童15人次，批评教育9人次；有社区矫正人员39人，解除矫正人员46人，完成审前调查28人，无一人重新犯罪；对5名精神障碍患者进行集中救治，对辖区55名精神障碍患者落实“七位一体”分包责任制；对在册的31名吸毒人员严格管控；印制国家安全、反邪教、禁毒、非法集资等宣传彩页23000份，制作条幅60余条，制作宣传小礼品4500余个，铲除罂粟原植物90余棵，批评教育15人，新制作扫黑除恶专项斗争固定宣传标语45块，在居民小区、居委会周边等设置宣传栏120块，累计发放价值6万余元的洗衣粉、毛巾、雨伞、洗洁精、纸杯、纸盒、宣传袋等宣传品。

【平安新华】 开展环境卫生治理行动：共清理垃圾积存点12000余处，建筑垃圾6000余吨，出动垃圾转运车6050台次、铲车3100台次，确保创文创卫顺利通过。开展城市乱象治理行动：共处理案件33600多起，其中流动商贩16000余起，违规经营8000余起，违规广告3000余起，违规接坡800余起，结案率100%。开展违建违占治理行动：共拆除违建16处，拆除面积达3000余平方米。开展食品安全保障工作：共排查小吃店3000余家，超市86家，食品加工点26家，查处违法违规食品12家，有效保障市民食品安全。开展健康教育保障工作：组织发动居民参与健康知识宣传活动6次，健康教育讲座7次，发布健康教育12期。开展路灯亮化保障工作：开通路灯报修平台，共维护路灯1020余盏。疫情管控落实：成立“疫情防控

1月，新郑市新华路街道扫黑除恶“以案释法”宣传活动举行（新华路街道/供图）

排查突击队”，对辖区内沿街门店进行严格排查和管控，将沿街门店纳入网格化管理，对沿街商铺的开业情况、人员情况、疫情防控情况等信息进行逐个检查，对违规经营的店铺依法予以警告或关门处理。急难险重落实：组织各管区、社区进行灾后安全排查整治，对隐患问题进行先期处理并形成台账，依托台账逐个整改。本着大灾之后有大疫的原则，迅速组织专业人员对辖区进行全面消杀排查，累计出动3支专业队伍，320余人，60余车次，投入消杀药物1800余公斤，消杀面积36万余平方米。配合执法落实：2021年以来组织执法中队，社区对辖区内沿街门店、违规建筑进行联合执法整治，共下达油烟治理整改通知书32份，违建整改通知书16份，疫情防控责令整改通知书28份，有效维护辖区公共秩序。开展大气污染源排查：办理并反馈郑州市级交办1项，复查迎检1次，新郑市级督导组交办324个，专家组交办问题96个，发布指令1213条。

【安全生产】 全年累计召开各项安全工作部署会议122次，安全生产夜查320次，要求各社区每周开展安全隐患排查3—4次，开展各项领域专项整治9次，共排查沿街门店及“九小场所”501家，排查安全隐患1053项，整改到位1029项。排查高层建筑消防安全142栋，发现安全隐患1054处，整改到位1052处；发现易燃可燃夹芯彩钢板33处，发现安全隐患163处，已整改163处；排查电动自行车小区数123个，发现安全隐患1331处，清理违规5659辆。开展各项领域安全生产培训会50余次，进行消防安全知识教育培训会120余次，印制各类安全知识手册40000本，在重点路段、社区悬挂安全条幅400余条，制作消防安全知识宣传彩页海报30000份。加强应急物资储备管理和应急调拨使用，建立街道办应急物资储备库200平方米。

【应急处置与救灾救援】 为应对“7·20”特大暴雨，按照防汛应急一级响应要求，街道动员党员干部、志愿者、民兵1057人（机关和社区工作人员387人、党员318人、志愿者332人），组织车辆62辆（铲车、钩机等特种车辆17辆，应急车辆45辆），抽水泵39台，水管700米，电缆660米，警示牌59个，沙袋8000袋，窨井拉钩44个，有效有序开展防汛工作。据初步统计，辖区共排查汛情隐患大类10项342处20859平方米，涉及群众2473户9892人。车辆抛锚68辆，金鼎小区、润泰花园2栋楼体下沉，壹品蓝湾幼儿园临河面护坡坍塌约30米。其中涉及市直部门128处2162平方米，办事处214处18697平方米，经济损失811.6万元。为应对“8·22”特大暴雨防汛工作，按照防汛应急二级响应要求，紧急调拨社区防汛物资沙袋10000个，调拨水泵10台、协调抽水泵20台，累计组织党员、社区干部、志愿者防汛队伍1200余人次，协调出动机械铲车8台，应急车辆14台。确保辖区安全度汛。对各管区、社区上报的受灾人口，按照每人210元标准（每人每天30元发放7天），补助人员3600人，共计补助资金756000元。

【社会事务】 社会救助：对辖区416户困难户、低保户、特困户发放春节救助物资12万元；中秋节慰问困难对象183人，发放慰问资金6万元；临时救助96户，发放救助资金10.45万元；辖区共有低保户169户295人，其中城市低保146户254人，农村低保23户41人，全年共发放低保资金189.6万元；为7名特困人员发放护理补贴2.2万元。残疾人工作：对辖区145名无工作、没有享受低保的重度残疾人和精神、智力三级残疾人进行认证公示，并申请2021年特殊生活补贴120万元。其中新增重度残疾人18人，申请特殊生活补贴14万元。为111名16周岁以上视力、听力、言语残疾人办理通信补贴4万元，其中新办理17人，申请补贴0.6万元。就业创业：新增就业完成1039人，失业人员再就业166人，就业困难人员就业完成106人，农民工返乡创业完成85人，空岗信息完成130人；新增发放创业担保贷款115宗，发放小额贷款宣传品1500余份，宣传页3500余份。开展职业技能线下提升培训班5期，分别是家政服务、电商培训班各2期、电工班1期，结业人数共235人。农民工工资：全年共巡查督促企业和门店完善劳动合同605家，协调解决沿街门店、工地欠薪案件共85起，完善工地一金三制6家，组织各社区张贴保障农民工工资支付条例宣传海报600余份，发放宣传品550余份，各类宣传页5000份。一年以来，对60周岁以上领取养老保险待遇的城镇居民进行状态认证，对行动不便的老人进行上门认证，共办理老年优待证168份。优生优育：10月以来，宣传引导辖区88对新婚夫妇积极进行优生检测，有效预防出生缺陷。早孕、妊娠结局随访也同步进行，早孕随访（优生随访三年）112人，妊娠结局随访78人。协助办理生育证258份，计生证明办理366份，完善生育登记审核290人，全面落实三孩政策。计生宣传：组织开展计生协“5·29会员”、婴幼儿照护服务、童心向党志愿服务等宣传活动6次，联合卫生院开展义诊活动3次，免费义诊100余人次，发放扇子、抽纸等宣传品200余份，组织居委会在各居民小区张贴宣传海报300余份，发放各类宣传页5000余份，接待咨询人员90多人次。计生奖扶：办理农村独生子女生活补贴62人，其中农村双女生活补贴36人；办理计划生育家庭新型农村合作医疗人员补贴126人；办理城乡独生子女居民养老保险107人，其中城乡双女居民养老保险50人；办理60岁城镇独生子女奖励扶助120人，办理60岁农村独生子女奖励扶助15人；办理独生子女办证家庭审核480人次；申请办理生育关怀抚慰金3人。为135名优抚对象足额发放了优待抚恤金，组织召开座谈会3次，临时救助36人，发放救助金27500元。在八一建军节和春节期间，通过多方筹措，为辖区重点优抚对象和驻地部队送去了大米、方便面、食用油、粉条等生活物资约30多万元。便民服务大厅全年共接待办理劳动就业、居民社保、卫生计生，居民盖章、老年证、市场监管等业务36373件。

【文明新华】以亲民化社区、规范化社区、示范化社区创建为载体，全面推进社区阵地建设，先后创建22个无疫社区、1个示范化社区、7个规范化社区、8个亲民化社区建设。扎实开展河道“三污一净”专项治理，双洎河、黄水河面貌明显改善。共组织河长巡查380次，清理拦河网18张、地龙165个，召开村级河长会议40次，开展督查工作15次，防溺水宣传栏50个、宣传横幅50条，上报信息20条，出动挖掘机3台、铲车3台，清理垃圾500余立方米。组织相关人员对省卫片发现的35处疑似四乱问题进行核查认定。为丰富居民的业余文化生活，组织开展庆祝党的百年华诞活动，各社区开展党史学习教育全民阅读活动、庆国庆文艺展演活动、“情满重阳节，爱在夕阳红”——孝善文化进社区活动、“百场文艺巡演”进社区活动，在新华路社区卫生服务中心安装多功能足球场并投入使用，为白庙范、仓城、大吴楼3个社区图书室增添了新图书，街道文艺队伍在新郑市广场舞比赛中获一等奖。

【疫情防控】自新冠肺炎疫情暴发以来，新华路街道认真落实中央、省、郑州市、新郑市疫情工作指挥部重要决策部署，围绕“四四二二一”战法，带领辖区广大党员、干部、志愿者第一时间加入战“疫”，筑牢疫情防控最“前线”。规范流程，落实责任，探索实施“一五一十”加强疫情防控检查服务点管理办法、“一领七小”加强无主管楼院管理办法、“一友两查三关爱”、“五包一”加强居家留观人员管理办法、门店和企业闭环“八个必须”管理办法；人文关怀，保障服务，围绕“一二三四”工作法，实施人性化，柔性化管理，做好集中关爱对象的生活保障、心理疏导等工作；积极争取、主动作为，多渠道多方式做好疫情防控的体温检测、防护口罩、消杀剂等药品器械、个人防护用品等物资储备工作；常态管理，平战结合，统筹兼顾，做好八类重点场所疫情防控工作。有专人引导扫码、测温、戴口罩，及时更新完善五本疫情防控台账。

（撰稿：赵艳芳　审阅：刘伟峰）

新烟街道

【概况】新烟街道办事处位于新郑市中心城区东部，总面积2.3平方千米，辖区有10个社区，总人口7.9万人。新烟街道办事处拥有三大独特优势：一是区位优越、交通便利。东靠京港澳高速公路，临近新郑国际机场，京广铁路穿境而过，人民路、解放路、烟厂大街、炎黄大道等主干道路密集分布，构成了方便快捷的立体交通网络；二是高校聚集，人气兴旺。西亚斯、郑煤技校等高校近三万师生形成了巨大的消费市场，吸引了大量的商户入驻，为三产服务业发展提供了得天独厚的条件；三是上三级单位众多。辖区内有新郑卷烟厂家属区、火车站、二处、五处、地质队、中盐206库、糖库等11家上三级单位，在招商引资、资源共享方面具有极大优势，有力带动了辖区劳务、运输、仓储等相关行业的发展。

【经济发展】一扎实推进“万人助万企”活动。街道班子成员带领入企服务专班深入辖区的22家“四上企业”、1家临界点企业、10个开工项目、2个拟建项目，走入企业生产车间和项目施工现场，实地了解企业生产经营、市场开拓、项目进展等方面的情况，“万人助万企”活动领导小组已为辖区企业解决企业统计基础规范化、惠企政策解读、银企对接融资等实际问题8条。强化“抓项目就是抓发展”理念，严格落实班子成员联系分包重点项目制度，明确专人，跟踪推进，全程提供廉洁高效服务，协助企业完善相关手续，为经济持续健康发展打牢坚实基础。坚持科学规范管理工地，不断加强对项目工地的督查指导，确保工地严格按照标准达标。树立“项目为王”理念。16条背街小巷，已完成75%，已开挖路段的主干道、人行道完成，道路标线已完成。其他未开挖道路，已开始施工；苇河湿地公园土地开发项目现阶段附属物已全部清查完毕，资金已基本到位，附属物已清理约90%；2021年，新烟街道财政收入累计完成5789万元；地区生产总值累计完成26.92亿元，占全年目标任务26.9亿元的100.07%；工业增加值增速9.9%，比目标任务多了1.8个百分点；固定资产投资累计完成23465万元；社会消费品零售总额完成135612万元，占目标任务121700万元的111.43%；城镇居民可支配收入累计完成47040元，完成目标任务42000元的112%。

【精细管理】坚持广泛宣传、大力投入、健全制度、长效管理，深入开展“我为群众办实事”活动，用脚步丈量城市，用责任书写担当。一是把老旧小区管起来。围绕把无主管楼院“组织建立起来、群众组织起来、环境美丽起来、事务管理起来、服务开展起来”工作要求，辖区27个无主管楼院全部建立党组织和自管会，实现了无主管楼院党组织全覆盖，创新实施党员身份亮在楼道里、自治组织建在楼栋上、检查评比落实在常态上、共驻共建落在实处上，形成党建引领、群众自治、公约发力、共驻共建“四位一体”管理新模式，解决城市治理的顽症痼疾。二是让城市环境靓起来。全力以赴抓好创卫复审工作，继续坚持好环境卫生周观摩月评比奖惩制度，充分调动社区、物业小区积极性，实现辖区卫生状况持续改善；不断增加辖区绿地面积，助力争创国家园林城市、示范城市；深入推进城市精细化管理“路长制”工作，突出城市管理治污、治堵、治脏、治差，不断提升城市环境品质和城市管理水平。充分利用数字化城管系统平台，对易发多发案件进行分析处理，全辖区共排查问题1464条，已解决问题1462条。三是促大气环境优起来。坚持铁腕治霾，聚焦污染源头治理，强化“六控”措施落实，不定期对辖区工地、散煤、散乱污进行实地检查、督导，对辖区412户饭店进行了油烟监测，不断改善辖区环境质量。严格落实“河长制”，深入推进“四水同治”，积极开展“三污一净”专项行动，清理河道淤泥、垃圾60次，全面疏通辖区污水管网，确保水质稳定达标。

1月13日，新烟街道学习贯彻市委五届十三次市委全会暨市委经济工作会议精神
（新烟街道/供图）

【平安建设】 坚持共建共治共享的原则，完善党委领导、政府负责、社会协同、公众参与、法治保障的社会治理体制，实现社会安定有序，人民安居乐业。信访问题攻坚化解无遗漏。信访工作坚持“有访必接、接访必办、办访必果”，加大解决突出问题的调处力度，着力解决群众反映的热点问题，对诉求合理的解决到位，对要求过高的教育到位，对无理纠缠的稳定到位，对触犯法律的处置到位，信访形势总体平稳，上级交办的突出问题攻坚化解率达100%。安全生产排查无死角。坚持不等不靠，主动出击，班子成员、社区干部每天对所有企业、工地、九小场所、商户、无主管楼院进行安全确认，严格实行安全责任制，层层签订目标责任书，促进安全生产整体工作再上新台阶，所辖高层建筑72栋已完成自查自纠，排查小区9家，建筑72栋，完成率百分之百。反电诈宣传全覆盖。围绕“降发案，保平安”工作，有效整合辖区力量，多措并举，全力攻坚线上建立新烟街道三级反电诈工作群199个，同时利用云上新郑融媒体及其他新媒体手段发布反电诈宣传信息200余条；线下深入开展反电诈宣传进小区、进学校、进工地、进金融机构、进门店等六进活动，整合辖区通信、金融机构、企业、门店、小区、学校、医院、宾馆酒店等各类主体1000余个。辖区累计安装国家反诈中心App5.4万人，占辖区人口总数的94%。无诈成员单位创建924个，创成无诈社区8个。

【民生实事】 紧紧围绕“以人为本、内强素质、外树形象、落实责任”这一中心，积极开展各项服务。多层次健全社会保障体系。坚持以培训促就业，2021年开展免费技能培训 4期，培训人员 209 人；为辖区大学生及返乡创业农民工提供小额创业担保贷款16人次，共计申请小额担保贷款220万元；开展技能培训宣传、小额贷款宣传2次。高水平办好为民实事。严格把关低保审查，核查符合条件低保户33户，退出低保1户，对低保户家庭定期走访、实行动态管理；辖区共申请困难群众临时救助6户，发放临时救助资金 5000元；参与建筑企业治欠保支检查稳控5家，督促建筑企业监管台账，处理农民工欠薪纠纷案件15起，涉及纠纷金额共计12.5万余元。全方位推进社会事业有序发展，完成对受灾群众发放临时生活补助，共84000元，400户；完成对受灾群众临时救助资金发放共40660元，49户；计划生育奖励扶助政策落实率达100%；共办理生育服务证103个，其中一孩35个，二孩64个，三孩4个，老年证67个；开展关怀计生家庭活动1次；开展学前教育机构专项检查1次；组织学习贯彻“一法三规一条例一决定”活动1次；组织脑卒中健康检查1次。

7月2日，新烟街道出彩新烟人颁奖活动（新烟街道/供图）

【文化建设】一是“舞台”颂党恩。通过喜闻乐见、易于接受、丰富多彩的形式，广泛组织开展唱响红色戏剧、红歌合唱、书画展、读书会、健步走、演讲比赛等群众活动，吸引群众在不同形式的活动中学习百年党史，重温红色记忆。依托劳动节、母亲节、儿童节等节庆日、纪念日，尤其是七一前夕，街道10个社区均举办了丰富多彩的庆祝活动，从5岁孩童到耄耋老翁，群众自发走上舞台，用特殊的方式庆祝建党百年，表达对党的深情。二是“讲台”讲党史。充分挖掘辖区红色资源优势，深化校地联合，与西亚斯学院联合举办党史大讲堂，利用周五学习日为全体机关干部讲党史。发挥社区老党员、老退役军人特长优势，加入社区宣讲团，为辖区居民讲党课，追忆峥嵘岁月，重温奋斗历史。三是“奖台”树典型。高标准举办第二届“出彩新烟人”颁奖典礼，活动更注重突出建党百年的元素特色，将“光荣在党50年”老党员作为特殊贡献群体进行隆重表彰，现场重温入党誓词，让全场所有党员都受到思想洗礼。通过各种活动，辖区党员群众听党话、跟党走的步伐更加坚定。

【基层党建】持续强化党建核心引领，严格落实党建主体责任，扎实推进基层党建工作新提升。突出“强”字建阵地，将阵地建设作为党建工作的基础工程，通过向开发企业争取，用废旧厂房改造，同联建单位共建等多种形式，按照“一有七中心”标准，高标打造社区党群服务中心，成功创建省级示范化社区1个，省级标准化社区3个，郑州市级亲民化社区2个，郑州市无疫社区1个，新成立的两个社区党建阵地成功选址。聚焦“优”字抓换届，将换届工作同社区调整优化相结合、同发展党员排查整顿相结合、同社区发展稳定相结合，提前着手，积极发动，挖掘人才、优化结构，采取从原有社区干部工作优异的“提”、从优秀机关干部中“派”、从大学生和退伍军人中“请”等多种方式，切实选优配强一肩挑人选，10个社区共选出支部成员44人，平均年龄为39.6岁；女性成员占比31.8%，大专以上文化程度占66%。围绕“实”字履职责，召开基层支部书记述职评议会1次，组织辖区党员开展各类学习培训8次，参加培训党员580人次，开展逐社区观摩、党建电子沙盘观摩4次，扎实推进“党建+”工作机制，持续深化“亮赛比”活动，10个社区党组织书记共亮出服务事项54个，真正把社区党支部打造成坚强战斗堡垒。着眼“引”字增活力，坚持党建带群建，将群团工作与党的中心工作、主题活动有效融合，坚持“党需要什么，群团组织就做什么”，彰显党群共建合力，工会活动丰富多彩，妇联品牌更加响亮，青年群体勇担使命，“老干部政治生活馆”成功打造，进一步增强了党建工作的吸引力、凝聚力。

（撰稿：张　慧　审阅：刘炎峰）

人物

PERSONAGE

·人物>>>

PERSONAGE

2021年度新郑市晋升中级职称人员

中小学一级教师：

王　坡　马建梅　张亚男　杜慧滢
刘　彤　张一帆　刘　倩　张　晗
杨伟娜　郑　莹　李　静　左玲珠
冯艮萍　刘俊玲　史利慧　刘银平
高　沛　史亚萌　赵艳芝　赵亚敏
冯志敏　白丽伟　万金辉　赵巧红
赵亚旭　赵军伟　吴丹丹　关珍珍
左晓霞　刘　晓　霍怡伊　徐亚莉
李　凤　高　燕　李培洁　时小艳
李相雲　岳静宇　白丽蓉　赵宏雷
胡晓林　李　珍　李　庆　王志玉
刘亚光　李　霞　谢建锋　赵红香
陈　静　丁莉阳　黄莹莹　季欢欢
岳亚琼　高琼阁　李远航　李　佳
高　琪　孙　魁　杨　旸　岳　岭
王　刚　刘同举　宋春花　李慧明
刘春艳　冯书绘　靳婵玉　王聪聪
苏瑞红　程群飞　曹晓燕　陈伟丽
张　浩　胡海燕　邵智博　贾文贞
张雁翎　李　凡　颜亚婷　孙春亭
吕伟玲　于琳琳　赵婷婷　张　正
王海霞　王笑千　赵　航　靳琳琳
王继红　肖　华　上官舒怡　申夏青
鲍　倩　郭丽萍　岳玲莉　郭泽茂
侯佳佳　闵旭颖　王　倩　刘海萍
高慧娟　马　琳　刘　梦　高俊才
田　娜　赵彬彬　时永芳　赵倩倩
杨　珍　苏瑞芳　马海霞　宋丹丹
马少慧　吴　曼　马欢欢　左玉琼
孙晓雪　乔　方　耿志伟　张玉倩
王会娜　王沛艳　吕庆惠　刘　军
王芳萍　刘晶晶　袁伟华　郑付玲
赵志霞　杨辉利　赵　云　魏亚平
时东觉　王改霞　司梦霞　冯晓艳
芦　焕　陈志璐　王　静　魏　丽
王璐璐　时丽娟　司媛凤　荆志伟
李　霞　王宏杰　高丽娜　赵红霞
李菲菲　冯书静　马娜娜　李　丹
马晗菲　樊松慧　许　然　李丽娜
马东利　代宝宁　丁晓玲　王超萍
刘建霞　岳　静　李艳阳　马　静
董晓慧　翟蓉芳

工程师：

渠海鹏　王松安　苗伟涛　寇元哲
朱丽莎　张栋辉　官绪伟　张永亮
刘　勇　马建彬　徐啸锋　刘冬冬
孙胜利　李芳草　胡京宋　卢　刚
袁　磊　王　佳　张力文　高利超
赵玉皓　赵俊潇　李　斌　贾欢欢
孔　娜　赵西宁　李慧勇　田卫娇
于东旭　魏世轩　秦　恺　杨向科
张志斌　郭　瑞　张　浩　宗传飞
董正博　邱定坤　霍彩会　张江伟
刘国林　李　旋　陈　静　杜　普
李景彦　李　萍　刘　阳　时青玲
张　萍　郭　一　杨彦丽　梁宝军
唐广宾　王喜红　郑晓丹　董世龙
乔军伟　常　璐　冯高阳　敬鹏飞
寇　政　毛永涛　赵军伟　邓松志
马雪阳　孟凤玲

中专讲师：邵璐璐

农艺师：

牛　犇　赵春锋　马伟芳　蔡根凤

畜牧师：郑　彬

民间艺术师：赵晓霞

卫生技术：

郭照涛　沈惠芳　靳　超　赵　姝
董松超　孟　梁　李晶梅　李　娟
吕福侠　张俊玲　杜　培　赵　沛
孙瑞霞　赵会玲　刘智平　陈英英
郑义飞　李　姣　高梦茹　王银霞
李建军　黄培洋　郭津凯　李伟浩
侯　迪　张研研　张会创　闫丹秀

高增飞 赵彦娟 苏　奎 吕世杰
靳彩艳 杨蒙蒙 闫盼盼 申建科
马莉萍 高伟伟 刘高峰 苏　民
高根建 王振祥 李　辉 吕明惠
肖景景 孙中伟 汪婷婷 时路玲
康　艳 陈丽君 李永丽 左玉平
李惠娟 吕默晗 张艳芳 王丽媛
王瑞连 田新凯 刘慧娟 卫红强
张克强 李　聪 马　爽 司永超
刘智杰 许志瑶 王丽敏 周鹏飞
赵东升 李炎涛 卢　帅 王　蒙
齐留喜 高龙潭 赵攀峰 张伟涛
靳王莉 杨丹丹 张倩丽 彭　惠
王爱英 王　燕 李言言 吴晓娟
时艳丽 陈德珍 李晓迪 何会敏
朱喜平 刘　艳 赵新丽 李　楠
丁　霞 郭英丽 马旭露 李星霞
郭书萍 任金灵 徐　蔚 史润朦
黄　沛 郜晓瑞 张二宇 刘　玉
靳晓超 杨晓辉 赵红霞 冯　雷
史炎磊 常丽阳 史丽娜 刘晓琳
张　豪 李　昱 宁小建 唐建强
李松阁 欧阳超霞 赖招娣 王　冉
曹慧丽 王　锞 吴冰心 赵小庆
游申琼 牛卫康 刘玉升 高丽花
范凯燕 黄艳丽 闫洁琳 王　琳
师娇伟 赵　磊 李豪杰 程惠萌
孙意可 左利革 张彦伦 徐耀伟
白明霞 裴晶莹 王倩倩 欧阳建中
赵清锴 孙　柳 赵光辉 王雪莉
王德民 吴晓佳 邢瑞洋 敬哲馨
李　晖 赵晓敏 周晓芸 刘亚慧
安慧颖 陈文静 崔思梦 高　强
李　冰 邓鹏黎 张　磊 张　丽
孙海丽 胡世杰 王明瑞 张　迪
周　婷 孟晨辉 何　茹 赵诗月
王　浩 李　倩 许　俊 唐　真
闵晓娜 郑华磊 马盼盼 赵红焕
王伟丽 刘雅靖 黄亚利 常明霞
唐世繁 周　豪 毛莉丹 高勇利
赵志君 李　静 梁永丽 吕　巧
杨柳青 卢丽芳 王翠娥 郭丽萍
钱　蕊 王万书 李　娜 罗燕华
王云霞 蔡　欢

护理学：

周于会 周　倩 刘晓燕 贾莹歌
贾含静 王方方 徐莉娜 赵晶晶
李　楠 李亚利 张亚娜 刘丹丹
刘　静 赵　地 孙继梅 郭晶晶
赵　磊 李　雪 郑露萍 高　杨
李　博 朱　宝 郑艳丽 岳晓贞
李娇龙 黄　冰 马艳锦 王艳丽
杜　冰 刘　凯 高　娜 付静茹
赵俊男 李　恒 沈亚敏 冯园园
张　丽 张　冬 于　晓 任　娣
郭刘芳 何　艳 吴婷婷 荆　晓
王丽红 郑书红 郭亚男 高　帆
李臣霞 高长春 吕春燕 王鹏格
沈元珂 牛晓丽 闫瑞朋 靳玲玲
赵萌萌 李　平 张孟影 丁慧莉
王　雪 杨培玲 孟锐静 王慧丽
李佩婕 吴　莉 刘小琴 杨　柳
郑小霞 马玉欢 王红霞 贾秋菊
胡　琼 王　博 陈姗姗 穆艳珂
靳会玲 张雪美 刘聪颖 王亚军
刘晓玉 楚晓旭 刘京京 石刘萍
李贝贝 王利贞 刘　萌 李忠环
王雅莉 王松果 万可可 魏梦华
丁　林 刘巧玲 尚　倩 白双双
陈　娜 谢向慧 闫永红 李田田
杨　阳 付迎春 张玉霞 贾梦梦
高璐璐 左伟晓 吕　静 严凤爱
卢斐娣 李丽丽 王晓青 郑亚丽
徐青柯 朱海鹏 张慧丽 张幸炜
贾佩允 任铭铭 魏　华 徐清杰
吕潇洒 陈宇慧 刘丛艳 李倩倩
郭　影 史文培 吴亚会 李辈辈
杨　培 王　静 周永方 王书云
苗　雨 李晓芳 刘俊红 万春霞
王兴利 袁芳芳 张培丽 吴永沙
闵小丽 张　勇 周　伦 郭景文
白秀花 王莎莎 郭孟佳 张慧丽
王淑媛 王艳杰 高红利 黄　强
王腾月 汤友莉 张鹏辉 师俊玲
王亚军 麻贝贝 唐书培 杨阿芳
朱凤丽 李　娜 李凯宇 张盼盼

2021年度新郑市晋升副高级职称人员一览表

表1

姓名	申报单位名称	学科专业	申报职称
于淑萍	河南庆安化工高科技股份有限公司	化学工程	高级工程师
杨　峥	河南永泽环境科技有限公司	环境工程	高级工程师
柴李群	河南拓野建筑工程有限公司	建筑工程	高级工程师
贾兆园	河南拓野建筑工程有限公司	建筑工程	高级工程师

续表1

姓名	申报单位名称	学科专业	申报职称
苏卫华	河南拓野建筑工程有限公司	建筑工程	高级工程师
孟红雷	郑州市卧龙游乐设备有限公司	企业会计	高级会计师
张春阳	郑州华南城有限公司	企业会计	高级会计师
李金莉	好想你健康食品股份有限公司	企业会计	高级会计师
戈国庆	好想你健康食品股份有限公司	企业会计	高级会计师
申爱萍	河南润弘制药股份有限公司	企业会计	高级会计师
刘志杰	新郑鼎泰园区建设发展有限公司	工程造价	高级工程师
王晓艳	中原华信商贸集团有限公司	企业会计	高级会计师
张春伟	中原华信商贸集团有限公司	企业会计	高级会计师
方玉磊	郑州尧舜热镀锌钢管有限公司	企业会计	高级会计师
侯晓逊	郑州星铂房地产开发有限公司	企业会计	高级会计师
郭爱芬	新郑市实验小学	小学数学	中小学高级教师
高慧敏	新郑市实验小学	信息技术	中小学高级教师
李慧敏	河南省新郑市新华路小学	小学语文	中小学高级教师
孟艳敏	河南省新郑市新华路小学	小学数学	中小学高级教师
刘艳华	新郑市黄水路小学	小学语文	中小学高级教师
白永霞	新郑市黄水路小学	小学语文	中小学高级教师
王明胜	新郑市外国语小学	美术	中小学高级教师
赵军芳	新郑市市直小学	音乐	中小学高级教师
杨艳丽	新郑市轩辕小学	小学语文	中小学高级教师
李　俊	新郑市新烟小学	小学数学	中小学高级教师
刘　斌	新郑市正商外国语小学	教育管理	中小学高级教师
张勇博	新郑市苑陵中学	中学数学	中小学高级教师
万文强	新郑市苑陵中学	外语	中小学高级教师
高慧敏	新郑市实验中学	外语	中小学高级教师
李　纪	新郑市市直初级中学	中学数学	中小学高级教师
高会敏	新郑市轩辕中学	中学语文	中小学高级教师
王艳辉	新郑市新烟中学	中学数学	中小学高级教师

续表1

姓名	申报单位名称	学科专业	申报职称
李广浩	新郑市正商外国语中学	体育	中小学高级教师
蒲彦伟	新郑市和庄镇初级中学	体育	中小学高级教师
陶刘敏	河南省新郑市第一中学	中学数学	中小学高级教师
程景里	河南省新郑市第一中学	生物	中小学高级教师
金晓璐	河南省新郑市第一中学	生物	中小学高级教师
马永超	河南省新郑市第二中学	中学数学	中小学高级教师
岳丰凯	河南省新郑市第二中学	中学数学	中小学高级教师
李晓军	河南省新郑市第二中学	化学	中小学高级教师
李振祥	河南省新郑市第三中学	化学	中小学高级教师
郭红杰	河南省新郑市第三中学	历史	中小学高级教师
侯艳会	河南省新郑市实验高级中学	地理	中小学高级教师
周向红	河南省新郑市新郑高级中学	中学语文	中小学高级教师
高志展	河南省新郑市新郑高级中学	物理	中小学高级教师
胡　亮	河南省新郑市新郑高级中学	地理	中小学高级教师
黄志强	河南省新郑市新郑高级中学	生物	中小学高级教师
王晓颖	新郑市城关乡第一初级中学	中学数学	中小学高级教师
侯俊岭	新郑市城关乡第一初级中学	体育	中小学高级教师
岳凤霞	新郑市城关乡初级中学	物理	中小学高级教师
唐明辉	新郑市城关乡初级中学	生物	中小学高级教师
岳丽娜	新郑市城关乡中心学校（小学、幼儿园）	小学语文	中小学高级教师
李朝梅	新郑市城关乡中心学校（小学、幼儿园）	小学语文	中小学高级教师
李晓耀	新郑市辛店镇第一初中	中学语文	中小学高级教师
张银发	新郑市辛店镇第一初中	外语	中小学高级教师
秦培磊	新郑市辛店镇第二初级中学	中学语文	中小学高级教师
许现伟	新郑市辛店镇中心学校（小学、幼儿园）	美术	中小学高级教师
张建峰	新郑市辛店镇中心学校（小学、幼儿园）	体育	中小学高级教师
贾森杰	新郑市辛店镇中心学校（小学、幼儿园）	小学语文	中小学高级教师
王小亭	新郑市辛店镇中心学校（小学、幼儿园）	小学数学	中小学高级教师

续表1

姓名	申报单位名称	学科专业	申报职称
樊瑞玲	新郑市辛店镇中心学校（小学、幼儿园）	小学数学	中小学高级教师
黄金红	新郑市辛店镇中心学校（小学、幼儿园）	小学数学	中小学高级教师
郭俊甫	新郑市辛店镇中心学校（小学、幼儿园）	小学数学	中小学高级教师
李香红	新郑市观音寺镇第一初级中学	外语	中小学高级教师
郭江波	新郑市观音寺镇第一初级中学	体育	中小学高级教师
杨付根	新郑市观音寺镇第一初级中学	教育管理	中小学高级教师
万艳军	新郑市观音寺镇初级中学	中学语文	中小学高级教师
刘正香	新郑市观音寺镇中心学校（小学、幼儿园）	小学数学	中小学高级教师
王燕飞	新郑市梨河镇中心学校（中学）	中学语文	中小学高级教师
李俊民	新郑市梨河镇中心学校（小学、幼儿园）	小学数学	中小学高级教师
刘小勇	新郑市梨河镇中心学校（小学、幼儿园）	小学数学	中小学高级教师
王惠贞	新郑市梨河镇中心学校（小学、幼儿园）	小学数学	中小学高级教师
荆玉红	新郑市梨河镇中心学校（小学、幼儿园）	幼儿教育	中小学高级教师
高瑞玲	新郑市梨河镇中心学校（小学、幼儿园）	幼儿教育	中小学高级教师
吴会贞	新郑市和庄镇中心学校（小学、幼儿园）	小学语文	中小学高级教师
柴保琪	新郑市和庄镇中心学校（小学、幼儿园）	教育管理	中小学高级教师
陈明元	新郑市薛店镇中心学校（中学）	中学数学	中小学高级教师
尹建龙	新郑市薛店镇中心学校（中学）	物理	中小学高级教师
李伟平	新郑市薛店镇中心学校（中学）	政治	中小学高级教师
周新杰	新郑市薛店镇中心学校（小学、幼儿园）	小学数学	中小学高级教师
孙留海	新郑市孟庄镇第二初级中学	化学	中小学高级教师
张学民	新郑市孟庄镇第二初级中学	地理	中小学高级教师
常志锋	新郑市孟庄镇中心学校（小学、幼儿园）	思想品德	中小学高级教师
王伟亮	新郑市孟庄镇中心学校（小学、幼儿园）	小学数学	中小学高级教师
王军红	新郑市孟庄镇中心学校（小学、幼儿园）	教育管理	中小学高级教师
司宪亭	新郑市龙湖镇中心学校（小学、幼儿园）	外语	中小学高级教师
李贤庆	新郑市龙湖镇中心学校（小学、幼儿园）	音乐	中小学高级教师
侯淑红	新郑市龙湖镇中心学校（小学、幼儿园）	思想品德	中小学高级教师

续表1

姓名	申报单位名称	学科专业	申报职称
王运强	新郑市龙湖镇中心学校（小学、幼儿园）	思想品德	中小学高级教师
刘书玉	新郑市龙湖镇中心学校（小学、幼儿园）	小学语文	中小学高级教师
王运巧	新郑市龙湖镇中心学校（小学、幼儿园）	小学语文	中小学高级教师
张　勇	新郑市龙湖镇中心学校（小学、幼儿园）	小学语文	中小学高级教师
李　慧	新郑市龙湖镇中心学校（小学、幼儿园）	小学语文	中小学高级教师
司俊兴	新郑市龙湖镇中心学校（小学、幼儿园）	小学语文	中小学高级教师
王迎辉	新郑市龙湖镇中心学校（小学、幼儿园）	小学语文	中小学高级教师
王　凯	新郑市龙湖镇中心学校（小学、幼儿园）	小学语文	中小学高级教师
赵松灿	新郑市龙湖镇中心学校（小学、幼儿园）	小学数学	中小学高级教师
李淑霞	新郑市龙湖镇中心学校（小学、幼儿园）	小学数学	中小学高级教师
乔松枝	新郑市龙湖镇中心学校（小学、幼儿园）	小学数学	中小学高级教师
史慧利	新郑市龙湖镇中心学校（小学、幼儿园）	小学数学	中小学高级教师
赵玉香	新郑市龙湖镇中心学校（小学、幼儿园）	科学	中小学高级教师
卢国荣	新郑市龙湖镇第一初级中学	化学	中小学高级教师
杨建伟	新郑市龙湖镇第一初级中学	外语	中小学高级教师
袁家民	新郑市龙湖镇第二初级中学	历史	中小学高级教师
乔君红	新郑市龙湖镇第二初级中学	政治	中小学高级教师
胡　娜	新郑市龙湖镇第二初级中学	外语	中小学高级教师
王新红	新郑市龙湖镇第三初级中学	音乐	中小学高级教师
马俊超	新郑市龙湖镇第四初级中学	生物	中小学高级教师
刘改玲	新郑市郭店镇中心学校（小学、幼儿园）	音乐	中小学高级教师
王建中	新郑市郭店镇中心学校（小学、幼儿园）	小学语文	中小学高级教师
王智中	新郑市郭店镇中心学校（小学、幼儿园）	小学语文	中小学高级教师
陈玉萍	新郑市郭店镇中心学校（小学、幼儿园）	小学语文	中小学高级教师
马会娟	新郑市新村镇第一初级中学	外语	中小学高级教师
杨广超	新郑市新村镇第二初级中学	中学数学	中小学高级教师
代永玲	新郑市新村镇第二初级中学	外语	中小学高级教师
张美苹	新郑市新村镇中心校（小学、幼儿园）	小学语文	中小学高级教师

续表1

姓名	申报单位名称	学科专业	申报职称
时建峰	新郑市新村镇中心校（小学、幼儿园）	小学数学	中小学高级教师
陈惠娟	新郑市新村镇中心校（小学、幼儿园）	小学数学	中小学高级教师
王少森	新郑市新村镇中心校（小学、幼儿园）	小学数学	中小学高级教师
高　纯	新郑市新村镇中心校（小学、幼儿园）	幼儿教育	中小学高级教师
赵　霞	新郑市鸿福学校	中学语文	中小学高级教师
崔丽霞	新郑市鸿福学校	小学数学	中小学高级教师
敬建利	新郑市子产小学	体育	中小学高级教师
王晓娟	新郑市华南城第一小学	小学语文	中小学高级教师
孙文鲜	新郑市公立人民医院	临床医学检验技术	副主任技师
赵常青	新郑市公立人民医院	胸心外科	副主任医师
赵　铎	新郑市公立人民医院	放射医学	副主任医师
冯小艳	新郑市公立人民医院	妇产科	副主任医师
孙发起	新郑市公立人民医院	普通外科	副主任医师
赵会娟	新郑华信民生医院	临床医学检验技术	副主任技师
刘丽娜	新郑华信民生医院	临床医学检验技术	副主任技师
吴冬青	新郑华信民生医院	临床医学检验技术	副主任技师
郭小旦	新郑华信民生医院	临床医学检验技术	副主任技师
郭亚伟	新郑华信民生医院	放射医学	副主任医师
贾　力	新郑华信民生医院	放射医学	副主任医师
卢钦玲	新郑华信民生医院	超声医学	副主任医师
王　珂	新郑华信民生医院	超声医学	副主任医师
刘　丹	新郑华信民生医院	超声医学	副主任医师
刘惠聪	新郑华信民生医院	超声医学	副主任医师
范永超	新郑华信民生医院	中医内科	副主任中医师
李经华	新郑华信民生医院	妇产科	副主任医师
云君玲	新郑华信民生医院	妇产科	副主任医师
付丹丹	新郑华信民生医院	妇产科护理	副主任护师
刘奎星	新郑华信民生医院	药学	副主任药师

续表1

姓名	申报单位名称	学科专业	申报职称
田　帅	新郑华信民生医院	泌尿外科	副主任医师
王志超	新郑华信民生医院	泌尿外科	副主任医师
王志刚	新郑华信民生医院	普通内科	副主任医师
吕金红	新郑华信民生医院	内科护理	副主任护师
刘　勇	新郑华信民生医院	普通外科	副主任医师
高彦杰	新郑华信民生医院	骨外科	副主任医师
史国强	新郑华信民生医院	麻醉学	副主任医师
丁　艳	新郑华信民生医院	内分泌	副主任医师
姜伟峰	新郑华信民生医院	消化内科	副主任医师
李金星	新郑华信民生医院	肿瘤内科	副主任医师
李　刚	新郑华信民生医院	心血管内科	副主任医师
耿凤英	新郑华信民生医院	中药学	副主任药师
高会军	新郑华信民生医院	中医儿科	副主任中医师
刘利娟	新郑华信民生医院	中医耳鼻喉	副主任中医师
王振滔	新郑天佑医院	中医内科	副主任中医师
刘丽娜	新郑天佑医院	妇产科	副主任医师
田国良	新郑天佑医院	肿瘤放射治疗技术	副主任技师
马巧英	新郑天佑医院	护理学	副主任护师
赵俊涛	新郑天佑医院	消化内科	副主任医师
刘海霞	新郑天佑中医院	中医内科	副主任中医师
赵丽敏	新郑天佑中医院	中医内科	副主任中医师
朱小刚	新郑天佑中医院	中医外科	副主任中医师
张利锋	新郑天佑中医院	中医外科	副主任中医师
李小艳	新郑天佑中医院	妇产科	副主任医师
崔爱梅	新郑天佑中医院	妇产科	副主任医师
张　敏	新郑天佑中医院	护理学	副主任护师
李　喆	新郑天佑中医院	普通外科	副主任医师
王永健	新郑天佑中医院	中西医结合内科	副主任医师

续表1

姓名	申报单位名称	学科专业	申报职称
马振林	新郑天佑中医院	中西医结合外科	副主任医师
王翠红	新郑天佑中医院	中医儿科	副主任中医师
吴瑞芬	新郑肛肠病医院	普通外科	副主任医师
高鹏魁	新郑市观音寺中心卫生院	药学	副主任药师
张俊伟	新郑市孟庄镇卫生院	普通内科	副主任医师
丰金德	新郑丰金德医疗美容诊所	整形外科	副主任医师
张玉红	新郑市农业技术服务中心	农学	高级农艺师
王　辉	新郑市农业技术服务中心	农学	高级农艺师
赵会芬	新郑市农业技术服务中心	农业经济	高级经济师
乔彩霞	新郑市种子站	农学	高级农艺师
高惠贤	新郑市种业技术服务中心	农学	高级农艺师
王　芳	新郑市农业综合行政执法大队	畜牧	高级畜牧师
张惠娟	新郑市林业产业发展中心	林草资源培育	高级工程师
刘琛梅	新郑市基层水利服务站	水利水电	高级工程师
张松波	新郑市水利技术服务中心	水文与水资源	高级工程师
田　华	新郑市公路管理局	道路与桥梁工程	高级工程师
张体良	新郑市工程质量监督站	质量安全监督	高级工程师
许小娟	新郑市工程质量监督站	质量安全监督	高级工程师
苗小锋	新郑市规划编制服务中心	城乡规划	高级工程师
李海涛	新郑市红枣科学研究院	林草资源培育	高级工程师
贾　力	新郑华信民生医院	放射医学	副主任医师
卢钦玲	新郑华信民生医院	超声医学	副主任医师
王　珂	新郑华信民生医院	超声医学	副主任医师
刘　丹	新郑华信民生医院	超声医学	副主任医师
刘惠聪	新郑华信民生医院	超声医学	副主任医师
范永超	新郑华信民生医院	中医内科	副主任中医师
李经华	新郑华信民生医院	妇产科	副主任医师
云君玲	新郑华信民生医院	妇产科	副主任医师

续表1

姓名	申报单位名称	学科专业	申报职称
付丹丹	新郑华信民生医院	妇产科护理	副主任护师
赵会娟	新郑华信民生医院	临床医学检验技术	副主任技师
刘丽娜	新郑华信民生医院	临床医学检验技术	副主任技师
吴冬青	新郑华信民生医院	临床医学检验技术	副主任技师
郭小旦	新郑华信民生医院	临床医学检验技术	副主任技师
郭亚伟	新郑华信民生医院	放射医学	副主任医师
刘奎星	新郑华信民生医院	药学	副主任药师
田　帅	新郑华信民生医院	泌尿外科	副主任医师
王志超	新郑华信民生医院	泌尿外科	副主任医师
王志刚	新郑华信民生医院	普通内科	副主任医师
吕金红	新郑华信民生医院	内科护理	副主任护师
刘　勇	新郑华信民生医院	普通外科	副主任医师
高彦杰	新郑华信民生医院	骨外科	副主任医师
史国强	新郑华信民生医院	麻醉学	副主任医师
丁　艳	新郑华信民生医院	内分泌	副主任医师
姜伟峰	新郑华信民生医院	消化内科	副主任医师
李金星	新郑华信民生医院	肿瘤内科	副主任医师
李　刚	新郑华信民生医院	心血管内科	副主任医师
耿凤英	新郑华信民生医院	中药学	副主任药师
高会军	新郑华信民生医院	中医儿科	副主任中医师
刘利娟	新郑华信民生医院	中医耳鼻喉	副主任中医师
孙文鲜	新郑市公立人民医院	临床医学检验技术	副主任技师
赵常青	新郑市公立人民医院	胸心外科	副主任医师
赵　铎	新郑市公立人民医院	放射医学	副主任医师
冯小艳	新郑市公立人民医院	妇产科	副主任医师
孙发起	新郑市公立人民医院	普通外科	副主任医师
王振滔	新郑天佑医院	中医内科	副主任中医师
刘丽娜	新郑天佑医院	妇产科	副主任医师

续表1

姓名	申报单位名称	学科专业	申报职称
田国良	新郑天佑医院	肿瘤放射治疗技术	副主任技师
马巧英	新郑天佑医院	护理学	副主任护师
赵俊涛	新郑天佑医院	消化内科	副主任医师
刘海霞	新郑天佑中医院	中医内科	副主任中医师
赵丽敏	新郑天佑中医院	中医内科	副主任中医师
朱小刚	新郑天佑中医院	中医外科	副主任中医师
张利锋	新郑天佑中医院	中医外科	副主任中医师
李小艳	新郑天佑中医院	妇产科	副主任医师
崔爱梅	新郑天佑中医院	妇产科	副主任医师
张敏	新郑天佑中医院	护理学	副主任护师
李　喆	新郑天佑中医院	普通外科	副主任医师
王红艳	新郑天佑中医院	神经内科	副主任医师
王永健	新郑天佑中医院	中西医结合内科	副主任医师
马振林	新郑天佑中医院	中西医结合外科	副主任医师
王翠红	新郑天佑中医院	中医儿科	副主任中医师
吴瑞芬	新郑肛肠病医院	普通外科	副主任医师
高鹏魁	新郑市观音寺中心卫生院	药学	副主任药师
张俊伟	新郑市孟庄镇卫生院	普通内科	副主任医师
丰金德	新郑丰金德医疗美容诊所	整形外科	副主任医师

2021年度新郑市晋升正高级职称人员一览表

表2

姓名	申报单位名称	学科专业	申报职称
孔秋艳	新郑鼎泰园区建设发展有限公司	建设管理	正高级工程师
宁建东	新郑华信民生医院	放射医学	主任医师
高丽娜	新郑华信民生医院	妇产科	主任医师
董巧兰	新郑华信民生医院	妇产科	主任医师
马红军	新郑华信民生医院	神经外科	主任医师
杨新田	新郑市农业技术服务中心	农学	农业技术推广研究员
李占林	新郑市红枣科学研究院	生态环境与建设	正高级工程师

2021年新郑市老寿星（100岁以上）一览表

表3

姓 名	性别	出生日期	家 庭 住 址
王凤英	女	1921. 5. 20	辛店镇东土桥4组
李美贞	女	1921. 8. 18	龙湖镇郭庄
宝秀英	女	1921. 9. 24	龙湖镇梅山
沈秀英	女	1921. 11. 12	龙湖镇郭庄
赵景仙	女	1921. 9. 25	小占庄溪水湾
赵大妮	女	1919. 3. 15	新区镇观庙郑423号
高二妮	女	1920. 9. 29	观音寺镇姚张村
赵　变	女	1921. 1. 13	辛店镇史庄村三组
张素珍	女	1921. 3. 1	新郑市新华办毛园社区
李喜娥	女	1921. 3. 12	梨河镇绰刘村
孙玉兰	女	1921. 4. 2	梨河镇绰刘村
冯玉梅	女	1921. 6. 1	孟庄镇肖庄社区218号

续表3

姓名	性别	出生日期	家庭住址
闫三木	男	1921.9.21	新建办西拐29号院
李桂梅	女	1921.9.23	郭店镇前时村五组
赵月妞	女	1921.10.4	梨河镇梨河村
陈香妞	女	1921.5.28	郭店镇小司村四组
张白妮	女	1921.8.10	郭店镇大范庄二组
王遂英	女	1920.12.20	新郑市新华办金岭社区
毛兰妞	女	1919.12.6	新郑市新华办褚庄社区
赵玉兰	女	1918.5.24	观音寺镇沟冯90号
蒋玉环	女	1918.6.7	郭店镇司洼四组
赵玉梅	女	1918.11.5	新村镇梨园168号
赵兰英	女	1917.3.8	观音寺太清368号
韦孝兰	女	1917.7.15	新郑市新华路祥和二街石油公司家属院
刘美荣	女	1916.4.9	孟庄镇洪府475号
高好妞	女	1916.11.23	郭店镇司洼四组
苏仁秀	男	1915.4.2	郭店镇华阳寨三组
陈秀连	男	1915.8.26	龙湖镇于寨
孙兰针	女	1915.10.8	孟庄镇寺西王235号
孙英妮	女	1915.11.22	龙湖镇郭庄
陈新来	男	1915.12.6	新村镇梨园北沟028号
周多妮	女	1914.7.22	郝家岗王善垌038号
李丑妮	女	1910.12.26	辛店刘岗村八组
李翠花	女	1911.10.1	新村赫家岗
刘二妞	女	1912.11.15	孟庄镇唐寨312号
李永祥	男	1921.9.18	张庄十三组

附录

APPENDIX

·附　录 >>>

APPENDIX

新郑市2021年国民经济和社会发展统计公报

2021年，面对严峻复杂的经济形势和前所未有的风险挑战，全市上下在市委、市政府的正确领导下，统筹推进疫情防控和经济社会发展，把握“稳中求进”工作总基调，落实“六稳”“六保”工作任务，克难攻坚、拼搏进取，全市经济持续恢复，呈现稳定向好态势。

一、综合

初步核算，全市完成地区生产总值793.3亿元，比上年增长5.0%。其中：第一产业增加值28.8亿元，增长3.5%；第二产业增加值329.4亿元，增长6.9%；第三产业增加值435.1亿元，增长3.7%。一、二、三产业增加值占地区生产总值的比重分别为3.6%、41.5%和54.9%。

全市居民消费价格上涨2.2%。八大类商品及服务价格全部上涨，食品烟酒类、衣着类、居住类、生活用品及服务类、交通和通信类、教育文化和娱乐、医疗保健类、其他服务和服务类分别上涨3.0%、0.6%、1.2%、1.3%、3.2%、1.7%、3.1%、1.7%。

二、农业

全年粮食产量23.7万吨，同比下降7.3%；油料产量1.7万吨，下降10.9%；蔬菜产量16.4万吨，下降9.6%；水果产量7.1万吨，下降14.4%；生猪出栏15.71万头，增长20.8%，牛出栏0.52万头，增长4%；羊出栏4.04万只，下降19.2%；家禽出栏331.75万羽，下降20.3%。

年末全市农业机械总动力65.11万千瓦，比上年增长1.12%。拖拉机和联合收获机分别为7688台、1800台。拖拉机配套农具达13305台。全市机耕面积、机播面积、机收面积分别达到27.37千公顷、43.1千公顷和42.67千公顷。农作物耕种收综合水平达87.36%。

全年农村用电量43237万千瓦时，增长0.24%。化肥使用量（折纯）28046吨。

三、工业和建筑业

工业：全年规模以上工业增加值比上年增长6.1%。按轻重工业分，轻工业增长9.4%，重工业增长3.3%。按行业分，食品加工业增长6.4%，生物医药业增长39.3%，非金属矿物制品业下降13.9%，钢铁及金属制品业下降6%，设备制造业增长35.1%，煤炭开采和洗选业下降12.9%，纺织服装业下降90.6%。

规模以上工业效益：全年规模以上工业企业营业收入增长19.9%；每百元资产实现的年营业收入为94.8元，同比提高30.3元；利润总额20.0亿元，同比下降60.1%；营业收入利润率为5.1%，同比下降10.3个百分点。微观杠杆率下降，全市规模以上工业企业资产负债率为54.9%，同比减少6.2个百分点。

规模以上工业产品产量：全年方便面产量8.0万吨，下降5.2%；乳

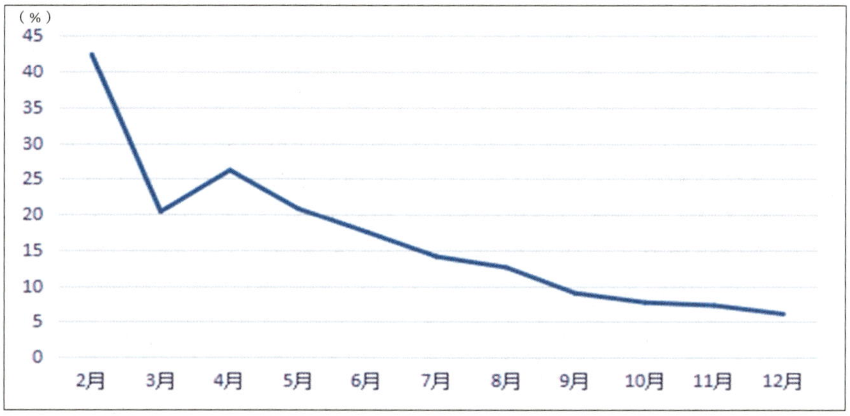

图1　2021年各月规模以上工业增加值累计增速示意图

制品产量7.6万吨，增长9.3%；塑料制品产量6.1万吨，下降15.2%；钢材产量47.0万吨，下降27.6%。

建筑业：全年建筑业实现增加值33.6亿元，比上年增长69.7%。全市具有资质等级的建筑业企业总产值94.1亿元，增长71.1%，利润总额0.4亿元，下降42.9%，营业收入74.5亿元，增长46.1%。

四、固定资产投资

全年固定资产投资（不含农户）比上年下降0.5%。其中，第一产业投资下降6.8%；第二产业（工业）投资增长70.9%；第三产业投资下降5.9%。

房地产开发投资：全年房地产开发投资下降7.1%，其中住宅投资同期持平。房屋施工面积1959.8万平方米，增长7.8%，其中，房屋新开工面积321.8万平方米，下降15.7%。房屋施工面积中，住宅施工面积1530.2万平方米，增长5.3%；住宅新开工面积321.8万平方米，下降15.7%。竣工面积152万平方米，增长36%，其中住宅竣工面积118.5万平方米，增长30.1%。商品房销售面积232.9万平方米，下降18%，其中，住宅销售面积215.6万平方米，下降18%；商品房销售额174.8亿元，下降18%，其中住宅销售额215.6亿元，下降15.6%。

五、内外贸易、旅游

消费品零售：全年批发和零售业增加值117.0亿元，比上年增长2.4%；住宿和餐饮业增加值16.9亿元，增长5.6%。全年实现社会消费品零售总额332.2亿元，增长9.2%。其中，限额以上单位消费品零售额90.7亿元，增长18.3%。按经营所在地分，城镇消费品零售额279.5亿元，增长8.8%；乡村消费品零售额52.8亿元，增长11.5%。按行业分，批发业74.0亿元，增长6.6%；零售业220.8亿元，增长10.5%；餐饮业35.7亿元，增长7.2%；住宿业1.7亿元，增长2.9%。

对外贸易：全年共签订协议项目30个，签约金额303亿元，引进省外资金96.1亿元。实际利用外资完成23988万美元，增长4.2%。进出口总值5.9亿元，增长9.6%。

旅游：全年各景区接待游客约501.11万人次，增长13.05%；旅游总收入约20.04亿元，增长13.22%。全年共受理旅游投诉6起，处结率100%，游客满意率100%。

六、财政和金融

财政：全市地方公共财政预算收入74.7亿元，下降6.8%。其中税收收入43.1亿元，下降24.3%，占地

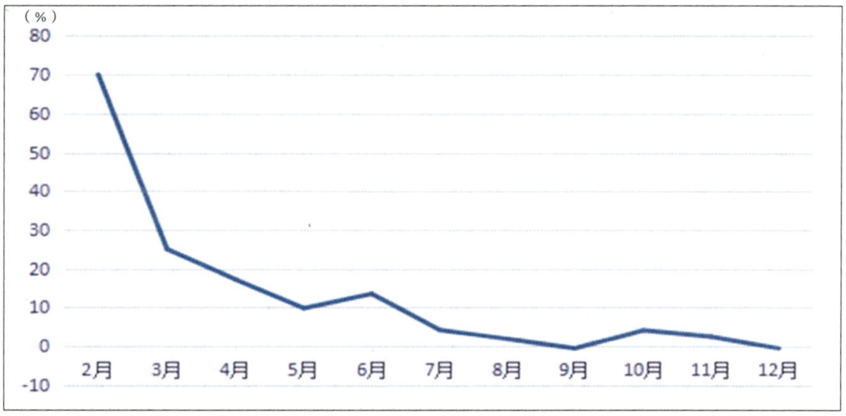

图2　2021年各月固定资产投资累计增速示意图

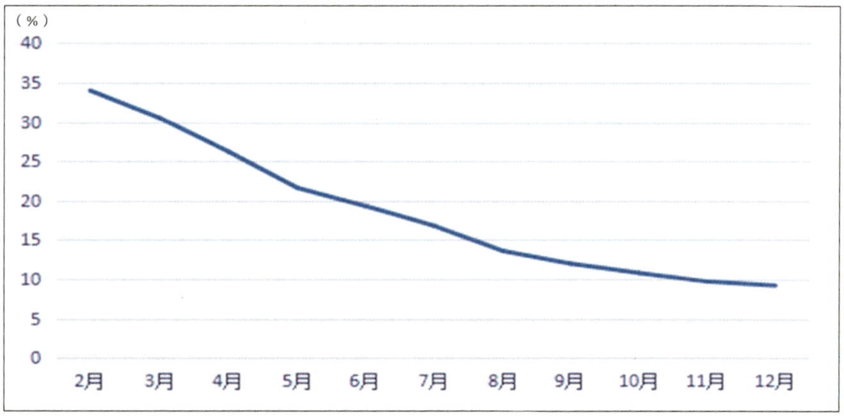

图3　2021年各月社会消费品零售总额累计增速示意图

方公共财政预算收入的比重57.7%。地方公共财政预算支出101.0亿元，下降18%；政府性基金预算支出21.4亿元，下降67.0%。

金融：全市年末金融机构存款余额747.8亿元，比年初增长1.4%；金融机构贷款余额702.0亿元，比年初增长8.0%。

七、科技、教育和卫生

科技：全年新增郑州市级以上工程技术中心、研发中心6家，国家网技术合同成交额10.09亿元；专利授权3155件，其中：发明379件，实用新型2474件，外观设计302件。

教育：全市有各级各类中初等教育学校363所，其中中等职业学校8所、普通高（完）中7所、普通初（九年一贯制）中30所、小学111所、特殊教育学校1所、幼儿园206所，在校学生255834人，其中中等职业学校29823人（不含省、市属中职学校）、普通高（完）19566人、普通初（九年一贯制）中45163人、小学110337人、特殊教育学校157人、幼儿园50788人。

卫生：截至2021年底，全市共有卫生机构（含村卫生室）586个；床位6103张。卫生技术人员6965人；其中执业医师、执业助理医师2592人，注册护士3133人；免费婚检率达到75.43%；基本药物制度持续完善，全年基层医疗卫生机构销售金额7037.6万元，让利金额1625.5万元；市直公立医院销售金额5973.2万元，让利金额1373.8万元。

八、人民生活

人民生活：全年农村居民人均可支配收入26879元，比上年增长8.3%；人均生活消费支出23113元，下降1.53%。城镇居民人均可支配收入38950元，比上年增长6.1%；人均生活消费支出23752元，下降13.76%。

九、劳动和社会保障

全年新增城镇就业再就业岗位8424个，其中下岗失业人员再就业1242人，就业困难人员再就业531人，公益性岗位就业469人，累计发放小额担保贷款7710万元。

农村劳动力转移就业7208人，职业技能培训23327人，失业人员再就业培训2043人，创业培训780人。

新增参保企业1050家，新增参保职工6082人，养老、工伤、失业三险累计参保人数达到 63.7万人。其中，企业职工基本养老保险累计参保人数9.9832万人；机关事业单位养老保险累计参保职工2.7万人；城乡居民养老保险累计参保缴费居民达到33.3703万人，参保率达到99%以上；工伤保险正常参保人数达到10.2938万人（其中建筑业项目累计参加工伤保险278家，参保农民工29369人）；失业保险正常参保人数达到7.3562万人；职工基本医疗保险参保人数达到9.2607万人（其中在职人员参保7.4212万人，退休人员参保1.8395万人）；城乡居民基本医疗保险参保人数达到47.6204万人；生育保险参保人数达到7.0514万人。

按照科学管理、应保尽保、分类施保、特困重保、超标退保的原则，累计将4320户8049人城乡困难家庭纳入低保范围，全年以社会化形式累计发放保证金4694.38万元。全年共为1333名特困人员落实供养资金1723.4万元。

十、环境保护、生态文明

环境保护：城区空气质量达到或优于国家二级标准的天数为227天;城市集中饮用水源地水质达标率100%；城区可吸入颗粒物 PM10年平均浓度为76微克每立方米，细颗粒物PM2.5年平均浓度为44微克每立方米。

生态文明：全年造林绿化面积286.67公顷（含73.33公顷种苗花卉），森林抚育833.33公顷，新建提升生态廊道2条。

注：1.本公报数据为初步统计数，部分数据因四舍五入的原因，存在着与分项合计不等的情况。

2.公报中生产总值及各产业增加值绝对数按现行价格计算，增长速度按可比价格计算。

3.公报中部门数据来自相关部门。

附表1：

居民消费价格指数表

（上年同期价格为100）

类 别	指数
居民消费价格总指数	102.2
一、食品烟酒	103.0
粮食	100.5
鲜菜	125.9
畜肉	84.6
水产品	93.2
蛋	121.0
鲜果	109.8
二、衣着	100.6
三、居住	101.2
四、生活用品及服务	101.3
五、交通和通信	103.2
六、教育文化和娱乐	101.7
七、医疗保健	103.1
八、其他用品和服务	101.7

附表2：

农业主要产业情况表

项 目	种植面积（公顷）	单产（公斤/亩）	总产量（吨）
粮食	40891	386	236635
其中：夏粮	20297	412	125430
秋粮	20594	356	111205
油料	5124	226	17350
其中：花生	4401	246	16228
蔬菜	4265	2559	163748
瓜果	228	2443	8348

附表3：

主要工业产品产量表

名称	单位	累计完成	比上年（±%）
方便面	万吨	8.0	−5.2
乳制品	万吨	7.6	9.3
啤酒	万千升	53.9	18.4
饮料	万吨	11.9	19.9
化学试剂	万吨	14.9	−19.1
塑料制品	万吨	6.1	−15.2
商品混凝土	万立方米	399.5	−14.4
钢材	万吨	47.0	−27.6

索引

INDEXES

·索 引>>>

INDEXES

说明：

一、本索引采用主题分析的方法，把年鉴所刊登的条目，按汉语拼音顺序排列，同音字按声调排列，声调相同的按下一个字的音序排列。

二、标目后数字为页码，字母a为左栏，b为中栏，c为右栏。

三、内容有交叉或完全不同而标题相同的条目，为便于读者检索，在索引中重复出现。

A

B

C

D

E

F

G

H

J

K

L

M

N

O

P

Q

R

S

T

W

X

Y

Z